U0823858

债务危机

我的应对原则

●

—美— 瑞·达利欧（Ray Dalio）—著—

赵灿　熊建伟　刘波 — 译 —

崔苹苹　何杰奎林 — 审校 —

A Template for Understanding

BIG DEBT CRISES

中信出版集团 | 北京

图书在版编目（CIP）数据

债务危机 /（美）瑞·达利欧著；赵灿，熊建伟，
刘波译 . -- 北京：中信出版社，2019.3（2026.1 重印）
书名原文：A Template For Understanding Big
Debt Crises
ISBN 978-7-5217-0007-7

I. ①债… II. ①瑞… ②赵… ③熊… ④刘… III.
①债务危机 IV. ① F810.45

中国版本图书馆 CIP 数据核字（2019）第 011719 号

A Template For Understanding Big Debt Crises by Ray Dalio
Copyright © 2018 by Ray Dalio
Simplified Chinese translation copyright © 2019 by CITIC Press Corporation
Published by arrangement with author c/o Levine Greenberg Rostan Literary Agency
through Bardon-Chinese Media Agency
All rights reserved
本书仅限中国大陆地区发行销售

债务危机

著　　者：[美]瑞·达利欧
译　　者：赵灿　熊建伟　刘波
审　　校：崔苹苹　何杰奎林
出版发行：中信出版集团股份有限公司
（北京市朝阳区东三环北路 27 号嘉铭中心　邮编　100020）
承 印 者：河北鹏润印刷有限公司

开　　本：787mm×1092mm　1/16　　印　　张：31.5　　字　　数：919 千字
版　　次：2019 年 3 月第 1 版　　印　　次：2026 年 1 月第 22 次印刷
京权图字：01–2018–3369
书　　号：ISBN 978–7–5217–0007–7
定　　价：98.00 元

版权所有·侵权必究
如有印刷、装订问题，本公司负责调换。
服务热线：400–600–8099
投稿邮箱：author@citicpub.com

第二部分　案例详析

第三部分　48 个案例研究概要

前言

我从一名投资者的视角建立了本书中的模型。作为投资者，我的视角与大多数经济学家和决策者都不同，因为我通过资本市场押注经济变化（资本市场反映实体经济的变化），这促使我关注推动资本运动的相对价值和流动，而资本运动反过来推动了这些周期。作为全球宏观投资者，在努力应对经济和市场的变化时，我发现没什么比判断错误所带来的痛苦和判断正确所带来的喜悦更能为我们提供现实的经验和教训，这些经验和教训都是经济学教科书无法提供的。

面对从未经历过的事件，我曾一次又一次遭受打击，因此痛下决心，要超越个人经历，深入研究历史上经济和市场的发展，进行虚拟实践，就如同我亲身经历那些历史事件一样，假设自己的投资活动与事件同步展开，做决策时并不知道事件未来的走势。我以时间为序，详尽研究各类历史事件，逐日逐月地追踪事件的发展。我的视角不再为个人的直接经历所限，从而变得更为广泛、更为深刻。从个人角度看，我经历了 1966—1971 年国际货币体系（“布雷顿森林体系”）的削弱和最终崩溃，美国 20 世纪 70 年代的通胀泡沫和 1978—1982 年的泡沫破裂，拉丁美洲国家 20 世纪 80 年代的通胀性萧条，日本20世纪80年代后期的泡沫经济和1988—1991年的泡沫破裂，导致2000年科技泡沫破裂的全球债务泡沫，以及2008年的债务大危机。而通过研究历史，我体验了5世纪西罗马帝国的崩溃，1789年美国的债务重组，20世纪20年代德国魏玛共和国的恶性通胀，1930—1945年席卷许多国家的大萧条和世界战争，以及许多其他危机。

出于强烈的好奇心，也为了成功应对未来的危机，我必须了解危机的运作方式。因此，我着手研究危机背后的因果关系。我仔细钻研各种经济现象（例如经济周期、债务周期）的大量案例，找出每种经济现象的内在特征，完善对现象背后的因果关系的设想和研究，建立每一种现象的典型模型，例如典型经济周期、典型债务周期、典型通缩性去杠杆化、典型通胀性去杠杆化等。针对同一种类型的经济现象，我记录下每个案例的差异（例如，每个经济周期与典型经济周期的差异），分析导致差异的原因。通过把这些模型拼接在一起，我对所有案例有了简化而深刻的理解。我看到的并不是大量的单一事件，而是类似的事件一遍又一遍地发生，事件之间的相似度越来越高，仿佛一位经验丰富的医生每天看到不同的病例，但他知道这些病例与之前看到的并无本质差别。

在桥水诸多优秀的合作伙伴的帮助下，我完成了对债务危机的研究，开发了相应的模型。有了这个模型，我们就可以更好地应对史无前例的经济风暴，就像一个对过去100年间所发生的洪水或瘟疫有深入研究的人，可以更好地识别此类灾害来临前的信号，从而做好充分的准备应对灾害。在理解危机的基础上，桥水打造了计算机决策系统，详细列出了在每种可能发生的情况下我们的应对之策。这一方法极大地改善了桥水的业绩。例如，2008年，全球遭遇了1929—1932年以来最为严重的金融危机，但早在此次金融危机爆发前8年，桥水就已经设计打造了“萧条计量指标”，就是为了应对类似2007—2008年的事态的发展。因此，在绝大多数人因此次金融危机而遭受严重亏损时，桥水却实现了可观的盈利。

在本书中，我不会详细介绍桥水的决策系统，但将分享以下内容：（1）我的典型债务大周期模型；（2）针对三个标志性案例的详尽研究（2007—2011年的美国，其中包括“大衰退”；1928—1937年的美国，其中包括通缩性萧条；1918—1924年的德国，其中包括通胀性萧条）；（3）针对48个案例的研究纲要，其中包括过去100年间发生的主要债务危机。[①] 我保证，如果你能潜

① 在第三部分开头有一个经济术语表。若想大致了解本研究中涉及的诸多概念，推荐我的30分钟动画视频《经济机器是怎样运行的》。

心学习并理解这三个部分的内容，你将会从全新的视角理解债务危机。

对我来说，每天观察经济和市场（或者其他任何事件的演变），就像面对一场不断变化的暴风雪，有数以百万计的线索和信息扑面而来，而我必须综合处理这些线索和信息，并妥善应对。日常应对危机与系统性分析危机存在差别，这一差别体现在本书的第一部分（内容最系统、最典型）、第二部分（对危机案例进行了详尽的介绍）和第三部分（以图的形式展示 48 个案例）。通过对比这三个部分的差别，我们可以发现，书中所有危机案例的演变模式和典型危机在本质上是相同的，但也存在差异，这就促使你思考产生差异的原因以及如何去解释这些差异，进而加深自己的理解。这样，当下一次危机出现时，你将做好更充足的应对准备。

要明确的是，我理解不同的人有不同的观点，我的观点只是其中之一。我们各自提出观点，并就问题展开辩论，以加深我们对问题的理解。这就是我分享债务危机研究成果的目的。

第一部分

典型债务大周期

我如何看待信贷和债务

在本书中，我会频繁使用“信贷”和“债务”两个词，因此有必要从一开始就厘清这两个概念及其背后的原理。

信贷是指赋予他人购买力，他人承诺今后偿还该购买力，即偿还债务。**显然，以信贷的方式赋予他人购买力，这本身是一件好事。相反地，不赋予他人购买力，使其无法去做有益的事，可能会产生不利的后果**。因信贷不足而导致发展缓慢，无疑是件坏事。当债务人无力偿还债务时，就会产生债务问题。换言之，**判断信贷 / 债务快速增长是好事还是坏事，取决于信贷产生的结果和债务偿还情况。**

在财务上持谨慎态度的人生性不喜欢大量借债。我非常理解这种想法，因为我也是这样。在我一生中，即使在财务状况极为紧张的时候，我也宁愿存钱而不喜欢借钱，因为我觉得借钱的坏处大于好处，这可能是我从父亲那里习得的观念。对于认为少量借债比大量借债要好的看法，我是认同的。但后来，我发现这种看法也不一定对，尤其是对整个社会（而非个人）而言，因为社会政策的制定者比个人更有控制能力。我的经验和研究告诉我，**相比信贷 / 债务增长过快，其增长过慢导致的经济问题同样严重，甚至会更糟糕，因为信贷 / 债务增长过慢的代价就是会错失发展机会。**

总的来说，**由于信贷同时创造了购买力和债务，因此增加信贷是好是坏，取决于能否把借款用于生产性目的，从而创造出足够多的收入来还本付息**。如果能够实现这一点，资源就得到了良好的配置，债权人和债务人都能从中获利。否则，双方都不满意，资源配置很可能就不甚理想。

从整个社会来看，除了要判断信贷的第一层（直接的）经济效果外，还需要考虑其第二层（间接的）经济效果。比如，在教育好下一代（良好的教育可以提高劳动生产率，减少犯罪，降低执法成本）和替换低效的基础设施等成本效益显著的事情上，有时投入的资金或信贷不足。这是因为财政保守主义者认为举债做这种事对社会不利，但这种观点并不正确。

因此，我想明确指出的是，如果信贷 / 债务能产生足够大的经济效益，能使债务得到偿还，则信贷 / 债务是件好事。但有时，信贷 / 债务的代价是我们难以看清的。贷款标准过严，债务人几乎铁定能偿还债务，很少会产生债务问题，但缺点是经济发展不足。贷款标准宽松，可能会促进经济发展，但之后可能带来严重的债务问题，使已经取得的经济成果化为乌有。以下是关于债务和债务周期的一些常见问题。

与拒绝借债相比，不良债务的代价几何?

假设你是一位决策者，决定建造一个耗资 10 亿美元的地铁系统，建设资金来源于贷款并计划用地铁运营收入偿还。但后来，地铁运营效益远远低于预期，收入只有预期的一半，因此债务不得不减记 50%。这是否意味着当初不应当建造该地铁系统呢？

换种问法，该地铁系统的实际造价是否比当初的预算高出 5 亿美元？或者说，假设该地铁系统的运营年限为 25 年，分摊到每年，其造价是否每年增长 2%？这样来看，你很可能会认为付出这些成本是值得的，建造该地铁系统比不建要好得多。

这对一个经济体而言到底意味着什么？当大约 40% 的贷款无法被偿还时就会出现实际的坏账损失，而那些不良贷款占全部未偿贷款的 20% 左右。因此，坏账损失大约相当于总债务的 8%。而总债务大约为总收入［例如，以 GDP（国内生产总值）计］的 200%，故坏账损失大约相当于 GDP 的 16%。如果以 15 年为限，将此损失“社会化”（通过财政政策和货币政策让全社会分担），则每年的损失为 GDP 的 1% 左右，这个规模是可以接受的。当然，如果不分摊到每年，该损失会令人无法接受。因此，我认为，**大量举债的风险主要在于决策者是否有意愿和能力将坏账损失分摊到多年。在我经历和研究的所有案例中，我都看到了这种情况。决策者能不能做到这一点，取决于两个因素：（1）债务是否以决策者能够控制的货币计价；（2）决策者能否对债权人和债务人施加影响。**

债务危机是不可避免的吗?

历史上，只有少数自律性良好的国家能够避免债务危机的发生。贷款过程不可能永远一帆风顺，常常伴随各种问题，因为贷款周期会影响人们的心理，从而导致泡沫的形成和破裂。尽管决策者一般都想尽力妥善行事，但很多时候由于短期回报（提高经济增长率）看似合理，会出现信贷过于宽松的状况。从政治角度看，放宽信贷（例如，提供还款保证、放宽货币政策等）比收紧信贷更容易。这是产生债务大周期的主要原因。

债务危机为何有周期性?

我发现，每当我说起周期，特别是大周期、长周期时，人们都会惊讶不已，仿佛我在跟他们讲占星术一样。因此，我想强调的是，我讲的周期无非是一系列合乎逻辑、以固定模式反复发生的事件。在市场经济中，信贷扩张和信贷收缩推动经济周期的发展，其背后有完美的逻辑支撑。尽管各个周期的规律相似，但它们重现的方式和持续的时间不会完全相同。

化繁为简地讲，在任何时候，你一旦借钱，就会创造出一个周期。买一件你目前买不起的东西，你的消费必然会超出你的收入。借款时，你不仅是在向贷款人借钱，你实际上是在向未来的自己借钱。在未来的某个时候，你必须要降低消费水平，以偿还债务。这种先借款消费、后紧缩开支的模式与周期非常相似。对个人来说是这样，对一国经济而言也是如此。一旦借款，就启动了一系列机械性的、可预测的事件。

如果你玩过《大富翁》游戏，就很好理解债务周期在一国经济层面是如何运作的。游戏开始时，玩家手握大量现金，只有少量房地产，因此把现金换成房地产很划算。随着游戏的进行，玩家买入越来越多的房屋和酒店，当玩家停在别人的房地产上时，需要越来越多的现金来支付租金。这时，有的玩家被迫低价出售房地产来换取现金。因此，游戏初期是“房地产为王”，后期则是“现金为王”。擅长玩这款游戏的人都知道如何在游戏过程中建立房地产和现金的最佳组合。

现在，假设银行可以提供贷款，接收存款，游戏又会怎样发展？玩家可以借钱购买房地产，而把闲置资金存入银行以赚取利息，这反过来使银行可以放出更多的贷款。再假设游戏中的玩家可以通过信贷购买和出售房地产，承诺以后还本付息。如果《大富翁》的游戏规则变成这样，就几乎完美地复制了生活中的经济运行模式。举债购买酒店的资金数额会迅速增加，变成现有资金的数倍。而未来，持有这些酒店的债务人因要支付租金和偿债而面临现金紧缺的局面。银行也将陷入困境，因为存款人对现金的需求不断增加，要从银行取出现金，用于支付租金，偿还债务，而越来越多的债务人则难以按时还款。如果不采取干预措施，银行和债务人都将破产，经济将出现萎缩。随着时间的推移，这些经济扩张和经济萎缩循环反复发生，为长期性债务大危机创造了条件。

在正常情况下，贷款会产生一个自我强化的上升运动，到顶峰后转而向下，进行一个自我强化的下降运动，触底后又逆转向上。在上升过程中，贷款支撑支出和投资，进而推动收入增加，资产价格上涨。收入增加和资产涨价会导致进一步借债，扩大在商品和金融资产上的支出。借债基本上会将支出和收入提升至超出经济生产力稳步增长所对应的水平。接近债务周期的顶峰时，人们预期以贷款维持的经济会继续以超越趋势的速度发展下去。这当然是不可能发生的，收入终将降至贷款成本以下。

一些经济体的增长严重依赖借债进行固定资产投资、房地产和基础设施建设，这些经济体尤其会受到大规模周期性波动的影响，因为那些长期资产的快速建设是不可持续的。如果国家需要改善住房，那么住房建设的增量需求自然会随着住房的建成而下降。随着住房支出增速放缓，住房对经济增长的影响也会减小。假设你要建造一座办公大楼，在大楼建设期间，你的年均支出为1 000万美元（用于雇用工人，购买钢筋和混凝土等）。大楼竣工后，年均支出将降至0美元，对工人和建筑材料的需求也将降至0美元。届时，经济增长、收入和偿债能力将取决于其他需求。债务融资的房地产、固定投资和基础设施建设拉动经济强劲增长，之后需求增速放缓，债务挑战出现，从而导致经济下行。这类周期常常出现在新兴经济体，因为新兴经济体存在大量的建设需求。

进一步推动新兴经济体周期性发展的因素是收入水平的相对变化所带来的竞争力变化。通常情况下，新兴经济体的劳动力非常廉价，基础设施极不完善，因此它们热衷于进行基础设施建设，增加出口，提高国民收入水平。但随着这些国家的收入水平提高，其工资的相对竞争力会下降，出口增长率自然会放缓。这类周期的例子有很多（例如，过去70年日本所经历的经济周期）。

在泡沫阶段，不计后果的贷款和不切实际的预期带来大量无法偿还的债务。在某个时间点，这种状况会被商业银行和中央银行察觉，泡沫开始收缩。泡沫形成的一个典型表现是：越来越多的借款被用来还债，导致借款人债务负担加剧。

一旦资金和信贷增长被遏制，或者贷款标准提高，那么信贷和支出增速就会放缓，偿债问题就会加速涌现，这时就接近于债务周期的顶部。同时，央行意识到信贷增长过快，已经到了危险的地步，于是开始收紧货币政策，遏制信贷增长，进而导致债务周期加速下滑（即使央行不采取措施，债务周期也会下滑，只是下滑的时间会推迟一些而已）。无论在哪种情况下，当偿债成本（即还本付息的成本）超过维持支出的借款时，债务上升周期就会逆转。不仅新增贷款的增速放缓，借款人的还款压力也会增加，还本付息明显难以为继，新增贷款进一步减少。支出和投资增速的放缓导致收入增长进一步放缓，资产价格下跌。

当借款人无法履行对贷款人的偿债义务时，这些贷款人就无法履行对其债权人的义务。决策者必须首先解决贷款人的问题。最极端的压力通常发生在高杠杆贷款人身上，其对无法还款的借款人有着高度集中的敞口风险。这些贷款人给整体经济和信誉良好的借款人带来连锁反应的风险也最大。这些贷款人以银行为主，但随着信贷体系日趋活跃，这些风险也扩展到更大范围的贷款人，例如保险公司、非银行信托、经纪自营商，乃至特殊目的公司。

这样的债务周期通常会产生两类问题。

（1）因借款人无法按期还本付息而产生损失。损失可能出现的形式有定期付款金额下降或债务价值减记（即同意接受低于欠款金额的还款），两种形式也有可能同时出现。例如，如果贷款人预期每年能从借款人那里获得4%的还本付息款，而最终只获得2%或0%，那么损失就是每年的还本付息款差额。如果债务价值被减记，则当年的损失会更大（可能会达到50%）。

（2）贷款以及贷款所支撑的支出下降。即使债务危机得到解决，过分举债的实体未来也难以维持危机前的支出水平。这种情况会带来的影响不容忽视。

能否妥善管理大部分债务危机，避免出现严重问题?

有些债务周期较为缓和，就像前行道路上遇到些许颠簸，有些则较为极端，甚至会导致车毁人亡。本书研究的均为在过去100年间发生的极端案例，也就是造成实际GDP降幅超过3%的债务危机。通过研究这些危机本身和决策者可使用的政策工具，我发现在几乎所有的债务危机中，只要债务是以一国的本币计价，则决策者都有可能妥善处理。因为决策者拥有灵活性，可以把债务问题的不良影响分散到未来若干年，这样债务问题就不是大问题。在大多数情况下，债务危机之所以导致了严重的经济问题，都是因为决策者未能及时采取措施将影响分散化。即使是历史上最大的几次债务危机（例如，20世纪30年代的大萧条），假如决策者能够进行正确的政策调整，也可以顺利度过。案例研究表明，债务危机最大的风险不是来自债务本身，而是来自以下因素：（1）决策者缺乏知识，或缺乏权威，难以做出正确的决策；（2）整顿债务问题带来了一些政治后果，在惠及一些人的同时，损害了另一些人的利益。我出版本书，正是为了降低这些因素的风险。

话虽如此，**我需要重申的是：（1）当债务以外币而非本币计价时，一国决策者分散债务问题的难度将大大增加；（2）虽然债务危机可以得到妥善管理，但一定会有人为此付出惨痛的代价。**

管理债务危机的关键在于，决策者要知道如何充分运用自身的政策工具，并有采取政策措施的权力，他们要知道每年的债务分摊比率，了解债务分摊中何方受益，何方受损，损益几何，从而令整顿债务问题的政治后果和其他后果尚可被接受。

决策者可以采取以下4种政策措施，以降低债务与收入之间的比率和偿债总额与用于偿债的现金流之间的比率。

（1）财政紧缩（即减少支出）；

（2）债务违约/重组；

（3）央行印钞，购买资产（或提供担保）；

（4）将资金和信贷从充足的领域转向不足的领域。

以上每类措施对经济都有不同的影响。一些措施具有通胀性，会刺激经济增长（例如，央行印钞），而另一些措施具有通缩性，有利于减轻债务负担（例如，财政紧缩、债务违约）。和谐的去杠杆化（降低债务与收入比率，同时保持适当的经济增长率和通胀率，下文将解释）关键在于均衡使用这些措施。在这种和谐的情境中，经济活力和金融资产价格得到改善，同时债务与收入的比率下降，从而逐渐使名义收入增长率回升至名义利率之上。

这些措施会带来不同的受益方和受损方，每项措施对经济的影响延续的时间也不同。决策者因此在政治上置身于困难的境地，要做出艰难的抉择，这令他们即使可以很好地应对债务危机，也很少受到赞赏。

典型长期债务周期/债务大周期模型

下文提出的模型是基于我对48个债务大周期的研究结果，这48个周期包含了所有导致大国的实际GDP降幅超过3%（我称之为萧条）的案例。为清楚起见，我将受影响的国家分为两组：（1）以外币计价的债务占比较低，没有出现通胀性萧条的国家；（2）以外币计价的债务占比较高，出现了通胀性萧条的国家。由于一国以外币计价的债务占比和通胀率的相关性为75%左右（这应在意料之中，如果一国以外币计价的债务占比较高，萧条的发生往往伴随着通胀率走高），因此可以把以外币计价的债务占比较高的国家和出现通胀性萧条的国家分为一组。

通常情况下，一个国家之所以会爆发债务危机，是因为债务和偿债成本的增速高于偿债所需收入的增速，最后不得不去杠杆化。在典型的债务危机中，央行可以通过降低实际利率和名义利率缓解危机，但当央行无法降息时，就会出现严重的债务危机（即萧条）。在典型情况下，每个短期债务周期（即经济周期）的顶部和底部的债务与收入比率都会高于此前一个短期债务周期，多个短期债务周期叠加，就形成了长期债务周期，直到推动债务扩张的降息无法继续。下图显示了自1910年以来美国的债务水平和偿债负担（包括本金和利息）。从图中可以看出，虽然债务水平上升，但利息负担仍然持平甚至下降，因此偿债成本的增幅不及债务水平的增幅。这是因为央行（此处为美联储）通过降息保持债务融资扩张，但当利率降至 0% 时，央行就无法继续使用降息这一政策工具了。此时，去杠杆化进程就开始了。

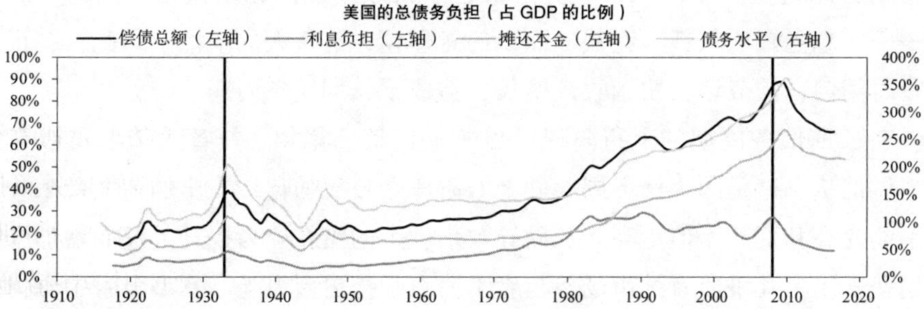

上图较好地反映了美国的债务负担的整体情况，但在以下两个方面并不充分：（1）该图没有展示各类实体负债水平的差异，而理解这一差异非常重要；（2）该图仅展示了通常意义上的债务，没有包含养老金和医保等负债，而后者的规模要大得多。在衡量一个国家的脆弱性时，更细化的分析是很重要的（但大部分相关问题超出了本书的范围）。

对周期的考察

在开发模型时，我们重点关注萧条之前的时期、萧条时期和萧条底部过后的去杠杆化时期。债务危机可以大体分为两类，即通缩性债务危机和通胀性债务危机（主要取决于一国以外币计价的债务占比）。我们将分别分析这两类危机。

我们研究了 21 个通缩性债务周期案例和 27 个通胀性债务周期案例，每个周期的时间跨度是从萧条底部之前 5 年延续至萧条底部之后 7 年，数据均值如后文图表所示。

值得注意的是，长期债务周期在很多方面与短期债务周期相似，只是长期债务周期更为极端，因为债务负担水平较高，而解决这些问题的货币政策效果又不够好。在大多数情况下，短期债务周期会给经济发展造成小幅颠簸（小规模的繁荣和衰退），而长期债务周期则会给经济发展带来大繁荣和大萧条。在过去的 100 年里，美国经历了两个长期债务周期，分别导致了 20 世纪 20 年代的大繁荣和 20 世纪 30 年代的大萧条，以及 21 世纪早期的繁荣和始于 2008 年的金融危机。

在短期债务周期中，限制支出的因素仅仅是贷款人提供信贷的意愿和借款人接受信贷的意愿。信贷宽松带来经济扩张，信贷紧缩则导致经济衰退。信贷供给量主要由央行控制，央行一般可以通过降息刺激债务周期发展，推动经济走出衰退。但随着时间的推移，每个短期债务周期的顶部和底部的经济活力都会超过上一个周期，债务总额也会持续增加。原因何在？因为人的推动——人总是喜欢借钱、花钱，而不愿意还债，这是人的本性。因此，在很长一段时间内，债务增长快于收入增长，造成了长期债务周期。

在长期债务周期的上行阶段，尽管人们负债累累，贷款人依旧可以自由地提供信贷。这是因为债务周期的上升阶段会自我强化：支出的增加带来收入水平的提高和资产净值走高，从而导致借款人的借款能力提升，进而增加采购和消费支出。几乎所有的市场参与者都愿意承担更多风险。新型金融中介机构和金融工具往往不受监管机构的监督和保护，因此更具竞争力，可以带来更高的回报率，承担更高的杠杆率，提供流动性更强、信用风险更大的贷款。由于信贷充足，借款人往往超额支出，带来表面的繁荣，贷款人也因形势大好而沾沾自喜。但这种现象难以持续，债务的增速不会永远超出偿债的资金和收入，因此债务问题早晚会出现。

债务与收入的比率一旦达到极限，上述过程就会反转。届时，资产价格下跌，债务人偿债出现困难，投资者因为害怕而保持谨慎，纷纷抛售债务，或拒绝将债务延期。这反过来会导致流动性问题，人们不得不削减开支。由于一个人的支出是另一个人的收入，削减开支必然导致收入水平下降，人们的信誉度降低。资产价格下跌，进一步挤压银行，而偿债金额还在继续增加，导致支出进一步减少。缺乏信贷和现金的公司减少开支，造成股市崩盘，社会冲突加剧，失业率上升。恶性循环不断自我强化，经济萎缩的局势难以扭转。债务负担过重，必须加以削减。在经济衰退时期，央行可以降息并增加流动性，以此放宽货币政策，改善贷款的能力和意愿。但在经济萧条时期，因为利率已经达到或接近0%，无法再降，一般的政策措施已无法增加流动性或资金。

这就是长期债务周期的形成过程。从信贷产生的那天起，就有了债务周期。信贷的产生可以追溯到罗马时代之前。《旧约全书》中描述了每50年就要消除一次债务的必要性，即所谓的“禧年”。像大多数戏剧一样，债务周期这部剧幕起幕落，在历史上不断重演。

请记住，金钱有两个功能：交换媒介和财富储藏手段。金钱的这两个功能决定了它服务于两个主人：（1）希望获得生活必需品的人，这些人一般为金钱而劳动；（2）用金钱的价值来储藏财富的人。纵观历史，这两类群体被冠以不同的称谓，第一类群体被称为工人、无产阶级或“穷人”，第二类群体被称为资本家、投资者或“富人”。为了简单起见，我们把第一类群体称为无产阶级工人，把第二类群体称为资本投资者。无产阶级工人通过出售自己的时间赚钱，而资本投资者的赚钱方式是“借出”自己对金钱的使用权，以换取债务人还本付息的承诺、业务所有权（我们称之为股权或股票），或其他资产（例如房地产）。这两类群体和政府（规则制定者）是债务周期这部剧的主要角色。这两类群体通常都可以从借贷交易中受益，但有时交易会导致一方受益、另一方受损。债务人和债权人尤其如此。

一个人的金融资产是另一个人的金融负债（即偿还资金的承诺）。如果对金融资产的索取权远远超出了可提供的资金，就必须进行大规模去杠杆化。这时，为支出提供资金的自由市场信贷体系就会失灵，甚至会在去杠杆化进程中发挥反作用，迫使政府进行大规模干预，央行不得不成为债务的大买家（即最后贷款人），中央政府需要重新分配支出和财富。在这种情况下，需要进行债务重组，减少未来支出索取权（即债务）对应的金额（即资金）。

资金索取权（债务）与货币供应量（即偿债所需的现金流）之间出现这种根本性失衡，在历史上曾多次发生，解决方案不外乎我之前介绍的4种方法。这个过程对所有相关方来说都是痛苦的，有时甚至会引发无产阶级工人和资本投资者之间的斗争。事态严重恶化时，甚至会导致贷款受损或被视为非法。历史学家说，信用创造所带来的问题正是高利贷（为获取利息而提供的贷款）被天主教和伊斯兰教视为有罪的原因。①

本书将研究造成重大债务危机的债务大周期，探讨债务周期如何运作以及应如何对其妥善管理。通缩性萧条和通胀性萧条是两种主要的债务危机，在开始之前，我想先说明两者的差异。

- 在通缩性萧条中，决策者会通过降息应对最初的经济萎缩。但当利率接近0%时，这一政策工具就无法有效地刺激经济。此时，债务重组和财政紧缩政策占主导地位，但没有适度的刺激措施（尤其是印钞和货币贬值）产生平衡效果。在这个阶段，收入下降速度快于债务重组速度，偿债会减少债务存量，但为了支付更高的利息成本，许多借款人不得不承担更多债务，因此债务负担（债务和偿债总额占收入的比例）上升。如上所述，通缩性萧条往往出现在大多数债务是国内融资的、以本币计价的国家，因此最终的债务危机会带来强制抛售和违约，但不会造成汇率问题或国际收支问题。

---

① 在整个中世纪，基督徒之间收取利息通常被认为是非法的。这就是为什么犹太人在贸易发展中发挥了重要作用，他们为商业拓展和航行提供了融资，但犹太人提供的贷款有时无法得到偿还。许多暴力侵害犹太人的历史事件都是由债务危机导致的。

- 通胀性萧条经常出现在依赖外资流动的国家。这些国家已经积累了大量以外币计价的债务，无法对债务进行货币化（即央行印钞购债）。当外资流动放缓时，信用创造就会变成信贷紧缩。在通胀性去杠杆化进程中，资本外流导致贷款水平和流动性急剧下降，同时汇率下跌拉高通胀率。由于决策者分散不良影响的能力非常有限，大量债务以外币计价的通胀性萧条特别难以管理。

我们将从通缩性萧条开始分析。

典型通缩性债务周期的各个阶段

下图展示了典型长期债务周期的7个阶段。图中的曲线分别代表经济体的债务总额占GDP的比例和偿债总额占GDP的比例，周期时长为12年。

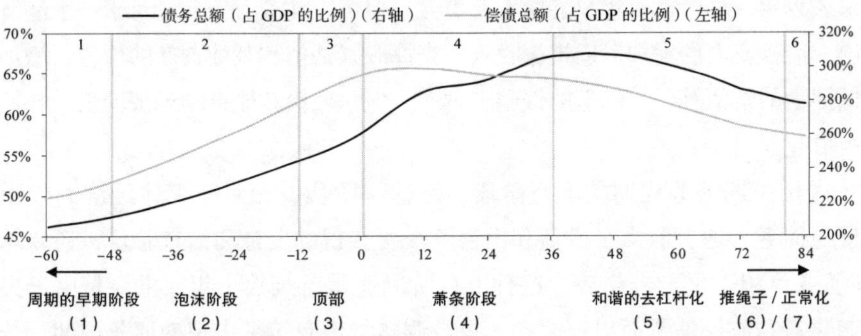

在本节中，我会一直使用类似上图的典型图示，展示通缩性债务周期案例的相关平均值。[①]

周期的早期阶段

在周期的早期阶段，债务增长强劲，但债务增速不会快于收入增速。这是因为债务增长被用来支撑那些可使收入快速增长的经济活动。例如，企业通过借钱拓展业务，提高生产率，从而支撑收入增长。在这一阶段，债务负担很小，资产负债表较为健康。因此，私营部门、政府和银行都有足够的空间来增加负债。债务增长率、经济增长率和通胀率既不太热，也不太冷。这就是所谓的“黄金”时期。

泡沫阶段

在泡沫阶段初期，债务增速快于收入增速。快速增长的债务导致资产回报率和经济增长率加速上扬。这一过程通常会自我强化，因为收入、净值和资产价值的增加提高了借款人的借款能力。之所以会出现这种情况，是因为贷款

① 典型图示对异常值的敏感度很高，特别是对于通胀率等波动较大的指标。每个图示中，我们大致排除了1/3的案例，因为这些案例与平均值相关度最低。

人根据以下条件决定贷款金额：（1）借款人用于偿还债务的预期收入或现金流；（2）借款人的净值或抵押品价值（随资产价格上涨而上涨）；（3）贷款人自身的贷款能力。在这一阶段，以上所有条件都持续向好。虽然这种情况不可持续（因为债务增速高于偿债所需的收入增速），但借款人自我感觉资金实力雄厚，因此会花的比挣的多，并借钱高价购买资产。下面举一个例子予以说明。

假设你每年挣 5 万美元，净值为 5 万美元，每年可以借到 1 万美元，这样在未来数年，尽管你每年只能挣 5 万美元，但可以花 6 万美元。对于一个经济体来说，借款支出的增加可以提振收入，支撑股票估值和其他资产的价值，增加贷款抵押物的价值等。人们借的钱越来越多，但只要借款能推动经济增长，就还能负担得起。

这是长期债务周期的上行阶段。在这一阶段，相对于整体经济的货币供应量与债务人通过收入、借债和出售资产所获得的资金和信贷总量，还款承诺（即债务负担）呈上升趋势。这种上行阶段通常持续数十年，主要是由于央行定期收紧和放松信贷而出现波动。央行调整货币政策带来短期债务周期，若干个短期债务周期叠加，形成长期债务周期。

长期债务周期得以持续的一个主要原因是央行降息是循序渐进的。降息会增加资产价格的现值，提高资产价格，进而增加财富。这样一来，偿债负担就不会增加，信贷购物的月度偿还成本也会降低。但这个阶段不可能永远持续下去。最终，债务人的偿债总额将等于或大于可借入的资金，债务总额（即偿还资金的承诺）严重超出现有的资金数量。当债务总额相对于资金和信贷不能再增加时，这个过程就会逆转，于是开始去杠杆化。由于借款只是一种让人提前支出的方式，因此，在其他条件相同的情况下，上述例子中每年挣 5 万美元而花 6 万美元的人在未来将不得不把年支出降为 4 万美元，持续的年数与之前每年花 6 万美元的持续年数相同。

虽然上述过程有点儿过于简单化，但基本描述了泡沫膨胀和萎缩的发展过程。

泡沫始于牛市

在股市合理上扬期间，人们往往会过分预期这一走势的持续时间，从而导致泡沫出现。牛市最初是合理的，由于利率较低，投资性资产（例如股票和房地产）更具吸引力，因此股价和房地产价格上涨，经济形势改善，带来经济增长和企业利润增加，资产负债表改善，企业可以承担更多债务，企业价值增加。

随着资产价值增加，净值和支出 / 收入水平上升。投资者、商人、金融中介机构和政府坚定了对经济持续繁荣的信心，进而推动加杠杆化进程。经济繁荣也吸引不想错失良机的新买家进入市场，助长了泡沫的出现。很多时候，政府提供隐性或显性的担保，鼓励贷款机构肆意放贷，导致出现低收益贷款和泡沫。

随着新的投机者和贷款人进入市场，信心进一步提升，信贷标准下降。银行提供大量贷款，一些基本不受监管的新型贷款机构蓬勃发展（这些非银行贷款机构被统称为“影子银行”系统）。影子银行机构通常不太受政府保护。在这个阶段，会有大量新型贷款工具涌入市场，大量的金融工程应运而生。

贷款人和投机者轻松赚钱，迅速发财。投机者抵押资产的净值上涨，又可以获得新的贷款，进一步助长泡沫膨胀。这时，大多数人认为这不是问题。相反，他们认为这恰好反映和证实了经济繁荣的景象。债务周期的这个阶段通常会自我强化。以股票为例，股价上涨会增加企业的支出和投资，从而提高企业利润，进一步拉高股价，降低信贷息差，鼓励企业增加借款（因为抵押品的价值增加，企业盈利增长），进而影响企业的支出和投资等。在这种情况下，大多数人认为资产是宝贵的财富，认为没有资产的人都错失了良机。在这种形势下，各类机构都买入资产，造成资产负债出现严重不匹配，具体形式如下：（1）短借长贷；（2）承担流动负债，但投资非流动资产；（3）利用借入资金投资风险较高的债务或其他风险资产；（4）以一种货币借款，用另一种货币贷款。这些做法都是为了获得预期的价差。在此期间，债务水平持续攀升，而偿债成本上涨得更快。下图展示了这种情况。

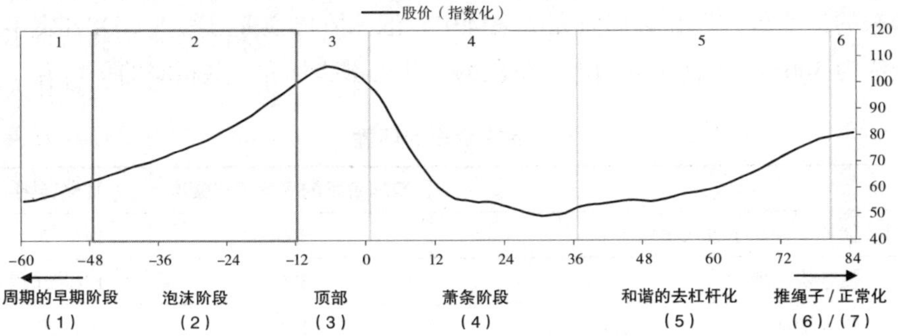

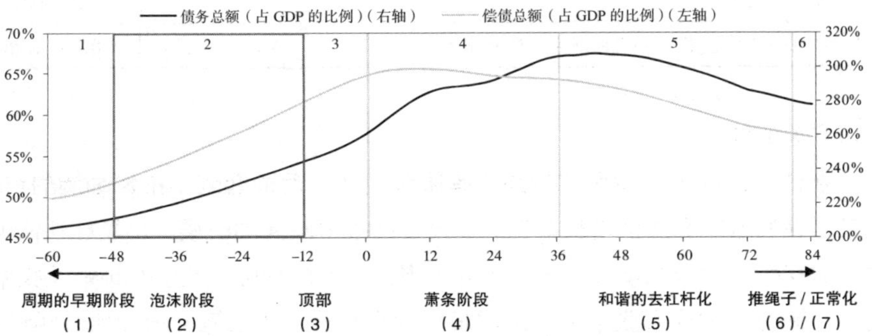

资本市场的共识会反映在定价里。虽然历史证明未来可能与预期不同，但人们往往认为这种共识能较好地预示未来。换句话说，像大多数物种一样，人类的天性就是随大流，并且会过分依赖近期的经验。正是由于人类的这一特性，由于价格反映的共识，人们往往推断近期的良好形势会延续下去。

在这种情况下，债务与收入比率的增长非常迅速。下图显示了通缩性去杠杆化案例中债务在GDP中占比的典型发展路径。就泡沫阶段平均而言，三年时间内，债务增长占GDP的20%~25%。下图中，两条线分别反映了在长期债务周期的不同阶段，债务总额在GDP中的占比变化和偿债总额在GDP中的占比变化。

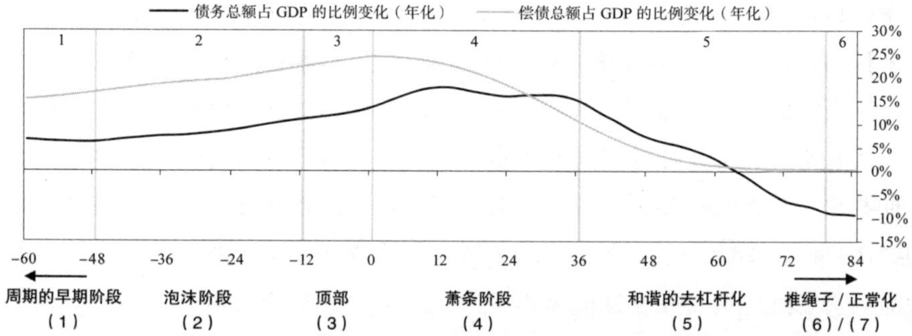

泡沫最有可能发生在经济周期、国际收支平衡周期或长期债务周期的顶部。随着泡沫阶段接近顶峰，经济最为脆弱，但人们自认为富裕程度最高，对未来的信心最大。在我们研究的案例中，泡沫阶段债务总额占GDP的比例平均约为300%。下面是典型泡沫阶段的一些关键指标和一些粗略的平均值。

泡沫阶段的环境

	泡沫阶段的平均变化幅度	变化范围
（1）债务增速高于收入增速	40%	14%~79%
债务快速增加	32%	17%~45%
收入增速较高，但低于债务增速	13%	8%~20%
（2）股市持续上扬	48%	22%~68%
（3）收益率曲线趋平（短期利率 – 长期利率）	1.4%	0.9%~1.7%

货币政策的作用

在许多情况下，**货币政策并没有限制泡沫，反而起到了推波助澜的作用**，尤其是在通胀率和经济增长率良好，投资回报率较高的时候。市场往往认为在这一时期生产率繁荣增长，投资者的乐观情绪不断加强，纷纷举债购买投资性资产。此时，关注通胀率和经济增长率的央行往往不愿意充分收紧货币政策。

日本在20世纪80年代后期出现过这种情况，世界大部分国家和地区在20世纪20年代后期和21世纪前10年的中期也曾出现类似的情况。

这是大多数央行政策面临的一大问题。央行政策以控制通胀率和经济增长率为目标，并不针对泡沫管理，但在通胀率和经济增长率似乎并不过高的情况下，央行政策带来的债务增长为泡沫的产生提供了资金。在我看来，央行应当把“保持债务水平的可持续性”作为目标之一，确保无论信贷被用于何处，收入增长都足以偿债。这一点非常重要。央行决策者有时会说，泡沫难以发现，评估和控制泡沫不是其职责，控制通胀率和经济增长率才是。但资金和信贷是由央行控制的，当这些资金和信贷卷入债务问题时，会对通胀率和经济增长率造成巨大影响。泡沫破裂会带来最严重的萧条，如果助长债务增长的央行不来控制泡沫，还有谁能控制呢？泡沫的极度膨胀和破裂会造成严重的经济后果，决策者忽视泡沫管理是不明智的，我希望他们会改变观点。

当通胀率过高，经济增长过热时，央行通常会适度收紧货币政策，上调短期利率。但典型的货币政策并不足以管理泡沫，因为泡沫仅出现在一些特定的经济部门，而央行关注的是整体经济情况，在泡沫阶段央行的政策反应往往会滞后。与此同时，借款人还没有出现偿债成本攀升的压力。在这个阶段，支付利息的钱越来越多地来自借款，而不是收入增长。这一趋势显然难以持续。

当泡沫破裂时，形势急转直下，造成泡沫的那些因素同样使经济衰退出现自我强化的特点。资产价格下跌拉低杠杆投机者的股票和抵押品价值，导致贷款人撤回资金，投机者不得不进行抛售，进一步压低资产价格。此外，风险较高的金融中介机构和风险投资会出现贷款人和投资者“挤兑”（提取资金）的现象，从而导致流动性问题。通常情况下，如果受影响的一个市场或多个市场规模很大，杠杆率很高，存量债务可能会带来系统性威胁，债务问题可能会摧毁整个经济。

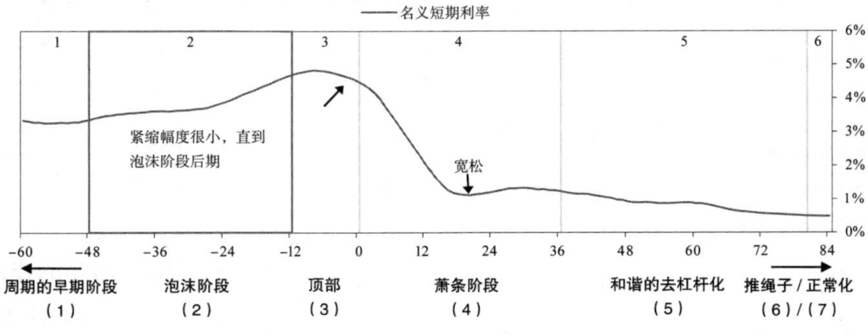

发现泡沫

虽然各个案例的具体情况不同（例如，泡沫大小，泡沫存在于股市、房地产市场还是其他资产市场[①]，泡沫破裂的具体过程等），但在不同的案例中，泡沫的相似之处远远超过不同之处。每一次泡沫都是一系列符合逻辑的因果关系的产物，可以通过研究其背后的逻辑关系了解泡沫的形成。了解了泡沫形成的关键特征，就能很容易地识别泡沫。

为了能在重大债务危机发生前识别危机，我研究了所有主要市场，分析市场中是否存在泡沫，我还研究了泡沫破裂会冲击的领域。本书省略了详细的研究过程，但泡沫最明确的特征可以总结如下。

（1）相对于传统标准来看，资产价格偏高。
（2）市场预期目前的高价会继续快速上升。
（3）普遍存在看涨情绪。
（4）利用高杠杆融资买进资产。
（5）买家提前很长时间买入（例如增加库存、签订供应合同等），旨在投机或应对未来价格上涨的影响。
（6）新买家（之前未参与市场者）进入市场。
（7）刺激性货币政策进一步助长泡沫（而紧缩性货币政策会导致泡沫破裂）。

如下表所示，根据我们的系统测量，过去的泡沫包含大多数或全部上述特征。（N/A 表示数据不足。）

利用上述框架分析此前泡沫

	2007 年美国	2000 年美国	1929 年美国	1989 年日本	2007 年西班牙	2007 年希腊	2007 年爱尔兰	1994 年韩国	1997 年中国香港	2015 年中国内地
相对于传统标准来看，资产价格是否偏高?	是	是	是	是	是	是	是	是	是	是
市场是否预期目前的高价会继续快速上升?	是	是	是	是	是	是	是	是	是	是

① 在 2008 年美国金融危机中，住宅和商业房地产、私募股权、低评级信贷和上市股票（股票金额较小）是高价和高杠杆买入的资产。在美国大萧条和日本去杠杆化期间，股票和房地产也是高价和高杠杆买入的资产。

（续表）

	2007 年美国	2000 年美国	1929 年美国	1989 年日本	2007 年西班牙	2007 年希腊	2007 年爱尔兰	1994 年韩国	1997 年中国香港	2015 年中国内地
是否依靠高杠杆融资买进资产？	是	是	是	是	是	是	是	是	N/A	是
买家 / 公司是否提前买入？	是	是	N/A	是	否	是	否	是	是	否
是否有新买家进入市场？	是	是	N/A	是	否	是	是	是	N/A	是
是否普遍存在看涨情绪？	是	是	N/A	是	否	否	否	N/A	N/A	是
紧缩风险是否引发泡沫破裂？	是	是	是	是	是	是	否	否	是	是

在这一点上我想强调，认为仅靠一个指标就可以预测债务危机是否即将到来是错误的。例如整个经济体的债务与收入比率、偿债与收入比率，虽然这些指标都很有用，但仍不足以说明情况。为了更好地预测债务危机，我们必须考察单个实体的具体偿债能力，而这是平均值无法体现的。更具体地说，即使整个经济体的债务与收入比率或偿债与收入比率较高，只要债务在整个经济体中的分布较为平均，也不会造成太严重的问题，相对糟糕的情况是，大量债务集中在某几个重要实体中。

顶部

当资产价格受到大量杠杆式买盘推动，市场全面上涨，杠杆化水平和资产价格过高时，走势逆转的条件成熟。这反映了一个普遍的原则：如果市场已经好到不能再好，但每个人都认为它还会更好时，市场的顶部就形成了。

虽然顶部的形成是由不同的事件造成的，但大多数情况下，顶部出现于央行开始收紧货币政策，提升利率时。在某些情况下，紧缩是由泡沫本身引起的，因为经济增长率和通胀率上升，产能极限开始承压。在其他情况下，紧缩是由外部因素引起的。例如，在一个依赖向外部债权人借款的国家，由于外部原因导致借款被撤回，会使该国出现流动性紧缩。如果一国收紧货币政策，到一定程度后可能导致外资撤出。外资撤出的原因可能与该国的经济形势无关（例如储备货币国家因周期性经济形势而收紧流动性，或金融危机导致资本回落等）。此外，如果债务的计价货币相对于收入的计价货币升值，就会对借款人造成尤其严重的挤压。有时，意外的现金流不足（原因多种多样）可能会引发债务危机。

无论是什么原因造成偿债压力骤增，都会损害资产价格（例如股价），导致反向的“财富效应”[①]，因为贷款人开始担心自己可能无法拿回现金。借款人受到挤压，因为他们的新增借款越来越多地被用于还债，再加上有时债务无法延期，借款人的支出增速减缓。这往往是因为人们对未来现金流的假设过于乐观，借款高价购买投资性资产。通常情况下，此类信贷 / 债务问题会比经济周期峰值早半年出现，最初产生在最脆弱、泡沫最大的经济部门。风险最高的债务人开始无法按时还款，债权人开始担心，信贷利差上升，高风险贷款增速放缓。市场开始抛售高风险资产，选择持有低风险资产，造成收缩范围扩大。

通常，在顶部的早期阶段，短期利率上升，与长期利率的利差（即长期贷款相对短期贷款提供的额外利息）逐渐缩小或消除，与持有现金相比，贷款的吸引力下降。由于收益率曲线持平或倒挂（即长期利率相对于短期利率处于最低水平），就在泡沫破裂之前，人们开始觉得持有现金更好，这种心态的转变减缓了信贷增长，引发上述态势发展。

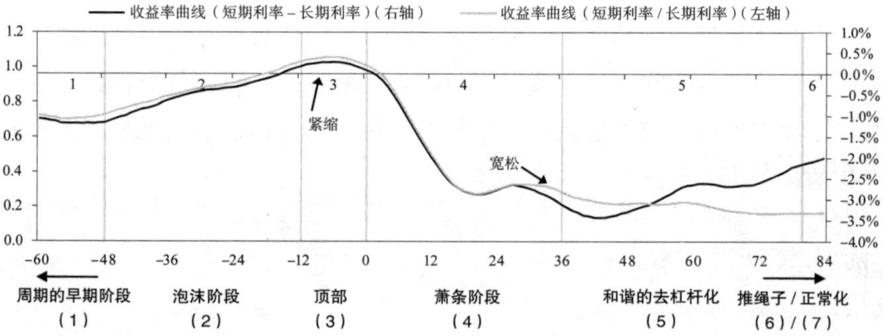

在顶部的早期阶段，信贷体系部分受损，但其他部分仍然健康运转，人们看不出经济正在走弱。因此，虽然央行仍在加息和收紧信贷，但衰退的种子已经播下了。通常情况下，在股市触顶前 5 个月左右，信贷紧缩的速度是最快的。此时的经济高速运转，需求给产能造成压力，失业率通常处于周期性低点，通胀率持续上升。短期利率的上升使持有现金更具吸引力，提高了资产未来现金流的折现率，削弱了高风险资产的价格，放缓了贷款增速。短期利率走高后，信贷购物成本更高，因此需求增速会放缓。短期利率通常在股市触顶前几个月达到峰值。

---

① 当一个人的财富总量下降时，就会出现反向的“财富效应”，导致贷款和支出减少。借款人一方面存在担心的负面心理，另一方面财务状况变差，抵押品减少，因此贷款水平会下降。

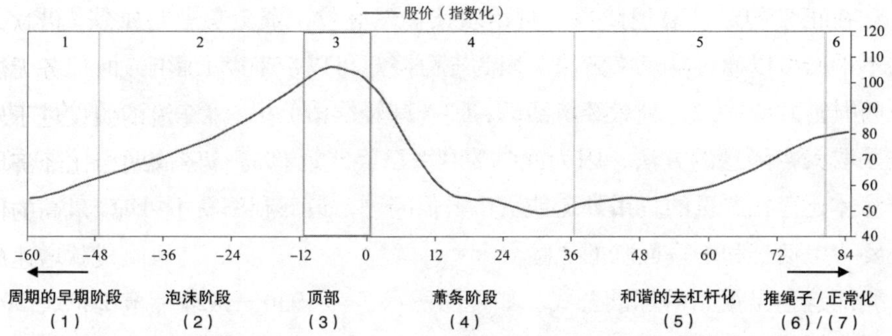

杠杆化水平和价格越高，刺破泡沫所需的紧缩程度越小，泡沫破裂所带来的负面影响也越大。要了解可能发生的经济衰退的严重程度，需要知道的不是紧缩的具体程度，而是每个特定部门对紧缩的敏感性和损失的传导机制。为了更好地解答这些问题，需要分析的是经济中的每个重要部门以及这些部门中的每个主要参与者，而不是整个经济体的平均值。

在泡沫刚刚破裂的这段时期，资产价格变动造成的财富效应对经济增长率的影响大于货币政策的影响，但人们往往会低估财富效应的影响。在泡沫破裂的早期阶段，股价下跌，但企业盈利尚未下降，因为与此前的盈利和预期的盈利相比，此时的股价相对较低。投资者会误以为此时的股价下跌是买入机会，但没有考虑到，未来的事件可能会导致盈利急速下跌。逆转是自我强化的。随着财富水平下降，收入减少，信誉状况会恶化，限制贷款活动，从而损害支出，降低投资率，也降低融资购买金融资产的吸引力。这反过来又导致资产的基本面进一步恶化（例如，经济活力减弱，导致企业盈利长期低于预期），市场会进一步抛售资产，压低资产价格。这对资产价格、收入和财富产生了加速的下行影响。

萧条阶段

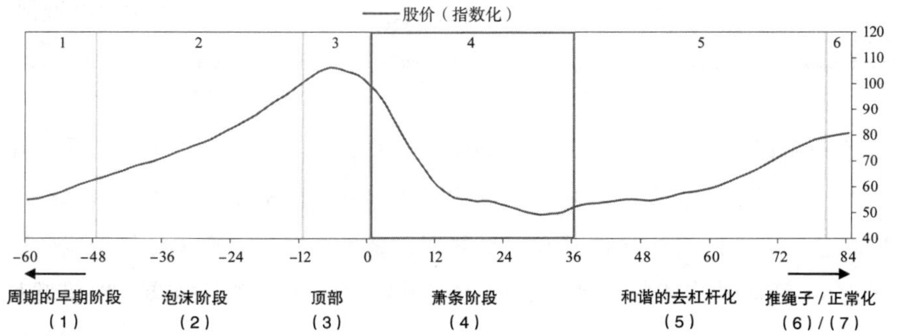

在正常的经济衰退阶段，货币政策仍然有效，资金总量与偿债需求之间的不平衡可以通过降息来解决，因为充分降息可以带来以下影响：（1）产生积极的财富效应；（2）刺激经济活动；（3）减轻偿债负担。但在经济萧条时期无法采取大幅降息的方法，因为此时的利率已经接近0%。如果处于萧条阶段的经济体还存在严重的货币外流或货币贬值问题，最低利率就不可能太低，因为还要考虑信贷和汇率面临的风险。

而这正是萧条的标准公式。如下图所示，在1930—1932年和2008—2009年萧条期的早期阶段都出现了上述问题。在一些案例中，决策者的危机管理做得较好。以美国为例，2007—2008年，美联储迅速降息，在降息无效的情况下，进一步采取其他刺激措施，因为决策者从此前的错误中吸取了教训——20世纪30年代，美联储放宽货币政策的步伐太慢，有时甚至为捍卫美元与黄金的挂钩而收紧货币政策。

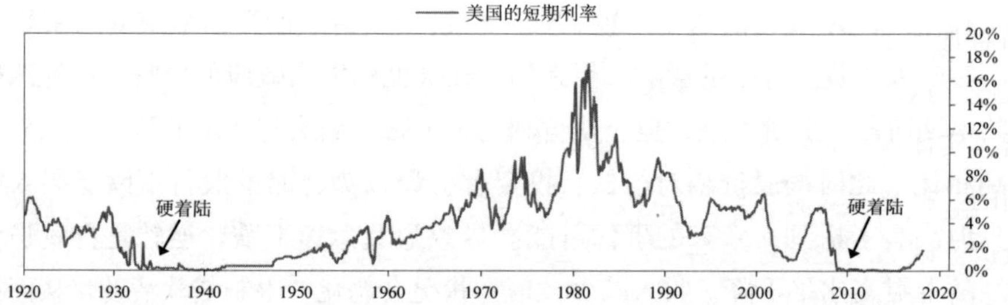

从下图中可以看出，在我们研究的21次通缩性债务危机中，平均利率大幅下降，趋近0%。

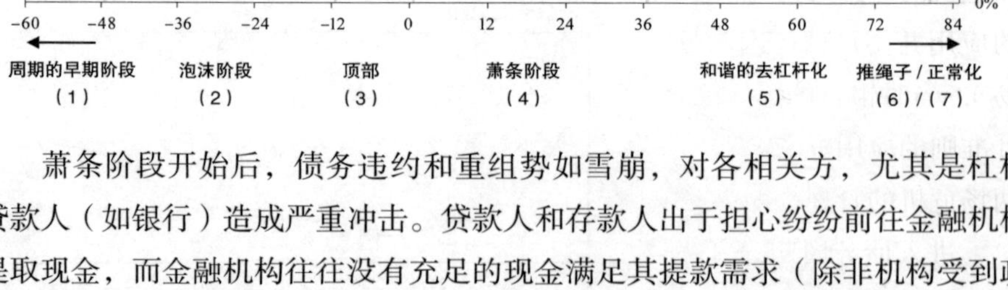

萧条阶段开始后，债务违约和重组势如雪崩，对各相关方，尤其是杠杆贷款人（如银行）造成严重冲击。贷款人和存款人出于担心纷纷前往金融机构提取现金，而金融机构往往没有充足的现金满足其提款需求（除非机构受到政府保护）。降息的作用并不明显，因为无风险利率已经降至最低，而信贷利差走高，导致高风险贷款的利率上升，进一步增加还本付息的难度。对于出现流动性问题和“挤兑”风险的贷款机构，降息的作用不大。在这一阶段，债务违约和财政紧缩等通缩性因素占主导地位，印钞购债（即债务货币化）等刺激性通胀因素难以充分抵消通缩性因素的影响。

一方面，借款人争先恐后地寻找现金偿债；另一方面，投资者不愿意继续提供贷款。于是，流动性（即资产变现的能力）就会出现严重问题。举例来说，如果你持有的债务票据价值 10 万美元，你相信凭此票据可以兑换 10 万美元现金，可用于购买价值 10 万美元的商品和服务。然而，在经济不景气的阶段，金融资产与存量资金的比率较大，当人们急于将大量金融资产转换成货币，用于购买商品和服务时，央行要么通过加印货币提供市场所需的流动性，要么就要允许出现债务违约。

萧条和偿付能力问题以及萧条和现金流问题可能互为因果。在很多情况下，偿付能力问题和现金流问题同时存在。偿付能力问题是指，根据会计准则和监管规则，相关实体没有足够的股权资本来继续运营，已经“破产”，必须关停。这时，会计法规会对债务问题的严重程度产生重大影响。现金流问题是指，实体没有足够的现金来满足其需求，一般是因为其贷款人要求还款（即所谓的“挤兑”）。资本充足的实体也可能面临现金流问题，因为权益属于非流动资产。缺乏现金流这一问题影响直接，后果严重，是大多数债务危机的触发因素和主要问题所在。

不同的问题需要不同的应对方法。如果存在偿付能力问题（即债务人没有足够的股权资本），则会产生会计或监管问题，可以通过以下方式予以处理：（1）提供足够的股权资本；（2）更改会计准则和监管规则，以隐藏问题。政府可以通过财政政策直接实现这一目标。如果债务是以本币计价的，政府可以通过巧妙的货币政策间接实现这一目标。同样，如果存在现金流问题，政府可以通过制定财政政策和货币政策，提供解决问题所需的现金或担保。

在 20 世纪 80 年代和 2008 年，世界上曾爆发债务 / 银行业危机，而这两场危机的差异有力证明了上述因素的影响。在 20 世纪 80 年代，盯市会计准则的应用并不广泛（因为危机涉及的部分贷款并非每天都在公开市场上进行交易），当时银行的偿付能力问题不像 2008 年那样严重。而到 2008 年，盯市会计准则的应用范围扩大，银行需要获得注资或担保来改善资产负债表。虽然这两场危机的管理都很成功，但其管理方式必然存在差别。

进入债务周期的萧条阶段（即严重收缩阶段），政府往往会运用从此前的萧条阶段学到的保护措施（例如，提供银行存款保险，提供最后贷款人资金支持和担保，为系统重要性机构注资，或将其国有化）。这些措施会有所帮助，但不能解决根本问题，因为政府没有充分考虑债务危机的确切性质。通常情况下，大量贷款存在于相对不受监管的影子银行系统，或存在于具有意外风险且监管力度不足的新型债务工具。如何应对这些新问题取决于政府的决策能力，还取决于现有体制赋予他们的自由度。

一些人错误地认为萧条是心理因素所致。他们认为，投资者之所以将资金从高风险投资转移到更安全的投资（例如，抛售股票和高收益贷款，转向持有政府债券和现金），是因为害怕。他们坚信，如果能诱使投资者把资金转回高风险投资，必将重振经济。这个观点的错误之处有二。首先，与普遍看法相反，去杠杆化的主要驱动力并非心理因素，而是信贷、资金、商品和服务的供求情况，以及这几个要素之间的相互关系。心理因素当然会产生影响，特别是会影响相关方的流动性头寸。但即使大家一觉醒来集体失忆，危机依然会照常发展，因为债务人需要偿还的债务远远大于他们能获得的资金。政府仍然会面临同样的选择、同样的后果。

与之相关的是，如果央行通过大量印钞缓解资金短缺，将会导致本国货币贬值。债权人本就担心收回的本息价值小于自己贷出的金额，这下央行就会把他们的担心变成现实。有些人认为，资金存量没有发生变化，只是从风险较高的资产转移到风险较低的资产，但事实并非如此。大部分被视为资金的东西其实是信贷，而信贷这种东西，会在经济繁荣的时候凭空出现，也会在经济不振的时候凭空消失。例如，在使用信用卡购物时，其实消费者是在说："我承诺付款。"消费者和店主一起创造了一份信贷资产和一份信贷负债。而资金来自哪里？资金是凭空出现的。你凭空创造了信贷，它也会凭空消失。假设店主有理由相信消费者可能不会还款给信用卡公司，因而信用卡公司也不会付款给店主。那么，店主就会认为自己所拥有的信贷资产并不真实存在，而这种观点是正确的。信贷资产并没有转移，而是彻底消失了。

也就是说，去杠杆化进程基本上就是，人们发现自己所谓的财富其实大部分不过是他人的付款承诺，一旦对方不遵守承诺，自己的财富就不复存在了。当投资者需要现金，试图把投资变现时，变现能力就会面临考验，一旦未通过考验，就会造成恐慌，引发"挤兑"和证券抛售。显然，那些遭遇"挤兑"的实体（特别是银行，也包括大多数依赖短期融资的实体）难以筹集资金和信贷，无法满足投资者的变现需求，于是爆发债务违约。

债务违约和重组会给人们带来重创，尤其是对杠杆贷款人（例如银行）。恐慌心理在金融体系内加速传递，且愈演愈烈，大家都想要现金，导致现金短缺（即流动性危机）。具体发展进程如下：最初，债务人的收入和借款不足以偿债，因此必须出售资产，削减开支，以筹集现金；抛售导致资产价值下跌，从而降低了抵押品的价值，使收入进一步减少。借款人信誉度的评估标准有两个：一是资产 / 抵押品相对于债务的价值（即借款人的净值），二是收入相对于偿债总额的规模。由于借款人的净值和收入都比债务减少得快，信誉度恶化，贷款人更不愿意放贷，导致形势每况愈下。

萧条阶段的主导因素是债务减免（即债务违约和重组）和财政紧缩等通缩性力量，债务货币化的力度不足。一个人的债务是另一个人的资产，大幅削减这些资产的价值会大大减少对商品、服务和投资性资产的需求。若想债务减记发挥效果，减记规模必须较大，这样债务人才能还得起重组后的贷款。如果债务减记 30%，那么债权人的资产就会相应减少 30%。30% 的减记幅度听上去已经很大了，而其实际影响更大。由于大多数债权人都加了杠杆（例如，借钱购买资产），因此债权人资产减记 30% 对其净值的影响可能会大得多。例如，假设债权人的杠杆率为 2 : 1，则资产减记 30% 的情况下，其净值将下降 60%（由于他们的资产是净值的两倍，资产价值下降对净值的影响也是成倍的）。[①] 由于银行的杠杆率一般约为 12 : 1 或 15 : 1，债务减记会对银行乃至整个经济造成毁灭性打击。

即使进行了债务减记，随着支出和收入的减少，债务负担也会加重。债务水平相对净值会上升，如下图所示。债务与收入比率和债务与净值比率双双上升，而获得信贷越来越难，信贷紧缩自然会越来越严重。

家庭负债与净值的比率

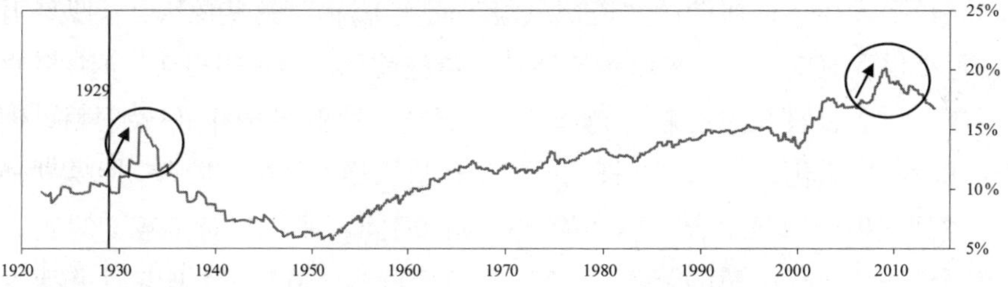

在萧条期间，资本投资者阶层的“实际”财富严重受损，因为投资组合的价值暴跌（股价的跌幅通常在 50% 左右），收入下降，税率往往较高。因此，他们会产生极强的防备心理。很多时候，他们会选择把资金转移出国（这会导致汇率疲软），想方设法避税，或选择持有不依赖信贷的流动性投资工具

① 其中的数学原理如下：如果债权人的杠杆率为 2 : 1，则其资产价值是净值的两倍。假设你有 100 美元资产，那么你的净值为 50 美元，债务为 50 美元。如果你的资产缩水 30%，则剩余资产为 70 美元，债务为 50 美元，净值为 20 美元。净值与之前相比，贬值了 60%，尽管你的资产仅下降 30%。在杠杆率为 2 : 1 的情况下，资产贬值对净值的影响翻一番（同理，在杠杆率为 3 : 1 的情况下，资产贬值对净值的影响会扩大到原来的三倍，以此类推）。

（例如低风险的政府债券、黄金或现金）。

当然，实体经济和金融市场都受到了影响。由于货币政策效力有限，不受控制的信贷紧缩会对经济和社会造成灾难性打击。劳动者收入急剧减少，甚至失业。勤勤恳恳养家的工人失去了工作机会，陷入贫困，或需要依靠他人。家庭因还不起房贷而失去居住场所，养老金账户被一扫而光，教育储蓄账户也所剩无几。如果决策者不能采取新型货币政策充分抵消萧条的通缩力量，这些情况可能会持续多年。

萧条的管理

如前所述，减轻债务负担的政策工具分为四大类：（1）财政紧缩；（2）债务违约 / 重组；（3）债务货币化 / 印钞；（4）财富转移（从富人转移到穷人）。决策者可以充分利用这些工具，减轻萧条的最坏影响，对受影响的贷款人和借款人及整体经济形势加以管理。但这些政策工具对经济和信誉度的影响不尽相同，认识到这一点很有必要。关键在于，决策者要找到正确的政策组合，在通胀性刺激政策和通缩性政策之间达到平衡。

刚开始的时候，政府往往找不到财政紧缩、印钞和财富重新分配的正确比例。纳税人对债务人和金融机构感到愤怒（因为后者的过度杠杆和借款引发了债务危机），不希望政府用自己的钱去救助他们，这种情绪可以理解。政府也有理由相信，如果不让贷款人和借款人承担自身行为带来的不良后果，过度借债将再次发生（即所谓的“道德风险”问题）。由于这些原因，决策者往往不愿意提供政府支持，在采取刺激性补救措施前往往会观望很久。但决策者等待得越久，去杠杆化进程就会越痛苦。[①] 最终，决策者选择进行大规模担保、印钞和债务货币化，推动去杠杆化的经济体进入通货再膨胀阶段。如果央行能迅速找到正确的政策组合，那么萧条持续的时间可能会相对短暂（例如 2008 年美国债务危机后短暂的萧条）。否则，萧条可能会持续很长时间（例如美国 20 世纪 30 年代的大萧条，或日本 20 世纪 80 年代后期泡沫经济崩溃后的“失去的十年”）。

重申一下，债务危机的管理存在两大障碍：（1）政府不知道如何妥善处理债务危机；（2）存在政策或法律限制，政府没有采取必要行动的权力。换言之，无知和缺乏授权是比债务本身更大的问题。要成为一名成功的投资经理

---

① 在去杠杆化进程中，债务减免和财政紧缩政策能够发挥有益的作用，我对此并不否认。但如果不搭配以通货再膨胀性印钞、债务货币化和担保，债务减免和财政紧缩会造成巨大的痛苦，不足以恢复经济形势。

很难，要成为一名成功的经济决策者更难。我们作为投资者只需要了解经济机器如何运作，从而预测未来的经济和市场走势。而决策者不仅要做到这一点，还要确保一切顺利——他们必须要知道应该制定哪些政策，同时还需要克服所有的政治障碍，顺利实施这些政策。要做到这一点，决策者需要具备高水平的聪明才智、战斗意志和政治头脑，也就是既要有实操技能，又要有英雄主义精神。有时，即使决策者具备这些品质，也可能会因所处体制的限制而失败。

下面，我将分别介绍这 4 类政策工具，分析在萧条阶段应如何使用这些政策工具。

财政紧缩

在萧条阶段，决策者通常会尝试实施财政紧缩政策，因为这是显而易见的做法。面对给自己和别人惹麻烦的人，决策者自然会选择让他们自行承担后果。但问题是，即使进行大规模的财政紧缩，也不能使债务和收入恢复平衡。削减支出，收入就会减少，因此要十分痛苦地大量削减开支，才能大幅降低债务与收入的比率。

随着经济的收缩，政府收入一般会减少。与此同时，社会对政府的要求在增加。因此，财政赤字通常会增加。为了满足财政需求，此时政府倾向于提高税收。

这两种举措都大错特错。

印钞止血，刺激经济

贷款机构，特别是那些不受政府担保保护的机构，经常会遭遇“挤兑”。此时，央行和中央政府必须决定应该让哪些存款人 / 贷款人免受损失，应该让哪些存款人 / 贷款人承担损失，确认哪些机构具有系统重要性，需要施救。与此同时，中央政府还需要尽力确保金融 / 经济体系的安全，最大限度地降低政府 / 纳税人的成本。在这种情况下，政府会为具有系统重要性的金融机构提供各种担保，其中一些机构往往会被国有化。通常情况下，会存在诸多法律和政治障碍，影响政府施救的速度和效果。施救所需的资金一部分来自政府（通过预算程序拨款），一部分来自央行（印钞）。这两种做法政府最终都会采用，但具体实施程度可能不同。除了向一些核心银行提供资金外，政府通常还向其认为必不可少的一些非银行实体提供资金。

接下来，政府必须缓解信贷危机，刺激整体经济。政府可能难以通过税收和借款筹集资金，因此央行被迫增加印钞量，提供更多资金，用于购买国债。如果不这么做，政府就必须跟私营部门争夺有限的资金，导致资金面进一步紧张。因此，央行最后会不可避免地选择印钞。

一开始，政府实施的政策力度往往较小，无法改善收入和债务不平衡现象，难以扭转去杠杆化进程，之后则会逐渐加大政策力度。这些早期的努力通常会为局势带来暂时的缓解，表现为资金推动的熊市反弹和经济活动的增加。在美国大萧条期间，股市大涨过 6 次（涨幅为 16%~48%），而总跌幅为 89%。股市之所以会反弹，是因为政府采取行动，努力减少根本性失衡。如果政府管理得当，选择进行印钞，购买资产，提供担保，那么债务周期会从萧条期（痛苦的去杠杆化）进入扩张期（和谐的去杠杆化）。下图显示了美国在 20 世纪 30 年代和 2008 年后的印钞操作。

虽然高度刺激性的货币政策对于去杠杆化必不可少，但一般不能完全解决问题。当系统重要性机构出现失败的风险时，决策者必须采取措施使这些机构保持运转。他们必须立即采取如下行动。

- **减少恐慌，提供债务担保**。政府可以增加对存款和债务发行的担保。央行可以为系统重要性机构（指的是那些一旦倒闭会威胁金融系统和经济体持续运行的机构）注资。有时，政府可以实施存款冻结，强制把流动性留在银行体系中。这种做法通常不受欢迎，因为会加剧恐慌，但有时也很有必要，因为这是提供资金或流动性的唯一方式。
- **提供流动性**。面对私人信贷收缩、流动性紧张的局势，央行可以扩大抵押品范围，或为更多此前不被视为贷款对象的金融机构提供贷款，确保为金融系统提供充足的流动性。
- **支撑系统重要性机构的偿付能力**。第一步通常是激励私营部门解决问题，常用方法是支持出现问题的银行与状况良好的银行合并，并在监管层面推动向私营部门提供更多资本。此外，通过调整会计准则，减少立即需要的资金，维持机构的偿付能力，为机构提供解决问题的时间。

- **对系统重要性金融机构进行资本重组/国有化/损失覆盖**。如果以上方法不足以处理系统重要性金融机构的偿付能力问题，那么政府需采取措施对出现问题的银行进行资本重组。为防止危机恶化，稳定贷款人并维持信贷供应至关重要。某些机构是金融系统的一部分，即使这些机构目前不具有经济效益，但失去它们是我们不愿看到的。这就像是在经济萧条时期，我们不愿因为一个航运港破产而彻底失去它。要想使该航运港继续经营，船只继续来往，就必须为其提供某种保护，无论是将其国有化，还是为其提供贷款或注资。

债务违约/重组

根本而言，要想使未来的资金和信贷健康流动，经济恢复繁荣，处理现有不良债务的过程至关重要。决策者面临的挑战是让这一过程有条不紊地进行，确保经济和社会稳定。在最佳的债务危机管理案例中，决策者一般有如下特点：（1）能迅速认识到信贷问题的严重程度；（2）政府不会拯救每个非核心机构，而是评估让出现问题的机构破产并重组所带来的益处及其对其他信誉良好的贷款人和借款人产生的不利影响，加以平衡；（3）打造或恢复强大的信贷渠道，这样信誉良好的借款人未来就可以获得借款；（4）在应对坏账的同时，确保经济增长率和通胀率处于可接受的水平。从长远来看，决策者必须做出的最重要的决定是，他们是要进行体制改革，解决造成债务问题的根本原因，还是只进行债务重组，分散债务危机的影响，使痛苦不至于难以忍受。

决策者很少从一开始就能采取正确的措施。通常情况下，决策者最初不能认识到问题的严重性，会制定一些一次性政策，而这些政策都不足以产生实质性影响。往往在几年后，经济出现许多不必要的不良后果，他们才能最终采取果断行动。决策者的反应速度和积极程度是决定萧条的严重程度和持续时长的最重要因素。而政府（在此指整个社会）、优先级不同的债券持有人、股权持有人、存款人等之间如何确切地分配成本，这是一个重要的问题。

通常情况下，非系统重要性机构被迫自行承担损失，如果无力承担，则可获准破产。这些机构的清算有几种不同的形式。在许多情况下（约占研究案例的 80%），出现问题的机构会与状况良好的机构合并。在其他一些情况下，出现问题的机构的资产会被清算，或转移到由政府设立的资产管理公司（AMC），进行拆分转让。

在某些情况下，决策者认识到确保整个银行系统的正常运转至关重要，因而会采取措施，改善银行系统的流动性和偿付能力。近年来，在发达国家，政府为银行债务提供担保的做法已经很普遍。在极少数情况下，政府会出资对所有银行进行资本重组，而不是仅仅关注系统重要性机构。

债权人获得保护的优先级相对清晰。

- **小型存款人被赋予优先权，损失极少或为零（几乎在每个案例中均是如此）**。通常这是存款保险制度明确定义的一部分。在危机期间，存款保险制度的承保范围会扩大，以确保银行的流动性。即使在没有明确的存款保险制度的情况下，存款人也经常被优先保护。在我们研究的案例中，30% 的情况下，存款人承担了损失，但损失往往来源于外汇存款，因为兑换利率低于市场汇率。
- **在大多数情况下，如果机构倒闭，股权持有人、次级债务持有人和大型存款人吸收损失，无论该机构是否具有系统重要性**。在发达国家，最常见的做法是保护高级债务和次级债务持有人，进行股权重组，稀释现有股权持有人的股权。
- **有时，决策者优先考虑国内债权人，其次是外国债权人，尤其是当国内债权人的贷款流向私营部门参与者，在资本结构中地位较低时**。在存款保险制度资金不足时尤其如此。但与此同时，政府往往最终优先支付IMF（国际货币基金组织）和国际清算银行等跨国机构的贷款，因为确保获得这些公共实体的支持非常重要，这些公共实体实际上是承压国家的最后贷款人。

通常情况下，处理倒闭贷款人的过程伴随着一系列监管制度改革。有的改革力度较小，有的改革力度较大；有的改革卓有成效，有的改革却导致事态恶化；有的改革针对银行的运营模式（例如，美国在20世纪30年代引入存款担保制度，在2010年推出《多德–弗兰克法案》，提出“沃尔克法则”），有的改革针对劳动力市场；有的改革要求银行提高信贷标准，有的改革旨在开放银行体系以促进竞争（包括外国机构准入）；有的改革提高了资本要求，有的改革取消了对贷款人的保护措施。

政治因素是决定改革方向的重要因素。有些改革最终扭曲了私营部门以市场为基础的贷款流动激励机制，限制了信贷流向信誉良好的借款人，增加了未来出现信贷问题的风险。而有些改革可以改善信贷流动，保护家庭，降低未来出现债务问题的风险。

倒闭贷款人的资产或现存贷款人的不良资产有两种主要的管理方式：（1）将资产转移到一个单独的实体（资产管理公司），以进行重组和资产处置（约占研究案例的40%）；（2）将资产留在原贷款机构的资产负债表上进行管理

（约占研究案例的 60%）。之后，处理不良贷款的主要工具有以下几种：（1）贷款重组（例如，通过延长还款期限使借款人偿还贷款）；（2）债转股和资产没收；（3）直接把贷款或资产出售给第三方；（4）贷款证券化。

引入资产管理公司通常会加速债务问题的管理，因为这可以使现有银行恢复贷款，并帮助将坏账集中到可以进行资产转让和重组的集中实体。将不良资产以高于市场的价格出售给资产管理公司往往是对银行的一种转移支付机制。资产管理公司通常是公有实体，它们的目标通常是在某个目标时限内（例如 10 年）处置资产，同时将纳税人的成本和对资产市场的干扰降至最低。一般来说，资产管理公司力求快速出售倒闭机构的良性资产，并逐步转让不良资产。在某些情况下，资产管理公司制定明确的目标，通过重组不良贷款减轻债务负担。它们一般通过直接发行债券或其他形式获得资金。有时，这些资产管理公司效果不佳，因为法律、政治或资金约束限制了它们识别和重组坏账的能力。

如果原贷款人是由国家资助的，那么坏账通常由原贷款人继续管理，这样的机构性质更接近公共资产管理公司。在其他情况下，如果损失规模不太过巨大，或国家没有能力组建一个集中型资产管理公司，又或者已经存在有效的清算机制，损失也有可能继续保留在原贷款人的资产负债表上。

与对贷款人一样，决策者对具有系统重要性或战略意义的借款人的管理方式也明显区别于其他借款人。

- 对于具有系统重要性或战略意义的借款人，决策者通常会采取措施，确保借款人作为实体的完整性。这一般是通过债务重组实现的，这样可以持续管理债务偿还。具体实现方式包括：债转股，减少现有债务，降低利率，把短期债务置换为长期债务。决策者偶尔还会向这些借款人提供新的贷款计划，以确保他们拥有持续的流动性。这个过程通常是设立用于管理坏账的资产管理公司的明确目标之一。
- 不具有系统重要性的借款人通常需要自行寻找私营贷款，进行债务重组，或者可以破产并清算。
- 中央政府经常采取措施帮助减轻家庭部门的债务负担。资产管理公司也可能采取措施重组债务负担，而不是行使止赎权，以部分实现最大化恢复资产价值的目标。

下表基于对本书第三部分详述的 48 个历史案例的研究，展示了上述政策工具的使用频率。

债务问题管理中政策工具的使用频率（案例占比）

提供流动性	紧急贷款 / 流动资金	88%
	银行债务担保	58%
	银行假日 / 存款冻结	21%
支撑贷款人的偿付能力	银行重组 / 合并	81%
	资本重组	73%
	国有化	60%
	让存款人承担损失	29%
处置坏账	资产购买和转让	44%
	集中型资产管理公司	38%
主权债务违约 / 重组		35%
IMF 项目		52%

重新分配财富

泡沫期间，贫富差距会拉大，而在困难时期，贫富差距会变得巨大。一般来讲，如果富人与穷人共享社会资源，而且此时经济不景气，就会出现经济和政治冲突。在这样的时期，左翼民粹主义和右翼民粹主义往往都会抬头。人民和政治制度如何应对民粹主义，将决定经济和社会能否顺利度过这段时期。如下图所示，如今的美国，不平等程度和民粹主义情绪都在上升，形势堪比20世纪30年代。在这两个时期，顶层0.1%人口的净值大约相当于底层90%人口的净值总和。

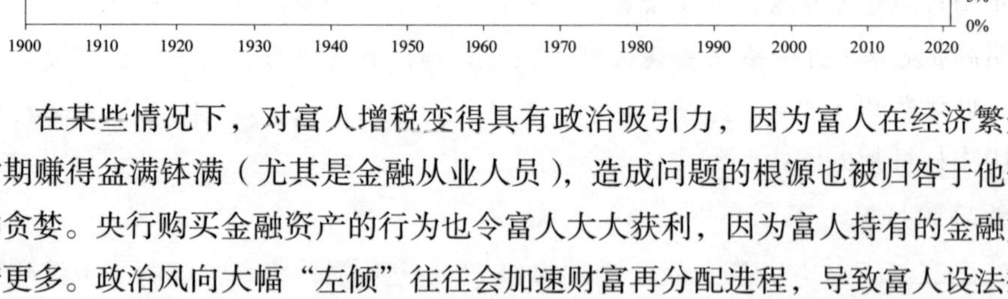

在某些情况下，对富人增税变得具有政治吸引力，因为富人在经济繁荣时期赚得盆满钵满（尤其是金融从业人员），造成问题的根源也被归咎于他们的贪婪。央行购买金融资产的行为也令富人大大获利，因为富人持有的金融资产更多。政治风向大幅"左倾"往往会加速财富再分配进程，导致富人设法把资金转移到有安全保护的地方，这一行为本身就会影响资产市场和货币市场。增税还可能导致区域经济“空洞化”，因为收入较高的群体，也就是纳税大户会离开此地，使这些地区的整体税收收入减少，进而导致这些地区的房地产价值急剧下降，服务需求大幅减少。

通常情况下，增税会以增加所得税、不动产税和消费税税率的形式实施，因为对这些税种增税能够最有效地提高政府收入。有时，政府会提高财产税[①]和遗产税的税率，但征收的税额很小，因为很多财产流动性差，实际上很难征税，迫使纳税人出售流动性良好的金融资产来纳税，会减少资本形成。无论采取哪种形式，财富转移的规模基本都不足以对去杠杆化进程做出实质性贡献（除非发生“革命”，使巨额财富国有化）。

和谐的去杠杆化

和谐的去杠杆化关键在于 4 种政策措施平衡推进，从而减少难以承受的冲击，减少债务与收入比率，并保持可接受的经济增长率和通胀率。如果有足够的刺激（印钞 / 债务货币化和货币贬值），可以抵消通缩性去杠杆化力量（财政紧缩或债务违约），使名义经济增长率高于名义利率，但又不会因刺激过度造成通胀加速，货币严重贬值，从而引发新的债务泡沫，就可以产生和谐的去杠杆化。

抵消通缩性萧条的最好的方式是由央行提供充足的流动性和信贷支撑，同时由中央政府参与满足不同重要实体的资本需求。上文指出，支出来自资金或信贷。如果债务远远高出偿债的资金，无法通过增加负债来支撑新增支出，则支出和偿债救济的增加必须来自资金的增加。结果就是，央行不得不增加系统中的资金量。

这时，央行可以扩大抵押品的范围（例如，降低质量要求，延长还款期限等），也可以购买质量较低或期限较长的债务（债务货币化）。如果央行的措施适度，则会带来偿债救济，可以在去杠杆化的同时保持经济正增长。所谓适度是指：（1）中和本会带来通缩性影响的信贷市场崩溃；（2）使名义经济增长率略高于名义利率，在可容忍的限度内拉长去杠杆化进程。

此话怎讲？基本上，收入增长需要快于债务增长。举例而言，在一个正经历去杠杆化的国家，假设其债务与收入比率为 100%，这意味着这个国家的债务总额与整个国家一年的收入总额相同。现在，假设其债务为 100，债务

① 财产税的适用范围因国家而异。例如，财产税在美国是违宪的，但在其他国家是合法的。

利率为2%，如果没有偿债，那么一年后债务总额将变为102。如果其收入为100，经济增长率为1%，则一年后的收入总量将变为101。这时，债务负担将从100/100增加到102/101。所以，名义收入增长率必须高于名义利率，越高越好，前提是这种增长不会带来不可接受的通胀或不可接受的汇率下跌。

人们想知道印钞是否会导致通胀率上升。如果印钞可以抵销信贷的减少，令通缩的力量被通货再膨胀的力量平衡，则不会导致通胀率上升。这并非是理论，而是经历了历史一次次验证的结论。请记住，支出是关键因素。一美元的支出，无论是用资金支付，还是用信贷支付，其对价格的影响是一样的。央行可以通过印钞增加资金量，以弥补消失的信贷。这种印钞采取的形式是，由央行购买政府证券和非政府资产（例如公司证券、股票和其他资产），表现为在信贷和实际经济活力收缩之际，货币量以极快的速度增加。传统经济学家将其视为资金流通速度的下降，但这是错误的。在这种时候，实际情况是信贷破坏被货币创造抵销。如果在抵销信贷收缩和积极刺激经济之间取得平衡，印钞便不会导致通胀发生。

但是，存在滥用刺激性工具的情况。相对于其他工具而言，刺激性工具的作用非常好，因此存在滥用的切实风险，从而导致“痛苦的通胀性去杠杆化”（例如20世纪20年代德国魏玛共和国的恶性通胀，20世纪80年代阿根廷和巴西的恶性通胀）。关键是要避免过量印钞。如果政策工具能达到适当的平衡，去杠杆化进程就不会那么波折。在那些以外币计价的债务占比较高，且大量债务由外国投资者拥有的国家，由于这些债务不容易被货币化或重组，实现这种适当的平衡就要难得多。

在萧条时期（降低利率无效），印钞/债务货币化和政府担保是不可避免的，但在印钞受限或缺乏资产来支撑印钞且无法轻易重新分配债务负担的国家，这些工具几乎没有价值。我们研究的所有去杠杆化案例（囊括过去100年间绝大多数的去杠杆化进程），最终都出现了大规模的货币创造、财政赤字和货币贬值（货币兑换黄金、大宗商品和股票贬值）现象。在不同的案例中，决策者具体使用的政策工具组合不尽相同，通常由该国货币体系的性质决定。下图是21个通缩性去杠杆化案例中印钞的典型路径。一般会出现两轮印钞，首先是央行为承压机构提供流动性，其次是央行进行大规模的资产购买，广泛刺激经济。

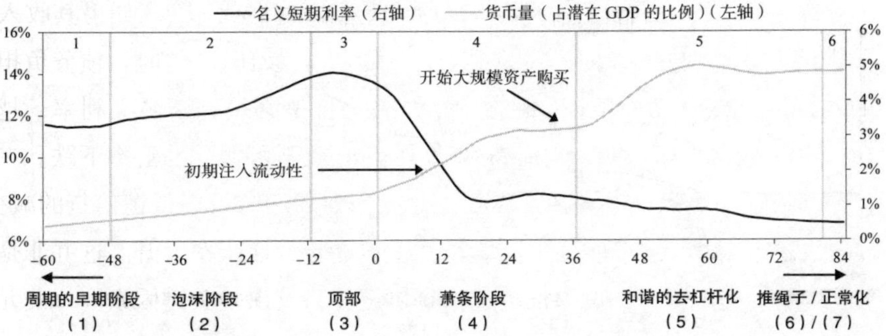

下图是一国货币兑贸易伙伴国货币的平均实际汇率，反映了该国货币相对于贸易伙伴国货币的强弱。

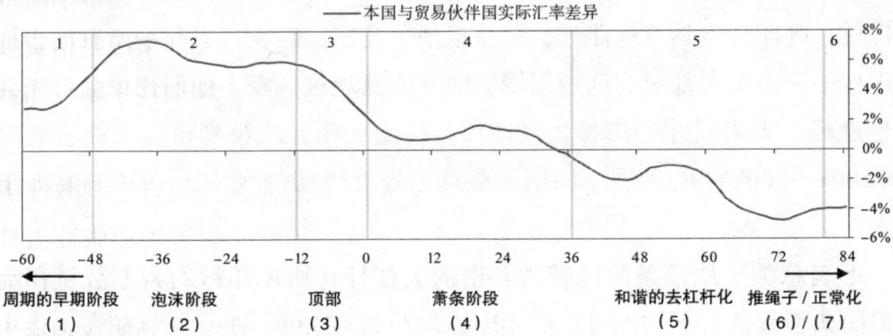

通常情况下，与采用法定货币体系的政府相比，货币体系与黄金、大宗商品或外币挂钩的政府被迫实施更为紧缩的货币政策。但最终，债务紧缩带来巨大的痛苦，政府不得不放弃这一政策，打破挂钩，并开始印钞（它们或放弃原有的货币体系，或改变单位货币所能交换的大宗商品的数量或定价）。例如，在美国大萧条时期，美元的价值（及货币总量）与黄金挂钩，美国政府最重要的一项政策举动就是打破美元兑黄金的承诺，这样美元便可以贬值，美联储可以创造更多货币，使股市、大宗商品市场和整体经济触底反弹。到 2008 年金融危机时，美元已经不与黄金挂钩，美联储印钞、购买资产和提供担保更容易，因为实施这些举措不需要对货币体系进行法律或官方上的调整。下图显示了黄金价格的典型变化路径。在美国大萧条时期，当罗斯福打破美元与黄金的挂钩时，黄金价格在一夜之间上涨。在最近的金融危机之后，美联储的举措帮助压低了美元兑所有货币（包括黄金）的价值。

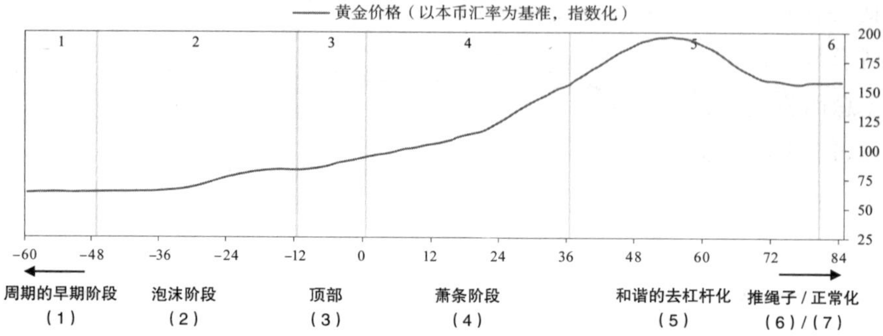

决策者最终总是选择印钞。这是因为财政紧缩带来的痛苦大于收益，重大债务重组会导致大量财富迅速蒸发，除非发生革命，否则从富人到穷人的大规模财富转移很难实现。如果货币创造的规模和性质可以抵销信贷收缩的规模和性质，则印钞不具有通胀性，只是抵消了通缩。但在过去几乎所有的去杠杆化进程中，决策者都只有通过亲身实践才能发现这一点，他们往往会首先尝试其他途径，无果后才会选择大量印钞。历史表明，决策者迅速采取有效政策（如 2008—2009 年的美国）的结果要远远好过行动过晚（如 1930—1933 年的美国）。

下表总结了从萧条阶段转为和谐的去杠杆化所需印钞的典型数量和货币贬值的典型程度。平均而言，每年印钞量约为 GDP 的 4%。初始阶段，货币兑黄金会大幅贬值 50% 左右，财政赤字扩大至占 GDP 的 6% 左右。通常情况下，这种积极的刺激会在萧条阶段开始后的第二年到第三年出现，这时候，股市指数下跌已经超过 50%，经济活力下降约 10%，失业率上升到 10%~15%。不过不同的案例差别很大。

这些数字仅为一些宽泛的指标，实际情况差异很大。对比不同案例的差异（值得研究，但超出了本书的范围），可以明显看到，那些货币政策和财政政策实施得更快、更有效的国家，其刺激作用要远好于这些平均值。

应对政策

		均值	范围
1	紧缩时长（月）	55	22~79
2	汇率相对黄金价格的跌幅	−44%	−58%~−37%
3	货币创造峰值（占 GDP 的比例，年化）	4%	1%~9%
4	财政赤字峰值	−6%	−14%~−1%

重申一下，和谐的去杠杆化的关键在于平衡通胀性力量和通缩性力量。这是因为印钞太多会导致痛苦的通胀性去杠杆化（我们将在后面讨论）。适度

的刺激措施可以中和本会带来通缩影响的信贷市场崩溃，同时使名义经济增长率高于名义利率，在减轻债务负担的同时，又不会造成债务资产“挤兑”。

总而言之，区分去杠杆化进程的管理是否妥当，只需要考察如下几个方面。如果决策者能够从常见的问题中吸取经验，并理解和谐的去杠杆化的政策特征，那么就可以避免很多痛苦。

	管理妥当	管理不当
泡沫阶段	• 在进行政策管理时，央行考虑债务增长率及其对资产市场的影响。如果央行可以防止泡沫出现，就可以防止泡沫破裂。 • 央行实施宏观审慎政策，有针对性地控制出现泡沫的部门的债务增长，允许其他部门的债务继续增长。 • 收紧财政政策。	• 一方面，投机者和贷款人过分预期此前的成功将会延续，进一步举债进行投资；另一方面，央行仅关注通胀率和经济增长率，并不考虑投资性资产出现的泡沫，长期保持低成本的信贷供应。这两个因素导致出现大型泡沫。
顶部	• 央行采取控制整体货币政策的方法，或精确选择宏观审慎措施，再有针对性地放松货币政策，以控制泡沫。	• 泡沫破裂后，央行继续收紧货币政策。
萧条阶段	• 央行提供充足的流动资金，迅速下调短期利率直到短期利率降至 0%，大规模进行债务货币化，积极实施定向宏观审慎政策。 • 政府推出大规模财政刺激方案，一直持续到经济拐点出现以后。 • 保护系统重要性机构。	• 央行降息速度缓慢，提供的流动资金非常有限，过早地收紧了货币政策，未能及时进行大规模债务货币化。 • 政府实施财政紧缩政策，货币政策放宽的力度却不够。 • 任由系统重要性机构受损或倒闭。
和谐的去杠杆化	• 通过资产购买或货币大幅贬值，积极推进债务货币化，使名义经济增长率高出名义利率，从而带来经济拐点。 • 实施刺激性宏观审慎政策，定向保护系统重要性机构，并刺激高质量信贷增长。 • 允许非系统重要性机构有序倒闭。 • 政府在违约、财政紧缩（抑制经济增长）和债务货币化、货币贬值、财政刺激（促进通货再膨胀）之间取得平衡。	• 债务货币化进程的开启并不顺畅，资产购买规模较小，多为类现金资产，而非高风险资产，无法带来财富效应。央行的刺激效果被财政紧缩部分抵消。 • 保护过度负债实体，即使这些实体不具备系统重要性，造成僵尸银行和经济萎靡。 • 政府任由市场对货币的信心暴跌，同时过量印钞，导致痛苦的通胀性萧条。

“推绳子”

在长期债务周期的后期，央行可能难以将其刺激性政策转化为支出的增加，因为降息和央行购买债务资产的影响变小了。此时进入经济低增长、资产低回报的时期，央行不得不转向其他形式的货币刺激，让资金和信贷更直接地支撑消费者。在20世纪30年代，当决策者面临这种情况时，他们提出了“推绳子”这种说法。在这个阶段，最大的风险之一是，如果印钞/债务货币化程度太深，或者相对于通缩性力量，货币贬值的幅度太大，就会导致痛苦的通胀性去杠杆化。

为了理解整个去杠杆化进程中可以使用的不同类型的货币政策，根据货币政策对经济和市场的不同影响，我把货币政策分为三种。

第一种货币政策

由利率驱动的货币政策（我称之为第一种货币政策）是最有效的货币政策类型，因为它对经济有着最广泛的影响。通过降息，央行可以通过以下方式刺激经济：（1）产生积极的财富效应，因为降息提高了大多数投资的现值；（2）减少月度还款额，降低信贷购物的难度，进而提高需求（尤其是对耐用品和住房等利率敏感商品的需求）；（3）减轻偿债负担，从而改善现金流和支出。第一种货币政策往往是应对债务危机的首选，但当短期利率降至0%时，第一种货币政策将无法有效运作，此时央行必须转向第二种货币政策。

第二种货币政策

第二种货币政策就是现在所谓的“量化宽松”（即印钞和购买金融资产）。量化宽松通过影响投资者/储蓄者的行为（而不是影响借款人/消费者的行为）产生作用，因为其机制是购买对投资者/储蓄者影响最大的金融资产（通常是债务资产）。央行购买债券就是在给予投资者/储蓄者现金，而投资者/储蓄者通常会使用这些现金购买他们认为更具吸引力的金融资产。投资者/储蓄者如何使用相关资金和信贷才是最关键的因素。如果他们投资的资产可以为支出提供资金，则会刺激实体经济。如果他们投资金融资产（不能为支出提供资金），则金融市场的收益要非常大，才能够渗透到支出中，而且这部分支出主要来源于金融市场的受益方。换言之，量化宽松给投资者/储蓄者（即拥有金融资产的人）带来的收益肯定超过没有金融资产的人，从而导致贫富差距加大。

虽然第二种货币政策的效力通常不如调息，但在风险溢价和流动性溢价较大时，第二种货币政策最为有效，因为购买会导致溢价下降。当风险溢价较大，金融系统被注入资金时，实际风险会减少，同时寻求回报的资金会增加，这会触发人们购买预期回报率更高的高风险资产，推动高风险资产价格上涨并产生积极的财富效应。

但是，随着时间的推移，通过量化宽松刺激经济的效力会下降，因为风险溢价已被压低，而资产价格已被推高到难以超越的水平，财富效应逐渐消失。**换言之，面对更高的资产价格和更低的预期回报率，承担风险的补偿变得太小，无法让投资者抬高价格，导致预期回报率进一步下降。**事实上，从回报与风险比率的角度看，那些做多大量资产的人会认为现金更具有吸引力（而现金的回报率是相当低的）。结果，量化宽松变得越来越无效。如果决策者进行量化宽松，而私营信贷增长没有回升，决策者就会觉得自己是在“推绳子”。

在这个阶段，决策者有时会进一步加大债务货币化规模，以试图弥补量化宽松政策效力的下降。尽管这可能有所帮助，但存在一个切实风险，即长时间的债务货币化可能会导致人们开始质疑这种货币还能否作为价值储藏工具，从而考虑转向其他货币，比如黄金。在这个阶段，大多数经济体面临的最根本的经济挑战是，对购买力的索取权超出了满足这些权利的能力。

可以这样想：经济中只存在商品和服务，金融资产是对商品和服务的索取权。换言之，投资者或资产持有者（即资本投资者）认为他们可以将自己持有的资产转换为购买力，用来获得商品和服务。与此同时，劳动者期望把自己对商品生产和服务生产的单位贡献价值转换为购买力，用于购买商品和服务。但由于债务/资金/货币没有内在价值，当对债务/资金/货币的索取权远远超出它们实际可以购买的商品或服务的价值时，就必须对其进行贬值或重组。换句话说，当债务负债/债务资产过多时，必须通过债务重组或债务货币化将其减少。决策者倾向于在这个阶段采用债务货币化政策，主要是因为这一政策是刺激性的，而不是收缩性的。但债务货币化只是将一个借据（债务）换成另一个借据（新增印钞）。这种情况类似于庞氏骗局。令人担忧的是，由于没有足够的商品和服务支撑借据，人们可能不愿意永远为借据而工作。

低利率和高风险资产的低溢价使货币政策遭遇结构性挑战。在第一种货币政策（调息）和第二种货币政策（量化宽松）处于极限的情况下，央行几乎没有能力通过这两个渠道提供刺激措施——货币政策几乎没有“剩余燃料”。这通常出现在长期债务周期的后期（例如1937—1938年和现在的美国），会导致“推绳子”现象的出现。在这种时候，决策者需要超越量化宽松政策，寻求新的货币政策和财政政策。

第三种货币政策

第三种货币政策更直接地为消费者（而非投资者/储蓄者）提供资金，激励他们消费。在获得额外的资金和信贷后，富裕人士的消费动机小于富裕程度较低的人。因此，当贫富差距很大且经济疲软时，将消费能力给予富裕程度较低的人群会更富有成效。

逻辑和历史告诉我们，刺激支出的行动是一个持续的进程，在不同阶段决策者的控制程度各有差异。进程的一端是协调推进的财政和货币行动，财政政策的决策者直接（增加政府支出）或间接（激励非政府机构支出）地刺激支出。在进程的另一端，央行进行“直升机撒钱”，即直接向公民发放现金，而不与财政政策的决策者协调。通常情况下（虽然并非总是如此），货币政策和财政政策会结合使用，激励人们花钱购买商品和服务。另外，央行可以通过宏观审慎政策施加影响，达到与财政政策类似的效果。为了简单起见，我试图剖析这个持续的进程，并提供每个阶段的特定案例以供参考。

- **增加债务融资的财政支出**，有时会配以量化宽松，购买大部分新发行的债券（例如20世纪30年代的日本，二战期间的美国，21世纪的美国和英国）。
- **增加债务融资的财政支出，但财政部不负担债务**。这是因为：央行可以通过印钞偿债（例如20世纪30年代的德国）；央行可以直接贷款给除政府之外的实体，用于刺激项目（例如，2008年，中国向各大商业银行提供贷款）。
- **直接向政府提供新增印钞，用于政府支出，不再费心提起发债程序**。过去的案例包括增印法定货币（例如封建时期的中国、独立战争期间和内战期间的美国、20世纪30年代的德国、一战期间的英国）或硬通货贬值（例如古罗马、封建时期的中国、16世纪的英格兰）。
- **印钞并直接向家庭进行现金转移（即“直升机撒钱”）**。当我们谈到“直升机撒钱”时，指的是直接给消费者提供资金（例如，美国在大萧条时期提供退伍军人补贴，以及封建时期的中国）。

  提供资金的方式有很多，基本上分为以下几种：每个人平均分配，或是针对一个或多个群体提供帮助（例如专门针对穷人的帮助）；一次性分配，或长期分配（例如，以全民基本收入的形式）。所有这些方式都可以辅以消费激励措施，例如，提供的资金一年内不用于消费则失效等。此外，也可以将资金投向具体的投资账户（例如退休金账户、教育储蓄账户或小企业投资账户等），有针对性地进行受社会欢迎的消费或投资。制定政策的一个可能途径是将量化宽松的回报分配给家庭而不是政府。
- **伴随着大规模货币创造，进行大规模债务减记**（例如，《旧约全书》中提到的“禧年”，以及古罗马、大萧条时期的美国、冰岛）。

我对以上措施不做逐一点评。我的观点是：最有效的方法是财政政策和货币政策相结合，因为这样既能确保提供资金，又可以确保这些资金被用于消费。一般情况下，央行仅仅给钱（“直升机撒钱”）的效果不如在给钱的同时为人们提供花钱的动机。但是，货币政策决策者与财政政策决策者的协调有时很困难，在这种情况下，就会采用其他方法。

此外，请记住，有的政策并不完全属于上述类别，因为政策组合包含多项要素。第二种货币政策和第三种货币政策之间甚至没有明确的分界线。例如，政府进行税项减免可能不属于“直升机撒钱”，但也取决于其资金来源。政府也可以扮演消费者的角色，无须向央行贷款——这就是财政渠道的“直升机撒钱”。

央行可以影响整个经济的信贷成本和可用性，也有权通过其监管机构影响金融系统目标领域的信贷成本和可用性。此类政策被称为宏观审慎政策，在需要区分政策对象时尤其重要。例如，有时需要限制过度负债地区的信贷供应，但同时要刺激其他地区的经济，有时则需要对特定的实体提供信贷（而非广泛提供）。宏观审慎政策包括多种形式，在债务大周期的 7 个阶段体现出不同的价值。为保持内容前后连贯，我将对宏观审慎政策的详尽介绍放在了附录部分。

正常化阶段

经济活力和资本形成的复苏往往很慢（即使在和谐的去杠杆化进程中），通常需要 5~10 年（因此被称为“失去的十年”）才能使实际经济活力达到之前的峰值。此外，股票价格达到之前的高点通常需要更长的时间（10 年左右），因为投资者需要很长时间才能适应再次持有股票的风险（即股票风险溢价处于高位），但系统终会回归正常。

形势复苏状况

		均值	范围
1	股市亏损时长（月）	119	60~249
2	GDP 下跌时长（月）	72	25~106
3	刺激后债务的 GDP 占比变化	–54%	–70%~–29%

了解了通缩性萧条的典型走势后，我建议你阅读本书第二部分中美国的两个债务周期（分别为 2007—2011 年和 1928—1937 年）的详细数据，再查看本书第三部分中 21 个案例的摘要统计数据和内容。

通胀性萧条和货币危机

在上一节中，我们研究了典型的通缩性债务危机，使用的是 21 个通缩性债务周期案例（详见第三部分）的平均值。在本节中，我们将研究通胀性债务周期的典型走势，使用的是 27 个最严重的通胀性债务周期的案例。在了解这一模型后，我建议你阅读第二部分中关于德国魏玛共和国的恶性通胀问题的研究，把这一案例与此处的典型案例相比较。在开始讨论其他图表和数据之前，请记住以下几点。

- 货币和债务有两个功能：交换媒介和财富储存工具。
- 债务是一个人的资产和另一个人的负债。
- 债务是偿还某种货币的承诺（例如美元、欧元、日元、比索等）。
- 债务资产持有人认为债务可以转换为货币，进而转换为商品和服务。因此，他们对货币购买力的损失率（即通胀率）和损失的补偿率（即利率）的相对变化非常敏感。
- 央行只能创造自己能控制的货币和信贷（例如，美联储只能提供美元和以美元计价的信贷，日本银行只能提供日元和以日元计价的信贷等）。
- 央行与自由市场的借款人和贷款人之间相互依赖，随着时间的推移，通常会创造越来越多的债务资产和债务负债。
- 债务总额越大，央行面临的挑战就越大。央行需要平衡来自不同方向的压力，防止债务失衡，避免经济陷入通缩性萧条或通胀性萧条。
- 在债务危机中，决策者（即控制货币政策和财政政策的人）通常可以平衡这些对立的力量，因为他们拥有重新分配债务负担的权力，但有时平衡的效果并不好。
- 央行往往通过大量增印债务的计价货币，以缓解债务危机。这在刺激投资性资产支出和经济的同时，也拉低了汇率（在其他条件相同的情况下）。
- 如果一国汇率的降幅超过了该国货币利率的降幅，持有以该国货币计价的债务的人就会赔钱。如果投资者认为一国汇率的下跌难以获得高利率的补偿，则对该国汇率走势非常不利。

最后的形势，即汇率走势，是产生通胀性萧条的原因。当债务的计价货币走低时，债务持有人会选择抛售债务，把资产转移为以另一种货币计价，或选择黄金等非货币财富储存工具。当一国出现债务危机和经济疲软时，央行往往不能通过加息对抗货币疲软，因此会导致资金流向更安全的国家和币种。面对资金外流和贷款枯竭的问题，央行要么选择收紧信贷市场，要么选择印钞，提供大量资金。众所周知，央行可以通过改变货币系统的利率和流动性，以平衡和管理通胀率和经济增长率。但尚不为众人所知的是，当外资流入时，央行管理通胀率和经济增长率较为容易，当资金外流时，管理难度就很大。原因在于，在其他条件相同的情况下，对一国货币 / 债务的需求越大，其价格就越高，从而造成该国通胀率下行，经济增长率上行（假设央行保持货币数量和信贷数量稳定）。对一国货币 / 债务的需求减少则会产生相反的效果。一国货币 / 债务需求量的变化对该国汇率和利率的影响程度取决于央行政策（这一点我将在下文详述）。简单来说，当一国资金外流时，如果该国实际汇率降幅增加，则实际利率升幅需要降低（反之亦然）。

当国家出现政治动荡或经济不景气时（例如，存在债务、经济或政治问题），往往会造成资本外流，导致汇率走弱。更糟糕的是，由于本币贬值，对于借入强势外币的债务人而言，债务成本飙升，从而导致本币汇率进一步下降。由于这些原因，**最容易受到汇率问题冲击的国家有如下特点：债务问题最严重，存在大量以外币计价的债务，对外国资本高度依赖。当萧条出现时，货币疲软成为导致通胀的原因。**

通常情况下，如果货币和债务价格跌幅较大，即汇率和债务成本较低，一切都会顺利进行。更具体地说，下列情况会终结债务挤压：（1）债务违约或资金创造规模足以减轻债务挤压；（2）以其他方式（例如债务延期）减少偿债要求；（3）货币贬值幅度远远超过通胀率的涨幅，导致该国资产及出口产品的价格变得极具竞争力，国际收支状况得到改善。但是，事态的发展很大程度上取决于政治因素。如果允许市场自由发展，最终情况也会改善，债务问题也会得到解决。但如果政治环境不好，可能会导致生产率陷入自我强化的螺旋式下行中，而且这种下行可能会持续很长时间。

哪些国家 / 货币最容易出现通胀性债务危机或恶性通胀？

虽然所有国家 / 货币都有可能出现通胀性萧条，但具有以下特点的国家或地区更有可能出现这一问题。

- 没有储备货币（因此，全球其他国家并不会持有该国的货币或债务，不会将其视为财富储存手段）。

- 外汇储备较少（防止资本外流的缓冲很小）。
- 外债规模较大（因此，如果债务的计价货币的汇率或利率增加，或以美元计价的信贷供应出现短缺，偿债成本就会增加）。
- 预算或经常账户赤字规模庞大，且不断增加（需要通过借款或印钞弥补赤字）。
- 实际利率为负（即利率远低于通胀率），不足以为持有资金或债务的贷款人提供补偿。
- 曾有过高通胀、货币总回报率为负的历史（导致人们对该国货币/债务价值的信任程度每况愈下）。

一般来说，上述特点越明显，通胀性萧条的程度就越严重。最具代表性的案例是20世纪20年代早期的德国魏玛共和国（详见第二部分）。如果你有兴趣研究实际案例，可以看一下第二部分中对德国魏玛共和国、美国大萧条和2007—2011年案例的研究，其中的区别说明了萧条呈通胀性（而非通缩性）的原因，值得关注。

如果一国以外币计价的债务量较小，本国货币也是储备货币，那么该国会出现通胀性萧条吗？虽然这样的国家出现严重通胀性收缩的可能性极小，但可能会出现通胀性萧条。在去杠杆化进程的后期，在政府已经持续反复地过度使用刺激手段以扭转通缩性去杠杆化进程的情况下，通胀性萧条可能会慢慢出现。任何一个国家，包括拥有储备货币的国家，都会经历汇率波动，影响上文描述的通胀率和经济增长率之间的平衡。如果储备货币国家大量增印货币，以通胀率大幅飙升为代价实现经济增长，将可能进一步削弱对该储备货币的需求，削弱其储备货币地位（例如，投资者会认为该货币的财富储存功能下降），令减债过程变为通胀性去杠杆化进程。

典型通胀性债务周期的各个阶段

通常，通胀性债务周期会跟随货币与信贷的起伏而经历 5 个阶段。这 5 个阶段与通缩性债务周期的 5 个阶段相当，但与后者有重要区别。在过去几十年里，我目睹了许多轮通胀性债务周期，也对此做了大量研究。在第 4 个阶段（萧条阶段）之前，通胀性债务周期与通缩性债务周期的展开路径非常相似。

与前面章节一样，在本节中我会先讨论典型通胀性债务周期经历的各个阶段。（此典型周期是对 27 个通胀性债务周期的平均和综合，其中许多周期涉及大量以外币计价的债务。）之后，我会将典型通胀性债务周期与历史上 4 次恶性通胀案例相比较，指出它们的区别所在。

周期的早期阶段

这是一个健康的上升阶段，良好的基本面带来充沛的资本。国家的竞争力增强，有大量的生产性投资的机会。在这个阶段，债务水平较低，企业的资产负债状况良好。这种形势会刺激出口，吸引外资，而这些资金支撑的投资带来了丰厚的回报，促进了生产率的提高。

一国内部和国与国之间的资本流极具波动性，因而最值得关注。周期伊始，债务和收入的增速相当，债市和股市欣欣向荣，吸引资本流入（其中多为借贷资金）。私营部门、政府和银行都开始举债，这不难理解，因为随着收入的快速增加，还本付息变得更加容易。优良的基本面和早期杠杆化为一国的繁荣打下基础，从而吸引更多投资。

当一国的货币需求不断增加时，这个良性阶段开始自我强化。如果该国的货币汇率较低，足以吸引外国投资者（投资者一般会向该国的企业提供贷款或投资，这些企业以低成本生产产品，然后靠出口产品赚取外汇，从而为投资者提供高额回报），并且出口大于进口，则该国的国际收支状况会趋于良好。也就是说，该国货币的需求会大于供给。这时，央行的工作变得更加轻松（每单位通胀产生的经济增长率提高），央行根据自己的选择，可以利用流入的资本让本币升值，或者降低利率，又或者增加外汇储备。

在早期本国货币较为坚挺的阶段，为了防止本币升值（以及本币升值给经济带来负面影响），一些国家的央行选择在外汇市场出售本币，买入外币。央行如果这么做了，就需要将买入的外币派上用场，即用这些外币购买以该外币计价的投资性资产（通常是债券），然后将其放到“外汇储备”账户中。外汇储备跟普通储蓄的作用一样：未来如需缓冲货币市场的动荡，可以用外汇储备来填补货币市场上的供需不平衡。外汇也可以被用来购买具有吸引力或可提供战略性回报的投资性资产。积累外汇储备的过程对经济有刺激作用，因为这样会减轻本币的升值压力，使国家保持出口竞争力，吸引更多资本。央行需要创造更多的货币来购买外汇，而增发货币将增加本国的货币供应量，这些货币或被用于购买资产（导致资产价格上涨），或被用于对外提供贷款。

此时，本国货币之所以会产生诱人的回报率，要么是因为外国顾客想购买本国的产品，因此需要售出外币买入该国货币，要么是因为本国央行增加本币供给，售出本币以换取外币，导致以本币计值的资产涨价。因此，当一国的国际收支状况良好时，资本净流入会导致本币升值，或外汇储备增加。资本流入会刺激经济，推动市场上涨。投资于该国的人会得益于货币回报（由于汇率变化和资产回报率变化的共同作用）或资产升值。货币升值的幅度越大，资产升值的幅度越小。

泡沫阶段

在资本大量流入，资产回报率升高和经济强劲增长这个良性循环发展的过程中，就会出现泡沫。在早期上升阶段，资本进入生产部门，推高资产价格，从而产生高回报率，吸引更多的资本流入。进入泡沫阶段，货币和资产的价格都已高企，并且越来越多地以债务支撑投资，导致投资的成本过高，无法产生足够的回报。但由于资产价格持续上升，人们不断借债和买入资产，使债务与收入的比率急剧升高。

当外资如浪潮般涌入（或停留在）一国时，该国的汇率通常会上升，外汇储备会增加，经济蓬勃发展（在某些情况下，该国货币会大幅升值，经济增长会放缓）。这个上升过程会自我强化，直至发展过度而产生逆转。这个过程之所以会自我强化，是由于资本流入推升汇率，令以该国货币计价的资产更受欢迎（也令以他国货币计价的债务更受欢迎），导致央行增发货币，使资产价格进一步上涨。

无论是哪种情况，在泡沫期间，对外国投资者而言，资产的总回报率（以本币计价的资产价格上涨加上货币升值）都具有巨大的吸引力，加上该国的经济活力高涨，这一切都会鼓励外资流入，减少国内资本流出。逐渐地，该国成为投资热土，投资者过度买入该国资产，导致出现债市和股市泡沫。投资者相信，持有该国资产是极好的保值增值手段，唯恐错失获利良机。因此，以前的旁观者也蜂拥入市。当市场出现了行情完全看涨、高杠杆率和价格虚高等特征时，也就到了逆转的时候。以下是泡沫膨胀阶段的主要经济特征。

- 外资流入增多（平均占 GDP 的 10% 左右）。
- 央行不断积累外汇储备。
- 货币实际汇率升高，按购买力平价（PPP）计算约被高估 15%。
- 股市上涨（平均涨幅超过 20%，连续几年攀升至顶峰）。

各种机构都对该国货币持结构性多头仓位，因为这样会不断产生回报。对于能持续吸引投资的国家，大多数市场参与者都看涨该国货币，尽管很多时候他们并没有以实际行动表明这一点。例如，外国企业到一个经济热点国家开展业务，可能会用外币支付业务成本（使用它们预期会贬值的货币承担负债），但用该国货币到银行存款，也不对冲该国销售收入的外汇风险敞口。同样，本国企业可能借入汇率较低的外币，而外国银行看到该国的市场繁荣，也急于向该国企业提供贷款。在牛市持续的背景下，跨国公司通过多种不同的方式做多该国货币。

- 外资流入支撑当地消费繁荣。
- 进口超过出口，经常账户恶化。

同时，投资推动了该国的经济和收入快速增长，提高了该国借款人的信誉度，借款人的借款意愿和贷款人的贷款意愿都上升。该国商品（通常为大宗商品）的出口价格上升，增加了国家的收入并激励投资。

随着泡沫的出现，该国生产性投资项目减少，越来越多的资本随之离去。当初造就繁荣景象的基本面正在失去吸引力，部分原因是货币升值削弱了国家的竞争力。

在这个阶段，国家的经济增长越来越多地依靠债务而不是生产力进步来拉动，而且高度依赖外资，这表现为以外币计价的债务上升。新兴国家主要从国外借入外币债务，原因多种多样，包括本国的金融系统不发达，对本国货币缺乏信心，以及可用于贷款的国内储蓄较少。资产价格上涨和经济强劲增长会导致消费水平升高，用外币还本付息的金额也增多。与所有债务周期一样，正面影响过后，负面影响随之出现。

- 债务负担迅速增加。三年内，债务占 GDP 的比例的年均增速约为 10%。

• 以外币计价的债务增加（平均增至债务总额的35%，约占GDP的45%）。
• 通常，经济活力（即GDP缺口）非常强劲，实际增速远高于潜在增速，导致产能紧张（体现为大约+4%的GDP缺口）。

以下几幅图综合了27个通胀性债务周期的平均债务状况和经常账户情况（我们称之为“典型通胀性债务周期”）。与典型通缩性债务周期一样，我把通胀性债务周期的每个阶段都标示在图中（图中的“0”点代表经济活力处于顶部）。通常，在泡沫期间，债务占GDP的比例从大约125%升至150%左右，经常账户占GDP的比例约下降两个百分点。

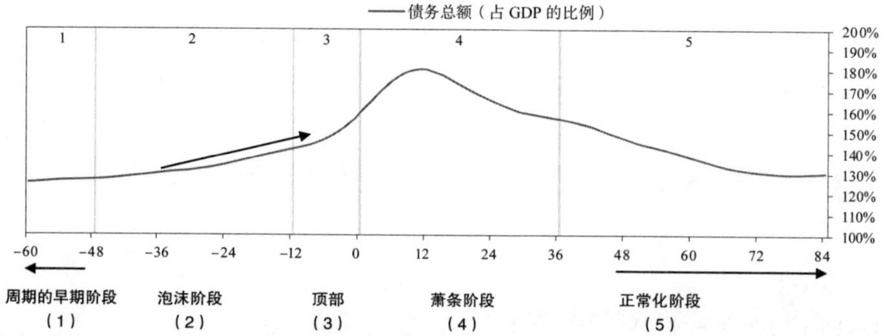

泡沫期间，国家的收入与支出之间的差距扩大，需要增加资本流入以维持支出的持续增长。但是，要使经济活力保持在周期的顶部，只能依靠资本的持续流入（经济增长的预期强劲），推动资产价格上涨和货币进一步升值。这时，国家经济变得日益脆弱，甚至一件小事都可能引发经济滑坡。

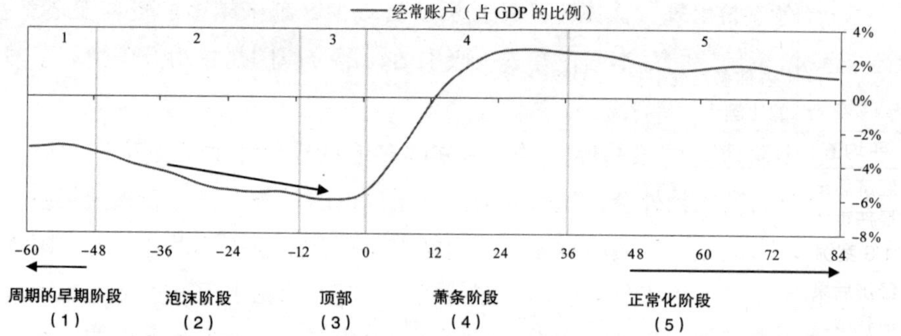

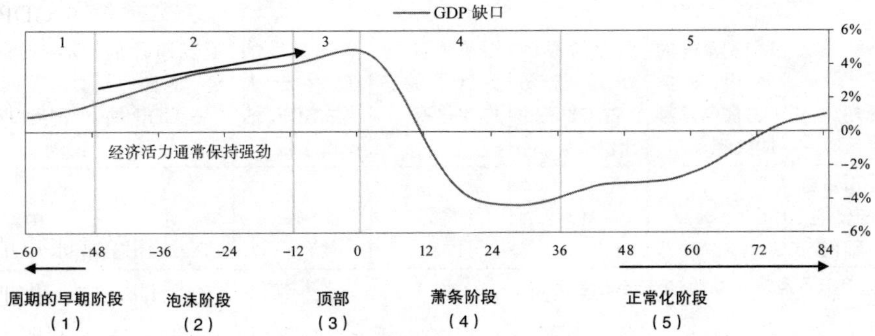

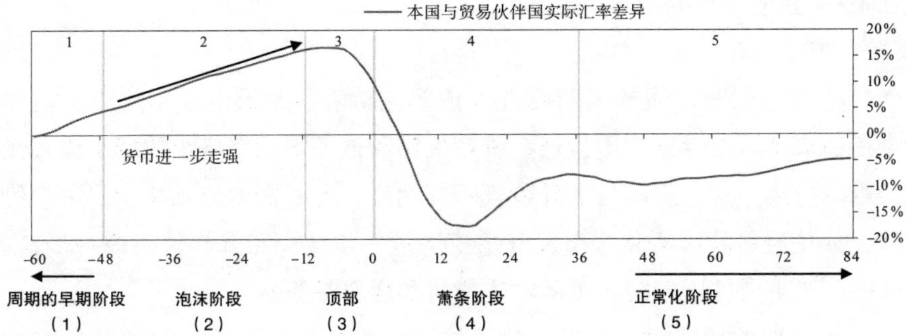

以下我们总结了历史上27个通胀性债务周期的上升阶段的平均表现。我们整理了以外币计价的债务水平较高和较低的案例，以及最终产生的经济后果最轻微和最严重的案例（以经济增长率和股价严重下降，失业率和通胀率上升为衡量标准）。从中可见，在周期的上升阶段严重依赖外资并经历了最大资产泡沫的国家，最终都出现了最坏的结果。

通胀性去杠杆化案例经历泡沫阶段后的平均状况

	顶部阶段的外币债务（占债务总额的比例）	顶部阶段的外币债务（占GDP的比例）	股价（以美元计）的三年变化率	顶部阶段的资本流入（占GDP的比例）	顶部阶段的经常账户（占GDP的比例）	顶部阶段的外汇储备（占GDP的比例）
平均值	34%	46%	18%	12%	-6%	10%
经济后果最严重的1/3案例	41%	46%	41%	14%	-9%	8%
经济后果最轻微的1/3案例*	25%	41%	7%	8%	-4%	10%
外币债务较高的案例	51%	60%	25%	15%	-9%	8%

（续表）

	顶部阶段的外币债务（占债务总额的比例）	顶部阶段的外币债务（占GDP的比例）	股价（以美元计）的三年变化率	顶部阶段的资本流入（占GDP的比例）	顶部阶段的经常账户（占GDP的比例）	顶部阶段的外汇储备（占GDP的比例）
外币债务较低的案例	29%	38%	12%	9%	–3%	10%

* 基于衡量经济状况的经济状况指数

顶部和保卫汇率阶段

当泡沫破裂时，债务周期便进入顶部逆转阶段或保卫汇率阶段。泡沫破裂是指造成泡沫并导致货币价格、资产价格和债务增长率高企的资本流入最终变得难以持续。这个阶段与上升阶段刚好相反，此时资本流入减少，资产价格疲软，致使经济状况恶化，引发资本流入进一步减少和资产价格进一步走弱。这种螺旋式下滑使国家陷入**国际收支危机和通胀性萧条**。

处于周期的顶部时，人们大量下注于乐观的经济前景，而这种乐观情绪反映在价格中。因此，哪怕是一件小事也可能引发外资流入放缓和资本外逃。尽管贸易收支恶化会有一定影响（通常因为货币价值过高和国内过度消费导致高额进口），但资本流动的不利变化是泡沫破裂的最主要的助推因素。

引发一国债务危机的原因与造成家庭、个人财务困难的原因类似：收入下降，信贷紧缩，成本大幅增加（例如，汽油或取暖用油价格上涨），债务负担过重，还款变得困难。以上任何一项都会导致入不敷出，必须想办法加以解决。

在典型的债务周期中，债务危机的发生是因为当初造成泡沫的资本流入减少，但在许多情况下，这是因为受到某种突发事件的冲击（例如，石油生产国的出口油价下跌）。一般来说，债务周期进入顶部后开始逆转向下的原因分为以下几类。

（1）商品和服务出口收入下降（例如，货币升值致使出口优势下降，大宗商品出口国因商品价格下跌而遭受损失）。

（2）进口成本或借贷成本上升。

（3）资本流入减少（例如，外国投资者减少净贷款或净投资）原因如下：

①不可持续的资本流入速度自然放慢；

②突发事件加剧了人们对该国政治经济形势的担忧；

③货币政策紧缩影响该国货币或该国债务的计价货币（在某些情况下，外国的货币政策紧缩会迫使外资撤离）。

（4）本国国民或企业把资金转移到国外或换成外币。

资本流入减少通常是引发国际收支危机的第一个原因。支撑投资和消费的资金减少，会直接导致经济增长放缓。这会影响国内借款人的信誉度，降低外国投资者贷款和投资的意愿。因此，资本流入的减少呈现自我强化的趋势。

- 随着资本流入放缓，经济增速相对于潜在增速下降。
- 国内资本外逃开始加速。
- 出口价格和数量下降导致出口收入减少。通常情况下，出口会持平，不再增长。

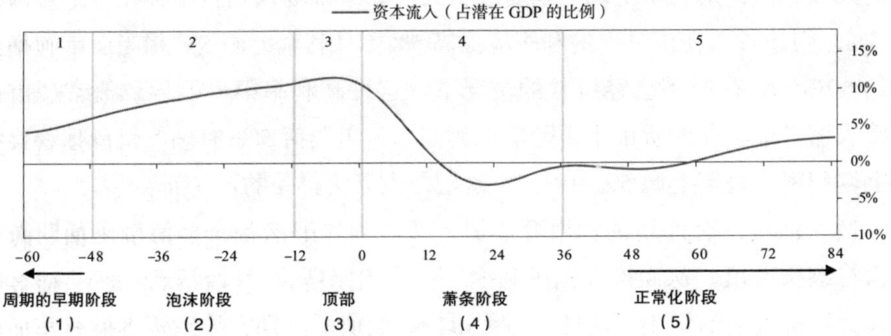

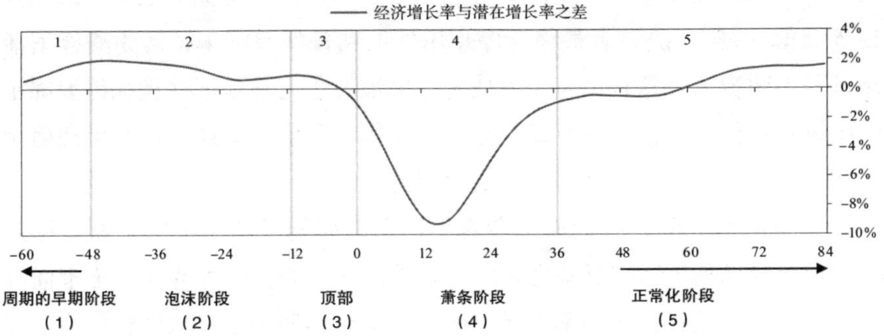

资本流入的减少和收入水平的下降导致资产价格下降和利率上升，由资本流入支撑的经济增速因而放缓。企业的基本面恶化，资本外逃加剧。这时，债务危机就会爆发，资产价格暴跌，银行倒闭。

在这个阶段，持有资产或货币的人和努力支撑货币的决策者的担忧加剧。持有资产或货币的人担心决策者会限制资金出境，因此会尽可能地转移资金，导致国际收支问题进一步恶化。而决策者担心资本外流和货币崩溃。随着国际收支状况恶化，央行的任务变得越来越艰难（每单位通胀产生的经济增长率下降），根据央行的不同举措，资本的负流动会令货币贬值，利率上升，或外汇储备减少。

在这个阶段，央行通常会采取以下措施保卫汇率：（1）动用外汇储备填补国际收支逆差；（2）提高利率。这些保卫汇率和控制货币贬值的措施很少奏效，因为出售外汇储备和提高利率更多地创造了一个空头获利的机会，而无法让汇率和利率调整到合适的水平，因而无法实现可持续的经济发展。下面我将分析这种典型的汇率保卫措施及其失败的原因。

利率差异与即期 / 远期汇率之间存在一种重要的关系。市场会把货币预期贬值的幅度反映在远期汇率低于即期汇率的幅度中。例如，如果市场预期货币会在一年内贬值 5%，则该货币的利率需要上调 5%。如果市场预期货币在短期内大幅贬值，则利率上调的幅度会更大。如果市场预期货币会在一个月内贬值 5%，则该货币在该月内的利率应提高 5%（月利率上调 5% 相当于年利率上调约 80%[①]）。在经济已经疲软的情况下，这种高利率很可能导致非常严重的经济收缩。市场预期货币小幅贬值（例如，一年贬值 5%~10%）就意味着要大幅上调利率（每年上调 5%~10%），这是令人无法接受的。

换句话说，有计划的货币贬值加上递减的外汇储备，会使市场预期未来货币将继续贬值，从而推高国内利率（见上述原理），在经济已经疲弱的时候会起到经济紧缩的作用。此外，对货币持续贬值的预期会导致资本撤离和汇率投机，扩大国际收支逆差，迫使央行动用更多的外汇储备保卫汇率（或放弃货币逐步贬值计划）。决策者最终会停止用外汇储备保卫汇率，因为这样消耗外汇储备并不明智。在这种汇率保卫战中，决策者（尤其是那些坚决捍卫固定汇率的决策者）往往会信誓旦旦地宣布不会让货币贬值。但这一切都无法阻止债务周期进入下一阶段，也就是放任货币贬值。

在保卫汇率期间，我们通常会看到远期汇率先于即期汇率下跌。这是上述利率差异与即期 / 远期汇率之间的关系导致的。如果国家为保卫汇率而收紧货币政策，这只是在扩大利率差异，人为地支撑即期汇率。虽然这保住了即期汇率，但远期汇率将不断下降。结果就是，我们会看到的一种“鞭子效应”，随着利率差异扩大，远期汇率会先于即期汇率下跌。在汇率放开后，即期汇率

---

① 由于复利的缘故，年利率是 80%，而不是 60%（5% 乘以 12 个月）。

的跌幅最终会赶上远期汇率，而即期汇率的下跌使利率差异缩小，从而导致远期汇率相对于即期汇率反弹。

在债务周期的这个节点上，资本管制成为第三种（通常也是最后一种）政策手段，但很少奏效。资本管制对决策者的吸引力在于，它可以直接控制资本外逃。但历史表明，资本管制常常会失败，原因如下：（1）投资者会找到规避管制的办法；（2）政府越是管制，投资者越想逃离。无法使资金流出一个国家，就如同储蓄者无法从银行提款一样：担心会演变成“挤兑”。资本管制有时可以暂时起作用，但绝不是长久之计。

一般来说，债务周期的保卫汇率阶段较短，会持续 6 个月左右。在放弃保卫汇率的行动之前，外汇储备会被消耗 10%~20%。

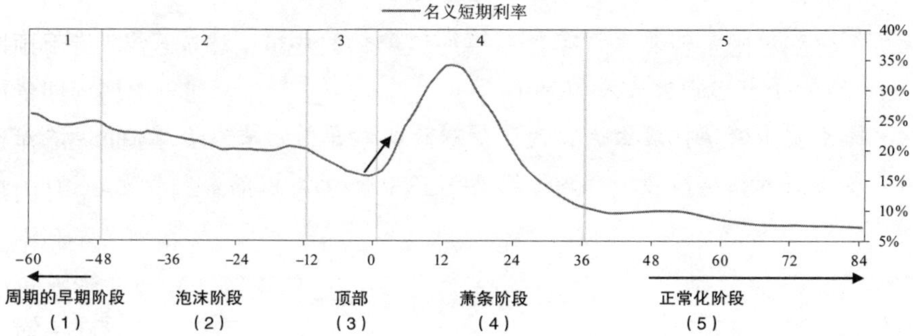

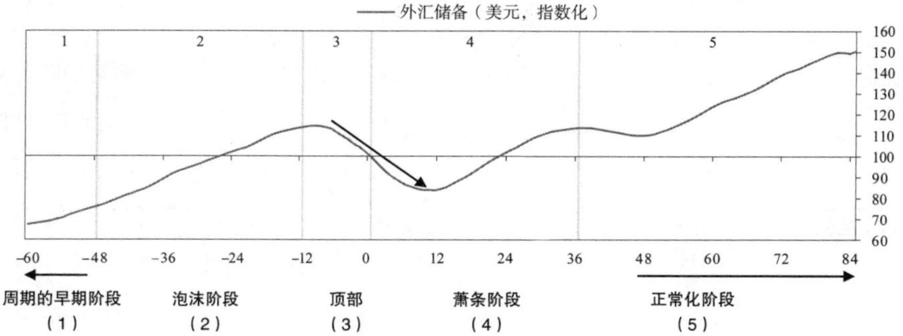

萧条阶段（允许汇率自由浮动阶段）

上文提到，一个国家的通胀性去杠杆化类似于一个家庭遭遇还债困难，二者只有一个主要差异。与家庭不同的是，国家可以改变货币的供应量和货币的价值。这为各国应对国际收支压力提供了一个重要手段，这也是目前还没有一种全球统一货币的原因。改变货币价值只是改变一个国家对外出口商品和服务的价格，在国内市场上的商品和服务的价格保持不变。想一想：如果一个家庭的主要劳动力失业，被迫接受一份低薪工作，收入比以前减少 30%，这会对家庭造成毁灭性打击。但是，当一个国家将其货币贬值 30% 时，该国收入只是相对于其他国家减少 30%，以本币计价的家庭收入并没有改变。换句话说，货币贬值使一国能够降低出口价格（从而争取到更多的国外订单），但不会引发国内通缩。

因此，当所有办法（例如，动用外汇储备，紧缩货币政策，宣布货币不会贬值，实施外汇管制）都行不通时，决策者被迫放弃抵抗，允许货币贬值（但他们会尽量使其平稳下跌）。

以下是决策者允许货币贬值的结果。

- 初期货币价值暴跌，平均实际跌幅大约为 30%。
- 货币贬值带来的损失并没有被短期利率收紧抵销，持有货币的损失巨大（第一年平均损失约为 30%）。
- 由于货币贬值幅度太大，为了使跌速更加平缓，决策者继续消耗外汇储备（进入萧条阶段一年内平均再消耗 10% 的外汇储备）。

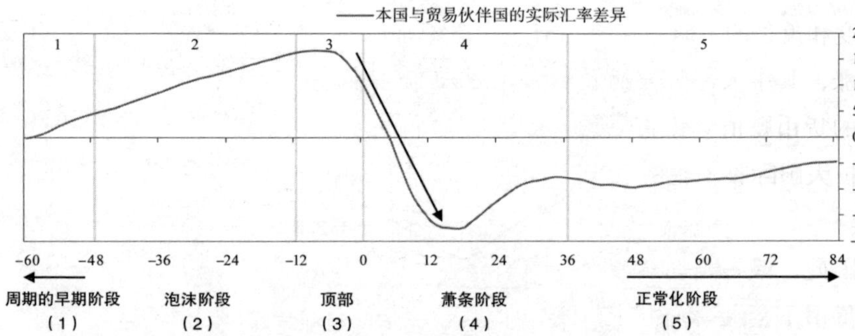

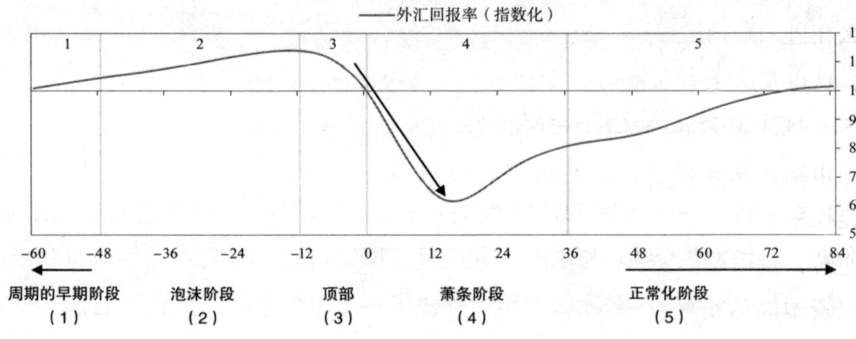

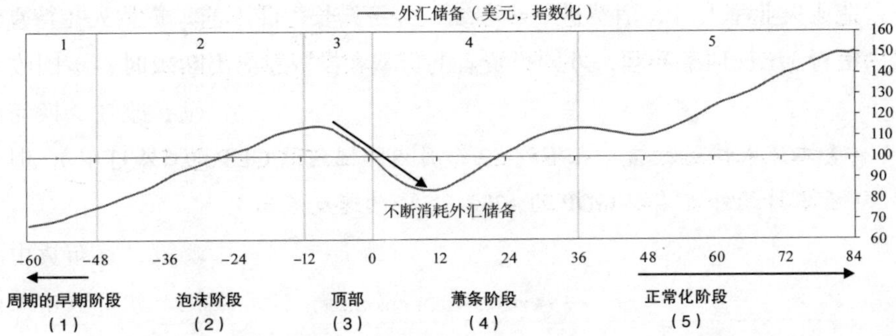

央行不应当为了保卫汇率而过多消耗外汇储备，也不应当过多提高利率从而损害实体经济，这些行为比货币贬值带来的危险更大。事实上，货币贬值可以刺激经济和市场，在经济萎缩期间有积极作用。货币贬值会使以该货币计价的资产增值，刺激出口，重新量入为出，调整国际收支。货币贬值还会减少进口（因进口商品变得更加昂贵），助益国内生产者，使以该货币计价的资产更具价格竞争力和吸引力，为出口创造更大的利润空间，为国家（通过更廉价和更具竞争力的出口）赚取更多外汇创造条件。

但货币贬值是一把双刃剑。决策者如何把控货币贬值，会极大地影响一国在调整债务危机的过程中必须承受的痛苦程度。货币如何贬值会严重影响通胀程度和萧条的走向。在所有通胀性萧条案例中，货币贬值都会转化为进口价格上涨，其中大部分会被转嫁到消费者头上，导致通胀率急剧上升。缓慢但持续的货币贬值会使市场预期汇率继续下行，引发更多的资本撤离和汇率投机，扩大国际收支逆差。持续的货币贬值也使通胀更加持久，强化市场的通胀心理。

因此，最好是使货币一次性贬值到位，以维持市场的双向交易（当市场预期货币不会继续贬值时，就会恢复买卖互现的正常交易）。这样，较高的通胀率就不太可能持久。如果市场没有预料到货币会一次性贬值（即突然贬值），那么在进入贬值阶段后，决策者就没有必要动用外汇储备或通过升息来保卫汇率。这也是决策者通常在放开汇率之前表示将捍卫汇率的原因。

一旦决策者放任货币贬值（致使储蓄者损失惨重，并造成货币进一步贬值的市场预期和担忧），人们会竞相抛售以该货币计价的投资。许多人之前很可能积累了巨大的资产负债错配，因为他们当初这样做是有利可图的。如今形势逆转，货币贬值使资产负债错配从盈利转眼变为亏损。

资本断流迫使支出停止增长。这时，即使那些没有外币债务的人也会受到影响。由于一个人的消费是另一个人的收入，因此消费下降会波及整个经济，造成失业率上升，消费进一步萎缩，经济增长停滞不前。贷款人（特别是国内银行）出现债务问题，外国投资者的贷款和投资意愿不断减弱。

- 资本流入快速放缓（在不到 12 个月内降幅超过 GDP 的 5%）。
- 资本持续外流（以 GDP 的 –3%~–5% 的速度流出）。

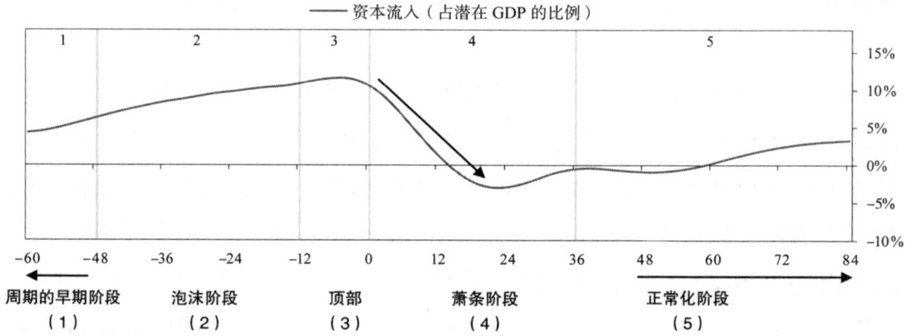

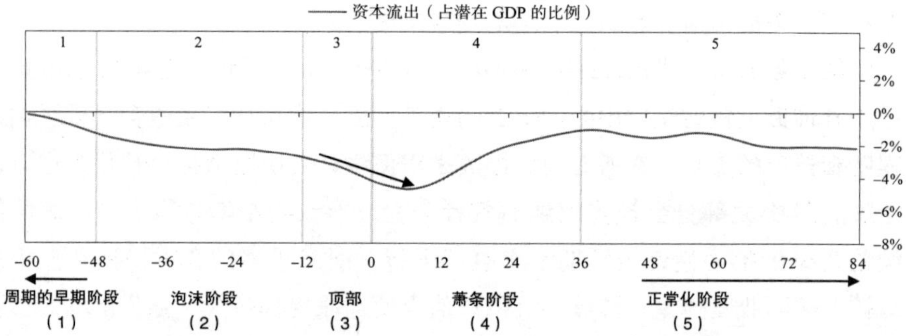

一般来说，央行印钞对资本下降的抵销作用不大，因为增发货币有风险，会促使更多人抛售该货币，加剧资本外逃。经济增长放缓，导致投资者想方设法撤回投资。前不久还被奉为宝贝的资产现在成了垃圾。超买很快转为超卖，资产价格暴跌。

- 名义短期利率上升（升幅约为 20 个百分点），收益率曲线倒挂。
- 印钞量有限（平均为 GDP 的 1%~2%）。
- 以本国货币计价的股票价格暴跌（平均跌幅约为 50%）。由于货币贬值加剧了股票抛售，因此以外币计价的股票表现更差。

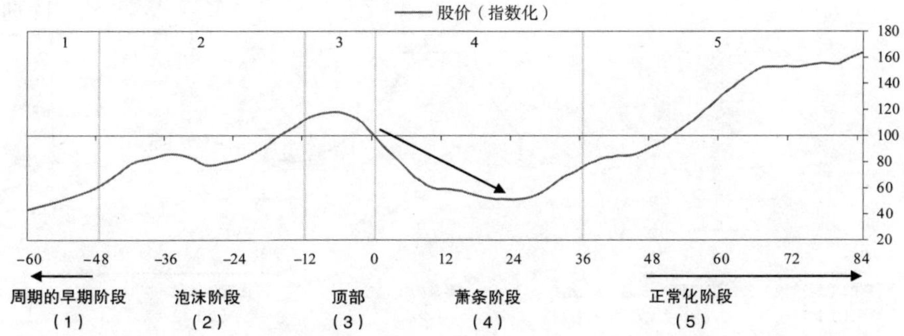

最重要的资产负债错配之一是以外币计价的债务。随着本国货币贬值，对于欠有外币债务的债务人来说，（以本国货币计价的）债务负担加重。对此，债务人的应对办法并不多。他们一般通过出售本国货币来偿还债务，对外币债务进行套期保值，或将本币储蓄转为外币储蓄。所有这些措施都会进一步加大本国货币的下行压力。

- 由于收入下降，再加上以外币计价的偿债成本换算成本国货币后变得更高，还本付息负担加重（平均增幅为 GDP 的 5% 以上），进一步挤压人们的收入和消费。
- 对于欠有外币债务的人而言，外币债务负担加重（因收入下降和货币贬值，债务占 GDP 的比例平均上升约 20%）。

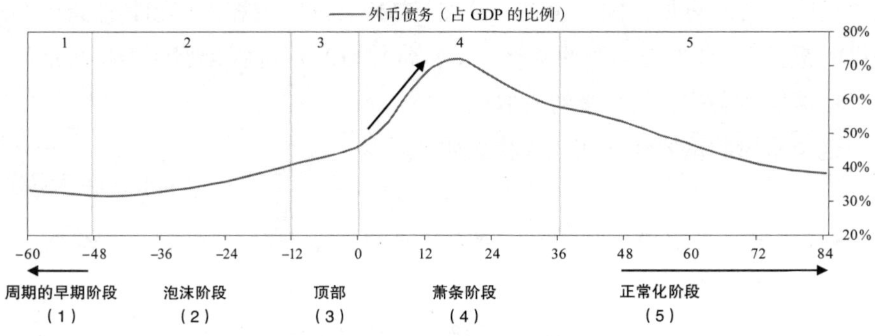

随着货币贬值，进口价格上涨，进一步推升通胀率。

- 通胀率上升（升幅通常为 15%，最高时达 30% 左右）。
- 通胀率在一段时间内保持高位，自顶部阶段之后平均持续两年左右。

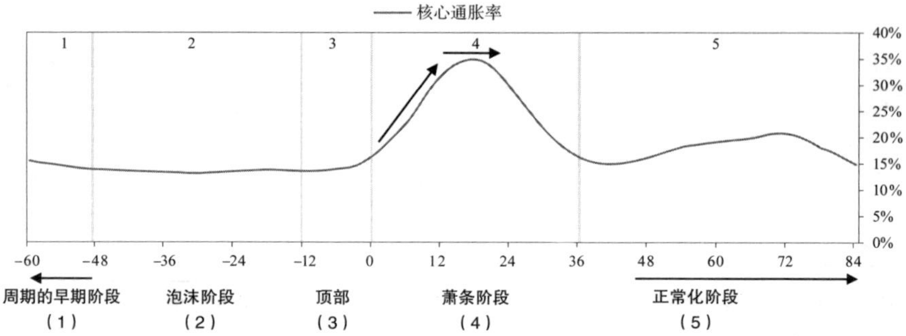

到了这个阶段，人们的好日子结束，苦日子来临。各种各样的问题——债务、经济、政治、货币等相互叠加，导致形势进一步恶化。一些隐蔽的问题，例如会计作假、腐败等，纷纷浮出水面。这种形势令外国投资者望而却步，诱发国内资本外逃。

这是债务周期的底部阶段，恰如泡沫阶段的倒影。在泡沫阶段，投资者不顾一切地冲进市场，到了这个触底反弹阶段又都不顾一切地冲出去。在资产和货币上亏损的人慌忙逃离，观望的人唯恐靠近，从而出现了严重的供需不平衡，供过于求导致资产价格不断下跌。这是通胀性债务周期的至暗时刻，这种螺旋式下降过程会自我强化且态势迅猛。触底带来的痛苦是如此强烈，促使定价和政策发生根本性质变，而这种质变最终会带来局势的逆转。在戏剧作品里，危机往往为变革和重生埋下了种子，人生也一样。

由于货币变得非常廉价，进口大量减少，国际收支逐步得以恢复平衡。这种状况，有时再加上国际援助（例如，IMF、国际清算银行和其他跨国组织提供的援助），会带来必要的调整，也常常伴以政治洗牌（那些不良政策的决策者将被那些实施有效政策的人取代）。

这个阶段的重要经济变化或特征如下。

- 经济活力（GDP 缺口）大幅减弱（平均下降 8%）。
- 失业率上升。
- 经济活力大约一年后探底，GDP 缺口最低接近 –4%。

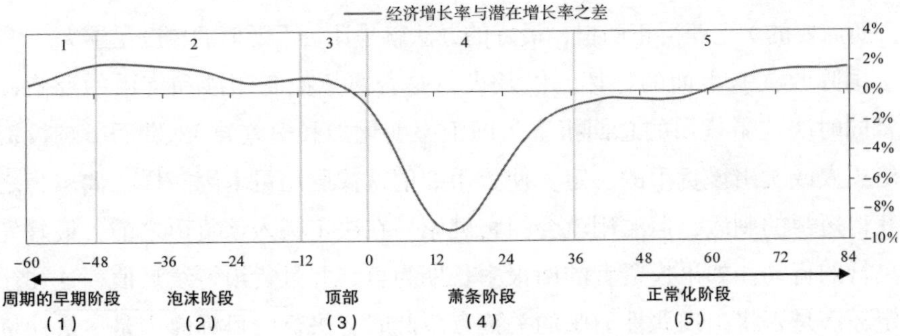

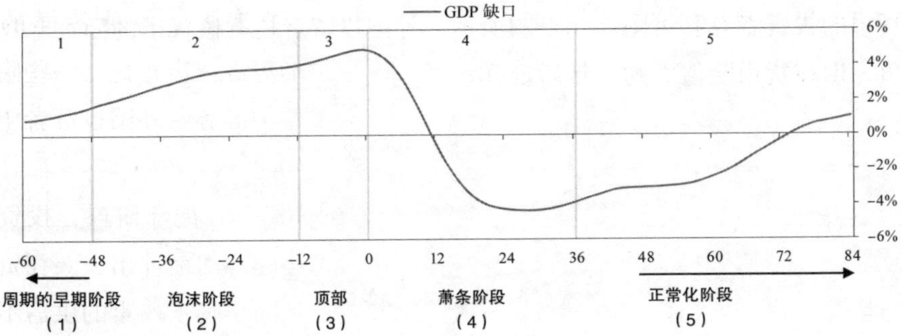

正常化阶段

当一国货币的供给与需求相对于他国货币取得平衡时，形势就会好转，并最终恢复正常。虽然这种平衡部分是通过贸易调整实现的，但资本流动在其中发挥的作用更大。因此，债务周期进入正常化阶段首先应当归功于央行成功说服投资者再次持有本国货币，其次是消费和进口的下降幅度足以使国际收支恢复平衡。

决策者如何让投资者看好该国货币从而保持资本流入？所谓看好该国货币，是指鼓励人们用该国货币储蓄和投资，而不是借入以该国货币计价的债务。最重要的是，需要在适当的利率水平上（利率对于国内经济环境而言不能太高）为投资者提供正回报。虽然大多数人（包括大多数决策者）认为，最好的办法是在保卫汇率阶段保住汇率，但事实恰恰相反，因为低汇率具有以下功能：（1）有利于贸易平衡；（2）能产生正回报；（3）维持适合国内经济环境的利率。

如前所述，要做到这一点，最好的办法是让货币大幅快速贬值。虽然这会让那些做多该货币的人利益受损，但也为那些抄底的投资者提供了一个诱人的获利机会，因为持有该货币很可能获得正回报（即期汇率上升加上利率差异）。在货币急剧贬值的形势下，利率不需要上升到令人无法忍受的程度就能产生吸引人的回报率。总之，要确保投资者在相对较低的实际利率水平（这是疲软的国内经济所需要的）上获得正回报，最好的办法就是让货币贬值的幅度足够大。[①]

国际收支基本面的好坏，以及央行是否愿意控制印钞和货币的贬值，这二者同时决定了货币的总回报率（即汇率变化加利率差异），进而影响投资者做出买入或卖出该货币的决定。使货币贬值就像服用可卡因一样，偶尔为之可以获得短暂的刺激，但滥用就会损害健康。在决定买入该货币之前，最好先看看央行的行动。如果投资者的回报率长期为负，并且货币持续贬值，这往往是决定经济是否将出现恶性通胀的关键点。此时，央行的目标应当是尽量让货币贬值，为经济和国际收支提供必要的刺激，同时保持适度的货币紧缩，使持有该货币的投资者有利可图。如下图所示，外国投资者持有该货币的回报率开始为负，但在货币贬值大约一年后反弹。

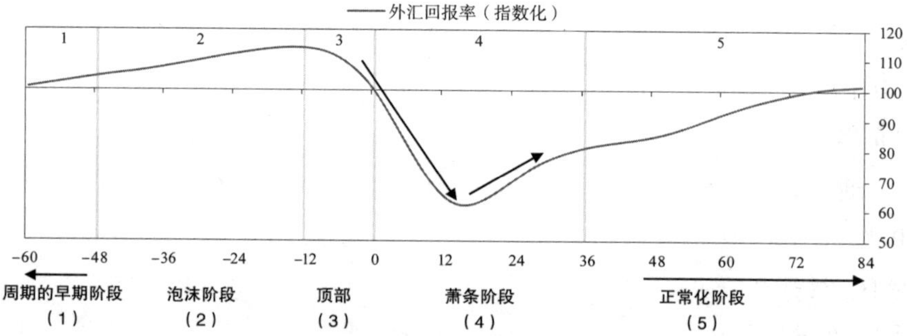

即使整个国家没有达到债务上限，但某些国内机构可能已经达到债务上限。这时，决策者必须对具有系统重要性的机构进行资本重组，并通过定向提供流动性管理不良资产。通过为急需救助的机构提供流动性（一般通过增发货币），决策者可以避免引发紧缩性债务危机或进一步的资本外逃，但需要小心平衡印钞的通胀效果。

债务周期探底通常会发生以下情况。

- 进口的大幅减少会在很大程度上改善经常账户状况（平均改善幅度为 GDP 的 8% 左右）。
- 资本流入停止下降并趋于稳定。

---

① 在确定是否持有某种信贷工具时，美国国内投资者与外国投资者的动机不同。美国国内投资者关注的是通胀率与利率之间的差额。如果通胀率很高，利率无法提供足够的补偿，他们就会抛售该信贷工具，改持通胀对冲资产（反之亦然）。而外国投资者只关心货币汇率与利率之间的相对变化。因此，决策者在稳定国际收支平衡时，通胀只是一个次要考量，使投资该国货币的人取得预期正回报才是最要紧的事。决策者必须使货币变得足够廉价，让投资者获得正回报，同时使利率维持在适当水平上。

• 资本外逃得以缓解。
• 国家向 IMF 和其他国际机构求援，获得稳定的资本来源，特别是在外汇储备有限时。
• 大约一年后，短期利率开始下降，但长期利率仍然相对较高。短期利率见顶后，经过两年左右回落到危机前的水平。短期利率下降具有刺激效应。
• 随着利率下降，远期汇率相对于即期汇率反弹。
• 随着汇率稳定，通胀率下降。通常在债务周期触底两年后，通胀率回到危机前的水平。

当然，这些都是平均水平，实际数据取决于每个国家的具体情况（见下文）。

国内经济状况大面积恶化，消费与进口减少，可以缩小国际收支逆差。经过债务危机，一国的进口平均萎缩 10%，经济增长率大跌，股市下泄超过 50%。通常，危机爆发大约 18 个月后，因进口下降，经常账户从逆差（占 GDP 的 6%）转为顺差（占 GDP 的 2%）。在危机的早期阶段，出口发挥的作用较小。往往在危机最严重的时期出口才会收缩（因为其他国家的经济有时也放缓），在随后几年才会反弹。

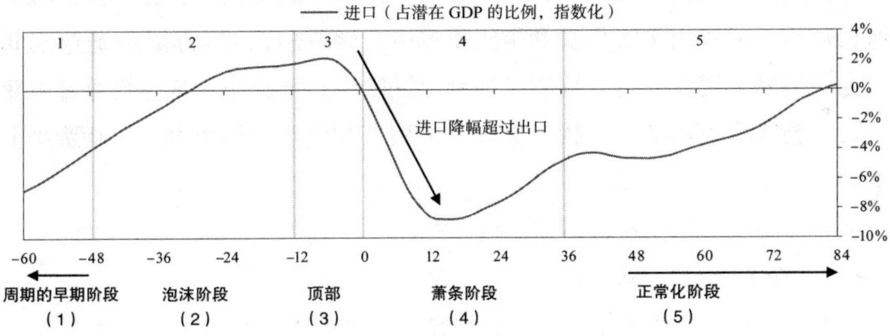

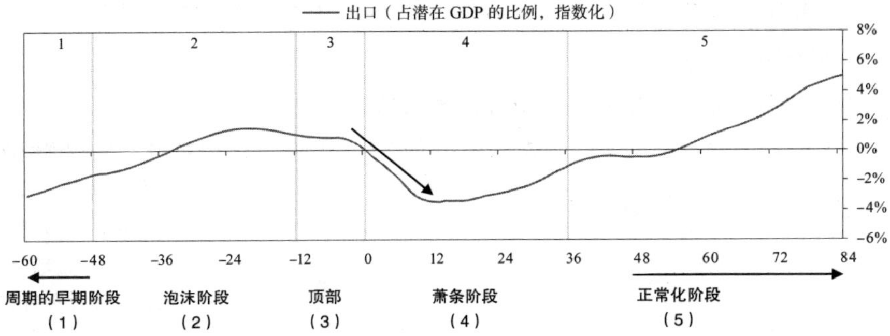

下表简要对比决策者在债务危机中管理妥当和管理不当的区别。

	管理妥当	管理不当
控制汇率	• 决策者口头上表示不会让货币进一步贬值。使市场不会预期货币贬值。 • 一次性使货币贬值到位，不会使人产生货币会进一步贬值的预期（维持双向交易市场）。	• 市场广泛预期决策者会让货币贬值，导致货币贬值压力增大，利率升高。 • 最初的货币贬值幅度很小，后续贬值不可避免。市场预期货币贬值，导致利率和通胀预期升高。
缓解国际收支不平衡	• 货币政策紧缩，导致国内需求随收入水平下降而萎缩。 • 决策者采取措施鼓励投资者持有本国货币（提高利率以补偿货币贬值的风险）	• 决策者只顾提振经济，货币政策过度宽松，把国内问题推给未来，助长通胀。 • 决策者利用资本管制和其他限制措施企图阻止资本外流。
缓解经济滑坡	• 巧用外汇储备，缓解外资撤离冲击，减少失衡。	• 依赖出售外汇储备维持高水平支出。
处理坏账和违约	• 解决高负债机构的债务，从其他渠道借款填补缺口。	• 放任无序违约，增加不确定性，刺激资本外逃。

通常，发生债务危机的国家需要几年时间才能恢复元气。在上一轮债务周期中亏损的投资者抗拒回归，因此需要一段时间才会看见资本大量流入。但是，国内商品和劳动力的价格随着货币贬值而下降，这对外资具有吸引力，因此资本开始陆续流入。在出口回暖和外国直接投资增加的共同作用下，经济重回增长轨道。如果决策者保护和重组重要的金融机构，那么国内金融渠道仍然可以为经济复苏提供支持。周期又回到早期阶段，启动下一轮良性循环：生产性投资机会吸引资本流入，投资推动经济增长和资产价格上升，从而吸引更多资本。

- 一两年后，收入和消费抬头。
- 经济活力从底部恢复到平均水平需要大约三年时间。
- 汇率稳定之初，实际汇率被低估（按购买力平价计算被低估10%左右），货币依然廉价。
- 出口略有回升（升幅为GDP的1%~2%）。
- 几年后（平均4~5年），资本重新回流。以外币计价的股票也要经过大约相同的时间才会恢复。

从短暂的通胀性萧条跌入恶性通胀深渊

在多数情况下，决策者有能力实现经济复苏，使收入和消费回升，使通胀率回归正常水平（经过短暂的国际收支危机）。但有时，通胀性萧条会演变为恶性通胀。恶性通胀是指通胀水平极高（商品和服务的价格每年至少翻一番），造成大量财富损失，经济陷入严重困境。这种情况比人们想象的更为常见，因此有必要探讨通胀性萧条是如何演变为恶性通胀的。

通胀性萧条演变为恶性通胀的案例最重要的特征是，决策者无法解决国际收支与偿债成本之间的不平衡，并在长时间内通过大量印钞维持对外支出。有时，决策者是被迫为之。例如，德国魏玛共和国曾背负沉重的外债（战争赔款），且基本上不能违约拒付。巨额资金外流使德国无奈面临巨大的通胀（详情请参考案例研究部分）。在其他情况下，决策者选择通过不断印钞解决对外支出，实际上是为了保经济增长而非实现收支平衡。如果这种情况持续多年且颇具规模，国家就可能发生恶性通胀，而这种情况本可以避免的。

如前所述，与大多数人的看法相反，在危机期间停止印钞并不容易。在资本流出的关头不再增发货币，会导致流动性极度紧张和经济剧烈收缩。危机持续的时间越长，停止印钞的难度就越大。例如，在德国魏玛共和国时期，实际上现金非常短缺，恶性通胀意味着现存的货币量可购买的物品越来越少（到1923 年 10 月下旬，在危机即将结束时，德国在 1913 年发行的全部货币量只够买一千克黑麦面包）。停止印钞意味着流通的现金会极度紧缺，商业几乎将陷入停顿（至少在发行替代货币之前）。在通胀初期，增发货币看似是个审慎的选择，但无休止的印钞会推升通胀到失控的地步。

通胀旋涡的演进

随着货币的贬值和不断增发，人们开始改变行为，通胀预期慢慢滋生。货币贬值引发更多的资本外逃，因此会出现一个“货币贬值—通胀—印钞”的循环，且不断升级。最终，在前几轮循环中还能够刺激经济增长的联动机制逐步失灵，印钞效果日益减弱。

每一轮印钞之后，大部分增发的货币会被转移到实物资产或外国资产中，而不是被用于商品和服务支出以提升经济活力。实践一再证明，投资者抛售本国货币以购买实物资产及外国资产，比用于国内储蓄和国内投资更赚钱。因此，持有本国货币的人从生产性投资转到实物资产（例如黄金）和外国货币上，以对冲通胀和真实财富的缩水。这时，外国投资者纷纷避开。由于经济疲软，投资者纷纷购买实物资产，股市下跌，推动前几轮消费的财富效应不再显现。最终的结果是，货币贬值无法刺激经济增长。这种状况对通胀性去杠杆化非常重要，因此值得详细介绍。

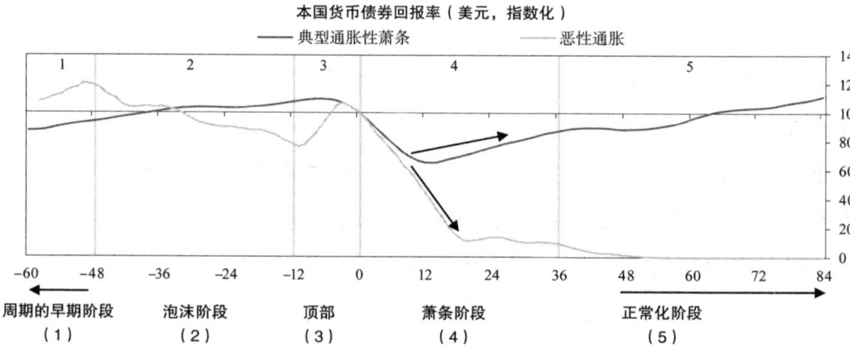

货币持续贬值导致持续通胀，这种情况可能会演变为一个自我强化的过程，助长人们的通胀预期，改变投资者的行为。这个过程的主要发展路径是，通胀压力传导至工人工资，产生一个**工资与生产成本螺旋式上升**的过程。工人要求提高工资，以弥补购买力的下降。厂家被迫为工人提高工资，随后提高产品价格以抵销上升的成本。有时，这种情况是自动发生的，因为工人的工资与价格指数挂钩，比如，劳动合同规定，工人的工资应随通胀而上调。工人的工资与价格指数挂钩的结果是出现一个恶性循环：货币贬值，国内价格上涨，纸币数量增加再次稀释货币价值，价格进一步上涨，如此循环往复。

面对每次货币贬值，储蓄者和投资者都会采取不同的应对办法。储蓄者以前吃过亏，为了确保购买力不下降，他们会毫不犹豫地用现金购买外国资产和实物资产。

随着通胀恶化，银行储蓄者自然希望能够随时取回储蓄，因此他们会缩短存款期限。储蓄者会把存款从定期账户转移到活期账户。投资者会缩短贷款期限，甚至完全停止贷款，因为他们担心会发生违约或者获得的还款一文不值。在通胀性去杠杆化期间，债务的平均到期期限总是会缩短。

因为通胀率上升和增发货币会降低实际利率，抛售现金的成本很低，由此带来的资本撤离和借款增加会导致金融体系缺乏流动性。银行几乎无法满足现金需求。企业因缺乏现金而无法履行合同，也会受到损害。曾在前一轮货币贬值中尝过甜头的央行，这时必须在极度缺乏流动性和加速增发货币之间做出选择，最终的结果显而易见：印钞。央行通过印钞向银行提供流动性，有时直接向企业提供贷款。当利率的上升幅度不足以弥补未来的货币贬值时，这些流动性会让投资者继续借款，然后用于国外投资和进行通胀对冲（例如，购买实物资产或黄金），这进一步加剧了通胀和货币贬值的恶性循环。

如果一个国家的大部分债务是以外国货币计价的，那么在本国货币贬值时，债务负担就会加重，这会导致人们削减支出和出售资产。虽然这种影响最初会被货币贬值的刺激效应抵消，但随着刺激效应消退和债务负担增加，这种影响越来越具有破坏性。债务负担加重也意味着，外国投资者要求更高的利率来弥补违约风险。货币贬值和通胀往往会增加偿债成本和债务负担，因此利用货币贬值来刺激经济会变得更加困难。

许多国家的政府通过提高所得税和财产税税率解决债务问题。由于经济不景气和投资失败，富人的净资产逐渐蒸发，他们会不惜一切代价保住迅速缩水的财富。由此导致逃税率极高，资本外逃加剧。这在去杠杆化进程中非常普遍。

随着经济增长进一步放缓，外国资本枯竭关闭了信用创造的一个重要来源。尽管国内信用创造和借款并不缺乏，但这并没有转化为多少经济增长，因为其中大部分借款被用于购买外国资产了。那些没有发生在国内的支出大都没有对 GDP 做出贡献。例如，投资者为财富保值而购买大量的黄金、工厂和进口商品。（在德国魏玛共和国时期，人们甚至抢购石头！）人们购买机械和工具等资本品并不是因为需要它们，而是把它们作为有价物品储蓄起来。

很容易看出，这些力量会产生一个恶性循环，导致通胀和货币贬值交替恶化，直至最后人们对货币完全失去信心，货币失去了作为价值储存手段的功能（人们最多只储备能花几天的钱）。钞票面额数十倍增加，已不可能成为记账单位。货币也不再是交换媒介，因为币值太不稳定，生产者不愿意出售产品换取本国货币，他们往往要求对方用外国货币支付，或干脆以货易货。由于外汇短缺，流动性降至最低点，需求暴跌，而这种流动性紧缺无法通过印钞来缓解。商店纷纷关门，失业率上升。陷入恶性通胀之后，经济快速萎缩，曾经刺激经济增长的货币贬值如今带来一片狼藉。

除了造成经济萎缩外，恶性通胀还会导致金融财富蒸发，因为金融资产无法跟上货币贬值和通胀的步伐。恶性通胀还会导致极端的财富再分配，它会吞噬债权人的财富，稀释债务人的债务。经济萎缩、极端的财富再分配和市场混乱造成政治紧张和冲突。警察等公务员经常罢工，因为他们辛辛苦苦赚得的工资变得如同废纸一样。在此阶段，骚乱、犯罪、抢劫和暴力活动极其猖獗。在德国魏玛共和国时期，政府不得不发布“戒严令”控制混乱局面，授予军队干预内政的更大权力，例如，实施逮捕和驱散示威活动。

在恶性通胀期间，进行投资应遵循几条基本原则：做空货币，尽可能把钱汇到国外，购买大宗商品，投资大宗商品行业（例如黄金、煤炭和金属）。购买股票有利有弊，当通胀滑向恶性通胀时，投资股市是个赔钱的主意。股票价格和汇率之间的高度相关性消失，相反二者之间的差异越来越大。在此期间，黄金成为首选的投资资产，即使以本国货币计价的股票价格飙升，结果仍然是灾难性的亏损，债券已经一钱不值。

一旦通胀性去杠杆化演变成恶性通胀，货币作为价值储存手段的地位便一去不复返。为结束通胀性去杠杆化，各国采取的典型办法是发行具有坚实基础的新货币，逐步淘汰旧货币。

战时经济

战时经济与常规经济完全不同，二者在商品、服务和金融资产的生产、消费和会计核算方面迥异。例如，在战争期间，消耗在战场上的军火产量增加推动 GDP 增长，军队服役人员增加使失业率下降，自上而下的资源分配导致生产和利润发生变化，借贷和其他资本流动的性质也有别于平时。这一切都与和平时期不同，因此理解战时经济的统计数据需要一种完全不同的思路。要想充分说明战时经济的运行规律，需要整本书的篇幅，我在这里不打算深入讨论，但会做简要论述，因为理解战时经济对于理解我们所研究的重大债务危机很重要。假如我们再次进入战争期，这无疑具有重要的参考价值。

研究历史的人都知道，在新兴强国与老牌强国内部及它们之间，经济冲突或地缘政治冲突常常导致军事冲突。历史学家对此有精彩的论述，但他们更多的是从地缘政治角度出发，而我的研究更多的是从经济和市场的角度出发。无论采用什么视角，这种关系都被历史学家公认为经典。

一言以蔽之，**在以下情况下，发生破坏性冲突（例如战争）的可能性会远高于平常：（1）在一国内部，富人、资本家、政治右派与穷人、无产阶级、政治左派之间发生经济冲突，最终导致民粹主义、专制主义、民族主义和军国主义领袖上台；（2）经济和军事实力相当的国家之间产生冲突，经济与政治之间的关系变得尤其错综复杂。**

换句话说，国家内部和国家之间的经济竞争常常演变为战争，最终胜者为王。战争期间，我们经历的是战时经济。战争结束后，市场、经济和地缘政治都会染上战争后遗症。战时所发生的事情及战争的结果对于货币、债务、股票和经济的价值都会产生巨大的影响，尤其将深刻改变整个社会政治结构。宏观层面，在战后的和平时期，由大国制定规则，其他国家无力反抗。这种局面会一直持续至下一个周期开始（因竞争势力崛起）。

大国及其储备货币的崛起和衰落，会沿着一个经济大周期或地缘政治大周期发展。要理解这个大周期，需要使用更长的时间框架（250 年）。我在此仅做简要介绍，在未来会做出详细阐述。

通常情况下，经济冲突发生时，人们的对立情绪高涨，民粹主义领袖当选或上台，他们主张进行对抗，于是战争爆发。但这种情况并不是总会发生。历史表明，国家之间存在以下两大类关系，哪一种关系能够存续将会最终决定局势演变的结果。

（1）**合作竞争关系**：双方会照顾彼此的核心利益，互惠互利。这是一种双赢关系，在尊重和谅解的前提下进行艰难的谈判，犹如集市上两位和善的商人讨价还价，或在竞技场上两支队伍进行友好竞争。

（2）**相互威胁关系**：双方算计着如何伤害对方，都想恫吓对手使其屈服。这是一种两败俱伤的关系，双方的互动是通过战争而非谈判。

任何一方都可以强行选择第二条道路（进行战争威胁，两败俱伤），但走上合作共赢的道路需要双方共同努力，双方不可避免地要采取同样的方法。

不管选择哪条道路，各方在心里都应该掂量自身和对方的实力。选择第一条路，各方都应明确对方可以施压的筹码，进行最大限度的利益交换，而不能太过咄咄逼人。选择第二条路，各方都应意识到，实力不仅包括打击对手的能力，还包括承受打击的能力。如果未知的因素太多，双方都不清楚谁强谁弱，不知道能给对方多少惩罚和奖赏，那么走第一条路更安全。另一方面，通过第二条路（一场大战）可以确定谁为胜者，谁必须顺从。因此，战后一般都有一段较长的和平时期。在此期间，战胜国制定规则，其他国家遵守，直到下一个周期来临。

经济政策方面，战争期间，最重要的事是持续获得维持战争所需的金融资源和非金融资源。没有哪个国家能够在现有收入的基础上既为战争拨款，又维持适当的正常开支。政府要么举债，要么拥有庞大的外汇储备。一个国家的举债能力在很大程度上取决于该国的信誉度和资本市场的发达程度，尤其是以本国货币计价的债券市场的完善程度。同样，要同时维持战争和过得去的经济环境，持续获得必要的非金融资源也很重要。

战争结束，进入债务偿还期。**债务和战争（无论胜败）会带来巨大的市场后果。对一个国家及其领导者来说，最坏的结果莫过于既背负了沉重的债务负担，同时又战败了。所以，千万别陷于这种境地，一战后（20 世纪 20 年代）的德国（见第二部分）和二战后（20 世纪 40 年代后期和 50 年代）的德国和日本就是前车之鉴。**

以下各图显示了一国经济在战时发生的变化。多数经济部门转向战时生产，政府靠大量举债弥补巨额财政赤字，大部分劳动力转到军队服役，或从事军工生产。第一张图显示，政府支出相对于私人支出快速增长。后面的图显示了军事开支和军事人员数量的增加，平均来看，军事开支占 GDP 的比例和军事人员数量占总人口的比例增加了约 5 倍。例如，在二战期间，20% 的美国劳动力为军队服务。

部门支出（占 GDP 的比例）

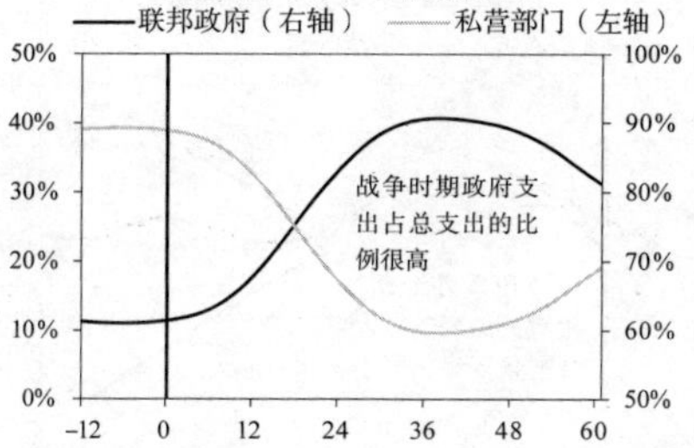

军事人员（占总人口的比例）

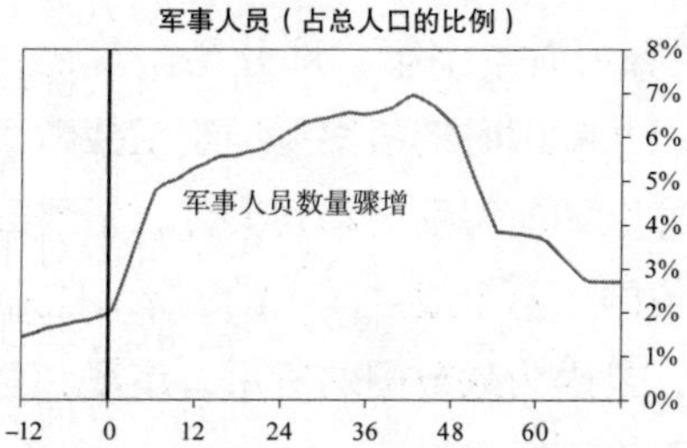

军事开支（占 GDP 的比例）

大战结束后，所有国家，无论是战胜国还是战败国，都会背上沉重的债务负担，需要从战时经济回归正常经济。战后军费的大幅削减一般会带来经济衰退，因为工厂被重新改造，军工行业的工人需要重新就业。各国会进入去杠杆化时期，削减巨额的战争债务，采取的办法与其他萧条时期或去杠杆化时期的减债方式相同。从以下各图可以看出，战败国的经济更糟糕。战败国的经济萧条更严重，央行大肆印钞，外汇储备大幅减少，通胀率更高（有时会出现恶性通胀）。

经济增长率与潜在增长率之差

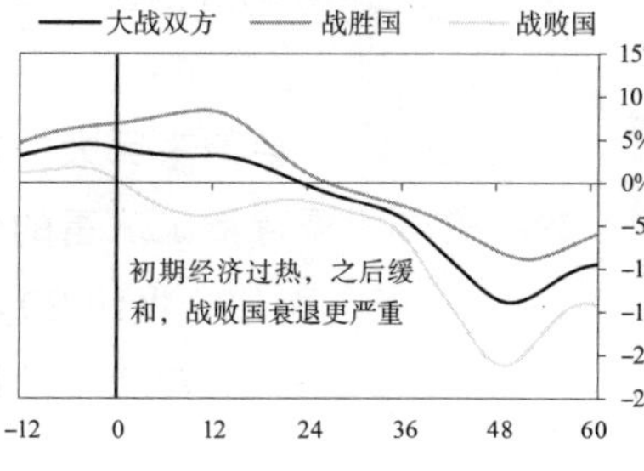

通胀率

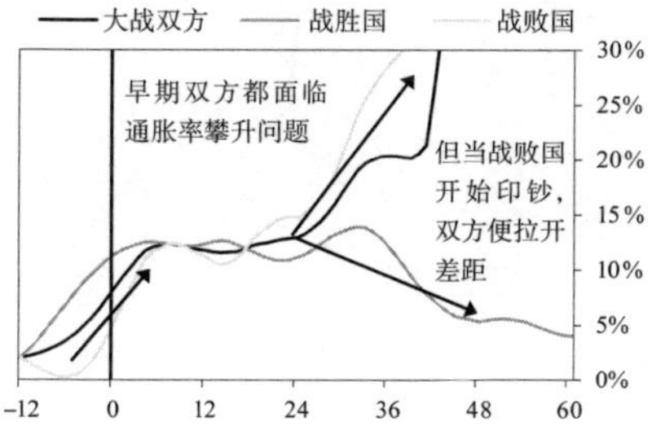

财政余额（占 GDP 的比例）

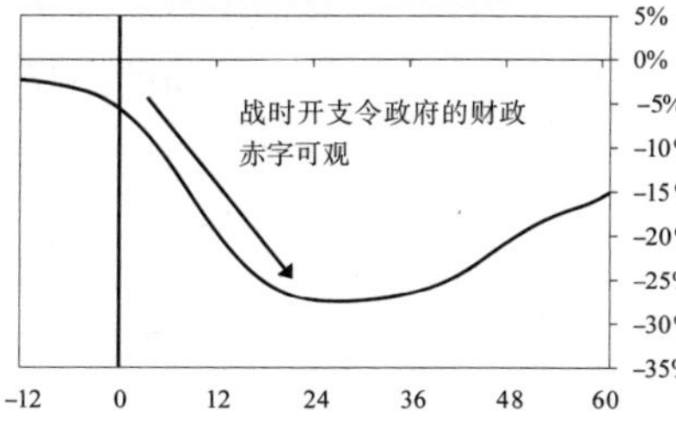

印钞（占 GDP 的比例）

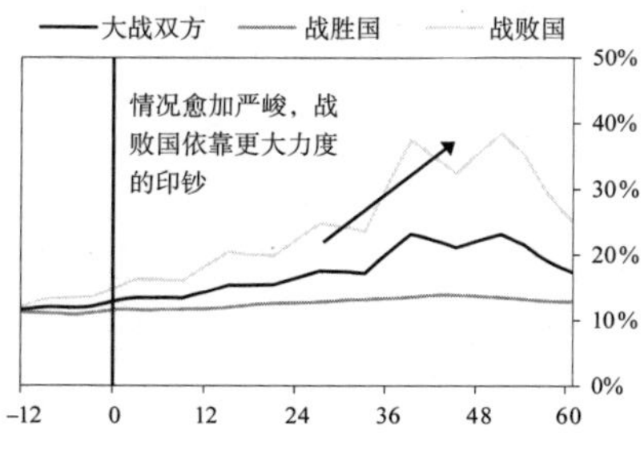

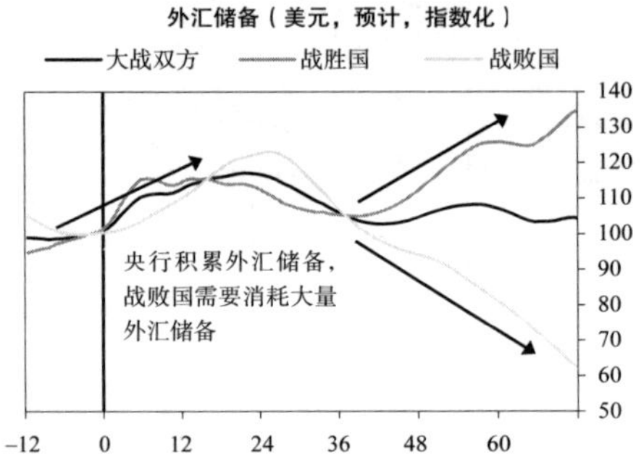

以上是关于战时经济的概要。更多内容请看本书第二部分德国魏玛共和国时期和美国大萧条的案例研究。德国魏玛共和国时期的案例描绘了战败国在战后的状况，美国大萧条案例展示了经济冲突如何引发一系列事件，最终导致战争。建议读者也看看关于二战后美国和英国（两个战胜国）的图示。二战后德国、日本和其他战败国的图之所以缺失，是因为战败国的货币、市场和经济遭受巨大破坏，统计数据要么太过荒谬，要么无法获得。

小　结

我想重申一下，处理债务危机的精髓在于把不良债务分摊到多年。如果债务以本国货币计价，事情就比较好办。最大的风险不是债务本身，而是决策者缺乏知识或权威，不能采取正确的对策。如果一个国家的债务是以外国货币计价的，决策者就必须做出更加艰难的抉择，无论如何，后果都更加严酷。

据我个人观察，不同国家的决策者在知识和权威方面差异很大，治理危机的效果也大不同。通常，不到危机严重之时，他们不会采取断然措施。因各国的监管和制衡系统强弱不等，决策者的权力各不相同。监管和制衡系统强大的国家有很多优点，缺点是会因为一些僵化的规则而导致某些必要的政策无法推行。

制定规则的人不可能面面俱到，无法预见所有的可能性。即使最明智、最有权威的决策者也不可能完美自如地应对危机。有时突发意外，决策者必须在短短数小时内拿出解决方案，而在现有的法律监管体系内并没有明确的规则可循。

制衡体制通常是为了防止权力过度集中，但有可能加剧危机，因为制衡可能延缓决策的制定过程，导致相关的利益集团设法阻止必要的政策措施的实施。果断采取措施的决策者常常招致各方批评。债务危机期间的政坛往往一片混乱，真相被扭曲，谎言大行其道。

在中短期内（3~10 年），这些重大债务危机会对某些人和国家造成毁灭性打击。但从长远来看，其对生产力的影响更重要，这种影响会超过债务危机本身（生产力的波动较小，因而不显眼）。债务危机带来的政治后果（例如民粹主义抬头）可能比债务危机本身更严重。下图显示了各大国的实际人均 GDP（取自然对数），为这些重大债务危机（我们称小债务危机为经济衰退）提供了背景。阴影部分表示经济萎缩超过 GDP 的 3%。从图中可以看出，经济增长的趋势远比增长道路上的起伏更为重要。战争对经济的破坏比最严重的经济萧条带来的经济衰退程度更甚（当然，若是说经济萧条引发的政治后果导致了战争也有理可循）。

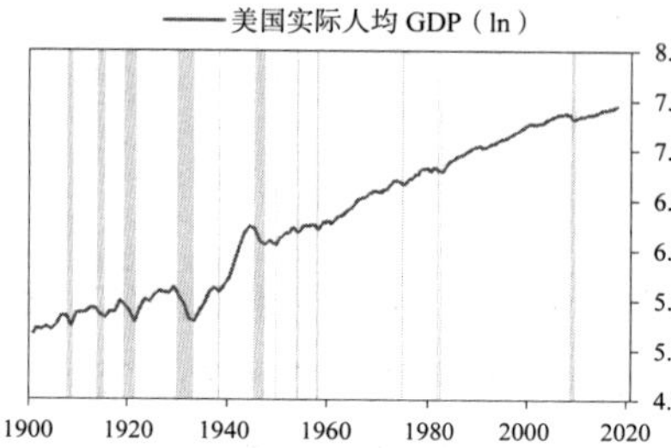
美国实际人均 GDP（ln）
8.0
7.5
7.0
6.5
6.0
5.5
5.0
4.5
1900
1920
1940
1960
1980
2000
2020

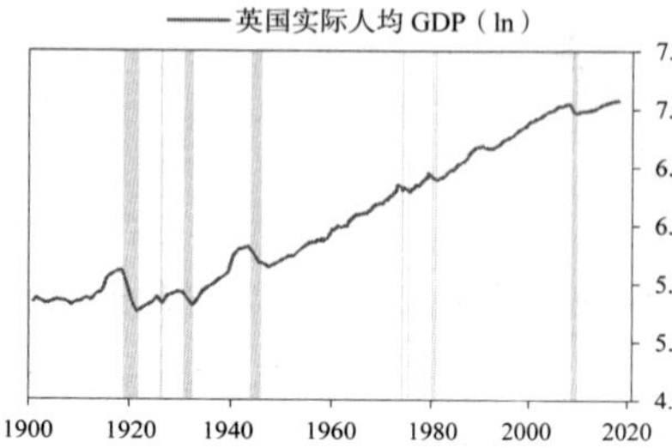
英国实际人均 GDP（ln）
7.5
7.0
6.5
6.0
5.5
5.0
4.5
1900
1920
1940
1960
1980
2000
2020

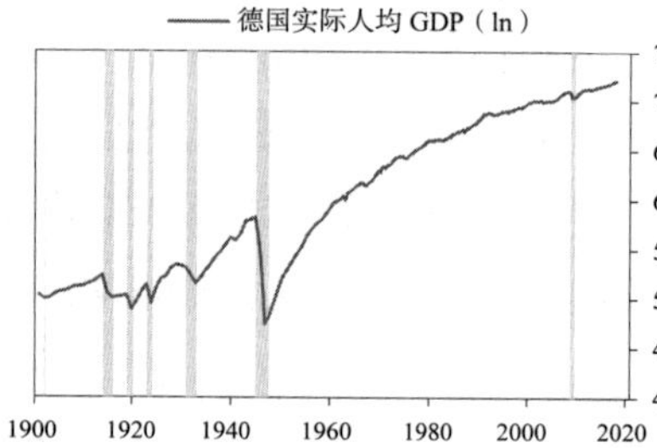
德国实际人均 GDP（ln）
7.5
7.0
6.5
6.0
5.5
5.0
4.5
4.0
1900
1920
1940
1960
1980
2000
2020

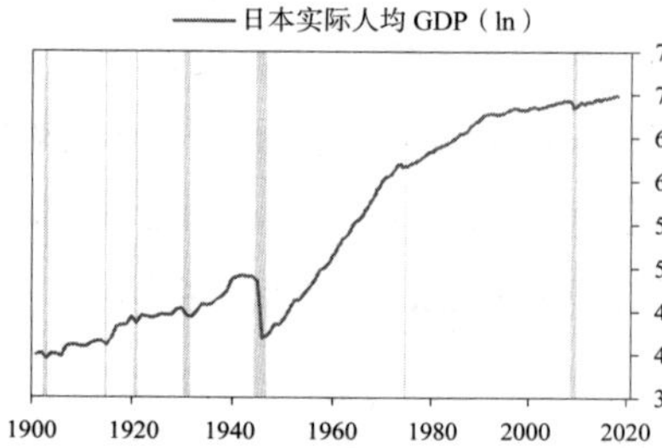
日本实际人均 GDP（ln）
7.5
7.0
6.5
6.0
5.5
5.0
4.5
4.0
3.5
1900
1920
1940
1960
1980
2000
2020

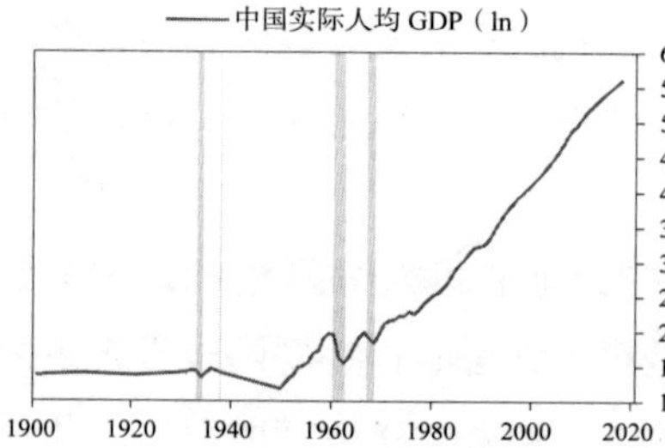
中国实际人均 GDP（ln）
6.0
5.5
5.0
4.5
4.0
3.5
3.0
2.5
2.0
1.5
1.0
1900
1920
1940
1960
1980
2000
2020

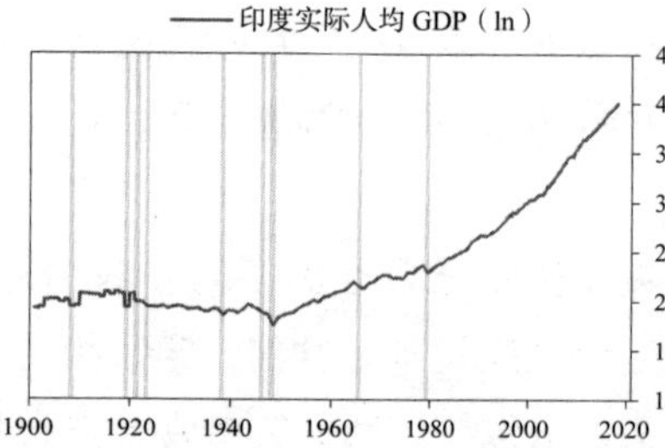
印度实际人均 GDP（ln）
4.5
4.0
3.5
3.0
2.5
2.0
1.5
1.0
1900
1920
1940
1960
1980
2000
2020

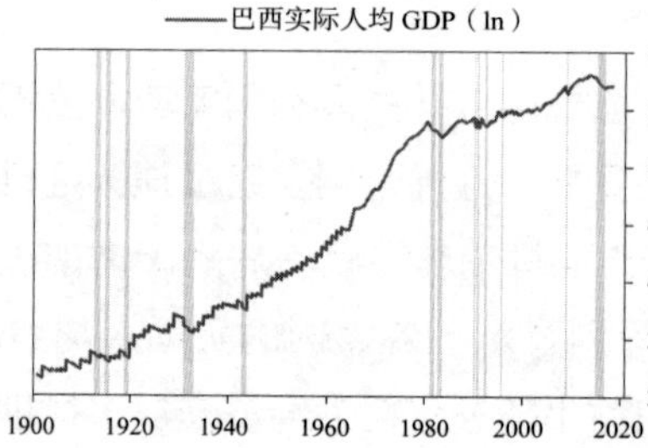
巴西实际人均 GDP（ln）
6.0
5.5
5.0
4.5
4.0
3.5
3.0
1900
1920
1940
1960
1980
2000
2020

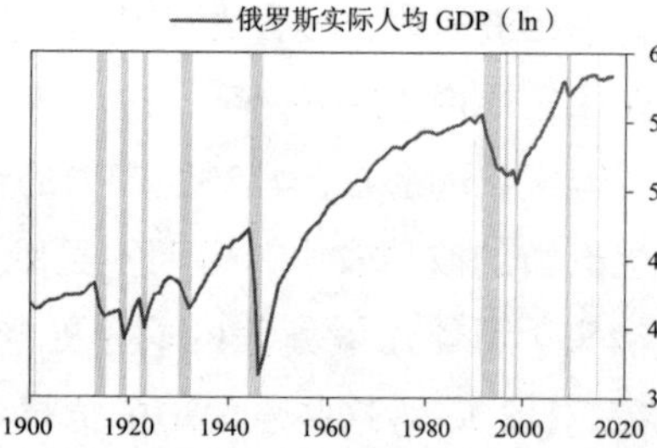
俄罗斯实际人均 GDP（ln）
6.0
5.5
5.0
4.5
4.0
3.5
1900
1920
1940
1960
1980
2000
2020

第二部分

案例详析

德国债务危机与恶性通胀（1918—1924年）

本节详细介绍历史上最具标志性的一场通胀性经济萧条——一战结束时爆发并延续至20世纪20年代中期的德国债务危机与恶性通胀。这场危机为20世纪30年代的政治与经济巨变做了铺垫。与介绍2008年美国金融危机和20世纪30年代大萧条一样，本节参照前文提出的“典型通胀性萧条”理论，详细描述德国案例。尽管德国的恶性通胀发生在一个世纪以前，并且发生在特殊的政治环境下（德国在一战中战败，协约国将巨额战争赔款强加于德国），但是该理论所述的债务周期、经济活动和市场基本原理决定了当年的事态发展。了解了这场通胀性萧条（及以后其他通胀性萧条案例）和通缩性萧条之间的差异之后，就可以知道为何有的经济萧条是通胀性萧条，而有的经济萧条是通缩性萧条了。为了让读者身临其境地感受历史，本节侧栏中摘录了当年的新闻报道。

1914年7月—1918年11月：一战

一战（1914年7月—1918年11月）为这场巨大的债务危机搭建了舞台。战争期间，德国退出金本位制，积累了大量内债、外债，开始大量印钞来填补不断飙升的财政赤字，出现了第一次货币贬值和通胀。基于1870年普法战争的经验，德国人预计战争很快就会结束，并且相信自己最终会击败协约国，从协约国获得大量赔偿。事实证明，战争异常漫长而昂贵，军费主要是通过发行国内债务解决的。最终，德国非但一无所获，还被迫支付巨额战争赔款。

这是一国逐步积累战争债务而后战败的经典案例

新闻

1914年7月29日

柏林非常紧张：各大银行将维持储备，力保金库里的黄金

“尽管银行家坚持说，没有理由相信德国会受一场欧洲大战的威胁而发生‘金融危机’，但过去24小时内，形势无可否认地变得更加严峻。储蓄银行的挤兑增多了，银行极不情愿地兑付黄金。”

1914年7月30日

柏林证券交易所谈现金

“黄金日益稀少，快要没有了。柏林储蓄银行的挤兑仍在继续。”

1914年8月2日

德意志银行利率上升

1914年8月3日

帝国银行储存黄金：德国提出不要挤兑黄金的爱国要求

“德国的金融和经济生活自然受到很大影响。帝国银行将利率提高至5%，伦巴第银行将利率提高至6%。对黄金的需求仍在上升，但到目前为止，帝国银行兑付的黄金相对较少。”

1914年8月12日

德国的银行提供帮助；动员成功，获得资金

1915年3月4日

德国在芝加哥发行债券：银行家请求认购——参战国发行的首笔债券

1915年3月10日

德国的银行没有黄金了，政府号召爱国民众用储存的黄金购买战争债券

1915年4月10日

德国面临巨额债务，一年5亿美元，税收翻番

“德国社会主义工人党报纸《前进报》在讨论新的战争预算时，计算了战争贷款利息、战时赤字和战后还本付息金额，计算结果意味着所有现有税收将翻番。每年的支出增加额为6.25亿~7.30亿美元。”

*本书侧栏中所有新闻，除另说明，均摘自《纽约时报》。

新 闻

1915年9月22日

柏林人购买战争债券；据报道，人们争相认购第三批德国债券

1916年3月12日

德国食品危机临近

"刚刚从德国寄来的报纸刊登了许多半官方和看上去经人授意写的文章，强调因协约国的封锁和1915年庄稼歉收造成经济困难。"

1916年3月19日

德国发行1 040万美元战争债券

1916年10月9日

第五批德国债券105.9亿马克

"柏林宣布债券总额，称认购额超过预期。"

1917年2月24日

德国国会表决150亿马克战争债券

"今天德国国会提出150亿马克的新战争信贷……这笔贷款使德国的信贷总额达到670亿马克，按战前汇率计算，相当于167.5亿美元。"

1917年5月21日

德国将借入债券

"交换电讯社驻阿姆斯特丹记者援引《柏林日报》的话说，作为新筹资方式的第一步，德国财政部打算借入德国人持有的所有瑞典、丹麦和瑞士债券及股票。"

1917年7月9日

德国财政

"周六的海底电报报道了第六批德国债券结果，并公布了第九批德国信贷。最新一笔贷款为131.2亿马克。"

1917年9月12日

德国停止向荷兰供应煤炭，以强索贷款

"德国正在采用这种方法施加压力，迫使荷兰满足德国的借款愿望。人们记得，德国不久前对瑞士也施加了类似的压力。"

1917年11月18日

德国艰难获得最近一批贷款

"据寄到伦敦的德国报纸报道，德国政府软硬兼施，成功获得第七批战争贷款，金额达150亿马克（按正常汇率相当于35.7亿美元）。"

（尽管比大多数案例更极端），也是一个由外国债权人手握大量外币债权的经典案例。熟悉第一部分"典型通胀性萧条"所述的原理后，读者应该能充分理解危机的进程。

背景

与当时大多数国家一样，德国在战争初期奉行金本位制。所有纸币，包括所有政府债券，均可以按固定兑换率兑换为黄金。然而，到1914年，央行（即帝国银行）已经没有足够的黄金按人们期待的那样以固定价格兑换流通的纸币。[1] 战争爆发后，精明的德国人急忙将纸币换成金条，给银行系统造成挤兑。几周内，央行和财政部向大众兑付了价值1.95亿马克的黄金（约占其黄金总储备的10%）。[2] 为了防止黄金进一步流失，确保银行系统的流动性，避免货币供应大幅萎缩，德国政府于1914年7月31日暂停纸币兑换黄金。[3] 政府还授权帝国银行购买短期国库券，并将国库券与商业票据一道作为担保发行纸币。[4] 随后的印钞速度很快：到8月底，流通的帝国银行钞票（纸马克）数量增加了约30%。

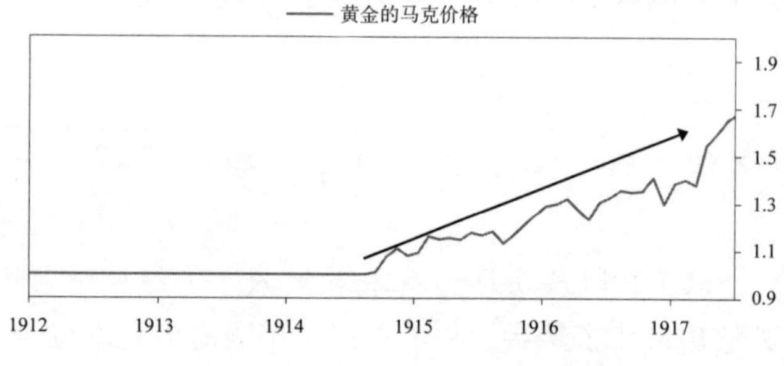

这是一种典型现象。货币既是交换媒介，也是财富储存手段。当投资者持有许多未来付钱的承诺（即金钱债权），并且该货币的供应与支撑货币的基础绑定时，央行发行这种货币的能力是有限的。当投资者想把债券换成钱花掉时，央行就陷入两难境地：要么违约，要么大量发行货币，而这会导致货币贬值。**因此，每当（1）流通的货币量远大于作为（按指定兑换价格）货币的发行基**

础的黄金储备，以及（2）投资者担心纸币贬值而急于将纸币兑换为黄金时，央行要么减少货币供应（即收紧信贷），要么停止兑换黄金，发行更多纸币。这两种办法都不是长久之计。**央行几乎总是选择暂停兑换黄金，并大量印钞，而不选择收紧信贷，因为那样会更痛苦。**

大量印钞并让货币贬值，会导致以贬值货币计价的任何东西涨价。人们的财产增值了，有更多的钱花，自然会很高兴。战争时期也是如此。政府试图汇聚全国的经济资源用于战争，通过发行更多货币满足战争开支。印钞可以防止银行体系出现流动性危机或发生经济萎缩——这两种情况都不利于战事的进行。正因如此，一战的大部分参战国或早或晚都中止了金本位制。

由于战争需要，德国政府大幅增加支出（政府支出占 GDP 的比例在 1914 至 1917 年间增加了 2.5 倍）。解决这笔支出的资金来源，意味着要么增加新的收入（税收），要么增加政府借款。**由于德国国内增加税收存在巨大阻力，而且德国基本上被排除在国际贷款市场之外，因此必须通过发行国内债券筹集军费。**[5]1914 年，德国政府的债务负担并不重。到 1918 年，德国政府的本币债务已累计达 1 000 亿马克，相当于德国 GDP 的约 130%。

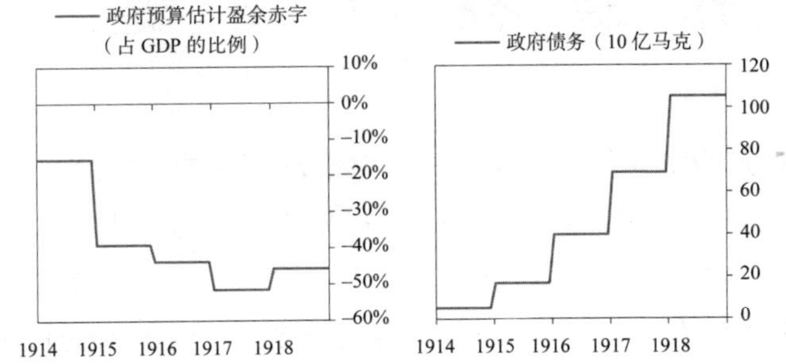

来源：全球金融数据公司

尽管这笔债务金额巨大，但在德国投降和被强索战争赔款之前，大部分是本币债务。[6]决策者明白其中的好处。帝国银行认为，“敌国筹措军费的最大弱点是外债不断增加（特别是欠美国的债务）”[7]，因为它们被迫争抢

新　闻

1918 年 1 月 16 日

柏林的食品日益短缺：被迫实行配给制

“居民生存所需的面包、肉类和土豆几乎完全依赖配给。”

1918 年 2 月 18 日

德国为填补巨额赤字增加新税种

“来自柏林的发稿表示，德国 1918 年预算的普通收入和支出赤字为 73.32 亿马克，而去年赤字为约 50 亿马克。据称上升的主要原因是国债利息升高。”

1918 年 3 月 13 日

德国将发行新债券

“据交换电讯社发自哥本哈根的稿件称，德国将在近期新发行 150 亿马克的战争债券。德国战争债券总额目前已达 1 090 亿马克。”

1918 年 4 月 21 日

德国债券越过 30 亿马克门槛

1918 年 5 月 21 日

德国汇率下降

“从外汇汇率看，德国已无望击垮西线的抵抗。”

1918 年 6 月 13 日

德国债券金额达 150.014 25 亿马克

“据今日柏林发稿称，从军队债券到第八批德国战争贷款的认购量使债券总额达到 150.014 25 亿马克。”

1918 年 10 月 27 日

债务超过资产：最新数据显示德国的财政状况

1918 年 10 月 27 日

金融家预测经济崩溃：他们很早就知道德国正走向经济深渊

1918 年 11 月 7 日

德国财政接近崩溃点

“债务超过 350 亿美元，2/5 的国民财富已被抵押。”

1918 年 11 月 11 日

停战协定签署，战争结束！柏林被革命者占领，新总理祈求恢复秩序，被赶下台的德皇逃亡荷兰

美元来还本付息。相比之下，德国的大部分战争费用（支付战争赔款之前）来自本币债务，而且债主是德国人。[8]

1916 年下半年之前，德国民众愿意也有能力购买政府债券，可以弥补德国政府的全部财政赤字。[9] 事实上，战争债券常常被超额认购。然而，随着战争越拖越久和通胀率的加速上升，财政部发现民众已无法再持有更多国债。这不仅是因为赤字规模太大，并且随着战争的进展而大幅增加，而且是因为战时通胀导致实际利率严重为负（在整个战争期间，政府为战争债券支付 5% 的固定利率，而通胀率在 1915 年年初攀升至 30% 以上），导致持有国债的人无法获得足够的补偿。[10] 通胀率上升的原因包括战时经济遭受破坏、物资短缺、重要军工产业的产能有限，以及货币贬值（到 1916 年，马克兑美元汇率下跌了约 25%）。[11] 一些天真的债券持有人仍抱有希望，幻想政府在战争结束后恢复金本位制和以前的兑换率，或者补偿他们因通胀遭受的损失。另一些人则担心他们收回的还款很可能将失去大部分购买力，因此抛售马克债券。[12]

德国民众认购战争债券（占发行量的比例）

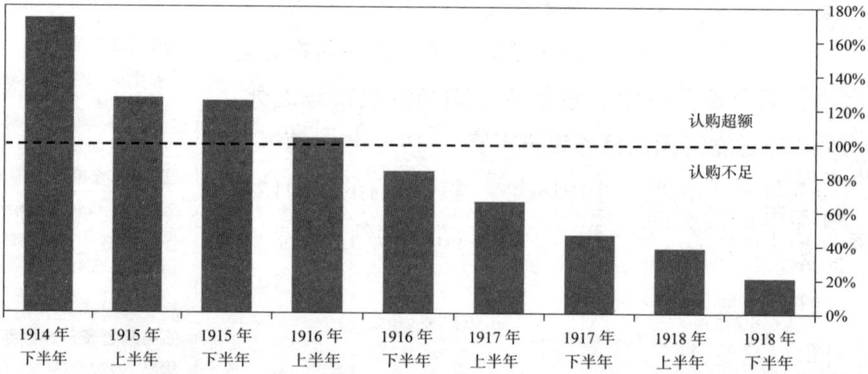

德国的货币仍然是有效的交换媒介，但失去了财富储存功能。因此，政府靠借债维持战争开销，因投资者提供的资金不足，帝国银行被迫将债务货币化。这产生了增加货币供应的效果，增加的数额等于没有债券支撑的财政赤字额。**由于债务货币化属于通胀性质（经济中流通的货币增多了，但商品和服务的数量不变），所以形成了一个恶性循环——债务货币化提高了通胀率，通胀率升高使实际利率下降，人们不再愿意购买政府债券，于是出现更多的债务货币化**。由于赤字规模庞大（在 1914 至 1918 年间平均占 GDP 的 40% 左右），战争期间的货币供应增加了近 300%。[13]

1917 年之后，德国民众越来越不愿购买政府债券，央行加快了货币创造的速度，被迫将更多的财政赤字货币化。[14] 虽然流通的马克数量从 1917 年中期到 1918 年中期几乎翻了一番，但马克的价值并没有大跌。由于俄国退出战争增加了对德国胜利的预期，这期间马克实际上上涨了。1918 年下半年，当德国的败象日渐显露时，马克才开始下跌。[15]

来源：全球金融数据公司

在战争的最后两年，德国政府开始借入外币债务，因为国内已难寻愿意接受以马克还款的贷款人。[16] 一个国家被迫借入外债，这是一个不好的迹象。到 1918 年，帝国银行和私营企业分别欠下约 25 亿金马克的外债。[17] 金马克是人为规定的纸币兑换黄金的单位。1914 年，1 金马克等于 1 纸马克。[18] 因此，50 亿金马克的债务是以黄金计价的债务，等于 1914 年可以用 50 亿马克购买的黄金数量。

与本币债务不同，硬通货（外币和黄金计价）债务不能通过印钞消化掉。债务人必须用黄金或外汇来偿还债务。虽然硬通货债务不到德国总债务的 10%，但仍然超过德国的全部公共黄金储备。[19] 德国希望一旦打赢战争，马克就会升值，这些外债就容易处理了。当然，战败国将被迫承担德国的大部分外债和内债。[20]

决策者认识到，如果德国输掉战争或者不能获得大笔赔款，那么靠硬通货还债会极其困难。德国帝国银行行长鲁道夫·哈芬施泰因称："如果我们不能获得大量战争赔款，还债将会非常困难。"[21] 德国经济学家埃德加·雅菲认为，除非英国承担德国 1/3~1/2 的战争成本，否则，一旦德国民众了解到内债只能用贬值的货币偿还，政府机构和私营企业会争夺外汇来偿还外债，结果将是"货币崩溃"的"巨大灾难"。[22]

打破与黄金的挂钩，将不断扩大的财政赤字货币化，加上战时经济破坏和物资短缺，导致马克汇率下降和通胀率上升。到 1918 年年初，马克兑美元汇率下降了约 25%，物价升至原来的三倍。

然而，在一战的背景下，这是非常典型的现象，这是大多数国家为战争筹资的方式。德国的通胀率固然很高，但并没有明显高于其他参战国。[23] 只有少数参战国陷入恶性通胀，我很快会解释原因。

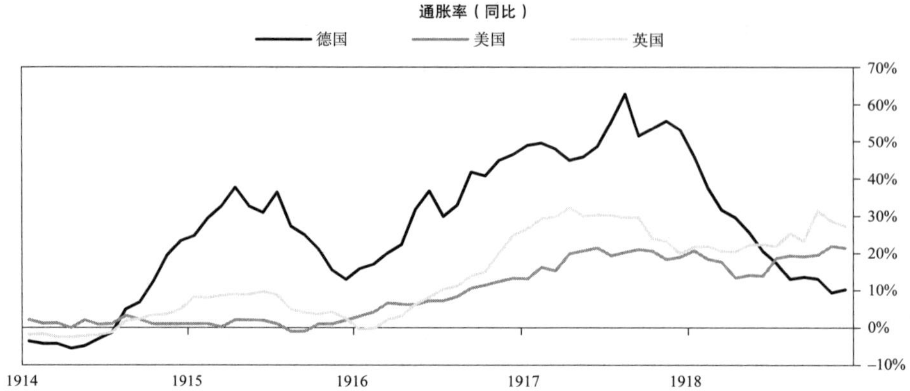

我指出这一点，是想强调这样一个事实：一战（以及债务货币化）并不是德国战后通胀性萧条的直接原因。正如关于典型债务危机的原理部分所述，**尽管所有国家和货币都可能发生通胀性萧条，但在具有以下特征的国家里最为常见。**

- **没有储备货币：**全球投资者不会选择该国货币或债券来储存财富。
- **外汇储备较少：**防止资本外流的缓冲很小。
- **外债规模较大：**如果外币的利率或汇率上升，或者以该货币计价的信贷供应出现短缺，那么债务成本就会上升。
- **预算或经常账户赤字规模庞大，不断增加：**因此需要举债或印钞来弥补赤字。
- **实际利率为负：**贷款人不能因持有该国货币或债券而获得足够的补偿。
- **曾有过高通胀和货币总回报率为负的历史：**人们对该国货币或债券的价值缺乏信心。

到战争结束时，德国经济符合上述所有条件。德国战败意味着马克不会成为战后储备货币。德国已经欠下大量外债，而协约国很可能会迫使德国支付一笔额外的战争赔款。德国的外汇储备不够偿还现存的外债，更不用说支付赔款了。实际利率严重为负，持有德国货币或债券的人几乎得不到补偿。预算和贸易赤字也很庞大，这意味着德国将继续依赖借贷和货币化来支出与消费。最后，由于通胀率很高，央行超发货币，马克的总回报率为负，这一切已经开始降低人们对德国货币和债券作为财富储存手段的信心。

1918 年 11 月—1920 年 3 月：《凡尔赛和约》和第一次通胀

1918 年 11 月德国投降的消息引发了德国资本外逃的浪潮。德国民众和企业不了解和约条款会是什么样，也不知道德国政府如何支付巨额战争赔款，因此争相把财富兑换为战胜国的货币和资产。在随后的几个月里，马克兑美元汇率下跌约 30%，德国股市几乎跌去一半市值，而以马克计价的政府债务增加约 30%，几乎所有这些债务都必须由央行进行货币化。结果，货币供应增长了约 50%，通胀率攀升至 30%。

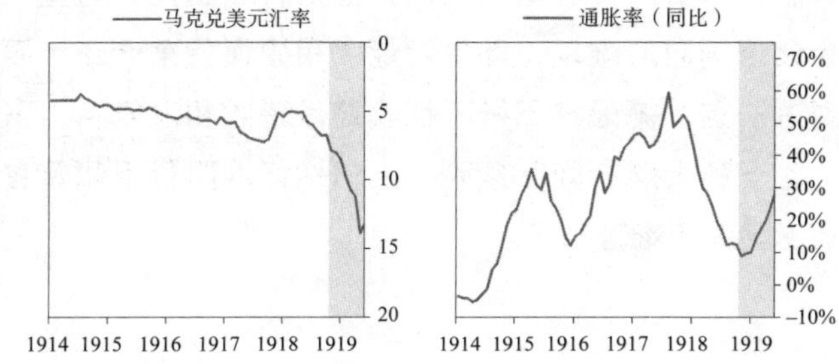

来源：全球金融数据公司

尽管人们初步乐观地认为和约最终条款不会特别严厉，但仍然发生了资本外逃。许多德国谈判小组成员希望赔偿仅限于德国军队在其所占领土地上造成的损失，并且主要用货物而不是货币赔偿。[24] 美国总统伍德罗·威尔逊强调民族自决，这也使许多德国人相信，未经至少一次公投，协约国不会吞并德国领土。因此，许多德国人期望他们的国家在战后能保持领土和经济产能完好无损，而且赔偿负担不会过于沉重。[25]

当《凡尔赛和约》的最终条款被披露时，德国人惊呆了。德国将损失 12% 的领土、10% 的人口、43% 的生铁生产能力和 38% 的钢铁生产能力。[26] 德国还须向协约国公民赔偿战争期间（在德国境内和被占领土内）被德国没收的所有财产，但对德国人在国外被没收的财产（包括实物资产和金融资产）不予赔偿。德国政府必须承

新 闻

1918 年 11 月 12 日

叛乱仍在全德国蔓延

1918 年 11 月 23 日

艾伯特和哈斯否认银行将被没收：维护战争债券

“数周以来，甚至在革命之前，德国各地的银行不断遭遇挤兑，不仅造成货币极度匮乏，而且包括柏林在内的许多城市的银行被迫发行代币券。”

1918 年 11 月 27 日

坚持要德国人补偿；如果德国想逃避战争赔款，协约国可能占领帝国

1918 年 11 月 30 日

柏林的高死亡率：去年平民死亡人数比出生人数多 15 397 人

1919 年 5 月 1 日

德国人有信心影响协约国

1919 年 5 月 1 日

德国将失去 70% 的铁矿和 1/3 的煤矿

1919 年 6 月 2 日

未来会发生什么让德国人担忧：协约国反对德国的反提案，引发大量悲观情绪

“‘未来会怎样？’这是每个德国人都在问的问题，已知协约国报界对德国的反提案几乎持一致的敌对态度，问题的答案非常悲观。”

1919 年 6 月 6 日

德国人将财富偷运出国

“有些人只是想逃避即将到来的高税收……政府将不允许将现金汇出国，因此商人将马克偷运到国外低价出售，进一步降低了马克的价值。”

1919 年 6 月 8 日

如果德国不签署和约，饥饿将至

“如果敌国不愿签署和约条款，协约国准备实施比以往任何时候都更严厉的封锁。”

1919 年 6 月 15 日

看到德国人每年缴税 75 美元

“对于用血汗钱支付进口食品是否明智，威塞尔部长表示怀疑。”

1919 年 6 月 28 日

德国人抵达凡尔赛宫，今日将签署和约

新闻

1919年8月3日

德国的资源落入协约国手中

1919年8月9日

德国人同意财政部长的统一计划

“决议批准了埃茨贝格尔的统一帝国税收计划，取消了各州征税的权利，引起了激烈争议。”

1919年8月10日

马克进一步走低

“德国马克在德国周边的中立国不断贬值，昨天在瑞士跌至历史最低点，报价35生丁，而不是和平时期的125生丁。”

1919年8月11日

德意志银行有数十亿马克纸币：报告承认，庞大的数字并不表明德国工商业取得实际增长

“管理层指出：‘确实，运营成本不可思议的上升是由于我们的货币贬值……但实际上也因为劳动力产出下降和工作日缩短造成人员需求上升。’”

1919年9月7日

德国加大征税力度：税务人员有权搜查居室，撬开箱子

1919年9月13日

德国工业迅速复苏

“英国观察家说，进展比任何其他国家都快。”

1919年9月18日

马克跌至德国历史上最低点

“财政部长马蒂亚斯·埃茨贝格尔今天召集银行家和其他金融家开会，讨论马克贬值和其他金融问题。”

1919年9月26日

德国人在重税问题上不和；埃茨贝格尔暗示，如果反对力量增强，政府将辞职

1919年10月20日

德国钢铁产量上升：7月数据显示近几个月大幅增长

1919年11月15日

不接受德国货币；汉诺威商人拒绝以低汇率购买的现金

“外国人用外币按目前的低汇率兑换马克，然后在德国购买商品，鉴于此，许多汉诺威商人拒绝向这些外国人出售商品，但接受按和平时期的汇率兑换的外币。”

认所有战前对协约国债权人的债务，包括私人债务。至于战争赔款，战胜国将在1921年成立一个委员会，评估德国的支付能力，让德国政府陈述意见，最终确定赔款数额。在此之前，德国应支付相当于200亿马克的黄金、大宗商品、船舶、证券和其他实物资产，以补偿协约国的占领费用。[27]

德国别无选择，只能接受这些条款，否则将面临被全部占领。德国在1919年6月28日签署了《凡尔赛和约》。这引发了马克汇率再次大幅下挫，[28]1919年7月—1920年1月，马克兑美元汇率下跌了90%。通胀率飙升，到年底达到140%。马克贬值的主要原因仍然是**德国人急忙将资产转移出国，因为他们有理由担心这些债务会让德国政府难以（即使可能）用硬通货来偿还。要做到这一点，德国将不得不征收高额税收和没收私人财产。鉴于私人财产面临危险，人们抛售本国货币和转移资产出国就不难理解了。**

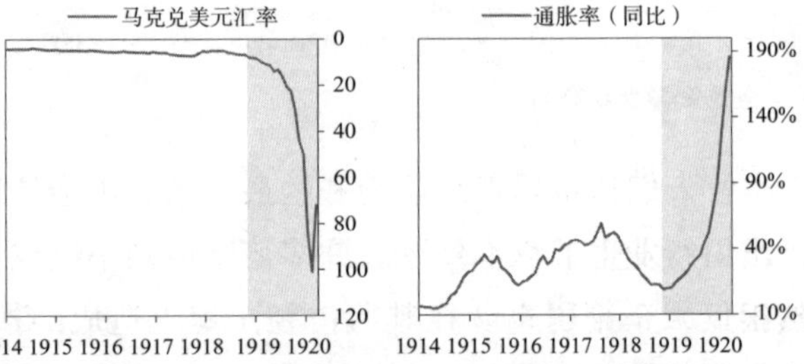

随着马克贬值，负有外债的德国债务人发现实际债务成本飙升。他们尽可能多地偿还外债，因此马克充斥外汇市场。这进一步削弱了马克，引发了一轮又一轮的资本外逃。在债务和国际收支危机期间，对于背负大量外债的国家，这种现象也很常见。当时一位著名的汉堡工业家指出：“如果现在每个人都偷偷出售马克还债，我们就在走向自我毁灭。如果事态继续发展下去，马克将无法使用。”[29]

需要明确的是，此时印钞并不是货币贬值的根源，而是货币贬值导致印钞。换句话说，抛售货币和资本外逃才引发了货币贬值，然后推动通胀率上升。这是通胀

性萧条发生的典型方式。

自然，随着人们抛售货币和债券，央行只有以下两种选择：（1）允许流动性和债券市场大幅紧缩；（2）印钞以填补空白。央行通常会选择印钞来填补空白，这样会导致货币贬值。**货币贬值虽不利于进口和偿还外债，但对一国经济和资本市场有刺激作用，这在经济疲软时期是有益的。**货币贬值促进出口，提高利润率，因为一国的商品在国际市场上变得更便宜了。同时，货币贬值增加进口成本，支撑国内产业。货币贬值还会使以本币计价的资产增值，金融资产以全球货币计价变得更加廉价，因此会吸引外资进入。

1919 年 7 月—1920 年 3 月，马克贬值和负实际利率刺激了德国经济及股票与大宗商品市场。

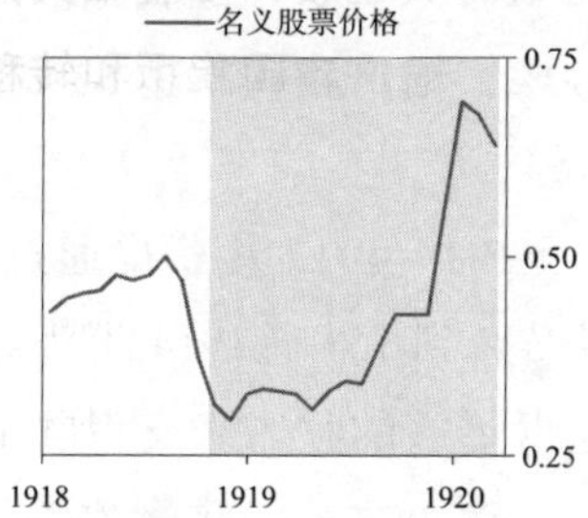

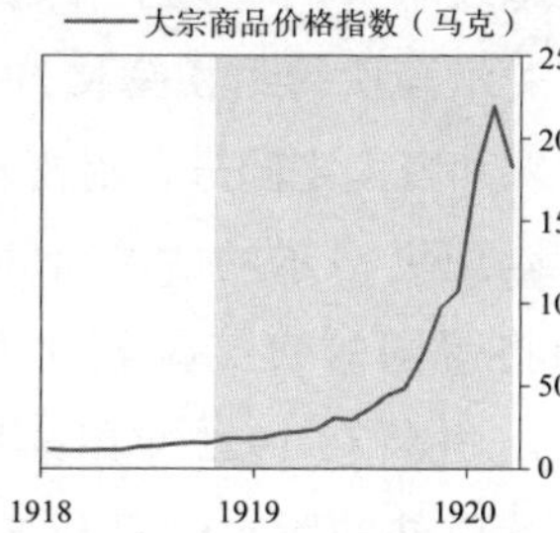

出口行业也蓬勃发展，失业率下降。由于实际工资仍然很低，企业利润率上升。可在下图中看到失业率下降和出口增长。（请注意，当时的所有失业统计数据仅显示工会成员的失业率，因此可能低估了德国失业率和困难的真实情况，但确实表明就业状况正在改善。）

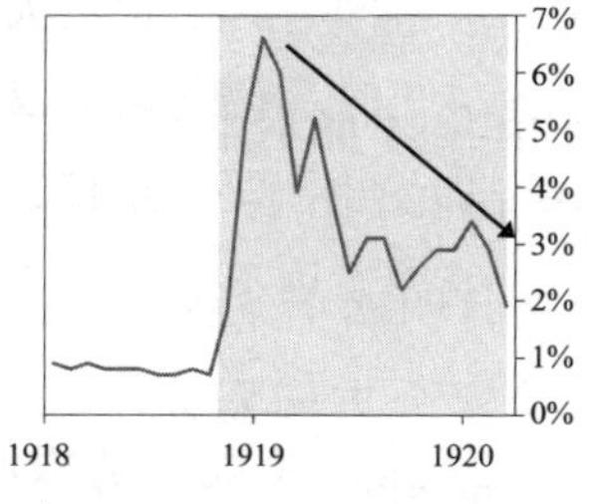

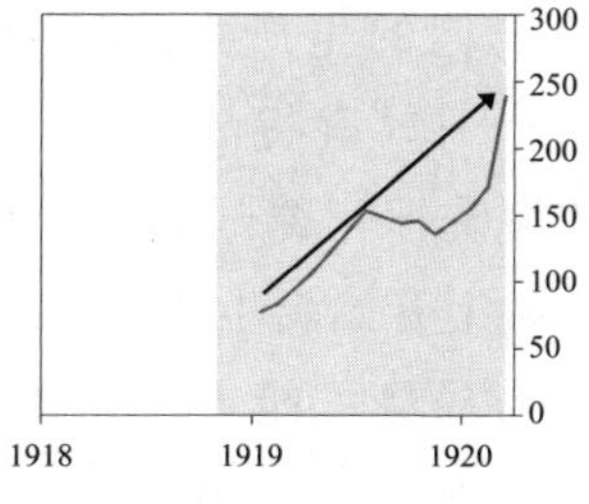

也有人希望马克贬值只是一次性贬值，这样能鼓励出口和减少进口，使德国的国际收支恢复平衡。一位德

新　闻

1919 年 11 月 29 日

德国债券市场繁荣

“帝国战争贷款和城市债券吸引美国投机者。”

1919 年 12 月 1 日

德国限制出口以免被掏空

“政府担忧‘卖光德国’的过程持续不断，最终被迫制定大力限制出口的临时措施。”

1919 年 12 月 5 日

埃茨贝格尔提出宏伟的税收预算；在德国战后重建中，对最高收入群体征收 60% 的所得税

“在讨论德国战后经济义务时，埃茨贝格尔先生说，国家面临的问题要求所有公民如同在战争时期一样团结一致。他希望未来的税务报告能够加快民主进程，并为在战争废墟上建设新德国做出贡献。”

1919 年 12 月 17 日

德国债券滞销；认购额仅 38 亿马克，而非预期的 50 亿马克

“政府对溢价债券销售失败感到非常失望，初步数据显示很难取得埃茨贝格尔及其同事所期望的成功。”

1920 年 1 月 2 日

柏林证券交易所在和约预期的刺激下变得活跃

“这主要是因为德国在签署和平条约方面与协约国达成了谅解，并期望获得更好的进出口条件。”

1920 年 1 月 23 日

埃茨贝格尔平静面对对手批评

1920 年 1 月 26 日

德国人开始撤离因和约失去的领土

“根据《凡尔赛和约》的规定，但泽将成为一个自由市。德国人准备撤离但泽，今天上午德国军队举行了最后一次阅兵式。”

新 闻

1920年1月31日

柏林的金银价格上涨；德国人为经济崩溃做准备，用500纸马克兑换20金马克

“德国货币汇率前所未有的下降引发了商界和公众的严重恐慌，导致金币和银币价格暴涨。为最坏的结果做准备，许多人开始囤积金银。”

1920年2月14日

法国有意修改和约，但不会考虑减轻德国的负担

“法国想通过修改和约谋利，而英国主张的修改意见将减轻德国的负担。”

1920年3月14日

军队推翻艾伯特政府；东普鲁士泛日耳曼党的卡普宣布自己为德国总理

“今天上午，德国发生反革命暴动，暴动分子成功将艾伯特政府赶出柏林，在首都建立了新政府。”

1920年3月28日

德国人对卡普暴动的怒火上升

“人们对逮捕和起诉暴动分子不力感到愤怒。工人威胁再次罢工，要求士兵立即从鲁尔区撤出。”

1920年4月12日

尽管马克升值，但德国物价上涨；食品状况恶化，人们的健康状况持续下降

“柏林金融界正在恢复元气，马克持续改善。”

1920年5月16日

德国打击奸商之战失败

“尽管柏林努力控制物价，同时马克升值，但物价继续飙升。自1914年以来，物价上涨了650%。1920年头两个月，生活必需品价格上升约17%。”

1920年6月20日

德国人欢迎钢铁降价

“钢铁生产商宣布自6月1日起降价，煤炭生产商也宣布不会涨价，德国报界普遍欣然表示，这是基础工业价格已触顶的具体例证。”

1920年6月23日

德国食品前景

“农作物产量未达到预期，农场工人威胁罢工，据报道发生食品骚乱。”

国高官说：

> 我认为，我们严重受困的货币可以很好地消除国外对德国的仇恨，消除敌对国家不愿意与我们交易的戒心。美国人用美元购买我们的商品，1美元不再值4.21马克，而是值6.20马克，他们会重新喜欢上德国的。[30]

德国决策者也开始考虑解决国内债务负担和财政赤字的方法。一位官员谈到自战争结束以来的政策时说：“我们所做的一切就是不断印钞。”[31] 为了减少赤字，增加收入以偿还债务，财政部长马蒂亚斯·埃茨贝格尔提出了一项全面的税收改革方案。这项被称为“埃茨贝格尔金融改革”的一揽子计划将对收入和财产征收高额累进税（最高所得税税率接近60%，财产税税率达65%），在富人和穷人之间进行财富转移。[32]

埃茨贝格尔的改革计划于1919年12月获得通过，计划将帝国的直接税收比例提高到75%（1914年为约15%），并将在1922年以前取得足够的收入来支付除战争赔款以外的所有政府开支。[33] 改革之前，政府的大部分收入来自公共企业（主要是铁路），以及出口、进口和煤炭关税。

眼见货币疲软的好处，许多德国决策者主张用货币贬值和通胀（因进口价格上涨和央行印钞）来有效替代“没收式征税”。[34] 其中一位官员是弗里德里希·本迪森博士。他认为：“每一次大规模征税都会削弱我们的生产力，减少收入，最终导致帝国经济崩溃……只有将战争债务货币化才能获救。”[35] 通胀将“清洗掉”德国的本币战争债务，让它“在新货币的基础上开始新生活”。尽管央行明确拒绝该计划，但也认为局势可能“终究会朝着这个方向发展”。事实确实如此：通胀率攀升至将近200%，到1919年年底，德国国内战争债务负担降到1918年价值的25%

左右。可以想象，为防止财富被稀释或被没收，富人争相购买外币和实物资产。[36]

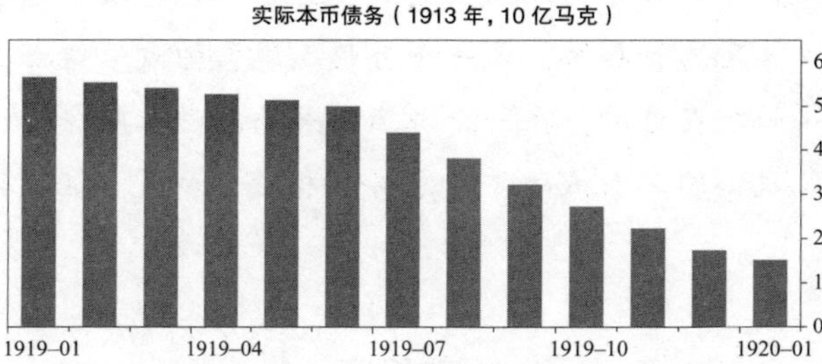

除了让通胀“自然”降低实际债务负担外，央行的另一个方案是紧缩货币政策，结果将是一场通缩性衰退。这样，德国政府偿还债券持有人的金额更接近当初债务的真实价值，但这也会抑制国内信用创造和需求，从而产生大量失业。**德国面临典型的两难困境：是帮助那些看好货币的人（即持有该货币计价债券的债权人），还是帮助那些看空货币的人（即债务人）？在经济危机中，政府更可能采取将富人财富重新分配给穷人的政策。这是因为穷人的生活每况愈下，而且穷人的数量大大超过富人。**

当时，减轻债务负担和重新分配财富比维持债权人的财富更重要。失业率仍居高不下，到处粮食短缺，前线大批复员的士兵需要就业，重新回到国民经济中。与经济萧条中常见的那样，资本家和工人之间的冲突在欧洲各地上演。1917 年，俄国爆发十月革命，共产主义思想在全世界传播开来。英国传奇经济学家约翰·梅纳德·凯恩斯在评论当时通胀与通缩之间的选择时写道：“通胀是不公正的，通缩是不适宜的。在这两者中，或许通缩更不可取，因为在贫困的世界中引发失业，要比让食利者（资本家贷款人）失望更糟糕。”[37]

尽管经济活动水平非常低，但到 1919 年年底和 1920 年年初，德国已通过通胀消化掉了大部分国内债务，通过了一项全面税收改革方案以创造新的收入，经济活动开始回升。战争赔偿方面也有一些好消息。为了缓解德国与协约国之间不断加剧的紧张局势，协约国邀请德国自己提出赔款数额的方案。批评赔偿方案过于严厉的人，如凯恩斯等人，在海外官方人士中获得越来越多的支持。马克汇率也开始趋于稳定。[38]

然而，德国左翼和右翼之间的冲突依然激烈。1921 年 3 月，由沃尔夫冈·卡普领导的右翼民族主义团体企图推翻魏玛政府，建立一个独裁君主制政权。工人拒绝与新政府合作，宣布总罢工。几天后，政变失败。[39]“卡普暴动”虽然彻底失败，但提醒人们德国的政治环境仍然脆弱，也再次证明，**去杠杆和经济萧条带来的经济困难可能导致左翼或右翼民粹主义与反动派领导人上台。**

一位柏林的企业主不无沮丧地说：

> 我们又开始工作了，比以前更加卖力……在伦敦，越来越多的人认识到，实施《凡尔赛和约》是一个可怕而愚蠢的政治错误，因此汇率开始回升……而就在这时，在一个臭名昭著的反动派领导下，军队再次毁掉这一切。我们的工人被迫举行总罢工和游行示威。这是徒劳，达不到任何目的。[40]

1920 年 3 月—1921 年 5 月：相对稳定

1920 年 3 月—1921 年 5 月的 14 个月是一段“相对稳定”的时期。[41] 马克停止下滑，物价保持稳定，德国的经济表现好于其他发达国家。德国并没有像许多人预料的那样因政治、经济混乱而崩溃，而那些做空马克的人也损失惨重（一个著名的例子是，凯恩斯本人在交易中损失了约 13 000 英镑）。[42]

当时的背景是，全球经济在美国和英国紧缩货币政策的推动下严重收缩。例如，1920—1921 年，美国工业生产下降 20%，英国工业生产下降 18.6%，而它们的失业率分别升至 22% 和 11.8%。[43]

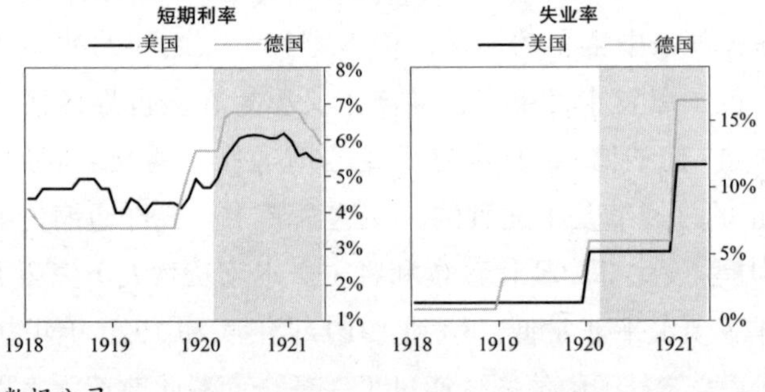

来源：全球金融数据公司

与其他央行不同，帝国银行实行非常宽松的货币政策——1922 年前的贴现率一直维持在 5%。[44] 当信用状况恶化时，帝国银行还定期干预，注入额外的流动性。例如，1921 年春，当商业流动性适度紧缩时，帝国银行加快购买商业票据（未偿商业票据从 3.1% 增至 9%）。[45] 财政政策也保持宽松，1920 年和 1921 年的实际支出（不含战争赔款）均有所增加。[46] 预算赤字虽然缩小，但规模仍然很大——约占 GDP 的 10%，而且继续通过发行浮动债券支撑。

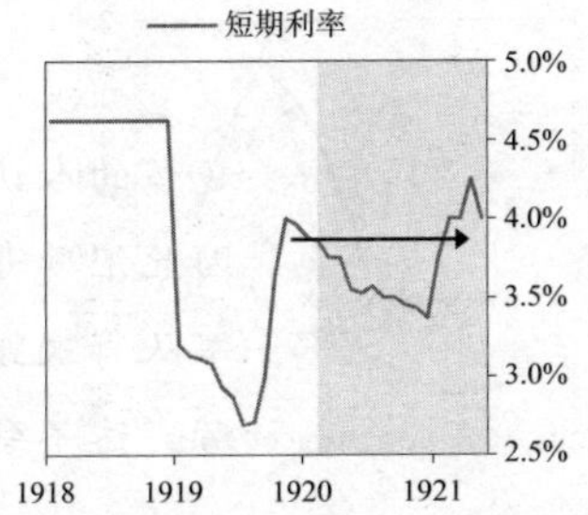

来源：全球金融数据公司

刺激政策使德国摆脱了全球经济收缩，保持了相对良好的经济状况。1919—1921 年，工业生产增长了 75%！但是，如下图所示，经济活动水平仍然极低（例如，工业生产和实际 GDP 远低于 1913 年的水平），德国社会存在大面积贫穷困苦。这个阶段应被视为一个较长经济萎缩期内的短暂增长期。

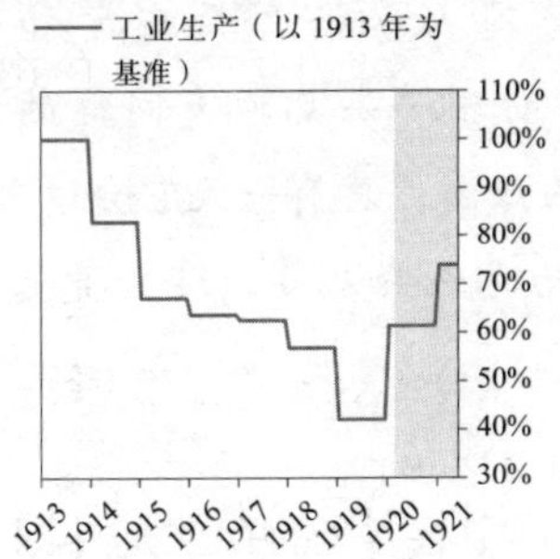

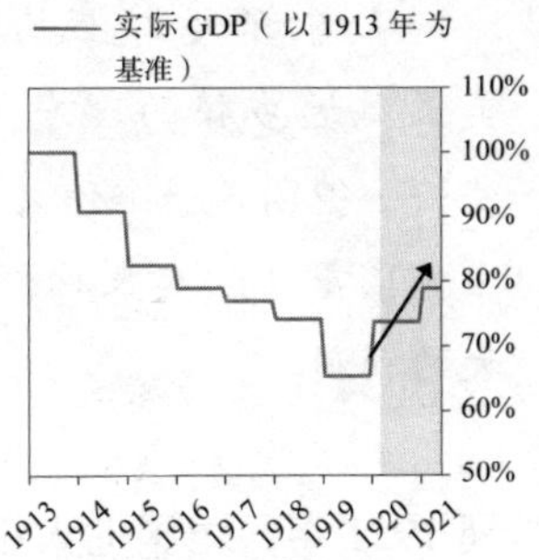

由于国内通胀压力被全球通缩力量抵消，德国经济活动增加和通货再膨胀政策并未在 1920 年 3 月至 1921 年 5 月令通胀率上升。美国和英国的进口价格下跌约 50%，而资本流入增加，帮助表现良好的德国稳定了货币，从而使货币供应速度减缓。如下图所示，这是一个重大转变。马克反弹，通胀率下降，到 1921 年年初，德国物价自 1914 年以来首次停止上涨。

新　闻

1920 年 6 月 2 日

德国债务达 2 650 亿马克

1920 年 9 月 17 日

汇率下跌突袭柏林；资本税提案、金融混乱和绝望情绪被认为是下跌原因

“德国再次陷入低谷。今天马克再次大幅下跌，210 马克兑 1 英镑，这意味着马克在过去 6 周内贬值 40%。”

1920 年 10 月 3 日

德国告别战时淡啤酒

“柏林人现在享受和平时期酒精度为 8% 的啤酒——小费也恢复了。”

1920 年 10 月 7 日

德国纺织品出现前所未有的繁荣，许多毛纺棉花公司宣布取得巨额利润

“德国纺织业最近再次进入英国市场，今年取得了惊人的成绩，让和平年代的业绩黯然失色。几家大企业发布年度报告，宣布股息。”

1920 年 11 月 2 日

德国工业获得大订单

“从一次德累斯顿会议上获悉，客户已下价值数百万马克的订单，并安排付款。缺煤是障碍，可能妨碍贸易扩张。”

1920 年 12 月 19 日

德国外贸：今年进出口取得显著成就

1920 年 12 月 23 日

战争赔偿问题几近解决

“布鲁塞尔会议休会，德国人接受协约国的改革建议。预计会达成全面协议。”

1921 年 1 月 7 日

德国股市快速攀升

“战争结束以来，德国工业迅速发展，表现于德国大企业在股票交易所令人瞩目的股价上。”

1921 年 1 月 27 日

法国人对赔偿表现出犹豫

“是想要德国衰败无力还是有能力赔偿但国力强大，法国人迟疑不决。”

1921 年 2 月 20 日

德国的贸易不断增长

新　闻

1921 年 2 月 26 日

德国人可能请求延迟赔偿，据说反对立即确定赔偿总额

“《纽约时报》记者据可靠消息称，德国在伦敦提出的建议包括要求延迟确定赔偿总额，以便获得经济复苏的时间。有人认为，这将使协约国重新评估德国的真实赔偿能力。”

1921 年 4 月 2 日

大宗商品价格、谷物价格降至新低——粮食供应普遍疲软

1921 年 4 月 3 日

全球物价下跌的范围

“上周，小麦价格下降至 1915 年以来的最低水平，玉米和燕麦价格跌至战前价格，棉花价格低于许多战前年份，铜价处于 1914 年以来的最低位。这增加了人们对不同国家物价普遍下跌范围的关注。”

1921 年 4 月 3 日

德国发生通胀

“《法兰克福日报》德国大宗商品平均价格指数，取 1920 年 1 月 1 日的平均价格为 100，目前 3 月的数字为 131，2 月为 136，1 月为 148，而 1920 年 5 月为 156，这是历史最高点。”

1921 年 4 月 9 日

德国照会要求取得全部上西里西亚

“德国大使昨晚向法国外交部递交了一份 500 页的文件，要求将全部上西里西亚（一个重要的煤矿和工业区）交给德国。”

1921 年 4 月 16 日

德国人寄希望于借债

1921 年 4 月 23 日

白里安决心索要赔偿，他宣称，激烈行动将说服德国支付赔款

1921 年 4 月 30 日

柏林内阁现在可能被迫辞职：发现除了完全屈从巴黎的要求外，无法避免进一步惩罚

“今晚许多人议论，由于内阁未能让美国调停战争赔偿纠纷，可能会有一场内阁危机。政界正在讨论，如果总理费伦巴赫和外交部长西蒙斯拒绝签署巴黎的要求，谁将接替他们。”

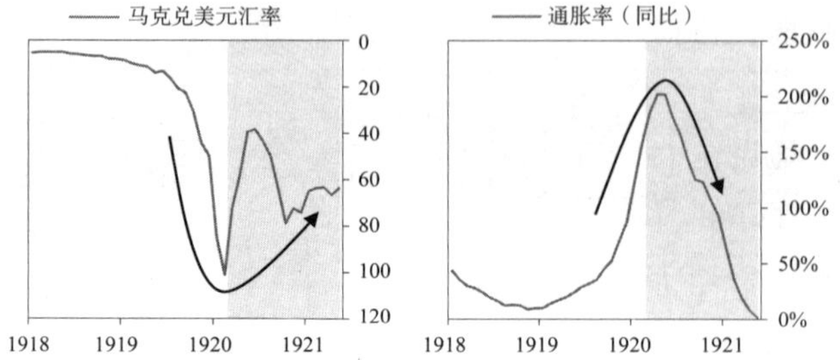

外国对德国经济也相当乐观。实际上，德国成为投资新热点，外资涌入，填补了不断增长的贸易逆差。当时一些评论家把大量外资流入德国的现象称为“巨大的”投机泡沫，凯恩斯甚至称其为“有史以来最大的泡沫”。**许多大量买入马克的人都是新买家，而他们之前对市场没有一丁点儿经验——这是泡沫的典型迹象之一。**凯恩斯指出：

> 从首都大街上的普通人……到西班牙和南美最偏远乡镇的理发师助理……都抱有同样的看法……德国是一个伟大的强国；总有一天它会复苏；当德国重新站起来时，马克也会复苏，这将带来巨大的利润。[47]

到 1921 年，德国七大银行中近 1/3 的存款是外国人提供的，当时外资流入的规模可见一斑。[48] 这些投机性资本的流入带来了马克的相对稳定。**这也减少了央行对经济增长与通胀的取舍考虑，因而为央行减轻了负担。正如我在典型债务危机理论部分所述，当资本流入一个国家时，它往往会降低该国的通胀率并刺激经济增长率（在所有其他条件相同的情况下）；当资本撤离时，就会出现相反的状况，使央行更加难以应对。**

大量资本流入也意味着德国经济越来越依赖“热钱”（即可能瞬间撤出的投机性投资），需要这些热钱源源不断地填补财政赤字和国际收支赤字。[49] 正如任何国际收支危机的泡沫阶段通常所发生的那样，**日益依赖资本流入来维持支出和经济活动水平使经济复苏变**

得脆弱，任何小事件都可能改变人们对德国经济前景的看法。

马克在1920年年初大幅升值，这对决策者来说并不是一件好事。为了维持德国的出口竞争力，增加就业，积累硬通货储备，马克贬值是必不可少的，而且被认为是“不幸中的万幸”，否则德国将没有可能出口商品。[50] 马克上扬严重打击了出口，商会甚至认为工业实际上已经“停摆”。[51] 失业人数飙升，工会报告失业人数增加了两倍。出于这些原因，德国经济部于1920年3—6月出手干预，人为压低马克，刺激就业。干预措施起效了。马克再次贬值，竞争力得以恢复，失业率又开始回落。[52]

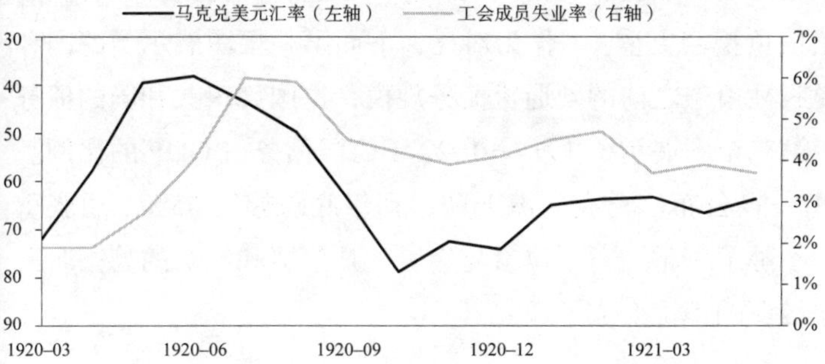

在此期间，德国的决策者更关心不断蔓延的通缩，而不是刺激政策可能导致的通胀。失业率上升以及可能造成的潜在社会动荡，被认为比物价重新上涨更具威胁性。重建部长告诉一位知名的实业家：

> 我并不害怕通胀……如果在英国全面爆发的危机没有蔓延至德国，我们应该提高印钞机的效率，开始国家重建工作。这将使我们建立起一座抵御危机的大坝。[53]

当然，马克汇率的稳定、通胀率和经济状况仍然取决于大量流入德国的投机热钱与稳定的国际收支。

新　闻

1921年5月1日

可能在5月7日调动部队：法国军事计划要求在两天内占领鲁尔

“待占领领土当然受制于伦敦最高委员会会议上做出的决议。”

1921年5月2日

法国开始动员，协约国将向德国发出最后通牒

1921年5月3日

法国开动战争机器

“来自华盛顿的建议显示，美国政府反对对德国采取军事行动，这强化了英国反对法国计划的立场。”

1921年5月6日

白里安先生在巴黎面对批评者

“白里安总理今晚在外交部接受采访时称，如果德国接受了协约国的条件却食言，法国将在不另举行协约国会议的情况下采取军事行动。”

1921年5月8日

德国钞票的流通量增加

1921年5月8日

德国债券的前景

“赔偿委员会提出计划，让德国发行一系列债券，以换取协约国取消德国的债务。纽约的国际银行家昨日评论该计划称，只有在债券得到协约国政府的认可之后（计划要求德国向协约国政府交付债券），债券才能在纽约市场上顺利出售。”

1921年5月15日

德国股票交易繁荣

“市场认为德国会支付战争赔款，这一信心支撑马克上扬。”

1921年5月24日

法国警告德国，进入西里西亚将被视为战争

1921年5月27日

柏林明日向协约国支付2亿美元

“将以美元国库券完全支付5月31日的赔款。”

1921 年 5 月：伦敦最后通牒

随着协约国于 1921 年 5 月发出"伦敦最后通牒"，德国与协约国之间关于战争赔偿的争议达到白热化。最后通牒的内容是，如果德国不接受新的赔偿方案，协约国威胁将在 6 天内占领鲁尔盆地。赔款总额最终确定为 1 320 亿金马克（相当于德国 GDP 的约 330%），其中 500 亿金马克将按季度支付，每年支付约 30 亿金马克。这等规模的偿款负担相当于德国 GDP 的 10% 左右或德国出口收入的 80%。[54] 还有 700 亿金马克，一旦协约国认为德国有能力支付，德国就应当开始支付。德国不仅必须偿还巨额硬通货债务，而且面临利息负担随时增加两倍的威胁。

协约国提出的赔偿要求巨大，击碎了市场对双方达成更具和解性协议的期望。赔款支付方式也让潜在投资者和德国民众感到不安，因为这意味着，如果经济状况改善，偿债负担会更重。[55] 作为对比，下面第一幅图展示了德国和其他经济体在陷入通胀性萧条之前的硬通货债务规模，德国魏玛共和国的债务远高于其他经济体。第二幅图展示了 1914—1922 年德国债务占 GDP 的比例。

德国的赔偿负担一经公布，马克应声下跌，到年底跌幅达 75%。通胀重新登场，同期物价几乎翻了一番。对一位参与签署《凡尔赛和约》的德国名人来说，最后通牒让他最坏的担忧变成了现实。

> 必须让全世界明白，把债务强加于一个国家头上，同时又剥夺它偿还的手段，这是不可能的事情。如果和约维持现状，无法避免德国货币彻底崩溃。[56]

通胀式萧条之前的外币债务水平（占 GDP 的比例）

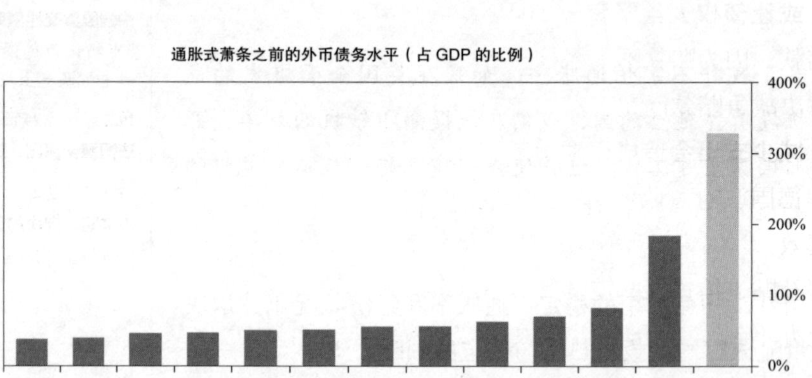

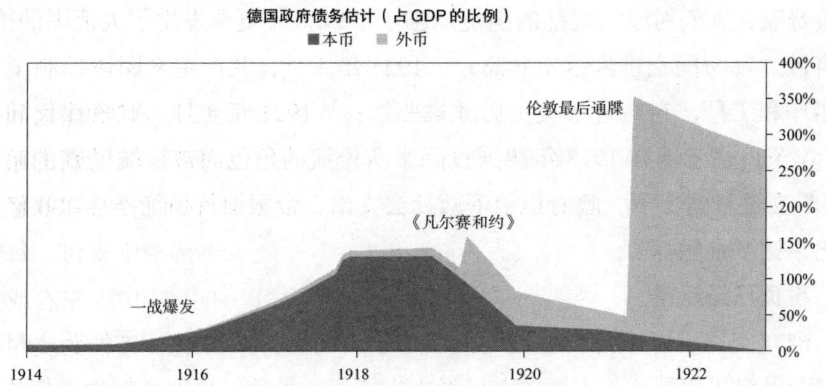

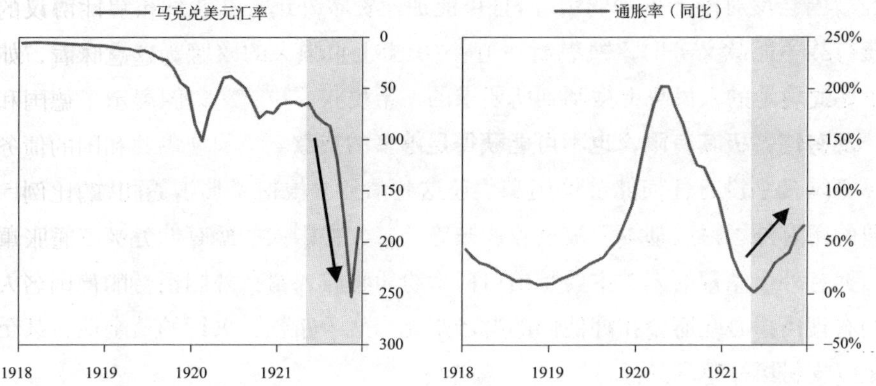

赔款计划给德国带来了一场国际收支危机。在许多方面，国际收支危机与个人、家庭和企业在付账单时遇到的麻烦一样。为了拿出这笔钱，国家必须（1）削减支出，（2）增加收入，（3）用借款和/或储蓄来付款，或者（4）违约（或让债权人给予宽限）。与国内战争债券不同，德国无法通过印钞消化战争赔款，因为赔款不是以德国货币计价的。决策者必须综合运用上述4种办法来解决战争赔款问题。

减少支出会造成极端困苦，政治上也很危险。

德国政府总收入的约50%将用于赔偿，因此只有大幅削减非赔款支出才能起效。[57] 因为大部分非赔款支出都用于基本社会服务——失业救济、食品和住房补贴、给铁路和造船厂等公共部门的拨款，大规模削减支出被认为“在政治上办不到”。俄国发生布尔什维克革命，随后流血冲突持续不断，德国国内的共产主义运动也在涌动。在这种情况下，德国政府担心左翼可能会发起革命暴动。与此同时，协约国提高了羞辱性的赔款要求，满足这些要求使德国陷入经济困难，这推动了极右民族主义的发展。随着罢工、骚乱和政治暴力行为日益普遍，人们对政治混乱的担忧加剧了。1920 年夏季发生了大范围的抢劫，政府被迫宣布国家进入紧急状态；[58] 1921 年 3 月，共产主义团体控制了几个造船厂和工厂，在与警察交火后才被驱散；[59] 1921 年 8 月，财政部长马蒂亚斯 · 埃茨贝格尔因在 1918 年德国投降中所扮演的角色而被极端民族主义者暗杀。[60] 在这种情况下，政府拒绝削减社会支出，帝国银行拒绝停止财政赤字货币化，就不难理解了。

税负已经超重。

削减支出难以维持，通过增税增加收入同样行不通。问题在于，1919 年的埃茨贝格尔改革（如上所述）已经大大增加了税负，再加税将产生与削减支出一样的政治社会风险——增加税收不仅难以获得通过（埃茨贝格尔改革本身已经被国会反对派严重削弱），而且可能加速资本外逃。在谈到不可能通过税收履行战争赔款义务时，凯恩斯写道："历史上再强大的政府，也没有能力从处于如此境地的人民身上搜刮到所要求的一半税收。"[61]

现有储蓄极其有限，也不可能获得足够多的贷款。

德国几乎没有任何储蓄可用来偿还这些债务。根据《凡尔赛和约》，德国战前的所有外国财产基本上被没收或被冻结，欠德国人的所有债务被取消。此外，拥有外币储蓄的人（主要是出口商）纷纷将收入留在外国银行账户，因为他们有理由担心政府会扣押他们的财产来充当战争赔款。央行的黄金储备甚至不足以支付第一笔利息。

此外，国际上几乎没有人愿意向德国提供足够多的贷款，使其分散赔偿负担。原因有二：首先，大多数发达国家自身都背负战争债务（主要是欠美国的），也处于严重的经济衰退之中；其次，德国政府（以及大多数德国人）缺乏信誉。例如，当帝国银行行长向英格兰银行寻求 5 亿金马克短期贷款以支付第二笔赔款时，他被"礼貌性地拒绝"了。[62] 据当时的英国财政大臣说："困难在于存在一个死结。德国人说，除非能借到外国贷款，否则只能靠印纸币来偿还债务，而除非德国能够偿还债务，否则无法借到外国贷款。"[63]

当然，在受到协约国入侵的威胁下，德国单方面违约是不可能的。尽管德国领导人竭力试图重新谈判赔偿条件，但刚刚（短短几年前）经历了战争痛苦的战胜国，尤其是法国，不愿做出让步。

与一个家庭面临财务危机不同，一个国家可以改变现有流通货币的数量，从而影响货币的价值。这增加了一种应对国际收支危机的手段。虽然帝国银行可以用提高利率和收紧信贷来维持汇率，但这将增加债权人持有马克计价资产和存款的回报率，吸引更多外资流入，抑制国内资本外逃，但也会压制国内需求，减少进口和贸易逆差。这要求全社会勒紧裤腰带，其严厉程度难以想象，对一个已经饱受贫困和冲突折磨的国家来说是无法承受的。

剩下的唯一选择只能是让货币贬值和印钞，以减轻马克外逃可能导致的流动性收紧。

正如理论部分所言，**导致恶性通胀的案例的最大特征，是决策者没有设法消除收入与支出 / 偿债成本之间的不平衡，相反，他们在很长的时期内通过大量印钞维持支出**。当然，有针对性地发行货币在国际收支危机中很常见——适度使用会有帮助，可以防止经济萎缩过于严重。**但是，如果通胀性印钞 / 货币化过多，货币贬值（通货再膨胀）幅度太大，超过其他去杠杆的控制手段——特别是通缩性的财政紧缩和债务重组或违约，就可能发生最严重的通胀性萧条，也确实发生了这种后果。**

战争赔偿计划（加之极难使用财政紧缩、减少储蓄、对外借款和债务违约等办法）导致德国决策者完全依赖印钞来应对危机。虽然决策者知道这样会导致通胀，但他们认为这是众害取其轻。在我看来，他们没有寻求在通缩和通胀之间取得更好的平衡，这是他们犯下的一个错误。

1921 年 6—12 月：初现通胀旋涡

1921 年下半年出现了**通胀旋涡的典型迹象。德国的累累外债造成货币贬值，引起通胀和流动性危机。为了不让经济严重衰退，央行通过印钞和购买债券提供流动性。这进一步引发了一轮又一轮的资本外逃、通胀、紧缩流动性和印钞的恶性循环，并且加速发展**。在此期间，为了支付首笔战争赔款，德国央行耗费了很大一部分黄金储备。

与一年后的情况相比，旋涡初期的通胀仍然相对有限，主要是因为外国人继续购买德国资产，支撑了德国的国际收支。但是，在此期间，战争赔款和资本外逃导致马克贬值了 75%，通胀加速，年通胀率接近 100%。1921 年 10 月发生了最严重的马克贬值。直接原因是，此前不久，尽管上西里西亚的大多数居民投票留在德国，但国际联盟仍然决定将上西里西亚割让给波兰。[64]

通胀率上升导致零售激增。这种需求的增加并不是经济活跃的标志，而是民众将货币收入和储蓄转变为实物，以防止通胀蚕食货币的购买力。美国汉堡理事会提到人们“大量购买物品”，汉堡通讯社报道人们“对商品怀有巨大的欲望”。[65] 这种状况很快就演变为“大清仓”，外国人因马克低廉而大肆购买，而德国人为躲避通胀而抢购商品，商店的货架很快被一扫而空。一位柏林官员对“外国人持高价外币掠夺商店”表示震惊。一位英国观察员哀叹道：“许多商店宣称已售罄，其他商店在下午 1—4 点就关门，大部分商店规定每位顾客

新闻

1921年6月1日

德国准备支付战争赔款

"仅存一线希望的谈判期已经过去，德国正在忙于应对战争赔偿义务。"

1921年6月20日

德国寻求更多贷款，接触外国银行家，试探以帝国银行银币担保获取贷款的可能性

"德国已经用完很大一部分外国贷款来支付战争赔款。还有多少流动信贷可用，这个问题引起了广泛讨论。"

1921年6月23日

德国工业取得快速增长

"一个刚刚考察德国现状回国的商业委员会称，德国的各类工厂正在全力运转，如果没有任何干预，德国的工业将很快超过所有其他欧洲国家。"

1921年6月23日

向德国人加税200多亿马克；威尔特向国家经济委员会报告即将支付的赔款额

"威尔特总理的'赔偿政府'正在应对一项艰巨的任务，即面对复杂、困难而不受欢迎的局面，以专注、彻底和认真的态度来筹集赔款资金。"

1921年6月25日

德国支付赔款的方式发生改变

"8亿马克的赔款可以用欧洲货币而不是美元来支付。承担风险的国家可能遭遇本国货币贬值，但这将会降低美元汇率。"

1921年6月26日

德国为世界贸易定速

"德国复苏的力量反映在美国商务部汇编的美国进出口统计数据中。这些数据显示，德国政府和进出口商正出色地跻身世界贸易的最前沿。"

1921年6月30日

德国支付战争赔款时外汇稳定

"德国已支付第二笔（原文如此）战争赔款，金额为4 400万金马克，并没有像支付第一笔赔款时那样引起外汇市场动荡。"

在每类商品中只能购买一件……由于担心商品价格上涨或完全断货，一些德国人干脆蹲守在商店。"[66]

这种状况引发了耐用消费品和实物资产销量大增。汽车销售攀升至历史最高点，纺织品商店几个月前就接到预订，棉花公司拒绝接受新订单，大多数工厂满负荷运转，加班加点赶制商品，以满足顾客不断上升的需求。[67]同样地，这种经济活动激增也不代表经济繁荣，而是人们为预防通胀抢购商品的典型现象。一位巴伐利亚官员说：

> 马克的暴跌……让有产阶级焦虑不已。每个人都想方设法把钱花出去，把能买的东西都买下，不仅为了当前的需要，也不仅为将来着想，而且是为了让纸币脱手换为实物，在以后纸币变得一文不值的时候还有物品可供交换。[68]

由于央行将市场利率维持在5%（办法是在流动性紧张时增加债券购买量），而通胀率通常高出10倍，因**此贷款的实际回报率很低，实际借款成本（即实际利率）大幅下降。[69]极具吸引力的借款成本导致借款大增。**[70]结果，实际投资达到战前高点[71]，每月破产率下降了75%。[72]但是，这些投资的成效很低。企业努力将借款转换成资本不是为了发挥其"使用价值"，而是奔着"内在价值"而去。那些没有这样做，而是将大部分财产以债权形式资产（如债券）持有的企业，却遭受了毁灭性的损失。这种现象被称为"从马克逃至机器"，这导致了许多过度投资，一旦通胀过去，这些投资的糟糕表现就会显现。[73]当然，这一切都使通胀率加速上升，导致恶性循环加剧。

对实物商品的需求不断增长，促使生产这些商品的行业的就业率上升。[74]因此，失业率下降，工人的工资议价能力增强，他们要求涨工资，缩短工作时间。1921年夏天发生了许多起劳资纠纷，结果是工人的名义工资大幅增加，但工资涨幅仍然赶不上通胀的速度，工人的实际收入缩水了约30%。[75]穷人和富人之间的关系日趋紧张。

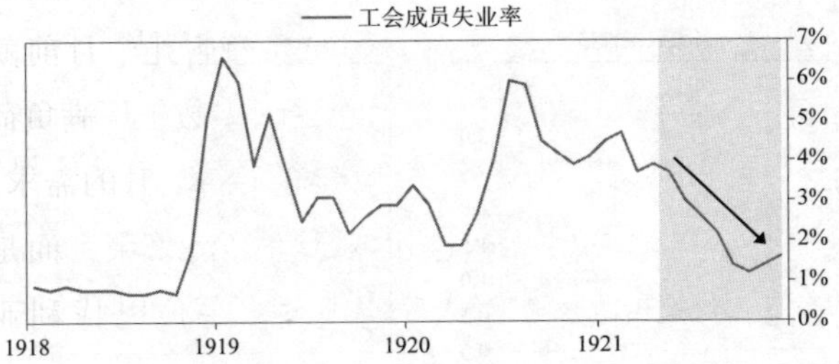

唯一从马克贬值中明显获利的经济部门是出口部门。德国商品在国际市场上变得更加便宜，因此外销增加。然而，在汇率大幅下跌的情况下，出口的增幅却低于通常情况。原因有二：首先，即使德国商品变得更加廉价，外国人对德国商品仍怀有很强的敌意，货币贬值的潜在好处被打折扣；其次，全球经济严重衰退导致通缩，其他发达国家的劳动力成本也在下降，马克贬值带来的竞争力增幅有限。

1921年下半年，股市仍然充斥着一位评论家所称的"投机盛宴"。[76]在此期间，股价几乎翻了三倍（经通胀调整后）。8月，柏林证券交易所由于交易指令太多，被迫每周关闭三次。11月，交易所营业日减少到每周一天，上午10点之后，银行拒绝接受股票指令。据一家报纸报道："如今，从开电梯的工人、打字员和小房东到上流社会的富婆，无不热衷于股票投机。他们津津有味地研读官方股价行情，就像读一封封珍贵来信一样。"[77]

与以前一样，**造成这波牛市的原因并非德国的经济基本面向好，也不是人们对未来经济形势更为乐观，它实际上反映了人们急于让纸币脱手的心情，或者说做空纸币（即借入纸币），做多实物资产。**一位观察员指出：

> 如今的股市投机是有组织地抛售马克……当投资回报与纸币价值以相同的速度下降，即使是有实力的资本家，如果不想一天天变穷，也必须

新　闻

1921年7月7日

德国将每年征税800亿马克

"威尔特公布了偿债所需的纸马克税额。总理的困难是，如果他偏重直接税，就会让资产阶级不满；如果他偏重间接税，就会得罪无产阶级。"

1921年7月20日

德国的信贷不明

"本地银行认为，目前大量提款正流向国外。"

1921年7月25日

德国工业进入繁荣期

"工人工资和煤炭价格被人为压低，为许多工业部门的复苏创造了条件。"

1921年8月6日

德国的债务仍在上升

"6月增加了83.390 4亿马克，债务总额达1 350.310 6亿马克。"

1921年8月7日

德国的征税计划依赖西里西亚

"威尔特政府整个夏天都在疲于应对棘手问题：为支付战争赔款和平衡国内预算而制订新的税收计划，向德国人民增加数十亿马克的税负。已完成这项吃力不讨好的任务的第一阶段。"

1921年8月28日

埃茨贝格尔之死激怒全德国

"谋杀的罪责指向民族主义者，必然对激进派民众产生影响。"

新　闻

1921 年 9 月 4 日

穆迪说，德国将在虚假繁荣中崩溃：马克贬值和滥发使物价飞涨

“穆迪投资者服务公司总裁约翰·穆迪说：‘德国的纸上繁荣正导致崩溃。’”

1921 年 9 月 5 日

德国多地发生赤色分子骚乱

1921 年 9 月 30 日

德国食品涨价

“马克汇率飞速下跌影响每一个德国家庭。”

1921 年 10 月 21 日

柏林和华沙获得西里西亚决议：协约国宣布通过国联的领土分割方案

“德国人可能会进一步抗议，但法国军队已在鲁尔附近枕戈待旦，德国人将接受该决议。”

1921 年 11 月 8 日

本地市场 3 马克兑换 1 美分：德国的银行声称新的巨大通胀导致德国马克报价下降

“德国马克汇率触及历史低谷。”

1921 年 11 月 28 日

德国期望获得外国贷款

1921 年 12 月 14 日

德国银行声明：12 月第一周新增 18.46 亿马克

1921 年 12 月 17 日

德国请求宽限一段时间

1921 年 12 月 21 日

柏林等待伦敦会议结果：帝国银行同时维持金马克储备

1922 年 1 月 7 日

拒绝德国请求：赔偿委员会不同意德国延迟支付下一笔赔款

“赔偿委员会的答复是，除非德国对延长期限、可赔偿金额和保证做出回答，否则坚持以前的立场，拒绝审查暂缓赔偿的任何可能。”

获取真实价值。仅这一点就导致了股市不同寻常的上涨。[78]

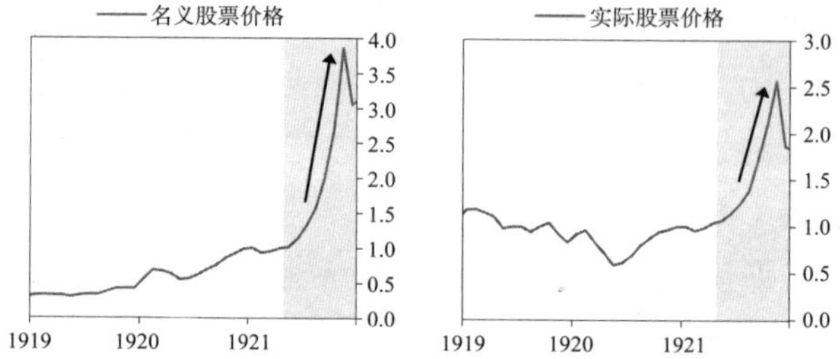

到 1921 年年底，经济状况恶化，人们对马克丧失了信心，物价飞涨。这些因素可能会带来经济和政治崩溃。当时，通胀率接近 100%。阻止全面崩溃的唯一因素是，外国人愿意继续购买马克，支撑着德国庞大的国际收支赤字（相当于 GDP 的约 10%）。如下图所示，尽管德国国内对马克失去了信心，但许多外国人仍不断以低价收购德国资产。

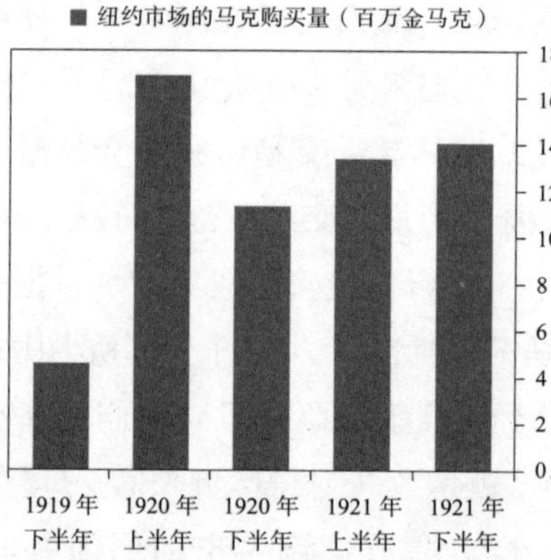

1922 年 1—5 月：就暂缓战争赔偿谈判

协约国对德国的混乱状况感到震惊，认为有必要减轻战争赔款对德国经济的压力。[79] 这是令人欣慰的，因为在这个阶段，战争赔款是德国肩上最重且不可逃避的负担。这种状况继续下去可能会导致德国经济全面崩溃，加剧欧洲核心地区的政治混乱，协约国将来会得不到任何赔偿。但是，对于需要给德国减轻多少负担，以及德国应当付出什么代价，协约国之间仍存在很大的分歧。

协约国面临的最大矛盾是，既想报复德国，限制德国的实力，又承认经济现实要求协约国做出某些妥协。**在去杠杆过程中，债务人和债权人之间的对立很普遍。债务人（即德国人）自然想得到尽可能多的宽容，而债权人（即协约国）想在不至于逼迫债务人破产的情况下尽可能多地获得偿还。各方都在尝试边缘政策。**据说小J. P. 摩根在谈到时局时对一位朋友说：

> 协约国必须拿定主意，是想要一个还不起钱的弱小德国，还是一个有赔偿能力的强大德国。如果想要一个弱小德国，就必须让它保持经济虚弱；如果希望德国能支付赔款，就得让德国好好生存和发展经济，但德国也会因此强大，从某种意义上来说，德国经济上强大了，军事上也会强大。[80]

1922 年 1 月，协约国在法国戛纳开会讨论重组德国战争赔款的问题。会议达成了一个临时妥协，赔偿委员会将当年剩余时间内的偿债负担减少 75%，但德国必须同意加征新税（包括向富人强行摊派 10 亿金马克债券），减少支出和货币发行量，并正式授予帝国银行独立于政府的地位。[81] 这些让步大多是象征性的。德国同意加征的税收太少，无法有效弥补预算赤字。帝国银行行长鲁道夫·哈芬施泰因表示，他赞成帝国银行更独立，因为这样他可以不受财政政策的限制，为确保流动性而按需发行货币。[82]

市场对德国大幅减负再次充满乐观，这止住了马克下行。截至 1 月底，马克汇率从 1921 年的低点上涨了 30%，通胀率虽居高不下（每年约 140%），但已经停止上升。通胀旋涡停止了，为德国经济提供了急需的喘息机会。随着谈判的进行，德国政府要求协约国做出更大让步，竭力说服协约国，是国际收支问题而不是央行的

新 闻

1922 年 1 月 10 日

德国代表前往戛纳

“柏林突然对戛纳会议充满无限乐观，反映在今天交易所显示的对纸马克的影响上。”

1922 年 1 月 29 日

德国请求免除 1922 年的现金赔款，也希望协约国减少货币赔偿要求，增加实物赔偿

“对赔偿委员会的答复提到了重建金融稳定的计划：增加税收，除了强制征税外，另一笔国内贷款将减少流动债务。”

1922 年 2 月 6 日

德国财政的新困境

“政府可能被迫直接发行纸币。”

1922 年 2 月 13 日

德国物价再次上涨

“民众担心物价进一步上涨而抢购物资。”

1922 年 2 月 27 日

德国物价再次上涨；取消政府补贴和设定固定价值，令市场涨价

“上周德国商品市场的趋势是，物价快速上涨，与马克汇率变化无关，生产和贸易恢复活力，表现出 1921 年马克大崩盘期间出现的其他症状。”

1922 年 2 月 28 日

热那亚会议的前景令德国人沮丧

“总理们决定会议不讨论战争赔偿问题，这引发忧虑，马克进一步下跌。”

1922 年 3 月 2 日

德国反对赔款计划；工业界强烈反对与协约国签订的临时协定

“德国工业界预言，如果德国重建部代表签署的关于实物赔偿的临时协定生效，德国的出口将受到致命打击，德国也将遭受经济奴役和最终毁灭。”

1922 年 3 月 10 日

回答击碎了德国的希望

“仍然期待美国参与未来会议。”

1922 年 3 月 22 日

呼吁德国限制纸币发行量：协约国赔偿委员会计划同意德国暂缓支付部分赔款

新 闻

1922 年 3 月 25 日

德国反对赔偿条件

“德国革命后最平静的危机可能也是最严重的危机。今天，柏林没有兴奋场景。无论是德国人民还是政客都心如死灰，只有极度灰心的寂静。”

1922 年 3 月 27 日

德国马克再次下跌：金融界认为对德国国内金融业的规定不切实际

“物价再次上涨，马克下跌。在上周由赔偿委员会给出的条件给金融市场带来第一次冲击（表现在马克暴跌至新低），此后市场情绪稍微平静。”

1922 年 3 月 30 日

法国不理睬德国的请求

“不相信德国拿不出钱恢复经济。”

1922 年 5 月 11 日

德国拒绝加税，转而请求贷款

“对赔偿的答复包括提交如何解决支出和阻止通胀的计划。”

1922 年 5 月 12 日

法国对德国的赔偿答复不满

“他们认为德国人闪烁其词，是在争取更多时间。”

1922 年 5 月 26 日

法国为德国贷款铺路，彭加勒与银行家合作寻求解决战争赔款的经济方案

“银行家会议开幕，气氛比表面看上去要好得多。彭加勒政府坚持反对劳合·乔治在热那亚会议上提出的策略，并且表现出如果德国未能信守 5 月 31 日的承诺，法国将会采取惩罚措施。”

1922 年 6 月 1 日

协约国同意德国的答复，准许暂缓赔偿

“关于德国对 3 月 21 日要求的答复，经过两天的审议，赔偿委员会今晚通知德国总理，赔偿委员会准备同意德国暂缓支付部分既定的本年度赔款。”

印钞最终引发了通胀危机。外交部长沃尔特·拉特瑙在 3 月 29 日的国会上对议员说：

> 我们多次听到这样的说法，如果我们的货币贬值了，那只能是因为我们滥发钞票。他们给出的办法是：停止印钞，控制预算，这样就能走出困境。这是一个严重的经济错误！……没有外国贷款的帮助，（怎么可能）连续支付黄金，同时保持汇率不变？没有人曾经给过这样的建议，也无法给出。对于一个不生产黄金的国家，除非用出口顺差（德国没有）购买黄金，或者向别人借入黄金（德国办不到），否则无法支付黄金。[83]

可见，经济学和市场原理其实很简单，基本上与现在一样。虽然央行可以轻而易举地消灭以本币计价的债务（用前面所说的办法），但不能轻易消除外债（原因见前文）。

2—5 月，对马克的预期仍然主要受制于赔偿谈判消息。[84] 当有消息显示双方会达成全面协议时，马克反弹，通胀率预期下降 [85]；当有新消息表明不太可能达成协议时，马克下降，通胀率预期上升。[86] 市场情绪的变化使马克经历了多次 10%~20% 的波动。由于赔偿协议前景恶化，到 5 月底，马克兑美元汇率下跌了约 40%。

下图显示赔偿谈判的消息导致马克大幅波动。一旦赔偿谈判传来新消息，市场就会剧烈上下起伏。可以想见在这种波动中交易有多难！

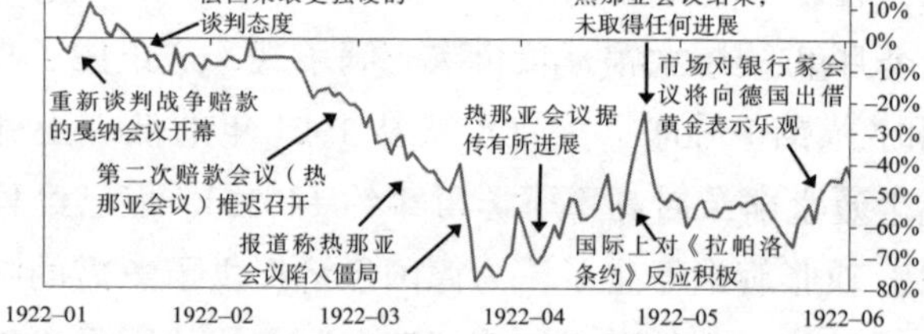

1922 年 6—12 月：恶性通胀开始

1922 年 6 月，对解决战争赔偿的期望与马克兑美元汇率一道下坠。这是由三起相互关联的事件引起的。首先，在协约国中，法国一直以来最反对减轻德国的赔偿负担，宣称将不再接受赔偿委员会关于德国支付能力的结论。[87] 相反，法国将对德国的赔偿做出自己的决定，如果德国违约，法国将夺取德国财产，特别是一些最具生产力的资产（即鲁尔区的煤矿）。[88] 法国非但不同意德国暂缓赔偿，还要求德国必须做出法国认为合适的赔偿，否则德国一些最有价值的领土就可能被长期占领。

其次，法国的宣言还破坏了另一项支持德国经济的计划。美国金融家小 J. P. 摩根领导成立了一个国际委员会，研究向德国提供黄金贷款以重建经济和减轻外债负担的可能性，但是，这笔贷款取决于暂缓战争赔偿的进展情况，因为如果不能暂缓战争赔偿，这笔贷款德国几乎肯定还不起。在法国发出宣言之后，贷款委员会被迫宣布不可能向德国提供贷款。[89]

最后，6 月 24 日，德国外交部长沃尔特·拉特瑙遭右翼团体暗杀。拉特瑙尽管也发表过一些好战言论，但是为数不多的受到协约国信任的德国政治家之一，在国内也拥有广泛的支持。[90] 如果有人能够与赔偿委员会协商制订一个解决方案并在国会获得通过，此人非拉特瑙莫属。当然，这也说明民族主义和极端民粹主义的威胁笼罩着德国。

与早先不同，外国人现在急忙从德国撤资。如前所述，德国的银行存款中约有 1/3 是外资，外国投机资本在很大程度上支撑了德国的经济和国际收支。在接下来的几个月里，约 2/3 的存款被取走，资本流入坍塌。[91] 与此同时，德国人的资本加速外逃；在 1 月妥协中达成的重税生效之前，富人纷纷转移财产。马克暴跌，恶性通胀开始了。

结果是德国的银行系统出现严重的流动性危机，导致银行挤兑。央行的印钞速度赶不上马克外逃和物价飞

新　闻

1922 年 6 月 25 日
拉特瑙在柏林遇刺身亡，外长的死亡被归咎于保皇党人，德国人集会保卫共和国
“沃尔特·拉特瑙博士被刺身亡，他在战后对国家复兴做出的贡献比其他任何德国人都大。”

1922 年 7 月 3 日
马克可能进一步走低。德国政府向出口商购买外汇，出口商转售马克
“帝国银行官员宣布确定将支付下两笔战争赔款。帝国银行仍在用马克收购出口商的外汇，而出口商立即将马克转换为外币。这项政策将不可避免地使马克进一步贬值。”

1922 年 7 月 26 日
协约国代表决定德国必须继续每月支付 200 万马克战争赔款

1922 年 7 月 28 日
法国拒绝减少赔款的要求
“告知德国必须继续每月支付 200 万马克战争赔款。”

1922 年 7 月 29 日
呼吁向德国提供贷款，要求德国削减预算；担保委员会专家向赔偿委员会提交报告

1922 年 7 月 31 日
随着马克暴跌，德国人几近疯狂；为预防物价继续上涨，人潮涌入商店抢购商品
“局势预示马克将继续灾难性地下跌。”

1922 年 8 月 2 日
德国货币危机
“实际上，德国所有对外支付的债务，包括购买食品和材料，都是用纸马克支付的。马克越是下跌，就需要越多纸币，以便从国外购买小麦或棉花，或者支付战争赔款所规定的黄金数量。”

1922 年 8 月 3 日
赫尔墨斯请求获得贷款和暂缓赔偿，只有这样德国才能平衡预算并协调货币
“财政部长安德烈·赫尔墨斯博士今天在讨论德国的财务困难时指出：‘只治疗症状是没有用的，毫无意义。’”

1922 年 8 月 14 日
有人呼吁在德国实施配给计划

1922 年 8 月 20 日
德国再次增加纸币发行量
“货币发行量在 8 月第二周增加了 68.11 亿马克，自 7 月以来增加了 149 亿马克。”

涨的步伐。到7月，银行被迫每周只营业三天，通知储户没有足够的现金满足他们的提款要求，也无法为大企业客户支付每周工资。[92]一些银行甚至私自非法发行马克。**流动性危机是一个恶性循环。储户发现银行提现困难之后，越来越多的人去银行挤兑，从而使流动性危机越加恶化。**

到1922年8月，德国经济已处于金融崩溃的边缘。央行被迫加快印钞速度，并将越来越多的政府债务货币化。

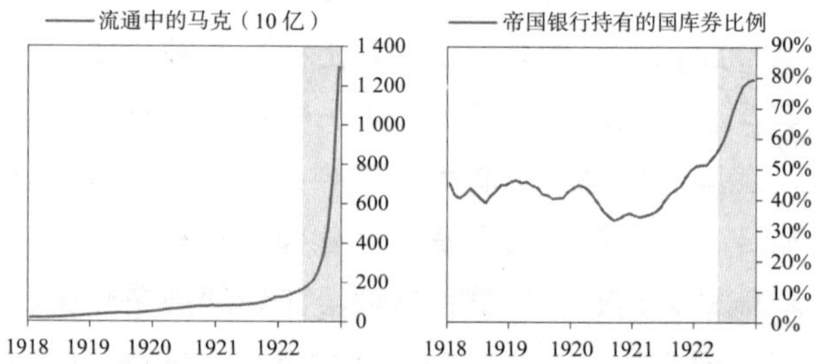

央行也开始大量购买商业票据。随着流动性危机在秋天加深，央行加速向银行系统提供直接贷款。到年底，帝国银行将持有流通中全部商业票据的1/3，对银行系统的贷款将增加1 900%。[93]这些干预防止了金融体系崩溃，并导致货币供应量增加了10倍。

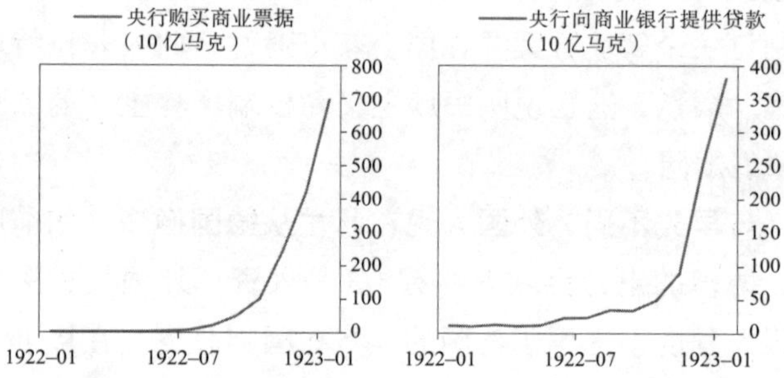

过去货币贬值和印钞期间，通胀率会大幅上升，但从未演化为恶性通胀，本轮货币贬值和印钞却导致通胀暴涨。部分原因是抵销外资撤离所需的流动性规模太大，但也因为人们的通胀心理发生了变化。以前，大多数人

新　闻

1922年8月21日

德国人出售马克兑换美元

“人们感到惊恐，争抢着把马克兑换为外币。”

1922年8月21日

彭加勒说全体德国人必须赔偿

“法国不应听人蛊惑，让德国逃脱因战争罪行而应受的惩罚，并放弃德国的战争赔款；法国必须并将会找到让德国赔偿的办法。”

1922年8月30日

纸币匮乏影响柏林

“今天，流通纸币的稀缺已非常严重，帝国银行用现金仅能支付要求金额的40%。”

1922年9月2日

柏林附近城镇发生哄抢食品骚乱；警察向骚乱人群开枪，1人被打死，20人受伤

“高昂的生活成本引发第一次流血事件……在柏林和德国其他地方也发生了哄抢食品引发的骚乱。”

1922年9月7日

德国纸币发行量打破所有纪录

“8月最后一周的发行量达229.78亿马克。”

1922年9月8日

德国为失业做准备

1922年9月11日

8月德国物价翻番

“越来越多的普通商业交易使用黄金定价。”

1922年9月13日

德国消费者批评用美元作为定价基础；抗议政府该做法会破坏人们对马克的信心

“今天，德国消费者异口同声地批评美元兑换做法，他们抗议用美元作为国内定价基础。”

1922年9月14日

德国货币新增140亿马克

“9月第一周的马克发行量是有记录以来的第二大发行量。”

1922年10月16日

将使用外币：德国商人将用外币定价

“尽管政府禁止，但是人们很可能继续用外币为国内商品定价。”

1922年10月28日

德国纸币发行量再次破纪录

“10月第三周的新发行量达354.699 69亿马克。”

认为通胀是部分受控制的，而现在大多数人认为通胀已经失控。

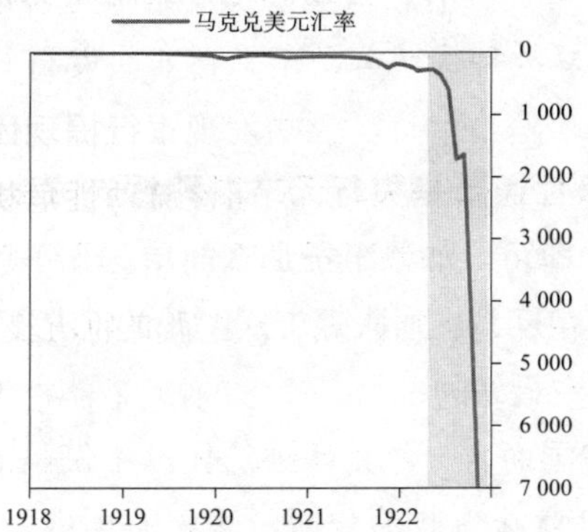

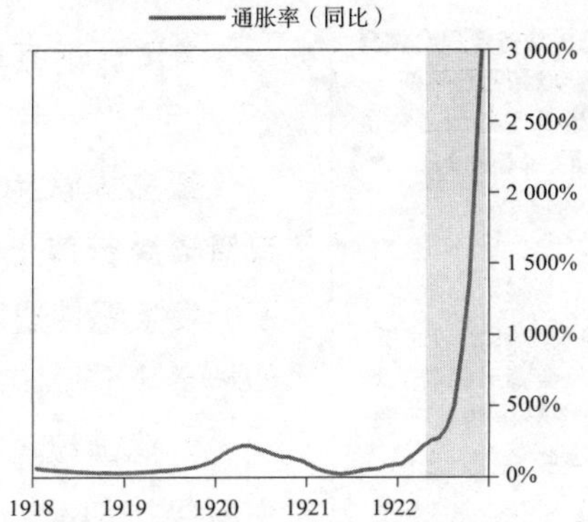

通胀性萧条的一个典型现象是，每轮印钞之后，越来越多的货币退出流通，而不是进入实体经济。国内货币持有人发现，投资者做空现金（即借入汇率下跌的货币）、购买实物资产和外国资产，总是比在国内储蓄和投资更有利可图。于是，他们纷纷效仿，从生产性投资转向购买实物资产（如黄金）和外币。外国投资者屡次受损以后也不再返回。

早在 8 月，物价每月上涨 50% 以上并加速上涨，决策者发现局势正在接近恶性通胀，但他们认为别无选择，只能继续印钞。[94] 为什么停不下来？

一旦通胀性萧条达到恶性通胀阶段，就很难停止印钞。这是因为，当巨量资本外逃和极端通胀相互强化时，货币即使已失去价值，也越来越难以获得。凯恩斯在 1922 年夏天访问汉堡时，德国尚处于恶性通胀的早期阶段，他生动地描述了这一现象：

> 商店的价格每小时都在变化。没有人知道本周的工资在周末还能买到什么。马克毫无价值，但又稀缺。一方面，商店不想收马克，一些商店任凭顾客出再高的价也不愿出售商品；另一方面……各银行的现金短缺，帝国银行建议它们不要兑现超过 1 万马克的支票……一些大银行甚至无法兑现客户的每周工资支票。[95]

停止印钞将导致现金极度短缺，并导致金融系统和所有商业彻底崩溃。当时一位经济学家指出：

> （停止印钞）意味着在很短的时间内，公共部门及整个国家都无法向

商人、雇员和工人付款。几周之后，不仅印钞停止，工厂、矿山、铁路、邮局、全国和地方政府，简而言之，所有国民经济都将停止。[96]

很多人认为，恶性通胀是央行无节制印钞造成的，只需要央行停止印钞即可。如果事情那么简单，几乎就不会发生恶性通胀！相反，在通胀螺旋式上升的情况下，印钞是几个最坏选择中最好的一个。

对德国魏玛共和国而言，停止印钞的代价不仅是潜在的经济崩溃，而且意味着政治分裂。法国一再威胁，如果德国不支付战争赔款，就要占领德国领土。停止印钞无异于诱使外国入侵，同时降低了对富有建设性的赔偿谈判的期望。当时一位著名的实业家说：

> 说帝国银行能阻止通胀，就像说汉堡市市长能让医院里的病人不生病一样……只要存在法国入侵德国的可能，货币就不可能稳定下来。[97]

至9月，德国已陷入典型的恶性通胀旋涡之中。大量资本撤离加上物价飞涨，逼迫央行在极度缺乏流动性和加速印钞之间做出选择。缺乏流动性会导致商业活动彻底瘫痪，所以实际上没有选择。然而，随着货币供应量的增长，没有人愿意持有快速贬值的钞票。货币流通速度加快，引发更多的资本外逃、印钞和通胀。

下图生动地展示了这种关系——由于通胀和货币供应以指数级增长，因此必须用对数来表示。从图中可见，货币贬值导致通胀，进而造成货币供应增加，而不是反过来。**大量印钞并不是恶性通胀的根源，而是防止银行（及所有人）大规模通缩性违约和通缩性经济崩溃的必要行动。**

新　闻

1922年10月30日

德国马克下跌的多种原因：储备委员会将其归咎于赤字、通胀、战争赔款和贸易平衡

“美联储10月公告称，德国马克加速贬值的主要原因是德国的预算、战争赔款、贸易平衡和资本外逃。”

1922年11月10日

柏林再次让协约国失望

“威尔特总理发表了一份简短的最后说明，宣布完全暂缓赔偿，国际金融财团将采取支持行动，临时性和最终解决赔偿问题，并永久性地稳定马克。除此之外，赔偿委员会明天将空手回到巴黎。”

1922年11月10日

法国准备强迫德国赔偿

“彭加勒总理今天在参议院发言时宣布，从德国获得任何赔款的唯一希望在于布鲁塞尔会议，但如果会议失败，法国准备再次单独行动。”

1922年12月2日

彭加勒主张立即控制德国

“控制德国财政之后才能稳定马克和实施赔偿贷款。”

1922年12月4日

德国市场的货币价格昂贵

“私人银行仍然可以通过收费和佣金获得20%的利息。银行利率可能会上升。私人银行通过在帝国银行再贴现加剧通胀。”

1922年12月11日

德国通胀打破所有纪录

“纸币、国库券贷款和商业贴现超过以往纪录。”

1922年12月17日

德国的债务仍在增长

“12月的头10天增加了1 230亿马克。”

1922年12月23日

德国财政赤字接近1万亿马克

“即使普通支出也是税收的两倍以上。”

1922年12月25日

德国通胀率疯狂上升

“帝国银行的贴现一周增加1 720亿马克，货币增加1 230亿马克。”

1922年12月27日

宣布德国故意违约

“法国今天在协约国赔偿委员会取得了重大胜利，委员会以3：1的投票结果宣布德国在1922年的木材交付中故意违约。”

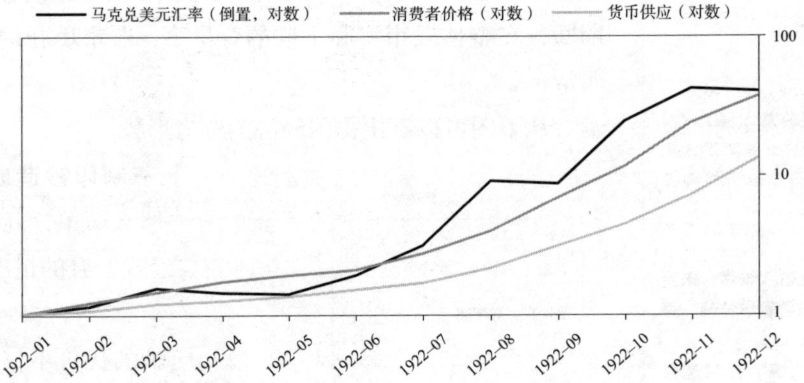

请记住，货币和信贷有两个功能：交换媒介和财富储存手段。随着通胀率的加速上升，马克完全失去了其作为财富储存手段的地位。人们急于将马克换成任何可得到的替代品——实物、外汇和资本设备。**很快，指数级增长的通胀率导致马克交易变得不切实际，因此货币也开始失去交换媒介的作用。**外币（尤其是美元）甚至临时货币都在日常交易和报价中变得越来越普遍。例如，帝国银行的分支机构发现没有足够的纸币供企业发工资。[98] 因此，央行和财政部允许一些大银行自行印钞。这些钞票称为“代币”，也叫“紧急货币”。[99] 很快，每个人都在想马克是不是快要消亡了。据《法兰克福报》报道，到1922年10月：

> 围绕马克存亡的斗争主宰了德国的经济生活：马克是继续充当德国货币，还是注定要消亡？在过去几个月中，外币在完全无法预料的范围内已成为国内交易的记账单位，不仅公司的内部会计习惯用美元记账，而且贸易、工业和农业也用美元报价。[100]

1922年10月12日，为了平息通胀，德国政府采取干预措施，阻止不断增长的外汇购买行为，对德国人购买外汇实施限制措施。[101] **这种资本管制是控制通胀性萧条的典型手段，但很少见效。原因在于：（1）资本管制的效果有限，因为很容易被规避；（2）越想套住人们，人们越想逃离。**资金无法出境对人们心理的影响类似储户无法从银行取款：它会带来恐慌，引发银行挤兑。

股市是德国国内为数不多的躲避通胀的地方之一。股市自6月以来下跌了50%（按实际价格计算），在10月下半月反弹，但与1921年秋天一样，这种反弹与德国的经济基本面和未来前景无关。事实上，1922年秋，由于恶性通

新 闻

1923 年 1 月 9 日

德国人消极抵抗

“库诺政府近期外交政策的基本主张是，法国单独占领鲁尔区，实质上撕毁了《凡尔赛和约》，因此所有战争赔偿安排都将被取消。”

1923 年 1 月 11 日

法国军队在凌晨 4 点 45 分进入埃森，未受抵抗；德国召回驻巴黎和布鲁塞尔特使；美国驻莱茵河部队被命令回国

“工人对法国的占领无动于衷。他们说他们知道被本国的资本家剥削，现在只是为面包而工作，因此对法国的所作所为不关心，他们的境况已经坏到不能再坏的地步。”

1923 年 1 月 19 日

德国银行利率从 10% 升至 12%；现在是世界上最高的利率——去年 7 月是 5%

1923 年 1 月 21 日

无人购买德国纸币的时刻可能正在来临

“据伦敦城威斯敏斯特帕尔银行的年终公告称，是马克的投机买家让德国坚持至今。自大战以来，德国的出口几乎总是低于进口，很明显，德国已无法像正常时期那样支付进口货款。”

1923 年 1 月 28 日

德国马克再次下跌，兑美元汇率降至 28 500 马克兑 1 美元

1923 年 1 月 31 日

纸币一周内增加了 2 160 亿马克；1 月第三周的通胀率打破了历史纪录

1923 年 2 月 12 日

今天鲁尔区出现骚乱，许多人被逮捕

1923 年 2 月 12 日

1 月德国物价上涨 248.5%，打破了月度增长纪录——是战前平均值的 7 159 倍

胀侵蚀了生产率，实际利润率不断下降。[102] 在债务危机期间，在整体股市实际下跌的背景下，股市反弹的幅度非常小。

从下图可以看出德国经济的恶劣形势。

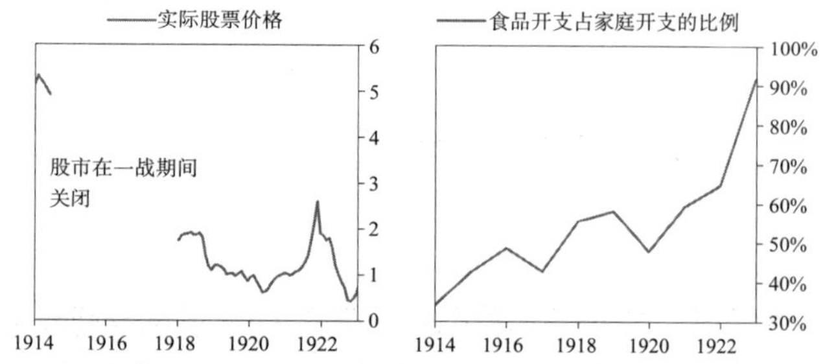

1923 年 1—8 月：占领鲁尔区，通胀进入尾声

1923 年 1 月，德国经济已陷入混乱，因德国没有按照承诺交付作为赔款的木材，一支法国 – 比利时联军入侵德国并占领了鲁尔区（德国的主要工业区）。法国希望借此迫使德国在战争赔偿上更加合作，同时可以用煤炭来抵债。德国人宣布“消极抵抗”。[103] 鲁尔区的矿工将罢工，尽可能增加法国的占领成本，但抵抗需要德国政府补贴，因为矿工和矿主都需要得到报酬。这也意味着德国约一半的煤炭需要进口，这增加了德国的国际收支压力。[104] 结果，政府开支上升，国际收支恶化，流动性短缺迫使帝国银行增加印钞，使已经处于天文数字水平的通胀率进一步上升。

法国的入侵给德国在赔偿谈判中提供了一个机会：占领一个几近经济崩溃的国家受到了广泛的谴责。为了争取时间，帝国银行开始发行以美元计价的债券（由于信用风险高，债券价格在国际价格的基础上打了很大的折扣）以购买马克——央行的目标是钉住美元。1923 年 1—6 月，帝国银行出售了大约价值 4 亿金马克的外汇借款和央行储备，以捍卫马克兑美元的固定汇率。央行还将利率提高至18%（但通胀率已接近10 000%，升息主要是一个象征性行为）。[105]帝国银行行长说：

> 这种干预并没有达到永久和最终稳定马克的目的。只有当战争赔偿问题得到真正解决时，这种措施才可能有效。它的目的是……为德国经济争取一段尽可能长的相对平静时期……让市场摆脱疯狂而肆无忌惮的投机，保护德国人民免受物价进一步快速上涨的侵蚀，否则一切都将被耗尽。[106]

外汇干预阻止了马克的下滑（实施干预后的头三个月，马克实际上升值了50%），一个短暂的通缩期出现，让空头受到损失。[107]然而，到5月，**帝国银行显然已经没有支付美元债券本金和利息以及维持汇率挂钩所需的外汇储备，因此固定汇率政策在实施6个月后被放弃，**恶性通胀更加肆虐（通胀率到1923年11月达到36 000 000 000%）。[108]

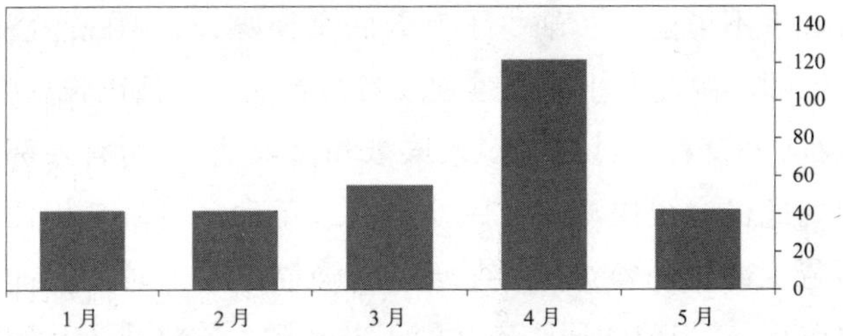

现在，德国背上了新的硬通货债务，法国重申会根据索取战争赔偿的需要继续占领鲁尔区。整个夏天，德国政府对外汇市场进行了一些零星干预，但都没能抑制通胀或阻止汇率下降。[109]当时，德国总统要求财政部长找到"避免马克彻底崩溃"的新办法。财政部长的回答是："马克已经开始彻底崩溃了。"[110]

1922年7月—1923年11月，马克相对于美元贬值了99.999 999 97%（即兑换美元的成本提高了157亿倍），物价上涨了38.7亿倍！关于这些数字的意义，1913年，

新　闻

1923年2月15日

德国抗议鲁尔区的出口阻碍，告诉法国德国给其他协约国支付赔款的方法正在减少

1923年2月22日

德国说已支付456亿马克；柏林提供官方汇编，称因和约遭受的损失总计升至565亿马克

1923年3月1日

法国取消向德国运煤的禁令，但须缴纳占领前的40%税赋

1923年4月9日

美国向德国提出11.877 368 67亿美元的战争赔偿要求，包括卢西塔尼亚的损失

"美国将赔款金额暂定为11.877 368 67亿美元，这是美国政府及其公民要求德国政府支付的战争赔偿金额。相关通知已经送达混合索赔委员会的德国代表，该委员会的任务是调整每个国家对另一国的索赔。"

1923年4月16日

德国的公共赤字：上个财年的支出比收入高出6.25万亿马克

1923年4月30日

希望寄托在新的德国银行利率身上；官方宣称18%的利率将遏制信贷和通胀

"德国官方人士寄希望于上周帝国银行将贴现率从12%提高至18%。此外，德国政府本周下令进一步限制外汇交易，要求对持有外汇情况进行登记。"

1923年5月15日

目前，德国每年自杀人数为8万人，战前自杀人数为1 200人——贫困是主要原因

1923年5月21日

德国证券交易所一周只开三天

1923年6月25日

德国物价随马克贬值而飙升，10天内上涨41%——上周上涨速度加快

1923年6月25日

德国货币无序贬值的影响，以前的投资全部湮灭

1923年8月1日

德国印钞工人罢工，柏林人称之为"历史上最具恶意的罢工"

全德国流通的纸币和硬币总共有60亿马克。到1923年10月下旬，1913年的全部通货只够买1千克黑麦面包。[111] 这种混乱给德国人民带来了巨大的痛苦和创伤——恶性通胀后来也为纳粹政客对“灾难性的”魏玛时代的许多批评提供了口实。

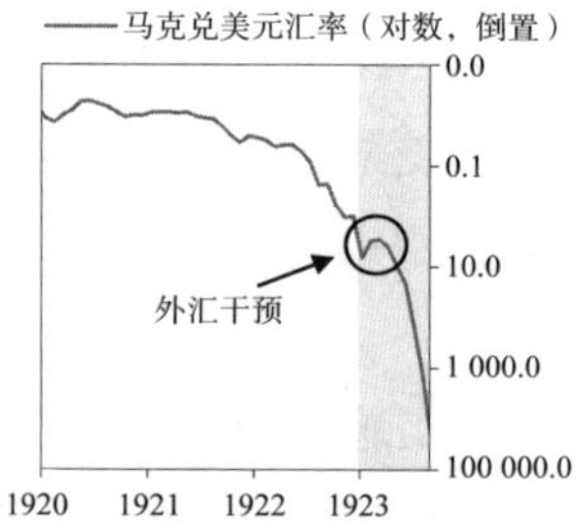

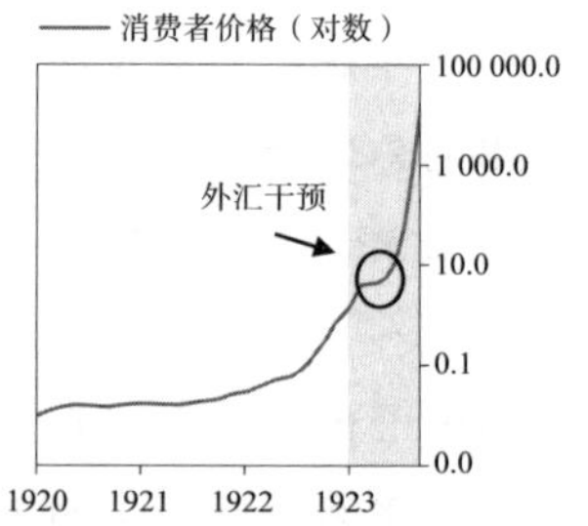

1923年年底—1924年：恶性通胀告终

到1923年年底，恶性通胀在德国造成了难以言状的苦难。失业率快速攀升，通胀率远高于1 000 000%，实际税收以惊人的速度减少，[112] 食品日益匮乏，用马克交易几乎不可能。[113] 缺少了有效的交换媒介，国民经济陷入停顿。由此产生的苦难殃及各行各业。一位市长反映：“我从来没有见过这么多人挨饿和流浪。”[114] 所有人都意识到危机会很快演变成民众骚乱或革命。[115] 后来担任德国劳工部长的鲁道夫·维塞尔准确描述了当时人们的普遍情绪：“当前的通胀正在毁灭共和国，它将成为我们共和国的掘墓人。”[116]

协约国认识到，如果不大幅减轻德国的赔款负担，德国政府将拿不出任何办法避免经济全面崩溃。因此，在1923年11月，协约国同意德国暂停赔偿，并重新开始与德国就重组债务进行谈判。[117] 这为德国政府提供了宝贵的喘息机会。

德国政府采取了5个关键步骤来遏制通胀，每一步从逻辑上承接上一步。

新　闻

1923年8月2日

为德国计划两种货币：库诺内阁提议借入无限量“接近黄金的”贷款，用临时凭证做货币。其他人预测该货币会失败。他们说，有一种毫无价值的货币已经糟糕透顶，没必要再增加一种

“德国政府正以令人痛苦的缓慢速度和各种迂回办法实际上抛弃现有纸马克，创造一种全新的货币，他们希望这种货币能增强人们的信心。”

1923年8月16日

德国改变计划

“德国新总理宣布，他的第一把火必须烧向国内政治。”

1923年8月20日

马克复苏以来，德国股价稳定

1923年8月20日

支撑德国新货币的最后一点黄金；财政部长希法亭决定不用这些黄金来购买纸马克，计划将黄金用作固定价值基础。柏林将交通票价提高至10万马克，并要求政府援助

“财政部长希法亭否认计划利用德国政府尚存的一点黄金在国外市场购买毫无价值的纸马克，以挽救濒临死亡的纸马克。相反，他将用这点黄金为德国新货币提供微弱支撑。”

1923年8月29日

饥饿的德国人因食毒蘑菇而死

1923年9月17日

拟议德国新货币的基础；以黄金担保，由新银行独立于国家发行

1923年9月23日

博登马克将成为德国货币新单位，用全国房地产抵押为黄金银行提供支持

“德国新货币单位将是‘博登马克’，含0.358克纯金，等于100‘博登芬尼’。今天公布的关于建立货币银行的措施透露了该消息。”

（1）为了减轻最先引发危机的战争赔款负担，德国与协约国重新谈判，最终将偿债负担减至GDP的1%。随着沉重的赔偿负担变轻……

（2）……央行发行一种名为“地租马克”的新货币，由黄金计价资产和土地支持，并与美元挂钩。然而，如果投资者认为新货币将被用于债务货币化，新货币也可能失败……

（3）……严格限制发行的地租马克和债务货币化数量。但是，只有政府有支付能力，央行才能令人信服地避免债务货币化，因此……

（4）……德国政府采取措施增加收入，削减开支，艰难地砍掉大量支出项目。同样地，央行限制了向企业贷款的金额并提高了借款利率。为了进一步建立对新货币的信心……

（5）……央行建立了大量的外汇资产储备。央行采取的办法是向协约国借入外汇，鼓励在恶性通胀期间抛售马克的德国人回德国储蓄。

早先的一次性措施（例如，短暂的固定汇率、资本管制）还不够，德国需要一次全面而剧烈的政策转变来废除旧货币，为新货币取得坚实的基础，并严格限制债务货币化、信用创造和政府支出。多年的经济危机使公众渴望找到实际可用的货币，对局势有所帮助。如果战争赔偿负担没有大幅减少，那么这一切都不可能实现。毕竟，如果知道政府负有无法偿还的巨额外债，有哪个投资者和储蓄者愿意持有德国货币？

下文大致按时间顺序详细介绍这些措施。

（1）重组战争赔款

尽管与协约国谈判的过程缓慢、拖沓而令人困顿，但德国很早就取得了一些重要让步，为实施结束恶性通胀的政策变革提供了必要的喘息空间。[118] 如果不能减免战争赔偿，则通胀的结构性原因将原封不动，任何新货币都不太可能作为财富储存手段而获得信任。

新闻

1923年9月26日

德国各州同意恢复鲁尔区的和平

“今天下午，德国联邦各州政府首脑与德国总理施特雷泽曼举行会议，正式宣布一致同意放弃消极抵抗计划，但同时表达了坚决维护国家统一的决心。”

1923年10月10日

鲁尔区的第一份协定：两大煤矿集团将恢复运营，并将用实物赔偿

“法国政府今天通知全体协约国的共同代理——赔偿委员会，德古特将军昨日与鲁尔区的两个工业集团达成了令人满意的协定，工业集团同意恢复运营，并以实物支付赔款。他通知委员会还将谈判协商其他类似协定。”

1923年10月13日

关于德国新货币的提议，伦敦的银行描述柏林的提议大纲

“据伦敦的国际银行的描述，施特雷泽曼的德国新货币计划包含以下条款：农业、工业、贸易和银行业应提供创建货币银行的手段，该银行将以‘博登马克’的形式发行新货币。”

1923年10月15日

德国股市随美元上涨，鲁尔问题即将解决刺激债券市场上升

1923年10月16日

德国将停用已失去价值的马克

“内阁今晚批准了一项法案，向所谓的黄金年金银行颁发营业执照……帝国银行将停止政府国库券的折现，将有望立即遏制通胀。”

1923年10月29日

德国‘地租银行’准备开业：政府货币改革的第一步

1923年11月5日

当德国发布新货币时，柏林相信旧马克将消失，新马克将取代旧马克

1923年11月7日

美国柯立芝总统认为必须援助德国；他相信德国的粮食形势严峻，今年冬天需要救济

“柯立芝总统认为，根据内阁成员向他提交的美国政府官方报告，德国的情况非常严重。白宫今天的声明表示，在冬季结束之前，德国需要获得外部救济。”

新闻

1923 年 11 月 14 日

赔偿委员会邀请德国参与会议，同意听取未付款的原因

1923 年 11 月 19 日

德国推出新货币，金融界对发行和兑换条款存疑

“新银行周四向政府发行 1.42 亿新的地租马克，帝国银行停止折现国库券及根据该折现发行纸马克，目前至少已经启动新的德国货币实验。”

1923 年 12 月 3 日

德国的“实际工资”，以黄金计价的工人工资估计相当于战前的 44%~60.875%

1923 年 12 月 10 日

德国物价进一步下跌；社会紧张局势缓解，但金融专家对未来感到悲观

“上周物价大幅下跌，部分商品价格跌幅达 50%，社会紧张局势因此大幅缓解。”

1923 年 12 月 14 日

柯立芝告诉伦鲁特，他批准致力于救济德国的私人慈善机构

1923 年 12 月 14 日

德国的财政收入很低，据说几乎没有足够的资金来维持政府运转

“德国的财政状况令人绝望，政府被迫对人民征收特别税，但即使这样也难以让国家这艘大船避免沉没。尽管大部分官员和政府雇员的工资已大大减少，数千人被解雇，但财政部几乎没有钱来应对最紧迫的开销。”

1923 年 12 月 17 日

德国出现多种货币，紧急货币占帝国银行发行货币量的 1/5

1923 年 12 月 23 日

道威斯和欧文受命解决德国的财政问题

“协约国挑选了两位美国人，即查尔斯·道威斯和欧文·杨格，来帮助德国解决棘手的财政问题。这两人都是商业成功的典范和美国商界领袖中的佼佼者。”

早在 1923 年 9 月即出现了重大进展，鲁尔区的德国实业家在德法谈判中开始与魏玛政府合作。[119] 这些工业巨头长期以来一直抵制对法国做出任何让步，但随着局势的持续恶化，工人开始骚乱，他们承认需要外交解决，最终同意恢复煤炭运输。[120] 到 10 月中旬，魏玛政府完全取消了对“消极抵抗”的财政支持。这两者既为与法国谈判取得进展开辟了道路，又节省了一项很大的开支。[121]

魏玛政府很快推进在鲁尔问题上取得的进展。11 月底，英国和法国的谈判代表成立了一个新的委员会——道威斯委员会，审查并评估可能减少德国的战争赔款。[122] 重要的是，委员会同意在做出最终结论前，德国暂停赔偿，这样大大有利于德国在稳定期内平衡预算。[123] 在接下来的 10 个月里，德国不必向赔偿委员会支付任何硬通货赔款。此外，于 1924 年 8 月全面生效的道威斯计划永久性地大幅减轻德国的战争赔偿负担。[124] 该计划重新安排德国的赔偿支付时间，减少偿债金额，令德国在 1924 年和 1925 年的赔款仅占其 GNP（国民生产总值）的 1%——与 1923 年相比减少了 90% 以上。[125]

虽然德国仍然需要支付全部 1 300 亿金马克赔款，但现在的赔付额被分散开来，因此德国能够履行赔偿义务。下图比较了道威斯计划前后的差别，内容包括德国 1921—1923 年原本可能被要求赔偿的金额（假设协约国要求德国开始支付全部战争赔款）、1921—1923 年实际支付的金额（根据伦敦还款计划，德国暂停赔付部分赔款，直到协约国认为德国有能力赔付为止）、可能导致典型通胀性去杠杆的偿款情况、1924 年限制战争赔款后德国须赔偿的金额（即道威斯计划）。从中可见，道威斯计划大大减轻了德国偿还外债的负担。

由于战争赔款大幅减少，国内债务大多因通胀而消失，德国的债务负担基本上得到缓解。

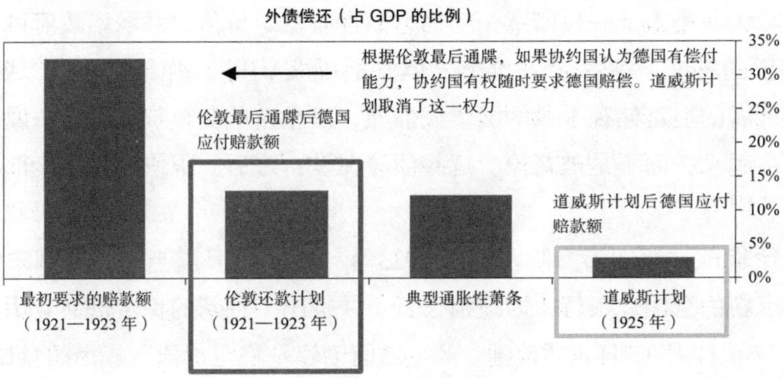

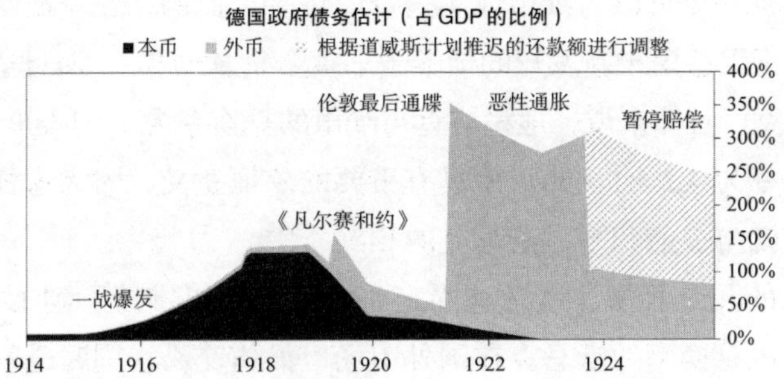

（2）创建新货币

创建一种具有坚实基础的新货币，是遭受通胀性债务危机的国家化解危机的最经典做法。在魏玛共和国期间，这个新旧货币替换过程大致经历了三个阶段，从 1923 年 8 月开始，到 1924 年 10 月结束。[126]

最早取代旧马克的办法都是一些无序和应急性措施，并没有明确的计划性。到 1923 年夏天，用马克交易已经非常困难，德国的大机构转而使用替代货币，但这些替代品也有自身的缺陷。[127] 许多人使用外币代替马克。从 1922 年年底开始，德国大部分核心行业开始用外币定价，到 1923 年，德国境内的大多数批发贸易都直接用美元、法郎或弗罗林进行。[128] 无法获得外币的人只能使用紧急货币。这些紧急货币由地方政府、行业协会甚至公司发行，通常至少在理论上具有实物资产支撑。[129] 这种紧急货币虽然通常非法，但比纸马克接受度更高，到 1923 年秋天，近 2 000 种紧急货币在德国流通。[130]

政府意识到需要一种具有稳定价值的货币，因此打算承认这一非正式体系。1923 年 8 月，德国政府开始发行一种面额非常小的与美元挂钩的债券，希望在找到更好的解决办法之前用作临时货币。[131] 这些“黄金贷款”债券可以直接流通，也可以用作其他紧急货币更加可靠的基础。[132] 虽然这些债券的最终保障无非是盖上一枚印章，声称它们具有稳定价值，并承诺政府可以“征收资本税的补充”来稳定其价值，但它们确实获得了内含价值。[133] 事实上，民众对可靠的财富储存手段的渴望太强烈，以至这些黄金贷款债券一发行出来就被保存起来，而不是被花掉。这些债券在发行之后，很快就几乎全部从流通中消失。[134]

向新货币过渡的第二阶段始于 1923 年 10 月 15 日。当天，德国政府宣布成立一家新的全国性银行，即地租银行，并推出一种新的稳定价值货币，即地租马克，于 11 月 15 日正式流通。[135] 与之前创建“稳定价值”货币的尝试不同，地租马克计划更加宏伟，而且一经发行就立刻获得了“奇迹般的”成功。[136] 重要的是，地租马克可以与纸币或实物资产按一定比例相互兑换，支撑地租马克的坚实基础不仅适用于新发行的债券（如黄金贷款债券），而且适用于正在流通的全部纸马克。具体来说，地租马克与纸币的兑换率为 1∶1 000 000 000 000，与美元的兑换率为 4.2∶1。此汇率具有重要的象征意义，因为这样地租马克内含的黄金价值就与战前和平时期马克的相等。[137]

在接下来的几个月中，这两种固定兑换率均得以维持。到 12 月，地租马克与具有新固定兑换率的纸马克在国外市场以面值交易，同时通胀率降至可持续的水平。[138]

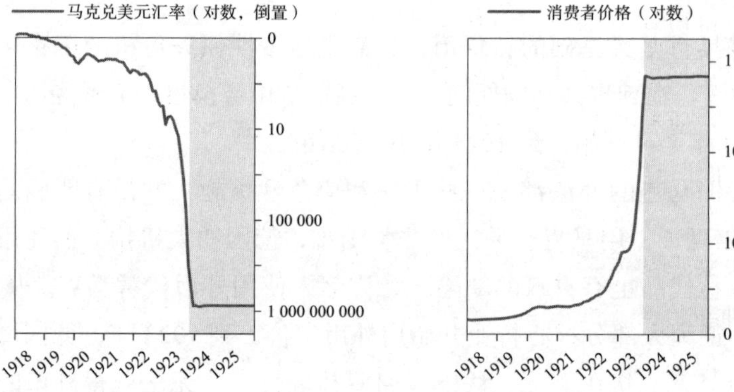

（3）限制货币发行量

新货币持续成功的关键在于，地租银行发行的货币量相对较少，并且具有令人信服的实物资产基础。同时，不存在以新货币计价的大额债务——地租银行可以发放的信贷总额上限为 24 亿马克。[139] 与旧的黄金贷款债券不同，地租马克直接用所有德国农业和工业地产的 5% 作为抵押发行（“地租”是指在这些抵押上支付的年金）。[140] 比这种直接支撑更重要的是，帝国银行的黄金储备提供隐性担保。到1923年，货币供应的真实价值因人们抛售纸马克而下降，完全可以用政府储备做基础。[141]由于帝国银行在发行地租马克后开始打击非法紧急货币，回收流通中的黄金贷款债券，因此通货价值的下降获得进一步强化。[142]

如下图所示，到1923年，货币基数已降至德国的黄金储备额。

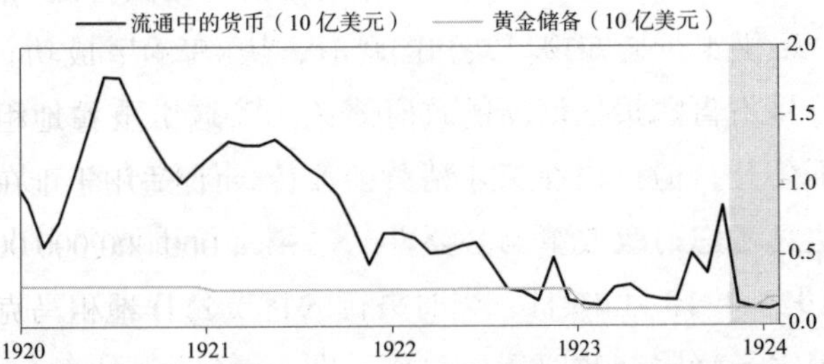

经过一年的相对稳定后，德国决策者实施了货币转换的第三阶段。1924年10月11日，德国政府推出另一种新的硬通货（帝国马克），可以用地租马克按1∶1的兑换率购买。与仅形式上由抵押债券担保的地租马克不同，帝国马克可以在帝国银行直接兑换成金条。具体来说，帝国马克兑换的黄金数量与战前马克兑换的黄金数量完全相同。[143]所有剩余的纸马克在1925年6月5日之前退出流通，而旧货币（地租马克）在接下来的10年中逐步被取代。[144]

但正如未来形势所示，创造持久稳定所需要的条件远远不止一种新货币。地租马克和帝国马克是改革过程的关键成分，但并不是唯一成分。一种货币的成败取决于发行机构的可信度。德国没有很多未来需要交付货币的承诺（即不存在大量以新货币计价的债务），这意味着央行无须在通胀性债务货币化和通缩性违约之间做出选择。货币数量以其发行基础为限，这样币值可以保持稳定。1923年秋，地租银行在获取可信度时面临艰难的挑战，但由于其基本面稳固，因而取得了成功。

新 闻

1924年1月28日

柏林对新的黄金银行充满期待，希望该银行恢复国际上对德国财政的信心。保证平衡预算，希望建立遏制通胀和吸引外资的计划

“德国国内形势日益改善。在第三个税收法令中，内阁内部以及共和国与各州之间未发生分歧。人们认为，这项新法律的主要特征是，用纸币偿还债券和抵押贷款所产生的所有收益都被税收征掉或被没收掉。”

1924年1月29日

德国等待专家的到达：已为前来的道威斯委员会准备好了账簿和其他数据

“明晚道威斯委员会的到来被誉为具有历史意义的事件。”

1924年2月1日

德国消除内债，其他激烈措施

“私人债券和抵押贷款恢复至原黄金价值的10%。征收通胀税。法令规定国家铁路和邮政业务应独立运行。专家听取银行请求。沙赫特敦促立即成立黄金发行机构。”

1924年2月2日

德国减少政府债券；债务计划引起市场激烈反应，市场交易活跃

“昨日，有新闻称德国制订了减少政府债务的新计划，导致德国政府债券、市政债券和公司债券市场交易异常活跃。根据这项计划，德国战争债券和其他债券被废除，公司或私人债券的价值被定为其早期黄金价值的10%。”

1924年2月4日

确定德国抵押贷款的减值；估值的10%——储蓄存款被蒸发掉

1924年2月4日

德国贸易复苏；失业率有所上升，但短工大幅减少

新　闻

1924 年 2 月 18 日

12 月德国出口盈余；以金马克计价，1923 年的进出口额基本上已经平衡

1924 年 2 月 18 日

德国抵押贷款价值被定在 15%，之前预计只有 10%——停止用纸马克偿还公共债务

“正式法令的一个不同之处在于，抵押贷款价值恢复至其原始价值的 15%。”

1924 年 2 月 18 日

德国将废除战时货币，将于 5 月初废除“贷款券”

“随着德国货币恢复正常，德国发布了一项重要公告，将于 5 月初完全停止‘贷款券’的运行，该贷款券是 1914 年 8 月为缓解贷款困难而推出的。”

1924 年 2 月 18 日

德国的生活成本再次下降，平均生活费用比去年 11 月低 34.5%

1924 年 2 月 20 日

德国的财政收入增加，预计大战以来将第一次出现数百万金马克财政盈余

1924 年 2 月 25 日

德国贸易复苏的脚步不停歇；工业继续逐步改善，纺织业繁荣

“上周，德国货币、财政和工业形势持续改善，货币和财政方面进展迅速，除纺织、服装部门外，工业发展更加缓慢。这两个部门呈现繁荣迹象，制造商已经开始拒绝订单。”

1924 年 2 月 26 日

英国降低德国进口商品税率；关税从 26% 降至 5%，柏林承诺支付

1924 年 2 月 28 日

国际联盟可能审查德国的财政状况；道威斯委员会通过监督方案，成为专家计划中不可或缺的一部分

1924 年 3 月 10 日

德国工业持续复苏，失业率从近期水平迅速下降。钢铁业正在恢复

“全德国的商业形势继续改善。有证据表明，领失业救济的人数从 1 月 15 日的 1 582 852 人减至 2 月 15 日的 1 301 270 人。即使是部分失业者人数也从 635 839 人减至 257 840 人。”

（4）结束债务货币化

为了建立对新货币的信心，经历通胀性债务危机的国家需要停止债务货币化。只要政府能够迫使央行印钞来偿还政府债务，新货币就可能贬值，货币应有的坚实基础就会被抛弃。这是央行应独立于政治系统的重要原因之一。

停止债务货币化的保证出现在两份重要公告里，第一份最初是不公开的，第二份是公开的。1923 年 8 月 18 日，帝国银行通知魏玛共和国政府，从 1924 年起，帝国银行将不再购买任何新的政府债务。[145] 这份重要公告虽然不公开，但很快在工业精英中流传，促使决策当局重新认真考虑财政改革的必要性。[146] 第二份重要公告出现在 1923 年 10 月 15 日，当时央行的官员公开表示，新的地租银行将限制政府债务总额（即 12 亿地租马克）。此外，新政策将禁止帝国银行在 11 月 15 日之后将任何政府债务货币化。[147]

在一段时间以内，民众和政府都怀疑央行与地租银行能否信守这些承诺。毕竟，地租银行几乎立即向政府提供了 12 亿地租马克的贷款。[148] 到 1923 年 12 月，政府要求再增加 4 亿地租马克贷款。[149] 地租银行的官员坚持自己的立场，成功开启了一个央行独立于政府的新时代，也结束了长期无节制的债务货币化。

（5）消除赤字

当央行在通胀性债务危机期间停止债务货币化时，政府可以寻找新债主来为政府赤字买单，以消除赤字，或者控制央行继续将债务货币化。由于在通胀性债务危机期间几乎不可能找到新债主，而债务货币化只是把问题往后拖延，因此最终还是需要平衡政府预算。

1923 年年底，魏玛共和国政府得出结论，必须消除财政赤字。德国政府别无选择，而随着债务的大幅减轻，现在可以实现这个目标了。用德国财政部长的话说，“如果我们不能坚定地削减国家开支来成功摆脱通胀，我们唯一的前途就是天下大乱”。[150]

自1914年战争爆发以来，德国政府一直存在预算赤字。[151]然而，1923年8月，政府采取措施解决预算赤字问题，将某些税收与通胀挂钩，并通过了额外的紧急税。[152]到10月，政府将所有税收与通胀挂钩。[153]

此外，政府采取积极措施减少开支，解雇了25%的政府雇员，将剩余雇员的工资削减了30%。[154]魏玛共和国政府停止向鲁尔区参与“消极抵抗”的工人提供高额补贴。[155]财政紧缩带来异常困苦，这在一两年前几乎是无法办到的，但是，到1923年年底，恶性通胀造成了普遍的痛苦和混乱，德国民众愿意做几乎任何事情来控制物价。

重要的是，通胀率缓和和汇率趋稳对现有税收收入产生了影响。[156]暂时的稳定促成了一个良性循环：由于通胀率下降，实际税收收入增加，减轻了政府预算的压力，增加了民众对政府未来摆脱债务货币化的能力的信心。继11月推出地租马克之后，实际税收收入迅速增加，从1923年10月的约1 500万金马克增至1923年12月的3亿多金马克。[157]

到1924年1月，政府预算出现盈余。[158]

（6）紧缩信贷

决策者决定大幅收紧信贷，以避免私人信贷增加通胀压力。这种紧缩是通过两个渠道实施的。第一，政府于1924年2月宣布，将“重估”一些私人持有的债务（即要求债务人向债权人偿还超过面值的金额）。[159]这些债务包括抵押贷款、银行存款和工业债券，它们的价值因恶

新　闻

1924年3月17日

德国商业进一步改善，政府规定9小时工作制

1924年3月24日

德国工业持续复苏；金属价格不断上涨，纺织业仍然欣欣向荣

1924年4月3日

德国黄金银行准备妥当，将于下周在帝国银行大厦开业

1924年4月10日

德国人批评赔偿条件，最初的官方观点认为道威斯报告不可接受

1924年4月10日

德国资源丰富；道威斯报告呼吁用工业品做抵押支付赔款。提议向德国提供2亿美元贷款

“过去4年里，德国一直申辩，试图让全世界相信德国无法支付战争赔款。今天，道威斯专家委员会向赔偿委员会报告称，德国能够支付战争赔款，因而驳斥了德国的申辩。该委员会将德国每年的最低赔偿额定为25亿马克，根据德国的复苏程度而增加。”

1924年4月15日

德国接受道威斯委员会的计划为谈判基础，答复将同意与赔偿委员会进行解决战争赔偿的谈判

1924年4月16日

法国和英国完全同意道威斯报告；德国接受报告为谈判基础，正前往巴黎

1924年4月18日

赔偿委员会通过道威斯计划，促使柏林行动起来，呼吁德国起草法律并任命实施法律的官员

1924年4月21日

德国的信贷需求；工业形势改善，贷款在一个月内翻番

1924年4月28日

德国重新进入钢铁对外贸易，在瑞典获得大订单，据称价格低于法国和比利时的报价

1924年4月28日

德国的财政盈余；最近期间的收入超过支出1 928.08万马克

1924年4月29日

马克思谈道威斯计划，为德国政府接受该计划辩护

“今晚，德国总理马克思博士在中间党的一次选举会议上发表讲话，谈到了道威斯报告，以及德国被迫接受该报告的原因。”

新闻

1924年5月4日

德国选民今天投票，大战以来最重要的选举未能引起多大兴趣

“明天，3 500万名年满20岁的德国男女选民可以自由表达政治倾向，德国的政治和经济未来及对外关系在很大程度上将取决于他们的投票结果。”

1924年5月5日

巴伐利亚的投票结果分散：希特勒－鲁登道夫集团未能赢得预期的胜利

1924年5月5日

赞成道威斯计划的德意志联盟在选举中领先：尽管共产党人和民族主义党的得票有所增长，但中间党保留了多数席位

“今天揭晓的第一批选票表明，虽然极右翼德意志民族主义党取得了预期的胜利，但组成现任政府的联盟（德意志人民党、中间党和民主党）将组建下一届政府，很可能与社会党联合组建。”

1924年5月6日

德意志联盟获得230个席位，反对党取得192个席位；现任内阁有望继续执政，并实施道威斯计划

“德国选举结果表明，大多数德国人赞成‘服从政策’，反对与协约国明确决裂，赞成有限制地接受道威斯报告，反对完全拒绝报告，赞助继续实行共和制，反对恢复君主制。”

1924年6月30日

德国接受军事控制；请求推迟一个月，将调查仅限于协约国提到的要点

1924年7月31日

法国港口再次向德国开放；柏林听说从9月起，从德国启航的船只可以进入法国港口

“法国港口将在10年内首次向德国船只开放。”

1924年8月17日

协约国与德国签订协议，法国将在一年内撤出鲁尔区

性通胀几乎降为零。[160] 虽然该政策的目的是安抚债权人的不满，但也产生了紧缩效果。[161] 正如减免债务可以放松信贷、使货币贬值和刺激通胀率一样，债务重估可以收紧信贷、增强货币和降低通胀率。

第二，更重要的是，1924年4月7日，帝国银行决定限制对私营部门的信贷总额。银行虽然不会收回现有贷款，但只有在债务人清偿以前的贷款之后才发放新的贷款。[162] 对新信用创造的严格限制在短期内不利于企业发展，但也大大稳定了德国的通胀率：1924年5月，通胀率略呈负数。[163]

（7）积累外汇储备

尽管上述所有计划、政策和协议都使德国经济逐步走强，但并不是每个人都相信它们会带来永久稳定。事实上，在德国于1923年11月至1924年10月实施稳定机制期间，投机者不断做空马克。[164] 只要德国缺乏足够的外汇储备，这些投机仍然不断威胁德国的稳定。

两个重大的变化帮助恢复了德国已耗尽的外汇储备。第一个大变化是私人持有的外汇回到了帝国银行。随着德国境内的机构和个人对于新的地租马克作为交换媒介的信心增强，他们开始将在恶性通胀期间囤积的外币兑换成新币。[165] 1923年11月—1924年1月，帝国银行持有的外汇从约2 000万金马克增至近3亿金马克。[166] 虽然这些外汇流入在1924年年初通胀率上升时暂停（个人又开始积攒外汇），但一旦德国内部的信贷标准收紧，通胀趋于稳定（如上所述），外汇又恢复流入了。[167]

第二个大变化与道威斯计划有关。除了减少德国的战争赔偿负担外，道威斯委员会还向德国提供了一大笔外汇贷款。[168] 贷款于1924年10月发放，总额为相当于8亿金马克的外币，主要是美元、英镑和法郎。[169] 虽然金额并不是特别大，但大大提高了帝国银行抵御投机者攻击的能力。[170] 贷款也向外国投资者发出了令人放心的信号。在道威斯计划实施后的4年中，美国投资者受相对较高收益的吸引，大量投资德国债券。[171]

到 1924 年，危机已基本结束，德国进入了短暂的复苏期，直到 10 年后德国在大萧条中再次遭受重创。第二次危机不仅在经济上具有破坏性，而且助长了右翼和左翼民粹主义者的崛起，也导致了希特勒上台以及后来发生的一切，但这是后话了。

参考文献

Balderston, T. "War Finance and Inflation in Britain and Germany, 1914–1918." *The Economic History Review* 42,no. 2 (May 1989): 222-244. https://doi.org/10.2307/2596203.

Bresciani-Turroni, Constantino. *The Economics of Inflation: A Study of Currency Depreciation in Post-War Germany*. Translated by Millicent E. Sayers. London: Allen and Unwin, Ltd., 1937.

Eichengreen, Barry. *Hall of Mirrors: The Great Depression, the Great Recession, and the Uses—and Misuses—of History*. New York: Oxford University Press, 2016.

Feldman, Gerald D. *The Great Disorder: Politics, Economics, and Society in the German Inflation, 1914–1924*. New York: Oxford University Press, 1997.

Ferguson, Niall. *Paper and Iron: Hamburg Business and German Politics in the Era of Inflation, 1897–1927.* Cambridge: Cambridge University Press, 1995.

Graham, Frank D. *Exchange, Prices, and Production in Hyper-Inflation: Germany, 1920–1923.* Princeton, NJ: Princeton University Press, 1967.

Holtfrerich, Carl-Ludwig. *The German Inflation, 1914–1923*. Berlin: Walter de Gruyet, 1986.

Keynes, John Maynard. *The Collected Writings of John Maynard Keynes*. Vol. 17, *Activities 1920–1922: Treaty Revision and Reconstruction*. London: Macmillan, 1977.

Peukert, Detlev J.K. *The Weimar Republic: The Crisis of Classical Modernity.* New York: Hill and Wang, 1993.

Rupieper, H.J. *The Cuno Government and Reparations 1922–1923: Politics and Economics*. The Hague, The Netherlands: Martinus Nijhoff, 1979.

Taylor, Frederick. *The Downfall of Money: Germany's Hyperinflation and the Destruction of the Middle Class*. New York: Bloomsbury Press, 2013.

Webb, Steven B. *Hyperinflation and Stabilization in Weimar Germany*. New York: Oxford University Press, 1989.

1 Feldman, *The Great Disorder*, 30.
2 Feldman, 32.
3 Bresciani-Turroni, *The Economics of Inflation*, 23.
4 Bresciani-Turroni, 23.
5 Feldman, 38.
6 Feldman, 38.
7 Feldman, 45.
8 Feldman, 47.
9 Holtfrerich, *The German Inflation*, 177.
10 Feldman, 42.
11 Feldman, 52-54.
12 Taylor, *The Downfall of Money*, 16.
13 Bridgewater estimates. See also Bresciani-Turroni, 25; Ferguson, *Paper and Iron*, 118-20.
14 Holtfrerich, 117.
15 Taylor, 31.
16 Feldman, 45-46.
17 Feldman, 45.
18 Feldman, 44.
19 Bridgewater estimates. See also Feldman, 45-46.
20 Feldman, 47-49.
21 Feldman, 49.
22 Feldman, 48-49.
23 Webb, *Hyperinflation and Stabilization*, 4; Fergu- son, 120.
24 Feldman, 146.
25 Feldman, 146.
26 Feldman, 148.
27 Feldman, 148.
28 Bresciani-Turroni, 54.
29 Feldman, 178.
30 Ferguson, 150.
31 Ferguson, 186.
32 Ferguson, 276.
33 Webb, 33, 37.
34 Holtfrerich, 132-3.
35 Feldman, 151.
36 Feldman, 152.
37 Holtfrerich, 132-3.
38 Feldman, 206.
39 Feldman, 207.
40 Feldman, 207.
41 Holtfrerich, 71.
42 Ferguson, 245.
43 Holtfrerich, 209.
44 Ferguson, 285.
45 Ferguson, 286.
46 Webb, 33.
47 Keynes, *Collected Writings*, 48.
48 Ferguson, 243.
49 Ferguson, 270.
50 Ferguson, 287.
51 Ferguson, 295.
52 Ferguson, 287.
53 Ferguson, 289.
54 Webb, 107.
55 See Ferguson, 311-2, for a discussion on the payments schedule.
56 Ferguson, 310.
57 Webb, 37; Ferguson, 313.
58 Ferguson, 298.
59 Ferguson, 308.
60 Ferguson, 343.
61 Keynes, 92.
62 Ferguson, 321.
63 Feldman, 445.
64 Webb, 56.
65 Ferguson, 337.
66 Feldman, 389.
67 See Bresciani-Turroni, 188-197 for more on these dynamics.
68 Quoted in Feldman, 389.
69 Bresciani-Turroni, 294.
70 Bresciani-Turroni, 294.
71 Holtfrerich, 205.
72 Graham, *Exchange, Prices, and Production*, 28.
73 Bresciani-Turroni, 297.
74 Bresciani-Turroni, 305-6.
75 Ferguson, 335-6.
76 Feldman, 390.
77 Bresciani-Turroni, 260.
78 Quoted in Feldman, 390.
79 Eichengreen, *Hall of Mirrors*, 134.
80 Quoted in Feldman, 446.
81 Balderston, "War Finance," 21; Eichengreen, 134.
82 Feldman, 445.
83 Quoted in Feldman, 433.
84 Feldman, 505.
85 Feldman, 418.
86 Feldman, 418.
87 Webb, 56.
88 Webb, 56.
89 Ferguson, 318.
90 Webb, 57.
91 Ferguson, 338.
92 Ferguson, 383.
93 Ferguson, 341.
94 Bresciani-Turroni, 81.
95 Quoted in Ferguson, 339-340.
96 Bresciani-Turroni, 80-82.
97 Quoted in Feldman, 355.
98 Webb, 14.
99 Webb, 14.
100 Holtfrerich, 75.
101 Ferguson, 360.
102 Bresciani-Turroni, 366-7.
103 Webb, 58.
104 Rupieper, *The Cuno Government*, 113.
105 Feldman, 640-1.
106 Feldman, 643.
107 Ferguson, 371.
108 Ferguson, 371.
109 Webb, 60.
110 Quoted in Ferguson, 376.
111 Webb, 3.
112 Eichengreen, 146-7; Bresciani-Turroni, 368.
113 Bresciani-Turroni, 336.
114 Feldman, 768.
115 Feldman, 704.
116 Feldman, 728.
117 Eichengreen, 149.
118 For a thorough discussion of the negotiations, see Feldman, 453-507; 658-669; 698-753.
119 Eichengreen, 148.
120 Eichengreen, 148.
121 Eichengreen, 148.
122 Ferguson, 405; Eichengreen, 149.
123 Eichengreen, 149.
124 Peukert, *The Weimar Republic*, 286.
125 Eichengreen, 150.
126 Webb, 61; Bresciani-Turroni, 353.
127 Feldman, 784-5.
128 Bresciani-Turroni, 342-3.
129 Bresciani-Turroni, 343.
130 Bresciani-Turroni, 343.
131 Webb, 61.
132 Bresciani-Turroni, 343-4.
133 Bresciani-Turroni, 344.
134 Bresciani-Turroni, 344.
135 Bresciani-Turroni, 343; Webb 63.
136 Bresciani-Turroni, 346.
137 Bresciani-Turroni, 343.
138 Webb, 63.
139 Holtfrerich, 316.
140 Webb, 62; Feldman, 752, 787-8. Notably, even the rentenmark was not really adequately secured. Since the gold-denominated mortgage bonds that backed the rentenmark paid 5 percent, while market interest rates for stable-value loans were much higher, these mortgages traded below par. The "real" exchange value of the rentenmark, therefore, was well below its par value. The implic- it backing of the Reichsbank's gold reserves was crucial, therefore, when it came to supporting the value of the new currency. For a more detailed discussion of the rentenmark's backing. See Bresciani-Turroni, 340-1.
141 Bresciani-Turroni, 346.
142 Bresciani-Turroni, 348-9.
143 Bresciani-Turroni, 354.
144 Bresciani-Turroni, 354.
145 Webb, 61-62.
146 Webb, 62.
147 Hotfrerich, 316-7.
148 Eichengreen, 147.
149 Eichengreen, 147.
150 Feldman, 770.
151 Bresciani-Turroni, 356.
152 Webb, 61.
153 Webb, 62.
154 Eichengreen, 146.
155 Eichengreen, 146.
156 Eichengreen, 146-7.
157 Bresciani-Turroni, 356.
158 Bresciani-Turroni, 356-7; Eichengreen, 146.
159 Bresciani-Turroni, 322.
160 Bresciani-Turroni, 322.
161 Bresciani-Turroni, 322-3.
162 Webb, 71.
163 Webb, 71; Bresciani-Turroni, 353.
164 Bresciani-Turroni, 348-351.
165 Bresciani-Turroni, 349.
166 Bresciani-Turroni, 349.
167 Bresciani-Turroni, 350-2.
168 Eichengreen, 150.
169 Eichengreen, 150.
170 Eichengreen, 150.
171 Eicehngreen, 151.

新闻及美联储公报

1925年1月31日

无线电公司增收100%

“昨日公布的美国无线电公司1924年收益报告显示其总营业收入为54 848 131美元。与之相比，1923年为26 394 790美元，1922年为14 830 857美元。”

1926年1月10日

公众购买力推动创纪录产量

“汽车工业产量再创新高，去年生产约380万辆乘用车，比1923年的上一个最高纪录多出10万辆，比去年多出约50万辆。”

1926年7月25日

美国年生产率达到峰值；商务部年鉴表示，工业与贸易活动甚至超过战争时期

“今日公布的商务部年鉴显示，1925日历年里美国的工业和商业活动‘达到美国历史最高水平，甚至高于非常的战争年代’。”

1926年8月20日

商业扩张势头有望延续

“根据国家商业银行和欧文银行–哥伦比亚信托公司的商业评估，美国商业活动将在今年最后4个月里出现扩张。它们表示，除少数几个行业外，所有贸易指数都表现良好。”

1927年1月3日

银行预测1927年经济繁荣

“国民城市银行在昨日发布的一份声明中预测了1927年的经济前景，它宣布，新年伊始前景看好，经济繁荣有望延续。”

1927年1月14日

福特汽车公司在16年里赢利375 927 275美元

美国债务危机与调整（1928—1937年）

本节详细记述美国20世纪20—30年代的债务大周期，包括大萧条。大萧条也许是通缩性去杠杆最具代表性的案例。本节将参照之前在“典型债务大周期”中所描述的模板，向读者介绍这一案例。尽管大萧条发生在近一个世纪之前，但其机理与2008年左右发生的经济危机大致相同。和分析本部分的其他案例一样，我将按时间线（这一案例的时间线基于我多年来搜集的关于大萧条的一系列书籍，而不是我在大萧条期间的个人交易经历）讲述，并提供一套实时的“新闻汇报”，列在页面的两侧，摘录当时的报纸头条报道和美联储当时的表态。

1927—1929年：泡沫

在一战和1920—1921年的经济衰退之后，美国经济经历了一段科技驱动的快速增长时期。美国乡村和小城镇的持续电气化以及中产阶层队伍的壮大，为新科技开辟了巨大的市场。收音机是抢手的新科技，1922—1928年，美国人拥有的收音机台数从6万增至750万。[1]汽车工业也迅速发展，到1929年，路上行驶的汽车有2 300万辆，平均约每5个美国人1辆（这比1920年多出近三倍）。[2]科技进步也带来生产力的发展（1922—1928年，工厂工人的每小时产出增长75%）。报纸上满是科技取得突破的消息，促使人们普遍对经济感到乐观。

在科技繁荣的背景下，本轮周期的早期阶段（1922—1927年）出现了强劲的经济增长和低通胀。整个时期被称为“繁盛年代”，资本家和工人都获得了充裕的收益。[3]企业利润上升至战后高位，失业率降至战后低位，实际工资上涨20%以上。**在1923至1926年的前泡沫时期，债务增速与收入增速保持着适度一致，因为债务融资用**

于可以快速增加收入的经济活动。同时，股市飙升且波动很小：从 1922 年年初到 1927 年年底，美国股票投资者的收益率超过 150%。领涨的是当时最火的两只科技股——美国无线电公司（交易商称之为“无线电”）和通用汽车公司。[4]

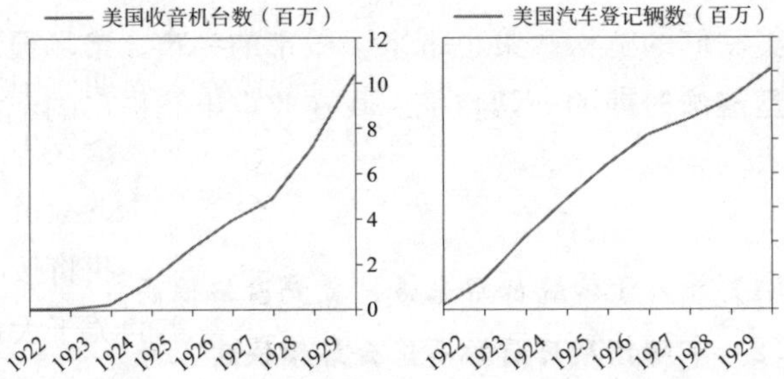

接着，泡沫开始出现。和典型情况一样，泡沫源于这一时期生产率与科技令人目眩的进步，同时人们以杠杆化方式押注，赌这些进步会继续。一位作家阐述了人们越来越强的信念——经济已经进入“新时代”：“新时代……意味着永久的繁荣、传统兴衰周期的终结、美国人财富与储蓄的稳定增长，（以及）持续上涨的股票价格。”[5]

美国是一个极具吸引力的海外投资目的地。当时美国和大多数其他国家都实行金本位制，这意味着各国政府承诺其货币能以固定的兑换率兑换黄金，从而让贷款人确信政府不会通过大量印钞稀释贷款人的债权。黄金从其他国家流入美国，因为投资者实际上是用黄金购买美元的。这一因素对于 1929 年大崩盘前夕的事态演变起到了重要的决定作用，但是我们在此暂不深入阐述此事。

当其他国家（法国、德国和英国）开始担忧本国黄金过快流失的问题时，它们促请美联储下调美元利率，以降低美元的吸引力。1927 年春，美联储更关注经济增长和通胀，而忽视购买金融资产的债务增长，它将贴现率从 4% 降至 3.5%。这自然间接鼓励了美国信用创造。这是央行在无意中吹大泡沫的典型方式。

在宽松政策作用下，经济加速增长，经济增长强劲

新闻及美联储公报

1927 年 6 月 17 日

海外持有黄金现达 6 223.3 万美元，美联储银行收益较 5 月 13 日多出 268.5 万美元

1927 年 8 月 15 日

德国银行警告外债偿还问题，认为外债偿还问题远未找到解决方案

1927 年 8 月 21 日

杜兰特预测长期牛市

“被视为股市中最传奇人物之一的威廉·C. 杜兰特认为，‘我们正在走进一轮规模空前的牛市，它将延续很多年’。”

1927 年 9 月 23 日

经纪人贷款创新高

“美联储委员会报告显示上周上涨 3 449.9 万美元，总计 32.837 5 亿美元。”

1927 年 9 月 24 日

场外交易趋缓；主要交易活动继续集中于投资信托领域

“随着交易速度的放缓，价格出现小幅回落，昨日场外交易市场大体保持本周态势。主要交易活动仍集中于投资信托领域，但就市场总体情况而言，银行股和保险股的交易主导了市场整体走势。”

1927 年 10 月 11 日

哈恩表示向德国贷款安全；银行家否认会出现还款困难，并以史为证

1927 年 11 月 11 日

美国银行存款额居世界之首；美联储官员表示，世界存款总额的 5/8 在美国

1927 年 12 月 5 日

美国“牛市”令伦敦惊奇

1927 年 12 月 12 日

美国预计将消除贫困

“耶鲁大学经济学家欧文·费雪教授明日将发文称，商务部长胡佛所做的 1921 年以来经济成就报告表明，不仅大多数美国人已经享受繁荣，而且美国可能很快终结广大民众的贫困局面。”

的消息被全美各地的报纸和电台大力宣扬。1928 年下半年，工业生产增长 9.9%，汽车产量创历史新高。这一繁荣景象让人们欣喜若狂。1929 年年初，《华尔街日报》描述了美国经济普遍增长的局面："我们不记得何时像今天这样，新年伊始，商业环境就如此稳健……一切都预示着工业生产将全面展开，铁路运输量将创纪录。"[6]

美联储的宽松政策也带来了**股市的牛市，市场显示出典型泡沫时期的一切特征**。我在此重申我提出的泡沫的基本特征。

（1）相对于传统标准来看，资产价格偏高。
（2）市场预期目前的高价会继续快速上升。
（3）普遍存在看涨情绪。
（4）利用高杠杆融资买进资产。
（5）买家提前很长时间买入（例如增加库存、签订供应合同等），旨在投机或应对未来价格上涨的影响。
（6）新买家（之前未参与市场者）进入市场。
（7）刺激性货币政策进一步助长泡沫（而紧缩性货币政策会导致泡沫破裂）。

在 1927 至 1928 年间股价上涨近一倍后，**在借债（即保证金）融资的支撑下，股票的市盈率处于极高水平。**许多股票的市盈率高达 30 倍。[7] 1929 年出版的俄亥俄州立大学教授查尔斯·阿莫斯·戴斯的畅销书《股市新水平》反映了**普遍的牛市情绪**。他论称，各种各样的投资者不断涌入市场，推动股票估值几乎永远走高。他宣称："已经过时的预测股票走势的逻辑……就是'有涨必有跌'这种老生常谈。"[8]

新买家涌入市场，其中很多是以前没有股市经验的投资新手，这是泡沫的典型迹象之一。经纪公司迅速扩张，以满足全美各地跃跃欲试的投机者的需求。1928—1929 年，华尔街以外的分支机构数量增加了 50% 以上。[9]一位经纪人在 1929 年宣称："无论走到哪里，都能碰到

新闻及美联储公报

1928 年 2 月 25 日
纽约州投资信托有异议
"共和党立法领导人和纽约州银行厅今天对司法部长艾伯特·奥廷格提出的投资信托法案提出异议……但参议院多数派领袖约翰·奈特明确表示，共和党计划让司法部长的立法提议通过……'投资信托业务庞大且不断发展，它们需要一定监管'。"

1928 年 2 月 29 日
新投资信托成立

1928 年 3 月 13 日
许多股票价格狂飙，日间交易破纪录
"昨日市场状况将人们的疑虑一扫而光——上周在股票交易所发生的情况不会影响投机心理。股市交易量昨日达到 387.5 万，创历史纪录。"

1928 年 3 月 25 日
投机狂热席卷市场；大赚快钱的故事吊起公众胃口，投机热情空前高涨

1928 年 5 月 4 日
企业报告显示形势趋好
"昨日公布的今年第一季度企业盈利和销售状况环比明显改善。"

1928 年 7 月 25 日
投资信托列举价格上涨的资产

1928 年 7 月 26 日
美国银行状况受赞誉
"全国银行监管协会秘书长 R. N. 西姆斯发布的年度报告中的数字显示，美国银行业的资本、存款和总资金规模都达到了空前水平。"

1928 年 9 月 2 日
汽车制造商创造新纪录
"几家汽车制造商在 8 月创造了历年来本季节新的高产量纪录，汽车业整体也继续保持今年以来的快速发展势头。"

1928 年 9 月 14 日
新投资信托：美国联盟已获 475 万美元资金注入

说自己正在股市里赚钱的人——餐桌上、桥上、高尔夫球场、有轨电车上、乡村邮局、理发店、各种各样的工厂和商店。”[10]

在此期间，购买股票的资金来自快速增长的高杠杆，而且越来越多的杠杆操作发生在受监管、受保护的银行系统之外。一般来说，新贷款市场快速发展，并且大量加杠杆，这就是泡沫生成的预兆。银行通常能通过提供担保或者以一定的方式将资产重新组合打包，让投资者觉得这些新资产是安全的，而在没有一场危机来对这些资产进行压力测试的情况下，这些资产的安全性究竟如何是说不准的。如果不受监管者监督、理解和管控，这些“金融创新”通常会导致另一场危机。在一种共生共荣的关系中（银行家以高利差借款给投机者，投机者以杠杆方式购买股票，推高股价从而赚钱），银行家和投机者赚了许多快钱。1929年，在银行系统之外加杠杆且发展最快的两个贷款渠道是通知放款和投资信托。[11]

作为一种出现相对较晚的创新，通知放款逐渐发展成可以为投资者提供保证金贷款的巨大市场。通知放款的期限每日调整，从而反映市场利率和保证金要求，因为每日都调整，所以贷款人可以在任何时候“通知”借款人还款。**通知放款造成了贷款人与借款人之间的资产/负债错配，因为借款人利用短期债务融资，购买高风险的长期资产，而贷款人向愿意支付更高利率的高风险借款人提供贷款。债务危机的一个典型特征是，在泡沫期间承受了过高的债务/负债错配的贷款人与借款人会面临资金困境。**

一群新的投资者进入了通知放款市场，向蜂拥而至的投机者提供贷款。因为通知放款的利率高于其他短期利率，而且贷款人需要时可以随时要求借款人还款，所以，作为企业投资富余资金的安全渠道，通知放款流行起来。[12]海外资金也从伦敦、香港等地涌来。正如一位历史学家后来描述的：“一条巨大的金河开始汇聚到华尔街，全是为了帮助美国人以保证金的形式持有普通股。”[13]美联储系统之外的贷款人（即非银行和外国人）提供的资金占通知放款市场资金的比例从1928年年初的24%上升到1929年10月的58%。[14]这给市场增加了风险，因为假如这些非银行出现资金短缺而需要流动性，美联储将无法给它们贷款。

下图展示了泡沫期间保证金债务激增，以及随之而来的股价上涨。

新闻及美联储公报

1929 年 1 月 4 日

穆迪预测市场，表示 1929 年有望大体再现 1928 年的繁荣

“穆迪投资者服务公司总裁约翰·穆迪表示，美国自 1923 年以来的繁荣进程仅遇到小挫折，可能在未来长期延续，不会出现大变动。”

1929 年 1 月 7 日

大通银行资产创历史新高

1929 年 2 月 2 日

美联储的规诫

“美联储银行昨日就通知放款市场里的企业贷款风险发出严肃警告，也不能对企业在该市场里拥有的资金总额以及通知还贷的做法产生任何显著影响。然而，央行有关部门对这种不寻常的新做法的观察，昨日引起了巨大关注，并使人们对这种约一年前看起来不合逻辑的操作有了新的关注。”

1929 年 2 月 15 日

经漫长辩论，美联储银行将利率维持在 5%

“昨晚议息会议持续近 5 小时，加剧了华尔街的紧张情绪，美联储纽约银行董事决定将该行的再贴现率维持在 5% 不变。”

1929 年 2 月 27 日

为许多账户设立的新信托成立：农民贷款为可撤销信托的自愿投资确立了基本原则。为分散经营风险，可撤销信托由复合型基金组成，公司担任受托人和管理者

1929 年 3 月 14 日

工业报告乐观，通知放款放宽，股市适度反弹

1929 年 3 月 15 日

投资者估计将行使买入期权

1926 年 3 月

票据利率和贴现率上调

“美联储纽约银行的承兑汇票购买利率在 2 月 15 日上调，承兑期限在 45 日以内的从 4.75%~4.875% 上调到 5%，承兑期限超过 45 日的从 5% 上调到 5.125%~5.75%。美联储达拉斯银行把所有种类票据的贴现率都从 4.5% 上调到 5%，无论其承兑期限多长，该规定自 1929 年 3 月 2 日起生效。”

——美联储公报

泡沫期间快速发展、促使新投机者进入市场的另一项金融创新是投资信托。投资信托最初起源和普及于英国，这些公司发行股票，并将收益投资其他公司的股份。[15] 著名经济学家欧文·费雪赞誉信托为缺乏足够资金来购买多个公司股份的投资者提供了“广泛且管理良好的多元化”。[16] 随着股市的繁荣，信托基金数目暴增。到 1929 年，新的信托基金以每周近 5 只的速度推出，这些公司的发行金额占新筹集资金的 1/3。[17]

美国每年投资基金成立数

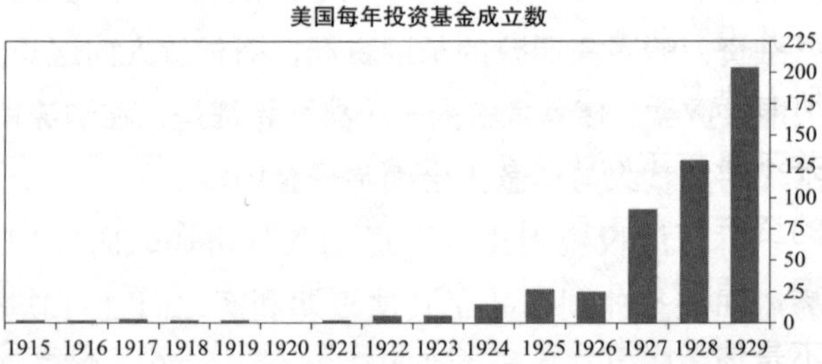

投资信托的推销者宣称，信托的多元化让金融系统更安全。然而，在泡沫期间，许多信托使用杠杆来放大回报，这为投资者带来风险。而且许多投资者不清楚证券的性质，以为近些年的情况会持续下去，他们借入保证金贷款，给已经杠杆化的信托股份加杠杆，从而加大了这一风险。[18]

随着股价的飙升，投机者继续加杠杆，赚得巨额利润，吸引更多买家入市，如法炮制。**股价越上涨，投机者就越大胆地赌股价还会涨得更高。**

同时，随着上涨的股价刺激股票的发行，股票的供给在增加。[19] 在泡沫时期的这一阶段，物价越上涨，信

贷标准就越往下调（尽管往上调才合乎逻辑），这是因为贷方和借方都发现，用借来的钱放贷和买股票都能赚大钱。

杠杆化主要发生在“影子银行”体系中，当时银行大体看起来并没有过度杠杆化。在1929年6月，银行看起来比1920—1921年经济衰退之前健康得多：它们不仅取得创纪录的收益，而且资本充足率有所提升（从14.9%升至17.2%），资产负债更稳定，因为定期存款占负债的比例上升了（从23.3%升至35.7%）。[20] 在分析师看来，1929年的一系列大银行合并进一步增强了银行业的实力。[21] **一般来说，银行收益和负债表在经济繁荣时期看起来很健康，因为资产价值高企，且有存款为后盾。只有当发生存款挤兑，资产价值下跌时，银行才会遇到麻烦。**

尽管美联储理事们讨论了要不要抑制刺激股市投机行为的快速放贷，但他们不大愿意上调短期利率，因为经济并没有过热，通胀率依然较低，而且上调利率会伤害所有借款人，不只是投机者。[22] **通常最严重的债务泡沫并不是与不断上涨的通胀率相伴，而是与债务增加助推的资产价格上涨相伴。央行往往犯下容忍债务增加的错误，原因是央行聚焦于通胀率和（或）经济增长率，而不是债务增加，资产价格随之上涨，以及将来债务能不能创造足够偿债的收入。**

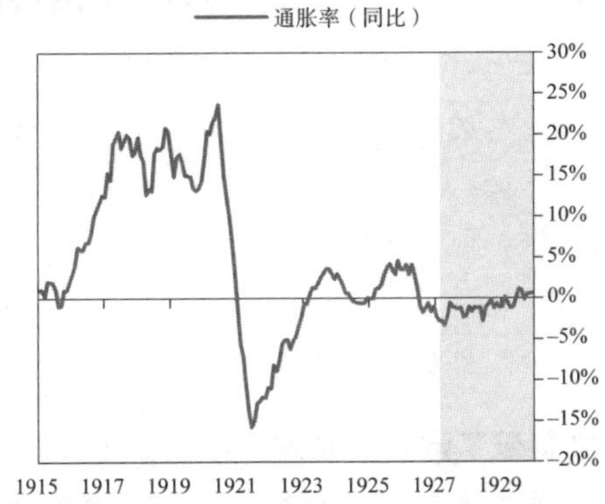

新闻及美联储公报

1929年3月26日

货币利率飙升至14%，股价大幅下挫

“美国信贷供应的收紧导致昨日纽交所证券发生有史以来最大跌幅之一，收紧趋势上周已有预兆，但股市投机者并未认真对待。在纽交所历史上，只有两次下挫的范围比这次更广。”

1929年3月27日

股票暴跌后反弹，日交易8 246 740股

“股市在收盘前最后一小时快速反弹，幅度为5%~20%不等，使许多股票回升至一定水平，填平当日亏损，但对成千上万在当天更早时抛售了股票的股民和投机者而言，这番反弹来得太迟了。”

1929年3月28日

银行家救助市场，股票大幅上涨

“在周一和周二的猛烈风暴之后，昨日市场变得平静。显而易见，在紧要关节得到了妥当支撑，纽约银行家随时准备以现行利率提供所需的所有资金，所以股民重获了勇气。”

1929年4月21日

美国钢铁将于9月1日赎回债券；通知将以115美元的价格赎回1.34亿美元债券，是为有史以来的最大规模的债券赎回行动之一

1929年4月22日

1928年的投资信托收益

“1928年美国投资信托从投入资金中获得11.2%的平均净收入，若加上未实现利润的话，总计可达25%。”

1929年4月23日

投资信托上市草案

“纽交所受到来自其成员企业的多方压力，这些成员企业自身已经对投资信托很感兴趣，要求授予投资信托证券上市待遇。据报道，纽交所有关部门已在原则上同意允许此类证券上市交易。这是自一战结束以来纽交所管理者面临的最重大问题之一，因为涉及的证券的市值高达20亿美元。”

1929年4月25日

墨菲公司成立投资信托，格雷默公司将携逾500万美元的资金开业

美联储并没有提高贴现率，而是制定了旨在抑制银行信贷供给的宏观审慎（即监管）措施，其中一些监管措施包括降低贷款接受率、增强对信贷安排的监管。[23]美联储给地区银行写了一封公开信，斥责“投机性担保贷款占全国信贷的比例过高”，并威胁说，美联储可能拒绝借钱给试图为这种贷款提供资金的银行。[24]但这些举动收效甚微。

1929年年底：触顶与崩盘

政策收紧刺破泡沫

1928年，美联储开始收紧货币政策。2—7月，利率上调1.5%至5%。美联储希望减缓投机性信贷的增长，同时又不伤害实体经济。一年后的1929年8月，美联储再次加息至6%。**随着短期利率的上升，收益率曲线趋于平缓并倒挂，流动性下降，同时随着现金等短期资产的收益率走高，这些资产的回报率上升。随着贷款成本的升高，持有现金变得比持有期限更长及（或）风险更高的金融资产（如债券、股权和房地产）更具吸引力，资金就从金融资产中撤出，导致其价值下跌。资产价格下跌造成负面财富效应，在金融市场上形成恶性循环，促使支出和收入的下降，反过来影响实体经济。泡沫倒转，演变为崩溃。**

政策收紧刺破了泡沫。其发生过程如下。

最初的不祥征兆出现于1929年3月。有消息称华盛顿的美联储委员会每天都在开会，但没有披露会议细节，

新闻及美联储公报

1929年6月21日

奥尔德雷德赢利146.4万美元，投资信托持有的4家公用事业机构和1家工业企业的股票上涨

1929年6月24日

新的投资信托成立，哈德逊－哈莱姆谷地公司将购入银行与信托股票

1929年7月3日

6月美国银行业借款增加；美联储报告称增至4.25亿美元，为近年来最高

1929年7月13日

买入潮推动股市大涨

1929年7月27日

投资信托收益增加

1929年8月10日

银行利率上升引发抛售潮，股价下跌

“美联储纽约银行决定将再贴现率从5%升至6%。此举有双重目的：放宽今秋的商业信贷条件，遏制纯粹投机性的用于购买证券的信贷供给。该决定昨日在美国股市引发忧虑性抛售风暴。外国市场也疲软、不稳定。”

1929年8月17日

就业人数在7月略有下降，但比1928年高6%，企业盈利上涨7%

“美国劳工部劳工统计局发布的报告显示，1929年7月就业人数较6月减少0.2%，工资总额下降3.8%。”

1929年8月20日

美国钢铁引领多只股票快速上涨——货币利率保持不变

“货币利率与上周最终数字相比保持不变，昨日股市延续近期常态，快速上涨……以美国钢铁为首，6只不同类型的工业股的价格飞快上涨。”

1929年8月9日

贷款总额达60.2亿美元，银行利率升至6%

“经纪人贷款连续4周创下历史新高，首次突破60亿美元大关。有鉴于此，美联储纽约银行董事昨日将再贴现率从1928年7月13日以来一直维持的5%上调至6%。本次利率上调完全出乎金融界意料。”

于是华尔街风传美联储准备打压投机性贷款。[25]股市经历了两周的小幅下挫，因为有报道称美联储委员会在周六召开了例外会议，于是3月25日和3月26日，股市连续两天大幅下挫。随着恐慌情绪笼罩市场，道琼斯指数下跌逾4%，通知放款利率升到20%，交易量达到创纪录水平。[26]小户杠杆投资者收到一波追加保证金通知，被迫抛售所持股票，加剧了股市下跌。在美联储选择不采取行动后，国民城市银行行长查尔斯·米切尔（他也是美联储纽约银行的董事）宣布，该行随时准备向市场贷款2 500万美元。[27]这让市场平静下来，利率下跌，股价反弹。股市恢复上涨，但这预示着股市很容易受到信贷市场紧缩的影响。

尽管增长有所放缓，但经济在1929年中期保持强劲。6月的美联储公报显示，截至4月，工业产量和工厂就业人数保持在历史最高水平，而且建筑业指数在经历第一季度的下滑后强势反弹。[28]

5月，股市再次出现短暂抛售，之后加速反弹，泡沫达到即将破裂的程度。股市在6月、7月和8月分别上涨约11%、5%和10%。不断加速的杠杆化支撑了这轮上涨，6—8月，家庭保证金债务增加逾12亿美元。

货币继续收紧。8月8日，鉴于宏观审慎政策显然未能让投机性放贷放缓，美联储纽约银行将贴现率上调至6%。[29]同时，出于对高股价和高利率的担忧，经纪人收紧了通知放款条件，并提高了保证金要求。前一年保证金要求曾经降至10%，而这一年大多数经纪人的保证金要求提高至45%~50%。[30]

股市在9月3日触顶，道琼斯指数收于381——这一水平在未来25年多里都无法再现。

需要记住的是，并没有特定的事件或冲击导致股市泡沫破裂。正如泡沫时期的典型情况一样，由于价格不断上涨，杠杆化投资者需要以不可持续的速度加速购股，原因有二：一是投机者和贷款人的仓位都已接近或达到最大极限，二是政策收紧会改变杠杆化的经济效益。

9月和10月初，随着一系列坏消息打击投资者信心，

新闻及美联储公报

1929年9月6日

巴布森预测股市“崩盘”，费雪持相反意见

“统计学家罗杰·巴布森今天在于韦尔斯利的巴布森公园举行的第16届全国商业大会上表示，当前明智的投资者将会还清贷款，并避免保证金投机，因为股市不可避免地要‘崩盘’……全美首屈一指的经济学家和市场研究者、耶鲁大学的欧文·费雪教授则认为，‘股价不算太高，华尔街也不会遭遇崩盘’。”

1929年9月6日

黑色预言引发股价下挫

“昨日下午，晴天一声霹雳，纽交所爆发抛售风暴，一小时内各种证券的公开市场价值蒸发数百万美元。这是纽交所历史上最纷乱的时刻之一。成千上万小投机者被洗劫一空，直到昨日中午，他们还享受着自己的纸面利润，恬然自乐。在收盘前纷纷扰扰的一小时里（最终行市表直到近4点时才在纽交所的收报机上打印出来），约200万股被处理，纽交所被这场清算洪流重创。”

1929年10月4日

股市遭遇年度最剧烈下挫

“昨日下午，纽交所股价剧烈下挫，最初反应温和，但激烈程度一小时一小时地增强。最后几小时里，一场大清算席卷市场，数百万美元的证券公开市场价值荡然无存。在两个多小时的时间里，就发生了今年最大跌幅。这次下跌早有预兆：随着经纪人贷款的逐周上升，金融环境持续收紧；过去两周里的市场波动反映了紧张和明显犹豫的市场情绪。”

1929年10月8日

股市持续反弹

“在一段短暂的犹豫之后，纽交所从周六开始反弹。当日股价再度走高，多只股票涨幅达到10%，大多数股票以接近当日最高价的价格收盘。”

1929年10月13日

银行盈利保持稳定上升趋势，存款额也在第三季度上涨——股市维持稳健基调

股价开始下跌。9 月 5 日，统计学家罗杰·巴布森在全国商业会议上发表演讲，警告“资金紧张”可能导致股价暴跌。他演讲后股市发生抛售，下挫 2.6%，这被称为“巴布森下挫”。9 月 20 日，克拉伦斯·哈特里的伦敦金融帝国因欺诈指控而解体，引发市场震荡，迫使一些英国投资者通过出售美国股票筹资。[31] 9 月 26 日，英格兰银行将贴现率从 5.5% 上调至 6.5% 的 8 年高位，一些欧洲国家也加以效仿。[32]

到 10 月中旬，这些事件共同导致市场从高位下落 10%。大多数投资者和各大报专栏作家认为，最坏的情况已经过去，近期的波动对市场有利。10 月 15 日，经济学家欧文·费雪宣称：“股市似乎达到了永久性的高位。”[33]

股市崩盘

接着，市场一落千丈。因为在此期间每天都世事纷纭，为了让读者能深入理解，我将改用一种几乎是逐日记述的模式，通过我的描述和新闻汇报记录事态发展。

股票在 10 月 19 日（周六）大幅下跌，创下了周六交易量的史上次高纪录，同时跌势不断自我强化。收盘后经纪人发出一批追加保证金通知，这要求那些以杠杆化方式持有股票的人要么追加现金（这很难做到），要么卖出股票。于是他们不得不卖出股票。[34] 周日《纽约时报》的新闻头条是《抛售潮席卷市场，股市下跌》，[35] 但交易者仍普遍预计周一开盘后市场会恢复正常。在周末，J. P. 摩根公司的托马斯·拉蒙特写信给胡佛总统谈他的经济观察，他说：“未来看起来一片光明。”[36]

自 10 月 21 日起的一周，市场出现猛烈抛售。一位分析师形容周一的抛售潮“猛烈而势不可当”。[37] 交易量再度破纪录。又一轮追加保证金通知发出，杠杆化投资者纷纷惊慌抛售。[38] 市场在周一收盘时反弹，所以周一的跌幅小于上周六的跌幅。

周二市场小幅上涨。周三开盘时平静，但收盘前的情况彻底粉碎了人们对最坏情况已经过去的希望。收盘前最后一小时里卖单暴增，推动股市大幅下挫，这引发了新一轮追加保证金通知和更多的强制抛售。[39] 道琼斯指数遭遇截至当时的最大单日跌幅，下跌 20.7 点（6.3%），收于 305.3。

由于市场在很晚的时间出现大举抛售，经纪人在当晚发出规模空前的追加保证金通知，要求投资者大幅追加抵押品，以避免周四开盘时被平仓。[40] 许多投资者将被强制出售所持股票。

纽交所的所有员工都收到提醒——要为周四早晨出现的大量追加保证金通知和卖单做好准备。整个金融区都部署了警察，以防出现骚乱。纽交所主管威廉·R. 克劳福德后来描述说，开盘前"电流凝结在空气里，用刀才能切断"。[41] 接着，崩溃与恐慌就发生了。

周四开盘相对平静些，但接着就发生了雪崩式的抛售，市场陷入恐慌。[42] 卖单从全美各地涌来，压低股价，引发更多的追加保证金通知，这又进一步压低了股价。投资者的抛售速度太快，交易员来不及成交。一名交易所电话接线员生动地描绘了现场状况："我无法得到任何信息，整个交易所一片混乱。"[43] 企业破产的流言甚嚣尘上，随着消息的传播，巨大的人潮聚集在金融区。[44] 这一天后来被称为"黑色星期四"，到中午时，主要指数下跌逾 10%。

中午时分，一小群主要银行家在 J. P. 摩根公司的办公室会面，并商定了一项市场稳定计划。被称为"银行家池"的这一计划承诺购买 1.25 亿美元的股票。到下午，代表这些银行家的交易员开始以高于当时价格的买价下大量买单。[45] 在关于该计划的消息传开后，其他投资者积极买入，股价上涨。道琼斯工业指数在触及 272 的低点（下跌 33 点）后反弹，收盘时为 299，全天里只下降了 6 点。[46] 结果显示，这只是多次失败的救市行动的第一次。下图是次日《纽约时报》的头版。

新闻及美联储公报

1929 年 10 月 13 日

调查显示抵押贷款创造了良好的价值回报，投资回报率高于股票和债券。保险报告在统计研究中对 104 家领头企业的持股状况加以比较

1929 年 10 月 20 日

受大量清算打击，股市重挫——交易速度接近创纪录

"昨日股市重挫，股价暴跌，无疑有两点原因：一是许多金融机构抛售股票，二是强制性清算风暴再次降临。"

1929 年 10 月 22 日

股市再度下跌，但在强劲支持下收盘时反弹

1929 年 10 月 23 日

米切尔谴责股市下跌；访欧归来，他表示许多证券的卖价都低于真实价值

1929 年 10 月 23 日

股市大幅上涨，但近收盘时下跌

1929 年 10 月 24 日

股价在大规模清算中暴跌，总计下跌达数十亿美元

"因对一个半月来的股价下跌感到恐惧，成千上万的股民昨日下午抛售股票，这场抛售风暴导致史上最大跌幅之一。即使是最成熟的、股息回报丰厚的股票，也被不计成本地甩卖，结果是一场大规模崩溃，股价下跌，跌幅有几点的，也有高达 96 点的。"

1929 年 10 月 24 日

小麦价格在抛售潮中下跌；股市暴跌影响谷物，谷物价格急遽下滑

"小麦市场反映今日股市暴跌，收盘价格下跌 4~4.25 美分，跌至本季度新低。"

1929 年 10 月 25 日

金融家缓解紧张局势

"在卖单剧烈冲击股市的时刻遏制纽交所交易下滑。这归功于银行业领袖，此前他们被匆匆召集于 J. P. 摩根公司的办公室开会，并在会上采取行动，逆转了市场走势。"

新闻及美联储公报

1929 年 10 月 25 日

风暴日后华尔街保持乐观

“行业高管和一些主要银行机构负责人表达了明确的乐观情绪，普遍感觉是最猛烈的风暴已经过去。经纪人的观点是，之所以出现失控性抛售，并不是由于市场存在任何固有缺陷，而是由于公众产生了警觉情绪……”

1929 年 10 月 25 日

市场下跌时刻，投资信托动用储备资金大量买入股票

1929 年 10 月 26 日

市场趋于稳定，股市上涨；银行家承诺继续支持；胡佛表示商业基础稳健

1929 年 10 月 27 日

银行业扶助受冲击的股市

“人们在最终记述激荡人心的过去一周的金融史时，会用不同凡响的一章来讲述这座城市的银行业领袖如何组建联盟，支撑受冲击的股市。”

1929 年 10 月 27 日

周末交易较为活跃，股市走低

1929 年 10 月 27 日

债券交易商反映，投资者撤出股市，返回固定收益类证券市场

“与上周美国股市崩盘形成鲜明对照的是，纽交所债券交易及场外债券交易活跃度达到今年以来最高水平，债券价格也随之上升。”

1929 年 10 月 28 日

低股票收益率压低股价；柏林认为，投资股票估值异常导致美国股市崩盘

1929 年 10 月 29 日

股市下挫拖累皮草交易；皮草期货收盘下跌 15~40 点，总重量为 172 万磅①

1929 年 10 月 30 日

美联储委员会认为无须采取行动：官员表示乐观，经 6 小时会议后，决定不调整纽约的再贴现率

WORST STOCK CRASH STEMMED BY BANKS; 12,894,650-SHARE DAY SWAMPS MARKET; LEADERS CONFER, FIND CONDITIONS SOUND

FINANCIERS EASE TENSION

Five Wall Street Bankers Hold Two Meetings at Morgan Office.

CALL BREAK 'TECHNICAL'

Lamont Lays It to 'Air Holes' —Says Low Prices Do Not Depict Situation Fairly.

Wall Street Optimistic After Stormy Day; Clerical Work May Force Holiday Tomorrow

Confidence in the soundness of the stock market structure, notwithstanding the upheaval of the last few days, was voiced last night by bankers and other financial leaders. Sentiment as expressed by the heads of some of the largest banking institutions and by industrial executives as well was distinctly cheerful and the feeling was general that the worst had been seen. Wall Street ended the day in an optimistic frame of mind.

The opinion of brokers was unanimous that the selling had got out of hand not because of any inherent weakness in the market but because the public had become alarmed over the steady liquidation of the last few weeks. Over their private wires these brokers counseled their customers against further thoughtless selling at sacrifice prices.

Charles E. Mitchell, chairman of the National City Bank, declared that fundamentals remained unimpaired after the declines of the last few days. "I am still of the opinion," he added, "that this reaction has badly overrun itself."

LOSSES RECOVERED IN PART

Upward Trend Starts With 200,000-Share Order for Steel.

TICKERS LAG FOUR HOURS

Thousands of Accounts Wiped Out, With Traders in Dark as to Events on Exchange.

10 月 25 日《纽约时报》,© 1929 年纽约时报公司。版权所有。经美国版权法许可和保护使用。未经明确书面许可，禁止打印、复制、再分发或转发本内容。

周四收盘后，约 35 名经纪人开始发起另一次稳定市场的行动。他们相信最猛烈的风暴已经过去，所以在周五的《纽约时报》上发了一整版广告，自信地告诉公众，是时候买入了。[47] 同一天，胡佛总统宣布：“美国企业的基本面，即商品的生产与分配，有着稳健而繁荣的基础。”[48] 本周剩下几天里股市稳定，周日的报纸再次表示乐观，认为低股价将促成下周的股市反弹。[49]

但在 10 月 28 日（周一），崩溃和恐慌再临，各路投资者纷纷抛出卖单。值得注意的是，很多抛售来自经纪公司，因为企业在恐慌中要求经纪公司立即还款。[50] 当日交易量再创纪录，逾 900 万股易手（收盘前最后一小时里就有 300 万股）。[51] 道琼斯指数收盘时下跌 13.5%，是史上最大单日跌幅。这一天后来被称为“黑色星期一”。收盘后“银行家池”再次开会，激发了乐观情绪，但他们没有宣布进一步的买入措施。[52]

① 1 磅 =0.453 6 千克。——编者注

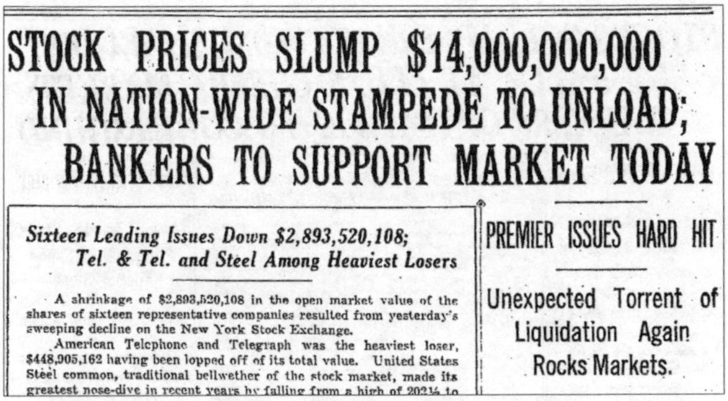

STOCK PRICES SLUMP $14,000,000,000 IN NATION-WIDE STAMPEDE TO UNLOAD; BANKERS TO SUPPORT MARKET TODAY

Sixteen Leading Issues Down $2,893,520,108; Tel. & Tel. and Steel Among Heaviest Losers

A shrinkage of $2,893,520,108 in the open market value of the shares of sixteen representative companies resulted from yesterday's sweeping decline on the New York Stock Exchange.

American Telephone and Telegraph was the heaviest loser, $448,905,162 having been lopped off of its total value. United States Steel common, traditional bellwether of the stock market, made its greatest nose-dive in recent years by falling from a high of 202¼ to

PREMIER ISSUES HARD HIT

Unexpected Torrent of Liquidation Again Rocks Markets.

10 月 29 日《纽约时报》, © 1929 年纽约时报公司。版权所有。经美国版权法许可和保护使用。未经明确书面许可，禁止打印、复制、再分发或转发本内容。

周一晚间，经纪人又发出一大批追加保证金通知，周二开盘前已有 1.5 亿美元的通知放款撤离市场。[53] **美联储试图通过提供流动性应对股市急剧下挫。**在凌晨三点和董事们开会后，美联储纽约银行主席乔治·哈里森在开盘前宣布，美联储将注入 1 亿美元的流动性，通过购买政府证券缓解货币市场的信贷紧缩。哈里森需要得到位于华盛顿的美联储委员会的批准，但他不想等，而是在常规的公开市场投资委员会账户之外进行了这笔购买。[54] **一般来说，现在的制衡机制旨在确保金融系统在正常时期的稳定运行，往往难以应对必须当机立断采取行动的危机。在 1920 年年底，美国几乎没有成熟完善的政策途径可用来应对债务崩溃及其多米诺骨牌效应。**

尽管美联储注入流动性舒缓了信贷状况，且可能避免了一些企业破产，但这不足以在后人所称的“黑色星期二”阻止股市崩溃。从周二开盘起，大量股票交易涌入市场，并推动价格下跌。[55] 有传言称“银行家池”已转向卖盘，进一步刺激了恐慌情绪。[56] 纽交所成员在中午开会讨论闭市，但最终决定不这么做。[57] 投资信托遭受的损失尤其严重，这是因为在泡沫时期提高收益的杠杆化开始产生反作用。高盛交易公司下跌 42%，蓝岭一度下跌达 70%，后来才稍有恢复。[58] 道琼斯指数收盘时下跌 11.7%，是史上第二大的单日跌幅。市场两天内下跌了 23%，杠杆化投机者及其贷款机构的问题开始浮现。

新闻及美联储公报

1929 年 10 月

美联储调整资产组合

“美联储银行在公开市场上购买承兑汇票，满足了对于美联储银行信贷的额外需求。继 7 月和 8 月调低票据购买利率之后，美联储银行收到的承兑汇票卖出要约迅速增多，8 月 1 日—9 月 30 日，这些银行持有的票据总值上升逾 2 亿美元。”

——美联储公报

1929 年 10 月 30 日

股市继续惨跌，单日跌幅创历史纪录

“截至昨日股市收盘前夕，清算大潮毫无缓解征兆。昨日实际交易量为 1 640 万股，远高于上周四的 1 280 万股，同时，一长串知名股票的价格下跌了 25~40 点。”

1929 年 10 月 30 日

普遍认为风暴已经过去，经济基本面稳健。没有“灾难”迹象；股市下跌被认为是短期因素所致，经济繁荣不受影响

1929 年 10 月 30 日

保险业领袖被敦促购买股票；康威表示价格水平提供投资良机

1929 年 10 月 31 日

股市大幅回升，少数股票进一步下跌——货币利率为 6%，英镑强劲

“昨日股市实际上证明，恐慌性清算已被遏制，诚意买家的下单正在发挥其自然效果。本周疯狂抛售必然最终停止，股价将向上反弹。”

1929 年 10 月 31 日

银行股上涨 5~500 点；交易量巨大

“昨日银行股股价反弹，交易量据说超过周四的纪录。大量买入使价格上涨 5~500 点。国民城市银行交易量再居首位，当日收盘价上涨 85 点……投资信托的走势呈现不规律走势。”

新闻及美联储公报

1929年11月

全美企业概况

“本月工业活动增幅低于本时期的通常水平。本月产量仍然高于一年前的水平，今年第三季度生产增长率约比1928年高10%。建筑合同签订数量进一步下降。9月中旬至10月中旬银行贷款增加，这主要反映了担保贷款的增多。”

——美联储公报

1929年11月

贴现率与票据利率调整

“自11月1日起，美联储纽约银行将所有种类和期限票据的贴现率都从6%降至5%。10月25日，纽约银行将承付期限少于90日的票据的购买利率从5.125%降至5%后，自11月1日起，进一步降至4.75%。自11月1日起，承付期限为4个月的票据的购买利率从5.125%降至4.75%，承付期限为5~6个月的票据的购买利率从5.5%降至5%。”

——美联储公报

1929年11月1日

英格兰银行意外降息，降至6%，纽交所欢呼——股价上涨

“今晨英格兰银行行长意外宣布大胆行动，将银行利率降至6%。在过去艰难的5周里，该利率一直维持在6.5%。”

1929年11月5日

在一个有序卖出的交易日里，各股下跌2~17个百分点；交易时间缩短为3个小时；股价持续下跌

“昨日由于买入要约在最后一刻被取消，未能对股市产生支撑作用，再加上出现意料之外的抛售，股市开盘时大幅下跌，其后5小时里交易有序进行，股价持续下跌。”

1929年11月22日

上市债券普遍上涨；政府债券抢手，其中5只创下今年以来的最高纪录

“昨日上市债券市场普遍进一步上涨，美国政府债券保持了旺盛需求。”

1929年11月29日

欧洲普遍认为胡佛计划将缓解但无法阻止交易颓势

1929年12月1日

胡佛稳定计划需要谨慎执行；基本原则合理，但应区别对待新建设与拟议的商业扩张计划

STOCKS COLLAPSE IN 16,410,030-SHARE DAY, BUT RALLY AT CLOSE CHEERS BROKERS; BANKERS OPTIMISTIC, TO CONTINUE AID

LEADERS SEE FEAR WANING

Point to 'Lifting Spells' in Trading as Sign of Buying Activity.

GROUP MEETS TWICE IN DAY

But Resources Are Unable to Stem Selling Tide—Lamont Reassures Investors.

HOPE SEEN IN MARGIN CUTS

240 Issues Lose $15,894,818,894 in Month; Slump in Full Exchange List Vastly Larger

The drastic effects of Wall Street's October bear market is shown by valuation tables prepared last night by THE NEW YORK TIMES, which place the decline in the market value of 240 representative issues on the New York Stock Exchange at $15,894,818,894 during the period from Oct. 1 to yesterday's closing. Since there are 1,279 issues listed on the New York Stock Exchange, the total depreciation for the month is estimated at between two and three times the loss for the 240 issues covered by THE TIMES table.

Among the losses of the various groups comprising the 240 stocks in THE TIMES valuation table were the following:

Group.	Number of Stocks.	Decline in Value.
Railroads	25	$1,128,686,488
Public utilities	29	5,135,734,327
Motors	15	1,689,840,902
Oils	32	1,382,617,778
Coppers	15	824,403,820
Chemicals	9	1,621,697,897

The official figures of the New York Stock Exchange showed that the total market value of its listed securities on Oct. 1 was $87,073,630,423. ...

CLOSING RALLY VIGOROUS

Leading Issues Regain From 4 to 14 Points in 15 Minutes.

INVESTMENT TRUSTS BUY

Large Blocks Thrown on Market at Opening Start Third Break of Week.

BIG TRADERS HARDEST HIT

10月30日《纽约时报》，© 1929年纽约时报公司。版权所有。经美国版权法许可和保护使用。未经明确书面许可，禁止打印、复制、再分发或转发本内容。

周三，股市反弹，上涨12.3%，**像这样的熊市期间的猛烈反弹多次出现于重大债务危机的萧条阶段**。这次反弹后，纽交所宣布次日交易将从中午开始，并将在接下来的周五和周六闭市，以处理未完成的文牍工作。[59]

美联储和英格兰银行都在周四降息：英国央行将贴现率从6.5%降至6%，相应地，美联储将其银行利率从6%降至5%。[60]有消息称，未偿通知放款总金额已经比上周下降逾10亿美元，令交易者鼓舞。人们相信最猛烈的强制抛售风暴已经过去，所以市场再次反弹。

但周一开盘后，因为试图利用上周的反弹获利，投机者纷纷抛售，股市再次暴跌。到周三，道琼斯指数在该周已下跌15%。接下来的一周，股市也继续下跌。

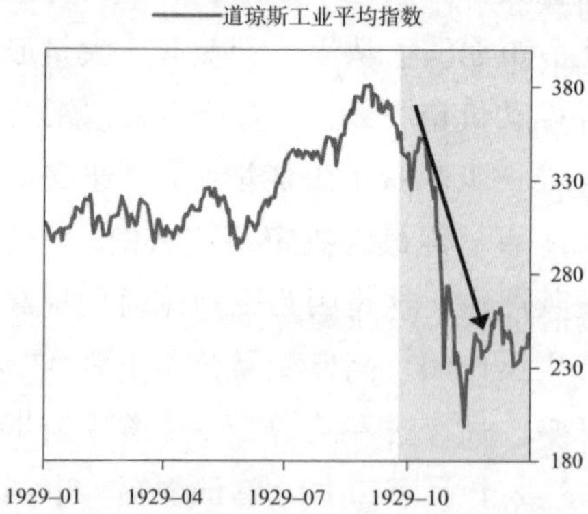

股市崩盘期间，铁路债券及其他高评级债券表现良

好，这是因为投资者在从股票和通知放款市场中撤出后寻求更安全的投资渠道。同时，高评级企业债券和低评级企业债券（穆迪信用评级在BAA级及以下）的息差达到1929年全年的最高水平，所以风险较高的企业债券的价格持平或下跌。这样的市场变化（有信贷风险的股票与债券下跌，政府债券及其他信贷风险低的资产上涨）是周期的这一阶段的典型市场走势。

股市暴跌带来的金融和心理影响自然开始损害经济。像往常一样，政治家和商业领袖继续夸大经济形势，但统计数据显示经济疲弱。工业产量的峰值出现在7月。在11月4日这一周公布的最新数据，包括货车装载量和钢材利用量，都显示经济活力持续下滑。大宗商品价格的急剧下跌令人们担忧更甚。到11月中旬，道琼斯指数已从9月的峰值下跌近50%。

应对股市崩盘的政策

尽管胡佛政府应对市场崩溃和经济低迷的做法在今天常受批评，但其最初的举措广受赞誉，也推动了股市大幅反弹。11月13日，胡佛总统提议将所有收入群体的所得税税率临时降低1%，并增加1.75亿美元的公共建设开支。[61] 两天后，胡佛宣布计划召集一次“工业、农业与劳工代表参加的小型初步会议”，以制订一项克服经济低迷的方案。[62] 在次周召开的会议上，胡佛请商业领袖承诺不削减资本投资与工资，并请工会领袖承诺不举行罢工，也不要求涨工资。[63] 12月5日，胡佛召集当时名望最高的400名商人开会，会议产生了一个由72人组成的领导委员会，全是20世纪20年代顶级的商业大亨，以美国商会主席为首。[64] 这一系列政策以及胡佛对美联储系统纾缓信贷紧张措施的支持，都在一段时间内取得了成效。

如前所述，股市崩盘期间，美联储纽约银行积极提供流动性。一个月内，它先是将贴现率从6%降至5%，又降至4.5%。

新闻及美联储公报

1929年12月1日

胡佛先生的功绩

“金融崩溃之后，胡佛总统当机立断，巧妙安抚美国人，功绩卓绝。他再次利用担任商务部长时期曾在小范围内用过的办法，将商业、银行业、工业、农业和工会领袖召集到华盛顿，以劝导他们竭尽全力来救灾。”

1929年12月1日

为支持胡佛计划，福克斯剧院公司将在建筑工程方面投资1 500万美元

1929年12月4日

胡佛的国情咨文传到华尔街，广受欢迎，股市飞快上涨

“华尔街似乎对昨日胡佛总统的国情咨文感到喜悦。华尔街尤其关注有关修订银行法、合并铁路业务和监督公共事业机构的部分……整个早晨保持适度稳健态势的股市，在胡佛讲话期间开始飞快上涨，直至收盘。”

1929年12月5日

胡佛的行动被认为避免了降薪；亨特对位于纽约的泰勒协会表示，像在1921年一样，胡佛总统近期再次阻止了降薪

“昨晚泰勒协会在宾夕法尼亚酒店举办会议，韦斯利·C. 米切尔博士在会上称，胡佛总统召集美国经济力量，遏制商业下滑苗头，是实现工业平衡的重要尝试。”

1929年12月10日

标准石油公司援助129人，买入该公司股票的员工几乎没有在暴跌期间求援的

1929年12月13日

英格兰银行降息至5%；从5降低，11周以来的第三次降息，令伦敦金融界震惊

1929年12月31日

债券在纽交所走势不规律；国内债券稍微走软，但外国贷款表现更强势

“昨日在纽交所交易中，债券价格表现明显无序，国内债券平均而言稍稍走软，而外国贷款上扬。在平淡的交易中，自由公债和国库券稍有下跌。”

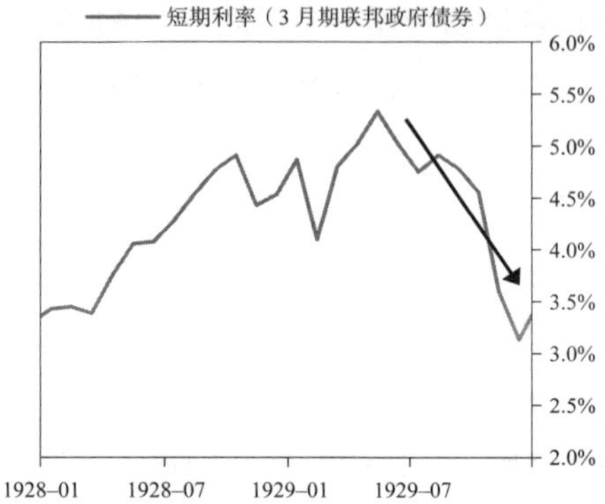

除了这些政策措施外，私人部门也采取救市行动，最引人注目的是约翰·D. 洛克菲勒在 11 月 13 日以每股 50 美元购买标准石油公司 100 万股（实际相当于给该公司设了每股 50 美元的底价）。[65] 11 月 13 日，市场当天开始见底反弹，并持续到 12 月，总涨幅达 20%。乐观情绪得以维持。

1930—1932 年：经济萧条

到 1930 年元旦，人们普遍认为股市修正 50% 就到头了，因此股市在年初 4 个月强劲反弹。[66] 股票看起来比较便宜，因为此时没有太多证据显示企业盈利会大幅下滑，投资者也容易回想起前几轮衰退时期（例如 1907 年和 1920 年）。在这两次衰退中，市场都是在约 50% 的修正后开始走出低谷的，多数人以为这次也会出现类似的场景。

决策者继续采取经济刺激措施，这提振了市场的乐观情绪。3 月，美联储把利率降至 3.5%，在短短 5 个月里总共降息 2.5%（这在美联储内部引发了争论，有人认为这是刺激过度，有可能削弱美元）。[67] 3 月 25 日，针对州际公路建设和建筑项目，国会通过了两项拨款法案，使财政刺激总额达到 GDP 的 1% 左右。[68]

经济学家（包括美国经济学会和美联储的经济学家）的共识是，这些刺激措施将足以推动经济复苏。1 月 1 日，《纽约时报》表述了股市自崩盘以来的情绪转变："企业没有出现大规模破产，失业问题并不严重，股市强劲反弹，这些因素驱散了笼罩着市场的阴云。"[69] 另一个乐观因素是，银行在 1930 年实际上扩大了投资；会员银行增持外国、市政、政府和铁路业的债券。[70]

到 4 月 10 日，道琼斯指数升至 290 以上。尽管政府实施经济刺激措施，市场情绪普遍乐观，但经济依然疲软。第一季度盈利低于预期，股市从 4 月末开始下滑。**在去杠杆化的早期阶段，由于投资者和决策者常常低估实体经济将**

下滑的程度，市场小幅反弹后迅速下跌，最初的政策回应不足以解决问题。

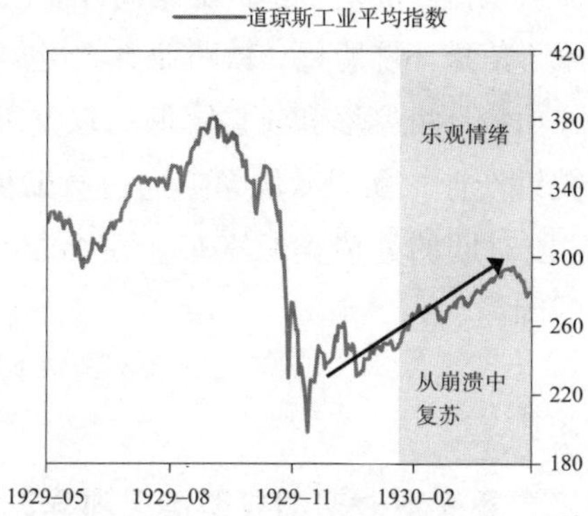

1930 年下半年，经济开始明显走弱。5—12 月，百货公司销售额下滑 8%，工业产量下滑 17.6%。全年里，失业率上升逾 10%（达到 14%），产能利用率下降 12%（降到 67%）。住房和抵押贷款债务大幅下降。此时经济下滑更接近轻度衰退。例如，消费支出水平依然高于前几轮衰退时期的低点，许多行业并未陷入严重衰退。下图显示百货公司销售额和工业产量都有所下降，但尚未降至上一轮衰退时期的低点（灰色竖条凸显 1930 年的情况）。

随着经济的走弱，抛售潮再度横扫市场。股价回落至这段时期的低位：到 1930 年 10 月，股市已跌破 1929 年 11 月的低点。大宗商品价格也剧烈走低。市场分析师和投资者都逐渐意识到，经济快速复苏的期望已成泡影，[71] 但胡佛依然保持乐观。

尽管美联储下调了利率，国债市场走势强劲，但息

新闻及美联储公报

1930 年 1 月 1 日

1929 年股市交易收于普遍上涨，来年股市温和看涨

“虽然市场出现大量抛售，但节日气氛使市场热情不减；1929 年出现了大规模投机，最后一天纽交所收于股价普遍升高，升幅为 1 点左右至 12 点以上，主要股票的升幅最高。”

1930 年 1 月 19 日

建筑许可数据继续下滑，但斯特劳斯调查显示，低成本资金将有助于经济早日复苏

1930 年 2 月 5 日

年度峰值

“纽交所昨日的成交量创下 1930 年的新高，其综合平均指数升至去年初秋下跌以来的最高水平。成交量总计 4 362 420 股，今年首次超过 400 万股。上一次超过昨日成交量是在去年 12 月 20 日，当时为 5 545 650 股。”

1930 年 3 月 14 日

美联储纽约银行自股市下跌以来第四次降息，再贴现率下调至 3.5%

1930 年 3 月 17 日

柏林下调资金成本；日贷款利率降至 3.5% 和 5%，贴现率降至 1927 年以来的最低点

1930 年 4 月

全美企业概况

“2 月工业产量增加，而工厂就业人数约与 1 月持平。大宗商品批发价格继续下跌。会员银行发放的贷款在 2 月进一步减少，但在 3 月头两周里增加。货币利率继续下降。”

——美联储公报

1930 年 4 月 2 日

上月股市大涨；纽交所的 240 只股票增值 2 961 240 563 美元

“股市成交量高于 1 月和 2 月，3 月股价呈现去年秋季股市下跌以来的最大涨幅。”

差继续扩大，导致大多数消费者和企业的借款利率上升。例如，长期抵押贷款利率上升，市政债券在股市崩盘后表现良好，但其收益率随信贷担忧加剧而开始上升。一些产业尤其受累于信贷环境恶化。铁路业有大量需要展期的债务，又面临信贷环境紧缩和收益降低的双重压力。[72] 铁路业被视为关键产业，所以政府希望通过救助提供支持。（铁路业在这段时期的处境类似汽车业在 2008 年金融危机期间面临的困境。）

保护主义抬头

正如经济严重衰退时期的典型情况那样，保护主义和反移民情绪开始抬头。政治家把经济疲软部分归咎于其他国家的反竞争政策，他们宣称提高关税将会扭转制造业和农业的衰退，限制移民将会解决失业问题。[73]

保护主义情绪明显的结果是《斯穆特 – 霍利关税法》的通过，该法案对近 2 万项美国进口品加征关税。投资者和经济学家都担心加征 20% 关税的做法将会引发一场全球贸易战，严重打击本已疲弱的全球经济。[74] 5 月初，当国会接近通过这项议案时，1 028 名经济学家向胡佛发出公开信，恳请他在国会通过的情况下予以否决。[75] 一些外国政府也表示反对，并暗示将会采取报复行动。[76] 然而，关税（尤其对进口农产品加征关税）是胡佛的竞选承诺之一，尽管人们加强抵制《斯穆特 – 霍利关税法》，他也不愿食言。[77]

当法案通过变得明朗时，股市暴跌。6 月 16 日，法案通过的前一天，道琼斯指数下跌 7.9%，而之前一周已下跌 5%。下图展示了自 19 世纪初以来美国的平均进口关税税率。尽管在经济低迷时期关税税率有时会上升，但《斯穆特 – 霍利关税法》将关税提高至接近创纪录的水平。[78]

美国很快就面临一波报复性的保护主义政策。美国最大的贸易伙伴——加拿大首先予以反击，当时美国 20% 的出口输往加拿大，因此加拿大的报复行动对美国的影响最大。加拿大决策者对 16 项美国商品加征关税，

新闻及美联储公报

1930 年 4 月

贴现率与票据调整

“自 3 月 14 日起，美联储纽约银行将所有类别和期限票据的贴现率从 4% 降至 3.5%；自 3 月 15 日起，美联储克利夫兰银行将贴现率从 4.5% 降至 4%；美联储费城银行的贴现率调整自 3 月 20 日起生效；美联储旧金山银行的生效日期是 3 月 21 日。”

——美联储公报

1930 年 4 月 11 日

4 月 1 日农业工资降至 1923 年以来最低点；农业工作岗位数大减，而其劳动力供给巨大

“农业部今日宣布，4 月 1 日的农业工资是自 1923 年农业经济局开始搜集季度数据以来的最低点。”

1930 年 4 月 15 日

承诺增加消费以救助经济：底特律俱乐部的妇女决心拿出囤积现金，驱散萧条恐惧

1930 年 4 月 26 日

萧条之后的选举

“从现在到 11 月最重要的政治议题将是，贸易政策引起的反应、政府内部的分歧与农产品价格的大幅下跌等问题将对国会竞选和州长选举产生多大影响。”

1930 年 5 月

信贷环境

“最近几周，信贷环境保持相对宽松。商业机构的信贷需求量进一步降低，而证券市场的需求量上升。过去两个月，证券市场活力上升，大量债券发行，股票价格上升（直至 4 月中旬），同时，纽约市的经纪人贷款增加逾 7.85 亿美元。”

——美联储公报

1930 年 5 月 1 日

斯蒂庞克公司将股息率降至每股 4 美元。董事们表示，由于汽车需求量下降，公司盈利减少

1930 年 5 月 5 日

1 028 位经济学家请求胡佛否决尚未通过的关税法案

“1 028 位经济学家、美国经济学会会员今日发布声明，强烈反对通过《斯穆特 – 霍利关税法》，这份声明是由斯莫斯沃尔学院经济学副教授克莱尔·威尔科克斯博士递交给胡佛总统、参议员斯穆特和众议员霍利的。他们敦促总统在国会通过该法案的情况下将其否决。”

同时对英国的进口品减征关税。[79] 接下来的几年里，其他国家也采取类似的政策，加快了经济萎缩导致全球贸易额暴跌的步伐。

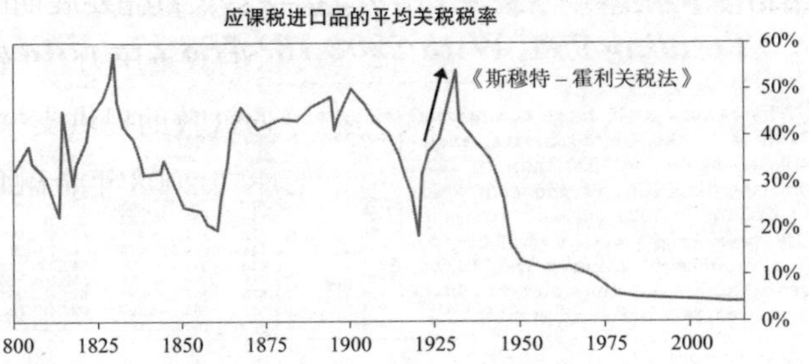

来源：欧文《围绕商业的冲突：美国贸易政策史》

限制移民（合法移民和非法移民）是以保护主义手段应对经济疲弱的另一个典型举措。1930 年，胡佛政府也实行了这一举措。9 月 9 日，胡佛颁布了一项移民禁令，只允许游客、学生和职业人士入境，他称这是解决失业问题的必要措施。他在回忆录中讲述了他的以下观点："当时，所有移民都直接或间接地享受公共福利。他们一登岸就拿救济，即使真的找到了工作，他们也会迫使其他人靠救济度日。"[80]

银行倒闭潮开始

股市崩盘后，银行基本上保持良好态势，但随着股市崩盘和经济走弱冲击银行的贷款对象，银行也开始受到影响。1930 年，银行的净盈利环比下降约 40%，但盈利基本面依然良好。[81] 几家主要银行甚至增派了股息。与当时的市场及经济状况相比，银行似乎颇为稳健，许多分析人士认为，在整个经济衰退时期银行业将会起到支撑作用。[82] 早期倒闭的银行主要限于中西部和乡村的银行，后者大量投资房地产贷款，并在一场旱灾中遭受损失。[83] 银行倒闭数目起初不多，但随信贷问题蔓延而增多。

到 1930 年 12 月，银行倒闭潮已经严重威胁到整体经济。储户担心银行倒闭而提取存款。**在这样的萧条 / 去杠**

新闻及美联储公报

1930 年 6 月

全美企业概况

"5 月工业产量下降，降幅与 4 月的增幅大致相同。工厂就业人数减少，降幅高于本季度的通常水平，物价继续处于下行走势。货币利率进一步下降，降至 5 年多来的最低水平。"

——美联储公报

1930 年 6 月 10 日

呼吁削减关税以促进世界友好

1930 年 6 月 14 日

参议院以 44 票对 42 票通过关税法案……欧洲采取初步报复措施

1930 年 6 月 15 日

关税法案通过，股市下跌

1930 年 6 月 16 日

胡佛表示将签署关税法案

1930 年 7 月 29 日

会议批准计划，避免罢工；暂时通过仲裁法庭解决建筑工会纠纷

"今天在斯特兰德酒店，全国建筑行业雇主与工会代表在一整天的会议后，宣布达成'明确协议，通过仲裁法庭解决所有管辖权的纠纷'。"

1930 年 9 月 10 日

胡佛下令暂时停止劳工移民

"应胡佛总统的要求，尽可能地限制移民，缓解失业压力，国务院下令收紧移民申请相关法律，停止向入境后可能依赖'公共福利'的移民发放签证。"

1930 年 10 月

货币持续宽松

"整个 9 月，货币市场环境保持宽松。尽管每年这个时候，经济通常处于季节性升势，但市场对美联储银行信贷的需求几乎没有发生变化。同时，美联储银行增持承兑汇票，表明会员银行进一步降低贴现率。"

——美联储公报

杆化时期，无担保的金融机构通常遭遇挤兑，几天时间就可能导致机构倒闭。

Bank Failures Set High Records in 1930, Totaling 934, With $908,157,788 Liabilities

There were 3,446 more commercial failures in the United States, exclusive of banks, in 1930 than in 1929, and the liabilities of the companies in default in 1930 exceeded those of the preceding year by $185,000,000. The number of failures was 15 per cent higher and the total indebtedness was 38.3 per cent greater. along with liabilities and assets, for the last sixteen years:

Year.	No.	Assets.	Liabilities.
1930	26,355	$442,799,681	$668,283,842
1929	22,909	226,028,151	483,250,196
1928	23,842	255,477,569	489,559,624
1927	23,146	256,739,633	520,304,268
1926	21,773	202,345,485	409,232,278
1925	21,214	248,066,570	443,744,272
1924	20,615	337,945,199	543,225,449
1923	18,718	388,382,154	539,386,806
1922	23,676	407,357,995	623,896,251
1921	19,652	409,038,316	627,401,883
1920	8,881	198,504,114	295,121,805

1月11日《纽约时报》,© 1931年纽约时报公司。版权所有。经美国版权法许可和保护使用。未经明确书面许可，禁止打印、复制、再分发或转发本内容。

在讲述银行倒闭潮之前，有必要讨论一下金本位制，因为它对20世纪30年代债务危机的演变起到决定性作用。正如我在前文所述，当债务以本币计价时，去杠杆进程通常可以得到良好的管理。**实行金本位制相当于拥有以外币计价的债务，**因为债权人可以要求债务人以黄金偿债（合同中经常这么规定），而决策者无法自由印钞，因为印钞过多会促使人们用美元兑换黄金。**所以，除非切断美元与黄金的挂钩，否则决策者可用的工具就很有限。**

合众国银行倒闭是这段时期最大的银行倒闭。当时该行拥有约40万名储户，居美国之首。[84] 合众国银行从12月10日开始遭遇挤兑，起因于一则不实谣言。华尔街金融家（包括J. P. 摩根公司和大通银行的负责人）在美联储纽约银行开会，讨论是否提供拯救该行所需的3 000万美元。许多与会者认为，合众国银行不仅流动性不足，而且已经资不抵债，所以应该任其倒闭。[85] 纽约州银行厅厅长约瑟夫·布罗德里克则辩称，合众国银行倒闭“将会导致至少10家其他纽约银行关门……甚至可能影响储蓄银行”（即合众国银行具有系统重要性）。布罗德里克还表示，相信该行有偿付能力，[86] 但他未能说服其他与会者。次日合众国银行倒闭，这是历史上规模

新闻及美联储公报

1930年12月11日

不实谣言给银行招致麻烦

“布朗克斯的一名小商人昨日来到合众国银行位于南大道和弗里曼街的分行，要求银行管理人员卖掉他在这家银行的股票。管理人员告诉他这笔持股是个好投资，最好不要出售。他离开后显然散播了不实谣言，称该行拒绝出售他的股票。”

1930年12月11日

股市下跌，交易量达4周来最高值——玉米和棉花价格走低

1930年12月12日

合众国银行关门

“尽管该行管理人员发布一份声明，表达了对尽快恢复营业的期望，但纽约各大银行已采取措施，为储户提供临时救助，表示可以将存款总额的50%借给他们。尽管名称为‘合众国银行’，但该行与联邦政府毫无关联。关门时其存款总额约为1.6亿美元。”

1930年12月17日

股市重挫，白银价格大跌，棉花价格上涨

“昨日股市明显走低，交易量创下上月初下跌（跌幅在11月10日见顶）以来的最高水平，许多股票下跌4~6点，几只股票的跌幅更大。昨日的跌势影响了各类股票，一些优质股票一度处于特别弱势的点位。收盘前出现了一些分布不规律的反弹。”

1930年12月23日

费城银行家信托公司关门

“费城银行家信托公司董事在一整夜的会议后，自愿将该行事务移交给州银行厅，今天其主办公室及19个分支机构均未开门营业。”

1930年12月24日

华尔街话题：银行关门

“华尔街以冷静的态度对待切尔西银行与信托公司昨日停业的消息。他们认为，尽管这些公司停业对其客户显然不利，但对金融界影响甚微。切尔西银行的营业地点位于金融区以外，其关门与其他银行机构的处境毫无关系。而且，在纽约的银行里这是一家小银行，不是清算所和美联储系统的成员。”

最大的单家银行倒闭事件。[87]《纽约时报》后来称这场倒闭是“大萧条里倒下的第一张多米诺骨牌”。[88] 就公众对美国银行系统的信心而言，这显然是一个转折点。

由于银行的负债（即短期存款）和资产（即流动性低的贷款和证券）之间存在流动性错配，银行从结构上很容易受到挤兑的冲击，所以即使是一家经营稳健的银行，如果不能尽快出售资产以偿还负债，也可能倒闭。**在金本位制度下，美联储的印钞能力受限，从而限制了它们向那些面临流动性问题的银行贷款的能力（即作为“最后贷款人”提供贷款）。此外，还有法律限制。例如，当时美联储只能向其会员银行直接提供信贷，但只有 35% 的商业银行是其会员银行。[89] 所以，银行往往需要从私人部门借钱，并以“贱卖”的方式出售资产，以避免倒闭。**

1930 年年底，政治风向也开始转变。由于经济衰退明显刺痛选民神经，民主党人在 11 月的中期选举中拿下国会。这预示了两年后罗斯福在总统选举中胜选。[90]

1931 年第一季度：经济持续恶化，乐观情绪转为悲观情绪

1931 年年初，欧美的经济学家、政治家和其他专家仍怀有期望，认为此时的问题似乎仍在可控范围之内，经济很快就会恢复正常。人们以为上个季度的银行破产潮无碍大局，不会破坏整体金融系统。

到 3 月，所有商业指数都显示就业、工资和工业生产有所增长。银行挤兑潮导致的存款降幅低于 10%。[91] 这一消息反映了经济信心增强：3 月 23 日，《纽约时报》宣布萧条已经触底，美国经济正在回升。[92] 人们成立新的投资信托，试图从预计出现的“长期复苏”中获利。[93]

新闻及美联储公报

1930 年 12 月

银行业近期动态

“12 月初的整体货币利率水平创下历史新低。随着货币市场保持宽松态势，证券市场的信贷需求量进一步下降，表现为经纪人贷款迅速减少，降至 5 年来的最低水平。”

——美联储公报

1931 年 1 月

去年企业活动减少

“去年 11—12 月，大多数制造业企业的产量和就业人数进一步减少，许多重要大宗商品的批发价格也持续下降。企业活动经历了一年半的快速扩张后，在 1929 年仲夏开始减弱，又在 1930 年春季短暂复苏，最后在 1930 年下半年继续迅速降低。几乎所有产业都出现了下滑，就业人数减少，工薪阶层和农民的总收入都下降。同时，世界各地的批发价格大幅下跌，零售价格也呈现这一跌势，但程度较轻。”

——美联储公报

1931 年 1 月 25 日

乐观预言充斥着华尔街，比较不同美联储银行家的政策

“上周，华尔街几个月来首次充斥着乐观情绪。一些银行家和实业家的言论对金融界有着重要影响，他们此前拒绝轻易发表预言，现在公开抨击悲观主义者，其效果尤其显著。第一国民银行董事长乔治·F. 贝克也打破沉默惯例，观察到‘企业经济状况沿着稳健轨迹改善’的迹象。”

1931 年 2 月 11 日

股市上涨，公众再次买入

“昨日纽交所迎来另一波大涨行情，普通投资者和华尔街专业人士一年来首次联手积极买入，主要股票上涨 2~6 点，敏感个股上涨 7~14 点。”

1931 年 2 月 25 日

股市迅速上涨，330 只股价创下新高

1931 年 3 月

全美企业概况

“1 月工业活动增长，增幅略低于本季度的通常水平；工厂就业人数和工资额下降。从 1 月中旬到 2 月中旬，公开市场货币利率进一步下降。”

——美联储公报

新闻及美联储公报

1931 年 3 月 1 日

众议院通过现行工资法案

"今天下午，众议院未经点票通过《培根－戴维斯最高工资法案》。该法案规定，承包公共建设工程的联邦合同商，按照所在社区的现行工资标准支付所有劳工和技工工资。该法已获参议院通过，现在交给胡佛总统签署。"

1931 年 3 月 2 日

穆勒称 1931 年商业形势乐观，场外交易所负责人在 1930 年报告中称，从周期性变化预期中看到希望

1931 年 3 月 13 日

特别救济行为

"在当前的紧急关头，几家公司慷慨救助，明智应对，它们的双重目标是，为失业员工提供直接救济，制订失业救济规范化方案。"

1931 年 3 月 19 日

7 亿美元预算赤字令人担忧；专家承认，有迹象表明所得税税率可能会意外下调

1931 年 3 月 23 日

德国预算赤字，包括结转的赤字在内，缺口为 2.51 亿马克

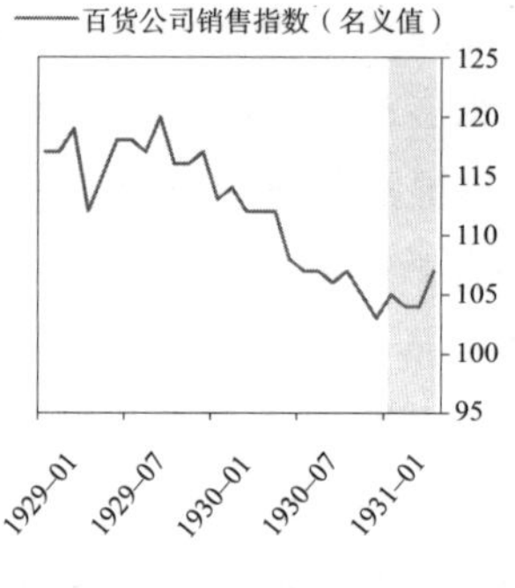

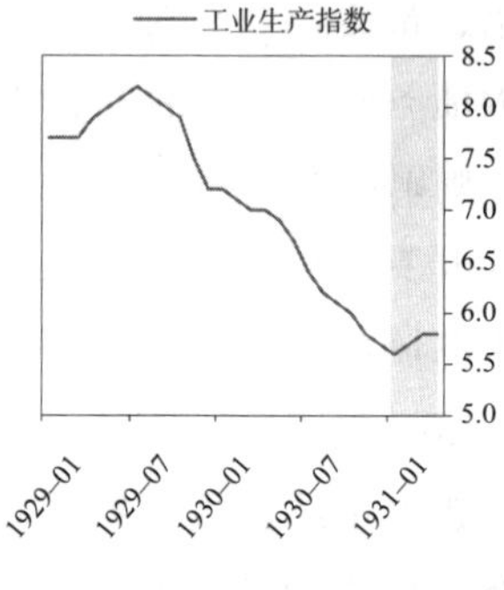

股市复苏也提振了乐观情绪。截至 2 月底，道琼斯指数较其 1930 年 12 月的低点上涨 20% 以上。下图显示该指数的上涨。

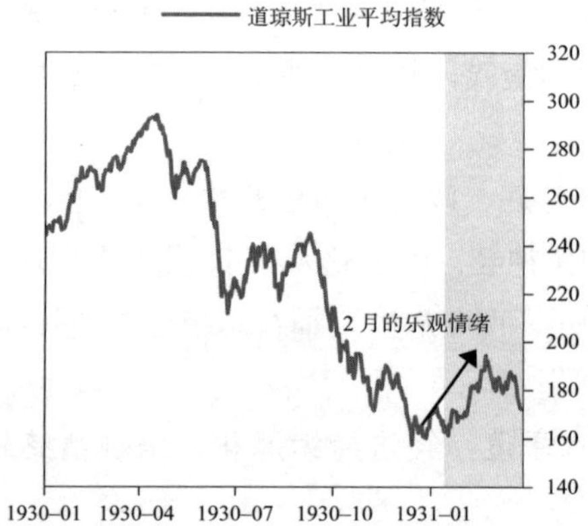

但这股反弹势头没有持续下去。市场对欧洲经济的担忧加剧，且有迹象显示第一季度企业盈利疲弱，这导致股市在 3 月底下滑至 172.4 点，较 2 月的高位下跌 11.3%。

经济政策辩论日益激烈

政治在萧条时期的主要作用方式是，阻碍实施合理经济政策，或者制定极端政策。这些行动造成重大风险，可能导致萧条恶化。

经历一年多的经济萎缩后，围绕经济政策的政治辩论日益激烈。此时美国已有 600 多万名失业者，对于如何解决这个问题，决策者和商业领导人各执己见。[94] 只有领会这场辩论，我们才能理解决策者为什么采取某些举措，最终导致危机恶化。这还有助于说明决策者应对重大债务危机时经常犯下的许多错误。

财政政策辩论的焦点是，联邦政府是否应该大幅增加开支以促进经济增长。参议院民主党人和一些共和党人共同敦促胡佛总统为极度受困的群体增加“直接救济”。显然，这样做会增加赤字和债务，也需改变相关规则，将财富从一个群体转移到另一个群体，而不是顺其自然，让相关群体吸取有益的教训，避免类似的问题再次发生（即从道德风险角度出发）。还有一些人坚信，如果这笔钱只用于直接救济，而非转化为生产力，就是浪费。所以，尽管胡佛政府早期支持财政刺激，但后来反对联邦政府提供大规模直接救济，认为那样做“必将造成空前的腐败和浪费”。相反，胡佛政府主张所谓的“间接救济”，其一揽子政策包括游说私营部门投资、保持就业稳定、依赖州与地方政府提供援助、限制移民，以及实施宏观审慎政策以鼓励贷款。[95]

担忧预算赤字限制了刺激支出的举措，但到1931年，联邦政府预算赤字升至GDP的3%。这主要有两点原因：一是税收不断减少，跌至1929年水平的一半左右；二是社会福利开支增加约10亿美元（这是1930年批准的）。财政部长梅隆认为，达到预算平衡是恢复企业信心的首要一步。[96]胡佛表示赞同，他在回忆录里总结了原因：“维持国家稳定需要我们平衡预算。”[97]

在重大债务危机的经济萧条阶段，担忧赤字和财政紧缩是决策者的典型反应。财政紧缩似乎是显而易见的对策，但问题是一方的支出就是另一方的收入，所以当削减支出时，收入也减少了，因此要想大幅降低债务/收入比率，得采取痛苦的大规模减支措施。

尽管大萧条造成了种种痛苦，但危机尚未产生紧迫感。1931年上半年，经济仍在萎缩，但萎缩速度慢于1930年的水平。胡佛确信间接救济足以满足民众需求，没必要加大财政支持。[98]正如我们稍后将讨论的，这一立场对这场辩论起到决定性作用，导致**胡佛政府犯下典型的新手错误，即过度依赖财政紧缩及其他通缩性手段**

新闻及美联储公报

1931年3月23日

法国政府赤字预计为20亿法郎，2月公共财政收入下降1.04亿法郎，“补充支出”预算增加

1931年3月25日

失业救济金额创下本市纪录；2月仅11家机构就花了317.5万美元，3万个家庭得到救济

1931年3月27日

博拉主张提高联邦税收，表示赤字过高，有必要基于“支付能力”增税

“今天围绕提高联邦税收问题，共和党阵营出现分裂。参议员博拉和诺里斯主张国会在12月展开行动，而一般共和党领导人倾向于到明年选举之后再考虑。”

1931年3月29日

财政部为何面临巨额赤字；由于大萧条造成的预算变化，收入减少，支出增加

“如果最新的非官方估测证明是正确的，那么6月30日本财政年度结束、联邦政府结账时，财政部财务人员将在分类账的借方记下7亿美元或更大金额的赤字。”

1931年3月29日

在红十字会的年度会议上，胡佛预计就救灾问题发表讲话，强调对联邦政府援助的必要性

“红十字会将从4月13日开始在华盛顿召开为期两天的年会。胡佛总统将对旱灾救灾形势发表讲话。红十字会准备进一步采取措施帮助仍然受困的大量灾民。”

1931年3月31日

股市进一步出现不规律下滑，交易量增加——粮食市场走势不确定

“昨日股市走势明显受到专业交易员的引导，他们担心企业削减股息会动摇金融市场的信心，从而引发实际卖出。目前难以确定这一影响力度。”

（而不是加大经济刺激力度），这些手段最终带来无法忍受的痛苦。

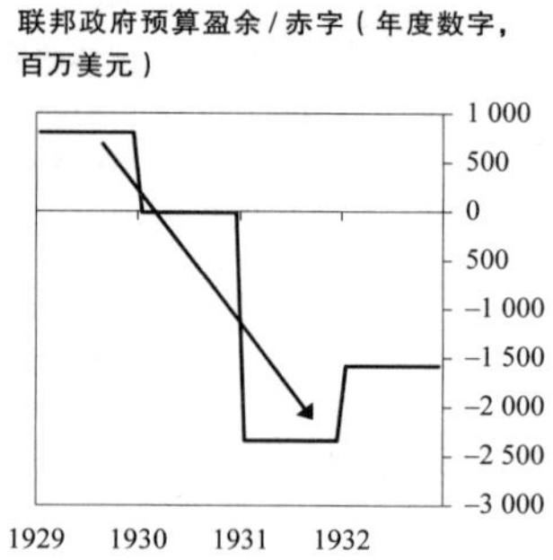

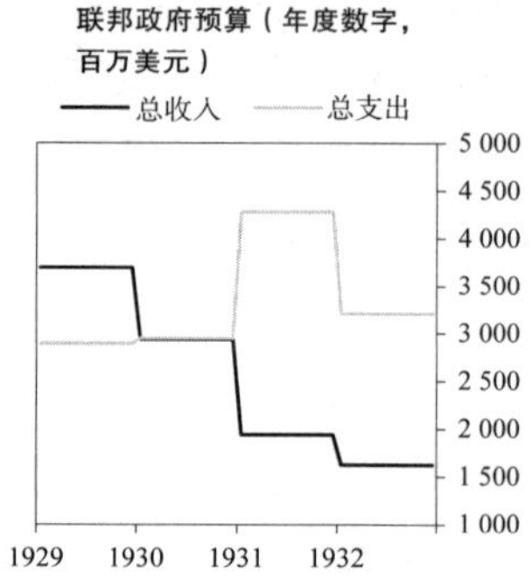

1931 年第二季度：全球美元短缺导致全球债务危机和强势美元

世界各地存在大量以美元计价的债务，偿还这些债务需要美元信贷，而美元信贷正在急剧萎缩，所以 1931 年上半年，全球出现了美元短缺。**一般来说，如果外国金融机构广泛使用一种储备货币来发放贷款，而这种储备货币的信用创造大幅萎缩，那么这种货币就会出现短缺。**尽管其他货币也在信贷危机中出现短缺，但由于美元是全球储备货币，所以美元尤其受到影响。同时，美国进口减少导致外国人的美元收入减少，进一步加剧了美元短缺。请注意，在 2008 年金融危机中，由于同样的原因，也出现了几乎同样的美元短缺局面。

由于金融市场和许多其他市场具有全球性，所以只考察美国无法掌握全部情况。美国的事态发展对德国发展产生了重大影响，导致一系列重大政治变化，这些变化在 20 世纪 30 年代和 40 年代初冲击了全世界。1931 年，美元短缺日益凸显，德国是这一局面的焦点。此前，德国难以偿还赔款而被迫借债，成为“套利交易”的热门目的地：投资者把美元借给德国，获得比美元更高的收益率；德国人借入美元，享受较低的借款利率。一般来说，在“经济繁荣时期”，这种交易司空见惯，因为跨国信用创造旺盛，几乎没有人察觉到风险。然而，一旦出现相反情况，经济陷入“困难时期”，这种状况就会加速恶化。当时德国高度依赖这种可以轻易撤离的资金流。到 1931 年，美国银行和企业持有约 10 亿美元的短期德国国债（大约相当于德国 GDP 的 6%）。[99] 这导致美国银行与企业和德国借款人都面临巨大风险。

同时，与这一时期的典型情况一样，由于经济状况和财富差距巨大，民粹主义与极端主义领导人在全球崛起，威权主义左派和威权主义右派之间发起意识形态斗争。随着德国经济陷入困境，德国共产党和希特勒的纳粹党都在选举中大有斩获。纳粹党的支持率从 1928 年国会选举中的不足 3% 升到 1930 年

9月的18%以上。同时，最大党（中左派的社会民主党）的国会席位减至不足1/4。[100]极右和极左政党联手，轻易取得足够多的议会支持票，迫使德国组建一个不稳定的多党联合政府。德国几乎变得无法管制。

全球贸易战导致经济形势恶化，美元短缺更趋严重。由于全球贸易大幅下降，外国人的美元收入减少，因此更难以偿还美元债务。如下图所示，1929—1931年，以美元计价的美国进口额下降了约50%。

美国贸易额（年度数字，百万美元）

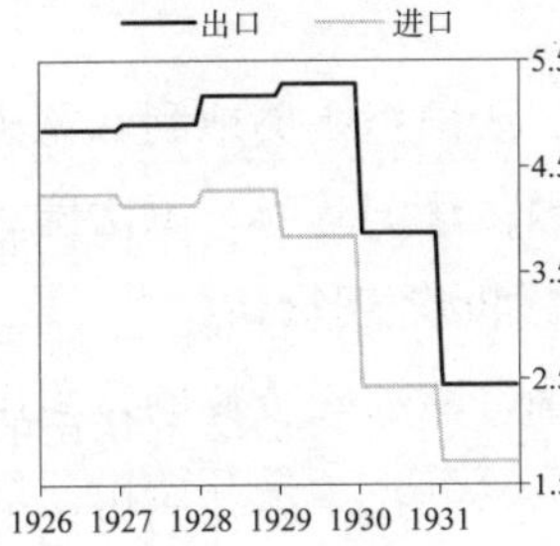

英国贸易额（年度数字，百万美元）

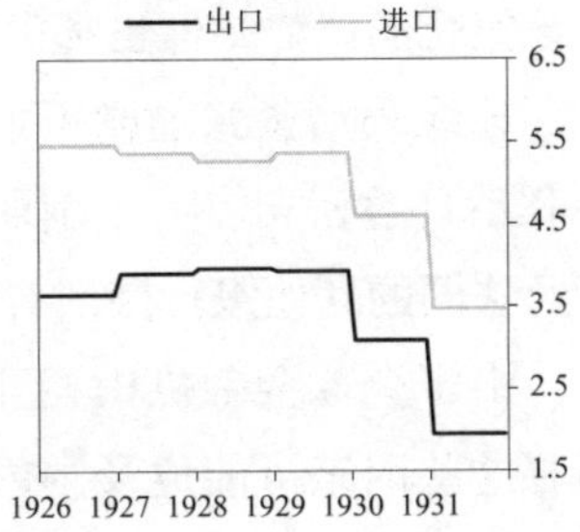

美国大通银行行长在1931年8月期的《时代周刊》上承认，企业无法获得足够多的美元来偿还债务，从而遭受严重影响。因此，他强调美国政府必须减少外国债务人的债务。在接下来的几个月里，世界各地的政治家和商业领导人重申了类似的警告。

美元短缺造成借款成本上升，导致中欧出现流动性紧缩。为了缓解流动性紧缩，继续弥补财政赤字，中欧各国政府自然选择印钞（若不这么做，信贷紧缩就会不断恶化，后果更加严重）。增印货币导致通胀上升，令人担心德国重现20世纪20年代初的恶性通胀局面。实际上，德国面临着一场国际收支危机。5月7日，美国驻德国大使弗雷德里克·M.萨克特向胡佛总统陈述了德国的经济压力，列出了德国的薄弱环节：资本外逃、货币困难、失业、全球信贷紧缩、债务支付压力、拒绝更新外国人持有的德国银行账户。[101]

奥地利也面临重大损失。5月8日，奥地利最大、最老的银行“联合信贷银行”宣布2 000万美元的亏损（部分缘于它曾在1929年参与拯救另一家濒于破产的银

新闻及美联储公报

1931年4月12日

美元承兑汇票的扩张规模在金融史上绝无其匹

“昨日股市走势明显受到专业交易员的引导，他们担心企业削减股息会动摇金融市场的信心，从而引发实际卖出。目前难以确定这一影响力度。”

1931年5月

货币市场形势

“尽管美国货币利率水平很低且在下降，但仍有大量黄金流入美国。今年头3个月的黄金流入量达1亿美元，4月初之后加速流入。特别值得注意的是，一周内从法国就流入了1 900万美元的黄金。”

——美联储公报

1931年5月1日

敦促制定贸易预算以避免萧条，全国商会发言人概述控制扩张的方法

1931年5月3日

以产品分类的3月对外贸易；食品和制造业出口规模最大，占比较1929年下滑

1931年5月4日

奥地利回避争取最惠国待遇；与匈牙利的新贸易协定将于6月1日生效，采用退税制度

“奥地利–匈牙利贸易协定草案经过数月谈判后，目前只等待分段，将于6月1日生效……奥地利–匈牙利协定的源起是：奥地利农民要求大幅加强保护，政府出于政治原因无法拒绝这一要求，但匈牙利威胁采取报复措施，对奥地利工业品加征关税。”

1931年5月5日

在世界商会开幕日，胡佛呼吁裁减陆军以复兴贸易；35国派代表参加会议，外国代表抨击高关税；总统要求裁减陆军和海军

新闻及美联储公报

1931 年 5 月 12 日

奥地利采取行动，拯救最大私人银行

“奥地利政府和银行迅速采取行动，向贸易与商业联合信贷银行注资 2 300 万美元，此举据信已避免这家最大私人银行倒闭。根据该行董事的说法，假如人们提前获知该行的状况，就会发生挤兑，迫使该行在 24 小时内关门。”

1931 年 5 月 22 日

360.4 万美元黄金流入；据报道，美联储纽约银行本周还向德国汇去 1 万美元

1931 年 5 月 31 日

欧洲再次关注德国；德国期待重新调整边界，修订还债条款，率领工业发展，在当前新时代里扮演重要角色

1931 年 6 月 2 日

股市大跌，铁路股跌幅尤为明显，纽交所交易量增加

“昨日纽交所继续下跌，很多股票加速走低。尽管当日不同股票面临不同程度的亏损，但一些个股的跌幅异常大。”

1931 年 6 月 4 日

银行放松保证金政策，股市上涨

“股市昨日摆脱数周持续压低股价的负面影响，大幅上扬，涨幅为 1929 年 11 月 15 日（暴跌后反弹时期的第二日）以来的最大值。因为有消息称，银行将会放宽股票抵押贷款的政策，昨日整个纽交所股价加速上涨。”

行），这导致其股本几乎化为乌有。[102] 接着发生银行挤兑，蔓延至市场抛售奥地利货币。**当具有系统重要性的机构出现倒闭风险时，决策者必须采取措施，维持这些机构继续运转，从而限制倒闭事件对具有偿付能力的其他机构或整体经济的冲击。保持这些机构完好无损，也可以确保信贷渠道畅通，向信誉良好的借款人提供贷款，这对放贷机构较为集中的金融体系尤其重要。**由于奥地利实行金本位制，决策者无法通过印钞提供流动性，奥地利采取了其他孤注一掷的举措，试图确保贷款投放，稳定该银行的局势，但也都失败了。

地缘政治紧张加剧了危机。法国担忧奥地利和德国的联系日益密切。为了削弱两国，法国政府怂恿法国央行及法国的其他银行撤回对奥地利的短期贷款。[103]

由于全球金融机构相互联系，欧洲经济疲弱，美国担心这些因素可能危及国内经济复苏，于是开始设法缓解德国的经济压力。5 月 11 日，胡佛总统请财政部长梅隆和国务卿亨利 · 史汀生进行审查，给予德国偿还巨额战争债务与赔款的宽限。他们 6 月初才提出建议。[104]

在此期间，银行挤兑席卷欧洲。匈牙利从 5 月开始出现银行挤兑，导致政府强行规定银行放假。[105] 德国政府通过购买优先股的方式将德国第二大银行德累斯顿银行国有化。[106] 罗马尼亚、拉脱维亚和波兰的主要金融机构纷纷倒闭。[107]

德国面临资本外逃。德国黄金和外汇储备在 6 月减少 1/3，降至 5 年来的最低点。为了遏制资本外流，德国央行收紧货币政策，将贴现率上调至 15%，将贷款抵押利率上调至 20%。[108]

随着更多银行倒闭伤害股市，投资者遭受惨重损失。5 月，德国股市下跌 14.2%，英国股市下跌 9.8%，法国股市下跌 6.9%。在美国，道琼斯指数继 4 月下跌 12.3% 后，5 月又下跌 15%。世界濒临崩溃。

德国短期利率（3 月期国库券）

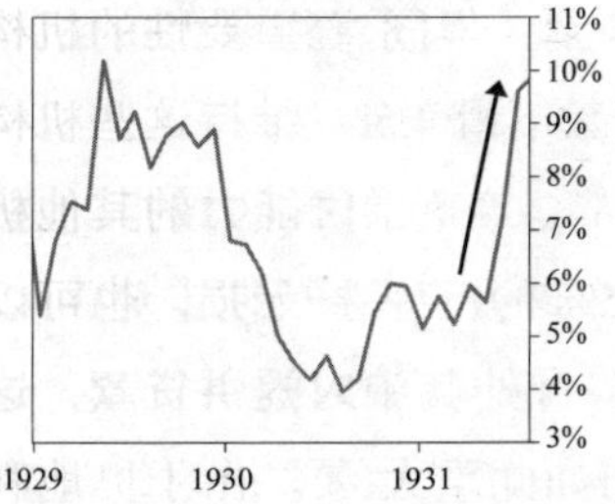

德国黄金储备季度变化（百万金衡盎司）

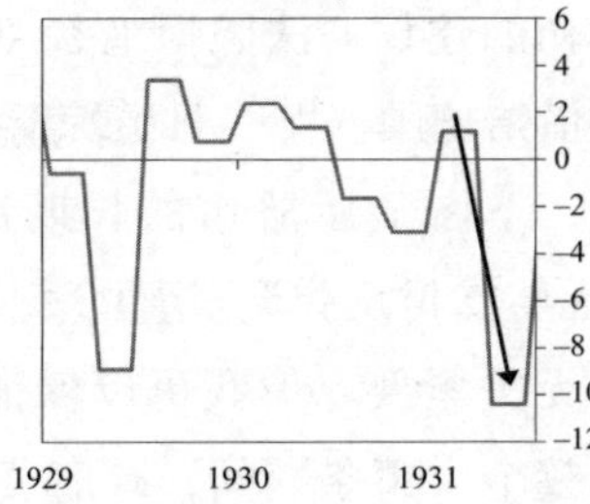

股价（本地外汇，以 1929 年 7 月为基准）

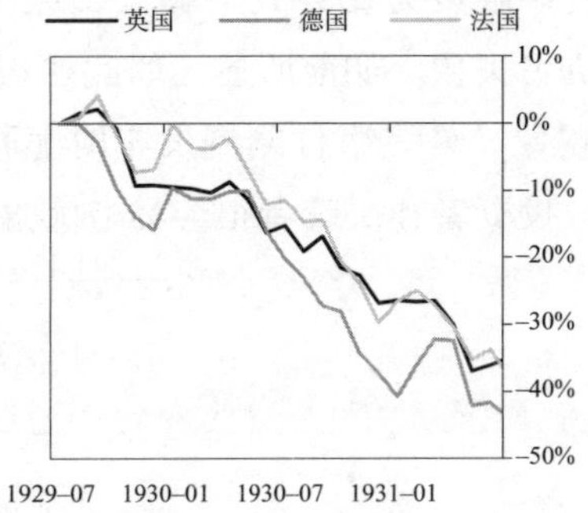

由于欧洲政治动荡，资金流入美国，美国国债需求上升，利率下降。为了降低对美元的需求，美联储将贴现率降至 1.5%。

6 月 5 日，胡佛总统向内阁建议，所有政府都批准延期一年支付政府间付款。魏玛共和国总统保罗·冯·兴登堡发出恳求，表示德国已濒临崩溃，于是胡佛迅速采纳了该计划。[109] 6 月 20 日，胡佛正式宣布他的提议：德国的债务延期一年支付。根据他的提议，美国将放弃英国、法国及其他欧洲大国明年到期的 2.45 亿美元偿债付款。要想获得这些优惠，盟国必须暂停德国 3.85 亿美元的赔款。[110]

胡佛宣布该提议后的两天里，道琼斯指数反弹 12%，到 6 月底，该指数比 6 月 2 日的低点高出 23%，这后来被称为“延期支付反弹”。在胡佛宣布该提议后的第一个交易日，德国股市上涨 25%。在接下来的几周里，大宗商品价格飙升。

7 月 6 日，延期支付谈判最终结束。15 个国家接受，

新闻及美联储公报

1931 年 6 月 4 日

克莱因表示，加拿大关税可能导致 2 500 万美元的损失；加拿大上调关税税率将会如此危害美国出口贸易

1931 年 6 月 5 日

贸易组织要求禁止进口快速消费品；州商会还希望停止对俄罗斯的机械出口

1931 年 6 月 7 日

刘易斯公司的数据显示，外贸降幅高于 1921 年，出口和进口分别比 1929 年同期下滑 32% 和 35%

1931 年 6 月 9 日

J. G. 麦克唐纳认为政治因素对欧洲局势的影响减弱，期待经济利益逐渐成为决定因素

1931 年 6 月 15 日

德国危机令巴黎不安；造成恐惧的主要因素不是经济困难，而是政治可能性

1931 年 6 月 21 日

巴黎对胡佛计划感到意外，认为所有战争赔款延期一年支付的提议可能过于慷慨

“胡佛总统提议，德国延期一年支付战争相关债务与赔款，巴黎对此倍感意外，也高度关注。事实证明，在昨日该消息宣布后，其影响明显超出预期。在知悉具体条款，并研究其对现有安排的影响之前，法国不会发表评论。”

1931 年 6 月 23 日

债务相关的乐观情绪推动全球物价大涨

“胡佛总统提议，德国延期一年支付战争相关债务与赔款。周末的事态发展显示，此提议受到欢迎，引发昨日纽交所率先领涨，全球证券与大宗商品市场的买入热情高涨。”

新闻及美联储公报

1931 年 7 月 14 日

在巴塞尔召开一整日的会议后，各国央行同意援助德国而采取行动，挤兑现象导致德国银行两日关门

“在冯·兴登堡总统的授权下，昨夜布吕宁政府下令，周二与周三德国所有银行及其他信贷机构关闭，在此期间‘禁止在国内外执行和接受任何性质的支付与转让’。”

1931 年 7 月

德国丧失黄金

“自去年秋季以来，美国的黄金储备持续增加，近几周增幅巨大。黄金从阿根廷和加拿大流入，专为外国账户持有的大量黄金也流入美国。后者与短期基金大规模撤离德国市场有关。5 月 31 日—6 月 23 日，德国央行丧失 2.3 亿美元黄金和 2 000 万美元外汇，导致其储备降至接近法定底线水平。”

——美联储公报

1931 年 7 月 14 日

德国债券大幅下跌，胡佛继续援助德国

“昨日在模拟交易所，德国美元债券大跌，这是战争时期以来最严重的下跌行情之一。交易活跃的债券收盘时净下跌 2.375~15 点。”

1931 年 7 月 24 日

伦敦和巴黎的市场消息；因银行利率上升和对德政策，英国股市低迷

“股市今日低迷，原因是银行利率上升至 3%，以及各国财政部长对德国局势做出决定，该决定被市场视为不利因素。”

1931 年 7 月 30 日

银行家不从德国撤资，英美同意德国央行延长短期贷款。国民信心上升

“今晚英美银行家与德国央行的谈判成功结束，为了阻止短期信贷进一步撤出德国，英美银行家代表同意把他们的信贷留在德国。”

1931 年 8 月 6 日

法利告诉威彻斯特民主党人，总统不会赢得两个西部州；若现在举行选举，胡佛将会落败

不过在最终协议中，德国赔款的暂停支付金额低于胡佛最初的建议。法国拒绝参加谈判，但同意将获得的赔款再借给德国。[111] 当日道琼斯指数下滑 4.5%。

下图显示股市的长期走势，灰色阴影区域指的是“延期支付反弹”。请注意，35% 的反弹在长期走势中似乎无关紧要。但我可以保证，身处其中时这并不显小。在整个大萧条期间，政府公布如此重大的举措时，曾多次引发乐观浪潮和大幅反弹，而股市的整体跌幅则接近 90%。因为这些政策力度终究不够大，经济持续恶化，一次次令投资者失望。如前所述，如此熊市反弹是萧条期间的典型现象。许多事件刚刚发生时显得非常重大，因为劳动者、投资者和决策者很容易夸大这些较小事件的重要性。

1931 年第三季度：债务延期支付计划失败，英镑抛售潮开始

很快变得明朗的是，债务延期支付不足以拯救德国。7 月初，有传言称德国最大的银行之一达纳特银行濒临倒闭。[112] 德国央行（德意志帝国银行）认为该行具有系统重要性，希望予以救助，避免德国信贷系统彻底崩溃，但德国央行缺乏救助所需的外汇储备。[113]

7 月 8 日，延期支付协议达成的第二天，德国央行行长汉斯·路德开始与英国决策者接触，请求进一步谈判，以期解决德国当前债务问题，并且可能申请一笔新贷款。路德需要一笔 10 亿美元的新贷款，但不愿做出政治让步。其他国家的决策者望而却步，没有人愿意向德国提供更多贷款。[114] 胡佛则提出了一项“暂停”协议，要求所有持有德国和中欧国家短期债务的银行不断展期贷款，这将使这些银行面临流动性和潜在偿付能力等严重问题，因为它们需要现金来偿还自己的债务。[115]

银行自然反对暂停还款协议，财政部长梅隆恳请胡佛重新考虑。胡佛不为所动。他在回忆录中说明了自己的理由：“这是一场银行家酿成的危机……银行家，而不是我们的纳税人，必须承担解决问题的责任。”[116] **让银行承担成本是胡佛的本能反应，也是应对债务危机的典型举措，但这样做是不明智的。像本书在典型理论部分讨论的，以削弱银行的方式惩罚银行，可能具有一定的道德与经济理由，而且由于公众在危机期间憎恨银行家，这样做可能有其政治必要性，但可能给金融系统和市场造成灾难性影响。**

银行没有获得有力的政策支持，因而继续出现破产事件。德国的经济萧条日趋严重，引发全国性骚乱。[117] 希特勒正准备竞选总理，他采取了强硬的民粹主义立场，威胁彻底拒绝偿付赔款债务。7 月 20 日，各国外交部长在伦敦会晤，为德国提供新贷款的计划无果而终。最后，他们将先前的一笔贷款延长 3 个月，并达成暂停还款协议，导致了一场典型的货币抛售潮，这是典型理论部分描述的情况。

英镑抛售潮

德国的问题成为危机蔓延的重要源头。英国银行向德国提供了大量贷款，所以钱收不回来了；外国投资者看到英国银行遇上麻烦，于是开始撤资。7 月 24 日，法国开始从英国撤出黄金，显示对英镑缺乏信心，促使更多国家从英国撤出存款，于是英镑抛售潮开始了。[118]

英国央行出售其储备（单在 8 月就出售了 1/3），同时升息，这些都是捍卫英镑的典型举措。外国人看到英国的黄金储备逐周递减，所以英镑承受的压力有增无减。

英国央行还寻求国外贷款以支撑英镑，但这些贷款实际上助长了英镑抛售。1931 年 8 月 1 日，英国央行请

新闻及美联储公报

1931 年 8 月 7 日

胡佛设法避免失业者“施舍”措施，打电话召集朱利叶斯·H. 巴恩斯和赛拉斯·H. 斯特朗到白宫开会

“胡佛总统及其经济顾问意识到，又一个冬季即将到来，而就业状况没有任何明显改善，所以决心制订某种救济方案，以避免下一届国会采取‘施舍’措施。”

1931 年 8 月 24 日

进步劳工行动大会主席表示，胡佛的救济方案冷酷无情，总统及其顾问激发了反抗精神

“昨日，在纽约第五大道 104 号，进步劳工行动大会主席 A. J. 马斯特发表声明，谴责胡佛总统的失业救济方案‘不仅于事无补，而且在很多方面冷酷无情’。”

1931 年 8 月 26 日

财政部长报告称，胡佛与梅隆商讨英国问题，有望改善局势

“财政部长梅隆昨晚访欧归来，今日与胡佛总统讨论了欧洲局势，包括英国危机。”

1931 年 8 月 28 日

据报道胡佛支持提供信贷；与会者没有透露白宫会议主题

“今日稍晚时有报道称，胡佛总统昨晚在白宫召开会议，与纽约银行家及梅隆部长进行讨论，提议银行家向英国政府提供 4 亿美元贷款。”

1931 年 9 月 5 日

国外缺乏信心，出现资本外逃，20 亿美元黄金在美国“避难”；美国黄金总额达到 50 亿美元，创下纪录

1931 年 9 月 11 日

外国人感到恐惧，追求“安全”，大量黄金流入美国，导致黄金囤积

1931 年 9 月 11 日

法国央行减少所有贷款，削减国内与国外贴现，仅有黄金持有量轻微上升

1931 年 9 月 18 日

法国央行所持黄金略有增加；国外即期结余增加 9.85 亿法郎，国外票据贴现 2.25 亿法郎

求美国政府从美国私人银行募集总额 2.5 亿美元的贷款，胡佛敦促立即操办这件事。[119] 英镑继续遭受抛售，接着英国央行又得到一笔贷款：美国银行和法国银行分别提供了 2 亿美元，在 8 月 28 日到位。[120] 胡佛赞同这么做，但事后承认："然而，这两笔贷款主要制造了更多恐惧。"[121]

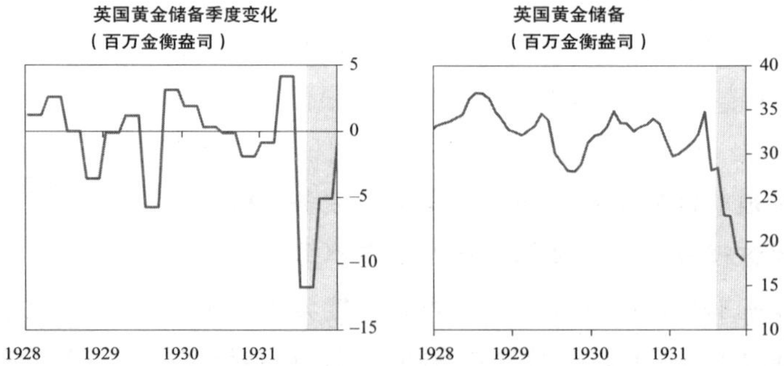

9 月 19 日（周六），英国央行用光了所有国外贷款，其黄金储备仅剩 1 亿多英镑，因此无法继续支持英镑而往任其剧烈下跌。次日，英国央行正式暂停黄金支付，这实际上是发生违约。[122] 最初，公众不理解放弃金本位制对其交易的意义。报纸上哀叹这是一个时代的终结。[123]

在接下来的三个月里，英镑贬值 30%。黄金支付暂停后的第一个交易日，英镑兑美元汇率跌至 3.70，而违约之前为 4.86，因此降幅接近 25%。英国决策者没有干预汇市，以放缓英镑贬值或维持市场稳定。英镑汇率大幅波动，到 12 月，英镑兑美元汇率跌至 3.23 的低点。同一时期，英国股市反弹，以本币计算上涨 11%。

其他国家仿效英国放弃金本位制，以便最终能够"印钞"，并使本国货币贬值。大多数这些国家的货币都贬值约 30%，接近英镑的贬值幅度（这些国家包括北欧国家、葡萄牙、大多数东欧国家、新西兰、澳大利亚、印度）。右下图展示了一些国家的货币贬值情况。

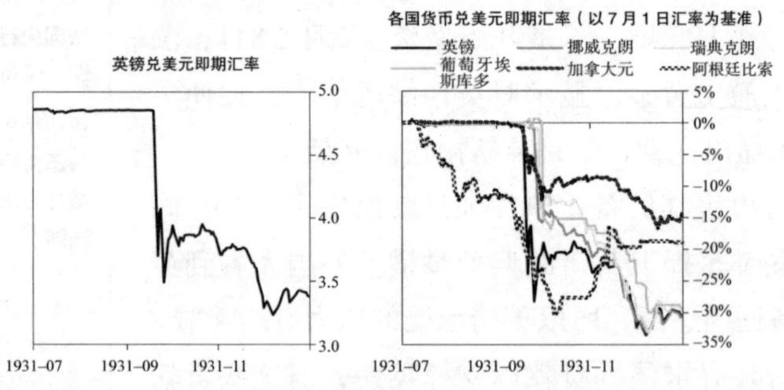

投资者担心各国政府债券会因货币贬值而违约。这导致市场抛售债券，利率上升，以及债券价格下跌。美联储将利率提升2%，以期吸引外国资本，保持美元与黄金挂钩。其他国家的政府债券价格创下1931年的新低。除了瑞士和法国外，各国国债都从1931年的高点至少下跌了20%。全球股市也发生抛售，一些股市完全停止交易。9月21日，全欧洲只有巴黎股票交易所一家开市。[124]

在央行捍卫英镑期间，英国股市和债市出现抛售，在英镑贬值后继续下滑，但之后出现反弹。因为英国的债务是以英镑计价的，所以不存在政府无法偿债的风险。这些压力对债市的影响表现为，英镑贬值后，随着12月利率从4.7%升至5.7%，1937年到期、收益率为5.5%的英国债券的价格从104美元跌至92美元，但年底回升至100美元。[125]

英镑贬值刺激了英国的出口部门，使英国央行可以大幅放宽政策，在年底前降息1%。此时达到了均衡状态，因此到10月底，伦敦的银行重新获得资金。**换言之，货币贬值和增印货币开启了和谐的去杠杆化**（后文在讨论美国退出金本位制时会详述这个问题）。与这些压力一致，在货币干预时期和紧接着英镑贬值后，英国股市和债市均大幅下跌，之后反弹。我们需要认识到，这些都是很典型的走势，本书在典型理论部分解释了原理。

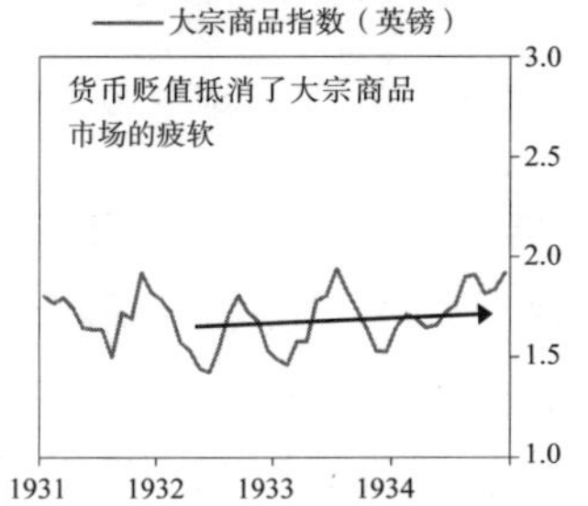

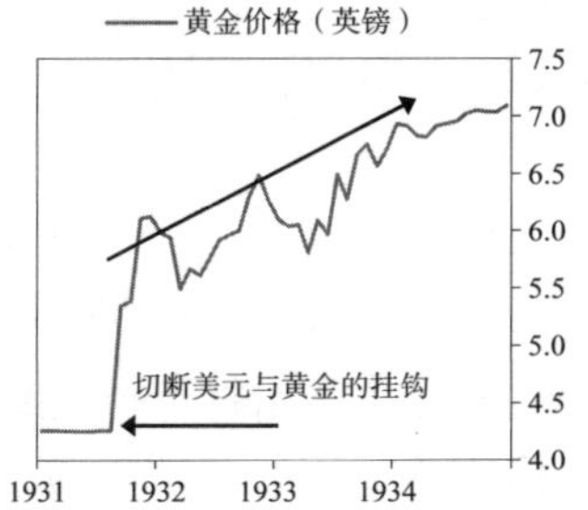

1931年第四季度：国际危机蔓延至美国，萧条恶化

其他货币贬值，美元升值，这些因素加大了美国面临的通缩/萧条压力。1931年9月，英镑贬值，尤其震

新闻及美联储公报

1931年9月20日

英镑兑美元汇率下跌至4.845；电汇汇率降低15~16美分，英镑汇率跌至7月22日以来的最低点

"昨日伦敦金融市场动荡，导致英镑汇率大幅下跌，英镑电汇汇率下跌至1英镑兑4.845美元，远低于黄金输送点，达到7月22日以来的最低点。"

1931年9月21日

银行家预计英国复苏，暂停金本位制为复苏第一步

"银行家称，事实可能证明，暂停金本位制是最终解决英国紧迫经济问题的第一步，降低英镑汇率是重定英镑价值的初步举措。"

1931年9月22日

国际联盟顾问认为德国也可能仿效英国放弃金本位制

1931年9月25日

黄金出售扰乱美国货币市场；股价下挫；外国投资者购买6 400万美元黄金，使黄金"损失"达到1.806亿美元；市场抛售银行汇票；承兑汇票收益率上升，但美联储维持1%的贴现率

1931年9月25日

伦敦汇市英镑兑美元汇率为3.85，大宗商品和英国工业股的价格迅速上涨

"主要由于海外投机性卖出英镑，今日英镑汇率进一步下跌，但大宗商品和英国工业股的价格均高速上涨。"

1931年9月26日

英镑继续扰乱世界市场，许多城市的股票交易所依然停市，英镑汇率普遍下跌

1931年9月27日

股市走势不定，大多小幅波动，债券走势较稳定，英镑汇率回升

1931年9月29日

美国单日丧失黄金5 195.36万美元，其中3 150万美元为专门用于外国账户的黄金，2 045.35万美元为黄金出口，达到1928年以来的峰值

"瑞典和挪威仿效英国暂停金本位制，导致昨日外汇市场动荡加剧，引发外国央行从美国购买更多黄金以加强自身储备。"

1931年10月

贴现率与票据利率调整

"自10月9日起，在美联储纽约银行，所有种类和期限票据的贴现率都从1.5%上调到2.5%；自10月10日起，美联储波士顿银行将贴现率从2%上调到2.5%；自10月10日起，美联储克利夫兰银行将贴现率从2.5%上调到3%。美联储纽约银行上调所有票据的购买利率，不论承付期限长短。"

——美联储公报

新闻及美联储公报

1931 年 11 月

月度评估

"在英国暂停金本位制后的 6 周里，美国黄金储备减少了 7.3 亿美元，流通货币增加了 3.9 亿美元。这两个因素都增加了对美联储银行信贷的需求。这段时期，尽管会员银行的储备余额显著减少，但美联储银行信贷总额增加了 9.3 亿美元，10 月底达到 10 年来的最高水平。9 月 21 日英国暂停黄金支付后，黄金开始外流，这是有史以来各国在类似时期规模最大的黄金流动。"

——美联储公报

1931 年 11 月 1 日

胡佛向基金注资 2 500 美元，帮助城区失业者

"胡佛总统今天向哥伦比亚特区失业救济机构出资 2 500 美元。劳伦斯·里奇给该市就业委员会主席 E. C. 格雷厄姆打电话告知了这一消息。"

1931 年 11 月 3 日

建筑与贷款联盟向胡佛提议住房信贷计划，建议联邦土地银行提供援助

1931 年 11 月 4 日

胡佛研究房地产信贷援助，总统与格拉斯商讨银行系统给予城市抵押贷款再贴现问题

1931 年 11 月 5 日

班尼特赞同胡佛的信贷计划；根据布罗德里克收到的意见，州银行可以依法参与资金池

"根据司法部长小约翰·J. 班尼特昨日提交的意见，受州银行厅监管的银行可以依法使用资金参与国民信贷公司的计划，该公司是在胡佛总统提议下创立的，旨在稳定金融形势。"

1931 年 11 月 7 日

胡佛宣布削减 3.5 亿美元预算

1931 年 11 月 8 日

胡佛计划援助住房建筑商；12 月 2 日华盛顿将举行银行家、建筑商与建筑设计师大会

"12 月 2 日，根据胡佛总统的提议，华盛顿将举行'住房建设与住房拥有'大会，一些著名建筑师准备交给胡佛总统一份报告，表示美国普通小型住房的设计有缺陷，可以用更少的钱建造更好的房子。"

1931 年 11 月 8 日

比较当前与以往的萧条程度，每周的商业指数跌至新低

"调整后的汽车生产指数从 24.4 下降至异常低的 15.5，决定了 10 月最后一周商业活动指数的变化态势。"

惊了全球投资者，给美国市场造成冲击波。世界各地的投资者和储蓄者自然开始质疑美国市场的安全性，担心美国发生违约或美元贬值，所以他们开始减持美元债务。这导致利率上升，流动性收紧，美国陷入大萧条最痛苦的时期，这一局面持续了 18 个月后，罗斯福让美国脱离金本位制，使美元贬值，并增印货币。

英镑抛售潮期间，美国股市下挫。9 月，道琼斯指数下降 30.7%，这是危机爆发以来最大的月度跌幅。10 月 5 日，股市单日下跌 10.7%。为了应对混乱局面，纽交所再次禁止卖空，这是试图减缓股市下挫的典型做法。[126] 尽管美国国债被视为"安全"资产，在 1929 至 1930 年股市崩盘期间，美国国债一度反弹，但此时国债和股票一样遭受抛售，反映出美国的国际收支危机。美国长期国债收益率升至 4%，比年中低点高出近 1%。由于美国债务庞大，偿债负担不断加重，人们开始担心美国财政部能否展期未来两年到期的债券。[127] 由于人们担心美元贬值，美国的银行出现特别严重的挤兑，所以银行需要出售债券来筹集现金，从而推高了债券收益率。[128]

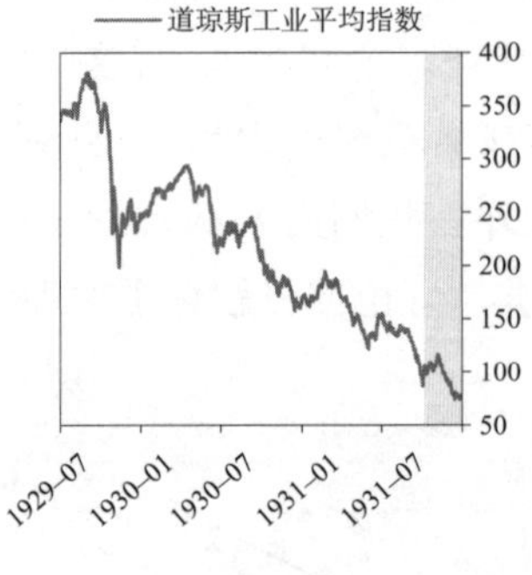

1931 年 9 月，美元自全球债务危机爆发以来首次失去避风港的地位。英镑贬值之后，法国、比利时、瑞士、荷兰央行都开始将所持美元兑换成黄金，故而黄金储备开始从美国流出。在英镑贬值后的三周里，美国失去了约 10% 的黄金储备。

10 月 9 日，为了吸引投资者，美联储纽约银行将贴现率从 1.5% 上调至 2.5%，相当于收紧货币政策，这在萧条时期是不良之举。**一般来说，在国际收支危机期间，如果加息幅度足以补偿以弱势货币计价的债务人所面临的汇率风险，那么加息幅度就会过大，国内经济无法承受。**这一次也不例外。一周后，美联储纽约银行又把利率上调至3.5%。[129] 有流言称，美联储纽约银行行长乔治·哈里森曾请求法国人停止从美国撤出黄金。[130]

面对国内困境，美国投资者开始囤积黄金和现金。1931 年年底，一系列银行出现挤兑，迫使许多银行倒闭，没有倒闭银行的存款大幅萎缩。由于存款的减少，银行开始收回贷款，以夯实现金储备。房主和农场主被迫丧失抵押品赎回权，同时，由于投资者没有像过去那样展期贷款，几家公司破产。[131]

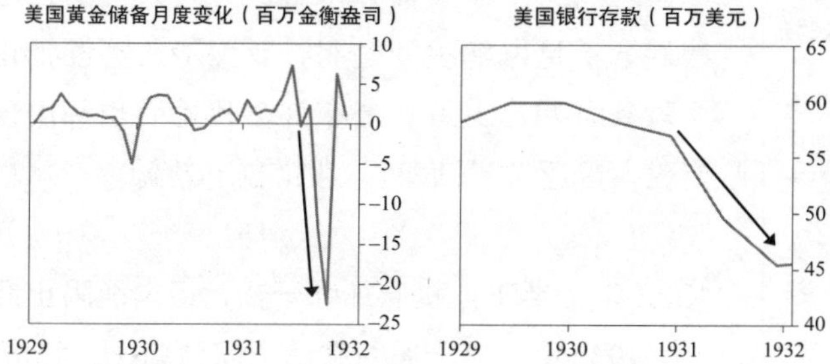

随着货币和信贷的萎缩，美国经济开始跌落悬崖。1931 年下半年，工业产量萎缩 14.3%，百货公司销售下跌 12.9%。到 1931 年年底，失业率达到近 20%，国内物价年跌幅达 10%。

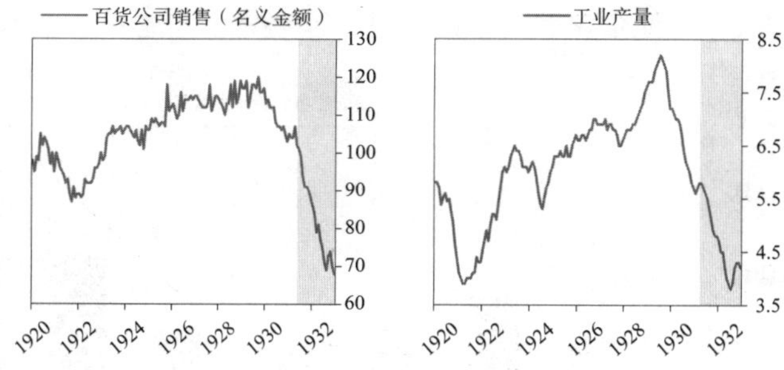

1931 年年底，胡佛政府采取数项举措，遏制银行倒闭，刺激信贷流动。其中最重要的是成立“国民信贷公司”，该公司提供一个私人资金池，可以向具备可靠抵押品的机构发放贷款，为面临倒闭风险的银行提供流动性（即是一种私人的央行）。这些资金来自银行，总计 5 亿美元，这些银行还能再借 10 亿美元。[132]

同时，胡佛设法解决房地产市场崩溃的问题。为了停止“房主和农场主”的止赎事件，他试图创建一个“住房贷款贴现银行”体系（在 1932 年落实）。

新闻及美联储公报

1931年11月29日

两党势均力敌的国会面临许多重大问题，有待解决的通常问题，还有大萧条和国外事件引发的问题

1931年12月19日

房地产利益团体要求制定新的留置权法以帮助房主，呼吁降低止赎成本和仲裁费用

1931年12月20日

汤普森上校建议，决策者采取三项举措以启动经济复苏：政府增加开支、暂停收回抵押品赎回和降低房价

1931年12月31日

胡佛总统的方案立即付诸实施，建立信贷池以帮助稳健银行

“一年来，商业银行领域取得的一项重要进展是，根据胡佛总统的建议，组建国民信贷公司，为那些不符合美联储银行购买条件的稳健银行资产提供贴现机制。胡佛先生于10月7日提出该方案，旨在遏止银行倒闭浪潮，恢复公众对银行的信心，从而遏制囤积资金行为。”

1931年12月31日

经济学家表示美联储银行可以带来复苏，建议通过遏制信贷紧缩终结清算过程，还建议购买票据

1931年12月

全美企业概况

“10月，制造业产量和就业人数均进一步下滑，但矿物产量增幅超过本季度的通常水平。10月中旬后，市场对美联储银行信贷的需求量显著下降，反映了会员银行储备余额减少，以及11月的黄金流入主要来自日本。货币市场环境有所放宽。”

——美联储公报

1932年1月3日

国会面临诸多问题，最紧要的是推进重建金融公司的计划

“国会在复会时面临的首要问题是讨论胡佛总统关于设立5亿美元的重建金融公司的法案。该公司的很多职能将模仿一战后运营的战争金融公司。”

1932年1月13日

总统将加速成立20亿美元的贷款机构；他表示重建金融公司将在法案通过后很快开始运行

“胡佛总统今天与参议院领导人磋商，表示重建金融公司的预期贷款额度为20亿美元，该公司将在国会最终通过法案几天后开始运行。”

同时，他与保险公司及房地产机构合作，暂停联邦土地银行对农场抵押贷款止赎，同时向该机构提供10亿美元，使其扩大放贷规模。[133]

这些政策备受欢迎，并广泛提振了投资者的信心。股市随之反弹，从10月的低位到11月9日总共上涨35%，在公布成立“国家信用协会”的那一天，股市飙升逾10%。像大多数大幅反弹一样，这次反弹让一些人相信最坏的情况已经过去。然而，整体货币和信贷供应都没有发生显著变化，所以到期债务总额与可供偿债资金额之间的根本失衡并未解决。当人们清楚地看到这些计划远不足以解决问题时，反弹势头逐渐消退。在整个大萧条时期，决策者公布许多政策后也都出现了类似的情况。接近12月底时，股市创下新低。

1932年上半年：政府加强干预，但未能阻止经济崩溃

1932年，随着通缩和信贷问题恶化，经济持续下滑，萧条局面加剧。很多企业陷于困境或破产，亏损总计达27亿美元，企业破产数目创纪录，将近3.2万起，总负债达9.28亿美元。[134]银行倒闭的消息充斥着报刊新闻。这些损失蔓延至经济体系，给放贷者造成损失，导致其他企业倒闭，经济进一步萎缩。

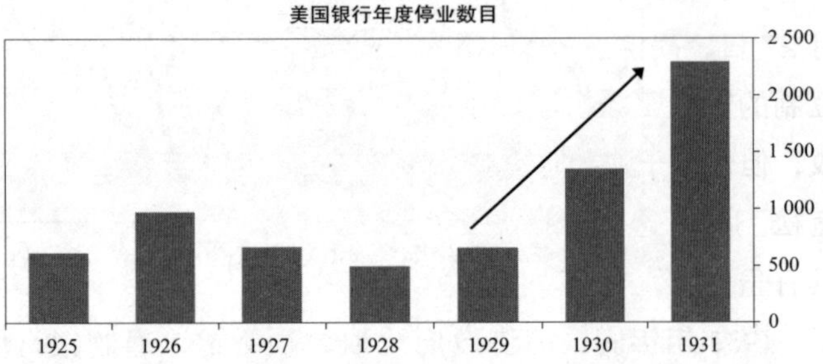

重大债务危机期间的典型情况是，为了缩减债务，决策者几年实施通缩性杠杆政策，但他们最终认识到，债务缩减与财政紧缩给经济造成的下行影响过于痛苦，也无法产生必要的效果，因此转而采取更积极的政策。越来越明显的是胡佛政府未能扭转信贷紧缩局面，1932

年上半年，胡佛政府宣布另一组政策，旨在向银行系统提供流动性，让信贷重新流动起来。

1月23日，胡佛成立重建金融公司。重建金融公司拥有5亿美元的资本金，还可以从美国财政部或私人机构获得高达30亿美元的借款。该机构的目标是向有偿付能力的银行提供流动性，使其免于倒闭。[135] 重建金融公司受益于比美联储更广泛的授权，它的贷款抵押品范围和贷款对象范围更为广泛，可以贷款给州际特许银行、不属于美联储系统的农村地区的银行（即其中一些银行受危机冲击最大），以及当时的重要产业铁路业（类似2008年危机中的汽车业）。[136] **接受品种越来越多的贷款抵押品，向范围越来越广的借款人放贷，这是决策者使用的典型杠杆，旨在确保金融系统得到充足的流动性，一些流动性由央行提供，另一些由中央政府提供。**

到1932年8月底，重建金融公司已向5 520家金融机构放贷13亿美元，减少了银行倒闭数量。[137] 但重建金融公司只能向具有"优良"抵押品的金融机构放贷，无法向一些最需借款的机构提供足够的支持。[138]

大约在这个时候，美联储开始增印货币。在危机爆发前，美联储的贷款抵押品只能是黄金或特定形式的商业票据。在这两者都供给不足的情况下，决策者再次面临进一步收紧政策与削弱美元和黄金挂钩之间的取舍。**2月27日，胡佛签署《1932年银行法》，试图在维持金本位制的前提下缓解流动性紧缩，美联储得到更大的印钞权，但仅限于购买政府债券（这在75年后被称为"量化宽松"）。**[139] 这一行动明显削弱了金本位制的原则，因此具有争议性，但由于事态紧急，该法案未经辩论便通过了。[140] 如胡佛所说，这一决定"在某种意义上是一项捍卫国家的举措"。[141] **1932年晚些时候，国会授予美联储更大的权力，美联储可以增印货币，并在紧急情况下提供流动性。**[142] **这一条款，即《联邦储备法》第13节第3条，对于美联储应对2008年债务危机至关重要。**

4月和5月，美联储系统每周买入政府债券，金额分别为近5 000万美元和近1亿美元。到6月，该系统

新闻及美联储公报

1932年1月16日

众议院通过重建金融公司法案，采取20亿美元财政措施

1932年1月17日

企业的乐观情绪普遍增强，重建金融公司法案通过和抑制通缩举措令商界领导人振奋

"国会两院通过重建金融公司法案，在芝加哥召开的铁路工人大会上，代表们终于采取和解态度，美联储系统似乎开始遏制通缩，这三个因素提振了上周金融界的乐观情绪。"

1932年1月17日

三家银行关门，其中两家在芝加哥，一家在宾夕法尼亚州的伊利市

1932年1月20日

乔利埃特（伊利诺伊州）银行停业，但主管说该行具有偿付能力，将会恢复营业

1932年1月20日

伦塞勒（纽约州）银行关门

1932年1月21日

芝加哥两家银行关门

1932年1月22日

胡佛请求众议院投票支持，为重建金融公司拨款5亿美元

1932年2月

重建金融公司

"1月影响银行业形势的主要事件是通过立法创立拥有5亿美元资本金的重建金融公司。1932年1月22日总统批准《重建金融公司法》，旨在'为金融机构提供紧急融资机制'，'协助农业、工业与商业融资'。总统在宣布批准该法时，称这家新公司'将成为一个强大的组织，它拥有充足的资源，能够补强美国信贷、银行和铁路结构中可能出现的弱点，以使工商业能够开展正常的经济活动，不必担心意外冲击与不利影响'。"

——美联储公报

1932年2月

全美企业概况

"11—12月的工业活动下降，降幅略高于本季度的通常水平，而工厂就业人数的降幅与通常情况大致相符。批发价格进一步下跌。"

——美联储公报

已买入15亿美元的政府债券。下图展示了美联储1931年和1932年购买与持有的国债规模。

美联储对美国政府债券的净买入（百万美元）

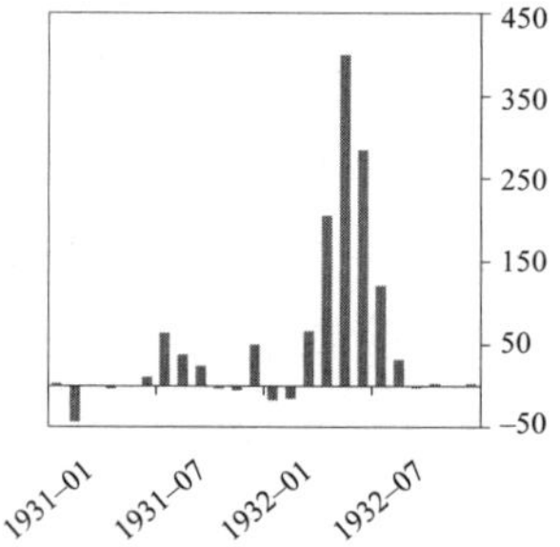

美联储持有的美国政府债券（百万美元）

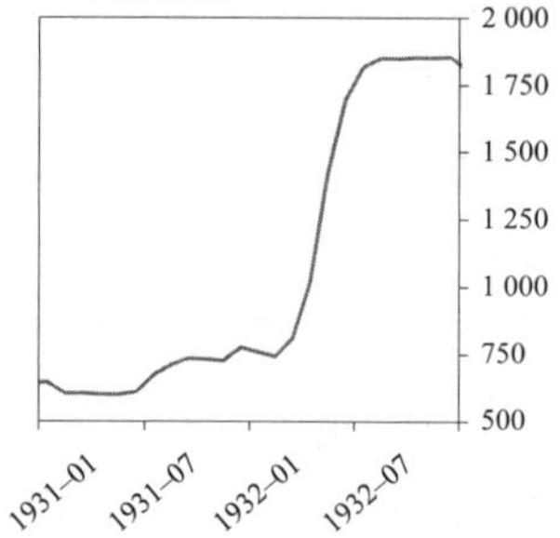

美联储开始买入后，短期国债收益率快速下滑，3月期国债收益率在1932年上半年的降幅逾2%。美联储的购债举措也缓解了中长期国债市场的压力，由于巨额赤字和外国投资者不愿持有美国资产，该市场的美元供求失衡已达临界点。10年期国库券收益率在1月上升至4.3%以上后，在接下来的6个月里跌至3.5%以下。

这些举措激发了市场的乐观情绪，迎来又一轮反弹，道琼斯指数上涨19.5%，达到1月的高点。2月该指数收于80以上。

1932年下半年，决策者也采取了一些规模较小的举措，支持银行系统。**放弃银行以市值计价的会计方法是另一项经典举措。**1月，货币监理署指示银行审计员，对国家级银行持有的BBA级及以上评级的债券，以票面价值作为其内在价值。[143] 若按以前的会计方法，银行持有的债券要么面临巨额账面损失，要么在卖出债券时面临现金损失。这些损失使银行的资本减少，迫使银行筹资或出售资产，这会进一步缩减流动性，压低资产价格。会计规则的调整缓解了银行承受的一些最紧迫的压力。

胡佛政府还通过宏观审慎措施推动信贷流动，最显著的举措是直接对银行施压，促使它们放贷。胡佛和财政部长奥格登·米尔斯指责银行未能刺激信贷，责备它们限制贷款，囤积黄金与现金。胡佛在12个美联储地区组织委员会，迫使大型地区性银行放贷，但此举收效

新闻及美联储公报

1932年2月11日

欧洲提取1 704.55万美元黄金

“美联储纽约银行昨日报告称，欧洲人提取了总值1 704.55万美元的黄金。该行还宣布，从加拿大进口107.02万美元黄金，从印度进口57.5万美元黄金，此外，专用于外国账户的黄金增加1万美元。”

1932年2月11日

《联邦储备法》更改

“今天，胡佛总统在白宫召集民主党与共和党领导人出席非党派性会议，决定开发一个强有力的金融机制，该机制以彻底改革美联储系统为基础，可能增印25亿美元货币，刺激信贷增长。”

1932年2月11日

联邦救助问题激发参议院激烈争议

“今天，针对为失业者提供直接联邦救助的《拉福莱特–科斯蒂根法案》，俄亥俄州共和党参议员费斯与爱达荷州共和党参议员博拉展开激烈争辩。挤满国会大厅的议员为两位发言者鼓掌。对该举措的投票被推迟到明天。共和党领导人期待投票时民主党人施以援手，否决法案。”

1932年2月11日

股市下跌后反弹，收复大部分失地

1932年2月27日

信贷法案投票通过：胡佛今日签署

“今日，《格拉斯–斯蒂格尔信贷扩张法案》在国会以全票通过后，于今晚6点08分送至白宫，胡佛总统将于明日签署。”

1932年2月27日

银行状况在14天里改善

“根据美联储委员会和货币监理署署长J. W.波尔收到的报告，银行业状况在两周里明显改善。8天时间里没有发生一起全国性银行倒闭事件，创下多个月来的新纪录，同时10天里其他会员银行与州银行的倒闭数目也明显减少。”

1932年2月27日

国会一致同意银行援助措施，信贷法案投票通过；胡佛今日签署

1932年3月2日

参议院委员会全面调查卖空行为；银行业委员会将超出胡佛的方案，调查纽交所

“今天参议院银行业与货币委员会建议，对纽交所展开调查。康涅狄格州共和党参议员沃尔科特将领导一个小组，立即开始起草一份决议，要求授权参议院展开调查。”

甚微。[144]

尽管一些举措有所帮助，但不足以阻止经济崩溃。美国黄金储备持续面临外流压力，外国人担心，随着货币的扩张和赤字的扩大，美国将无力维持美元与黄金的现有兑换比率。[145] 于是他们竞相兑换黄金。3—6 月的每个月里，黄金都在流出美国。6 月，黄金的净流出达到 2.06 亿美元，上次达到这一水平还是在英镑贬值之后。[146] 这造成了信贷紧缩。

3 月，股市下挫，接着连续下滑 11 周。道琼斯指数下降 50%，从 3 月 8 日的 88 降至 5 月 31 日的 44。道琼斯指数 5 月收于当月低点，当月股票成交量进一步下降至每天 75 万股左右。[147] 在危机初期，政府采取增加贷款和支出的措施，推动资产市场持续反弹，但在这个阶段，投资者已经灰心，他们担心胡佛的计划不足以带来必要的变革，弥补这些计划的巨大成本，于是市场继续下行。

全球范围内，社会动荡与冲突在不断加剧。在德国，希特勒在国会选举中赢得最多席位。日本滑向军国主义，1931 年入侵中国东北，1932 年入侵上海。美国的罢工和抗议活动也在增加。[148] 失业率接近 25%，仍有工作的人面临着降薪。在乡村地区，随着物价下跌以及一场旱灾摧毁农作物，农民面临破产。6 月，为了强烈表达不满，成千上万的退伍军人及其家人在华盛顿游行（并留守不动），旨在对政府施压，要求政府立即支付退伍军人津贴。[149] 7 月 28 日，道格拉斯·麦克阿瑟将军率领美国陆

新闻及美联储公报

1932 年 3 月 10 日

向胡佛报告银行囤积问题

“今日美国废钢铁协会会长本杰明·施瓦茨向胡佛总统报告，指控一些银行囤积现金，其限制性信贷政策严重损害了工业活动。”

1932 年 3 月 18 日

法国央行买入更多黄金

1932 年 3 月 20 日

专家表示政府应借用企业方法来平衡联邦预算，敦促政府经济部门削减赤字

“经济学家兼税务专家 W. 克莱门特·穆尔昨日将政府的当前财政困境与任何大型工业组织的财务困境进行比较，并断言政府应当使用企业方法和常理来平衡预算。”

1932 年 4 月 5 日

美国黄金持有量单日减少 11.84 万美元

1932 年 4 月 8 日

总统接受众议院提供经济支持的请求

“胡佛总统今日接受众议院经济委员会的邀请，在减少政府开支上展开合作。他请委员会全体成员于周六上午 11 时在白宫开会。”

1932 年 4 月 9 日

股市延续跌势，跌破以前低点，债市同样低迷

“一周多来，股市持续走弱，昨日进一步遭受抛售压力，这一情况加剧了华尔街的失望情绪。以点数衡量，纽交所的下跌幅度并不大（主要股票的跌幅为 1~3 点不等），但以基数衡量，跌幅相当大。”

1932 年 6 月 6 日

国会准备进行两周的辩论

“今晚，国会准备进行 1~2 周的激烈辩论，内容包括税收、经济和救济等首要立法问题，也可能包括尚待解决的津贴问题。”

1932 年 6 月 26 日

救济法案支持者表示，胡佛“错了”

“总统批评参议员瓦格纳提出的失业救济法案，因该提案将拨款 5 亿美元用于公共建设工程。今日参众两院议员讨论该法案时，瓦格纳为此提出了最后的请求。”

新闻及美联储公报

1932年7月3日

与会者为罗斯福欢呼，总统候选人获得热烈掌声

1932年7月24日

罗斯福将在各州争取选票

“民主党全国委员会主席詹姆斯·A.法利预计，富兰克林·D.罗斯福州长将以选举团多数胜选，得票数将超过任何民主党总统候选人（1912年的伍德罗·威尔逊除外），所以他昨日宣称，今年的民主党全国候选人组合将赢下所有州，无论这些州在以往选举中多么倾向于共和党。”

1932年8月

紧急救济法案

“近几周来，银行业局势的主要进展是通过与美联储银行和会员银行有关的新立法。7月21日，总统签署了《1932年紧急救济与工程建设法》（文本见本公报）。该法授权重建金融公司，根据某些条件向受困的州和地区提供救济，总额不超过3亿美元，贷款利率为3%。该法还规定，重建金融公司可以向各州、其他政治团体或机构以及私营公司提供贷款，用于公共或准公共的自行清算项目，如桥梁、隧道、码头和贫困地区的住房设施。”

——美联储公报

1932年9月2日

股市录得本月大涨；纽交所240只股票上涨4 041 656 665美元，为三年来最大涨幅

1932年9月10日

美国银行清算业务一个月里增长3.6%，因交易额增长8.4%

1932年9月29日

8月货币存量增多；财政部报告称增加136 311 347美元，黄金增多113 912 811美元

1932年10月

里奇州长指控胡佛的“失败之处”；农业与关税减免、移民禁令与平衡预算问题未解决

“马里兰州州长里奇宣布胡佛总统在执政期间‘未能解决四大问题’。他在今晚对2 000名康涅狄格州民主党人发表演讲，开启在新英格兰地区为罗斯福–加纳组合的拉票之旅。”

1932年10月26日

科普兰抨击银行业“寡头政治”；参议员指责胡佛纵容金融家妨碍美国经济复苏

“美国纽约州参议员罗亚尔·S.科普兰今晚在民主党集会上发表讲话称，大银行利益集团不应为其流动性居功自傲：‘85%的流动性是冷酷无情的自吹自擂，就像当1 000位患者吵着要住院时，医院炫耀它85%的床位是空的一样。’”

军用坦克和催泪瓦斯驱离示威者。就在这个时候，国家内部以及国家之间的冲突加剧，播下了民粹主义、威权主义、民族主义和军国主义的种子，先是酿成了经济战，接着欧洲和日本分别于1939年9月和1941年12月发起军事战。

1932年下半年：经济进一步萎缩，罗斯福当选

到1932年夏季，大规模的刺激政策和银行救济举措似乎行之有效。恶性循环开始缓和，资产价格稳定下来，汽车等行业的产量甚至上涨。5—6月，大宗商品、股票和债券也见回升。1932年下半年，股市和债市的情况都有所改善。8月和9月，道琼斯工业平均指数反弹至80的峰值，几乎是7月最低值的两倍。下图展示了道琼斯指数的走势。

《时代周刊》1932年8月8日称，黄金不再外流推动市场反弹，有传言称美国得到外国资本，一项铁路公司合并交易获批。

随着对经济和资产市场的乐观情绪开始上涨，决策者开始退出前期的刺激措施。此外，一桩丑闻对重建金融公司构成严重损害：重建金融公司救助了中央共和银行信托公司，而该公司负责人是重建金融公司前主席。这引发了公众的激愤，重建金融公司此时似乎成为富豪银行家的工具。[150] 为此，国会下令，重建金融公司为哪个机构提供贷款，就必须公布该机构的名称。[151] 这实际上意味着，要从重建金融公司获得贷款，就必须公布身份，这无异于公开承认自己遇到麻烦，自然会加大储户

提款的压力。所以，金融机构从重建金融公司借款的频率下降，储户开始加速提款。[152]

政府“救助”金融机构引发公愤，这是“大众与华尔街”“劳动者与投资者”冲突的结果，也是萧条期间的常见现象。随着经济痛苦的加剧，民粹主义者会呼吁“惩罚造成这一乱局的银行家”，使决策者极难采取挽救金融系统和经济的必要举措。毕竟，假如银行家在混乱中撒手不管，系统肯定会瘫痪。

政治因素也促进了美联储停止买入政府债券。2月通过的《1932年银行法》被设定为临时举措，因为担心此举可能削弱美元。芝加哥、费城和波士顿的美联储委员会成员主张结束公开市场操作。他们的理由是：银行不断积累储备金，却没有显著扩大信贷，可见这项计划是不必要的（而且该计划造成长期利率降低，损害银行的赢利能力）。7月他们不再参与购债行动，美联储纽约银行无法独自继续而被迫默许。[153]

随着收入的下降和支出的上升，政府开始担心预算赤字不断膨胀。[154] **胡佛几乎获得全面支持，准备一手减税，一手削减联邦开支，实现预算平衡。**[155] 6月6日，胡佛将《1932年税收法案》签署为法律。该法上调所得税、公司税和各类消费税的税率。尽管采取了这些措施，预算赤字占GDP的比例仍显著上升，因为紧缩措施会加剧经济萎缩，而经济萎缩速度快于预算赤字削减速度。[156] **如前所述，胡佛试图通过财政紧缩平衡预算，这是新手应对经济萧条的典型做法。**

同样，正如去杠杆场景中的典型情况一样，如何应对危机的辩论变成了针锋相对的政治辩论，带有浓烈的民粹主义意味。罗斯福此时的竞选纲领似乎带有左翼民粹主义色彩。从竞选一开始，他就强烈反投机者。在竞选的揭幕演讲中，他抨击证券公司肆行无忌，呼吁联邦政府控制股票与大宗商品交易所。[157] 有迹象表明，他支持让美元贬值，从而加大了美元承受的压力。为了安抚这样的忧虑，罗斯福表示不会让美国退出金本位制，但投资者仍不放心。[158] **顺便说一句，政治家和决策者经常**

新闻及美联储公报

1932年11月2日

内华达州宣布银行放假12天，低牲畜价格给该州带来危机

“今日，副州长莫利·格里斯沃尔德宣布全州企业和银行放假到11月12日。内华达州州长弗雷德·B.巴尔扎在华盛顿，暂由副州长履行职责。”

1932年11月2日

全国登记选民达46 965 230人，这比1928年大选的投票纪录多10 166 561人

1932年11月6日

桑德斯表示胡佛注定胜选，共和党主席称选民“绝对将会争先选择”胡佛

“昨日，在本市与芝加哥，共和党全国委员会主席、胡佛竞选团队负责人埃弗雷特·桑德斯同时公布选前声明，宣称胡佛总统将在周二举行的大选中获胜，将以‘绝对优势’赢得281张选举人票，以及至少21个州。”

1932年11月7日

大选对财政体制改革至关重要，米尔斯预计将在胡佛败选的情况下推动公共债务整合

1932年11月9日

总统平静承认败选；他给罗斯福发电报时，斯坦福大学学生为他唱小夜曲

“胡佛总统今晚在发给罗斯福州长的贺电中承认败选。发电报时，斯坦福大学的学生聚集在胡佛家门前，为他和夫人唱小夜曲，与4年前共和党赢得大选时一模一样。”

1932年11月9日

罗斯福承诺努力恢复经济繁荣，尚未发出正式声明

1932年11月11日

银行家否认金本位制受威胁；小B. M.安德森表示美国绝不会放弃金本位制

“昨日，在纽约大学商学院举办的投资银行论坛上，大通国民银行经济学家小本杰明·M.安德森声称，在过去的36年里，美国能维持金本位制这一点，从来不值得怀疑。”

新闻及美联储公报

1932年11月23日

日内瓦会议代表们聚焦三大议题；中国东北、裁军与萧条问题，戴维斯参会

“今日政治家举行的会议上，中国东北问题、世界经济会议和世界裁军问题交织在一起，令人困惑。美国国务院代表诺曼·H. 戴维斯参加了所有三项议题的讨论。”

1932年12月1日

11月8日大选创下三项纪录；全国投票人数创纪录，罗斯福得票最多，胡佛得票最少

“11月8日的大选计票基本完成，美国选民创下三项新纪录，投票总数超过3 900万张，罗斯福州长得票22 314 023张，胡佛总统得票15 574 474张。”

1932年12月12日

德国教授认为美国关税是经济萧条的关键原因，问题在于美国是否降低壁垒

“哥廷根大学统计研究所所长，德国政府社会保险、税收及其他财政事务顾问费利克斯·伯恩斯坦教授表示，除非美国降低关税壁垒，否则世界经济不可能摆脱大萧条。”

1932年12月15日

内华达州结束银行假期

做出虚假承诺，这样的承诺是权宜之计，不符合经济和市场的基本面，断不可信。

银行倒闭数量不断上升，公开市场操作已经终止，重建金融公司无能为力，政府开支受到控制，美元贬值风险越来越大。黄金外流再次发生，金价不久前开始企稳后，重新开始下跌。经济的下行趋势陡然加剧。

11月，银行业面临的压力进一步加大。临近大选前，内华达州第一个宣布全州银行放假，这是应对大范围银行挤兑的典型举措。尽管内华达州成功避免了本州主要银行倒闭，但此举引发了一场全国性恐慌。[159] 储户担心自己的银行会成为下一个倒闭的银行，于是纷纷加速提款。危机态势卷土重来。

1932年，经济极端恶化。下图展示一些经济统计数据，并突出显示了从英镑贬值到1932年年底的这段时期。消费者支出和工业生产的降幅超过20%，失业率上涨15%以上。严重通缩已经挥之不去，每个月的价格都下跌近1%。

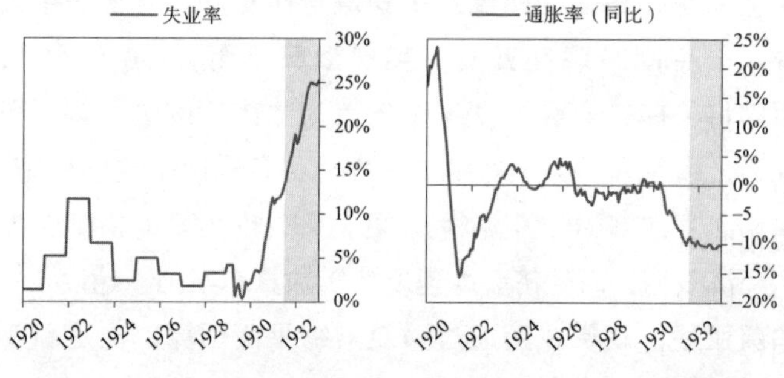

决策者依赖通缩性杠杆来削减债务，使美国陷入严重萧条/痛苦的去杠杆化。因为名义利率远远高于名义增长率，所以债务增速快于收入增速，尽管违约频发，但债务负担仍在加重。

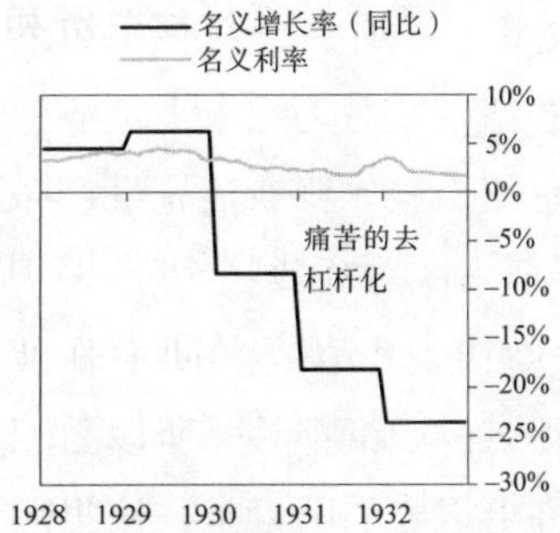

尽管投资者担心罗斯福当选总统的影响，但由于罗斯福采取了民粹主义的竞选战略（再加上经济形势严峻），他赢得了大选。1932 年 11 月，罗斯福当选美国总统，得票 2 280 万张，超过胡佛的 1 580 万张，创下截至当时美国总统候选人得票最多的纪录。

在两次世界大战之间的时期（20 世纪 20—30 年代），由于经济形势不佳，经济复苏不均衡（精英似乎日益富强，而百姓依旧苦苦挣扎），决策者施政无效，民粹主义成为一个全球现象，导致美国、德国、意大利和西班牙都发生政府更迭。在美国，收入和财富分配不平等的程度在 20 世纪 30 年代初达到顶点，在整个 30 年代都保持高位。到罗斯福胜选时，最富的 10% 的人获得 45% 的收入，拥有 85% 的财富，同时失业率超过 20%。面对这些情况，罗斯福决定将“新政”作为基本竞选纲领，承诺大幅改善劳动者、债务人和失业者的处境。[160]

欧洲的经济态势与美国相似。在此前的 15 年里，德国经历了一场恶性通胀，也吃了大萧条爆发的苦头。德国的贫富差距也很悬殊：最富的 10% 的人获得约 40% 的收入，失业率超过 25%。这为纳粹上台搭建了舞台。[161]

1933 年：罗斯福就职之前

由于罗斯福预计采取通货再膨胀政策，黄金继续流出美国，而此时罗斯福拒绝确认其维持金本位制的承诺。他的顾问们试图劝说他安抚市场情绪。参议员卡特·格拉斯很可能被罗斯福提名为财政部长，宣布假如罗斯福不能保证美国维持金本位制，他就不会接受该职位。[162]

新闻及美联储公报

1933 年 1 月

当前银行业发展状况

“今年，节日期间贸易对美联储银行的货币需求约为 1.2 亿美元，而近几年的数字则介于 2.25 亿 ~2.75 亿美元之间。货币需求量下降反映了两个情况：一是主要由于当前物价较低，美元零售贸易额减少；二是此前囤积的货币继续回归。今年的货币需求并没有像往常一样导致美联储银行信贷余额增加，因为美国货币存量增加了约 1.5 亿美元黄金，向会员银行提供提款要求所需的充足资金。”

——美联储公报

1933 年 2 月 1 日

英国从美联储纽约银行回购 1 358.89 万美元黄金，这是其专门用于偿付战争债务的最后一笔黄金

“12 月 15 日，伦敦指定存入当地储备账户 9 555 万美元黄金。昨日，英国央行从美联储纽约银行回购 1 358.89 万美元黄金，这是上述总数的最后一笔，与英国偿付战争债务有关。（原文如此）”

1933 年 2 月 1 日

邓百氏公司报告显示，一周内，零售企业破产数量增多，其他类型企业破产数量减少

“根据邓百氏公司企业违约状况报告，在结束于 1 月 26 日的一周里，零售企业破产数量从 404 增至 417。所有其他类型的企业破产数量都有所下降。这一周的总破产数量为 605，而之前一周是 618。”

1933 年 2 月 4 日

黄金供给下降；荷兰提供了 87.26 万美元的黄金，但被 367 万美元的指定用途黄金抵销

1933 年 2 月 8 日

黄金供给单日减少 160.15 万美元

1933 年 2 月 15 日

邓百氏公司报告显示，一周内，零售企业破产数量增多，其他类型企业破产数量减少

“根据邓百氏公司报告，在结束于 2 月 9 日的一周里，零售企业破产数量增多，但所有其他类型企业的破产数量减少。零售店违约共 376 起，而之前一周为 353 起。总破产起数为 509，之前一周为 567。”

胡佛给罗斯福写了一封私信，恳请他澄清自己的政策。[163] 那些投资美元的欧洲人感到担忧。《纽约时报》发自巴黎的报道称：“欧洲市场对美元未来走势感到困惑，这必须归因于美国新政府没有明确其政治意图。假如罗斯福先生宣布坚决维持美元的稳定性，就会大大安稳人心。”但罗斯福保持沉默。[164]

2 月，危机加深。密歇根州最大的金融机构底特律卫士联合集团面临破产，向重建金融公司申请贷款，但该集团几乎没有什么优质抵押品，所以受职权所限，重建金融公司不能向它提供高额贷款。也许更重要的因素是，该集团的主要股东是汽车业富豪亨利 · 福特。重建金融公司不愿显得偏袒富豪，于是建议在福特也提供一定支持的前提下，他们可以放贷，但福特认为，该集团和中央共和银行信托公司一样具有系统重要性，所以拒绝提供支持。福特与重建金融公司的较量以失败告终。底特律卫士联合集团旗下的两家银行卫士联合信托和卫士国民商业银行都破产，密歇根州被迫宣布全州银行放假。[165]

当决策者不能挽救具有系统重要性的机构时，危机可能迅速蔓延至整个系统。由于密歇根州是美国的一个工业中心，所以此事对其他州的影响尤其大。[166] 家庭与企业匆匆从各地银行提取存款。俄亥俄州、阿肯色州和印第安纳州遭遇银行挤兑潮。马里兰州在 2 月 25 日宣布银行放假。截至 3 月 4 日，30 多个州采取了提款限制措施。[167]

黄金流出美国的趋势演变为一股浪潮。2 月的最后两周里，美联储纽约银行失去了 2.5 亿美元的黄金，接近其黄金储备的 1/4。[168]

美国黄金储备月度变化（百万金衡盎司）

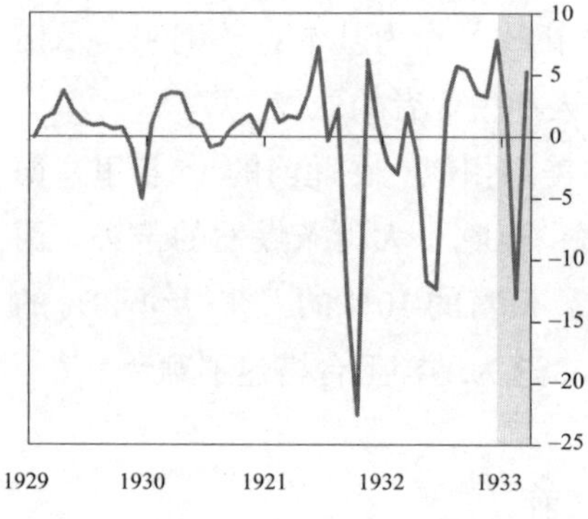

面对黄金储备流失压力，胡佛试图援引《战争权力法案》，开启资本管制，这是应对国际收支压力典型但无效的措施，民主党人不允许他这么做。[169]

经济遭受重创。3 月，企业活力下降至惊人低位。这一年，GNP 为 5 560 亿美元，为整个大萧条期间的最低点，以不变美元计算，这比 1929 年的 GNP 低 31.5%。[170]

1933—1937 年：和谐的去杠杆化

1933—1934 年：罗斯福退出金本位制，美国经济走向和谐的去杠杆化

3 月 5 日（周日），罗斯福在就任次日宣布，全美银行放假 4 天，暂停黄金出口（实际切断了美元与黄金之间的联系），并建立救助银行系统的团队。**他们争分夺秒，在最短的时间里完成尽可能多的工作。**

"All the News That's Fit to Print."

The New York Times.

LATE CITY EDITION

VOL. LXXXII....No. 27,438. NEW YORK, MONDAY, MARCH 6, 1933. TWO CENTS

ROOSEVELT ORDERS 4-DAY BANK HOLIDAY, PUTS EMBARGO ON GOLD, CALLS CONGRESS

HITLER BLOC WINS A REICH MAJORITY; RULES IN PRUSSIA

Stay-at-Homes Turn Out and Give Government 52% of 39,000,000 Record Vote.

NAZIS ROLL UP 17,300,000

Get 44% of Total Poll and Even Wrest the Control of Bavaria From Catholics.

ELECTION IS PEACEFUL

Mob Attacked Stalin's Home In Wide Revolt, Tokyo Hears

JAPANESE PUSH ON IN FIERCE FIGHTING; CHINA CLOSES WALL

Jehol Forces Offer Stoutest Resistance of Campaign as They Are Cornered.

BUT LOSE ANOTHER PASS

Chang's Troops at Kupei Bar Retreat Southward to the Peiping Area.

NANKING ADMITS DEFEAT

Relief Wages Will Be Paid Despite Holiday, Gibson Says

BEWILDERED CITY STILL PAYS IN CASH

BANKS HERE ACT AT ONCE

City Scrip to Be Ready Today or Tomorrow to Replace Currency.

EMERGENCY STEP PRAISED

Financiers Look for Little Interruption in Business Under Federal Program.

'TRUST DEPOSITS' TO AID

The President's Bank Proclamation

BY THE PRESIDENT OF THE UNITED STATES OF AMERICA.

A Proclamation

USE OF SCRIP AUTHORIZED

President Takes Steps Under Sweeping Law of War Time.

PRISON FOR GOLD HOARDER

The Proclamation Provides for Withdrawals From Banks Against New Deposits.

CONGRESS SITS THURSDAY

3 月 6 日《纽约时报》，© 1933 年纽约时报公司。版权所有。经美国版权法许可和保护使用。未经明确书面许可，禁止打印、复制、再分发或转发本内容。

3 月 9 日，银行重新开业之前，国会通过了《1933 年紧急银行法》。该法延长了银行假期，授予美联储和财政部空前的权力，为银行系统提供流动性和资金。更重要的是，该法给予美联储授权，以银行资产而非黄金作为后盾印发货币，切断了美元与黄金之间的联系，**让美联储得以印钞，向银行提供急需的流动性。**根据 1917 年的《对敌贸易法》[171]，罗斯福禁止黄金出口。因此，美联储可以在增印货币的同时避免黄金储备出现挤兑。

审计机构从最大的银行和被视为最安全的银行开始审核所有美国银行的账目。当审计机构发现某家银行资本不足时，他们可以选择：（1）让重建金融公司发行优先股，对其进行资本重组；（2）将该行与一家更健康的银行合并；（3）关闭该行。**具有系统重要性的银行总会得到支持，而较小的银行则常常任其倒闭。**一旦审计机构认定某家银行状况稳健，这家银行就可以重新开业，并以任何资产为抵押品，从美联储借款。[172] 作为《1933 年紧急银行法》的一部分，财政部同意弥补美联储因此遭受

新闻及美联储公报

1933 年 2 月 15 日

密歇根州急需现金救助

“威廉·A. 科姆斯托克州长今日一大早宣布，密歇根州 550 家金融机构停业 8 天，除上半岛地区的几家银行外，该州所有银行都停业。”

1933 年 2 月 24 日

股票交易再度下跌，债券市场极不稳定

“在严格的限制下，密歇根州的银行恢复营业，银行业局势昨日出现一些改善迹象，但证券市场反映了华尔街的悲观情绪，报价大幅走低。”

1933 年 2 月 27 日

货币政策讨论和新任高管是一周股市动荡的主要原因

“上周股市动荡，债市再度疲软，货币囤积迹象增多，出现这些情况的部分原因是密歇根州事件处理不妥，但也反映了讨论新货币政策的有害言论造成心理影响。”

1933 年 3 月

州银行放假

“在 2 月和 3 月初的几天里，由于美国一些地区的银行业面临困境，许多州的州长和立法机构暂时关闭本州银行，或者限制（或授权限制）银行运营。2 月 14 日晨，密歇根州州长宣布银行放假到 2 月 21 日，这是‘为了维护公共和平、健康与安全，平等无偏袒地保护所有存款人的权利’。2 月 21 日，密歇根州实际上延长了银行假期。2 月 25 日，马里兰州宣布银行放假，之后几天，许多其他州采取了类似的措施。2 月 25 日，美国国会通过一项联合决议，授权货币监理署，根据州官员可能对本州银行的职权，对全国性银行行使职权。”

——美联储公报

1933 年 3 月

全美企业概况

“1 月工业产量增长，涨幅低于本季度的通常水平。工厂就业人数继续减少，工资继续下降。大宗商品批发价格在 1 月进一步下降，在 2 月的头三周里变化相对微小。”

——美联储公报

的任何损失，这实际上是**为所有可以重新营业的银行提供债务担保**。[173]

3月12日（周日），第一批银行重新开业前一天晚上，罗斯福发表全国广播讲话，阐释银行救援方案，试图恢复人们对银行系统的信心。

> 新法允许12家美联储银行以优质资产为后盾增发货币，因此重新开业的银行将能满足各项法律要求……提供可靠的资金，因为它们实际上以优质资产做后盾……我可以向你保证，把钱存在重新开业的银行里比藏在床垫底下更安全。[174]

周一，12个城市的银行准备开业时，决策者和投资者焦急地等待公众的反应。结果是不仅没有发生挤兑，银行存款反而增加了逾10亿美元。这个典型的例子说明，决策者可以通过提供流动性而非抑制流动性纠正银行挤兑引发的债务和流动性问题。在接下来的几天里，银行陆续重新开业，在一个月里，拥有美联储系统90%存款的会员银行都重新开业了。[175] 周三，股市最终开盘时，道琼斯指数上涨了15.3%，大宗商品价格也大涨。

只有切断美元与黄金之间的联系，才能获得所有这些资金，但由于美联储大规模增印货币，美元相对于其他货币和黄金的价值都大幅下跌。这与1971年8月发生的情况几乎一模一样，当时我在纽交所当交易助理，以为美元大幅贬值将会导致股市和经济下滑。虽然当时的情况与1933年一样，起因也相同，但我尚未研究过1933年的案例，所以判断大错特错。第一次令我惊奇的是，虽然我未曾经历过这些事件，但它们在历史上已多次发生。这些经历和教训促使我反思，设法理解各个经济体的市场和经济在不同时期的重大变化，找出应对这些变化的永恒普适原则。这些工作使我多次脱离险境（例如在2008年）。我正在讲述的这些事件虽然发生在20世纪30年代，但已经多次出现，起因也完全相同。

新闻及美联储公报

1933年3月3日

总统今日将会发布紧急通告，请求为银行救助立法

“从昨晚到今日凌晨，胡佛政府与罗斯福新政府的领导人商讨美国受困银行的局势，但没有取得实质性成果。”

1933年3月5日

企业承诺在危机期间“照常营业”；批发商和生产商达成协议，不会在银行放假期间停止交易

“明日，甚至可能在本周的大部分时间里，全国银行将会关门。面对这一局势，地方市场的制造商和批发商昨日表示，他们将设法照常营业，根据客户以往的表现来审核信用。”

1933年3月5日

银行放假，交易所停业；历史上第三次出现所有交易暂停，全美都受影响

“由于纽约州宣布银行放假两天，纽交所及纽约市所有其他证券和大宗商品交易所昨日都停业，直到银行放假结束。在纽交所历史上，这是第三次因股市普遍震荡而暂时关市。”

1933年3月6日

银行立即行动；本市代币券将在今日或明日替代货币

1933年3月7日

罗斯福概述州长职责，表示必须建立银行紧急救助机制，保护存款安全

“今天，罗斯福总统在白宫会见了各州州长及其代表，与他们探讨了银行业救助措施和解决方案。总统没有明确提出任何适用于各州的国家政策，也没有说明他在周四将向国会提出何种建议。”

1933年3月7日

企业支持代币券

1933年3月10日

银行法通过；关于银行紧急救助方案的讨论时长创下纪录，长达71~72小时

“今天，美国旨在解除银行困境的行政与立法的讨论时长创下纪录，但今晚进展迟缓的部分原因是政府的一个行政部门未能跟上进度。”

1933年3月12日

各交易所考量重新开市计划；经纪人预期股票需求旺盛，希望全天收到交易通知

“自1914年以来，纽交所首次强制关市。昨日纽交所已经停业一周，仍无任何开市迹象。所有其他证券和大宗商品市场也未确定重新开市日期，但纽约可可交易所宣布，管理委员会已投票决定将假期延长至下周二（包括下周二）。”

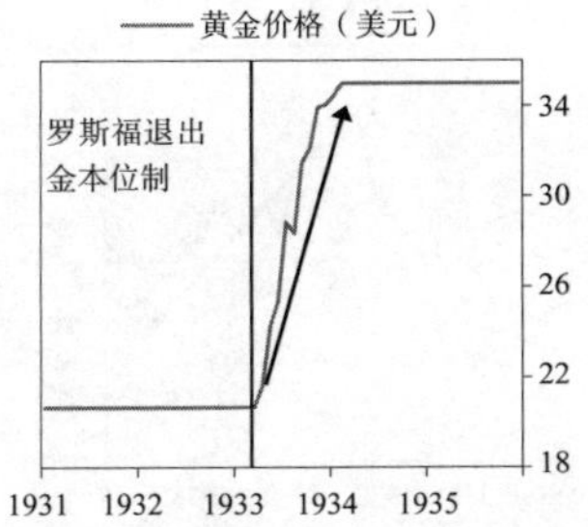

退出金本位制后的两周里，美联储减少了流动性注入；短期利率下降1%，降至2%，银行承兑利率回落至2%，通知放款利率下降至3%。[176] 在其后的3个月里，货币供应量增加1.5%；在其后的4个月里，道琼斯指数上涨近100%。这些行动迅速终结了大萧条。（大多数人错误地以为大萧条持续到20世纪30年代末，直到二战，所以我想澄清真实的情况。事实的确是直到1936年，GDP才回升至1929年的峰值，但从下图中的数字可以看出，退出金本位制是转折点，正是在这个时候，所有市场和经济数据都在触底。此外，这些平均值可能具有误导性，因为富人比穷人更受益于经济复苏，所以在1933年之后的一段时期里，很多人的处境并不像这些平均值所显示的那么好。这可能是人们通常认为大萧条贯穿整个20世纪30年代的原因。）

退出金本位制，增印货币，为银行提供担保，这些是罗斯福截至当时采取的最具影响力的举措，而它们只是第一批举措，罗斯福在上任后的6个月里推出了一系列新政。他接连宣布令人震骇的重大支出计划，提振了投资者和公众的信心，这对经济回到正轨至关重要。下文阐述其中的一些政策，不是为了强调具体政策的重要性，而是为了说明这些举措合在一起构成了大胆、多元和全面的政策组合。

新闻及美联储公报

1933年3月12日

企业充满希望；银行重新营业后，企业准备恢复生产

1933年3月15日

今晨股票交易所将重新开市，银行继续恢复营业

“随着金融信心的恢复，各银行昨日继续重新开业。由于大量银行恢复营业，商业几乎恢复正常。除芝加哥交易所和纽约棉花交易所外，证券与大宗商品市场将于今晨重新开市。”

1933年3月16日

798家州银行全部恢复营业；全美银行假期结束时，80%的银行得到营业执照，大多数其他银行只是延期。所有储蓄银行都开门

“昨日，州级和全国性银行的假期结束，随着在全国范围内核查开业资格，生意又可以运转了。”

1933年3月16日

全美银行接近正常营业；随着政府加快恢复工作，所有州的银行陆续恢复营业

1933年4月

全美企业概况

“从2月下半月到3月上半月，商业进程的主要影响因素是银行业危机演变为美国总统在3月6日宣布全美银行放假。在此期间，工业生产与销售大幅下滑，但在3月中旬银行恢复营业后有所上升。”

——美联储公报

1933年4月22日

众议院对罗斯福的提案即将审理完毕；众议院领导人表示，将在本周完成有关行政措施的审理

“在下周末之前，众议院民主党人计划审查完罗斯福总统的政策纲领。如果众议院领导人能够落实该计划，那么在众议院下周五或周六休会前，他们将会完成对罗斯福各项新政的审理，而所有迹象都显示这些计划将会落实。”

1933年4月25日

罗斯福结束银行法案僵局；要求设立1万美元的存款担保上限

“今天，罗斯福总统将国际谈判意外暂停一个小时，以便与参议院银行业分委员会讨论《格拉斯法案》，给银行改革法案的通过增添了希望。”

新闻及美联储公报

1933 年 4 月 30 日

罗斯福寻求削减债务的谈判权力，将以世界经济需求为由，请求国会特殊授权

“罗斯福即将发给国会最后三个信息，其一是在国会休会期间，请求获得特殊授权，准许他单独与债务国谈判，商讨削减战争债务。”

1933 年 4 月 30 日

白宫会议起草法案，罗斯福加快庞大公共建设计划，每年总额可能为 20 亿美元

“今日，在白宫会议上，罗斯福‘加快’拟订公共建设计划，该计划将融入国家产业复兴计划，……预计将在大约一周内拟好。”

1933 年 5 月 1 日

美国建筑委员会寻求 12.5 亿美元建设拨款，呼吁罗斯福批准公共与私人项目，由重建金融公司提供资金支持

“美国建筑委员会向罗斯福总统提交了一份公共与私人建设计划，该计划预计耗资约 12.5 亿美元，大部分预付款将来自重建金融公司。1922—1929 年，罗斯福曾任该委员会主席。”

1933 年 5 月 5 日

罗斯福创下总统上任两个月的纪录；当他开始第三个月任期时，一些重大问题已经得到解决，其他问题得到缓解。1.4 万家银行恢复营业

“今日罗斯福总统开启第三个月任期，为庆祝这一‘特殊时刻’，他向国会提交一份紧急重组铁路业的计划，然后召集银行与货币专家在白宫开会，旨在完善更永久解决银行业问题的方案。”

1933 年 5 月 14 日

罗斯福在夜间会议上商讨复兴措施；他将研究包括再就业税在内的提案

1933 年 5 月 28 日

罗斯福签署证券法案；总统称赞新法是向“传统标准”迈出的一步

1933 年 6 月

全美企业概况

“4 月和 5 月的头三周里，工业活动显著增加，许多主要大宗商品的批发价格上涨，尤其是在 4 月下半月和 5 月上半月。在 4 月 20 日实施黄金禁运后，美元兑换价值下跌，在 5 月 20 日是其黄金平价的 87%。”

——美联储公报

1933 年 6 月 5 日

复兴委员会负责人呼吁各城市推进公共建设计划，尽快申请联邦援助

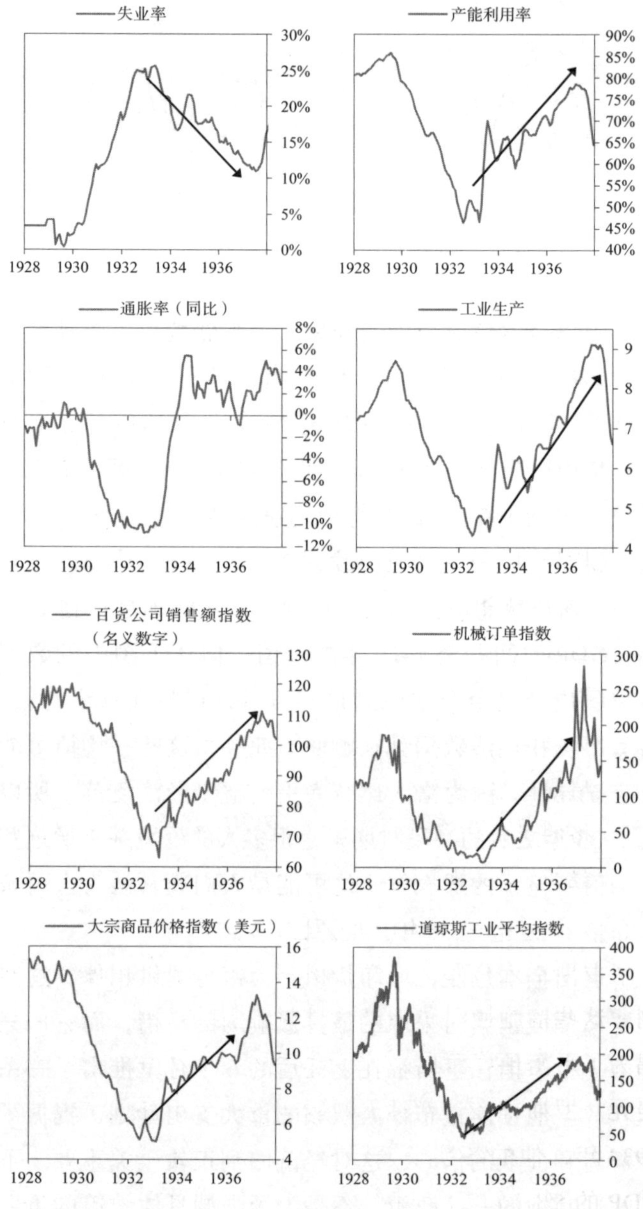

决策者在继续支撑银行的同时，**将注意力转向大幅增强金融业监管。在重大债务危机的末期，决策者通常修改法律，缓解上次危机造成的冲击。**在浏览以下政策时，请注意，这些债务问题的解决方式与“典型重大债务周期”中提出的理论非常契合。

- 4 月 5 日和 4 月 18 日：罗斯福进一步切断美元与

黄金之间的联系。他首先签署一项行政令，禁止公众拥有货币性黄金。两周后，他宣布禁止私人出口黄金，并表示支持由他设定黄金价格的立法。[177]**（让货币贬值并印钞）**

- 5月27日：国会颁布《1933年证券法》，对证券出售进行监管。[178]**（增强监管）**
- 6月5日：国会废除"黄金条款"，这是当时合同中比较常见的条款，允许收款人要求对方以黄金支付。因为在美元与黄金脱钩后，黄金升值，这相当于进行大规模债务重组。[179]**（重组债务）**
- 6月13日：根据《房产主贷款法》，成立房产主贷款公司，协助住房抵押借款人进行再融资。1933—1935年，100万人通过该机构获得了长期贷款。[180]**（重组债务）**
- 6月16日：《1933年紧急银行法》（即《格拉斯–斯蒂格尔法II》）通过新成立的联邦存款保险公司提供高达2 500美元的存款保险。该法还授权美联储管理活期及定期存款的利率（Q条例）；制定严格的银行规章制度；要求投资银行与商业银行分离经营。[181]**（建立存款保险，增强监管）**

罗斯福还宣布成立新的联邦机构，实施新的联邦计划，这些措施使财政刺激达到空前规模。1932年，罗斯福为了平衡预算而收紧财政政策，联邦支出减少逾10亿美元。罗斯福在最初竞选时表示要实现预算平衡，但到1934年，他的各项政策导致年支出增加27亿美元（占GDP的5%）。以下列举一些早期经济刺激法案。

- 4月5日：成立民间资源保护队，该机构在9年的运营中雇用了250万人，从事公共建设工程。[182]
- 5月12日：制定《联邦紧急救济法》，为家庭提供资金支持，初始资金为5亿美元。[183]
- 5月18日：田纳西河流域管理局实行大规模的基础设施投资，向受大萧条冲击最严重的地区之一提

新闻及美联储公报

1933年6月23日

公共建设政策概要

"在第三次长时间的午后会议上，伊克斯部长领导内阁委员会，讨论如何在全美推行300万美元建筑基金。"

1933年7月3日

复兴计划逐步成形；在贸易年鉴中很快就第一条守则达成一致意见。两项政策出炉：每周工作40小时，12美元工资（非标准），不会大规模强制雇用工人

1933年7月9日

大湖区各州显现复苏迹象；威斯康星州依赖失业救济现象显著减少

"在密歇根湖西岸及南端地区，出现了重返繁荣的迹象。也就是说，尽管女神满载丰硕果实的形象几乎已被遗忘，人们也未清晰地看到这样的繁荣景象，但似曾相识的景象开始浮现。"

1933年7月27日

投资者谨慎交易，股价部分恢复，农产品价格普遍上涨

"重要企业报告显示工业增长，昨日股市受到鼓舞，信心十足地上涨，但交易量远低于过去几周的日均水平。"

1934年1月21日

产量上升提振钢铁业；钢铁业从去年年底的下跌中迅速恢复，对近期前景更加乐观

"美国钢铁协会报告称，上周钢锭产量达到产能的34.2%，比前一周上升3.5点，升幅为11%。这一数字与截至去年12月23日那一周的产能利用率持平，也是自去年10月底以来的最高水平。"

1934年4月16日

价格上涨刺激钢铁生产；本季度产能利用率预计达到1930年以来的最高水平

"尽管根据官方预测，上周钢锭产量是产能的47.4%，但上周末出台的估测值接近50%。这是自去年10月开始发布该预测以来的最高水平（截至3月10日那一周的47.7%除外）。"

1934年11月27日

金融市场；股市升至本轮复苏周期的新高，国内债券也见改善

"股市和债市昨日继续显示，投资者对企业整体形势恢复信心。股市再创本轮复苏周期的新高，涨幅为1~2个百分点或更高，涨势分布良好。同时，工业债券与铁路债券深受青睐，引领国内企业债券进一步走高。"

供电力、防洪和灌溉服务。[184]

- 6月16日：根据《国家工业复兴法》，成立公共工程管理局，该局拥有33亿美元资金，用于大规模公共工程建设。[185]

在所有这些刺激措施的影响下，通缩变成了可接受而不可怕的通胀。

正如我在“典型长期债务周期”部分所述，平衡是实现和谐的去杠杆化的关键因素：要想实现和谐的去杠杆化，就得提供充足的经济刺激，抵消通缩压力，使名义增长率高于名义利率。

在接下来的三个月里，随着经济活力从极低水平快速提升，经济迅速出现复苏。重型机械订单增加100%，工业产量增长近50%。3—7月，制造业非耐用品产量增长35%，耐用品产量增长83%。失业率下降。在接下来的三个月里，批发价格上涨45%。[186] **这些数字都是从极低水平反弹，并自我强化，促成和谐的去杠杆化的。**

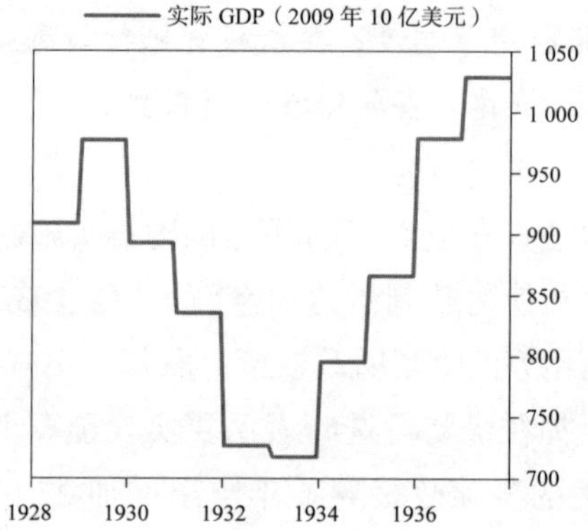

请注意，此时GDP增长率水平明显高于利率水平。

新闻及美联储公报

1934年12月24日

商务部向罗斯福提交报告，鲁珀部长表示商业领域快速增长，10个领域的复苏取得进展

“今日，在商务部年度报告里，鲁珀部长向罗斯福汇报，在上个财年里，美国商业与财政状况出现明显改善。”

1935年1月11日

银行资金水平升至新高

“昨日，美联储系统发布的周度报告显示，货币回流带来季节性影响，财政部进一步拨款，以及货币性黄金储备持续增加，在这些因素的共同影响下，截至周三的一周里，美联储系统会员银行的超额准备金升至约19.9亿美元。”

1935年4月7日

银行存款现达500亿美元

“根据联邦存款保险公司今日汇总的数据，截至12月底，美国所有银行的存款估计接近500亿美元，在6个月里增加了约30亿美元。”

1935年5月23日

流通现金增加1.35亿美元

“今日美联储在5月公报中称，主要由于零售贸易和工资的增幅超过本季度的通常水平，1月23日—4月24日，货币流通量净增1.1亿美元，略高于本季度的通常水平。”

1935年7月2日

美国黄金储备增加20亿美元

“美联储纽约银行在最新月度评估中指出，自1934年1月底重定黄金与美元的兑换比率以来，美国的黄金储备增加逾20亿美元，增幅约为30%。”

1935年8月24日

罗斯福签署新银行法

“今日，在国会领导人、财政部与美联储委员会代表面前，罗斯福总统签署了《综合银行法案》。该法制订了政府控制信贷的新计划，包含美联储委员会所做的修订。”

1935年10月2日

银行反映存款增加

“昨日，银行发布的9月底业绩报告显示，存款和资金增多，有的银行达到了历史最高水平。从报告数据明显可见，总体而言，银行的国债持有量只有微幅变化。”

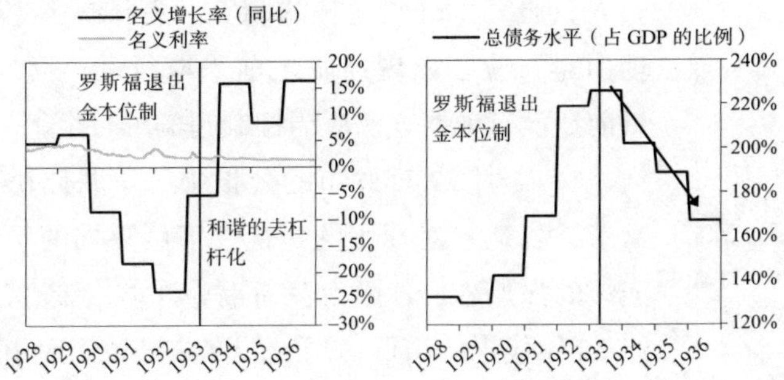

1935 年：黄金时期

1934—1935 年，经济和市场持续恢复，到 1935 年，美联储重新开始考虑收紧货币政策。到 1935 年，美国经济已经复苏，通缩消失，股价因美联储早期政策而大涨。房价不断上涨，年增长率高于 10%。股价反弹速度甚至更快，带来了巨大的财富效应，不过此时的财富与经济产出依然低于大萧条之前泡沫时代的水平。

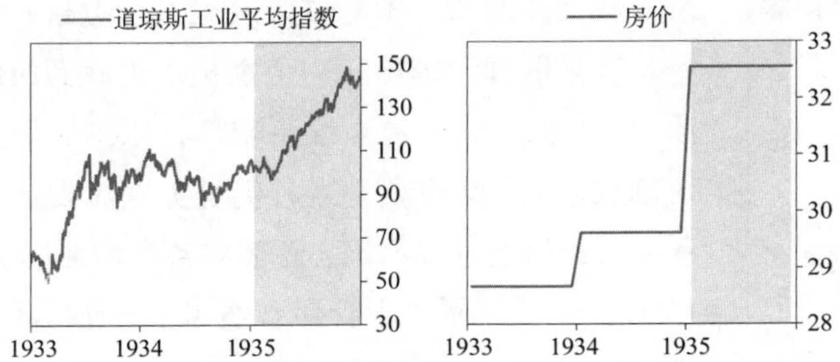

1935 年春，美联储越加关注超额准备金增加的问题。[187] 他们担心超额准备金大增可能导致信贷扩张和通胀。3 月，有关人员准备了一份背景备忘录。对于美联储应当如何解决这一问题，备忘录建议暂不采取行动。备忘录探讨的第一个问题是，超额准备金是否会压低政府债券的收益率，鼓励银行向私营部门增加放贷，但备忘录指出，目前尚无证据表明这一情况已经发生，所以美联储不必采取行动。备忘录研究的第二个问题是，如何出售美联储积累的债务（即缩减量化宽松政策）。[188] 备忘录建议暂时不要这样做，理由是这会过早过多地关注通胀，而通胀目前尚无令人忧虑的迹象。相反，备忘录主张推进经济扩张。

股市继续周期性扩张和上涨，房价继续上涨，因此美联储更倾向于收紧货币政策。10 月，另一份备忘录表示应对超额准备金加强关注，探讨减少超额准备金的合适时间和途径，途径包括出售资产或提高准备金率。11 月，有

新闻及美联储公报

1935 年 10 月 2 日

信托资产大幅增加

"全国投资信托投资者集团昨日发布的报告显示，在截至 9 月 30 日的 9 个月里，由于所持投资组合的市值上升，所有投资信托公司的净资产都大幅增长。这些声明来自第二全国投资者公司、第三全国投资者公司和第四全国投资者公司。"

1935 年 11 月 1 日

银行超额准备金创纪录

"美联储系统会员银行的超额准备金本周超过 30 亿美元，创下历史纪录。美联储系统昨日发布的周度报告显示，截至周三的一周，会员银行的准备金余额达到 56.53 亿美元的新高，一周内增加了 7 800 万美元，其中 30.1 亿美元是超额准备金，而前一周的超额准备金是 29.3 亿美元。"

1935 年 11 月 30 日

美联储咨询委员会敦促储备银行减持证券

"据今日此间消息，美联储咨询委员会向联邦公开市场委员会提出建议，让其部分短期政府证券在到期时还本付息，以使银行减少超额准备金，降低信贷膨胀风险。"

1935 年 12 月

全美企业概况

"工业产量与工厂就业人数在本季度的变化通常很小，10 月出现增长，主要原因是纺织厂重新开工。大宗商品批发价格在 9 月和 10 月下降后，11 月上半月上涨。"

——美联储公报

1935 年 12 月 19 日

银行准备金政策公布

"美联储系统理事会和由美联储银行行长组成的联邦公开市场委员会今晚发布联合声明，反对立即采取行动以减少会员银行的超额准备金，但补充说，将密切关注局势，当信贷扩张发展到危及公共利益时，将会采取适当行动。"

1935 年 12 月 22 日

市场察觉到美联储对准备金政策持谨慎态度

"周三，美联储系统理事会和联邦公开市场委员会在华盛顿发布联合声明，表示不会立即采取行动以减少银行超额准备金，华尔街认为，这是美联储多年来最重要的政策声明。"

关人员研究了这些途径的利弊。主张减少超额准备金的理由是，应在出现通胀之前采取行动；而反对者认为，目前还没有证据表明应当抑制超额准备金。

在 11 月 22 日发布的公报中，美联储讨论了股市的繁荣，表达了对通胀的担忧。不可阻挡的是对股市滋生泡沫的强烈恐惧，因为罗斯福等许多决策者都记得 20 世纪 20 年代末的情形，当时的泡沫导致了股市崩盘，从而引发了大萧条。所以，他们很担心 1935 年股市大幅上涨（几乎上涨了三倍）可能重蹈覆辙。财政部 11 月发布的公报不赞同这一点，指出通胀依然很遥远。[189]

美联储非常关注股票购买的资金来源，因为 20 世纪 20 年代末出现了保证金贷款过度，他们倍加关注"投机性信贷"。美联储开始考虑提高保证金率，但 11 月，美联储在备忘录中指出，股票购买的资金来源是现金而不是信贷，所以美联储未采取行动。[190] 决策者仍然认为股市上涨助长泡沫，担心货币政策过于宽松，故而继续辩论是否采取抑制措施。一位委员（美联储纽约银行的乔治·哈里森）建议提高准备金率，以抑制股价上涨。财政部长亨利·摩根索（当时仍是美联储委员会成员）表示反对，但他也表示担心超额准备金增加可能导致通胀。12 月，美联储研究主管伊曼纽尔·戈登韦泽警告，提高准备金率可能引发负面心理。他建议美联储发布一份公报，声明针对准备金要求采取的任何行动都将是"预防"性举措。他还认为，"目前，工厂存在大量闲置产能，失业率高，因此不必担心通胀"。1935 年年底，美联储召开最后一次会议，会后发布了一份公报，表示超额准备金和黄金流入"仍然过度"，警告"一旦涉及公共利益，决策者可能立刻采取适当行动"。[191]

1936—1938年：紧缩政策导致经济衰退

1936年年初，上述争论仍在持续。罗斯福希望在大选前表达出对通胀的担忧，所以主张在1936年春上调存款准备金率。美联储主席埃克尔斯担心，银行在低利率的情况下积累大量债券和贷款，之后会遭受通胀的严重冲击。[192]

到5月，美联储没有采取行动。根据《1935年银行法》，财政部长摩根索必须退出美联储委员会，但他依然拥有影响力，并强烈反对采取行动。到7月，美联储主席埃克尔斯与罗斯福总统单独会面，解释了他上调存款准备金率的意图，并向罗斯福保证：如果他认为利率会上升，就不会采取行动；如果市场抛售债券，美联储就会买入债券。7月晚些时候，美联储上调了存款准备金率。埃克尔斯和美联储采取行动时没有通知摩根索，令其勃然大怒。在债券市场出现小幅抛售后，摩根索向美联储纽约银行的哈里森下令，使用财政部账户买入债券。华盛顿的美联储委员会也加入进来，买入债券，卖出票据，兑现了埃克尔斯向罗斯福的承诺。[193] 1936年8月—1937年5月，美联储将存款准备金率从约8%上调至16%，如下图所示。1936年8月，决策者首次出台紧缩政策，没有影响股价和经济。

首次采取紧缩政策通常不会影响股市和经济。

由于首次紧缩政策没有起到效果，美联储又两次上调存款准备金率，第一次是在1937年3月，第二次是在1937年5月。如下表所示，第一次的上调幅度最大（约为总数的一半）。

由于上调存款准备金率，超额准备金从30亿美元减至10亿美元以下。[194]

法国和瑞士的货币贬值加剧了美国货币紧缩政策的影响。为了取得价格和贸易优势，各国政府竞相让本币贬值。1936年9月，美国、英国、法国达成三方协议，从本质上阻止这三国采取竞争性汇率贬值政策。[195] 此时变得明朗的是，尽管所有国家都能轻易将本币贬值，应

新闻及美联储公报

1936年1月26日

上调保证金率被视为表态性举措

“银行家和经纪人昨日表示，美联储系统理事会周五上调保证金率（将于2月1日生效），主要目的是遏制通胀心理蔓延。”

1936年2月1日

新美联储委员会今日就职

“肩负着美国历史上最能监控银行业的中央职责，新成立的美联储委员会将在明日正式就职。《1935年银行法》规定，该委员会从2月1日开始工作。”

1936年2月5日

总统认为黄金输出无损于美国

“罗斯福总统今日在新闻发布会上提到，黄金流入美国的趋势出现逆转。他拒绝就这一动向发表更多评论，但表示黄金输出无损于美国。”

1936年2月15日

美元因通胀而下跌

“由于华盛顿和华尔街重新大谈通胀问题，昨日外汇市场报价又出现突然逆转。得克萨斯州众议员派帕特曼再次推动通胀相关措施，向众议院提交一份请愿书，计划以现金的形式向退伍军人发放额外津贴。”

1936年2月22日

美联储委员会强调保证金是刹车闸，暗示不担心股市过度投机

“美联储委员会今日在月度公报中表示，美联储拥有提高保证金率的权力，它是控制股市投机者过度依赖信贷的有效工具，并总体上暗示，只要有这一工具，就不必担心市场投机失控。”

1936年5月4日

巴黎出现资本外逃

“货币市场仅提供利率为4%的日折性贷款，只有法国央行提供期限更长的贷款。法国央行4月24日的收益状况显示，贴现票据又增加了近4亿法郎，而证券贷款与政府债券的总额仅减少了1亿法郎。”

新闻及美联储公报

1936 年 5 月 19 日

资本外逃导致法郎贬值

“在资本持续外逃的压力下，法郎及其他金本位制国家的货币昨日进一步贬值。法郎对美元汇率跌至 6.584 375，接近 1/16 点的实际黄金输送价格，收于 6.585，下降 11/16 点。荷兰盾汇率下跌 2 点至 1 荷兰盾兑 67.59 美分，瑞士法郎汇率下跌 2 点至 1 瑞士法郎兑 32.35 美分。”

1936 年 8 月 9 日

金融市场；股市收盘时活跃强劲；铁路股平均价格达到新高，债市平稳，法国流失更多黄金

“伴随着 7 月 11 日以来规模最大的周六交易，股市延续周五的强劲上涨势头，收于本周最佳水平。”

1936 年 9 月 27 日

法郎贬值，与美元、英镑保持一致

“法国人最终屈服于经济与预算压力，预计其他国家将跟随华盛顿和伦敦提供援助。”

1936 年 9 月 28 日

今天有消息称，瑞士将让本币贬值 30% 左右

“据今日夜间消息，瑞士政府明日将向议会提出请求，让瑞士法郎贬值 30% 左右。”

1936 年 11 月 29 日

财政部数据显示“热钱”规模；由于全球市场混乱，资本从一国惊慌逃至另一国，

“美国财政部周五公布的数据显示，美国自 1935 年年初以来的外资流入创下纪录，首次揭示了近期汇市混乱造成的国际资本流动规模。”

1936 年 12 月 26 日

伦敦对美国黄金政策变化无动于衷；美国财政部冲销行动被视为合理政策

“美国财政部决定对黄金进口进行冲销，金融界对此并不感到意外，认为这只是政府再次积极表达已经宣布的决心，以期遏制信贷过度膨胀或股市过度繁荣。”

对其他国家的贬值，但这会引发经济大幅动荡，导致各国一同陷入困境。最终，各国货币相对于黄金都大幅贬值，但彼此之间的汇率差异并不大。

银行存款准备金率

	1936 年 8 月之前	1936 年 8 月—1937 年 2 月	1937 年 3 月—1937 年 4 月	1937 年 5 月—1938 年 4 月
活期存款				
中央储备城市	13.0%	19.5%	22.8%	26.0%
储备城市	10%	15%	18%	20%
全美	7.0%	10.5%	12.3%	14.0%
定期存款				
所有会员银行	3.0%	4.5%	5.3%	6.0%

到 1936 年，欧洲开始酝酿战争，促使资本外逃到美国，不断助推美国股市上涨和经济增长。这一年，罗斯福及其他决策者越来越担心黄金流入问题（这使货币和信贷加速增长）。[196] 他们的担忧有以下三个方面。

1. 股市迅速上涨。此时，股市从 1933 年的底部上涨了近 4 倍，而且涨速很快：1935 年的涨幅约为 40%，1936 年的约为 25%。决策者担心黄金从外国投资者流入美国，他们带来资本，买入美国股票。
2. 黄金流入造成货币基数上升，引发通胀效应。截至 1936 年 10 月，通胀率已经从 0% 附近上升到 2% 左右。
3. 美国变得越来越容易受到黄金外流（即资本撤出）的影响。决策者的具体担忧是，欧洲各国将会出售美国资产，从美国撤出黄金，为即将爆发的战争筹资，同时阻止持有该国资产的美国人把资金汇回美国。

为了抵消这些资本流入的影响，12 月罗斯福下令开始采取“冲销”政策。在通常情况下，当人们把黄金卖给美国政府以换取美元时，美元数量会增多（相当于印钞），而这不适合于经济强劲复苏的当下环境。因此，从

12月23日开始，罗斯福政府对流入的黄金和新开采的黄金进行冲销。确切地说，财政部购买流入的黄金，购买方式是动用其在美联储的现金账户，而不是印钞。从1936年年底到1937年7月，财政部冲销的黄金流入约为13亿美元（约占GDP的1.5%）。[197] 如下图所示，1936—1937年，由于加大冲销力度，黄金及其他资产的购买步伐放缓，因此货币增速减慢，减至黄金储备增速以下。如前所述，美联储还提高存款准备金率，以减少流通中的货币。

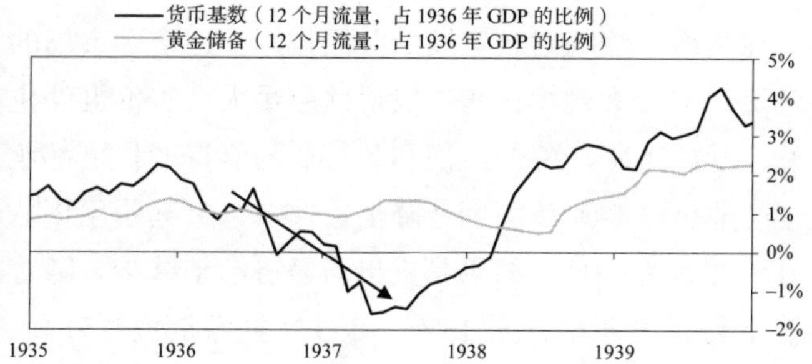

1937年

1937年年初，美国经济依然强劲。股市仍在上涨，工业生产保持健康状态，通胀率升到5%左右。1937年3月和5月，美联储两次收紧货币政策。美联储和财政部都没有预料到的是，上调存款准备金率和进行冲销操作会推高利率，但货币政策收紧和流动性减少导致债券市场出现抛售，短期利率上升。[198] 财政部长摩根索感到很愤怒，他主张美联储通过公开市场操作，净买入债券，缓解债市的“恐慌情绪”。他下令财政部进入债市，自行购买债券。美联储主席埃克尔斯表示反对，他敦促摩根索平衡预算，提高税率，以开始偿还债务。[199]

此外，政府还实施了财政紧缩政策。1937年和1938年，联邦政府支出相继下降了10%。《1937年税收法案》的通过是为了弥补《1935年税收法案》的漏洞（此举被宣传为征收“财产税”）。[200] 该法将最高收入者的联邦所得税税率升至75%。

新闻及美联储公报

1937年1月29日

全国工业会议委员会报告显示，工业增长再创新高，12月数据达到经济复苏时期的最高水平

“全国工业会议委员会昨日发布的月度评估报告显示，经季节性因素调整后，12月工业活动达到经济复苏时期的新高水平。”

1937年2月

存款准备金率上调

“1月30日，美联储委员会宣布，会员银行存款准备金率进一步上调。1月31日，美联储委员会就此发布以下声明：‘美联储系统理事会今日将会员银行的存款准备金率上调33.5%，具体如下：对活期存款而言，中央储备城市的银行从19.5%上调至26%，储备城市的银行从15%上调至20%，‘乡村银行’从10.5%上调至14%；对定期存款而言，所有银行从4.5%上调至6%。’”

——美联储公报

1937年3月

全美企业概况

“2月，工业产量、就业人数和贸易额均有上升，升幅超出本季度的通常水平，工业品批发价格继续上涨。”

——美联储公报

1937年4月2日

摩根索寻求“有序”市场环境，表示美联储和财政部有充足资金实现这一目标

“摩根索部长今天表示，美联储委员会和美国财政部协力，有充足资金来维持政府债券市场秩序。他补充说，资金不断流入和流出财政部，有充足的资金来实现这一目标。”

1937年5月30日

罗斯福希望从逃税者那里收取1亿美元，“可能在周二”向国会提出请求，采取措施弥补法律漏洞

1937年6月2日

罗斯福要求国会约束逃税大户，提出8个技巧

“今天，罗斯福总统召集国会商议，对‘少数极富个体’的逃税行为发起最后一击，这不仅是为了挽救数百万美元的公共收入，而且是为了维护‘美国的道德尊严’。”

新闻及美联储公报

1937 年 11 月 20 日

主要股票下跌 1~7 点；国债走强，美元走软，小麦价格下跌

“昨日是股市经历最大跌幅后的整一个月。股市开盘小幅走低后，一直稳步下跌。随着价格的下降，交易活动增多。有时，报价速度比市场变化慢几分钟。”

1937 年 12 月 17 日

联邦赤字降低；目前低于 10 月 19 日总统估计的 6.952 45 亿美元

1937 年 6 月

银行业近况

“4 月和 5 月，会员银行周度报告显示，存款总额继续减少，这意味着银行存款与美国政府存款减少。其他存款在 3 月也略有减少，在其后的几周里小幅增多。银行卖出证券是近几个月里存款减少最重要的原因。4 月和 5 月，纽约市各会员银行继续减持美国政府债券，但减持速度慢于之前的几个月，提交报告的其他银行几乎没有改变持有量。银行进一步增加商业贷款，商业贷款在 3 月快速增长，但在 4 月第一周后有所放缓。”

——美联储公报

1937 年 10 月

美联储系统采取行动，应对季节性需求

“货币领域本月发生的最主要事件是，联邦公开市场委员会通过了一项计划，向各会员银行提供额外储备资金，以满足季节性的货币与信贷需求。9 月 13 日该委员会发布如下声明：‘9 月 11 日和 12 日，联邦公开市场委员会在华盛顿开会，评估了商业和信贷状况。未来几周，银行货币与信贷预期面临季节性需求，本委员会授权下属执行委员会，在公开市场上连续购买足够数量的短期美国国债，以提供资金，满足银行面临的季节性提款需求及其他季节性需求。当这些季节性影响出现逆转，或者发生其他情况，表明不必继续购债时，委员会可以考虑减持公开市场投资组合中的额外证券。’”

——美联储公报

1937 年，联邦预算从约占 GDP 4% 的赤字到实现预算平衡。其原因是税收大幅增加，这主要通过政府加征社会保障税，同时大规模削减支出（但支出的减幅小于社保税的增幅）实现。[201]

政府面临的巨大压力是出台财富再分配的政策，因为截至当时，人们认为经济复兴很不均衡（即让精英而不是普通人受益）。工人看到企业利润增加，但自己的薪酬并没有相应上涨。贫富差距引发了怨愤，表现为在 1936 至 1937 年间罢工次数和强度剧增（罢工次数增加 118%，参与人数增加 136%）。[202]

在货币紧缩与财政紧缩的共同作用下，金融市场的风险资产遭受大规模抛售。股价跌幅最大，房价也停止上涨，开始下降。整个经济和各行业的信贷增长也都放慢了。非金融企业信用创造降至近 –2%，家庭信用创造略好一些，为 –1%。结果是支出与经济活动减少。随着经济下行，失业率升至 15%，不过这更像是短暂升高，明显不同于 20 世纪 30 年代初的极高水平。一年后的 1938 年 4 月，股市触底，累计下跌近 60%！

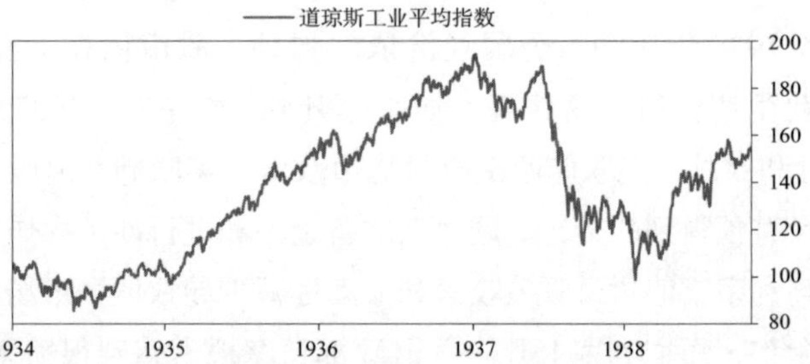

1937 年年底—1938 年：决策者改变政策方向

1937 年，随着市场和经济下滑，美联储转而加快购买长期资产，并开始进行少量的净资产购买。到 1937 年年底，财政部开始与美联储携手逆转其冲销计划。[203] 从 1938 年开始，货币增速再次加快，并在反向冲销和重新印钞的推动下继续加速。同时，黄金流入减缓，经济和资产价格恶化。不久，货币增速超过了黄金储备增速。

下图显示美联储改变了政策方向。尽管美联储的净资产购买规模并不大，但它在1937年加快购买长期债券，同时卖出票据和纸币（这个过程实际上开始于1936年）。它还少量增加了净资产（到1938年略高于3%）。

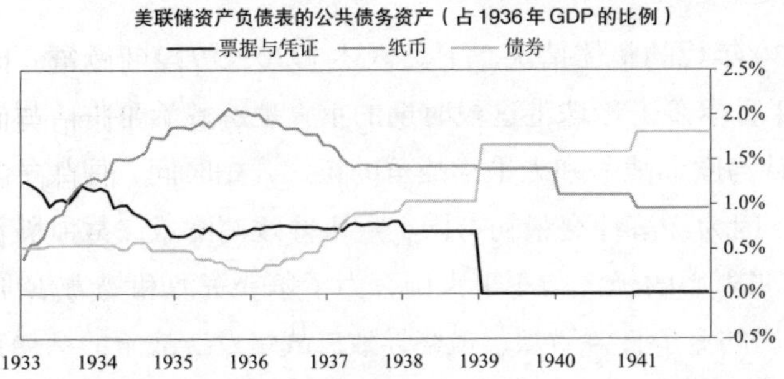

1938年春，美联储将存款准备金率降至1936年的水平，释放约7.5亿美元，从而加大了经济刺激力度。[204] 1938年联邦政府还增加了赤字开支，并在1939年二战爆发前夕再次这么做。1938年年初，美国政府预算接近平衡，但到1939年年初，赤字增至占GDP的近3%。1939年全年的赤字开支一直高于GDP的2%。

1938年，股市开始回升，但一直没有回到1937年的高点（直到近10年后二战结束时，才又达到1937年的高点）。1939年，在实行刺激措施和参战后，信贷流动和经济增长也都回升了。

走向战争

本节旨在考察20世纪30年代美国的债务与经济形势，但当时的经济与地缘政治紧密交织，因此我们不可忽视经济环境与政治环境之间的联系，不仅要看美国国内的情况，而且要看美国与其他国家（主要是德国和日本）之间的关系。最重要的是，在德国和日本，富人（右派）和穷人（左派）之间发生冲突，导致更多民粹主义、独裁、民族主义和军国主义领导人上台，两国的民主体制赋予了他们特别的独裁权力，整顿管理不善的经济。因为两国已经成为现存世界大国的经济与军事竞争对手，所以它们还面临着外部经济与军事冲突。

这也是修昔底德陷阱的好例子。[205] 国家之间的竞争

新闻及美联储公报

1938年1月5日

总统今日发布金融操作与前景简报，1938年赤字预计将达10亿美元

“向国会提交年度预算的前夕，消息灵通的官员预测，预算赤字将达10亿美元。根据最新官方预测，本年度预算赤字是8.952 45亿美元，但官员表示，明日提交的预算将向上修正这一数字。”

1938年4月16日

美联储委员会今日启动计划，下调银行存款准备金率；这与1937年5月1日之前的举措几乎相同

“美联储委员会今天宣布，‘作为政府鼓励商业复苏计划的一部分’，从明日银行营业时开始，下调所有会员银行各类存款的准备金率。”

1938年10月16日

股市交易量上升，股价不规律上涨；债券坚挺，美元走高，小麦和棉花价格走势稳定

“昨日，对低价股尤其是公共事业股的需求继续成为股市主要特征。市场整体以高价收盘，涨幅分布不规律。昨日纽交所成交量达199.5万股，为10月19日以来的最高值。”

导致它们通过战争一决高下。在战争过后的和平时期，主导性大国（或大国联盟）没有对手挑战自己，可以制定规则，直到一个竞争性大国最终崛起，重新开始另一轮循环。

为了说明20世纪30年代的整体情况，下文概述1930—1939年欧洲正式爆发战争，再到1941年日本袭击珍珠港这段时期的重大地缘政治事件。尽管1939年和1941年被公认为欧洲战争和太平洋战争的正式开始时间，但战争实际开始于约10年之前，因为经济冲突最初有限，后来才逐渐酿成二战。随着德国和日本成为更有扩张野心的经济与军事大国，为了争夺资源和势力范围，他们与英国、美国、法国的竞争日益激烈，最终导致二战爆发。战争的结局很明显，美国获得了主导世界新秩序的权力。新的世界秩序带来了和平时期，直到类似的过程再次发生。

具体如下。

- 1930年，《斯穆特－霍利关税法》引发了一场贸易战。
- 1931年，日本资源不足，农村地区陷入严重贫困，于是日本入侵中国东北，以获取自然资源。美国希望中国免受日本控制，并与日本竞争东南亚的自然资源，尤其是石油、橡胶和锡，但同时日美之间也有大规模贸易往来。
- 1931年，日本因陷入严重萧条而退出金本位制，导致日元汇率自由浮动（日元大幅贬值），日本得以实施大规模的财政和货币扩张政策，成为第一个推动经济复苏并强劲增长的国家（一直持续到1937年）。
- 1932年，日本国内冲突激烈，导致了一场失败的政变，以及右翼民族主义、军国主义势力大规模崛起。1931—1937年，日本军方接管政府，并加强对经济自上而下的控制。
- 1933年，民粹主义者希特勒在德国上台，他承诺要治理糟糕的经济，整顿德国民主制下的政治混乱局面，并打击共产主义者。在就任总理仅两个月后，他就建立了彻底的独裁统治。他以国家安全为借口，让国会通过授权法案，从而拥有几乎无限的权力（他不仅囚禁政治对手，而且说服一些温和派，使其相信有必要这么做）。他随即拒绝支付战争赔款，退出国际联盟，并控制了媒体。为了打造强有力的经济，给德国人带来繁荣，他创立了一套自上而下的指令性经济体制。例如，在希特勒的介入下，大众汽车开始制造更便宜的汽车，他还指导了德国国家高速公路系统的建设。他认为，地理边界限制了德国的潜力，德国没有充足的原材料来支持工业军事综合体，而且日耳曼民族应当团结起来。

- 同时，在自上而下的指令性经济体制下，日本变得日益强大，建立了军事工业综合体。日本军方想要保护在东亚和中国北部的军事基地，并向其他地区扩张势力。
- 德国也变得更加强大，打造军事工业综合体，寻求扩张，索取周边领土。
- 1934 年，日本部分地区遭受严重饥荒，导致政治动荡加剧，右翼军国主义、民族主义运动声势扩大。因为市场经济不能让民众获益，指令性经济体制得以强化。
- 1936 年，德国以武力手段收回莱茵兰，并于 1938 年吞并奥地利。
- 1936 年，日本与德国签署协定。
- 1936—1937 年，美联储收紧货币政策，导致脆弱的美国经济出现下滑，其他主要经济体也随之走弱。
- 1937 年，日本扩大对中国的占领，抗日战争爆发。日军入侵上海和南京，据估计仅在南京沦陷时，就有约 30 万中国平民与放下武器的军人被杀。为帮助中国对日作战，美国向蒋介石政府提供战斗机和飞行员，这意味着美国小规模卷入战争。
- 1939 年，德国入侵波兰，二战在欧洲正式爆发。
- 1940 年，德国攻占丹麦、挪威、荷兰、比利时、卢森堡和法国。
- 这段时期德国和日本的大多数企业仍是上市公司，但政府控制了企业生产以支持战争。
- 1940 年，亨利·史汀生就任美国战争部长，对日本实施更多大规模经济制裁，最终于 1940 年 7 月 2 日通过《出口控制法》。1940 年 10 月，史汀生加强禁运措施，限制“所有钢铁输出，除非运往英国和西半球国家”。
- 从 1940 年 9 月开始，日本为了获取更多资源，并利用欧洲各国忙于欧战无暇他顾之机，从法属印度中南半岛开始，入侵了东南亚的几个殖民地。1941 年，日本扩大占领范围，夺取了荷属东印度群岛的油田，将“南方资源区”纳入其“大东亚共荣圈”。南方资源区由多个东南亚地区的殖民地组成（大多是欧洲国家的殖民地），征服这一地区让日本获得了关键的自然资源（最重要的是石油、橡胶和稻米）。大东亚共荣圈是一系列亚洲国家，过去由西方列强控制，此时改由日本控制。

- 日本接着占领了菲律宾首都马尼拉附近的一个海军基地，对当时受美国保护的菲律宾虎视眈眈。
- 1941 年，为了援助盟国，但不全面参战，美国出台了租借政策。根据该政策，美国免费向盟国提供石油、食品和武器。以今天的美元价值计算，这笔援助的总额超过 6 500 亿美元。虽然不是直接宣战，但租借政策结束了美国的中立角色。
- 1941 年夏，美国总统罗斯福下令冻结所有日本在美资产，对日本实行全面的石油和天然气禁运。日本估计其石油两年内就会用光。
- 1941 年 12 月，日本袭击珍珠港以及英国和荷兰的亚洲殖民地。日本当时没有一项全面赢得战争的计划，但希望摧毁美国的太平洋舰队，以解除对其威胁。日本还认为，在欧美的两线作战和美国的政治制度下，美国的实力已经削弱；日本更加认同日德两国的极权主义、军事工业综合体和指令性经济体制，认为它们优于美国的个人主义 / 资本主义体制。

这些事件导致了第一部分末尾解释的“战时经济”局面。

参考文献

Administration of the German Bundestag, "Elections in the Weimar Republic." Historical Exhibition Presented by the German Bundestag (March 2006). https://www.bundestag.de/blob/189774/7c6dd629f4afff7bf4f962a45c110b5f/elections_weimar_republic-data.pdf.

Ahamed, Liaquat. *Lords of Finance: The Bankers Who Broke the World*. New York: Penguin, 2009.

Allison, Graham. *Destined for War: Can America and China Escape Thucydides's Trap?* New York: Houghton Mifflin Harcourt, 2017.

Bernanke, Ben S. *Essays on the Great Depression*. Princeton, NJ: Princeton University Press, 2004.

Blakey, Roy G. and Gladys C. Blakey. "The Revenue Act of 1937." *The American Economic Review* Vol. 27, No. 4 (December 1937): 698-704. https://www.jstor.org/stable/1801981?seq=1#page_scan_tab_contents.

Board of Governors of the Federal Reserve System (U.S.). Federal Reserve Bulletin: February 1929. Washington, DC, 1929. https://fraser.stlouisfed.org/files/docs/publications/FRB/1920s/frb_021929.pdf.

Board of Governors of the Federal Reserve System (U.S.). Federal Reserve Bulletin: April 1929. Washington, DC, 1929. https://fraser.stlouisfed.org/files/docs/publications/FRB/1920s/frb_041929.pdf.

Board of Governors of the Federal Reserve System (U.S.). Federal Reserve Bulletin: June 1929. Washington, DC, 1929. https://fraser.stlouisfed.org/files/docs/publications/FRB/1920s/frb_061929.pdf

Board of Governors of the Federal Reserve System (U.S.). *Banking and Monetary Statistics: 1914–1941*.

Washington, DC, 1943. https://fraser.stlouisfed.org/files/docs/publications/bms/1914–1941/BMS14-41_complete.pdf.

Brooks, John. *Once in Golconda: A True Drama of Wall Street 1920–1938*. New York: Harper & Row, 1969.

Bullock, Hugh. *The Story of Investment Companies*. New York: Columbia University Press, 1959.

Cannadine, David. *Mellon: An American Life*. New York: Vintage Books, 2008.

Dell, Fabien. "Top Incomes in Germany and Switzerland Over the Twentieth Century." *Journal of the European Economic Association*, Vol. 3, No. 2/3, Papers and Proceedings of the Nineteenth Annual Congress of the European Economic Association (April – May, 2005), 412-421. http://www.jstor.org/stable/40004984.

Eichengreen, Barry. *Golden Fetters: The Gold Standard and the Great Depression*, 1919–1939. New York: Oxford University Press, 1992.

Eichengreen, Barry. *Hall of Mirrors: The Great Depression, the Great Recession, and the Uses—and Misuses—of History*. New York: Oxford University Press, 2016.

Eichengreen, Barry. "The Political Economy of the Smoot-Hawley Tariff," *NBER Working Paper Series* No. 2001 (August, 1986). http://www.nber.org/papers/w2001.pdf.

Federal Deposit Insurance Corporation. "Historical Timeline: The 1920's." Accessed August 21, 2018. https://www.fdic.gov/about/history/timeline/1920s.html.

Federal Deposit Insurance Corporation. "Historical Timeline: The 1930's." Accessed August 21, 2018. https://www.fdic.gov/about/history/timeline/1930s.html.

Friedman, Milton and Anna Jacobson Schwartz. *A Monetary History of the United States*, 1867–1960. Princeton, NJ: Princeton University Press, 1971.

Friedman, Milton and Anna Jacobson Schwartz. *The Great Contraction*, 1929–1933. Princeton, NJ: Princeton University Press, 2008.

Galbraith, John Kenneth. *The Great Crash*, 1929. New York: Houghton Mifflin Harcourt, 2009.

Gammack, Thomas H. "Price-Earnings Ratios." In *The Outlook and Independent: An Illustrated Weekly of Current Life*. Vol. 152, May 1 – August 28, 1929, edited by Francis Rufus Bellamy, 100. New York: The Outlook Company, 1929.

Gou, Michael, Gary Richardson, Alejandro Komai, and Daniel Park. "Banking Acts of 1932: February 1932." Federal Reserve History. Accessed August 22, 2018. https://www.federalreservehistory.org/essays/ banking_acts_of_1932.

Gray, Christopher. "Streetscapes: The Bank of the United States in the Bronx; The First Domino in the Depression." *New York Times*, August 18, 1991. https://nyti.ms/2nOR6rv.

Hendrickson, Jill M. *Regulation and Instability in U.S. Commercial Banking: A History of Crises*. New York: Palgrave Macmillan, 2011.

Hoover, Herbert. *The Memoirs of Herbert Hoover: The Great Depression 1929–1941*. Eastford, CT: Martino Fine Books, 2016.

Irwin, Douglas A. *Clashing over Commerce: A History of US Trade Policy*. Chicago: University of Chicago Press, 2017.

Kindleberger, Charles P. *The World in Depression*, 1929–1939. Berkeley, CA: University of California Press, 2013.

Klein, Maury. *Rainbow's End: The Crash of 1929*. New York: Oxford University Press, 2001.

Kline, Patrick M. and Enrico Moretti. "Local Economic Development, Agglomeration Economics, and the Big Push: 100 Years of Evidence from the Tennessee Valley Authority," *NBER Working Paper Series* No. 19293 (August 2013). http://www.nber.org/papers/w19293.pdf.

McElvaine, Robert S. *The Great Depression: America*, 1929–1941. New York: Times Books, 1993.

Meltzer, Allan. *A History of the Federal Reserve, Volume 1: 1913–1951*. Chicago: University of Chicago Press, 2003.

New York Times. "1,028 Economists Ask Hoover To Veto Pending Tariff Bill; Professors in 179 Colleges and Other Leaders Assail Rise in Rates as Harmful to Country and Sure to Bring Reprisals. Economists of All Sections Oppose Tariff Bill." May 5, 1930. https://nyti.ms/2MLhaBT.

New York Times. "Business Leaders Find Outlook Good; Authorities on All Branches of Finance and Industry Agree Structure Is Sound." January 1, 1930. https://nyti.ms/2o2rpE8.

New York Times. "Fisher Sees Stocks Permanently High; Yale Economist Tells Purchasing Agent Increased Earnings Justify Rise." October 16, 1929. https://nyti.ms/2JnPoGO.

New York Times. "Fixed Trust Formed to Gain by Recovery; Stein Brothers & Boyce Project to Run 5 ½ Years—Shares to be Offered at About 10 3/8." February 25, 1931. https://timesmachine.nytimes.com/timesma- chine/1931/02/25/100993342.pdf.

New York Times. "Huge Bid for Standard Oil; 1,000,000-Share Order at 50 Is Attributed to J.D. Rockefeller; Exchange to Hunt Bears; Calls on Member Firms for Record of Short Sales at Close on Tuesday; A. T. & T. and 20 Others Up; But Average of Fifty Stocks Declines 9.31 Points–Sales Are 7,761,450 Shares." November 14, 1929. https://nyti.ms/2N0ZqiT.

New York Times. "Leaders See Fear Waning; Point to 'Lifting Spells' [sic] in Trading as Sign of Buying Activity." October 30, 1929. https://nyti.ms/2OZ0PH5.

New York Times. "Sterling Falls Here to the Gold Point: Cable Transfers Touch $4.84 ¾—Federal Reserve Rise Adds to British Difficulties." August 9, 1929. https://nyti.ms/2MxEwuP.

New York Times, "Stock Prices Will Stay at High Level For Years to Come, Says Ohio Economist." October 13, 1929. https://nyti.ms/2OUqCAq.

New York Times. "Stocks Driven Down as Wave of Selling Engulfs the Market." October 20, 1929. https://times machine.nytimes.com/timesmachine/1929/10/20/issue.html.

New York Times. "Thirty-Three Banks Vanish in Mergers," July 21, 1929. https://timesmachine.nytimes.com/ timesmachine/1929/07/21/94168795.pdf.

New York Times. "Topics in Wall Street, January 1, 1930." January 2, 1930. https://timesmachine.nytimes.com/ timesmachine/1930/01/02/96015717.html?pageNumber=37.

Newton, Walter and Myers, William Starr. *The Hoover Administration: A Documented Narrative*. New York: C. Scribner's Sons, 1936.

Oulahan, Richard V. "$423,000,000 Building Plan Pressed by Mellon on Eve of Hoover's Trade Parleys." *New York Times*, November 19, 1929. https://nyti.ms/2OUQVXc.

Oulahan, Richard V. "President Hails Success; He Personally Announces Nations Concerned Are in Accord." *New York Times*, July 7, 1931. https://nyti.ms/2OSDjM0.

Piketty, Thomas. "Le capital au 21e siècle." *Editions du Seuil* (September 2013), http://piketty.pse.ens.fr/files/capital21c/en/Piketty2014FiguresTables.pdf.

Roosevelt Sr., Franklin Delano. *Fireside Chat 1: On the Banking Crisis* (Washington, DC, March 12, 1933), Miller Center, https://millercenter.org/the-presidency/presidential-speeches/ march-12-1933-fireside-chat-1-banking-crisis.

Sastry, Parinitha. "The Political Origins of Section 13(3) of the Federal Reserve Act." *FRBNY Economic Policy Review*(2018),https://www.newyorkfed.org/medialibrary/media/research/epr/2018/epr_2018_political-ori-gins_sastry.pdf.

Silk, Leonard. "Protectionist Mood: Mounting Pressure Smoot and Hawley." *New York Times*, September 17, 1985. https://nyti.ms/2MI3qYE.

Smiley, Gene. *Rethinking the Great Depression*. Chicago: Ivan R. Dee, 2003.

Thomas, Gordon and Morgan-Witts, Max. *The Day the Bubble Burst: A Social History of the Wall Street Crash of 1929*. New York: Doubleday & Company, 1979.

U.S. Department of the Interior. Bureau of Reclamation. The Bureau of Reclamation's Civilian Conservation Corps Legacy: 1933–1942, by Christine E. Pfaff. Denver, Colorado, February 2010. https://www.usbr.gov/cultural/CCC_Book/CCCReport.pdf.

U.S. Department of Labor. Bureau of Labor Statistics. *Analysis of Strikes in 1937*, by Division of Industrial Relations. Washington, DC, 1938. https://www.bls.gov/wsp/1937_strikes.pdf.

U.S. Department of the Treasury. Report of the Secretary of the Treasury: Revenue Act of 1932. Washington, DC, 1932. https://fraser.stlouisfed.org/files/docs/publications/treasar/pages/59359_1930-1934.pdf.

U.S.Department of Transportation. Federal Highway Administration. State Motor Vehicle Registrations. Washington, DC, 1995. https://www.fhwa.dot.gov/ohim/summary95/mv200.pdf.

Wallis, John J., Fishback, Price V., and Kantor, Shawn E. "Politics, Relief, and Reform: Roosevelt's Efforts to Control Corruption and Political Manipulation during the New Deal." Corruption and Reform: Lessons from America's Economic History, (March 2006): 343-372. http://www.nber.org/chapters/c10006.pdf.

Wigmore, Barrie A. The Crash and Its Aftermath: A History of Securities Markets in the United States, 1929–1933. Westport, CT: Greenwood Press, 1985.

1 Klein, *Rainbow's End*, 108.
2 Klein, 29; Federal Highway Administration, "State Motor Vehicle Registrations."
3 Klein, 27-8.
4 Klein, 143.
5 Brooks, *Once in Golcanda*, 90.
6 Klein, 172.
7 Gammack, "Price-Earnings Ratios," 100.
8 "Stock Prices," *New York Times*.
9 Klein, 147.
10 Klein, 190.
11 Galbraith, *The Great Crash*, 20-1, 50.
12 Klein, 160-1.
13 Galbraith, 22.
14 Klein, 146, 227.
15 Bullock, *Story of Investment Companies*, 8-9.
16 Galbraith, 86.
17 Galbraith, 49-50.
18 Klein, 130.
19 Wigmore, *Crash and Its Aftermath*, 5.
20 Board of Governors of the Federal Reserve Sys- tem (U.S.), *Banking and Monetary Statistics*, 262, 264.
21 "Thirty-Three Banks Vanish," *New York Times*.
22 Klein, 175-6.
23 Meltzer, *History of the Federal Reserve*, 146, 241-2.
24 Klein, 176.
25 Galbraith, 35.
26 Klein, 178-9.
27 Ahamed, *Lords of Finance*, 323.
28 Board of Governors of the Federal Reserve System (U.S.), "June 1929," 374-6.
29 "Sterling Falls," *New York Times*.
30 Galbraith, 32; FDIC, "Historical Timeline: The 1920's."
31 Klein 197-8.
32 Thomas and Morgan-Witts, *Day the Bubble Burst*, 311.
33 "Fisher Sees Stocks Permanently High," *New York Times*.
34 Galbraith, 94-95.
35 "Stocks Driven Down," *New York Times*.
36 Ahamed, 354.
37 Cannadine, *Mellon*, 391.
38 Klein, 204-5.
39 Galbraith, 98.
40 Galbraith, 98.
41 Klein, 209.
42 Ahamed, 354.
43 Klein, 209.
44 Klein, 211.
45 Ahamed, 355.
46 Wigmore, 7.
47 Wigmore, 11.
48 Galbraith, 106.
49 Galbraith, 107.
50 Wigmore, 13.
51 "Premier Issues Hard Hit," *New York Times*.
52 Wigmore, 13.
53 Wigmore, 15.
54 Klein, 227.
55 Ahamed, 358.
56 "Leaders See Fear Warning," *New York Times*.
57 Galbraith, 116-7.
58 Galbraith, 112-13.
59 Klein, 233.
60 Wigmore, 19.
61 Oulahan, "$423,000,000 Building Plan Pressed."
62 Klein, 242.
63 Smiley, *Rethinking the Great Depression*, 11-12.
64 Klein, 244-5.
65 "Huge Bid for Standard Oil," *New York Times*.
66 "Topics in Wall Street," *New York Times*; "Business Leaders Find Outlook Good," *New York Times*.
67 Wigmore, 117.
68 Klein, 263; Ahamed, 362.
69 Klein, 250.
70 Wigmore, 119.
71 Wigmore, 137.
72 Wigmore, 147.
73 Hoover, *Memoirs of Herbert Hoover*, 47-48.
74 Eichengreen, "Political Economy of Smoot-Haw- ley," 5, 23.
75 "1,028 Economists Ask Hoover," *New York Times*.
76 Irwin, *Clashing over Commerce*, 400-1.
77 Gray, "Streetscapes."
78 It's worth noting that some of the rise in tariff rates can be attributed to falling import prices. Some tariffs were charged per unit (e.g., 2 cents per bushel of wheat), so the effective tariff rate rose as import prices fell.
79 Irwin, 401-2.
80 Hoover, *Memoirs*, 47-48.
81 Board of Governors of the Federal Reserve System (U.S.), *Banking and Monetary Statistics*, 262-3.
82 Wigmore, 160-1.
83 Friedman and Jacobson Schwartz, *A Monetary History*, 308.
84 Gray.
85 Ahamed, 387.
86 Friedman and Jacobson Schwartz, *A Monetary History*, 309-10.
87 Smiley, 16.
88 Gray.
89 Board of Governors of the Federal Reserve Sys- tem (U.S.), *Banking and Monetary Statistics*, 16.
90 Hoover, *Memoirs*, 58.
91 Board of Governors of the Federal Reserve System (U.S.), "April 1929," 257, 299; Board of Governors of the Federal Reserve System (U.S.), "February 1929," 162.
92 Hoover, *Memoirs*, 59.
93 "New Fixed Trust Formed," *New York Times*.
94 Hoover, *Memoirs*, 53.
95 Hoover, *Memoirs*, 42, 53-55.
96 McElvaine, 76.
97 Hoover, *Memoirs*, 132.
98 Hoover, *Memoirs*, 53.
99 Ahamed, 324, 402.
100 Administration of the German Bundestag, Research Section, "Elections in the Weimar Republic," 2.
101 Hoover, *Memoirs*, 64.
102 Ahamed, 404-6.
103 Ahamed, 406.
104 Hoover, *Memoirs*, 67.
105 Eichengreen, *Golden Fetters*, 270.
106 Wigmore, 297.
107 Bernanke, *Essays on the Great Depression*, 91-2.
108 Wigmore, 297.
109 Hoover, *Memoirs*, 68-69.
110 Ahamed, 410.
111 Oulahan, "President Hails Success."
112 Eichengreen, *Golden Fetters*, 275.
113 Ahamed, 415.
114 Ahamed 415-6.
115 Hoover, *Memoirs*, 75.
116 Hoover, *Memoirs*, 77-79.
117 Wigmore, 296.
118 Hoover, *Memoirs*, 81.
119 Hoover, *Memoirs*, 81.
120 Ahamed, 428.
121 Hoover, *Memoirs*, 82.
122 Wigmore, 301.
123 Ahamed, 433.
124 Wigmore, 302.

125 Wigmore, 303.
126 Jones, "Shorting Restrictions," 2.
127 Wigmore, 289.
128 Ahamed, 435.
129 Friedman and Jacobson Schwartz, *The Great Contraction*, 39.
130 Friedman and Jacobson Schwartz, *A Monetary History*, 397.
131 Hoover, *Memoirs*, 82-3, 87-8.
132 Hoover, *Memoirs*, 84.
133 Hoover, *Memoirs*, 88, 93-95, 114.
134 Wigmore, 315.
135 Hoover, *Memoirs*, 98, 111.
136 Gou, et al., "Banking Acts of 1932."
137 Wigmore, 318.
138 Eichengreen, *Hall of Mirrors*, 158.
139 Gou, et al.
140 Eichengreen, *Hall of Mirrors*, 158. 141 Hoover, "Statement on Signing."
142 Sastry, "Political Origins of Section 13(3)."
143 Wigmore, 312.
144 Wigmore, 313, 326.
145 Friedman and Jacobson Schwartz, *The Great Contraction*, 47-8.
146 Eichengreen, *Golden Fetters*, 315.
147 Wigmore, 331.
148 McElvaine, 91.
149 Smiley, 24.
150 Eichengreen, *Hall of Mirrors*, 163.
151 Friedman and Jacobson Schwartz, *The Great Contraction*, 52.
152 Wigmore, 325.
153 Smiley, 68.
154 Wigmore, 308-9.
155 Wigmore 309.
156 United States Department of the Treasury, "Reve- nue Act of 1932," 13, 20-21.
157 Wigmore, 313-314.
158 Friedman and Jacobson Schwartz, *The Great Contraction*, 63.
159 Smiley, 27.
160 Piketty, "Le capital au 21e siècle," 1, 70.
161 Dell, "Top Incomes in Germany and Switzerland," 415-6.
162 Smiley, 69-70.
163 Hoover, *Memoirs*, 203.
164 Hoover, *Memoirs*, 205-6.
165 Wigmore, 434, 438-9.
166 Wigmore, 444.
167 Ahamed, 443; Wigmore, 444-5.
168 Ahamed, 444.
169 Hoover, *Memoirs*, 210-2.
170 Wigmore, 428.
171 Smiley, 75.
172 Friedman and Jacobson Schwartz, *A Monetary History*, 420-2.
173 Ahamed, 454.
174 Roosevelt, *Fireside Chat 1*.
175 Smiley, 76.
176 Wigmore, 450.
177 Smiley, 76-77.
178 Smiley, 80.
179 Smiley, 77.
180 Smiley, 80.
181 Hendrickson, *Regulation and Instability*, 143-6.
182 Pfaff, "The Bureau of Reclamation," 5, 15.
183 Wallis, Fishback, and Kantor, "Politics, Relief, and Re- form," 347; Smiley, 81.
184 Kline and Moretti, "Local Economic Develop- ment," 5-6.
185 McElvaine, 152.
186 Ahamed, 463.
187 Friedman and Jacobson Schwartz, *A Monetary History*, 518.
188 Meltzer, 492-3.
189 Meltzer, 497-8.
190 Meltzer, 498-9.
191 Meltzer, 498.
192 Meltzer, 502-3.
193 Meltzer, 500-3.
194 Board of Governors of the Federal Reserve System (U.S.), *Banking and Monetary Statistics*, 395-6, 400.
195 Meltzer, 539-40.
196 Meltzer, 503-5.
197 Meltzer, 506.
198 Meltzer, 509-10.
199 Meltzer, 510.
200 Blakey and Blakey, "Revenue Act of 1937," 698-9.
201 Meltzer, 521.
202 United States Department of Labor, "Analysis of Strikes," 3.
203 Meltzer, 523-4.
204 Eggertsson and Pugsley, "Mistake of 1937," 11; Meltzer, 531.
205 Allison, *Destined for War*, xvi.

美国债务危机与调整（2007—2011 年）

本节详细介绍美国最近一次重大债务危机，重点分析 2007—2011 年，参考“典型债务大周期”部分提出的理论，也密切关注其间出现的海量细节。请注意，本案例的具体发展与理论归纳的典型特征非常契合。例如，本次危机出现了抵押贷款组合和证券化、投行进行加杠杆操作、场外交易衍生品快速增长，这些都是在政府保护和监管范围之外提供杠杆的新方法。只有把这些具体细节与理论特征联系起来，才能真正理解这场债务危机的经典之处。

在描述案例时，我也希望读者能有身临其境的感觉，仿佛每天都在跟随事件的发展。我鼓励读者在每个时间节点上都思考一下，如果自己是投资者或决策者，会采取何种做法。为了让读者能感同身受，我会逐周（有时是逐日）介绍事态进展，并提供当时的新闻摘录。此外，我还摘录了《桥水每日观察》，展示我们当时的分析，但是，我不会介绍桥水调整投资头寸的具体做法，因为这属于公司专有信息。鉴于内容很多，我对重点内容进行加粗，以便读者略读。

2004—2006 年：泡沫出现

在典型债务周期的早期，经济健康运行，债务增速适度，并与收入增速相当，因为债务资金用于可以快速提高收入、偿还债务的经济活动。债务占 GDP 的比例可以反映上述发展的均衡程度，但在债务周期的早期阶段，债务产生的收入量只是一个推测，因此这个指标比较粗略。在 20 世纪 90 年代，美国的债务占 GDP 比例仅略有增加，但收入增速相对强劲，失业率处于低位。2001 年，由于货币政策收紧、互联网泡沫破灭以及“9 · 11”恐怖

新闻和《桥水每日观察》

2004 年 1 月 22 日

住房建筑继续推动经济发展

“美国商务部昨日表示，12 月初住房建筑数量超预期，创下 25 年以来新建住房的最佳年份，一些行业分析师因此提高了对 2004 年的房地产市场预测。”

2004 年 4 月 22 日

格林斯潘平息投资者对经济增长的担忧

“此前，格林斯潘宣布通缩威胁已经消失，引发金融市场剧烈波动。次日，这位美联储主席强烈暗示，由于生产率走高，通胀率较低，央行可以在更长一段时间内维持极低利率，美国股票和国债市场投资者似乎平静下来……格林斯潘先生表示，美国经济已经‘进入更加蓬勃发展的时期’。”

2004 年 9 月 26 日

下一个真人秀：倒腾房地产，好玩又好赚

“南加州的房地产市场如火如荼，把这些真实故事拍成火爆的真人秀仅是时间问题……在全美大部分地区，买房是为了自住，而在价格月月走高的房地产市场，倒房似乎成为一条致富捷径。”

袭击事件的冲击，美国经济出现衰退，美联储将利率从6.5%一路降至1%。请注意，此时的利率已经非常接近0%。大幅降息刺激了借贷和支出，对家庭部门的刺激尤为显著。因此，2001年的经济衰退持续时间较短，程度较轻，但为随后的泡沫时期埋下了种子。2004—2006年，泡沫膨胀的速度最快。

在此期间，大多数指标都表明美国经济形势良好。经济增长率相对稳定在3%~4%；失业率低于长期平均水平，位于4%~5%；通胀率大多时间在2%~3.5%之间，略高于理想水平，但按传统标准并不令人担忧。与此同时，随着产能限制的出现，经济进入"周期后期"阶段（例如，GDP缺口为2%，需求增长率高于产能增长率）。在债务融资的支撑下，金融市场和房地产市场都非常强劲。

美联储主要关注经济增长率、通胀率和GDP缺口，而不是债务增长。因此，美联储逐步加息，将利率从2004年1%的低点提高到2006年的略高于5%。

加息不足以减缓债务融资支撑的资产增值。在这三年中，标普500指数的回报率为35%，盈利增长了32%。虽然10%的年收益率很好，但远不及20世纪90年代后期互联网泡沫时期的水平。由于经济强劲，通胀温和，资产价格升值良好，大多数人都认为经济似乎处于**"黄金"时期——既不是太热，也不是太冷**。在此期间，债务占GDP比例的平均增长率为12.6%。**通常情况下，此时泡沫就会出现，因为央行关注通胀率和经济增长率（两者都不是问题），而没有充分考虑债务融资购买投资性资产这一问题。**

债务泡沫一般出现在一个或几个市场，因此通常被平均值掩盖。对重要领域进行模拟金融压力测试，判断它们能否承受压力，如果不能，将产生何种连锁效应，只有这样才能找出存在泡沫的领域。

房地产市场债务泡沫

在本案例中，房地产行业是最重要的泡沫领域。房

新闻和《桥水每日观察》

2004年10月20日

格林斯潘表示，抵押贷款债务不是很大的负担

"在格林斯潘担任美联储主席期间，房主债务大幅增加是其最显著的政策效果之一，周二他为此进行了辩护。

"这是他本人对这个话题最详尽的讨论。分析师担心购房者已经陷入投机性房地产泡沫中，认为美联储对泡沫的产生负有部分责任，但格林斯潘先生对此提出反驳。"

2004年11月6日

当好债变坏债

"没有人知道债务累积是否或何时变得不可持续，但决策层多年维持极低利率，鼓励借款，他们至少应该承认存在信贷紧缩而拖累经济的可能性，并采取相应的行动。"

2005年4月28日

抵押贷款申请增加

"一项私人调查昨日显示，上周抵押贷款申请数量增加，因为人们利用借贷成本下降购买住房，并对现有房贷进行再融资。"

2005年5月10日

美国房地产泡沫

"美国房地产市场在几年前看似出现泡沫，现在看来已经存在严重泡沫。房地产市场一直是美国经济的主要引擎，房地产泡沫的破裂将比股市下跌带来更可怕的后果。

"亏本出售住房可能会造成巨大创伤，因为住房是家庭部门最大的资产，也是杠杆率最高的资产。失去房屋净值可能会破坏家庭部门的净资产，而失去更多可能会使经济陷入瘫痪（例如，大多数人无法出售房屋，因此不能搬家）。"

——《桥水每日观察》

2005年5月25日

房价急剧上涨，加剧了对泡沫的担忧

"一个全国性房地产经纪人组织昨日报道称，去年房价上涨速度比1980年以来的任何时候都要快，进而引发了一些新的问题：一些地方楼市是否开始出现注定会破裂的泡沫……总而言之，房价从未出现大幅下跌，美联储主席格林斯潘周五表示，全美房价下跌的可能性仍然不大。"

价得益于日益宽松的贷款操作，2004—2006 年上涨了约 30%，自 2000 年以来上涨了 80% 以上。这是一个世纪以来（紧接着二战后的时期除外）实际房价上涨的最快速度。房价上涨通常会自我强化、产生泡沫。由于大多数房屋是用借款购买的，因此**房价上涨对房屋净值的影响加大**。例如，如果一个家庭使用 5 万美元的储蓄作为 25 万美元房屋的首付，然后房价上涨到 35 万美元，那么该家庭的投资价值就增加了两倍，进而可以增加借款，并吸引其他买家和贷款人为他们提供贷款，因为这笔贷款非常有利可图。

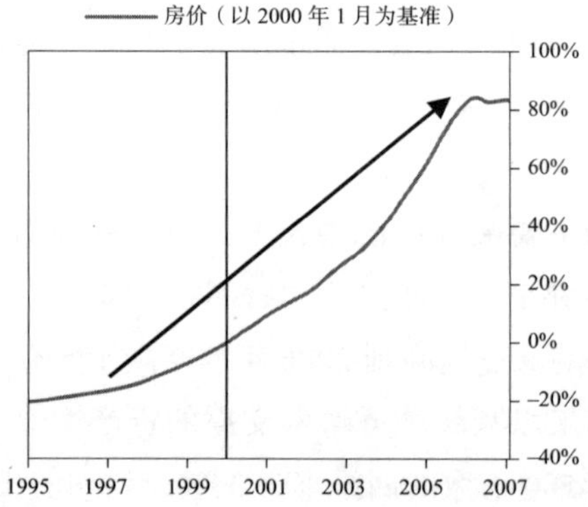

家庭债务占家庭可支配收入的比例从 2000 年的 85% 上升到 2006 年的 120% 左右。信贷标准降低了，2001—2007 年，所有收入群体的债务都大幅增加，但债务增幅最大的是位于最底层 1/5 的低收入借款人。[1] 随着抵押贷款操作的日益宽松，即使是非购房者也通过房屋净值贷款增加了债务。2005 年的房屋净值贷款和套现再融资总额达到 5 000 亿美元，比 1998 年增加了 5 倍。[2] 由此，美国整体债务已经超过 GDP 的 300%。

房价上涨越多，信贷标准就越低（即使反过来才合乎逻辑），但贷款人和借款人发现，发放贷款和借款购房都很有利可图。信贷支撑的购房活动推动了房价上涨，创造了自我强化的预期，吸引了不想错过时机的新借款人 / 贷款人。这是泡沫时期的典型现象。

新闻和《桥水每日观察》

2005 年 5 月 31 日

美联储就戳破美国住房“泡沫”展开辩论

“长期以来，格林斯潘先生和其他官员一直认为，央行的职责不是影响资产价格（无论是股价还是房价），而是维持低通胀率，在促进最大化可持续经济增长的同时，避免通胀高企。”

2005 年 7 月 9 日

房地产推动经济增长，楼市繁荣，就业向好

“近年来，房地产的工业综合体作为经济引擎，已成为少数几个可靠的增长来源之一。研究公司 Economy.com 的分析显示，在过去 4 年里，这个庞大的行业为美国增加了 70 万个各类就业岗位，包括土地测量师、总承包商和信贷员等。”

2005 年 8 月 17 日

7 月健康的楼市拉动经济增速提升

2005 年 8 月 28 日

格林斯潘表示房地产行业繁荣已接近尾声

“在辞去美联储主席职务之后，格林斯潘周六在此预测，美国疯狂的房地产热潮及其带来的消费支出即将结束。”

2005 年 10 月 4 日

热门市场房价涨速放缓

“今年夏天，房地产业从少数几个城市开始放缓，这一势头已经蔓延至美国几乎所有热门房地产市场，包括纽约。”

2005 年 12 月 17 日

花旗集团的增长新策略

“至少在 5 年内，花旗集团首次专注于扩大现有业务。它们将扩大国内零售业务，主要在费城和新泽西等存在现有客户的地区，增加约 300 家支行和中心支行。”

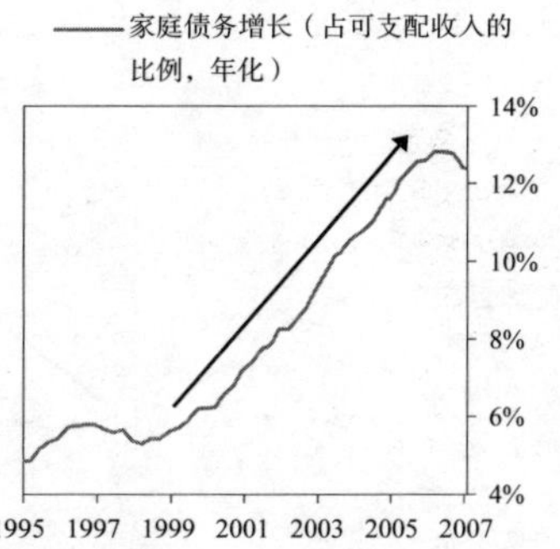

美国房地产市场展示出**典型泡沫时期的每一个特征**。以下重述我对泡沫特征的定义。

（1）以传统标准来看，资产价格偏高。
（2）市场预期目前的高价会继续快速上升。
（3）普遍存在看涨情绪。
（4）利用高杠杆融资买入资产。
（5）买家提前很长时间买入（如增加库存、签订供应合同等），旨在投机或应对未来价格上涨的影响。
（6）新买家（之前没有参与市场）进入市场。
（7）货币宽松政策进一步助长泡沫，而收紧货币政策会导致泡沫破裂。

所有上述特征都适用于此时美国的房地产市场。房价迅速上涨，人们普遍预计房价会继续上升（例如，“炒房客”会买房，进行一些翻新，旨在利用房价上涨来获得短期利润）。由于预计高房价将持续上涨，开发商开始囤房（这些供给未来几个月或几年内都不会进入市场），新的单户住宅建筑量在 1995 至 2005 年间翻了一番。[3] 人们看到朋友和邻居因拥有房产而更加富裕，于是更多人想要买房。在泡沫高峰时期，每年购房家庭比例仅略低于 8%（比今天多出约 50%）。2005 年夏天（高峰期左右）的一期《时代周刊》封面展现了这种投机狂热，并且提问：“你的房子会让你变得富有吗？”

新闻和《桥水每日观察》

2006 年 1 月 8 日

警告：警惕房地产风险

“基金投资者从过去几年的房地产中大获收益，他们此前收到警告，不要期望 2005 年会重演房地产繁荣。一些分析师预测，长期涨势或失去动力，因此该考虑抛售了。事实证明，那些反对者是错的。许多投资者无视有关房地产泡沫的警告，坚持以往操作，实现持续获利：房地产基金的年度收益率再一次名列前茅。”

2006 年 2 月 1 日

格林斯潘离职，诸多经济问题悬而未决

“担任国家经济管家长达 18 年的格林斯潘周二离职。其继任者有较大空间制定自己的政策，但未来也存在一些重大的不确定性。

“这一交接也意味着伯南克先生会面临更为复杂的选择，此时的巨大风险会增加政策严重失误的可能性。”

2006 年 2 月 10 日

2005 年美国贸易逆差创历史新高

“美国政府周五报告称，2005 年美国贸易逆差增长近 18%。由于消费者对进口需求增加，能源价格飙升，美元兑其他货币走强，美国贸易逆差连续 4 年创下纪录……

“美国商务部在华盛顿报道称，7 258 亿美元的逆差几乎是 2001 年赤字的两倍，这主要由于进口大涨 12%，而出口仅增长 10%。1975 年是美国最后一次出现贸易顺差的年份，当时的顺差总额为 124 亿美元。”

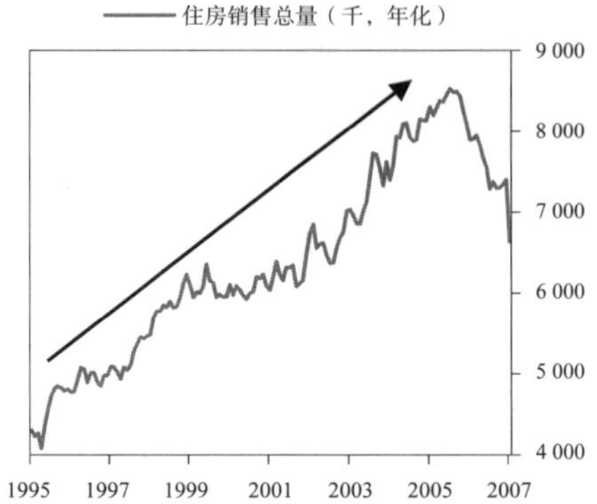

6 月 12 日《时代周刊》，© 时代集团。版权所有。经美国版权法许可和保护使用。未经明确书面许可，禁止打印、复制、再分发或转发本内容。

换句话说，**市场继续加杠杆，更积极地下注房价会继续上涨。与此同时，随着房价上涨鼓励生产，供应量也在增加。从逻辑上来看，市场恰恰应该采取相反的行动：那些押注价格变化的人应该更倾向于去杠杆或抛售，而那些贷款方则应该更加谨慎。然而，这种荒谬的思维模式在泡沫时期非常典型。**

一边是狂热买房，另一边是狂热地为买房者提供资金。左下图显示了抵押贷款利率。由于美联储放宽货币政策，利率在 2003 年跌至 20 世纪 50 年代以来的低点，并在房地产泡沫时期一直徘徊于低点附近。即使利率在 2005 至 2007 年间上升约 1.5%，但杠杆率在 2003 至 2007 年间依然上升。右下图显示了新增住房抵押贷款占贷款价值的比例，更高的比例意味着抵押贷款的首付比例更低、贷款规模更大。贷款占价值的比例快速增长至

80%，表明银行更愿意贷款，也更愿意进行风险较高的投资。其他住房抵押贷款泡沫也随处可见。在提供抵押贷款之前，银行通常不要求借款人出示收入证明，它们推销浮动利率抵押贷款，以目前较低的“诱饵”利率吸引借款人（这一利率后期会上升）。“次级”抵押贷款（例如风险较高的抵押贷款）占据了20%的市场份额。如下文详述，银行能够对此类债务进行打包（即“证券化”），掩盖其潜在风险，帮助借款人轻松获得低息贷款。

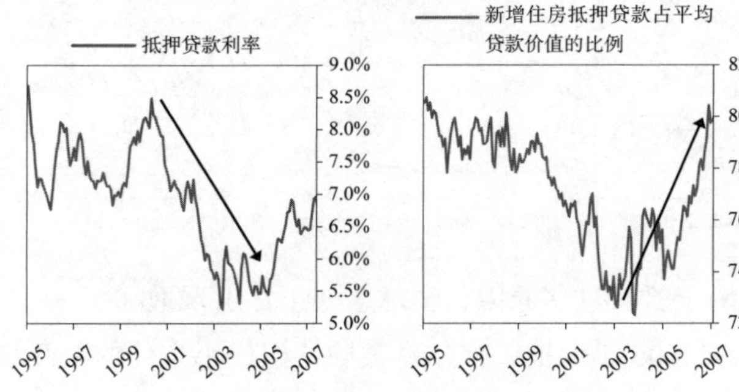

在债务不断积累和房地产市场狂热的形势下，美国经济没有过热，通胀率保持温和，所以只关注平均数字的美联储仍不为所动。**通常情况下，最严重的债务泡沫（例如1929年的美国、1989年的日本）并没有伴随着商品和服务通胀率的高企与攀升，而是伴随着债务增长所支撑的资产价格通胀率走高。央行往往犯下容忍债务增长的错误，因为它们关注的是商品和服务通胀率（以居民消费价格指数衡量），以及经济增长率，而忽视了债务增长（受货币政策的推动）和债务能否产生可以偿债的收入，**但这些都是央行预防坏账危机时应该考虑的问题。

正如下图所示，由于通胀率大多在2%~3.5%（略高于预期但并不令人担忧），美联储在扩张期的很长时间内都将利率维持在低位。事实上，从2001年年底到2006年年初，美国的短期利率低于通胀率（即实际短期借款成本为负值）。即使美联储在2004年中期确实开始提高短期利率，长期名义利率也基本持平，而实际长期利率下降。

新闻和《桥水每日观察》

2006年4月19日

美联储释放利率政策调整信号

“美联储周二暗示，可能最早下个月停止提高利率。这一可能性引发股市飙升，虽然原油价格已上涨至每桶71美元……美联储官员表示，近两年内已15次上调短期利率，5月的加息可能会是未来一段时间内的最后一次。”

2006年7月10日

保尔森宣誓就任财政部长

“前高盛首席执行官保尔森周一宣誓就任美国第74任财政部长，并承诺确保美国不会退出世界经济。

“‘我们必须永远记住，美国经济的实力与全球经济的实力息息相关。’保尔森在一次简短的仪式上发表讲话说。”

——美联社

如下图所示，发达国家的情况基本都是如此。

发达国家（除美国外）

由于所有这些原因，全球金融正在出现泡沫。

在 2006 年中期，保尔森被确认担任小布什的财政部长。此前他担任高盛公司董事长兼首席执行官，了解金融市场，也比较关注市场的过度行为，因此他召集总统金融市场工作组定期开会，工作组成员包括小布什经济团队的主要成员和主要监管机构。[4] 这些会议的主要好处是成员之间建立了密切的工作关系，最重要的是保尔森、美联储主席伯南克和美联储纽约银行主席蒂姆·盖特纳及各自任职机构之间的合作关系。

在所有金融危机中，个性品质、个人能力和团队协同能力是决定危机结果的重要因素。在本案例中，最重要的关系是保尔森（一个外向的前首席执行官，习惯大胆决策）、伯南克（一个在大萧条时期受过良好教育的内向经济学家）和盖特纳（一个熟知政府经济政策制定程序的务实者）之间的关系。他们品质互补，经常展开协调，三个人都愿意采取大胆行动，根据学到的新东西快速完善政策，这些因素对于他们应对这场危机至关重要。

风暴聚集，一触即发。虽然三个人都非常担忧，试图抑制他们察觉到的过度行为，但问题不够明朗，他们

新闻和《桥水每日观察》

2006 年 8 月 23 日

房地产市场放缓会构成多大问题?

“除了房地产市场外，整体经济仍在继续发展。房地产市场是危机的预警吗，还是纵使房地产市场放缓，经济仍会继续发展？我们正在设法解答这个问题……”

——《桥水每日观察》

2006 年 8 月 24 日

住房降温的新迹象

“本月房地产市场正在恶化。全国房地产经纪人协会昨日报告称，7 月二手房的销售跌至两年多以来的最低水平，房价趋于平稳，卖家等待买主的时间也越来越长。这是房屋交易狂潮终结的最新和最强迹象。”

2006 年 9 月 14 日

部分抵押贷款止赎率上升

“报告显示，第二季度优质浮动利率抵押贷款的止赎率升至 4 年高位，表明更多拥有良好信用评级的房主无力还贷……次级抵押贷款（向信用记录不良人士提供的贷款）的止赎率上升至 2.01%，这是自 2003 年第四季度以来的最高水平。”

——彭博社

无法迅速或有力地采取行动，以避免危机爆发。他们注意到次级抵押贷款市场的过度行为，但没有人看到这些行为正在蔓延至整个房地产市场（该市场自二战以来没有出现过全国性的下滑）。然而，保尔森非常担心房利美和房地美（所谓政府支持实体）所构成的风险，拉里·萨默斯在担任克林顿政府财政部长时也强调了这一点。因此，2006 年秋，保尔森争取到小布什总统的支持，开始与巴尼·弗兰克（当时是众议院金融服务委员会的少数党最资深成员）从事立法，对政府支持实体进行改革，但这些努力未能在 2008 年夏天危机到来之前产生实效。[5]

泡沫开始蔓延

经济也普遍出现泡沫迹象。储蓄率从低点进一步下滑，美国大举吸收外国资金。美国制造业就业人数下滑，并迅速失去全球出口市场份额，被新兴国家（尤其是中国）取而代之。然而，这些迹象被住房相关活力增加掩盖，例如，与 1995 年相比，建筑业就业人数增加了约 50%。与此同时，越来越多的房屋建造资金源于债务融资。

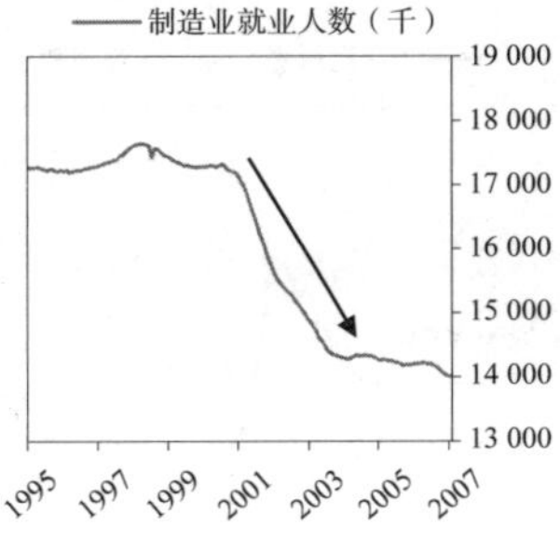

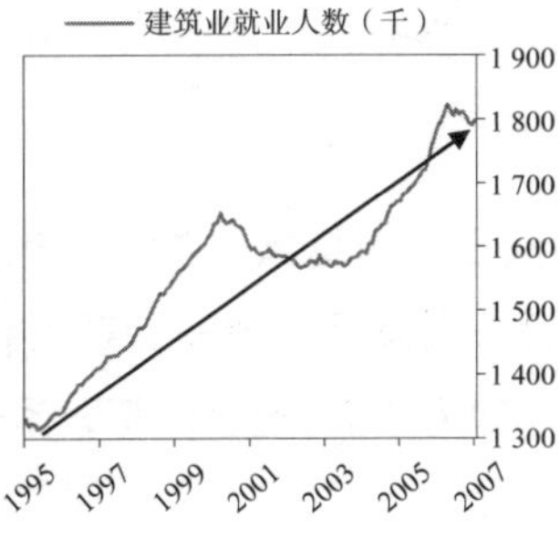

新闻和《桥水每日观察》

2006 年 10 月 24 日

这一次，不是经济

“小布什总统希望将管理经济的功劳记在共和党身上，他本周将花两天时间开展助选活动，主题是‘美国经济正在健康发展’。小布什总统昨天在接受 CNBC（消费者新闻与商业频道）采访时表示，‘毫无疑问，强劲的经济形势将帮助我们的候选人，主要是他们有了竞选资本。他们可以说，他们投票赞成减税，所以经济才强劲增长’。”

2006 年 10 月 27 日

新房价格急剧下跌

“最新的政府和行业统计数据显示，开发商正在努力应对市场疲软。9 月，开发商通过降价和提供各类折扣的方式推销新建房屋。美国商务部昨日报告称，与 2005 年 9 月相比，上个月新房中位价格暴跌 9.7%，跌至 217 100 美元，为 1970 年 12 月以来最大跌幅。”

2006 年 11 月 7 日

在亚利桑那州，“待售”招牌成为时代标志

“就在不久前，这个快速发展的地区还是开发商的天堂。例如，去年，富尔顿家园的开发项目极受欢迎，几乎每周都能把新房价格上调 1 000~10 000 美元……如今，该地区未售出房屋的数量已飙升至近 46 000 套，而 2005 年年初这一数字仅为数千。开发商正在尽快撤出。”

2006 年 12 月 6 日

住房销售统计数据没有反映的情况

“沿海房地产市场的官方房价数据是唯一令人宽慰的消息，但这些数据具有很大的误导性。所有这些统计数据都显示，过去一年，房价要么继续上涨（虽然幅度不大），要么仅略有下降，但统计数据存在一些缺陷，最大的缺陷也许是这些数据只基于实际出售的房屋。”

此外，人们把抵押贷款和其他债务工具的借款大量用于消费。**将高速增长的债务用于消费而非投资，这种现象是一个危险信号，因为消费不能产生收入，而投资可能会增加收入。**

泡沫时期的一个典型现象是，外国资金大量涌入，参与泡沫，表现为资本流入和经常账户赤字膨胀（占 GDP 的 6%）。这些资金大部分来自中国等新兴经济体，这些经济体当时拥有巨额经常账户盈余，它们选择了储蓄和投资美国资产。强劲的资本流入使美国公民能够得到借款，进而维持超出自身收入的消费水平。

尽管美联储从 2004 年年底开始提高短期利率，但由于海外对美国资产的需求强劲，长期借款成本继续保持低位。

其中大量资金流向了不会产生偿债收入的贷款，支撑了难以维系的走势：储蓄率不会无限下降，贷款浪潮也不会一直高涨。债务到期后将面临现金流问题。从我们的模拟财务数据可以看出，如果所有资金流都逐渐减少，就会出现现金流问题。

在此期间，贷款总量增加，风险也进一步加大。越来越多的贷款来自受监管和受保护的银行系统之外的渠道。泡沫时期的一个共同特征是，在正常的银行系统之外开发新的贷款渠道（通常被称为“影子银行”系统）。通常情况下，金融机构绕过发展成熟、监管完善的渠道，建立新的渠道。因为这种操作初期可以使各方受益。监管缺位降低了贷款成本，降低了借款利率和还款难度，投资者的回报也能小幅增加。通常情况下，影子银行会提供担保或资产组合和打包，投资者以为这些新的债务资产是安全的。如果没有危机对其进行压力测试，就很难说它们真如宣称的那样安全。通常，这些“创新”会导致危机。美国的这次债务危机正源于此。

21 世纪第一个 10 年早期到中期出现了许多加杠杆的新渠道，也拓宽了一些监管较为宽松的已有渠道。其中许多是不受监管的短期渠道，因此特别容易受到负面冲击。在泡沫期间，以下 5 个关键因素推动了传统银行系统之外的杠杆化操作。

（1）**回购协议和商业票据的使用**。这些工具发展成为银行和企业短期融资的重要渠道。伯南克指出：“在危机的前 4 年，美国经纪商的回购负债增加了 2.5 倍。”[6]

（2）**在受保护的银行系统之外的大型机构存款人**。投资者（特别是外国投资者）对美国国债的需求超过供给，他们缺乏安全资产，因此愿意投资资产支持商业票据和回购等替代品。

（3）**货币市场基金的发展**。这是一种短期储蓄工具，承诺比银行账户更高的回报，而且没有太大的额外风险。

（4）**美元贷款的全球化**。这一趋势导致美国以外其他国家的美元借贷出现爆炸式增长。

（5）**贷款证券化**。银行提供传统贷款（汽车贷款、住房贷款等），并将其出售给其他投资者。这就产生了一种“道德风险”问题，即银行有动

> 新闻和《桥水每日观察》
>
> 2007 年 1 月 5 日
> **2006 年就业市场强劲增长**
>
> 2007 年 1 月 13 日
> **上月零售销售意外大涨**
> ——路透社
>
> 2007 年 1 月 20 日
> **消费者信心指数达到三年高位**
> ——路透社
>
> 2007 年 1 月 26 日
> **2006 年现有住房销售量创下 17 年来最大跌幅**
> ——美联社
>
> 2007 年 2 月 2 日
> **就业增长放缓，但依然强劲**
>
> 2007 年 2 月 5 日
> **金融风险不断加大**
> “市场回报率取决于实际情况与预期的差异。目前市场预期的风险位于几十年来的最低点，但我们认为金融系统中存在很大风险。原因如下。
> “现在金融市场充斥着流动性……在我们看来，投资者一掷千金买入金融工具，一如买入艺术品、珠宝和高价房地产。这一行为推高了高风险资产的价格（特别是提供正利差的资产），压低了收益率和利差，使得预期的未来回报率很低。
> “与此同时，波动率降低。因此，波动率预期将继续保持低位。为了追求收益，投资者已经加大杠杆，试图从利差极低的套利交易中榨取更多回报。”
> ——《桥水每日观察》
>
> 2007 年 2 月 8 日
> **汇丰银行报告称不良贷款增加**
> “汇丰控股是一家总部位于英国的银行。该公司周三表示，由于其抵押贷款组合存在问题，2006 年的坏账费用将超过 105 亿美元，比分析师的平均预测高 20% 左右。”
> ——路透社
>
> 2007 年 2 月 27 日
> **中国的“黑色星期二”**
> “他们称之为中国的‘黑色星期二’：中国股市意外大跌，近 9% 的市值蒸发，并对全球股价构成压力。
> “分析师表示，上交所和深交所出现抛售的原因在于，市场普遍传言中国政府计划提高利率或征收资本利得税。在周二大跌之前，中国股市今年上涨了约 10%。因此，这些措施一旦成真，将会抑制股市的暴涨势头。”
> ——《福布斯》

机提供高风险贷款，因为它们只管出售，而不用承担后果（只要投资者一直愿意购买）。

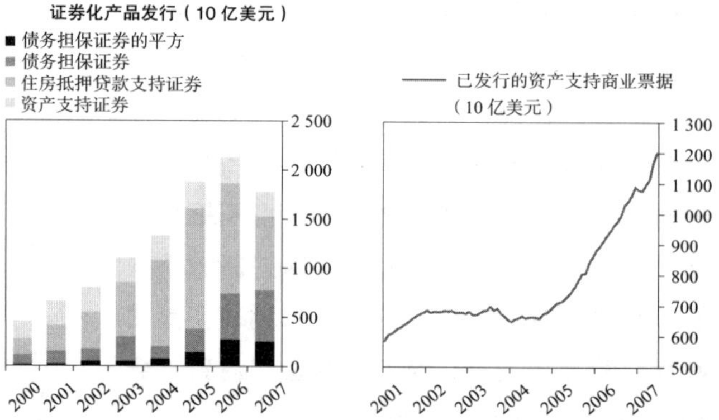

美国金融监管体系没有跟上市场的发展步伐。政府既没有充分监管影子银行和市场，也没有给予有关部门遏制过度行为的必要权力。与典型案例一样，监管缺位问题一开始并不明显。当时的银行和影子银行资本不足，杠杆率过高。这意味着它们没有太多的缓冲资金，会在经济衰退时出现偿付能力问题。20世纪90年代和21世纪初是金融监管自由化与金融工程成风的时代，美国监管机构更关注金融业的竞争力，希望能与伦敦并驾齐驱，因此没有充分遏制上述过度行为。

如果债务繁荣主要依靠银行系统提供资金，管理起来就会容易得多，挤兑现象也更容易控制。虽然仍然可能导致严重危机，造成经济明显衰退，但后果不会像这场危机那么恶劣，没有那么多强制抛售，保证金旋涡也不会如此危险，因为联邦存款保险公司拥有避免系统性风险的职责，对负债提供担保，加上存款保险和美联储的贴现窗口，政府的权力和影响力将会更大。

因此，推动泡沫增长的原因不只是低利率，还有宽松资金、宽松监管和高风险金融创新的综合影响。由于美联储在设定利率时关注的是通胀率，而不是债务增长，决策层也没有加强对影子借贷渠道的监管，因此泡沫不断膨胀。

借款人和贷款人存在严重的资产/负债错配，他们在经济低迷时期尤其容易受到冲击。这是严重债务危机的典型特征。最常见的错配形式如下。

（1）短借长贷，如果短期信贷提供方不愿意继续提供信贷，或者提高贷款利率，使其大幅高于借款人在其已发贷款上赚取的利息，借款人就会受到挤压。

（2）给高风险借款人提供贷款，收取高额利息，赚取信用利差，直到违

约率上升至高于信用利差的水平。

(3) 以一种货币进行借款，以另一种货币进行贷款或投资。如果借款货币升值，则借款人必须以更高的汇率或利率偿还借款。

本次泡沫期间，上述情况一一出现，因此金融中介及其服务对象都非常容易受到挤兑和信贷问题的困扰。

资产/负债错配的一个典型案例是，欧洲的银行积极借入短期美元债务，然后将其借给全球其他国家。2007年夏，美元信贷收紧，这些银行无法再从美国货币市场获得资金，把问题蔓延至全球。

不过，美国经济增速继续高于潜力水平。GDP缺口上升至3%，通胀率上升至3.7%。2007年，美联储继续收紧货币政策，将名义短期利率调至5.25%，将实际短期利率调至1.5%。

到2007年，由于上文所述的所有典型迹象均已出现，我断定美国处于泡沫状态。此外，我们预测公司和金融机构的现金流后，认为它们不能获得充足的新增贷款，无法展期到期债务和维持当前业务。没有新的贷款，就会出现债务危机。我们定期向决策者报告我们的想法和估算结果，他们可以选择相信我们的数据，完善自己的准备工作，也可以纠正我们的数据，让我们知道错误所在。对于研究结果，他们通常不予置评，但会提出问题。

2007年：顶部阶段

2007年上半年

请记住，直到这个时候，几乎没有人担心任何事情，因为市场和经济均表现良好。股市创出新高，就业市场依然强劲，零售销售强劲，消费者信心也随之增强。

然而，房地产市场及其最积极的融资方开始出现一些问题。美国证券交易委员会在1月4日的一份备忘录

新闻和《桥水每日观察》

2007年3月6日

亚洲、欧洲和美国股市上涨

"投资者利用低价再次开始买入，亚洲股市结束连续5天下滑，行情出现缓解。"

2007年3月10日

投资者暂得喘息，但一些贷款人承受打击

"不良贷款或次级抵押贷款危机加剧。大型贷款机构新世纪金融公司已停止接受贷款申请，因为其多个金融信贷提供方切断了信贷供应……数十家抵押贷款公司已经停业，由于贷款标准明显放松，去年发放的贷款的违约率非常高。"

中写道："目前的普遍共识是，随着再融资和房地产业蓬勃发展的结束，许多较小的次级贷款机构的商业模式已不再可行。"[7]

2—3月，市场较为平静，整体市场波动率相当低，股价保持不变。与历史平均值相比，信用利差（一种衡量为私营公司提供贷款的预期风险的尺度）相对较低。换句话说，市场平静，并预期将保持平静。

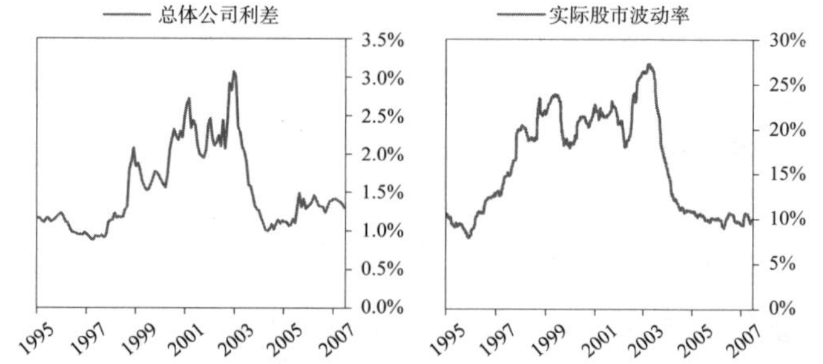

次贷机构主要为信用度较低的借款人提供抵押贷款，这些机构不断出现问题，其中一些已经面临巨大亏损，但并未影响整个经济和市场。即便如此，一些大银行开始反映不良抵押贷款增加。我们对当时的情况总结如下（3月13日的《桥水每日观察》）。

《桥水每日观察》3月13日：次级抵押贷款余波

次贷一直占据新闻头条，一些较大的次贷机构濒临破产。在经济相对强劲的背景下，次贷部门全线崩溃，这一事件与流动性不断充斥全球市场密切相关。**过去几年，投行一直在绞尽脑汁设计新产品，巧妙地将多项资产打包，再以高出各部分总和的价格出售**（这些产品包括债务担保证券、抵押担保债券、合成债务担保证券等）。具体做法是把产品分成不同系列，让评级机构把最优质的系列评级为AAA，下一个系列评级为AA，等等。这一金融"创新"令各方皆大欢喜：保险公司拿到了AAA级债券，获得的收益率比其他AAA级资产高出几个基点，其他机构以此类推。通常情况下，对冲基金最

新闻和《桥水每日观察》

2007年3月22日

美联储发表评论后市场飙升

"美股昨日大涨，因美联储表示倾向于降低短期利率，增强了投资者的信心。

"道琼斯工业平均指数昨天实现三位数涨幅，本周飙升337点，创下2004年11月以来的三天最佳表现。

"一如所料，美联储在为期两天的会议结束时，将短期利率维持在5.25%不变。此前紧张等待美联储发表相关经济声明的投资者受到鼓舞，因为央行没有像1月那样提出可能'进一步收紧'利率政策。"

——美联社

2007年3月22日

中国股市大跌后重回高点

2007年3月23日

现房销售增长为三年最高

——美联社

2007年4月2日

新世纪申请破产

2007年4月17日

强劲盈利报告推动股市上涨

"昨日股市上涨，因花旗集团利润好于预期，消费者支出健康增长，再次引发投资者对经济的乐观情绪。"

——美联社

2007年4月22日

道琼斯指数5个交易日创三个新高

2007年4月26日

耐用品数据意外强劲

2007年5月17日

房地产市场数据喜忧参半，市场涨势仅短暂放缓

"昨日美股走高，投资者对房地产市场喜忧参半的数据不以为意，更为关注工业产出的大幅增长、原油价格的回落，以及涌入股市的新增现金。"

——美联社

2007年5月25日

住房销售激增，股市下跌

"房屋数据显示4月销售增长为14年来的最大升幅，降低了降息刺激经济的希望，美股应声下挫。"

——美联社

终拿到评级最差的系列，这些产品带来了大量杠杆和波动性，因此受其青睐。**这一金融创新为许多以前无法获取信贷的高风险借款人（不限于家庭）提供了信贷来源。次贷的爆炸式发展与这种新增信贷来源密切相关。**抵押贷款发放机构越来越不关注贷款标准，因为它们只需要把抵押贷款交给投行就可以了，而投行则急于把抵押贷款打包出售给投资者。与信用评级相同的其他资产相比，这些产品可以把投资者的收益率提高5个基点。贷款标准下滑到超低水平，由于拖欠率小幅上扬，银行拒绝购买贷款，次贷发放机构陷入亏损。

……真正击垮次贷机构的是“早期月供违约”。在次贷机构与购买次贷的投行之间的协议中，包含这样一项条款：如果借款人拖欠支付任何一笔早期月供，贷款人就需回购这笔贷款。除非出现欺诈行为，否则借款人很少拿不出首笔月供。12月，位居2006年美国第二大次贷机构的新世纪金融公司披露，在所有贷款中，有2.5%未能按时支付首笔月供。当银行/投资者要求新世纪回购这些贷款时，新世纪无法拿出现金。在过去几个月里，已有数十家规模较小的次贷机构因此破产，而新世纪是其中最大的一家。

大多数人认为，这些问题仅出现于金融市场的一个领域，不会大规模蔓延至其他领域。3月28日，伯南克主席在国会听证会上表示：“次贷市场问题对整个经济和金融市场的影响似乎可以得到控制。”[8] 当时我也有类似的评估，但我更担心的是这次泡沫的杠杆化程度和货币紧缩力度。

美国股市在4月和5月继续反弹，创下新纪录。下图的阴影部分显示了上半年的涨势。

新闻和《桥水每日观察》

2007年6月2日

美股因经济数据而大涨

“就业创造、制造业和通胀率数据再次提振了市场对经济的信心，美股昨日稳固上扬，主要指数创下收盘纪录。”

——美联社

2007年6月5日

中国股市下滑，但美股依然小幅上涨

——美联社

新闻和《桥水每日观察》

2007 年 6 月 8 日

美债收益率攀升；美股再次暴跌

“不久前，美国经济放缓看似变得更糟，引发美股震荡，但现在，在强劲的全球经济推动下，投资者日益担忧通胀率可能上升。

“昨日，这种担忧再次对股票和债券造成影响，股价创下自 2 月全球市场下跌以来最大的三天跌幅，10 年期国债的基准利率自去年夏天以来首次上涨至 5% 以上。”

2007 年 6 月 13 日

债券收益率飙升，推动股价下跌

2007 年 6 月 15 日

通胀数据平平，美股上涨

——美联社

2007 年 6 月 15 日

次贷问题恶化

“周四发布的行业报告显示，信用欠佳房主的违约率和止赎率在第一季度走高，特别是在加利福尼亚州、佛罗里达州和其他此前热门的房地产市场。在美国抵押贷款银行家协会发布该报告的同时，美联储举行听证会，讨论监管机构如何解决大量滥用贷款的操作。”

2007 年 6 月 21 日

贝尔斯登延缓两只对冲基金破产

2007 年 6 月 23 日

贝尔斯登将拯救陷入困境的基金

2007 年 7 月 3 日

隐含波动率分析

“近期市场走势显示，所有市场的隐含波动率均开始略有回升，但回升的起点是十几年以来的最低水平。

“从整个市场来看，汇率、债券和大宗商品的未来预期波动率依然较低，股票的未来预期波动率也很低，但相对于历史水平而言更接近正常。”

——《桥水每日观察》

2007 年 7 月 13 日

惠誉 5 月下调次贷相关债券评级

——彭博社

2007 年 7 月 14 日

道琼斯指数和标普 500 指数均创纪录新高

“道琼斯指数一周内波动超过 450 点，仅周四一天就上涨 283 点。由于有迹象表明消费者可能再次渡过难关，投资者消除了此前对不良次贷和整体经济增速的担忧，转而下注赌股价将会上涨，美股因此走高。”

——美联社

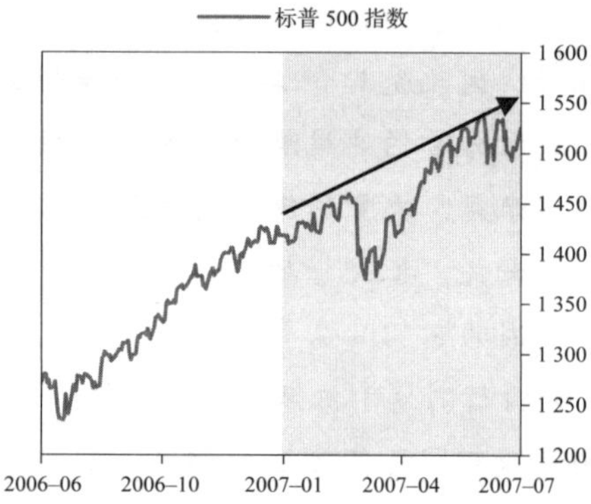

6 月中旬，10 年期美债收益率达到 5.3%（自 2002 年以来的最高点），而在 7 月中旬，90 天期美债收益率达到 5%，意味着收益率曲线相当平缓。这是经济周期的高峰，接下来的形势急转直下。

随着利率的上升，债务偿还金额也会增加（无论是新增信贷还是原有浮动利率贷款）。这不利于新增借款（因为信贷成本上升了），也减少了可支配收入（因为偿债金额增加）。借款和可支配收入减少导致支出增速放缓。由于一个人的支出是另一个人的收入，收入也随之下降，如此循环。当人们削减消费时，物价走低，经济活动减少。

同时，随着短期利率的上升，收益率曲线趋于平缓甚至倒挂，导致流动性下降，短期资产（如现金）的回报也随其收益率走高而提升。相比周期较长的金融资产（如债券、股票和房地产）和信用评级较低的资产（这些资产与现金的利差逐渐收窄），持有短期资产变得更具吸引力，因此资金流出金融资产，导致资产价值下跌。资产价格下降反过来产生负面财富效应，导致支出和收入不断下降，进而影响实体经济。

货币政策收紧导致泡沫破裂。随着利率的上升，房价开始下跌，因为新房的偿债金额上涨，而且许多次贷借款人采用浮动利率抵押贷款，因此大量现有抵押贷款的利息支付也迅速增加。随着利率的上升，借款人还本付息的负担加重。6 月，在这些紧缩压力下，最初普遍出现的财务困境是：随着止赎率和违约率的上升，大型银行开始出现严重亏损。投行贝尔斯登旗下的两只对冲基金投资抵押贷款支持证券，6月中旬，二者（其中一只基金的杠杆率为20∶1[9]）的亏损不断加大，投资者纷纷要求赎回，迫使它们甩卖价值36亿美元的证券（对该市场来说，这是个很大的数字）。[10]此时，杠杆化的购买已经变成了去杠杆化的甩卖。随着所持证券价格的下跌，两只基金面临巨额亏损，被迫清算。最终，贝尔斯登承诺提供32亿美元贷款（后来降至16亿美元）救助其中一只基金。为了确保市场维持稳定，从这些基金获得抵押品的其他银行也展开合作（例如，停止抛售抵押贷款支持证券）。这些基金最终破产。它们的规模相对较小，对市场的最初冲击有限。

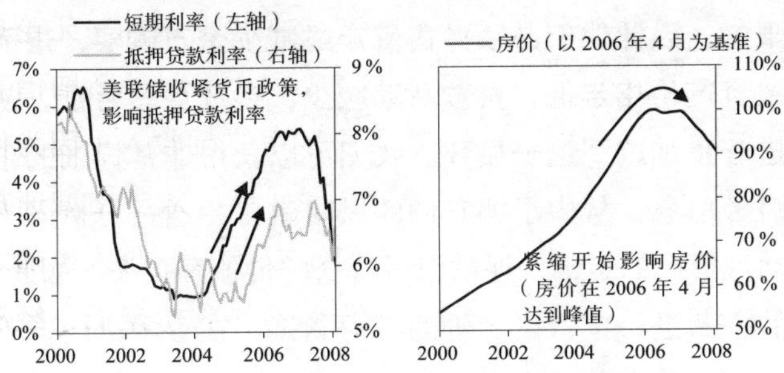

2007年夏

经济增长保持健康，美股在7月中旬触及新高。此时最突出的问题是美联储下一步将会采取何种行动：将收紧货币政策以应对通胀率走高，还是放宽政策以解决房地产市场问题？

房地产市场的压力逐步增大。次贷支持证券指数（称为ABX指数）价格持续大幅下跌（即使购买时被视为“无风险”的AAA级债券也下跌约5%），一些抵押贷款机构报告称，不能按时还款的借款人开始增加。一家大型抵押贷款机构即将破产，而另一家受抵押贷款影响的德国小型银行面临巨额亏损，最终需要被德国国有银行收购。新房销售迅速下降。此消息一出，市场略有走低（截至7月底，从峰值下跌6%）。

新闻和《桥水每日观察》

2007年7月16日

次贷支持证券崩溃

“次贷市场周一明显恶化，引领了国债市场走势。这些价格走势表明，另一个市场参与者也开始破产，而它的规模比6月倒闭的贝尔斯登基金更大。6月贝尔斯登倒闭冲击了低评级系列；上周五和本周一，高评级系列开始出现问题；周三，次贷池中AAA评级系列价格一落千丈。例如，2007年抵押贷款的AAA评级系列（次贷支持证券所涵盖的证券）最初预定的价差仅为9个基点，而现在的价差为440个基点。”

——《桥水每日观察》

2007年7月26日

住房和石油担忧导致股市急剧下滑

“房地产市场健康状况出现了更令人担忧的迹象，油价仍接近创纪录水平，美股今日大幅下挫。”

新闻和《桥水每日观察》

2007年8月1日

通胀温和，消费者信心上升

“昨日数据显示，6月个人支出增速为9个月来的最低水平，通胀率升势有所缓和，但7月初消费者信心明显增强。”

——路透社

2007年8月3日

信贷恐慌情绪导致股市大幅下挫

2007年8月7日

美国住房抵押贷款按照美国《破产法》第11章申请破产保护

——美联社

2007年8月7日

美联储维持利率不变，没有未来降息迹象

“市场越发担心信贷标准收紧对经济的影响，而美联储今天在很大程度上回避了这一担心，决定维持5.25%的基准利率不变。比维持利率不变（符合普遍预期）更重要的决定是，美联储在解释决定的声明中没有明显改变措辞。”

2007年8月9日

政府可能提高房贷购买限额

“住房和城市发展部长阿方索·R.杰克逊昨日表示，政府可能会提高房利美和房地美的房贷限额，以增加抵押贷款市场的流动性。杰克逊先生表示，他和房利美首席执行官丹尼尔·H.马德讨论了房利美对提高抵押贷款购买限额的要求（目前的联邦上限为7225亿美元）。”

——彭博社

2007年8月9日

随着次贷危机的持续蔓延，巴黎银行冻结资金

“法国最大的上市银行法国巴黎银行周四冻结了价值16亿欧元（22亿美元）的资金，理由是美国次贷市场存在问题。一周前，次贷相关损失造成两只贝尔斯登基金申请破产保护，这些消息向金融市场发出警告信号，使其恐慌不安。法国巴黎银行表示，‘美国证券化市场某些部门的流动性完全蒸发，因此无法公平评估某些资产的价值（资产质量和信用评级）’。法国巴黎银行股价下跌3%以上，美国股指期货大幅走低。”

2007年8月10日

法国银行采取行动，应对房贷担忧，股市暴跌

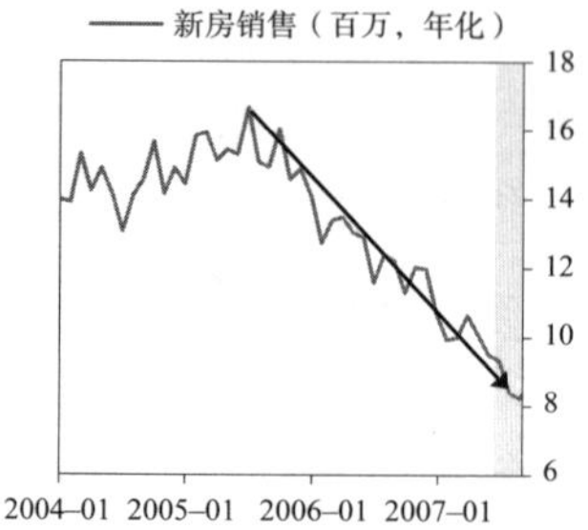

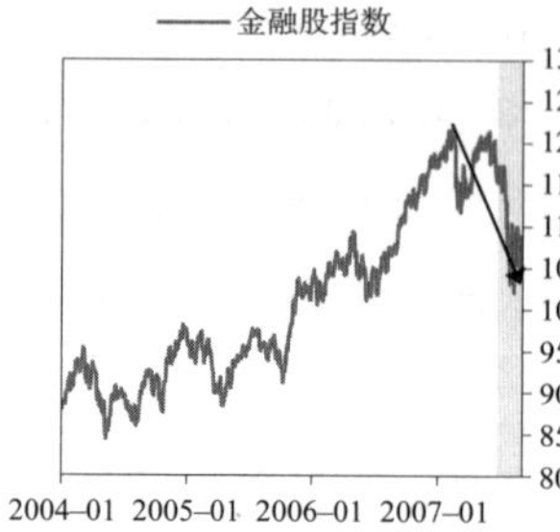

考虑到按市值计价的会计准则和高杠杆操作对贷款机构的影响，我当时预计这场债务危机将会自我强化。**债务危机和经济衰退均具有自我强化的特征。随着亏损的出现，贷款人的贷款能力和借款人的借款能力都会下降，导致局势恶化。例如，出现损失后，投资者的资本减少。由于相对于资本而言，投资者所能持有的资产是有限的，因此他们必须抛售资产或减少资产购买，进而导致资产价格走低，贷款活动减少，造成更多亏损，从而进一步加剧了这一循环。**我们可以获得非常详细的银行财务信息，从中了解它们的风险敞口，通过分析同类流动性资产的定价，评估银行持仓的价值和损失。因此，我们不断进行按市值计价的压力测试。在金融部门及其服务对象公布其亏损之前，这些压力测试已经显示出它们的亏损情况。我们还可以获得上市公司的详细财务信息。我们的模拟财务预测显示，许多机构正面临债务压力。

以下是当时我写给客户和决策者的报告。

《桥水每日观察》7月26日：这是一场重大危机吗？

读者都知道我们对当前疯狂贷款和杠杆操作的看法。我们认为，这些操作会导致金融系统普遍脆弱，利率将会上升，直到金融体系崩溃，届时一切将会逆转（即主导市场的情绪会从贪婪变为恐惧，波动率增加，价差和利差飙升）。无论是过去还是现在，我们都无法确定这种情况出现的具体时间，也不知道目前是否正在酝酿一场重大危机。我们只能确定：（1）应该避免或遏制这种疯狂局面，（2）没有人知道本次金融危机将会产生何种蔓延效应。

危机的演变取决于两个因素：（1）持仓者及其持仓情况，（2）不同持仓者和仓位如何互相影响。**几个月前，我们开展了一项深入研究，考察各类市场（特别是衍生品市场）参与者的持仓情况**。为此，我们查阅了政府监管机构和金融中介机构的所有研究报告，搜集和分析一切可得数据，并深入研究金融中介机构的年度财务状况报表。**我们得出的结论是，没有人能掌握上述整体情况，因为我们只能从一个层面粗略考察这些风险敞口**。换言之，我们很容易看到某些市场参与者的风险敞口（尤其是受监管的金融中介机构的风险敞口），但无法确定谁持有这些风险敞口，也无法确认其他持仓情况，所以我们无法计算重要市场参与者的净持仓量。例如，位于危机焦点的交易商知道谁是自己的交易对手，却不知道交易对手的总持仓量。但我们确实发现这些风险敞口迅速增长（大约是5年前的4倍），而且规模巨大（约400万亿美元）。

当时，由于债务问题和紧缩形势尚未影响到实体经济，经济增速看起来仍然不错。7月31日，我们写道“周二的大量统计数据继续表明，在最近市场出现波动前，实体经济表现良好”，但我们极其担心美联储会过于乐观。美联储在8月7日的货币政策声明中表示：“最近几周，金融市场持续波动，部分家庭和企业的信贷环境收紧，楼市处于调整状态，但未来几个季度，在就业和收入稳健增长以及全球经济强劲的支撑下，美国经济可能继续以温和速度扩张。”

2007年8月初，抵押贷款市场开始严重失控。法国巴黎银行是法国最大的银行，也是全球资产净值最大的银行之一。由于持有美国次贷，其遭受重大亏损，8月9日冻结了旗下三只基金的22亿美元资金。此外，欧洲的银行拆借变得更加紧张，为了让利率回到欧洲央行的目标水平，欧洲央行不得不向银行体系注入950亿欧元，第二天追加610亿欧元。安全性较高的美国国债也受到挤压，高风险商业票据收益率和同业拆借利率都有所提高。货币市场基金是资产支持商业票据的主要持有者，其资产价值大幅缩水，需要金融中介机构、银行和基金集团提供资助以避免“跌破面值”。（我所说的“跌破面值”是指价值跌至存款金额以下，这是存款人认为绝不会发生但确实发生了的情况。）

危机的发展在银行间市场清晰可见。下图是衡量银行间拆借压力的典型指标，即TED利差（泰德利差），该数字越大，银行要求补偿拆借风险的利率就越高。很明显，债务周期开始触顶。

新闻和《桥水每日观察》

2007 年 8 月 10 日

美联储将储备注入金融系统

"美联储试图平息金融市场的剧烈动荡，今日宣布将向金融系统注入尽可能多的资金，缓解信贷紧缩蔓延的不利影响。美联储在一份简短声明中称，央行将提供'必要的储备'，帮助市场安全前行。美联储没有提供详细信息，但表示将尽其所能'促进金融市场的有序运作'。"

——美联社

2007 年 8 月 11 日

央行介入，平息市场波动

"各国央行加大了减缓损失的行动。自市场开始出现问题以来，日本央行首次增加了流动性。欧洲央行连续两天向欧洲银行系统注入资金，第一天提供了 950 亿欧元（约 1 308 亿美元），第二天又增加了 610 亿欧元（约 840 亿美元）。为了增加资金支持，美联储昨日向抵押贷款支持证券提供了 190 亿美元贷款，又通过逆回购操作提供了 190 亿美元。"

2007 年 8 月 11 日

欧洲考量次贷风险

2007 年 8 月 16 日

全国金融公司大规模动用信贷额度，引发市场恐慌

"美林证券分析师指出，如果流动性恶化，美国最大的抵押贷款机构全国金融公司可能面临破产。美股周三因此大幅下挫。全国金融公司周四早上表示，已经动用 115 亿美元的信贷总额度来增加现金持有量，这导致市场情绪更为低迷。"

2007 年 8 月 18 日

美联储意外降低贷款利率

"美联储今天批准把银行贷款贴现率降低 0.5 个百分点，表示目前'信贷紧缩和不确定性增加有可能抑制未来经济增长'。美股开盘大幅高开，但早盘交易中回吐了大部分涨幅。"

2007 年 8 月 22 日

美国银行收购全国金融公司

——美联社

2007 年 8 月 22 日

美国最大几家银行借助美联储贴现窗口

"面对上周信贷市场剧烈动荡，越来越多的银行采取行动，利用了美联储下调贷款贴现率的机会。美国四大银行（花旗集团、摩根大通银行、美国银行和美联银行）表示，通过所谓的贴现窗口从美联储直接借款，每家银行的借款总额为 5 亿美元。"

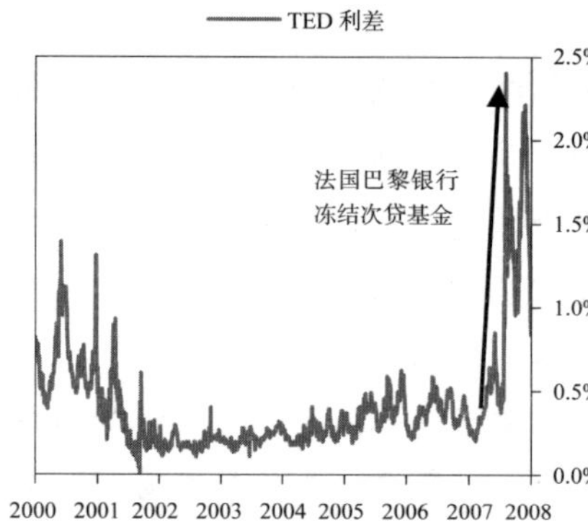

第二天，我给客户和决策者写了以下内容。

（桥水每日观察）8 月 10 日：这是一场重大危机

这就是我们预料到的金融市场危机。巨量流动性充斥着金融体系，金融中介急于寻求高回报，不负责任地建立了风险仓位，这些仓位被广泛持有，目前遭受大幅减持，引起金融市场混乱。这次危机类似 1998 年或 1994 年的危机（起因相同），但更为严重。我想再次强调，因为危机的演变取决于持仓者、持仓情况及其互相影响，危机的未知因素超过已知因素。

过去两年，我们做了海量调研，试图掌握全部情况，但分析结果的价值不大，因为我们对仓位的了解远不够精确，可能出现的结果范围也非常大，就像无法提前两周预测飓风的移动路线一样，我们也难以预测危机在几周之后的态势发展。我们坚信，其他人（包括最具预测优势的重要监管机构）也无法提供更可靠的预测，只能随机应变。但是，我们已经看到目前的情况（即恐慌情绪自我强化，导致投资者从高风险资产转向低风险资产，对高杠杆操作者造成挤压）曾多次出现（最近的一次发生在 1998 年），所以我们相信我们对危机将会如何演变已有一些认识。未来 4~6 个月内，这场危机将如飓风一样横扫金融系统，金融信用较弱的机构将会破产或亏损，金融信用较强的机构将会获得更大的优势……

……经过多年的研究，我们为此类危机制订了应对计划，并对计划很有信心。出于安全考虑，我们不断进行检验，做好一切应急准备，确保我们高成本研发出来的这套监测系统运作良好。该计划不仅适用于我们的投资策略，而且适用于我们在避险情绪高涨和流动性极差的环境中处理交易对手风险与交易成本的策略。

上述应对计划就是我们所谓的“萧条指标”。历史上曾多次出现重大债务危机和经济萧条，本书介绍了相关原理。我们设计的萧条指标基于多项研究数据，包括利率接近0%的程度、若干债务脆弱性指标和债务去杠杆化的早期迹象等。这一简单算法可以指导我们调整整体投资组合和风险控制（包括我们交易对手的风险）。

之后不到一周，有消息称，美国最大的抵押贷款发行机构全国金融公司已经用尽信贷额度，有可能宣布破产。这一消息引人注目（发出了警告信号），但全国金融公司并不是具有系统重要性的金融机构。

在接下来的几天里，股市急剧下跌，商业票据收益率飙升。为了应对市场压力，日本央行、欧洲央行和美联储纷纷向银行提供流动性，美联储在两次定期会议之间意外降息0.5%，这些不同寻常的举动终结了股市暴跌。伯南克主席表示，如有需要，他会采取更多措施。[11] 美国银行以20亿美元的投资换取全国金融公司的大部分股权，以此提供资金支持。这些举措缓解了市场的大部分融资压力，股市小幅回升。以下是截至当时的股价走势。请注意，此时的股价仍然接近高点。

新闻和《桥水每日观察》

2007年8月31日

小布什为部分住房贷款提供救济

“小布什总统今日宣布了几项措施，针对有信用问题的美国人，帮助他们应对不断上涨的房贷成本。这是这些家庭受到次贷危机的冲击以来小布什总统首次做出回应。

“今日上午，小布什总统在白宫的讲话中表示，他将努力降低首付款要求，提高贷款限额，加强定价灵活性，从而推动联邦住房管理局的‘现代化和完善化’。

“政府官员表示……他们的目标是改变其联邦抵押贷款保险计划，在今明两年16万名房主的基础上，为另外8万名信贷记录不良的房主提供保险。”

2007年9月1日

政府表态安稳人心，股市应声大涨

“小布什总统和美联储主席伯南克的表态安抚人心，投资者认为政府不会让华尔街独自应对抵押贷款和信贷问题，美股昨日大涨，波动的一周落下帷幕。”

——美联社

2007年9月6日

美联储称信贷危机得到遏制，股市下挫

2007年9月7日

房屋止赎率创历史新高

2007年9月7日

更大的问题

“在我们看来，目前的问题要比通常所说的‘信贷危机’更为严重。通常情况下，如果利率上升或经济下滑，债台高筑的借款人就会面临现金流紧张的压力，从而出现信贷问题。但想象一下，如果信贷不断增长，债务继续增加，将会出现怎样的局面。这就是目前的形势，其根源在于信贷/流动性过多，而不是太少。

“……美国整个家庭部门都处于相当糟糕的状态（资产负债表状况不佳，现金流前景黯淡），为家庭提供更多资金将会导致财务问题迅速恶化，因此我们预计，即使下调利率、增加信贷供给，信贷问题仍会蔓延。我们相信，这种情况将会持续，直到外国投资者越来越意识到美国不适于投资。”

——《桥水每日观察》

新闻和《桥水每日观察》

2007年9月8日

就业报告发布，投资者转向债券，股市暴跌

“劳工部报告显示8月就业人数突然下降，引发市场对经济衰退的担忧，股市昨日大幅下跌，投资者转向购买美债等安全资产。

“标普500指数收盘下跌1.7%……10年期美债收益率与票据价格走势相反，跌至4.37%，这是近18个月以来的最低水平。周四晚上，收益率为4.51%。”

2007年9月14日

信贷恐慌缓解，市场攀升

2007年9月14日

英国贷款机构获得紧急贷款

“英国政府表示，授权英国央行为北岩银行提供一项规模不详的‘流动性支持机制’。近年来，这家总部位于英国纽卡斯尔的抵押贷款公司大幅扩张。分析师表示，北岩银行对紧急融资的需求说明，全球金融市场危机的影响明显扩大。此前，欧洲银行的问题主要源于对美国次贷的直接敞口。”

2007年9月19日

美联储降息后，全球市场大幅上涨

2007年9月20日

美联储主席呼吁制定新的抵押贷款规则

“美联储主席伯南克今日表示，次贷标准日益宽松，信贷风暴愈演愈烈，因此有必要对借款人和贷款人的行为加强监管。”

2007年9月21日

信贷危机冲击大部分金融机构，部分机构损失惨重

“自今年夏季的信贷风暴以来，金融机构首次发布报告，各类机构普遍损失惨重，但本周4家经纪公司的盈利超出预期，给市场带来些许安慰。投行的表现存在明显差异，高盛在信贷市场动荡中表现强劲，昨日报告显示其利润增长79%，季度增速创下公司有史以来第三高的水平。贝尔斯登的盈利下跌61%，其对冲基金和次贷投资出现大幅亏损。”

2007年9月21日

信心消退，经济指标创6个月内最大跌幅

——彭博社

2007年9月22日

美联储理事发出警告，希望投资者自行承担损失

——彭博社

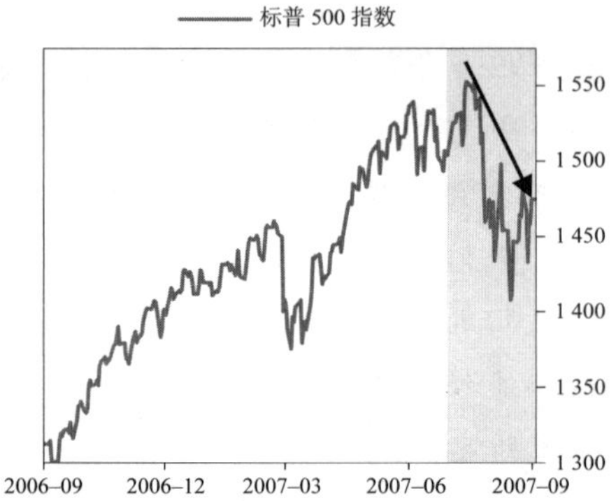

经过这番波澜后，大多数决策者和投资者都认为，抵押贷款市场高风险领域的问题可以得到控制，不会对实体经济造成太大影响。根据我们的计算结果，情况并非如此。我们当时写道：“最后的判决日将会延期，也许要等到美联储大幅收紧政策或者经济大幅下滑的时候。”

为什么银行和投资者持有如此巨大的高风险抵押贷款证券风险敞口

为什么投资者、银行、评级机构和决策者都被误导了？他们以为抵押贷款证券的风险比实际低，其中一个关键因素就是他们分析风险的方式。此时的常规方式是风险价值法，风险价值是衡量近期市场波动率和投资组合的指标。当时，投资公司和商业银行普遍用其估算亏损程度与发生率。在计算投资者可以轻松地承担多大风险（即仓位大小）时，风险价值法通常以近期波动率为主要依据。简单举例来说，如果一个投资者所能承受的亏损上限是资本金的20%，而次贷每月最多亏损5%，那么投资者可能会把5%这个数字套进公式计算，得出的结论是只要次贷杠杆不超过三倍，这种借款就是“安全”的。

这种风险分析方式导致许多投资者加大风险敞口，以致超出了通常的谨慎水平。他们在风险价值法中使用**近期的波动率数据，并大体预期未来波动率将保持不变。这是人们的普遍心理，也是一种愚蠢的思维方式，因为使用前期波动性和前期相关性并不能准确预测未来的风**

险，但这种方式有利可图。事实上，在我们减仓时，客户还敦促我们加仓，因为我们的风险价值很低，我们便向客户解释了不加仓的原因。我们认为，根据当前形势推断未来，认为未来与现在仅略有不同，这种做法是不可取的。明智的做法是考虑未来可能实际发生的一系列情况，甚至应该推断未来与现在将有天壤之别，因为平淡岁月往往给未来动荡播下种子，让下一轮经济衰退更加严重。**这是因为低波动率和低风险价值会鼓励投资者增加杠杆率。**当时，某些杠杆率已经接近 100∶1。我认为，杠杆率比风险价值更能有效说明未来波动率。

2007 年，许多银行和投资者都持有巨大的次贷风险敞口，因为这些工具尚未出现过亏损周期，也没表现出太大的波动性。风险价值的下行也是自我强化的。在 2008 年危机高峰期，市场波动率增加，使得次贷的统计风险看起来更高，导致抛售加剧。

2007 年秋

2007 年夏，美股市场波动较大，秋季出现反弹。这时，决策者开始考虑如何从长期角度应对抵押贷款市场的相关问题。

从 2006 年秋开始，保尔森和财政部开始与巴尼·弗兰克和众议院金融服务委员会合作，对房利美和房地美进行改革。他们专注于遏制过度行为，增加了监管机构的职权。2007 年春，众议院通过了一项法案，但被参议院驳回。由于政治反对势力较大，政府无法获得联邦资金，不能为还款困难的房主提供救助。因此，财政部与贷款方、抵押贷款服务机构和顾问合作，鼓励私营机构修改和重组抵押贷款，这些努力取得了一些成功，进展虽小，但意义重大。此外，财政部开始与美联储合作，共同开发它们所谓的“击破玻璃”方案，希望获得国会授权，购买非流动抵押贷款证券（在具有政治可行性的情况下）。这个方案后来成为不良资产救助计划。

美联储表示愿意放宽货币政策，减轻抵押贷款相关压力对整体经济的任何可能溢出效应。虽然经济数据和新闻报道显示，经济基本面不断恶化，但大多数市场参与者相信，决策层将能够顺利渡过难关。

伯南克与保尔森和财政部工作人员密切合作，他们预感到传统宽松政策可能不够，就开始在美联储内部力推所谓的“蓝天思考”，也就是开展天马行空的头脑风暴，寻求解决方案。[12] **随着金融危机蔓延至银行业之外，越来越多的实体经济参与者不再能够通过常规渠道获得信贷。伯南克考虑扩大美联储的贷款范围，不仅向存款机构提供贷款，而且直接放贷给各种交易对手，**这一想法后来成为美联储应对危机的关键支柱。这项大胆举措的影响巨大，也从未实施过，**伯南克不得不查阅规则手册，以确认其合法性。**事实上，《联邦储备法》第13条第3节授权此类贷款，虽然自大萧条以来，这项条款从未被调用过，但其仍然有效。**在法规严格、制衡系统强大的民主国家，应对危机的典型挑战之一是，了解必要行动的合法性，并推动行动获得批准。**

势态恶化使得市场预期美联储将会降息。尽管如此，美联储有理由放宽货币政策，也有理由不放宽。不放宽有两大因素。一是通胀因素。美元持续走软，油价稳步上涨。放宽货币政策将导致美元汇率走低、油价上涨和通胀率上升。二是刚愎自用的投机行为。这是一切问题之源。如果美联储着手缓解投机者的问题，只会鼓励他们继续过度冒险。

“道德风险”是美联储（和财政部）在整个危机期间多次遇到的难题。**在重大债务危机期间，如何处理道德风险问题是决定危机演变的最主要因素之一。**无序借贷导致了危机，相关借贷者自然应该对自己的行为承担后果，政府也应该收紧借贷标准，大力加强市场纪律，但这样做就像要求一个肥胖者在心脏病发作后立即节食和运动。此时**最重要的是为系统重要性机构输血（即提供兴奋剂），使其能够生存下来。**一方面，让那些不负责任的借贷者对自己的行为承担责任；另一方面，向他们提供适度流动性和借款，缓解信贷紧缩程度。过于追求这两点之间的精确平衡是一种危险的做法。此时，援助过多要比援助过少好得多。在大萧条时期，美联储允许大批银行集体倒闭，但这次美联储认为，尽管应该尽可能地降低道德风险，但它们的首要任务必须是拯救经济。

时任纽约联储主席盖特纳与我的观点一致。他认为，金融危机期间，在道德风险框架内思考政策是错误的。只有政策非常激进，才能消除灾难性风险，所以容不得缓慢而精确的行动。[13] 历史一次又一次地证实了这一点。在流动性危机期间，如果政府提供充足的流动性，就会

新闻和《桥水每日观察》

2007年9月24日

当心激进的道德风险主义者

“‘道德风险’一词最初来自保险领域，指的是保险可能会扭曲投保人的行为，例如火灾投保人可能不太注意火灾预防措施，医疗保险投保人花费的医疗费用可能高于没有医疗保险时的水平。在金融领域，一些人以‘道德风险’作为反对政策的理由，反对政府为做出错误决策的金融机构减少亏损。特别是一些人称，道德风险会让人们预期未来会有更多‘救市’操作。”

——《金融时报》

2007年9月27日

美国证券交易委员会调查信用评级出入

“美国证券交易委员会主席周三告诉国会：‘委员会开始调查信用评级机构是否出于利益冲突的动机，不正当地调高了抵押贷款支持证券的评级。’”

2007年9月28日

住房销售量和房价急剧下降

2007年10月2日

信贷危机有望结束，股市飙升

“投资者似乎放下今年夏季的次贷问题，蓝筹股涨势创纪录……因为花旗银行和瑞士联合银行两家银行预计，第三季度与抵押贷款支持证券和贷款问题相关的盈利和损失将会减少……但分析师表示，利润警告缓解了对抵押贷款问题造成长期影响的担忧。投资者认为，今年夏季信贷危机最糟糕的影响已经过去。”

2007年10月6日

美林证券巨大损失引发不安

降低自身风险，提高系统健康程度。相反，道德风险框架使人们相信，如果任由事件自行发展，政府就会承担较小的风险。实际上，放任自流将会最终导致政府承担所有风险，因为政府必须把整个系统国有化，这将使危机成本和破坏性都大大增加。

最后，为了应对危机，决策者为几乎所有金融产品都提供了明确或隐形担保，并毫不含糊地为金融系统注入海量现金。盖特纳告诉我，值得反思的是，这种金融救助方式的成本并不是5%~10%的GDP损失，反而是2%左右的GDP增长（取决于具体衡量标准）。这是金融危机史上的一大例外，盖特纳将其归功于美联储和财政部的积极回应，它们也愿意暂时放下道德风险问题。对此我表示同意。

2007年9月18日，美联储降息0.5%，而市场预期为0.25%。正如伯南克所说的那样，“鹰派和鸽派达成一致”。[14] 美联储超出预期的举动引发股市反弹，《纽约时报》称美股“欣喜若狂”，标普500指数回升至历史最高点的2%以内。

比美联储降息更为重要的是，此举向市场传递了一个信息，即美联储愿意采取必要的决定性行动，遏制导致8月市场无序震荡的相关问题。与此同时，决策层清楚地看到，**宽松政策无法解决更根本的问题，即金融中介、债务人和债权人持有的债务资产与负债已经超过他们所能承受的水平。**

银行（和投行）的资产负债表和流动性问题表现在资产与负债两个方面。在资产方面，银行通过证券化持有次贷产品。在负债方面，银行日益依赖高风险资金来源。此前，银行一直依赖短期融资，而短期融资历来以存款为主，是可以通过担保控制的。存款人随时可以提取存款。在大萧条中，人们普遍担心银行的偿付能力，所以挤兑现象严重。为了解决这一问题，美国在1933年成立联邦存款保险公司，向银行存款提供保险（设有上限）。这样一来，存款人基本没有了取款的动机，因为即使银行倒闭，他们的储蓄也会受到保护。

新闻和《桥水每日观察》

2007年10月9日

盈利报告前的短暂平静

“美股昨日收盘时大多走低，因为上周的涨势带来获利了结，投资者在等待企业季度盈利报告……盈利报告预计将反映一些公司面临的困难，特别是金融和房地产领域的公司。此前，由于过度杠杆化债务和次贷违约，信贷市场出现混乱，对这些公司造成冲击。”

2007年10月10日

政府提出缓解抵押贷款危机的新举措

“民主党控制的众议院通过一项法案，要求通过美国两家政府资助的抵押贷款公司和联邦住房管理局的保险计划，每年出资高达9亿美元，成立新基金，支持廉租房建设。”

新闻和《桥水每日观察》

2007 年 10 月 11 日

针对抵押贷款救济计划，民主党和白宫出现分歧

“部分房主难以偿还次贷，无法应对房价下跌。关于如何帮助此类房主，众议院民主党人今天与小布什政府出现分歧。”

2007 年 10 月 15 日

银行将联手成立基金，保护信贷市场

“花旗集团、美国银行和摩根大通将创建一个新基金（称为‘超级流动性增级管道’），从结构性投资工具购买价值 750 亿 ~1 000 亿美元的高评级债券和其他债券。这些工具持有抵押贷款支持债券和其他证券，自 8 月初信贷市场冻结以来，一直难以获得融资。”

2007 年 10 月 17 日

保尔森表示房地产行业问题将恶化

2007 年 10 月 17 日

外国投资者拒绝购买美国证券

——彭博社

2007 年 10 月 18 日

核心通胀依然稳健，给美联储带来难题

2007 年 10 月 19 日

盈利报告引发股票大幅抛售

2007 年 10 月 22 日

一家中国银行将收购贝尔斯登 10 亿美元股权

但是，现代银行依赖所谓的“短期批发融资”，因此很有可能面临 1930—1933 年的那种窘境。短期批发融资有多种形式，但本质上很像没有保险的存款，这意味着一旦银行出现问题，存款人就会第一时间撤出资金。

银行和投行在我们所称的“证券化机器”中发挥了核心作用，并因此陷入困境。**从本质上来说，证券化机器的起点是发行高风险抵押贷款，终点是把非常安全的债务出售给机构投资者。**这一过程涉及很多参与者，而这些金融中介发挥了重要作用。简单地说，抵押贷款机构将贷款出售给银行，银行再把不同贷款进行打包，比如打包成 1 000 笔贷款。从理论上来说，这 1 000 笔贷款的整体现金流会比任何单笔贷款都安全得多，因为风险被分散了。也就是说，如果一个借款人无法偿还抵押贷款，可能会造成一笔贷款损失，但不会影响其他 999 个借款人偿还贷款的能力。平均而言，大多数借款人历来都能够偿还其抵押贷款，因此打包的目的（本应）是降低贷款的整体风险。

然后，银行把 1 000 笔贷款的总现金流分为几类债券系列，分别出售：其中的 70%~80% 为超级安全的 AAA 级债券，10%~15% 可能是风险稍高但仍然非常安全的 AA 级债券，5%~10% 为 BBB 级债券，而剩余一小部分是无评级债券，即“首先承担损失”的系列，它们将承担前几个可能违约的借款人造成的损失。**这是利用数据挖掘（而不是合理的逻辑）来评估风险的经典案例。投资者增加杠杆，因为他们相信自己是安全的，而他们下注的情形从来没有出现过。**一旦下注出现问题，自我强化的上行动力就会变成自我强化的下行动力。

银行尽力向投资者出售债券。为了达成交易，它们往往保留首先承担损失的债券系列。银行将这类债券作为库存（有时是为了最终出售，有时是为了获取风险回报）。这种做法行得通，于是它们继续这样做，直到行不通为止。在 2007 年第三季度出现需求枯竭时，各个银行都持有大量此类债券（只是具体数量不同）。

此时正逢银行根据盯市会计准则开始减记。贝尔斯登的第三季度盈利下降了61%，这源于对冲基金破产的相关损失以及其他次贷风险敞口。摩根士丹利和雷曼兄弟的盈利分别下降7%和3%（亏损相对较小），花旗集团、瑞士联合银行集团和美林证券紧随其后，报告称其损失规模较大，但在可控范围内。花旗集团最初的减记金额最大，为59亿美元（请记下这个数字，以便与以后出现的数字做对比。）

大约在这个时间（2007年秋），我们开始进行自己的亏损估算和金融系统"压力测试"。我们搜集了银行的资产负债表数据，考察其资产和负债状况，以流动市场价格替代非流动资产价格，在银行必须公布其亏损之前早已估算出来，这些工作为预测未来局势提供了非常宝贵的参考。2007年10月9日，标普500指数收盘创历史新高。直到2013年，美股才再次到达这一高点。

业内大多数人都清楚地看到银行存在次贷问题，但他们并不清楚整个经济是否存在重大债务问题。为了缓解局势和增强信心，一些主要银行提议联手设立一项基金，筹集750亿~1 000亿美元，用于购买不良次贷证券。与其他观察机构一样，我们认为这是对信贷危机的自然反应，有助于降低危机蔓延的风险。然而，到2007年年底，合作银行认为"此时并不需要"，终止了基金组建工作。[15]

与此同时，虽然美国市场情绪乐观，但是信贷紧缩已经通过两个主要机制蔓延至欧洲。首先，一些欧洲银行（尤其是英国的北岩银行）开始依赖货币市场获得短期批发融资。当这种资金来源在2007年夏季开始枯竭时，北岩银行经历了一场经典的"挤兑"风波——9月中旬，储户连续三天排队取款。[16]英国有类似美国的存款保险计划，但保险上限较低（35 000英镑）。为了阻止挤兑，英国政府为北岩银行的全部存款提供了担保。

其次，许多欧洲银行都投资了次贷证券。瑞士联合银行和德意志银行等大型机构本身开展证券化业务，自然持有次贷证券。许多小银行只是想分一杯羹。毕竟，评级机构将许多次贷证券评定为AAA级，确认这些是风险极低的投资。根据三大评级机构之一标普的统计，在以往压力期间（如20世纪80年代的储贷危机、21世纪初的互联网泡沫），AAA级公司债券的违约率为0%。[17]此外，相对于同等评级的公司债券，评级为AAA级的次贷证券提供了溢价（尽管事后看来这一溢价水平相对风险而言太低了）。

由于与我们存在交易关系的银行、投行和经纪商的风险指标发生了变化，我们将高风险敞口调整为低风险敞口，同时转向持有更安全的资产。

2007年10月下旬，次贷证券的预期整体亏损开始增加，市场情绪开始恶化。10月19日，美股急剧下跌2.6%，因摩根大通减记20亿美元，美国银行也宣布盈利不及预期。

很明显，次贷损失对银行的影响将会大于此前预期，但尚不清楚房地产

新闻和《桥水每日观察》

2007 年 10 月 24 日

美林证券亏损，大幅减记

“经纪公司美林证券今日公布第一季度出现亏损，这是美林证券近 6 年来首次出现季度亏损。此前该公司增加减记 29 亿美元，总共减记 79 亿美元……亏损和减记的主要原因是次贷市场问题与债务担保证券价值减记。”

2007 年 10 月 25 日

住房销售萎缩至 8 年低点

2007 年 10 月 25 日

美国抵押贷款影响欧洲的新迹象

“周四，欧洲几个金融之都噩耗频传：德国调低经济增长预期；英国央行报告称，其金融市场依然容易受到美国住房抵押贷款危机的冲击。”

2007 年 10 月 27 日

购房连续 4 个季度下滑

——彭博社

2007 年 10 月 30 日

瑞银实际损失大于预期

2007 年 11 月 2 日

纽约称评估师夸大房屋价值

市场的压力将如何冲击美国家庭，而家庭消费占美国 GDP 的很大一部分（约 70%）。以下是我们当时的分析。

（桥水每日观察）10 月 30 日：房价下跌，财富缩水

房地产市场疲软给美国经济带来了诸多影响，造成建筑总量下跌、住房相关消费降低、抵押贷款中用于非住房消费的现金减少、财富缩水等。如前所述，在高峰阶段，仅融资（以房屋为抵押进行借款，用于其他消费）的削减规模就占 GDP 的 3% 以上，而且可能很快出现负值（如果保持目前的消费增速，就需要以其他方式填补融资缺口）。住房建设年均下滑 20%，造成实际经济增长率下降约 1%……房地产资产占 GDP 的比例最高达到 167%，因此财富缩水将相当于 GDP 的 50%。

危机对家庭的影响也体现在各类统计数据中：抵押贷款违约率上升、新房和现房销售减缓、零售销售增长放慢等。决策者意识到形势将会恶化：如我们此前讨论的，采用浮动利率抵押贷款的借款人中，约有 200 万人的初始优惠利率会在 2008 年到期，届时其利息成本将会上涨。财政部长保尔森宣布了各种措施，帮助修改抵押贷款条款，延长受困借款人享受初始利率的时间，但没有使用纳税人的钱来支持这一计划，因此限制了计划的潜在影响。

同时，通过审查银行的资产负债表数据，我们完成了桥水的初步损失估算和压力测试，结果令人瞠目。于是我们在 11 月 21 日发布了一份“特别报道”，摘录于此。

桥水特别报道：

可以遏制的问题与无法遏制的问题

- **一些信贷问题已经显现，另一些则尚未显现。**
- **我们认为已经显现的信贷问题（次贷 / 结构性投资工具问题）将会蔓延（具有扩散性），但这些问题将是可以遏制的（在可管理范围之内，不会导致经济**

崩溃，但会造成经济增速放缓）。因为这部分信贷的规模是可控的，所有权是分散的。由于当前全球流动性充足，投资者从不良证券买家那里获得这些仓位的需求较大。与解决以往金融危机一样，应对本轮危机当然也需要央行、财政部、立法者和金融机构的明智决策与相互协调。我们预期，各方特别是央行和财政部将会进行有效管理与协调决策，因为我们非常相信决策者具备卓越的能力，也比较明确应该采取何种行动。

- **我们也"相信"，潜在的信贷问题要比显现的问题更大，也更危险**。造成这些潜在信贷问题的原因如下：（1）大量流动性寻求投资标的；（2）为了追求高回报，越来越多的投资者忽视风险，进行结构化、杠杆化、非流动性或其他高风险投资；（3）与次贷和其他信贷紧缩问题一样，我们和其他人（包括政府监管机构）都没有充分认识到这些风险，因此很难确定问题所在，既不知道问题单独出现时会如何发展，也无法判断在形势紧张时不同问题会如何互相影响。但我们可以确定，这些风险敞口呈指数级增长，规模巨大，其基础策略不够谨慎，有些甚至看似荒谬。我们也相信，这些问题一旦显现，将会很难解决……
- 虽然我们认为"潜在问题"不会很快显现，但我们也希望尽量消除或减小相关风险敞口，做好充分的保护措施，避免信贷和流动性利差扩大、股价下跌、套利交易撤销、波动性增加和交易对手状况恶化等造成的不利影响。
- **估算所有实体的信贷紧缩相关风险之后，我们认为，截至目前，全球按市值计算的亏损达到4 200亿美元，约占全球GDP的1%**……根据我们的估算，各实体的潜在亏损将远远大于现有亏损，因此我们预计减记规模将会增大。

分析这些数据后，我们对已知问题和未知问题都极

新闻和《桥水每日观察》

2007年11月3日

花旗首席执行官将因亏损离职

2007年11月3日

汽车行业贡献减少，消费受损

2007年11月3日

新问题出现苗头，美林证券股价大跌

"美林证券在没有常任首席执行官的情况下继续运营，其股价昨日大幅下跌，因为高风险信贷可能迫使该公司扩大减记规模。"

2007年11月6日

债券买家失去信心

"投资者表示，他们最担心的是住房抵押贷款领域加快减记和信贷加速降级，但他们也开始质疑商业抵押贷款和消费者债务等相关领域的债券价值。"

2007年11月7日

通用汽车出现最大季度亏损

2007年11月8日

摩根士丹利受抵押贷款冲击

2007年11月10日

股市今日再度暴跌，本周股市形势严峻

2007年11月10日

三大银行出现问题，巴克莱股价因谣言走低

"昨日，美联银行、美国银行和摩根大通这三大银行同时发出警告，信贷市场将会继续面临亏损，而伦敦巴克莱银行否认有关其资产大幅减记的猜测。"

2007年11月20日

信贷新担忧推动股市下跌

2007年11月24日

房地产市场历史经验发出经济衰退警告

"美联储本周预测，在可预见的未来，美国不会出现经济衰退……如果美联储是正确的，经济确实不出现衰退，失业率几乎没有上升，那么美国将首次出现房地产市场大幅放缓并未伴随着经济衰退的情况。"

新闻和《桥水每日观察》

2007年12月3日

住房抵押贷款救助计划的效果可能有限

"行业分析师今日称，小布什政府的救助计划或只能帮助小部分借款人。该计划针对一些面临次贷违约风险的借款人，但可能只能帮助在房地产泡沫最后两年内获得次贷的那部分人。"

2007年12月5日

金融机构遭次贷调查传唤

2007年12月11日

抵押贷款危机终结基金

"美国银行被迫关闭一只数十亿美元的高收益基金（为此类基金中规模最大的一只），因房地产危机愈演愈烈，投资亏损进一步扩大，大型投资者撤回数十亿美元资产。"

2007年12月11日

美联储降息25个基点，股价跳水

2007年12月12日

以美联储为首的各国央行加强银行体系

"周二，美联储仅小幅降息，令投资者感到失望。北美和欧洲各国央行周三均宣布为银行系统注资，注资总量是2001年'9·11'恐怖袭击事件以来最大的一次。"

2007年12月13日

减记有增无减，三大银行解困无望

——彭博社

2007年12月14日

全球现金注资并未提振投资者信心

2007年12月19日

欧洲央行注资5 000亿美元

2007年12月19日

美联储转而批准计划，遏制风险贷款

"美联储周二提出一系列措施，限制向信用度较低的借款人提供奇异抵押贷款和高成本贷款。美联储承认，住房抵押贷款机构曾向几乎没有偿付能力的借款人大力推销欺骗性贷款。"

2007年12月21日

大型债券保险公司发现分层不能缓冲风险

"周四，美国城市债券保险公司（全美最大的金融风险保险公司）的股价下跌26%，因该公司披露承保了数十亿美元的复杂债务。今夏，这些债务曾造成信贷市场震荡。此前一天，标普下调了另一家债券保险公司的评级，并对包括美国城市债券保险公司在内的4家公司给予负面展望。"

其担忧。虽然我们估算出银行潜在亏损（数额巨大），但最大的未知因素是亏损将会如何影响市场，特别是通过衍生品市场造成的影响。衍生品是一种金融合约，其价值是由资产标的、利率、指数甚至事件决定的。与股票或债券不同（二者主要为支出或投资筹集资金），衍生品主要用于风险对冲和利用价格变化投机。衍生品的买卖基于私人合同，不经过交易所，也不受监管。衍生品市场的规模巨大，也极不透明，因此无法了解风险所在，也不能确定银行和非银行贷款人的损失将会如何蔓延。

具体而言，在危机前的30年中，场外衍生品合约（即在受监管的交易所之外的交易合约）市场发展壮大。2000年12月，国会明确指出，只要这些场外合约的当事人是"成熟的机构"，就无须按照期货或证券的标准对其进行监管。这样一来，场外衍生品基本上不受任何监管。[18] 在此后的7年里，场外衍生品市场迅速发展。截至2008年6月，这些合同的名义价值为672.6万亿美元。

信用违约互换是在金融危机中起到主要作用的关键衍生品，它的作用类似保险。当发行人出售信用违约互换时，他们承诺买方免受特定产品违约的影响（例如，抵押贷款支持证券违约造成的亏损），以此换取定期付款。信用违约互换允许抵押贷款支持证券（和其他资产）的购买方将违约风险转移给信用违约互换出售方。例如，美国国际集团出售了大量此类"保险"，但持有极少准备金。因此，一旦出现巨大亏损，它就没有能力完成支付。

如前所述，我向财政部和白宫讲述了这些担忧，但他们认为我描述的情况令人难以置信，因为他们从未遇到过类似的情况。一般而言，我不会对决策者妄加评论，因为他们的个性特征与其所在部门（如财政部、白宫、国会、证券交易委员会等）是两回事，但我必须得说，决策者做得更多的是亡羊补牢，而不是未雨绸缪。这是可以理解的，因为决策者与投资者不同，投资者必须与共识对赌，而且要赌赢，而决策者则在政治体系内运作，他们必须达成普遍共识，直到各方都认为问题无法容忍时才会采取行动。因此，除非危机当头，否则决策者通常不会当机立断。

在2007年结束之际，标普500指数从10月的峰值下跌了6%，但整个年度均处于正值区间。12月最大跌幅发生在美联储降息0.25%那天。尽管降息通常有助于股市，但此次降息低于0.5%的市场预期。债券收益率下跌幅度更大，从6月信贷危机前的5%左右跌至年底的4%左右。美元指数全年下跌8.6%。与此同时，油价大涨了55%，达到每桶96美元，仅略低于历史最高水平。

新闻和《桥水每日观察》

2007年12月22日

支持证券的大型基金计划取消

2007年12月24日

美林证券将获得62亿美元现金注资

——路透社

2007年12月28日

数据疲弱，股市暴跌

2007年12月31日

年底市场收低

“自2002年以来（上一次熊市结束），美债回报率首次超过标普500指数。标普500指数的回报率为5.5%（包括股息和利息支付在内），而一个跟踪政府支持债券的美林证券指数的回报率则为8.5%。”

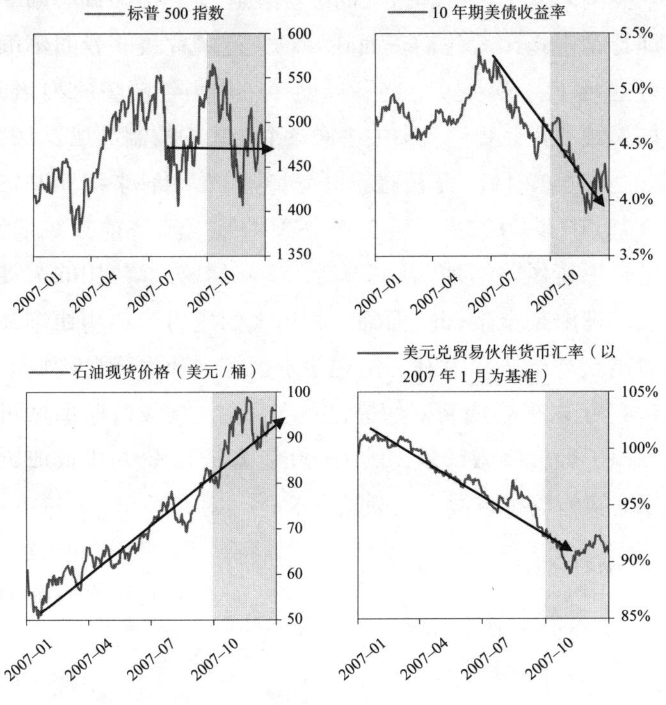

2008年：萧条阶段

2008年1—2月

2008年伊始，经济和市场开始出现裂缝。美国制造业、零售业和就业报告数据都相对较差。接着，花旗集团和美林证券不可避免地发布亏损公告，分别大幅减记222亿美元和141亿美元。安巴克金融集团和美国城市债券保险公司评级被降，这两家债券保险公司共同承保了价值约1万亿美元的债券，对次贷证券的风险敞口很大。亏损接二连三地出现，因为此前相关公司所持资产的市价下跌，而会计规则要求公司按市价计算，并将亏损列在损益表和资产负债表中。截至1月20日，标普500指数下跌约10%。如下方左图所示，全球股市形势更加糟糕，跌幅更大。

目睹这一切后，美联储意识到必须采取行动。伯南克告诉联邦公开市场委员会，尽管美联储的工作并不是防止股市大幅下跌，但事态似乎“反映出人们越来越相信美国陷入了深度和持久的经济衰退”。[19] 他强调必须立即行动，指出“我们正面临一场广泛的危机。我们不能再拖延了，必须应对这一局面……努力控制事态发展。如果做不到，我们就会失去对整个局势的控制”。[20]

1月22日，美联储召开紧急会议，将利率下调75个基点（即0.75%）至3.5%，理由是“经济前景减弱，增长下行风险增加”。一周后，美联储再次降息50个基点，理由是金融部门面临“相当大的压力”，“萎缩走势加剧”，“企业和家庭”出现信贷紧缩。两次降息构成了1987年以来短期利率的最大月度降幅。参议院还通过了一揽子经济刺激计划（约1 600亿美元），针对中低收入家庭实施退税政策，以刺激需求。

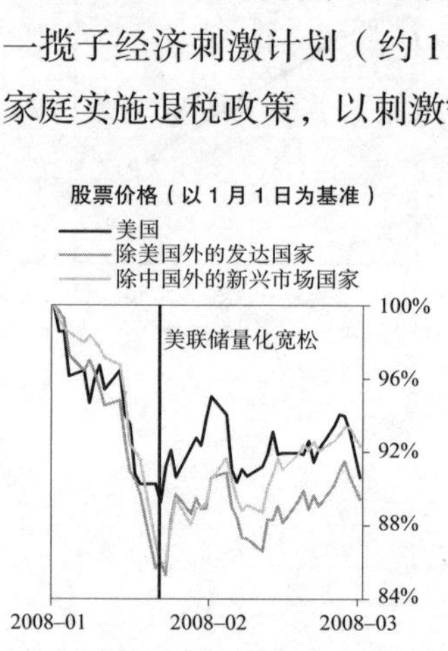

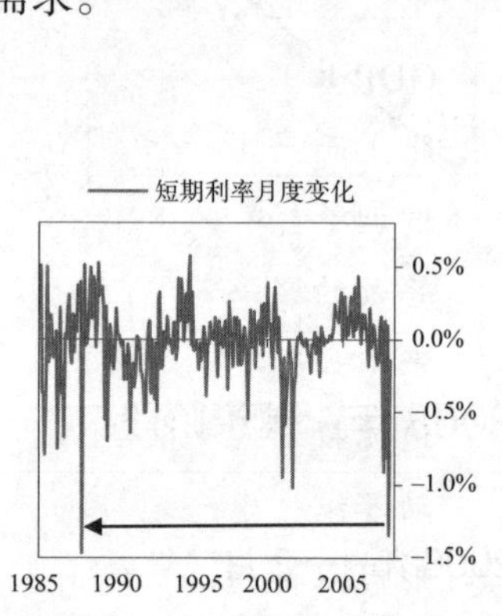

新闻和《桥水每日观察》

2008年1月2日

制造业报告发布，股市下跌

“制造业经济活动在12月意外萎缩，重新引发市场对即将到来的经济衰退的担忧。”

2008年1月4日

就业增长数据疲弱，股市走低

“12月，失业率升至5%，全美仅增加了1.8万个就业岗位，这是4年来最小的月度增幅。”

2008年1月15日

经济数据和银行危机引发股市暴跌

“花旗集团宣布季度亏损98亿美元……12月零售销售下滑，周二股市大幅下挫。”

2008年1月17日

经济前景严峻，道琼斯指数跌幅超过300点

“美国城市债券保险公司和安巴克金融集团的股价周四大跌，因信用评级公司表示，将会重新审查这两家公司的财务状况。”

2008年1月18日

小布什呼吁提供1 450亿美元的经济援助计划

“该计划旨在注入‘一剂兴奋剂，保持经济基本面的健康’，避免陷入经济衰退。”

2008年1月21日

担心美国经济衰退，全球股市暴跌

2008年1月22日

美联储降息0.75%，股市波动

“这是短期利率自1984年10月以来的最大降幅。”

2008年1月23日

美联储行动暂缓全球股市抛售

“全球金融市场恐慌情绪加剧，因美国经济可能出现衰退……美联储采取行动，暂缓了股市暴跌。”

2008年1月31日

刺激计划实施，美联储下调关键利率

“周三，美联储在8日内第二次下调短期利率……参议院推进一项1 610亿美元的退税计划，支持普通民众。”

股市反弹，但美联储大幅降息未能挽回此前的跌幅，到2月底，股市又回到了美联储干预之前的水平。信贷和经济状况继续恶化。宣布大规模减记的银行包括美国国际集团（110亿美元）、瑞士联合银行集团（140亿美元）和瑞士信贷（28亿美元）。服务业增长指标和消费者信心指数分别触及7年和16年低点。瑞士联合银行集团的一份公开报告估计，美国金融体系中抵押贷款支持证券的亏损总额可达6 000亿美元。

分析当时的事件后，我们认为有必要提醒我们的客户，这不会是一般的经济衰退，而是去杠杆化/萧条式衰退，二者具有很不同的潜在力度和导致经济萎缩的关联因素。在1月31日的《桥水每日观察》中，我们写道：

（桥水每日观察）1月31日：这是真正的经济萧条，不只是一般的经济衰退

"衰退"一词常常被用来描述经济活动可能出现的萎缩，现在，所有的经济萎缩都被称为经济衰退。然而，用衰退来描述美国当前的经济形势具有误导性，人们会以为美国的现状仅是经济萎缩（历史上多次出现），而不是日本在20世纪90年代和美国在20世纪30年代出现的经济萧条（即去杠杆化）。

与大多数人的看法相反，"萧条"并不是严重"衰退"，两者的过程完全不同。"衰退"是实际GDP出现萎缩，随央行收紧货币政策（以应对通胀）而产生，随央行放宽货币政策而终结，可以通过调整利率进行妥善管控。"萧条"是金融去杠杆化导致的经济萎缩。金融去杠杆化导致投资者抛售资产（如股票和房地产），资产价格和股价双双下跌，迫使投资人抛售更多资产，导致信贷紧缩，经济活动萎缩，现金流恶化，投资者抛售更多资产，从而形成恶性循环。换句话说，金融去杠杆化引发金融危机，进而导致经济危机。

新闻和《桥水每日观察》

2008年2月5日

商业调查数据疲弱，道琼斯指数下跌370点

"商业调查结果发出了另一个强烈信号，显示美国可能处于经济衰退的早期阶段，美股周二暴跌。道琼斯工业平均指数收盘下跌370点……供应管理协会报告称，1月非制造业活力水平自2003年3月以来首次萎缩。"

2008年2月11日

白宫仍对经济持乐观态度

"白宫周一预测，经济将摆脱经济衰退，今年失业率将保持低位，但也承认经济增长已经大幅放缓……政府的官方预测称，今年经济增长率为2.7%，失业率维持在4.9%的低位。这一预测比华尔街的许多分析师要乐观得多。"

2008年2月16日

消费者信心下跌，股市走低

"消费者信心指数跌至16年低位，引发市场对零售支出的担忧，道琼斯工业平均指数和纳斯达克指数周五下跌……路透社/密歇根大学消费者信心指数2月降至与以往经济衰退时期类似的水平，造成市场恐慌。"

——路透社

2008年2月28日

美国国际集团减记损失达50亿美元

2008年2月29日

经济恐惧终结股市4天连涨

"周四股市下挫，因首次申请失业救济金人数上升，更多银行可能出现倒闭，引发投资者担心……美联储主席伯南克周四在国会听证会上表示，美国的大型银行可能会走出近期的信贷危机，但其他银行面临倒闭风险。自今夏以来，已有三家小型银行倒闭。"

——美联社

2008年3月6日

信贷和抵押贷款危机重压股市

"周四美股大幅下挫，因投资者再度担心银行贷款的可得性，也担心美联储可能无法控制信贷危机……2007年发布的一份报告称，房屋止赎率创下历史新高，信贷市场在报告发布当日开始陷入困境。"

2008年3月6日

抵押贷款违约率创新高

"贷款拖欠率或房屋止赎率跃升至7.9%，该数据在9月底为7.3%，在2006年12月为6.1%。自1979年开始这项调查以来，在第三季度之前，该数据从未超过7%。"

新闻和《桥水每日观察》

2008 年 3 月 7 日

衰退恐慌再次出现，股市下跌

"就业报告不佳，市场担心美国或已陷入经济衰退，美股周五下挫。

"美国劳工部报告称，美国工作岗位 2 月减少了 6.3 万个，这一意外下降释放不祥信号，道琼斯工业指数开盘下跌。"

2008 年 3 月 10 日

事态失控

"如您所知，我们一直隐隐担忧，交易对手的杠杆仓位日积月累，造成金融陷阱。随着金融市场创出新低，新问题不断涌现。

"越来越多的金融机构不能及时追加保证金，这一情况开始影响与其有业务关系的交易商。由于贝尔斯登面临流动性问题的传言飞扬，周一金融股受挫。虽然我们对谣言没有任何看法，但大量主要金融机构（桑恩伯格房贷公司、凯雷资本）不能追加保证金，可能会给许多交易商带来麻烦。各类交易商的交易对手风险呈指数级增长，必将导致一损俱损的结局。

"贝尔斯登已经进入失衡状态，因为公司无法在当前市场价格下维持业务。贝尔斯登的事态或将大幅改善，或将严重恶化。根据我们的经验，如果融资成本接近贝尔斯登目前的水平，那么经纪商和交易商将无法承受。"

——《桥水每日观察》

2008 年 3 月 11 日

美联储计划向银行提供 2 000 亿美元贷款

"为了缓解信贷市场的压力，美联储周二宣布了一项 2 000 亿美元的计划，允许包括美国主要投行在内的金融机构将其风险最大的投资作为抵押品，借入超安全的美国国债。"

2008 年 3 月 11 日

道琼斯指数攀升 416.66 点，创 5 年多来最大涨幅

"美联储向陷入困境的银行系统注入了一剂强心针，美股周二创下 5 年多来的最大涨幅，道琼斯工业平均指数上涨了 400 点。"

2008 年 3 月 11 日

流动性增加（好事），但会计规则未变（坏事）

"为了防止金融雪崩 / 去杠杆化失控，我们认为决策者必须采取三项措施：（1）为财务紧张的金融中介提供流动性；（2）改变会计规则，延长亏损减记期限，防止企业破产，避免资产负债表严重收缩；（3）明确表示这些措施将会维持金融体系的有效运作，以此提振市场信心。美联储正在尽自己的努力，财政部、国会和会计监管机构尚未采取适当行动。"

——《桥水每日观察》

2008 年 3 月：救助贝尔斯登

3 月的头 10 天，股市下挫约 4.5%（金融股亏损幅度大得多），因数起违约事件引发广泛关注，包括凯雷资本（资产管理规模 220 亿美元）和总部位于伦敦的基金公司 Peloton Partners 经营的两只基金（资产管理规模 30 亿美元）。此外，有消息称桑恩柏格房贷公司（资产管理规模 360 亿美元）未能及时追加保证金。这些机构的抵押贷款支持证券敞口巨大，贷款人越来越不愿意为其提供借款。

这些担忧很快蔓延至主要经纪公司，特别是那些持有大量抵押贷款支持证券的经纪公司，如贝尔斯登、雷曼兄弟和美林证券，导致其借款成本飙升。**这些问题也蔓延至系统重要性金融机构，威胁到整个系统。即便如此，市场并没有广泛意识到这种危险。**在 3 月 10 日的《桥水每日观察》中，我们指出，形势正在迅速"失控"，"根据我们的经验判断，如果融资成本接近贝尔斯登目前的水平，那么经纪人 / 交易商是无法承受的"。

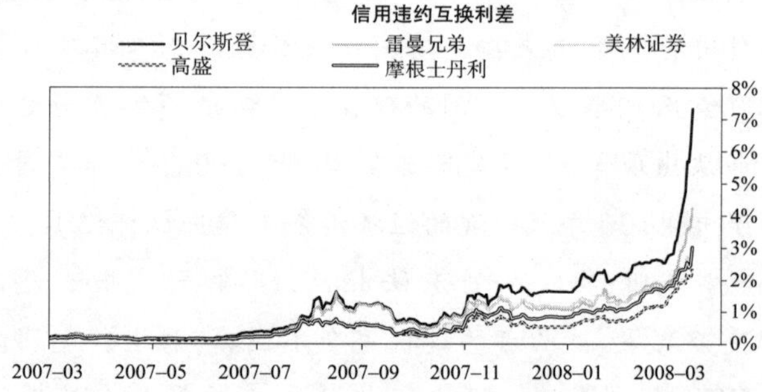

在主要投行中，贝尔斯登面临的压力最大。尽管其规模最小，但公司一旦破产，市场就会抛售其价值 4 000 亿美元的证券。此外，贝尔斯登有近 400 家子公司，与几乎所有主要金融公司都有业务关系，拥有 5 000 个交易对手和 75 万个开放性衍生品合约。正如伯南克在其回忆录中所述，"规模大小不是问题所在，贝尔斯登很大，但与最大的商业银行相比，就相形见绌了"。[21] 贝尔斯登不是"大而不倒"，而是"联而不倒"。伯南克最担心的是，贝尔斯登破产可能引发三方回购市场崩溃，该市场是金融机构的一个重要信贷渠道，其市场规模为2.8万亿美元。因此，一旦发生这样的事件，将给金融市场带来“灾难性后果，随着信贷冻结和资产价格暴跌，整个经济都会万劫不复”。

传统上，**一旦金融机构开始出现承压迹象，就可能面临“挤兑”。挤兑造成流动性流失，几天时间的加速挤兑就会导致金融机构倒闭。**这是因为这些机构依靠短期借款（通常是隔夜借款）来持有较长期的非流动性资产。问题刚一出现，短期贷款人自然就会停止放贷以避免损失。没有人愿意受到承压金融机构的拖累。随着越来越多的市场参与者撤回资金，就会产生流动性危机，导致机构破产。这就是上图以利差显示的金融机构受压程度。财政部和美联储仅有几天的时间做出回应。

大型金融机构破产事件曾多次出现。正如我在本书前文所述，**如果债务以本币计价，并且决策者拥有危机管理经验和权限，则可以妥善应对问题，**把溢出效应和经济创伤最小化（虽然难免遭受一些痛苦）。我们会反复回归这一主题。

由于如此大规模的债务危机人一生只会遇到一次，2008年，美国的决策团队尽可能地了解有效的应对措施。我想再次强调，经济领导团队的素质极为重要。财政部长汉克·保尔森在高盛拥有超过30年的金融市场经验，担任了8年的首席执行官，因此他对金融机构和市场的运作方式非常精通，也练就了强有力的领导风格，可以在压力下做出艰难决策。美联储主席伯南克是当时最杰出的经济学家之一，也属于世界上研究大萧条的顶尖专家，这些杰出才能无疑为他提供了极其重要的分析视角。美联储纽约银行主席蒂姆·盖特纳在经济政策方面拥有近20年的经验，在美国财政部和IMF等机构担任重要职务，参与过金融危机的处理工作。他在监管银行巨头和落实货币政策方面起到主导作用。

盖特纳、保尔森和伯南克告诉我，他们非常幸运能有一支相互信任、技能互补的团队，大家一致认为各方应该尽其所能，防止系统重要性机构倒闭。换句话说，他们在必须完成的重要工作上看法一致，而且善于协调合作，竭尽全力地完成任务。我目睹了这一切，明白我们有多幸运。如果没有这样的精诚合作和聪明才智，我们将会遭受需要几十年时间才能走出的深重灾难。

盖特纳、保尔森和伯南克所面临的最大问题是，在采取必要措施时，他们缺少部分法律授权。例如，根据法律，财政部只能将资金用于国会指定的项目。传统银行（如吸纳零售存款的银行）的破产处理规则较为明确，主要由联邦存款保险公司处理，但财政部、美联储或任何其他监管机构均无权注资给濒临破产的投行。此时，要想挽救一家投行，就得找到一个愿意承担风险的私营

> **新闻和《桥水每日观察》**
>
> 2008年3月14日
>
> **摩根大通和美联储将向贝尔斯登提供救助**
>
> “在美联储纽约银行的支持下，摩根大通表示……已经同意在必要时向贝尔斯登提供担保融资，最初期限为28天。”
>
> 2008年3月14日
>
> **银行陷入困境，股价暴跌**
>
> “陷入困境的投行贝尔斯登获得紧急救助，市场对脆弱信贷市场的信心受挫，周五股市大幅下挫。
>
> “……当天早些时候，美联储发表声明称将‘继续提供必要的流动性’，以保持金融体系的运转，但这一承诺似乎没有给投资者带来什么安慰。
>
> “……在救助消息传出前几日，贝尔斯登一直坚称财务状况良好，但该公司首席执行官表示，自周四以来，该银行的流动性已‘大幅恶化’。”
>
> 2008年3月14日
>
> **以贝尔斯登目前的发展为参考……**
>
> “贝尔斯登和其他美国投资公司的事态发展可以被视为当日新闻，也可以被视为去杠杆化过程的最新表现。如果我们把它仅当作新闻，就无法为未来做好准备。因此，在讨论今天贝尔斯登和其他投资公司的局势之前，我们想提醒一下投资公司的整体处境。”
>
> ——《桥水每日观察》
>
> 2008年3月17日
>
> **美联储采取行动，拯救金融市场**
>
> “美联储周日批准了300亿美元的信贷额度，用于收购贝尔斯登，并宣布为华尔街一些主要投资公司提供开放式贷款计划。”
>
> 2008年3月18日
>
> **美联储降息，盈利较好，道琼斯指数大涨420点**
>
> “周二，美股创下5年来的最大涨幅，因为投资者认为美联储有望最终控制信贷危机，金融股大幅飙升。道琼斯工业平均指数上涨420点。”

部门买家。事实证明，这种限制造成了严重后果。

在应对危机的过程中，决策者需要获得紧急授权，而缺乏这一灵活性是决策者通常面临的一个挑战。现有的体制旨在确保金融系统在正常时期的稳定运行，往往难以应对必须当机立断采取行动的危机。

财政部和美联储在贝尔斯登问题上就遇到了这一挑战。美联储找出了2007年年底草拟的计划，行使其第13条第3节权力（这一权力自大萧条以来从未被使用过），以此应对伯南克后来称之为“自我强化的流动性（下行）走势”。[22] 美联储宣布了一项2 000亿美元的新计划，名为定期证券借贷工具，允许包括大型经纪公司在内的金融机构借入现金或国债，而抵押品是高风险资产，包括非政府抵押贷款支持证券。市场对流动性注入反应热烈，美股创下5年内最大单日涨幅（约4%）。

定期证券借贷工具推出之后，贝尔斯登仍然面临挤兑。由于客户迅速撤资，在短短4天时间内（3月10—14日），贝尔斯登的现金缓冲就下降了180亿美元。听到流动性撤出的消息后，财政部长保尔森担心贝尔斯登可能会在24小时内破产。[23] 这是因为贝尔斯登一直在发放长达60天的贷款，同时继续几乎完全依赖隔夜资金。3月14日（周四），保尔森的担忧变成了现实。在向贝尔斯登提供隔夜贷款时，回购市场中的贷款人甚至拒绝接受美债作为抵押品。

伯南克、盖特纳和其他美联储官员一致同意，即使美联储再提供一笔贷款，也救不了贝尔斯登。他们需要找到一个投资者，筹集更多资本，填补所有亏损造成的资金缺口。此时，财政部无权充当这个投资者，**最好的选择是从私营部门找到一个更健康的机构收购贝尔斯登。**为了争取时间，美联储和摩根大通于3月13日承诺，“在必要时，延长给贝尔斯登担保资金的期限，最初期限为28天”。

摩根大通最适合收购贝尔斯登。作为当时美国的第三大银行控股公司，摩根大通是贝尔斯登的清算银行，也是贝尔斯登及其回购贷款人之间的中间商。因此，与其他潜在买家相比，摩根大通对贝尔斯登的持仓情况熟悉得多。在周日亚洲市场开盘之前，只有这家公司才能可靠地审查贝尔斯登的资产，并且提出报价，其中的重要一环是保证贝尔斯登的交易账户，但如果这意味着必须接管贝尔斯登350亿美元的抵押贷款组合，摩根大通就不愿意接手。为推动这一交易，美联储承诺向摩根大通提供300亿美元的无追索权贷款，用于收购贝尔斯登（收购价为每股2美元，而峰值为每股173美元）。这笔贷款由贝尔斯登的抵押贷款池担保，所以，抵押贷款投资组合的未来亏损将由美联储承担，也就是最终由纳税人买单。他们还创建了一个新的贷款工具，20家投行/经纪公司可以使用抵押贷款支持证券作为抵押品，借入无限量的资金。

周二，美联储再次降息75个基点（政策利率降至2.25%）。救市行动和积极注资达到了预期效果。股市上涨，当月收平。后来的事实证明，使用纳税人的钱来救助贝尔斯登是一个有争议的决定，但正如我们当时在《桥水每日观察》中指出的那样，如果不这样做，“金融体系就会走上不归路（风险溢价和流动性溢价将会飙升，并自我强化）”。

市场虽然反弹，但是保尔森、伯南克和盖特纳依然忧心忡忡。如果找不到买家，就不能避免投行在恐慌情绪下倒闭。他们立即开始担心雷曼兄弟。[24]

保尔森和伯南克找到众议院金融服务委员会主席巴尼·弗兰克，表示非常担心雷曼兄弟，需要获得紧急授权，缓解投行濒临倒闭的恐慌情绪。弗兰克表示，除非他们拿出令人信服的理由，证明雷曼兄弟即将倒闭，进而损害美国经济，否则国会无法给予授权。保尔森、盖特纳与雷曼兄弟首席执行官保持着频繁的沟通，试图说服他出售银行，或者由战略基石投资者筹集股本，但这些努力未能奏效。[25]

4月下旬，保尔森以贝尔斯登倒闭为名召开会议，参会人员包括参议员克里斯·多德和理查德·谢尔比（参议院银行委员会的现任和上任主席）、丹尼尔·马德（房

新闻和《桥水每日观察》

2008年3月17日

我们认为美联储做得非常出色……

“我们认为美联储做得很好。换作我们，也会这样做，因为任何其他方案都会带来无法容忍的结果。当然，我们担心道德风险问题，而且相信美联储也担心，但决策者必须在一定的时间窗口内采取行动。我们认为，他们的时间窗口是在金融中介机构几乎耗尽资本之时和信贷问题蔓延至其他机构之前，现在的事态已经非常接近后者（政策行动也许有点儿太晚了）。

“我们认为美联储采取了恰当的行动，但这并不意味着我们相信事态必将好转。因为美联储独木难支（如您所知，我们认为会计规则需要变更，而这是其他机构的权职范围）。

“此外，美联储必须采取可能令人震惊的政策行动。目前，好事是各监管机构已经意识到问题的严重性。问题是它们能否迅速行动。如上所述，金融雪崩可以预防，但无法逆转。”

——《桥水每日观察》

2008年3月23日

美联储伸出援手，股市飙升

“本周，美联储大幅干预金融市场，美股剧烈波动。”

2008年3月27日

经济数据使市场情绪再度悲观，美股回落

“美股周三回落，因2月耐用品订单减少，增加了股市对经济的悲观情绪。道琼斯工业平均指数下跌近110点……投资者对上个月耐用品订单1.7%的跌幅感到失望（耐用品包括冰箱、汽车和电脑等昂贵产品）。1月的耐用品订单下降了5.3%。”

——美联社

2008年4月1日

金融危机有望缓解，股市飙升

“仅在第一季度，瑞士联合银行减记190亿美元，德意志银行减记将近40亿美元。尽管数据不甚乐观，但投资者似乎希望这一坏消息标志着华尔街次贷危机的终结。”

2008年4月2日

未来将爆出更多贷款损失

“金融机构因投资新的金融工具而出现亏损（许多工具在以往金融危机中尚不存在）。一方面，新工具造成的银行亏损成为市场焦点，很多亏损已经反映在市场定价中；另一方面，传统工具（即不良贷款）造成的亏损也濒临危机边缘。”

——《桥水每日观察》

利美首席执行官）和理查德·赛伦（房地美首席执行官）。[26] 这次会议促使参议院开始讨论政府支持企业改革法案。法案于 2007 年 5 月获众议院通过，但在参议院搁浅。

2008 年 4—5 月：救市后的一波涨势

受救助贝尔斯登和大规模宽松政策提振，股市上涨，债券收益率在 4 月和 5 月的大部分时间内都见回升。市场越来越相信，美联储会在事态恶化的情况下采取一切必要措施。一些重要决策者表现出谨慎乐观的态度，财政部长保尔森指出，美国经济开始反弹，“预计年底前经济增长速度将加快”。[27] 下图显示了当时主要市场的走势。读者可以思考一下自己此时会做出怎样的投资决策。

美国资产

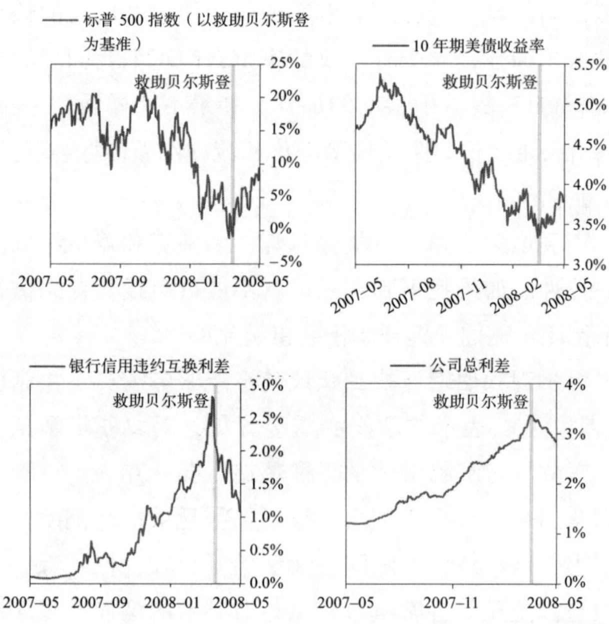

通过借款实现的“资产负债表扩张”（即增加贷款和资产购买）开始放缓，因此经济形势继续走弱，表现为经济数据低于预期。失业率不断攀升，消费者信心持续下降，借款增速继续减缓，住房违约率和止赎率不断上升，制造业和服务业活动继续萎缩。同时，金融机构宣

新闻和《桥水每日观察》

2008 年 4 月 3 日

实体经济仍然疲弱

“最近几周，虽然金融市场已经从低点反弹，但实体经济依然疲软（接近零增长），下行压力仍在累积。就业、生产、需求和投资数据均较为疲弱，并不断走低。”

——《桥水每日观察》

2008 年 4 月 4 日

就业岗位减少 8 万个，失业率上升

“制造业和建筑业的急剧下滑导致就业岗位减少，创 5 年来最大跌幅。”

2008 年 4 月 15 日

石油和食品价格上涨引发通胀担忧

“美国劳工部周二表示，一项美国生产商支付价格指标在 3 月上涨了 1.1%，从 2 月的 0.3% 大幅上涨。”

2008 年 4 月 17 日

追踪经济对刺激政策的反应

“到目前为止，美联储的经济刺激举措阻止了金融体系全面崩溃，但并未改善实体经济形势。”

——《桥水每日观察》

2008 年 4 月 25 日

投资者摆脱经济忧虑，股市大多上涨

“市场克服了对消费者信心和通胀率的担忧，美股周五温和上涨，结束了两周连涨。”

——美联社

2008 年 4 月 30 日

美联储降息 25 个基点，并表示会暂停

“周三，美联储 7 个月来第七次下调短期利率，暗示可能会暂停任何新的降息行动。”

2008 年 4 月 30 日

美联储周三降息，市场预期这是本宽松周期中的最后一次降息操作

——《桥水每日观察》

2008 年 5 月 1 日

政府救助贝尔斯登，市场反弹

“救助贝尔斯登相当于进行汇率干预，可以暂时逆转市场走势，但无法改变造成问题的根本状况。”

——《桥水每日观察》

布了新一轮减记数额：瑞士联合银行为190亿美元，德意志银行为40亿美元，美国城市债券保险公司为24亿美元，美国国际集团为78亿美元。反思美联储救市之后几个月的市场走势，我们认为，这些行动相当于“汇率干预，可以暂时逆转市场走势，但无法改变造成问题的根本状况”。

同时，油价继续攀升（5月底达到每桶130美元），美元继续下跌。这些走势加剧了美联储的两难困境：一方面，美联储需要保持货币宽松政策，避免经济萎缩和金融环境进一步恶化；另一方面，他们需要应对价格稳定性的担忧。美联储4月会议纪要反映了这一点，委员会承认“在当前情况下，难以把握适当的政策立场”。两名成员甚至表达了“对通胀前景的实质性担忧”，并警告说“再次调低基金利率……长远来看可能是代价高昂的”。

应该指出的是，**利率调整和流动性管理会影响整体经济，利用这些政策来处理某些部门的债务问题效率很低。**宏观审慎政策更为合适（事实上，宏观审慎政策在很早以前就已适用，例如，可以用来控制2007年开始出现的泡沫）。直到很久以后，政府才在紧急时刻采用了宏观审慎政策。

总体而言，市场对金融体系重现乐观，但对价格稳定性日益担忧，这些因素使市场预期美联储4月底的降息是宽松政策周期的结束。

2008年夏：滞胀

6月，标普500指数下跌9%，原因是油价飙升导致通胀率大幅上扬，同时金融业再次出现信贷问题，经济数据不佳。

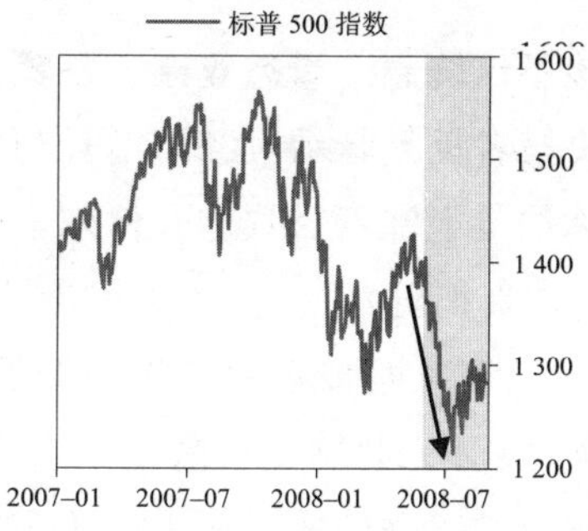

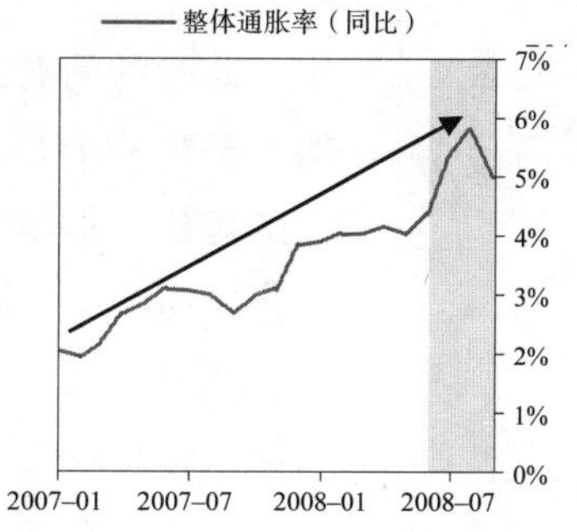

就信贷问题而言，月初，标普下调了雷曼兄弟、美林证券和摩根士丹利的信用评级，表示已对这些银行偿还金融债务的能力失去信心。接着，有传言称雷曼兄弟向美联储寻求紧急资金。穆迪发布消息，美国城市债券保险公司和安巴克金融集团（两家全美最大的债券保险公司）可能会失去AAA评级（这将严重损害它们提供新保险的能力）。月底，穆迪下调了这两家保险公司的评

新闻和《桥水每日观察》

2008年5月2日

美联储采取措施，缓解信贷市场压力

“美联储表示正在加大其定期拍卖工具所提供的金额……从500亿美元增至750亿美元。”

——路透社

2008年5月9日

美国国际集团因不良投资亏损78亿美元

“该公司的首席执行官马丁·J. 沙利文承认，公司大大低估了问题的严重程度。”

2008年5月21日

美联储面临艰难选择

“央行的一个职责是维持一定水平的经济增长率和通胀率，而当两者发出不同的信号时，就会给央行和大多数投资者带来麻烦……最近的市场走势和美联储的言论表明，人们越发担心经济增长率与通胀率逆向而行。”

——《桥水每日观察》

2008年6月2日

现实事件开始影响金融事件

“最近几周，市场行情因投资者信心增加而有所好转，然而，这种乐观缺乏充足的现实基础。周一，标普宣布下调摩根士丹利、美林证券和雷曼兄弟的长期债务评级，带来新一轮现实冲击。”

——《桥水每日观察》

2008年6月3日

三家银行降级，信贷担忧再现

“雷曼兄弟、美林证券和摩根士丹利股价下挫，因主要评级机构标普下调这三家银行的评级，表示已对银行偿还金融债务的能力失去信心。”

2008年6月4日

信贷冲突，道琼斯指数下跌100点

“有报道称雷曼兄弟计划筹资40亿美元，而此后传言变为该投行已向美联储寻求借款，造成美股在下午早些时候下挫。”

——美联社

级，并对雷曼兄弟进行信贷审查，而房屋止赎率和抵押贷款拖欠率（造成压力的根本性因素）继续加速上升。

我们考察了这些机构的资产负债表，评估它们必须公布的亏损，并推算亏损造成的资本减少对其贷款和资产出售的影响，最后得出的明确结论是：这些机构的问题极为严重，会带来巨大的连锁反应。简单来说，这些机构需要追加保证金，因此必须筹集资金，或者出售资产并签订贷款合同，这对市场和经济都是不利的。

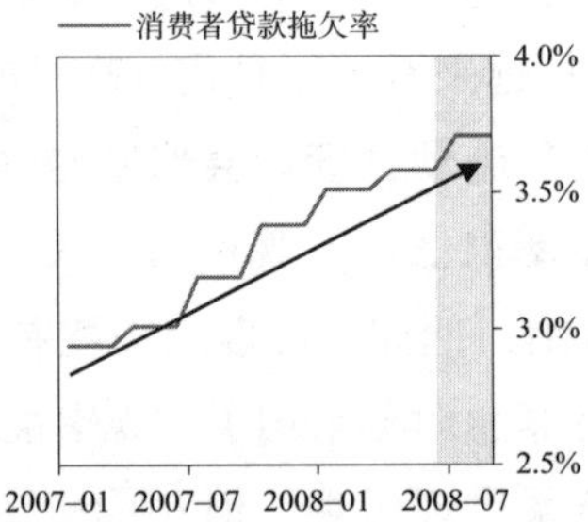

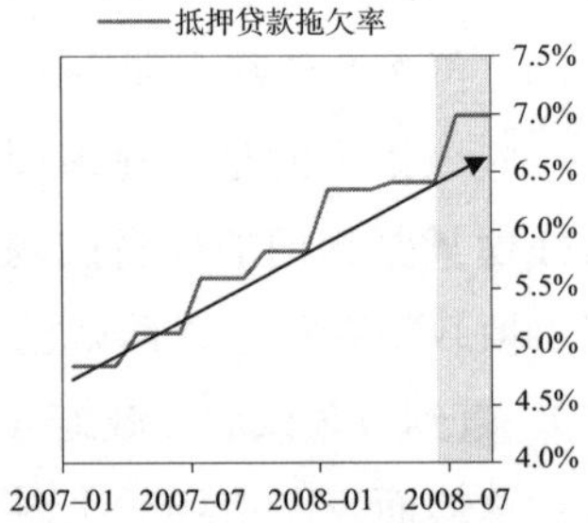

由于信贷紧缩，失业率飙升至5.6%（20年来最大单月涨幅），制造业活动连续4个月下降，消费者信心指数创16年新低。与此同时，居民消费价格指数显示，5月总体通胀率上升至4.4%，为6个月以来的最大涨幅。经济增长不佳，通胀预期上升，这些因素加剧了市场对滞胀的担忧。

此时的问题是该不该降息。事态复杂，答案并不明朗。整整一个月，决策者反复暗示对经济增长与物价稳定的担忧。伯南克称油价上涨不受欢迎，保尔森强调油价将成为经济发展的“真正阻力”。伯南克重申，美联储将“仔细监控”美元汇率对通胀率和通胀预期的影响，而保尔森甚至暗示他“绝不会排除干预措施”。[28]

由于通胀压力增大，美联储的工作重点不再是防止债务和经济风险影响经济增长，而转为确保物价稳定。早在6月4日，伯南克就指出，由于对通胀率的担忧，美联储不太可能进一步降息，并表示目前的政策利率足以促进经济适度增长。[29]几天后，伯南克发表讲话称，大宗商品价格上涨和美元贬值对稳定长期通胀率构成了挑战。最后，6月25日，美联储宣布维持利率不变，并指出“虽然经济增长的下行风险仍然存在，但似乎有所减弱，通胀率和通胀预期的上行风险也有所增加”。令人无奈。请参见下图。

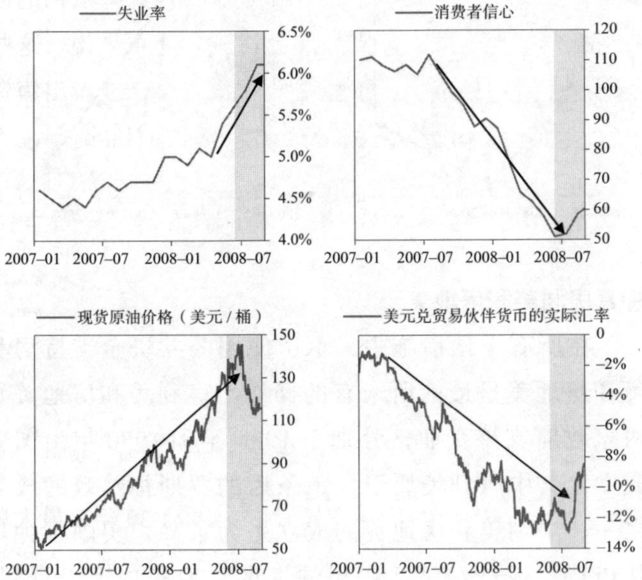

7月头两周，市场继续下滑，油价上涨，一系列金融机构的信用评级遭到下调，减记规模不断扩大，房屋数据不佳。金融股价进入自由落体状态。很明显，美联储并未阻止这一事态发展，即使采取大幅货币宽松政策也无法解决信贷问题。抵押贷款危机及其下一个冲击对象也变得更加清晰。7月7日，雷曼兄弟发布的一份报告称，房利美和房地美需要高达750亿美元的资本注入才能保持偿付能力，两家抵押贷款巨头的股价随即遭受抛售强压。保尔森认为这一报告“引发了投资者的强烈恐慌”，报告发布后的一周内，房利美和房地美的股价均下跌约45%。[30]

7月中旬，市场反弹，因为油价大幅下跌（增加了美联储的宽松空间），决策者采取了一系列干预措施，增强市场对金融业的信心，最重要的是救助房利美和房地美。此外，美国证券交易委员会限制卖空19只金融股（包括房利美和房地美这两家抵押贷款机构），美联储延

新闻和《桥水每日观察》

2008年6月3日

美国制造业下滑，通胀指数飙升

“5月，美国制造业连续4个月下滑，而通胀率飙升至4年来的最高水平，加剧了对滞胀的担忧。”

——路透社

2008年6月4日

美联储主席表示，因担忧通胀而终结降息

“美联储主席伯南克周二表示，由于担心通胀风险，不太可能进一步降息。”

——美联社

2008年6月5日

穆迪或将下调美国城市债券保险公司和安巴克金融集团评级

“穆迪投资者服务公司周三表示，有可能剥夺美国城市债券保险公司和安巴克金融集团债券保险业务的最高评级，此举可能削弱它们提供新保险的能力。”

——路透社

2008年6月7日

油价和失业率重挫股价

“周五，原油价格飙升至每桶138美元以上，上涨近每桶11美元，失业率上升超过预期，美股出现两个多月以来的最大跌幅。”

2008年6月9日

全球通胀预期转变

“最近几周，市场逐渐意识到各国央行的关注点从经济增长变为通胀率，短期利率受到重创。”

——《桥水每日观察》

2008年6月10日

保尔森不排除美元干预

“保尔森先生称……创纪录的油价对美国经济来说是个‘问题’。他补充道：‘这一因素极不受欢迎，会带来真正的负面影响。’”

——路透社

长了对投行和券商的紧急贷款计划。财政部和美联储宣布了一项新计划，根据该计划，如果房利美和房地美濒临破产，则可以使用公共资金（即获得救助）。

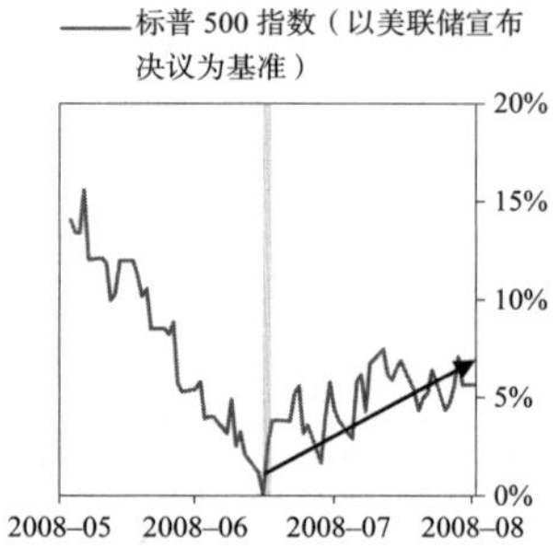

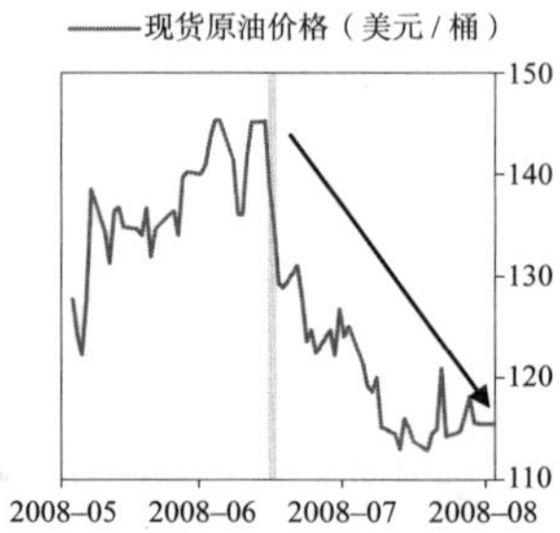

接管房利美和房地美

在所有干预措施中，承诺使用公共资金支持房利美和房地美是最前所未有的操作。房利美和房地美是两家政府支持企业，分别于 1938 年和 1970 年由国会成立，其中房利美属于大萧条后的罗斯福新政的成果之一。房利美和房地美的成立是为了稳定美国抵押贷款市场，促进经济适用房的发展。为实现这一目标，房利美和房地美的主要业务是从经批准的私营贷款方购买抵押贷款，再将大量贷款打包，保证按期还款，然后卖给投资者。

乍一看，这一安排可以惠及各方。私营贷款人有现成的买家，可以尽量多地发放抵押贷款。房利美和房地美购买了高风险抵押贷款，将其变为安全资产，从中大量获利（低买高卖）。银行和其他投资者很乐意有更多的安全资产投资，获取略高于同期国债的收益。家庭则享受较低的借款利率。

当然，所有这一切都基于政府提供隐形担保，从而支持房利美和房地美。只有得到这一保证，市场才会认为政府支持企业发行的证券与国债一样安全，借款利率极低。有时，这些企业债券与美债的利差基本上为 0%。

新闻和《桥水每日观察》

2008 年 6 月 11 日

经济担忧变成通胀担忧

“投资者越发感觉，美联储已将注意力转移到对抗通胀上，暂时放下了对经济增长前景的担忧。”

2008 年 6 月 14 日

穆迪正在审查雷曼兄弟的信贷状况

“穆迪投资者服务公司周五表示，已经对雷曼兄弟控股公司进行审查，可能下调雷曼评级，理由是该投行的总裁和首席财务官已经降职。”

——路透社

2008 年 6 月 15 日

数据喜忧参半，通胀率为主要担忧

“周五，劳工部报告称，5 月消费者价格指数年化上涨 4.2%，是 6 个月以来的最快速度。”

2008 年 6 月 20 日

穆迪下调保险公司评级

“穆迪投资者服务公司剥夺了安巴克金融集团和美国城市债券保险公司保险业务的 AAA 评级，理由是它们融资和开展新业务的能力受损。”

——路透社

2008 年 6 月 25 日

消费者信心跌至 16 年低点

“周二公布的两份经济报告显示，6 月消费者信心指数降至 16 年来的最低点，全美 20 个大都市地区的房屋价值下跌。”

2008 年 6 月 26 日

美联储保持利率不变，股价小幅上涨

“美联储维持利率不变，并发布了一份喜忧参半的经济评估报告。美股全天波动，小幅收涨。”

——美联社

2008 年 6 月 28 日

道琼斯指数几近熊市，油价创下新高

“道琼斯工业平均指数周五下跌 145 点，比 2007 年 10 月 9 日的高点下跌 20%，几近熊市区间……油价再次大幅上涨，在前一天上涨每桶 5 美元后，周五下午涨至每桶 142 美元以上，投资者信心受挫，道琼斯指数下午 2 点下跌 1.1% 至 11 327 点。”

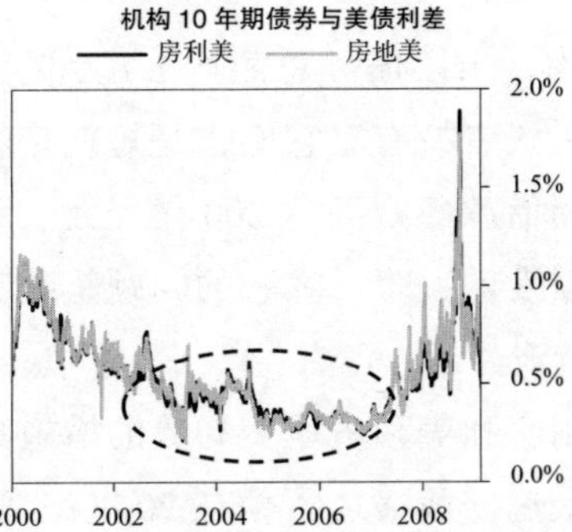

虽然政府支持企业没有正式得到法律担保，政府官员多年来也一直否认会提供任何保证，但私营市场认为，政府绝不会让这些企业破产，因为这会给房主等各方造成太大损失，可市场不能100%地肯定，因为财政部不会做出这样的保证。我还记得在与一家中国机构负责人共同出席的晚宴上，这位负责人说，他们的机构持有大量政府支持企业发行的债券，并因此表示担忧。我特别佩服中国债权人思考这一问题的逻辑性和周密性。具有讽刺意味的是，政府支持企业越大，就越“具有系统重要性”，因此在必要时，它们几乎肯定能得到政府救助，变得更安全，实现进一步增长。

虽然房利美和房地美的主要收入来源本应是为抵押贷款提供保险，但到2007年，它们大约2/3的利润来自持有高风险抵押贷款支持证券。这些风险敞口因监管不严出现了问题，而且情况越发糟糕。按照国会的要求，房利美和房地美的准备金率仅为其表外债务的0.45%和投资组合资产的2.5%，这意味着这两家公司的资本严重不足，即使与同等规模的商业银行相比也是如此（这些银行的资本金也严重不足，小规模亏损就足以造成破产）。保尔森看到了这一点，并公开称之为“等待爆发的灾难……是问题泛滥的极端例子……杠杆率太高、监管太松的结果”。[31]

到2007年，这两家抵押贷款保险公司的规模比贝尔斯登大20倍，持有或担保了5万亿美元的住房抵押贷款和抵押贷款支持证券，约占美国发行总量的一半。为此类业务提供资金也使房利美和房地美成为全球最大的

新闻和《桥水每日观察》

2008年6月30日

市场正在收紧，而经济正在恶化，金融业处于自由落体状态

“在救助贝尔斯登的三个月里，经济和市场形势出现了一系列不可持续而自我挫败的变化。虽然退税及一些不可持续的其他资金来源已经稳定了支出和经济，但直接影响经济的市场价格统统起到制约作用。金融股的反弹最初给金融市场带来了乐观情绪，但这一势头已经基本消失。相反，实体经济的信贷状况不断恶化，进而反馈到金融体系，造成大量金融机构的股价出现自由落体式下跌，其杠杆化的市值急剧缩水。由于这些市值的杠杆率（资产除以市值）过高，即使资产价值小幅下降，也会造成股权价值大量蒸发，这是经典的过度杠杆化死亡螺旋。未来将会出现更大的亏损，却没有足够健康的金融机构来收购濒临倒闭的银行。而且，主权财富基金对大量银行股权失去了兴趣。银行面临资本不足，需要清算日益庞大的资产组合，这将进一步限制实体经济的信贷增长。此外，在金融业濒临崩溃的同时，市场价格对经济增长构成制约。”

——《桥水每日观察》

2008年7月6日

股市下跌，油价攀升。似曾相识？

“油价上涨，股市下跌，这一模式已经重复数周。”

2008年7月10日

贷款问题棘手，股价大跌

“房地美成为标普500指数中表现最差的股票，其股价下跌23.8%。”

2008年7月15日

救助计划带来早盘走高，但随即回落

“美国财政部长保尔森和美联储主席伯南克采取行动。上周，房利美和房地美的股票遭受了巨大的抛售压力。”

2008年7月16日

证监会推出限制卖空的措施

“为应对金融业动荡的压力，美国证券交易委员会周二宣布采取紧急措施，限制一些针对房利美、房地美和华尔街银行的卖空行为。”

> **新闻和《桥水每日观察》**
>
> 2008年7月19日
>
> **房地美进一步筹集资金**
>
> “周五，陷入困境的两家抵押贷款金融巨头继续挽回投资者的信心，因为两家公司中规模较小的房地美在筹集资金方面迈出了关键一步。
>
> “经过一周多的大幅波动后，房地美的股价再次大幅上涨，因公司在美国证券交易委员会注册，并再次承诺将会筹集更多资金。”
>
> 2008年7月20日
>
> **油价下跌，道琼斯指数和标普500指数上涨**
>
> “周日，美国财政部长保尔森提出了一项针对房利美和房地美（抵押贷款金融巨头）的大规模救助计划。美联储还宣布，房利美和房地美可以从美联储的折现窗口获得廉价贷款。”
>
> 2008年7月21日
>
> **房利美和房地美问题引发海外关注**
>
> “房地产巨头房利美和房地美是美国抵押贷款市场的发力点。10多年来，房利美和房地美吸引了海外投资者，它们的营销理由很简单：房利美和房地美发行的证券与美债一样安全，但回报率更高……现在这两家公司面临风险，政府对它们的救助方式将最终考验世界对美国市场的信心。”
>
> 2008年7月22日
>
> **所有市场走势一致……**
>
> “所有市场走势一致，最近的转折点是7月15日。转折点的标志是油价下跌每桶17美元，短期利息创纪录时，限制卖空行为，若干银行盈利意外提升。当然，这种走势不能持久，因为这些市场影响因素种类繁多且经常相互冲突，但当情绪达到极端时，一致走势较为常见……
>
> “与此同时，截至7月的经济数据反映，经济形势基本面并未出现逆转，仍继续走弱。”
>
> ——《桥水每日观察》

债务发行机构，未偿债务总额达1.7万亿美元，其中约20%由国际投资者持有。它们也是短期贷款市场的大型参与者，每周借款经常高达200亿美元。不难看出，这是一场等待爆发的灾难，唯一的问题是政府届时将会采取什么应对措施。

采取控制房利美和房地美局势的措施具有政治挑战性。萨默斯最近向我描述了他在20世纪90年代与它们打交道时遇到的挑战。

> 房利美和房地美拥有巨大的政治权力。只要一说它们有任何问题，它们就会安排财政部接收4万封邮件，解释它们获得全部授权以完成重要工作有多关键。我们针对它们提供证词时，一位国会议员拿出一封房利美的信，上面是拟好的陈述声明和它们要提出的问题。如果想找它们的麻烦，它们会安排一批市长给你打电话。我对金融界最失望的一次经历是，在财政顾问借款委员会的季度晚宴上，我询问这些委员对政府支持企业的看法，他们表示这些企业就像大规模过度杠杆化的对冲基金，是很危险的。他们说得非常坚决。我问：“你会把这个观点放在你的报告中吗？”他们表示愿意，而发出的报告基本上说的是房利美和房地美是我们金融体系的重要贡献者。我问是怎么回事。他们说，他们咨询了老板的意见，老板说不能这么说，因为客户关系非常重要。

保尔森将这种情况描述如下。

> 我们已经看到3月贝尔斯登的交易对手突然弃之而去时的情况，这一事件没有击垮我们，但房利美和房地美的倒闭将是灾难性的。似乎全球的所有机构（小型银行、大型银行、外国央行、货币市场基金）都持有它们的债券或是它们的交易对手。投

资者将损失数百亿美元，外国人会对美国失去信心。这可能会导致美元贬值。[32]

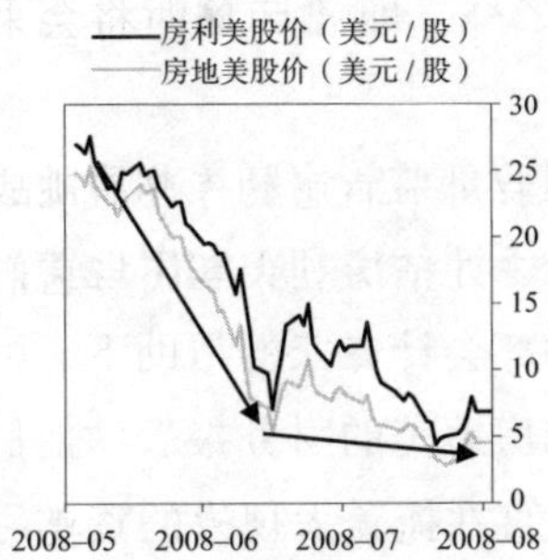

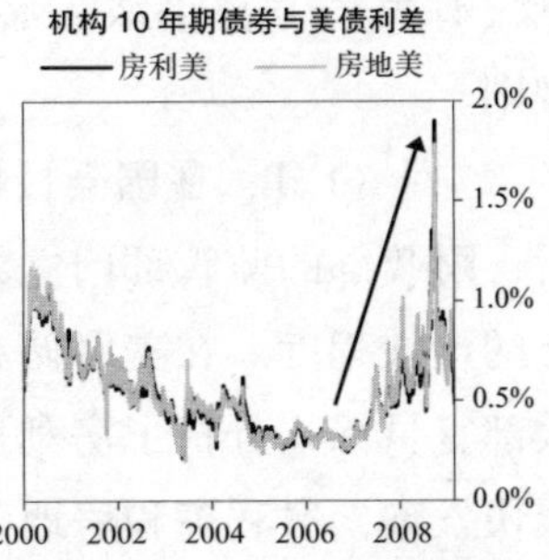

这个案例说明了一个非常普遍的问题：**政府担保（隐形或明确）的政治力量使得高风险资产看起来比实际更安全。这鼓励投资者加大杠杆，从而推动坏账增长。**

由于抵押贷款支持证券的损失增加，房利美和房地美的股价暴跌，因为每个人都知道房利美和房地美存在大量坏账。股权持有人知道，即使债权人受到保护，他们也会受到打击。截至 7 月 15 日，房利美和房地美的股价在不到一年的时间内下跌了近 75%。

危机临头，无可否认，亟须解决。经过紧张的幕后谈判，财政部说服了国会，7 月 23 日国会通过一项法案，获准使用几乎无限量（保尔森选择了“未指明”一词）的资金来援助房利美和房地美（上限为总体联邦债务上限），并扩大对房利美和房地美的监管。财政部基本上获得了一张由纳税人支持的空白支票，采取一切措施保证房利美和房地美的偿付能力。

将濒临破产、大而不倒的金融机构国有化是去杠杆化的典型举措。这一举措通常很受欢迎，因为这表明政府愿意为整个系统提供安全保障。请记住，当债务以一个国家的货币计价时，政府拥有消除违约风险的权力。

一个存在制衡机制和法律法规的政治体制具有无可否认的优势①**，但在危机时期，这种环境的风险在于，决**

① 规则带来明确的期望，增加决策的合理性，减少其武断性，降低政治影响。

新闻和《桥水每日观察》

2008 年 7 月 23 日

保尔森敦促美国人对经济保持耐心

“保尔森在曼哈顿中城纽约公共图书馆的讲话中称：‘市场不会沿直线发展，我们应该预期未来的道路将更崎岖。最近，金融市场经历了很多颠簸，预计将会继续面临一定压力，直到房地产市场进一步稳定。’”

2008 年 7 月 25 日

银行倒闭预期

“大型金融机构尚未出现无序破产，部分原因是美联储提供的流动性避免了挤兑的出现（印地麦克银行除外）。到目前为止，每个几近破产的金融机构都获得了救助或买断，避免了被迫清算。鉴于金融机构持续面临压力，其他金融机构可能会破产。市场预期目前约有 4% 的金融机构在未来 6 个月内破产，这意味着资产清算总额将达到 6 000 亿美元……整个银行业目前只有大约一半的自由股权资本，其中大部分需要保持自由流通，以便吸收现有贷款的信贷损失。”

——《桥水每日观察》

2008 年 7 月 29 日

银行股下跌，回吐涨幅

“由于投资者抛售投行和商业银行的股票（其中许多股票回吐了上周的全部涨幅），周一尾盘股票的抛售加速……财政部长保尔森在下午晚些时候宣布，4 家主要银行计划发行一种新型债券，以援助抵押贷款市场，但这未能阻止银行股的下跌。在保尔森发表讲话之后，三大股指都加速下跌。”

2008 年 7 月 29 日

政府推出支持住房贷款的新工具

“财政部和美国四大银行周一表示，准备启动一个新工具，旨在支持住房贷款，刺激萎靡不振的房地产市场……财政部发布了一套‘最佳工具’，鼓励金融机构发行所谓的担保债券。美国银行、花旗集团、摩根大通和富国银行都表示，计划开始发行这些债券。”

——路透社

2008 年 7 月 31 日

美联储延长紧急借款计划

“美联储表示，将紧急借款计划延长至明年 1 月 30 日。该计划允许投资公司利用央行快速获得现金，于 3 月 17 日开始实施，原定于 9 月中旬终止。”

——美联社

新闻和《桥水每日观察》

2008年8月4日

发达国家进入经济衰退

“……大多数发达国家的经济增长率正在加速萎缩……我们预计发达国家央行将转向宽松政策，而市场仍在预期紧缩政策。”

——《桥水每日观察》

2008年8月5日

担心经济增长，美联储保持关键利率不变

2008年8月7日

零售销售显示更多经济放缓迹象

“销售报告显示，美国人消费降级，中档商场及折扣店销售减少，美股大跌。”

2008年8月7日

住房问题持续存在，美国国际集团亏损巨大

“美国国际集团第二季度亏损超过50亿美元，因为房地产价值下跌，信贷市场继续混乱。”

2008年8月12日

瑞士联合银行集团减记430亿美元，将拆分主要业务

策者可能无法迅速实施必要措施。因为法律是不完美的，无法预见并明确规定如何处理每一种可能的情况。在整个2008年金融危机期间，多次出现千钧一发的时刻，有关各方都采取了必要之举，即使这意味着避开规则。

7月30日，在国会授权财政部监管房利美和房地美后，财政部的监管部门立刻着手评估房利美和房地美形势的严峻程度。在美联储和外部会计专家的帮助下，财政部官员深入分析了房利美和房地美的财务报表。他们很快发现，房利美和房地美一直在掩盖大规模的资本亏损，一些无形资产的估值可疑，还有一些抵押贷款担保的估值错误。经准确计算后，这两家公司至少有数百亿美元的负资产。正如保尔森后来所说的那样，“我们已经为坏消息做好了准备，但问题的严重性依然令人吃惊”。[33]

从8月中旬到救市，财政部分析了当时的形势，并于9月7日敲定最终条款。随后，财政部很快制订了一项可以在法律允许范围内实现经济目标的计划。最后，财政部决定接管房利美和房地美，同时保证购买优先股以提供注资。接管以后，房利美和房地美可以继续保持相对正常的运营，而保证购买股票使财政部实际上承担了房利美和房地美的债务，即使在18个月的权限到期之后也是如此。重要的是，保尔森无须提前通知房利美和房地美，只需获得其直接监管机构联邦住房金融局的批准即可。

救助房利美和房地美面临的政治挑战大于经济挑战。房利美和房地美高管仍然认为公司根基牢固。毕竟，就在几周前，联邦住房金融局给房利美和房地美发送了报告草稿，结论是两家公司资本金充足。如果计划收购的消息泄露，房利美和房地美高管将有时间动员他们在华盛顿的说客与国会盟友，反对这一计划。如果出现争端，财政部未必获胜。借用保尔森的说法，房利美和房地美名声在外，是“最强大的街头霸王”。[34]

要说服联邦住房金融局的审查官，财政部、美联储、美国货币监理署和联邦存款保险公司必须相互协调、齐心合力。联邦住房金融局的法定会计规则较为宽松，此前曾一再表示房利美和房地美的财务状况良好，而现在突然转变立场，金融局颇感尴尬。经过财政部及其盟友连续数周的施压，联邦住房金融局的审查官于9月4日屈服了。第二天，这个消息传到了房利美和房地美的董事会。由于担心收购中的任何摩擦或延迟可能导致市场暴跌，用保尔森自己的话说，他安排了一场“伏击房利美和房地美”的行动，事先没有发出任何警告。[35]

保尔森向我描述了房利美和房地美的情况：2008年7月，当房利美和房地美开始倒闭时，财政部请求国会授予其覆盖范围广泛的紧急权力。危机期间，房利美和房地美的总量比雷曼兄弟大9倍，也是抵押融资的主要来源，因此不能让它们倒闭。然而，保尔森身边的政治人士告诉他，在提交国会批准向房利美和房地美注资时，如果告诉国会这一大笔金额的具体数字，就可能吓到他们。保尔森不能请求获得“无限制”的权力，他决定要求“未指明”的授权。

财政部最终获得了授权，但这一“未指明”权力是临时的，于2009年10月到期。这就构成了挑战，因为房利美和房地美的债务是长期的，承保的抵押贷款也是长期的，因此决策者通过一些创新的金融工程，把国会暂时赋予的广泛权力变成了各方面的长期保障。具体而言，决策者利用这一授权立即发行了长期优先股，然后使用这些优先股来支持房利美和房地美，吸收任何潜在亏损。

这一特殊行动打了法律的擦边球。财政部需要说服众多的立法者，放下此前反对救助金融机构的理念，同时说服国会充分提高债务上限，以供未来可能大幅注资的行动。这些都是前所未有的非凡之举，但正如保尔森后来所描述的那样，“如果国会未能批准，市场就会崩溃。赌注是巨大的”。[36]

8月初，油价下跌和财政部的空前干预措施带来了短暂缓解，美股在8月小幅上涨（约2%），金融股仅下跌1%，房利美和房地美的股价停止自由落体式下跌。然而，尽管人们越来越认为金融市场正在企稳，但造成信贷问题的根本原因及其对实体经济的反馈机制并没有改变。

8月18日，我在《桥水每日观察》中提醒读者，最糟糕的情况还未到来。

（桥水每日观察）8月18日：进入去杠杆化的第二阶段

在我看来，去杠杆化的第一阶段已经基本过去，现在正进入第二阶段（即雪崩阶段）。尽管美联储成功提供了必要的流动性，但尚未实现会计规则调整（如允许在几年内逐步减记损失）。因此，**我们认为偿付能力危机即将出现，会导致雪崩式的资产抛售**。现在的问题是，政府能否及时打造一张安全网，给这些资产兜底，避免出现崩溃而压垮金融体系和经济。坦率地说，我们认为这将是一场竞赛。

2008年9月：崩溃

9月，危机进入一个新的阶段，世界经济笼罩着陷入萧条的真实风险。这是一个多事之秋，我会详细讲述几乎每天的事态发展，除了我的解析外，侧栏还摘录了当时的新闻报道。

9月的第一周，油价急剧下跌，这既是好消息，也是坏消息。一方面，油价下跌缓解了通胀担忧，也有利于美国消费者支出，航空公司和零售商尤其受益；另一方面，油价下跌反映出全球经济增长疲软。

雷曼兄弟、房地美、房利美和安巴克金融集团等金融机构正在苦苦挣扎，但似乎问题的解决方案也在酝酿之中。例如，雷曼兄弟的股票上涨，因为有消息称其向韩国开发银行出售部分股权的谈判取得了进展。房地美成功出售了40亿美元的债券，安巴克金融集团也宣布成立新的保险子公司，这些好消息部分缓解了投资者对这些公司的担忧。

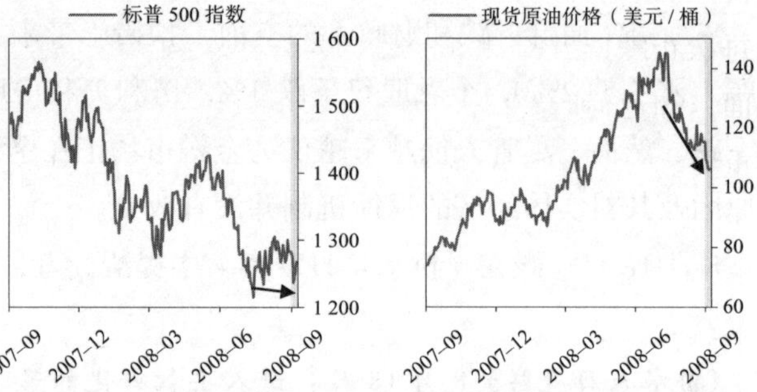

这些积极进展的大背景是统计数据持续恶化，尤其是首次申请失业救济人数意外飙升，失业率明显走高（从5.7%上升至6.1%）。美股下跌2.5%。其他一些国家

新闻和《桥水每日观察》

2008年9月2日

油价跌至5个月低位

"油价下跌拖累整个大宗商品板块，最初提振股市，因为投资者希望能源成本降低可以推动消费者支出。"

2008年9月3日

投资者紧张不安，市场走势喜忧参半

"周三市场上的一个亮点是，陷入困境的金融业吸引了一些逢低买入的投资者，因为几个大牌公司（安巴克金融集团、房地美和雷曼兄弟）释放了利好消息。"

——美联社

2008年9月3日

克莱斯勒和通用汽车金融服务公司投资受影响

2008年9月4日

主要指数暴跌，熊市重返华尔街

"周四，一系列消息显示经济不景气，道琼斯工业平均指数暴跌344.65点，但投资者无法确定导致下滑的最主要原因。"

2008年9月4日

雷曼兄弟考虑拆分以摆脱不良贷款

2008年9月5日

政府即将救助两大抵押贷款巨头

"据有关政府官员和公司高管称，小布什政府和美联储的高级官员周五召集了抵押贷款金融巨头房利美和房地美的高管，告诉他们政府准备接管这两家公司。"

2008年9月5日

美国失业率升至6%以上，自2003年以来最高

2008年9月6日

抵押贷款巨头虚报资本准备金规模

"政府匆忙计划收购房利美和房地美，预计最早在本周末宣布。据了解相关情况的监管官员称，财政部顾问仔细查阅公司财务报表后认为，房地美的会计方法夸大了其资本缓冲规模。"

2008年9月6日

股市早盘走低，随后反弹

——美联社

的经济报告数据也很疲软。加拿大、澳大利亚等国家的经济形势类似：需求增速减慢，产出增速放缓，看不到尽头。总而言之，9月第一周，股市小幅收跌。

周五市场收盘后爆出重要新闻称，联邦政府将接管房利美和房地美。

9月8—15日：雷曼兄弟破产

9月8日（周一），股市上涨约2%，市场对房利美和房地美国有化的消息做出了积极反应。这是一个大胆的举措，在几个月前还是不可想象的。《纽约时报》报道称，“金融股引领涨势，市场希望政府的这一决策可以避免灾难，**也许标志着困扰银行近一年的信贷危机出现拐点**”（强调为本人所加）。这一观点大错特错。

很多人后来叙述这段历史都有后见之明，他们往往把当时的情况描述的好像是显而易见的事情。从上述涨势和新闻评论可以看出，身在其中的时候与事后回顾的时候完全是两码事。就在危机严重恶化的前几天，《纽约时报》还三次（9月3日、5日和10日）评论道，因为股市从峰值下跌约20%，许多个股跌幅更大，逢低吸纳的投资者正在入场。例如，雷曼兄弟的交易价格下跌约80%，但这是一家声誉良好，已有近160年历史的公司，似乎即将找到买方或战略投资者。以下是截至9月初的股价。虽然股价明显处于下降区间，但仍有回暖，而几乎每次止跌回升时，人们都认为那是筑底迹象。在投资方面，知道何时踌躇不下注与知道何时果断下注至少同样重要。

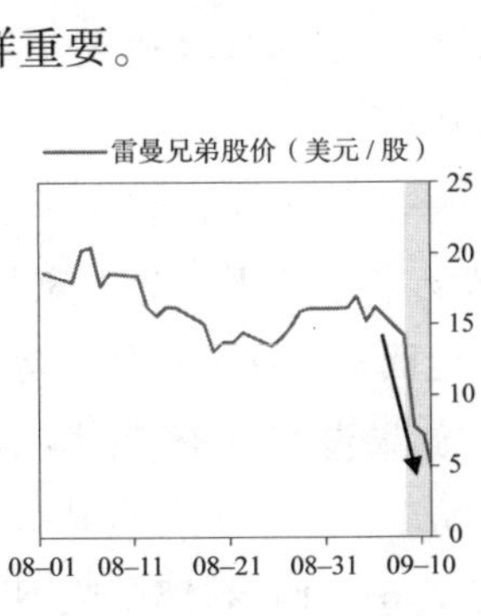

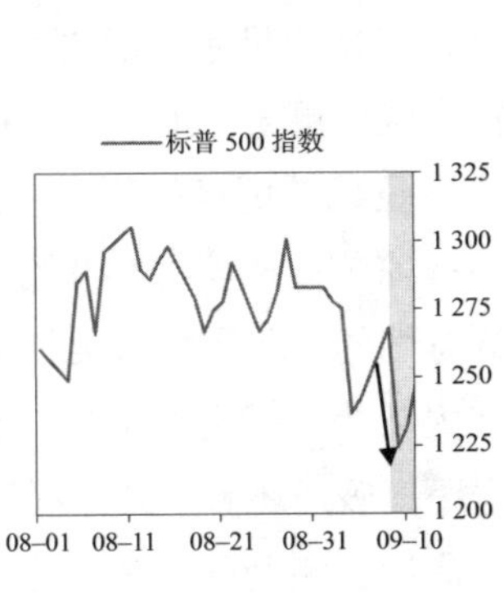

新闻和《桥水每日观察》

2008年9月7日

市场松了一口气，但美国经济依然面临严峻问题

“周日，美国联邦政府接管并支持房利美和房地美。在美国抵押贷款系统受损之际，政府此举可确保信贷的持续流动，世界各地的投资者因此松了一口气，但这些公司的收购加剧了投资者对美国经济问题的担忧，也凸显了美国对外国投资者（特别是亚洲投资者）的严重依赖。”

2008年9月8日

收购计划带来美股飙升

“联邦政府接管房利美和房地美后，周一全球股市大涨，但即便是最乐观的投资者，也担心经济中的其他问题仍尚未得到解决。”

2008年9月8日

解决房利美和房地美问题必由之路的最新一步

“从宏观层面看，事态的发展非常明显……这些政府支持企业很久以前就注定会垮……而且，面对这种选择，美国政府将不可避免地提供隐形担保，实际上是把企业国有化……鉴于大局是如此明显，我们不清楚财政部为何迟迟不采取行动。”

——《桥水每日观察》

2008年9月9日

雷曼兄弟问题引发股价下跌

“投资者对雷曼兄弟控股稳定性产生了新的担忧，整个金融业再现紧张情绪，股市周二大跌。”

2008年9月10日

抛售之后，逢低吸纳资金入场

“周三市场收盘温和走高，由于投资者购买了能源、材料和消费必需品公司的股票，但投资者对金融股保持谨慎态度。”

2008年9月10日

投资者恐惧，华盛顿互助银行股价下跌

“周三，在金融业寻找继雷曼兄弟之后的下一个最薄弱环节时，美股投资者将目光投向一个熟悉的目标：华盛顿互助银行。这是美国最大的储蓄和贷款银行。”

2008年9月11日

美股开盘走低，随后攀升

“周四下午股市开盘时暴跌，随即大幅回升，因油价下跌有助于缓解对一些全美最大银行问题的担忧。”

新闻和《桥水每日观察》

2008年9月11日

投资者将目光转向美国国际集团

"投资者对金融业进一步亏损感到不安，这一情绪已开始冲击美国国际集团。在信贷危机蔓延之际，这家陷入困境的保险公司公布的亏损金额排名靠前。"

2008年9月12日

受到雷曼兄弟危机的影响，市场涨跌互现

——美联社

2008年9月12日

美国给予银行紧急警告，敦促其解决危机

"雷曼兄弟在周五傍晚岌岌可危，美联储官员召集华尔街主要公司的负责人，参加在曼哈顿下城举行的会议，坚持主张他们救助这一受困投行，并制订稳定金融市场的计划。"

2008年9月13日

巴克莱银行退出谈判，雷曼兄弟命运堪忧

"由于无法找到救世主，陷入困境的投行雷曼兄弟周日似乎即将破产，这将是华尔街历史上最大的破产案之一。"

2008年9月14日

主街券商陨落，令人震惊

"据知情人士透露，美林证券在抵押贷款投资方面的亏损超过450亿美元，周日同意以503亿美元的股票总价出售给美国银行。"

救助雷曼兄弟的战略投资者最终没有出现，而雷曼兄弟的股票周二下跌了近50%。花旗集团、摩根士丹利和美林证券等其他主要银行股票下跌5%~10%，整体市场下跌约3%，信贷利差大幅扩大。投资者和监管机构都开始怀疑雷曼兄弟能否坚持到周末。

挽救濒临破产的投行缺乏明确的、法律上可接受的途径，但这些投行"具有系统重要性"（即很容易把整个系统拉下水）。虽然美联储能够向雷曼兄弟提供贷款，减轻其流动性问题，但在当时条件下的贷款额度有限。除了流动性问题外，雷曼兄弟还面临偿付能力问题。美联储甚至不知道还需提供多少流动性才能挽救这家投行。

如前所述，**解决偿付能力问题的唯一途径是提供更多的股权资本（或改变会计/监管规则）**。也就是说，雷曼兄弟需要找到某个金融机构提供投资或进行收购，而这些是美联储和财政部无权做到的。因此，雷曼兄弟需要像贝尔斯登与摩根大通那样寻找一个私营部门投资者/买家，但这比贝尔斯登更难。雷曼兄弟的规模更大，其亏损仓位也更大、更为复杂和混乱。

雷曼兄弟更难找到买家的另一个原因是，它并不是唯一一家需要买家才能生存的投行。事实上，另一家具有标志性的华尔街投行美林证券也面临同样严峻的形势。许多人认为，与雷曼兄弟一样，如果没有投资者，美林证券距离破产还有不到一周的时间。[37]

周四，雷曼兄弟的股票继续处于自由落体状态，进一步下跌42%，因为有传言称，巴克莱银行和美国银行虽然感兴趣，但是不愿在没有政府援助的情况下收购雷曼兄弟。此时，为了保持运营，雷曼兄弟把 2 000 亿美元的隔夜贷款不断延期，构成信贷紧缩的巨大风险。[38]

周五，有消息称美联储和财政部都没有支持任何交易，雷曼兄弟的股价下跌 17%。雷曼兄弟的倒闭将在系统中迅速传导，产生多米诺骨牌效应，冲击美国国际集团（其股价下跌 31%）。值得注意的是，大多数市场参与者仍然认为金融部门的问题将得到遏制。由于油价下跌，周五整体市场收盘上涨 0.4%。

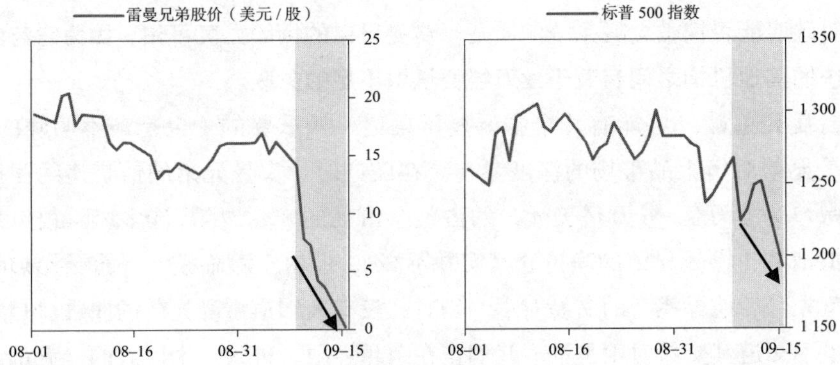

周五晚间，有报道显示美联储官员召集华尔街主要银行（高盛、纽约梅隆银行）的负责人，敦促他们救助雷曼兄弟。是否会有买家仍有待观察。据报道，美国银行、巴克莱银行和汇丰银行都表示有兴趣，但没有人愿意在没有政府支持的情况下进行交易。财政部官员公开坚称不会提供任何支持。

保尔森一度希望由金融机构财团来承担雷曼兄弟的不良贷款，以此帮助潜在买家收购雷曼兄弟（因为收购雷曼兄弟后，潜在买家可能会留下很大一部分不良资产）。虽然与财团的沟通取得了一些进展，但是依然没有找到潜在买家。根据保尔森、伯南克和盖特纳的说法，在没有潜在买家的情况下，如果恐慌情绪造成一家非银机构挤兑，美联储没有任何权力有效防止机构破产。[39]

伯南克、盖特纳和保尔森多次讨论了防止雷曼兄弟倒闭的可能措施，但就像贝尔斯登的情况一样，他们认为美联储提供贷款的做法将是无效的，因为根据法律规定，美联储要求这笔贷款“得到他们满意的”担保，这就限制了贷款金额。因此，美联储提供的贷款额度无法挽救雷曼兄弟，也不能保证其交易账户。虽然面临种种限制，但是在那个决定性周末的前几周内，这些决策者一直都在设法防止雷曼兄弟倒闭，希望创新地使用自己的权力，也愿意承担巨大风险，前提是必须在法律允许的范围内。他们做得太多，而不是太少。虽然《联邦储备法》第13条第3节允许向更广泛的借款人提供紧急贷款，但是并没有使他们成为炼金术士。贷款不是股本，他们必须以可行性为指导方针。

大多数人都同意，如果这些决策者有权以有序的方式清算雷曼兄弟，局势就会好得多。这说明了另一个典型问题：政治约束与法律约束（因为难以考虑到方方面面）会妨碍决策者采取各方都视为有益的行动。

周日下午，有消息称雷曼兄弟即将破产，金融市场全线崩塌。雷曼兄弟规模巨大，与其他脆弱机构之间存在关联，因此，其破产的冲击比以往任何时候都大，金融危机显然将会蔓延。更糟糕的是，政府未能挽救雷曼兄弟，引发市场对政府能否挽救金融系统的质疑。**雷曼兄弟的倒闭尤其可怕，因为它与金融系统的其他机构之间有着千丝万缕但认识不足的关联。**

雷曼兄弟破产可能有几个主要蔓延渠道。最重要的（也是最不明确的）是雷曼兄弟对衍生品市场的深度参与。在破产时，雷曼兄弟的信贷违约互换风险敞口为4万亿~6万亿美元，约占整个市场的8%。尽管许多风险敞口是相互抵销的（雷曼兄弟的净持仓其实并不高），但由于濒临破产，雷曼兄弟的客户争先恐后地寻找新的交易对手。当时，没有人知道雷曼兄弟的净敞口有多大，也不知道其交易对手是谁。我们正在跨越界限，进入一个巨大的、灾难性的未知领域。9月11日，我们在《桥水每日观察》中写道：

> 这种情况存在巨大的不确定性。在结算一笔汇率远期交易时，如果交易对手方突然不复存在，会是什么情况？也许一切都顺利，但也许一些意外事件会带来大麻烦。如果没有及时从交易商那里收取按市价计算的收益（我们总是及时收取所有收益），而这家交易商倒闭了，你变成一般债权人了怎么办？你将风险转移给谁？也许美林证券会紧随雷曼兄弟之后破产，你会采取什么措施？之后哪家机构会破产呢？如果每个人都在问这些问题，那么交易自然就会减少，仓位也主要集中于几家公司，而这少数几家公司会选择为最优质的金融机构和管理人员服务。这必然导致流动性大大降低，交易成本增加，波动性走高。因为个人和企业都以这些价格进行交易，高波动性进而反馈到实体经济中。此外，由于金融部门受到资本限制，信贷增长持续缓慢，从而破坏经济增长。我们越来越接近这一界限了。

雷曼兄弟的破产是美国历史上最大的破产案（至今也是最大的），其官方报告的资产规模约为 6 000 亿美元，但仅为高盛的 2/3、摩根大通的 1/4。这些投行都是相互关联的，损失和流动性问题正在迅速蔓延。

我们把危机的这个阶段称为“雪崩”，金融系统一隅的小问题（次贷）正在以自我强化的方式迅速发展成更大的问题。

9 月 15—18 日：雷曼兄弟破产余波

9 月 15 日（周一）早上，雷曼兄弟申请破产，美股下跌近 5%。尽管金融业最受冲击（银行和保险公司的股票下跌了约 10%），但其他行业无一幸免。信用利差飙升，信贷流动陷入停滞。在接下来的一周里，市场、决策者和桥水都在尽力分析雷曼兄弟的涟漪效应，但当然无果而终，因为各类关联和风险敞口太复杂、太不透明。**我们很清楚，决策者必须实施一揽子保护措施，因为每个人都在逃离任何可能破产的机构，不确定因素本身将会带来毁灭性的结果。如果决策者不能或不会拯救雷曼兄弟，他们怎么能拯救金融系统呢？**

前一天晚上，美联储立即宣布了一系列应对措施，其中一项就是空前扩大一级交易商信贷工具：为了向投行提供贷款，美联储愿意接受几乎任何抵押品，包括风险极高的工具，如股票、次贷和垃圾债券。这本应被视为央行的一大举措（在更正常的环境下，这的确应该是一项重大决策），但与雷曼兄弟破产相比黯然失色。

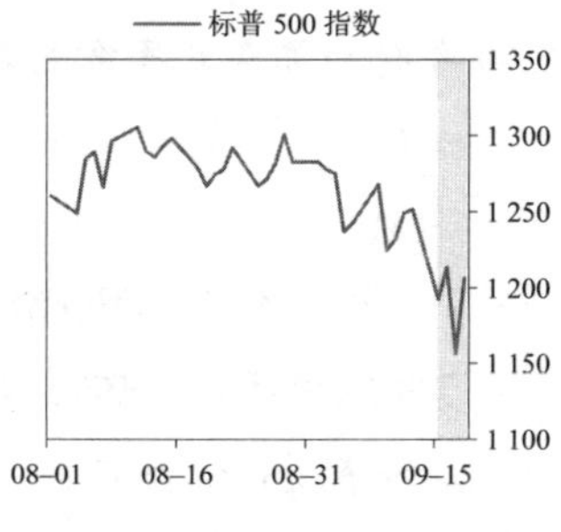

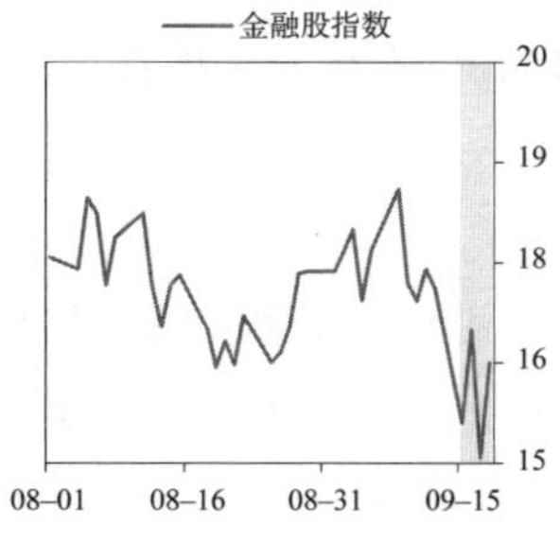

保尔森后来在他的书中写道，**他甚至无法直率地解**

新闻和《桥水每日观察》

2008 年 9 月 15 日

华尔街混乱引发美股震荡

“由于投资者担心金融业危机可能震撼整体经济，周一股指下跌近 5%……雷曼兄弟申请破产，美国国际集团身陷困境，投资者担心消费者和公司会难以获得贷款。”

2008 年 9 月 16 日

美联储提供 850 亿美元贷款，救助保险公司

“由于担心全球金融危机，美联储周二改变了方向，同意实施 840 亿美元的救助计划，让政府接管陷入困境的保险业巨头美国国际集团。

“仅在两周前，财政部接管了联邦特许抵押贷款融资公司房利美和房地美，而美联储的决定成为央行历史上最激进的私营企业干预措施。”

2008 年 9 月 16 日

美联储的资产负债表是新的安全网

“看到金融系统走向悬崖，现在开始出现雪崩，美联储不得不迅速利用其资产负债表打造一张安全网，因为它已经别无选择。如果我们是央行，也会这么做，但美联储走到这一地步令人叹息，因为它不应该处于这样的境地，而且目前尚不清楚，在这么晚的阶段采取这些行动能否挽救局面。”

——《桥水每日观察》

2008 年 9 月 17 日

金融危机进入新阶段

“周三，金融危机进入一个存在潜在风险的新阶段。世界各地的投资者疯狂地将资金投入最安全的资产（如美债）中，因此许多信贷市场已经停止正常运转。”

释为什么雷曼兄弟破产了，因为这会招来更多麻烦。这是决策者在危机期间进行沟通时普遍面临的问题。如他所言：

> 身为公职人员，我经常陷入痛苦的束缚中。虽然直率是我的本性，但作为公职人员，我需要传递决心和信心，平息市场，帮助美国人理解现状……我不想暗示我们无能为力。比如，我不能说我们没有法定权力来挽救雷曼兄弟，即便事实就是如此。如果我说出这样的话，摩根士丹利就会倒闭。摩根士丹利的财务状况比雷曼好得多，但已经受到冲击，未来几天这一冲击还将加剧。如果摩根士丹利倒闭了，高盛将是下一个。如果它们都垮掉，金融体系会随之蒸发，经济也将不复存在。[40]

关于政策方向这一重大问题，我在 9 月 15 日给桥水客户写了以下说明。

> **（桥水每日观察）9 月 15 日：我们现在的处境**
>
> 一段时间以来，我们已经认识到金融机构必须承担的损失。过去一年，我们不断发送各种图表，反复讨论并传达了这一信息。所以，这些问题是众所周知的。我们将其描述为“已知且可控”的问题，可以通过以下方式得以控制：首先，政府出台合理的政策，美联储提供流动性，财政部与国会携手改变会计规则和 / 或建立安全网；其次，政府清晰表述这些政策，传递必要的信心，使债务重组进程能够有序推进……
>
> 我们仍在揣摩财政部和美联储的策略，过去几天，他们的表态略有明晰。他们明确表示，即使没有明显的安全网，也愿意纵身于可怕的未知险境。**所以，我们正在观望，政府是有些隐秘计划，还是真的不顾一切**。目前，利率已经接近 0%，金融中介机构相继倒闭，去杠杆化正在进行中，**我们似乎开始进入一个新的领域，传统的货币政策工具将失去作用，而日本在 20 世纪 90 年代和美国在 20 世纪 30 年代的势态发展将成为当前政策的主要参考**。

与此同时，各类报告显示，金融危机正在冲击经济，造成经济急剧下滑。美联储报告显示：8 月工业产出大幅下降；美国国际集团的信用评级遭到下调，可能需要追加抵押品；惠普公司宣布裁员 2.5 万人。随着美国金融体系明显陷入危机，问题迅速蔓延全球，促使欧洲和亚洲各国央行宣布新措施，提供流动性，以支撑本国市场。

信贷市场陷入混乱。金融机构清理雷曼兄弟破产造成的烂摊子，应对混乱不堪的交易对手风险和债务问题。同时，同业拆借收紧，伦敦同业拆出利息率几乎是前一周水平的两倍。危机蔓延至每个机构，甚至最强大的机构。私下里，通用电气等蓝筹公司的高管向监管机构坦白，连他们都很难在商业票据市场上获得借款，因此可能会陷入现金流困境而被迫违约。优质货币市场基金开始面临更大压力，赎回率走高，亏损增加（我们将在稍后详细讨论）。当天结束时，摩根士丹利的信用利差扩大至周五雷曼兄弟的水平。

整整一天，监管机构都在密切关注美国国际集团迅速下滑的局势。美国国际集团是最大的保险公司之一，其资产最高达到1万亿美元左右。美国国际集团的主要问题在于，它发行了数千亿美元的债券保险合同（称为信用违约互换和债务担保证券），必须在债券面临亏损时进行赔付。在美国国际集团承保的这些债券中，有许多是经重新包装的次贷，因此出现了巨额亏损。由于许多其他金融机构都依赖这些保险合同，美国国际集团具有系统重要性。此时，它似乎快速走向破产。周日，美国国际集团曾表示需要400亿美元的资金。仅一天后，这个数字就上升至850亿美元。[41]

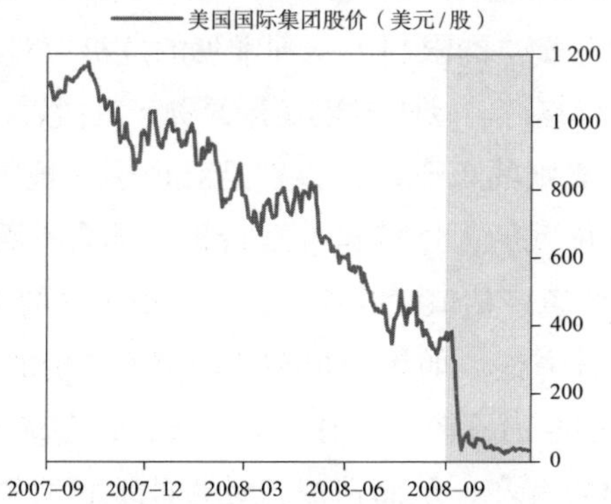

周二，美联储推出两项令人惊讶的政策举措，其中一个比预期更大胆，另一个比预期更谨慎。在例行议息会议中，美联储决定保持利率不变。这一决定令预期降息的投资者大失所望，市场走低。值得注意的是，即使市场看起来处于萧条边缘，美联储仍然担心通胀水平，在声明中表示，“经济增长的下行风险和通胀的上行风险都是委员会的关注点”。伯南克后来在自己的回忆录中写道，“回想起来，这个决定肯定是个错误”，部分原因是“大多数与会者都支持按兵不动，直到我们更好地了解雷曼兄弟的事态发展”。[42]

然而，更重要的是美联储还宣布一项举措，重新定义美国央行操作的权限。美联储勇敢地宣布将向美国国际集团提供850亿美元的紧急资金。这项协议于9月16日（周二）下午匆匆起草，并附有严苛的条件。美国国际集团最初将支付 11.5% 的浮动利率，同时给予政府 80% 的股权。由于美国国际集团没有充足的安全金融资产来抵押这笔贷款，公司把旗下几乎所有其他资产都作为抵押品，包括其保险子公司、金融服务公司和各种房地产（包括一个滑雪度假村）。美联储的贷款发挥了作用，因为市场认为美国国际集团具有偿付能力（因为其保险子公司是有价值的，拥有投资级信用评级）。把这些资产作为美联储贷款的抵押品，这一事实对美联储的决定也至关重要。[43]

即使在这些条款下，这笔贷款对美联储来说也是风险极高的，毕竟美国国际集团作为抵押品的公司远不像美联储在正常时期接受的 AAA 级证券那样容易估值或卖出。尽管得到美联储的救助，美国国际集团仍然存在倒闭风险。盖特纳后来说："决定支持美国国际集团是我 20 多年来参与公共服务最困难的选择之一。"[44]

周三，美国国际集团救助计划的公布并未提振市场。相反，美股下跌约 4.7%，主要金融机构的股价跌幅达两位数。随着投资者逃往安全资产，商业票据利率继续上升，三个月期国债收益率跌至略高于 0%（前一周为 1.6% 左右）。面对这一混乱局面，监管机构公布了一系列稳定举措。美国证券交易委员会采取措施，加强对卖空的限制（一种常见的危机应对措施），银行监管机构提议对会计规则进行修订，以此美化银行的资产负债表。

这里谈一下会计规则的重要性，特别是盯市会计规则。对银行而言，一些资产是"按市值计价"的，这意味着银行每天都会查看这些资产的实时价格，并以这些价格进行资产估值。其他资产则采取不同的估值方式，取决于资产性质和银行内部计算方法。如果银行必须按市值计价的资产出现低价甩卖，持有这类资产的银行的账面亏损就会看上去很大，这会减少银行的资本金。银行必须筹集资金或出售资产，从而造成流动性吃紧，对资产构成进一步下行压力，也给银行所有相关业务方带来极大的恐慌。如果改变会计规则，允许银行在较长时间内实现损失（即资产估值不盯市），则可以防止部分问题的出现。当然，在金融危机期间，改变会计规则以掩盖损失也不会带来信心，因此监管机构必须小心应对。

会计变更并不会改变更根本的问题，即过度负债的美国家庭和金融机构因杠杆过高而出现债务违约。很明显，金融机构需要进行资本重组（例如，通过股权投资），它们需要找到不良资产的买家。因此，保尔森向国会寻求资金和授权，希望财政部能扮演买家角色。

9 月 18—31 日：政府成立救助基金

保尔森、伯南克和国会领导人（最重要的官员是巴尼·弗兰克）认为，恢复信心的最佳方法是购买陷入困境的资产，这就是后来的不良资产救助计划。他们本可以将银行国有化，但美国没有先例。其他国家对银行进行国有化时，银行受到严厉的惩罚。出于这一原因，银行不愿意接受资本金和国有化，直到它们即将倒闭或刚刚倒闭。保尔森认为国有化的方式不可行，因为这不利于恢复资本流动的任务。

购买资产似乎是明智的做法，因为银行问题的一个重要根源是资产负债表上持有大量复杂的、流动性极低的抵押贷款证券。从理论上来说，如果政府为这些债券提供市场，其价格就会上涨，资本将被释放，信心得到恢复，从而使银行系统开始进行资本重组。

周四，华尔街得知可能实施不良资产救助计划后，美股走高。随着更多细节的浮现，周五股市继续上涨 4%。小布什总统和财政部长保尔森宣布，联邦政府准备斥资 5 000 亿美元购买不良抵押贷款。国会领导人承诺迅速采取行动，通过任何相关提案。随后，美联储宣布为全球其他央行再提供 1 800 亿美元的互换额度，部分缓解了投资者对外国市场美元流动性紧缩的担忧。美国证券交易委员会禁止卖空近 800 只金融股。高盛和摩根士丹利自愿转为银行控股公司，获得政府提供一揽子保护的法律授权，从而更好地利用美联储的贷款渠道。

财政部还公布了一项创新举措，支撑陷入困境的货币市场基金（资产管理规模为 3.5 万亿美元）。此前，零售和机构投资者都非常青睐货币市场基金，认为它们可以替代银行存款。大多数投资者都被高利率吸引，而不在意基金不受联邦存款保险公司的保护。他们并没有意识到，货币市场基金之所以可以提供更高的利率，是因为投资了高收益和高风险贷款。他们还认为自己不会赔钱，因为本金是受保护的。

优质货币市场基金一直是各类企业流动性的重要来源。这些基金购买商业票据（一种短期债务，企业用其支撑日常运营），由于所持的商业票据通常是分散的，评级也较高，因此它们通常被视为几乎无风险（类似大额存单或银行存款），但在雷曼兄弟破产时，一些优质货币市场基金遭遇亏损，特别是主要储备基金，该基金在 9 月 16 日的资产净值跌破 1 美元。由于担心其他基金也会赔钱，投资者纷纷撤资。随着资金流出，基金不得不清算它们持有的商业票据。结果在几天时间内，支撑企业日常运营的数千亿美元就耗尽了。

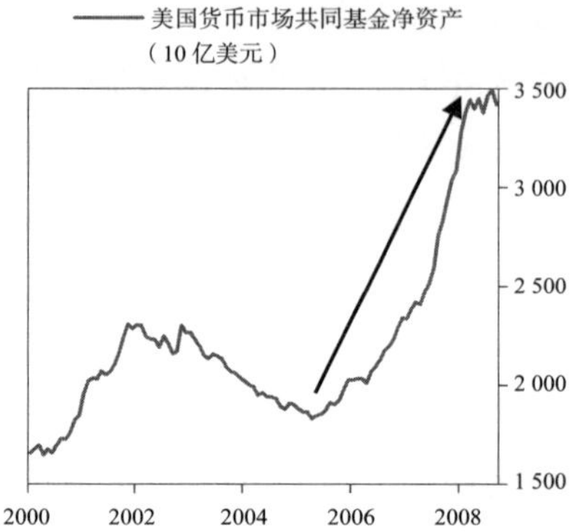

主要储备基金的净值跌破 1 美元后，一连串坏消息接踵而来。当时在财政部的肯·威尔逊上午 7 点接到北方信托的电话，紧接着，黑岩基金、道富银行和纽约梅隆银行来电。它们纷纷表示自己的货币市场基金遭到挤兑。与此同时，通用电气爆出新闻，称无法出售所持的票据。然后，可口可乐首席财务官穆泰康打来电话，表示无法将票据延期，本周末就付不出 8 亿美元的季度股息了。即使是 AAA 级的工业和消费品公司也无法将票据延期！危机很快就从华尔街转移到了主街。

为了阻止货币市场基金的挤兑，保尔森决定直接担保这些基金。唯一的问题是基金需要大量资金支持，而财政部无法立即找到现金。为了解决这个问题，财政部官员想出了一个妙招，动用 500 亿美元的汇率稳定基金来提供担保。该计划于 9 月 19 日（周五）宣布，即雷曼兄弟倒闭 4 天后。如果随便挪用这笔资金，财政部长就会惹来大麻烦，所以保尔森必须给出合适的理由，才有可能动用 450 亿美元的资金。他的理由是，如果不这么做，整个经济就会崩溃，对美元造成不利影响。[45] 他为此咨询了其法律总监的意见。保尔森的一些同事质疑 450 亿美元是否足够，因为货币市场基金的价值为 3.5 万亿美元。保尔森也不知道够不够，但他没有更好的办法了。

财政部团队的行动速度极快，希拉·贝尔（联邦存款保险公司的负责人）打来电话抱怨称，提供担保的做法没有征求她的意见，还会导致所有资金从银行存款转到货币市场基金。这一点提得很好。于是财政部澄清说，担保仅适用于截至 9 月 19 日遇到麻烦的货币市场基金。担保资金非常有效，市场立即转向。根据保尔森的说法，因为提供的是担保，而不仅仅是一种支持，投资者会安心得多。

汇率稳定基金本来是用来防止美元挤兑的，但它的授权灵活，可以转用于更紧迫的用途。这一调整也可以迅速完成，只需获得总统批准即可。**这正是避开监管和政治雷区，完成必要工作所需的快速思考与创造力。**

对投资者而言，协调而全面的政策转变是一种安慰。我们的《桥水每日观察》称：

（桥水每日观察）9月18日：伟大的举动！

财政部、美联储和国会最终同意建立安全网！！！

一夜之间，央行增加了1 800亿美元的流动资金！

监管机构限制卖空。

摩根士丹利被冻结，高盛也步其后尘，但政府正在采取行动处理这些问题。

然而，随着有关不良资产救助计划的更多细节显现（更确切地说是没有获悉更多信息），当周的乐观情绪在周末逐渐消退。9月20日（周六），小布什政府推出了一项正式提案，该提案只有三页纸长，旨在为国会提供行动纲要，而非详细计划。这项提案被简称为不良资产救助计划，它呼吁政府出资7 000亿美元，购买抵押贷款相关资产，但提案没有详细说明如何监管这些购买活动，也没有提出可能采取的其他措施。此外，这笔钱与需求相比微不足道。因此，这项不良资产购买计划本身不会产生太大影响。该法案首次公布时，我们为客户提供了如下分析。

（桥水每日观察）9月25日：拟议计划令人失望

政府出资7 000亿美元购买抵押贷款（以及一些其他资产），这项拟议计划对当前局势几乎没有帮助。如果以市场价格购买这些抵押贷款，则不会大幅改善各个机构的财务状况，抵押贷款将占所需购买数额的一小部分，因此这一行动将无法解决大多数现有问题。如果以高于市场价格购买，则相当于政府直接提供补贴，这种做法是不道德的，也是错误的，而且同样金额的购买量会减少，因此依然无法解决问题。

新闻和《桥水每日观察》

2008年9月18日

美国提出巨额救助计划，以期阻止金融危机

“财政部长和美联储周四开始与国会领导人讨论救市计划。这一计划可能成为美国历史上规模最大的救市行动。

“虽然细节仍有待制订，但该计划可能会授权政府以较大折扣购买银行和其他机构的不良抵押贷款。”

2008年9月18日

伟大的举动！

“财政部、美联储和国会最终同意建立安全网！！！一夜之间，央行增加了1 800亿美元的流动资金！监管机构限制卖空。摩根士丹利被冻结，高盛也步其后尘，但政府正在采取行动处理这些问题。”

——《桥水每日观察》

2008年9月21日

财政部的最新举动出人意料，令人失望

“遏制信贷危机的最新举措（‘临时资产救助计划’）有两个突出的特点：（1）赋予财政部非常广泛的权力；（2）缺乏具体细节。所以，该计划不会提振信心。事实上，由于缺乏必要行动，该计划反而削弱信心。”

——《桥水每日观察》

2008年9月22日

救助情况不明朗，股市大跌

“周一，股市大幅下跌，因为市场再度担忧历史上规模最大的救市计划，同时，投资者仍然担心华尔街的健康状况，因此美元走弱引发资金疯狂涌入大宗商品。”

2008年9月22日

解读当前市场走势

“周一，大多数市场的走势对美国决策者来说是一场灾难。投资者抛弃美国资产，美股、美债双双下跌，美元贬值，大宗商品价格飙升。这些走势显示，市场对美元的储备货币地位失去信心，如果继续下去，美国经济和金融体系将会面临更大的风险。”

——《桥水每日观察》

2008年9月24日

美联储主席表示，许多领域的经济活动都在放缓

“美联储主席伯南克周三表示，美国经济蹒跚而行，如果金融机构不能从政府那里得到7 000亿美元的支持，经济就可能停滞不前。”

新闻和《桥水每日观察》

2008年9月25日

随着股市反弹，信贷市场似乎冻结

2008年9月25日

政府查封华盛顿互惠银行，出售部分资产

2008年9月26日

美联储继续应对流动性问题，但还不够

“美国目前处于去杠杆化的雪崩阶段，这是我们分析每日新闻的大背景。我们怀疑现在华盛顿正在考虑的措施不足以扭转局面。”

——《桥水每日观察》

2008年9月28日

计划很好，现在要看如何实施和是否为时过晚

“该计划旨在恢复流动性、偿付能力和市场信心，是我们希望政府采取的举措，但计划没有我们希望的那样有力和及时。”

——《桥水每日观察》

2008年9月29日

众议院抵制，拒绝巨额救助；下一步尚不确定

“周一，众议院议员无视小布什总统和两党领导人的呼吁，否决了7 000亿美元的经济救助计划，这一抵制行动震动了国会，导致市场暴跌，高层议员不得不继续寻求解决方案。”

2008年9月29日

一次对公信力的考验

“所谓的掌权者已经保证法案将被通过，但今天被众议院否决，引发了全球对美国决策者的关注。美国能否采取必要措施？这一问题变得更加复杂。最终，全球融资方（中国、石油输出国组织）将判决美国决策者能否经受这次考验。”

——《桥水每日观察》

2008年9月30日

救助有望，股票回升

更糟糕的是，法案将赋予财政部不受约束的权力，立法者对此表示不满，因此并不能保证法案得到国会通过。周一市场开盘时，股市下挫，收盘下跌3.8%，美元兑多数主要货币的汇率走低。

在经济数据不佳和信贷市场冻结的背景下，不良资产救助计划提案的立法进程历经周折，导致市场在9月22日整个这一周都起伏不定。最重要的是，法案支持者与反对者之间的政治斗争主导了周一到周三的市场。周二，伯南克和保尔森在国会作证，敦促政府立即采取行动。周三，小布什总统发表全国讲话，呼吁支持不良资产救助计划。然而，国会却没有明显的进展。此时，立法进程被一场政治辩论打断，辩论的焦点是，政府应不应该出台更全面的法案，为房主提供更多援助，更明确地规定财政部的权限。银行高管的薪资成为热门话题。还有许多其他议题，一些政治人士反对，另一些赞成，各方争论不休，而进展极慢。

正如去杠杆化的典型场景一样，这场政治辩论带有民粹主义色彩。虽然大多数国会领导人支持这项法案，但普通议员认为，这等于给银行提供救济，而银行恰恰是造成各类问题的根源。在去杠杆化期间，往往会出现“谁应该承担成本”的争论，这样的讨论适得其反，无助于问题的解决，就好像医生在急救室里争论谁来支付账单。此时最需要做的是全力以赴挽救患者，之后再考虑谁来承担费用。

就连提出不良资产救助计划法案都存在风险。如果法案没有通过，市场就会出现极端负面的反应。而且，此时的政治局势也带来了重重困难：法案需要在总统大选之前的几周尽快通过，而左翼和右翼的民粹主义者喧声一片，反对法案的空前规模和范围。鉴于国会通过所需的票数，该法案需要赢得国会两党的支持（在制定任何新的重要法律上，两党当时极少开展合作，此后更为罕见）。如果两位总统候选人都反对，这项法案就几乎不可能通过。麦凯恩和佩林最初持反对立场，使法案面临风险，但他们最终支持法案。（保尔森几乎每天都与这两位总统候选人通电话。）唯一有利于法案的因素是，危机通常能推动国会采取行动，而当时金融危机正处于最危急的关头。不良资产救助计划立法的艰难进程很好地说明了为什么监管机构应当拥有广泛的应急权力，而不是依靠国会批准才能采取行动。

金融市场随政府有无及时采取必要行动的可能性而波动。高盛和摩根士丹利在周末转为银行控股公司，两者的信用违约互换利差随之收窄，但在接下来的一周又出现扩大。大量资金流出优质货币市场基金，流入政府基金，继续给商业票据带来压力。周四晚，华盛顿互惠银行被联邦存款保险公司接管，成为美国历史上最大的银行倒闭案。之后，摩根大通以 19 亿美元收购互惠银行部分资产（几天后接手了美联银行）。我们在 9 月 26 日（周五）写道："每天的新闻铺天盖地，难以选择评论议题。美国目前处于去杠杆化的雪崩阶段，这是我们分析每日新闻的大背景。"

周日早上，国会似乎打破了政治僵局，在众议院议长南希·佩洛西和参议院多数党领袖哈里·里德的陪同下，财政部长保尔森宣布达成一项 7 000 亿美元的救助法案协议。

但周一下午进行投票时，法案未能通过。美股下跌 8.8%，创 1987 年以来单日最大跌幅。全球各国市场呈螺旋式下跌；油价下跌了每桶 10 美元，因为在经济萧条时期，原油需求会少得多。与此同时，各国央行纷纷向受冲击机构提供紧急贷款。银行间拆借市场冻结，短期国债收益率跌至仅略高于零。

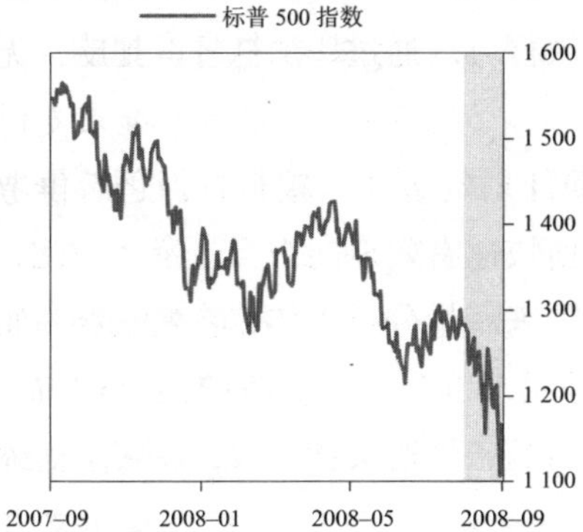

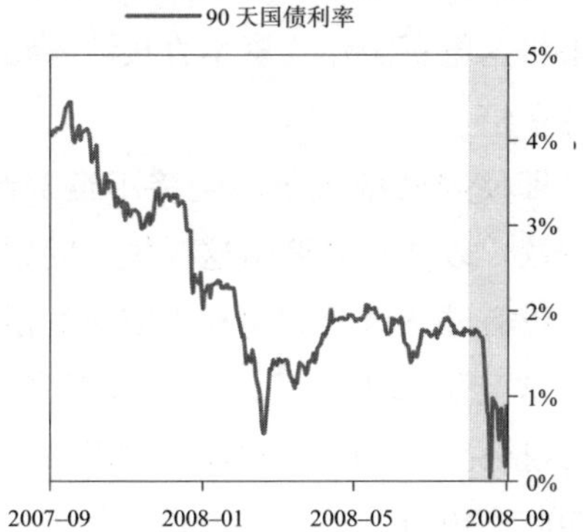

同样，成功管理危机的核心之一是，决策者有智慧、有见识、有权采取一切必要行动。国会投票表明，财政部必须尽力争取所需的权力。当时，我们写道：

（桥水每日观察）9 月 29 日：一次对公信力的考验

美国消费和全球金融体系的融资依赖信任。最近的事态发展显然挫伤了人们对金融体系的信任。所谓的掌权者已经保证法案将被通过，但今天被众议院否决，引发了全球对美国决策者的关注。美国能否采取必要措施？这一问题变得更加复杂。最终，全球融资方（中国、石油输出国组织）将判决美国决策者能否经受这次考验。

即使通过了救助法案，也很难维持全球对美国体制的必要信任。今天的事件反映了政府流程混乱和缺乏领导力的问题，使美国政府更难赢得全球的信任，也加大了政府丧失公信力的风险。**事态将会进一步恶化。**

为了推动救助法案的通过，财政部和国会领导人夜以继日地工作。这个过程很痛苦：即使是在风平浪静的时候，都很难说服共和党人和民主党人开展合作，更何况不良资产救助计划距离竞争激烈的总统选举仅有一个月的时间。共和党人绝不想被人认为他们为了救助银行放弃自由市场原则和财政责任。民主党人也有顾虑，他们不想让即将下台的共和党政府在大选前取得重大的立法胜利。奥巴马和麦凯恩担心的是，对方会反对所谓的“华尔街救助”，借此提高自己的民粹主义声誉。保尔森担心，如果发生这种情况，法案通过的概率就微乎其微了。[46]

但政治并不是与不良资产救助计划相关的唯一难题。在财政部力推国会通过不良资产救助计划的同时，发生了两起美国历史上最大的银行倒闭事件（华盛顿互惠银行和美联银行倒闭），几个欧洲国家也不得不加紧救助本国银行。财政部官员可以看到，7 000 亿美元的不良资产购买不足以拯救市场，但如果将这笔资金作为资本直接注入银行，银行可以通过增加杠杆，把购买量放大许多倍。

即使财政部表示不会将不良资产救助计划资金注入银行，但仍然争取这一授权，以便在必要时这样做。问题是如何快速有效地向银行注资。为此，财政部没有试图区分健康和不健康的银行（带来海量分析工作，将是一场噩梦），因为这会引起很多争议，浪费更多宝贵时间，也会让其支持的银行背负恶名（导致挤兑恶化）。财政部提出以极具吸引力的条件购买优先股，将资金迅速注入 700 家银行。

因为公众想要惩罚银行（这一点可以理解），保尔森采取的做法非常不受欢迎。在我看来，此举是有必要和妥当的，也是对纳税人资金的有效使用，因为将资金注入不良资产救助计划的资本计划，防止了灾难性的经济危机（后果堪比大萧条，甚至更糟），更不用说财政部后来把资金全部收回，并为纳税人获得近 500 亿美元的利润了。保尔森愿意为人民选择正确的做法（虽然这一做法不受欢迎），此举可谓英勇，但并没有获得应有的赞誉。太多不在其位的人对此横加指责。除非决策者拥有足够的智慧和勇气，采取不受欢迎但正确的措施，否则这些旁观者的行为将会导致灾难性的恶果。

经过大量的谈判，不良资产救助计划最终获得通过，这是一项非凡的成就，也是国会两党非常罕见地达成共识的结果。可以想象，巨大的不确定性使每个人都如坐针毡。像大多数这类情况一样，只有处于悬崖边缘，各方才会协调行动，采取正确措施。如果决策者能够尽早采取正确举措，避免此类危机的发生，当然会更好，可惜政治体系不是这样运作的。分析了历史上多个国家的一系列类似案例后，我可以证明，政治体系通常只有在激烈交锋后才会做出正确决定，而且往往距离灾难发生仅有几个小时的时间。

但到10月3日法案通过时，投资者普遍认为法案不足以救市。美股下跌1.4%。

2008年10月

对决策者来说，10月头几天的主题就是**争取在尽量短的时间内完成尽量多的工作**。随着经济的日益恶化，几乎每个监管部门都在进行重大政策调整，每个部门都有自己的障碍、权衡和利益。

在联邦存款保险公司，监管者致力于提高存款保险上限。因为美联银行已经出现了类似大萧条时期的挤兑，该公司的分析师认识到，他们必须提供更多保险，但也担心如果保险额度提得太高，就会吸引外国银行（上限较低）的存款人，扼杀欧洲和亚洲的流动性。因此，10月3日，他们采取了妥协措施，把存款保险上限从10万美元提高到25万美元（也是不良资产救助计划授权的措施之一），希望足以缓解受困银行的压力，同时避免与外国监管机构打存款保险战。随后，联邦存款保险公司推出了交易账户担保计划，为参与银行的无息交易账户提供全额保险。

新闻和《桥水每日观察》

2008年10月1日

经过两天的暴击，股市小幅下跌

"周三，参议院准备对政府的救助计划进行投票，加剧了货币市场的紧张情绪。许多公司和银行面临融资困难。即使可以获得信贷，通常也只是隔夜借款，而不是几周或几个月。"

2008年10月1日

制造业指数急剧下滑

2008年10月2日

持续担忧信贷紧缩，股市暴跌

"周四股市大幅下挫。华盛顿将对不良资产救助计划投下关键一票，经济恶化和信贷持续紧缩的迹象令投资者感到不安。"

2008年10月3日

救助计划未能安抚投资者

2008年10月3日

市场走势令人恐惧

"不良资产救助计划引发的价格波动非常糟糕，符合我们的判断，即不良资产救助计划无法彻底扭转现状。周五股市出现了典型的'谣言买入，坐实卖出'的价格走势。唯一不同的是，市场通常在好消息出现前上涨，在消息坐实时抛售，投资者最终获得的是净收益……这次……当投票消息确认时，股价跌至新低。"

——《桥水每日观察》

2008年10月3日

9月就业岗位流失15.9万个，为5年来表现最差月份

2008年10月5日

金融危机向欧洲蔓延

2008年10月6日

美联储计划购买公司的无担保债务

"根据该计划，美联储表示将购买无担保短期债务，为企业日常运营提供资金。美联储周二在某声明中表示，该工具将鼓励投资者返回商业票据市场，进行定期贷款。"

2008年10月7日

美联储暗示降息，但美国市场依然暴跌

2008年10月8日

供应和流动性不足

"在流动性紧张的情况下，政府已经增加了供应；交易商无法为库存提供融资，对冲基金无法得到借款，外国人对美元的储备货币地位失去信心，对现金的渴望超过承担各类风险的意愿，甚至没人愿意承担国债收益率曲线的风险。"

——《桥水每日观察》

每天都有新一轮坏消息冲击股市。经济快速下滑，采购经理人指数远低于预期，工厂订单数据显示 8 月下降 4%，而工资报告显示 9 月失去了 15.9 万个工作岗位（5 年内表现最差的月份），而这些仅是 10 月第一周公布的数据。第二周出炉的经济统计数据同样令人悲观，零售销售同比下降 7.7%。

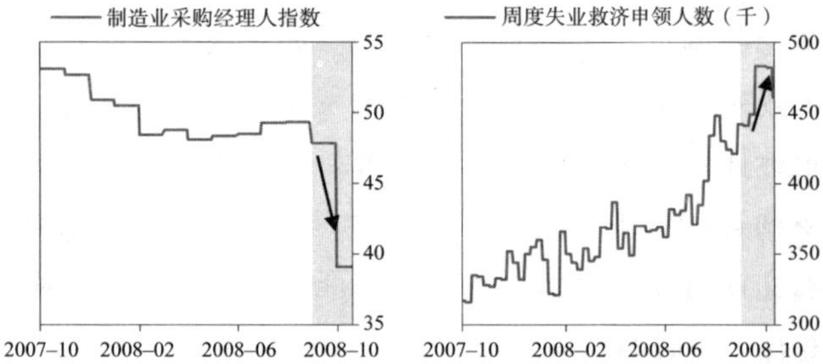

不利消息持续爆出，股价连日下跌。10 月 1—10 日，标普 500 指数的投资者损失了 22%，没有一天获利。原油价格继续快速下跌，10 月上半月收于每桶 75 美元。有几天，即使没有太多新闻，股市依然暴跌。例如，10 月 9 日，股票以创纪录的成交量下滑 7.6%，但几乎找不到什么重要的引发事件。

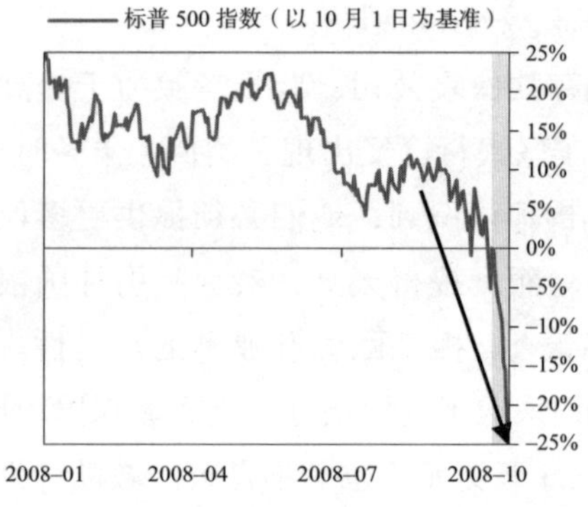

这种剧烈痛苦不局限于金融部门。有报告显示，大型非金融公司几乎无法通过企业票据市场融资，而在依赖信贷额度支撑日常运营。一些公司宣布削减股息以保持现金储备，与此同时，资金持续流出优质货币市场基金。一份有关家庭部门的报告显示，8 月消费信贷自

新闻和《桥水每日观察》

2008 年 10 月 8 日

美国国际集团再获 378 亿美元

2008 年 10 月 9 日

美国考虑向银行注资

“白宫周四表示，由于未能解冻信贷市场，财政部正在考虑收购许多美国的银行，力图恢复市场对金融体系的信心。”

2008 年 10 月 9 日

销售预测堪忧，美国汽车股暴跌

2008 年 10 月 10 日

本周股市如过山车，以暴跌收尾

“股市连续三天在交易的最后一小时内崩盘。周五，美股还是暴跌……这是股市历史上最疯狂的走势之一，也为 75 年来最糟糕的一周画上了恰如其分的句号。道琼斯指数和标普 500 指数（后者覆盖范围更广）本周均收跌 18%。”

2008 年 10 月 10 日

受损货币基金获得缓解

“长期以来，货币基金被视为与银行存款一样安全，但 9 月 16 日，投资者信心有所动。当日，一只价值数十亿美元的货币基金爆出亏损，造成资金连续数周回撤……最受打击的是所谓的优质货币基金。这些基金在购买商业票据和其他短期资产方面拥有最大的自由度，为企业运营提供了资金。但周四，机构和零售优质基金都获得了新增资产。”

1998年以来首次下降。全球其他国家也出现了类似的问题，即使各国央行宣布了前所未有的干预措施，所有主要市场的流动性仍在枯竭。

面对如此巨大的痛苦，决策者推出了更大的举措，旨在解冻信贷市场，缓解整个金融体系的担忧。例如，10月7日，美联储宣布了一项异乎寻常的新计划，开始购买无担保商业票据。由于银行贷款几乎完全冻结，货币市场基金将数千亿美元的资金撤出商业票据市场，因此大型非金融公司都在竭力融资，仅为了维持正常运营。如果这些公司无法获得资金，就会大规模裁员，扰乱整个经济秩序。这一担忧迫使美联储出手干预，推出所谓的商业票据融资工具。从技术层面来看，这是一个独立的实体，它将使用美联储根据《联邦储备法》第13条第3节授权提供的贷款购买商业票据。在实践中，美联储同意直接出资购买商业票据，但财政部不会为损失兜底。在通常情况下，央行不允许承担这类高风险信贷的巨大风险，此举使美联储临近法定权限边缘，甚至略有越界（每家各执一词）。美联储勇敢地采取了必要之举，并希望通过商业票据融资工具向借款人收取费用，以此弥补任何亏损（尽管弥补亏损并不是主要目标）。

不良资产救助计划通过几天后，保尔森开始暗示可能将这些资金注入银行，而不只是购买不良资产，正如他所说，他已经等待好几周才开始暗示。[47] 10月9日，在保尔森的敦促下，白宫官员开始释放信号，表示可能将不良资产救助计划资金注入银行。

要做的事情太多，决策者需要当机立断。这是完全疯狂的一周。

哥伦布日（美国联邦假日，纪念哥伦布在北美登陆）周末，也就是10月11—13日，决策者推出了最重大的一项政策。10月1日（周六），小布什总统在华盛顿会见了七国集团成员，公开承诺与各国协调合作，努力遏制全球金融危机。七国集团成员同意向本国银行机构注资，并增加存款保险担保。在接下来的两天里，财政部争分夺秒，最终确定了美国履行国际承诺的具体政

新闻和《桥水每日观察》

2008年10月11日

白宫全面修改救助计划

“周六，国际领导人齐聚一堂，共同应对全球金融危机，小布什政府开始全面修改受损金融体系的救助策略。两周前，政府说服国会批准7 000亿美元，用于购买与抵押贷款挂钩的不良证券。现在，小布什政府将这一想法放在一边，开始支持一种全新方法，即政府将资金直接注入美国各家银行，也就是将银行业部分国有化。”

2008年10月11日

小布什承诺解决危机

“周六，小布什总统试图打造全球统一战线，以此应对金融危机。他表示，世界主要工业化国家已经就稳定市场和支撑银行系统的共同步骤达成一致……

“小布什总统表示，各国已经统一应对危机的整体原则，包括努力防止重要金融机构崩溃，保护储户存款等。”

2008年10月12日

追加保证金的要求导致抛售，股价进一步走低

2008年10月13日

银行获得救助，股市飙升11%

“周一，道琼斯工业平均指数今年10月首次收涨。准确地说，是比开盘时高出936点，创75年来的最大单日涨幅。全球各国政府和央行开展积极协调的政策行动，恢复全球信贷流动，这是投资者一直期待的举措，美股走高。”

2008年10月15日

通用汽车金融公司难以获得融资

2008年10月18日

住宅建筑增速为1991年以来最慢

新闻和《桥水每日观察》

2008 年 10 月 19 日

小布什助手表示部分地区陷入经济衰退

“小布什总统的高级经济顾问周日表示，美国一些地区面临高失业率，经济似乎陷入衰退。”

2008 年 10 月 20 日

信贷宽松迹象和刺激计划谈判提振美股

“最近，贷款方之间开始重建信任，这一罕见现象令市场认为，银行、企业和市政当局面临的直接财政压力有望缓解，从而缓冲经济可能陷入衰退所带来的打击。这些令人鼓舞的迹象似乎让华尔街大为宽慰，道琼斯工业平均指数上涨 413 点，涨幅为 4.7%。”

2008 年 10 月 20 日

美联储主席支持新一轮刺激计划

“美联储主席伯南克周一表示，他支持第二轮额外支出措施，以帮助刺激经济。”

2008 年 10 月 20 日

据称美国要推动新一轮银行合并

“据政府官员透露，美国财政部希望从 2 500 亿美元的救助计划中拿出部分资金，投入愿意收购较弱竞争对手的银行，以此推动新一轮合并，加快银行重组。”

2008 年 10 月 21 日

美联储加大信贷市场救助力度

“为了恢复对金融体系的信心，美联储又推出一项大胆策略，将为许多货币市场基金持有的短期债务提供支撑。央行将从货币市场基金购买存款证和某些类型的商业票据，以期恢复信贷的自由流动，减轻对投资的担忧。这是美联储本月宣布的第三项此类计划。”

2008 年 10 月 23 日

首次申请失业救济人数增幅超预期

2008 年 10 月 23 日

格林斯潘承认监管失误

“多年来，格林斯潘出席的国会听证会都是重大事件。立法者将他视为经济圣人。市场因他的言论而高低起伏。两党的政治人士都希望这位大师能站在自己一边。但本周四，在卸任美联储主席近三年之后，格林斯潘先生谦卑地承认，他过于信任自由市场的自我纠正能力，未能预见到无序抵押贷款的自毁力量。”

策。新计划的核心内容是两项大胆的政策调整：大幅扩大联邦存款保险公司的承保范围，向银行体系注入海量资金。

通常，联邦存款保险公司仅负责为商业银行存款提供保险。然而，新的临时流动性担保计划扩大了该公司的权力。公司可以承保任何一家系统重要性银行的债务，承担银行和银行控股公司新发行的所有无担保债务的亏损，并为所有无息交易账户的亏损提供担保。这相当于担保银行的几乎所有债务，因此是一个异乎寻常的措施，许多人担心这样做可能产生严重的意外后果，但正如保尔森后来写道的：“坦率地说，我讨厌这些选项，但不想处理一场灾难。”[48]

根据新的资本购买计划，财政部利用不良资产救助计划资金，在尽可能多的银行机构中持有股权，持股上限可达风险加权资产的 3% 或 2 500 亿美元。如前所述，财政部将以购买优先股的形式提供投资，股息率为 5%。

保尔森需要所有银行都参与这项计划，即使是最健康的银行，因为如果只救助问题银行，则可能给参与银行带来污名，导致挤兑加剧。因此，虽然财政部无权强制银行接受资金，但还是尽力说服银行这样做。10 月 13 日（周一），保尔森邀请 9 家主要银行的首席执行官到他的私人会议室，表示希望每个与会者都参与这项计划，他甚至明确提出自己希望每家银行接受的资金数额。参会的所有银行都接受了政府资金。国会给了保尔森 7 000 亿美元，到会议结束时，保尔森已经承诺出去 1 250 亿美元。

即使向银行注入了现金，美国、欧洲和日本的市场依然继续恶化。保尔森、伯南克和盖特纳明显意识到，他们必须加大行动力度。伯南克和保尔森与七国集团的央行行长和财政部长进行了一系列非常重要的会晤，以协调国际应对措施。保尔森和小布什总统还会见了 20 国集团财政部长。与此同时，财政部团队迅速细化美国的应对方案。有人私下提醒保尔森，财政部可能行动过快，这样做很危险。然而，保尔森认为，如果决策者不迅速采取行动，等到哥伦布日的三天长周末结束、周二所有市场开盘时，他们就会束手无策。[49]

保尔森表示，他们采取的最有力措施是临时流动性担保计划。根据这项计划，联邦存款保险公司（成立目的是保护储户）将资金用于担保金融机构的债务，包括银行控股公司的无抵押债务。[50] 联邦存款保险公司的法律总监曾表示此举违法。保尔森和其他人花了很多时间说服其负责人希拉·贝尔这是正确的措施。她最终做出了非常勇敢的决定，对计划表示支持，大幅改善了当时的局面。[51]

10 月 13 日（周一），这项计划的消息泄露（全球各国的决策者也都宣布了类似的计划），股市开盘飙升。美股上涨 11.6%，标普 500 指数创 1939 年以来的最大单日涨幅。

这里需要强调的是，这些公告对危机的宏观形势具有极其重要的影响。到目前为止，政府主要针对个别灾难性问题做出了回应。美联储肩负了绝大部分重担，而其他机构不能保证肯定予以充分支持，但越来越清楚的是，美国和世界各国的决策者都致力于协调行动，采取非常举措。然而，经济基本面持续恶化，未来存在巨大的不确定性。当时，我们向客户做出了以下解释。

（桥水每日观察）10 月 13 日：政府竭尽全力；现在要看行动是否及时

这些行动都是了不起的举措。政府正在全力以赴地开展工作（这是我们一直期待的）。虽然这些措施在危机的第一阶段也会起效（如果实施类似措施，就会避免雷曼兄弟破产），但危机已经进入第三阶段，我们只能拭目以待。目前的一大问题是，大规模流动性注入和银行资本重组能否传导到系统外缘的机构。

许多随之而来的问题超出了政府的控制范围。我们对一些严峻问题有所认识，但对另一些问题肯定还不了解。因此，很难确定政策调整将会如何影响这些重大问题，也无法确定这些重大信贷 / 流动性问题将带来什么影响……

我们处在充满不确定性的时期，但现在，我们第一次可以有信心地说，主要发达国家政府都在竭尽全力应对这场危机。

接下来的一周，经济担忧和不确定性导致市场剧烈波动。例如，由于 9 月零售销售数据不佳，伯南克又警告称，不会很快出现任何“更广泛的经济复苏”，美股周三下跌 9%。[52] 第二天，尽管一系列统计数据令人失望，美股却反弹 4.3%，商业票据利率也略有下降。

新闻和《桥水每日观察》

2008 年 10 月 27 日

白宫考虑汽车产业援助协议

"政府官员表示，小布什政府正在研究一系列政策选项，旨在提供紧急财政援助，推动通用汽车与克莱斯勒的合并。知情人士表示，政府希望向陷入困境的底特律三大汽车制造商提供财政援助。方法可能是利用财政部从本月国会批准的 7 000 亿美元资金中获得的广泛授权。"

2008 年 10 月 27 日

美联储继续提供美元以满足需求

"美联储继续通过各种渠道向金融系统注入前所未有的流动性。在空前的流动性推动下，美联储的资产负债表规模翻了一番，资产和负债增加近 1 万亿美元，但仍未能满足私营部门的需求。全球美元债务规模巨大，而且金融体系完全习惯于能够延期和增加这些债务，因此要想打破这一格局，美联储必须做出前所未有的努力。尽管如此，美联储开启征程的风险巨大，因为全球金融体系的许多问题都超出美联储的权责范围。"

——《桥水每日观察》

2008 年 10 月 29 日

由于担心局势，美联储将关键利率下调 0.5 个点

2008 年 10 月 29 日

美联储降息至零？一些分析师认为或将如此

2008 年 10 月 30 日

美联储新增 210 亿美元美国国际集团贷款

但到 10 月 20 日（周一），银行间拆借和商业票据市场出现明显缓和。商业票据利率触及 4 周低位，而短期国债收益率上升。信贷形势的解冻有助于提振股市，显著缓解了银行压力。

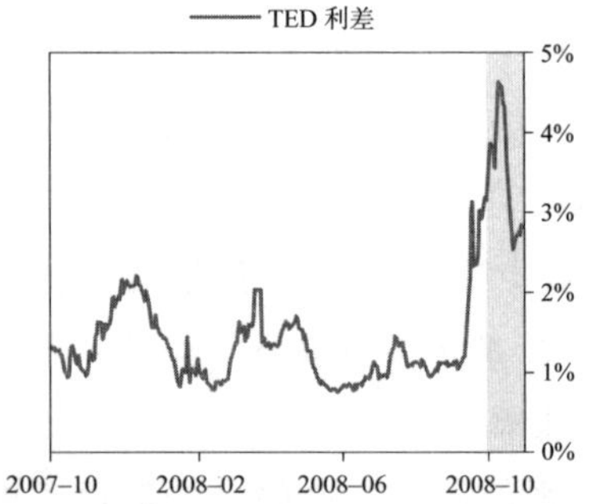

尽管如此，大多数金融错配（即短借长贷，或用一种货币借款，用另一种货币贷款）尚未得到解决，这些问题对金融机构和公司构成挤压。此时还出现了美元短缺：一方面，外国金融机构过去用借入的美元发放贷款，现在必须偿还美元债务；另一方面，外国金融机构需要应对其债务人，要求债务人偿还美元债务，而此时美元、资金和信贷的供给吃紧。整个 10 月，美联储不断扩大与发达国家央行的美元互换额度（即流动性借款），但未能提供足够的美元流动性以缓解全球美元短缺局面。部分原因在于，外国央行拿到美联储提供的美元贷款后，不愿意接受以本国货币计价的抵押品，因为它们担心这些抵押品出现违约和运筹问题。新兴市场受到的挤压最大，它们累积了大量美元债务，债务人争先恐后地寻求美元。总而言之，美元汇率在 10 月上涨了 8%。

我们当时为客户提供了如下形势分析。

（桥水每日观察）10 月 22 日：美元挤压

债务是一种现金空头，即承诺在未来提供现在没有的现金。美元是全球储备货币，过去几年出现了美元流动性过剩……全球累积了大量以美元计价的债务。因此，随着美元流动性收紧，出现美元短缺。这一局面……正在冲击负债累累的新兴市场（特别是大宗商品出口国），并支撑了美元汇率。我们预计美元兑欧元和新兴市场货币汇率将持续走高，直到这种美元短缺局面终结（债务人要么违约，要么获得流动性而避免违约），届时美元将会贬值。

任何实际价格都等于所交易商品的支出金额除以出售数量（即 P = $ / Q）。因此：（1）在任何时候，获得价格的理想方式都是，知道谁是买方，谁是卖方及其出售量（最好还知道出售原因）；（2）有些人试图用时事新闻来解释价格波动的原因，但价格不一定像新闻说的那样总是对基本面的变化做出回应。在当前时期，波动率仍然极高，其原因与基本面无关，而完全取决于谁在增持，谁在减持，及其背后的原因（如受到挤压、挤压消失、重新平衡投资组合等）。例如，10 月 28 日（周二），标普 500 指数上涨超过 10%；第二天美联储再次降息 50 个基点，标普 500 指数却下跌 1.1%。当月收盘时，标普 500 指数下跌了 17%，这是自 1987 年 10 月以来的最大单月跌幅。

2008 年 11—12 月

11 月 4 日，在一片乱局下，奥巴马在创纪录的投票率中当选美国总统。在他上任时，民主党在国会两院都占绝对多数席位。奥巴马在选举时就承诺，政府将出资数十亿美元，用于基础设施、失业保险和医疗补助，并且表示支持不良资产救助计划。由于民主党控制国会两院，奥巴马能够迅速采取行动。

新闻和《桥水每日观察》

2008 年 11 月 1 日

分析时事的理论框架

“我们认为，对许多人来说，世界经济正处于相当痛苦的去杠杆化 / 经济萧条进程……与大多数人的观点相反，去杠杆化 / 经济萧条不是严重的经济衰退，而是一个完全不同的进程。”

——《桥水每日观察》

2008 年 11 月 2 日

政府拒绝了通用汽车合并的救助请求

2008 年 11 月 3 日

汽车制造商报告的 10 月销售不佳

2008 年 11 月 4 日

奥巴马获得历史性胜利

“投票后民意调查显示，62% 的选民表示经济是他们最关心的问题。恐怖主义和伊拉克战争等所有其他问题都望尘莫及……由于民主党占据国会绝大多数席位，当选总统奥巴马很可能会迅速启动一揽子经济刺激方案。”

——《华尔街日报》

2008 年 11 月 7 日

10 月就业岗位流失后，失业率处于 14 年高位

2008 年 11 月 7 日

创造了流动性，但未能创造信贷

“美联储通过资产购买和一系列掉期交易，用国债置换了其他流动性更差、评级更低、期限更长的信贷，实际上为许多关键实体提供了短期流动性，但由于债权人的贷款成本过高，贷款不划算（特别是他们受到挤压时），因此美联储无法推动私营部门的信贷扩张。如果没有信贷扩张，去杠杆化 / 经济萧条就会一直持续下去，直到最终出现全球债务重组（即减少债权人对债务人的债权规模）。”

——《桥水每日观察》

2008 年 11 月 10 日

美国国际集团获得 150 亿美元一揽子援助计划

2008 年 11 月 10 日

房利美减记亏损达 290 亿美元

新闻和《桥水每日观察》

2008 年 11 月 11 日

对零售的担忧导致市场走低

2008 年 11 月 11 日

油价跌至 20 个月低位

2008 年 11 月 11 日

我们赞赏美联储的应对举措，也希望财政部表现出色

“过去，美联储允许信贷迅速增长，导致美国资产负债表迅速恶化，播下这场危机的种子（首先在格林斯潘的领导下，其次在伯南克的领导下），而财政部也允许这次去杠杆化危机发展到不可控制的地步。但是，美联储在认识到这是一场去杠杆化危机后，表现非常出色，进而缓解了信贷崩溃。美联储不是依靠而是实际取代了受损金融机构，为关键实体提供了信贷。美联储积极务实，发挥想象力，重新定义了央行在萧条时期的最佳做法。”

——《桥水每日观察》

2008 年 11 月 12 日

经济不确定性引发恐慌，主要指数急剧下跌

“整个上午，金融市场都在下跌，但在美国财政部长保尔森出席新闻发布会、讨论 7 000 亿美元金融救助方案之前，市场开始急剧下滑。保尔森表示，政府不会像原计划那样将这些资金用于购买不良证券，而是用于购买银行股票，并向其他金融机构注资。”

2008 年 11 月 13 日

美国政府调整信贷救助计划重点

2008 年 11 月 13 日

了解不良资产救助计划的变更

“保尔森周三和周四的声明显示，不良资产救助计划资金的使用方式再次出现变更，从用于直接购买抵押贷款资产（无杠杆）变为向银行注入更多资金。现在财政部正在考虑其他机制，可能将资金用于担保新型证券化工具，进一步发挥银行体系外资金的杠杆作用，我们认为这样的调整是明智的。”

——《桥水每日观察》

USA TODAY

Wednesday, November 5, 2008

Your guide to the election

Results '08

528 races across USA

Congressional races

Hagan knocks off Dole in N.C.

America makes history
Obama wins

Shattering a racial barrier, senator from Illinois is voted president; Democrats register gains in House and Senate

How the race is being won

Florida
McCain 49%
Obama 51%
83% of the vote

Indiana
McCain 50%
Obama 49%
93% of the vote

Ohio
McCain 47%
Obama 52%
48% of the vote

Pennsylvania
McCain 42%
Obama 57%
80% of the vote

Virginia
McCain 49%
Obama 51%
92% of the vote

How the states voted

Taps into the public's anger over economy and war

11 月 5 日《今日美国》，© 2008 甘乃特公司今日美国报。版权所有。经美国版权法许可和保护使用。未经明确书面许可，禁止打印、复制、再分发或转发本内容。

虽然财政部和美联储迄今为止的行动可能放缓了金融危机的蔓延速度，**但在 2008 年的最后几个月中，经济的下降速度远远超过最悲观的观察员担心的水平，美国走向大萧条以来最严重的经济低迷时期，未来充满了各种未知。**

我们认为，经济正处于典型的去杠杆化 / 经济萧条早期阶段，货币政策无法发挥正常效力。利率再也无法降低，无数的信贷渠道已经枯竭。

11 月发布的大多数重要经济数据比已经非常糟糕的预期更糟。消费者支出迅速下滑，零售销售下降超过 8%，汽车销售同比下降 30%。各个行业的企业都因盈利不佳而进行历史性裁员。失业率上升至逾 6.8%，为 1994 年以来的最高水平，裁员和失业率预测大幅上升。12 月的制造业数据是自 1982 年以来的最差数据。经济濒临崩溃。

各行各业的企业都希望联邦政府提供财政援助，尤其是汽车行业。该行业依然深陷困境，正在积极寻求联邦政府的支持。然而，财政部不想将 7 000 亿美元的不良资产救助计划扩大到工业公司，因此不愿意资助主要汽车制造商。11 月初，财政部拒绝了通用汽车 100 亿美元的请求（通用汽车或与克莱斯勒合并，希望财政部能提供资金支持）。联邦政府不提供资金，信贷市场仍无法运作，于是汽车制造商通过出售资产筹集现金。福特和通用汽车当月均出售了在其他汽车制造商的股份。

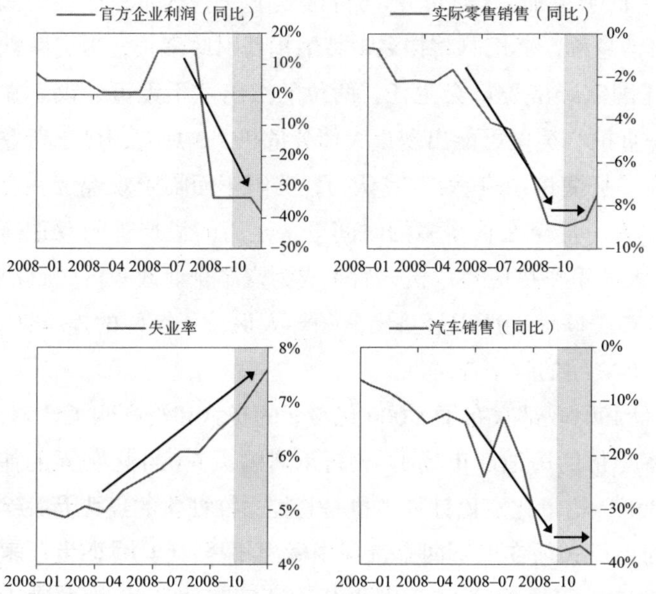

11 月 10 日，美国国际集团公布了 250 亿美元的季度亏损（同时政府再次为公司提供 1 500 亿美元，以减缓金融危机蔓延速度）。房利美公布了 290 亿美元的亏损，并表示所需资金或将超过 1 000 亿美元（此前，财政部承诺提供 1 000 亿美元来维持该公司的运转）。

保尔森没有公开谈论自己思路的变化，因为他不想影响选举结果。[53] 此时市场期待政府会推出一项重大的资产回购计划。然而，11 月中旬，保尔森在大选后的一次讲话中宣布计划修改财政部对不良资产救助计划的使用方式。他透露，财政部将不再购买非流动资产，因为这些证券市场已经冻结。相反，财政部将资金作为股权资本，注入银行和非银金融公司（但不是汽车公司），以此释放这些机构的放贷能力，使其恢复正常贷款。此外，他还宣布了一项针对消费信贷市场的贷款计划。这项新计划允许财政部为汽车贷款、信用卡和学生贷款提供部分资金。然而，这些政策调整却导致市场走低。保尔森在事后指出：“正如我所担心的那样，市场关注的事实是政府没有推出抵押贷款相关资产的购买计划。”[54] 市场因

新闻和《桥水每日观察》

2008 年 11 月 14 日

房地美出现亏损，寻求援助

——美联社

2008 年 11 月 14 日

10 月零售销售创纪录下滑

2008 年 11 月 17 日

花旗计划出售资产，进一步裁员

“花旗集团周一表示，计划裁员 5.2 万人，占其全球劳动力的 14%，这一数字令人震惊。这是有史以来规模最大的一轮裁员，裁员不仅针对金融业，而且面向所有行业。”

2008 年 11 月 17 日

通用汽车出售铃木股权，以筹集现金

——美联社

2008 年 11 月 17 日

市场盘后交易走低

2008 年 11 月 17 日

破产的必要性和防止破产的风险

“目前，最基本的经济问题是，许多个人和公司的偿债金额远远超过其可用于偿债的现金流。因此，他们不得不进行债务重组和债务减记，直到偿还金额降至与债务人支付能力相匹配的水平。破产是进行这些重组的最常见方式。越早有越多企业破产，就能越快度过这场经济危机。”

——《桥水每日观察》

2008 年 11 月 18 日

为筹集现金，福特出售马自达股份

2008 年 11 月 18 日

房价下跌 9%

2008 年 11 月 19 日

股市大幅下挫，信贷市场冻结

“标普 500 指数下跌 6.7%。这一基准指数从 2007 年 10 月的峰值下跌约 52%。”

2008 年 11 月 20 日

美国首次申请失业救济人数创 16 年新高

2008 年 11 月 20 日

油价收市低于每桶 50 美元，创 2005 年 5 月以来的最低价

此感到不安，标普 500 指数下跌了 5.2%。

股市在 11 月 20 日创下新低，当月下跌超过 20%（与高点相比，下跌 52%）。油价急剧走低（低于每桶 50 美元），房价继续下跌。然而，这些新低很快出现逆转，因为有消息称，奥巴马将提名盖特纳担任财政部长，提名萨默斯（前财政部长）担任国家经济委员会主任。两位的杰出才干无可非议。在上任之前，萨默斯就一直担心美国可能出现重大债务危机［3 月初，贝尔斯登垮台之前，萨默斯曾在一场演讲中表示："我认为，美国正面临宏观经济和金融压力，这是我们这代人（甚至在长得多的时间里）经历的最严重的双重压力。"］[55] 他也倡导以重大政策举措应对危机，后来成为汽车企业政策的关键决策者。伯南克当然会留在美联储，所以经济团队领导人保持了良好的连续性。这些举措也确保两届政府之间的政策连续性。

11 月 25 日，美联储和财政部宣布了 8 000 亿美元的贷款和资产购买计划，旨在降低抵押贷款利率（帮助房地产市场）。央行承诺购买 6 000 亿美元的住房贷款相关债务。这是第一轮量化宽松计划，也是管控去杠杆化的经典而关键的一步。处于危机中的央行必须在以下两个选项中做出抉择：（1）"印发"更多资金（超出银行流动性所需的数额），以此取代不断下降的私营部门信贷；（2）在信贷崩溃时，允许货币政策大幅收紧。**在事态发生翻天覆地的变化时，央行必然选择印钞（即美联储此时的做法）。**

希望读者继续阅读下一部分，了解 1928—1937 年的美国债务危机（以及其他案例），这些事实充分证明了上述理论。2008 年的不同之处在于，决策者迅速迈出了上述关键一步。1930—1933 年的经济萧条持续了很长时间，原因是决策者的反应非常缓慢，而不是因为当时的问题更为严重（事实恰恰相反）。即便如此，如果决策者更早采取行动，2008 年危机带来的痛苦也会大大减少。

请参阅下图，了解量化宽松消息对市场的影响。30 年期固定抵押贷款利率下跌近 1%（10 年期国债收益率下跌 22 个基点）。

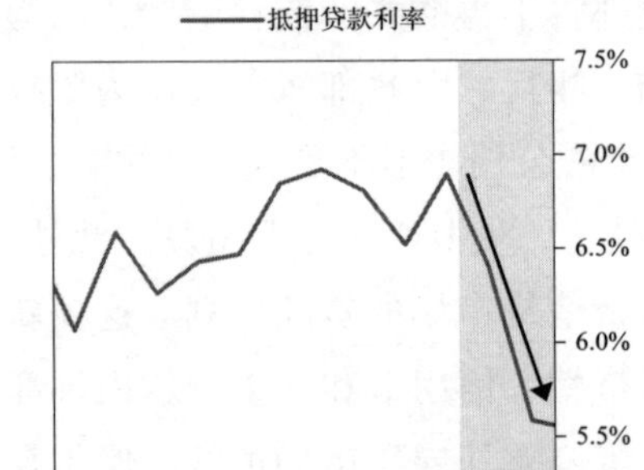

尽管如此，股市本月收盘时仍下跌了 7.5%，当时并不清楚这些举措是否为时已晚。

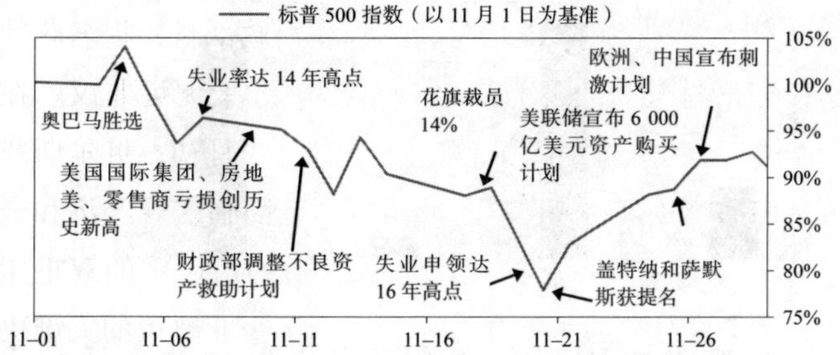

决策者发布上述公告后，我们向客户写道：

（桥水每日观察）11 月 25 日：我们期待更多惊人举措的原因和意义

虽然我们不能代表美联储和新一届财政部，但我们认为，它们理解杠杆化 / 经济萧条过程的演变，也清楚当前事态的严重性，它们的理解实际上与桥水非常相似。从美联储现在的做法和可能进一步采取的举措来看，如果换成我们，也会这样做。因此，我们预期美联储和政府（即财政部和其他部门）将会推出震撼人心的政策。

美联储今天宣布的举措只是政策进程的最新步骤，旨在继续扩大证券购买范围，加大购买规模以降低信用利差，以及增加系统流动性。我们预期它们将会出台更多政策，在法律允许范围内“不惜一切代价”采取行动。

其他主要国家也针对本国经济下滑纷纷公布了重大政策举措。例如，英国政府宣布了一项 300 亿美元的刺激计划（降低销售税，出台相关措施，帮助房主、养老金领取者和小企业），中国降息，欧盟制订了一项 2 580 亿美元的财政计划。其他央行也增加了紧急贷款措施（例如，日本央行实施了一项新规定，允许商业银行从央行借入无限额资金，需提供抵押品）。随着全球经济放

新闻和《桥水每日观察》

2008 年 11 月 20 日

财政部长提名人选带来股市飙升

2008 年 11 月 21 日

资产负债表问题

“自美联储决定注资银行以来，信贷市场有所解冻，但仍不足以防止大量抛售。信贷市场持续冻结，这表现为市场中的基本融资关系中断（当金融机构可以获得融资时，就很容易借此进行套利交易）。除非利率水平符合经济形势，金融机构可以提供新的信贷，否则经济将会出现自由落体式下滑。目前，市场上的很多混乱带来了机会，金融机构不太可能以目前的利率提供新的信贷。它们甚至不愿意为了套利而动用资产负债表（创造信贷），更不用说为提高经济活力而提供信贷了。”

——《桥水每日观察》

2008 年 11 月 23 日

英国准备宣布刺激计划

2008 年 11 月 25 日

美国提供 8 000 亿美元贷款计划详情

“美联储宣布将一举收购房利美和房地美担保的 6 000 亿美元抵押贷款相关债务。抵押贷款市场为此群情激昂，30 年期固定抵押贷款利率从 6.3% 下降了近 1 个百分点，降至 5.5%。”

2008 年 11 月 26 日

欧洲和中国推出新的刺激计划

2008 年 11 月 28 日

周五交易时段缩短，美股收获 5 连涨

“美股周五收盘走高，结束了 75 年来最大的 5 天涨势（但零售商在假日季节的销售行情似乎黯淡）……感恩节后次日，美股提前三小时收盘，自 11 月 21 日开始反弹以来，道琼斯指数上涨了 16.9%，而标普 500 指数则上涨了 19.1%。”

2008 年 12 月 17 日

石油输出国组织同意再次削减产量

2008 年 12 月 17 日

美联储降息，美元贬值

新闻和《桥水每日观察》

2008年12月18日

大量投资者在2008年亏损的原因以及未来教训

"我们认为，大多数投资者遭受亏损的原因如下。

"1.他们的贝塔敞口远大于阿尔法敞口。

"2.贝塔敞口过多集中于经济不景气时期表现不佳的资产（如股票、私募、房地产、信用风险债券等），持有太少在经济不景气时表现良好的资产（如国债）。

"3.风险和流动性溢价大幅上扬（市场不好时的必然走势）。

"4.阿尔法通常有很多系统性偏好，会在经济繁荣时期表现良好，在经济下滑时期表现糟糕。例如，一般'对冲'基金与股票的相关性约为70%，因此，当股市大幅下挫时，基金难免遭受严重亏损。"

——《桥水每日观察》

2008年12月18日

信用卡用户保护规定出台

——美联社

2008年12月19日

汽车企业获得救助，股市攀升，继而下跌

2008年12月22日

印地麦克银行不规范操作曝光

2008年12月23日

11月住房销售下降速度超过预期

2008年12月24日

美联储批准通用汽车金融服务公司改组银行请求

2008年12月24日

新增首次申请失业救济人数创26年新高

——路透社

2008年12月29日

政府同意在通用汽车金融服务公司持股

2008年12月30日

通用汽车获得更多资金，美股上扬

——路透社

2008年12月30日

通用汽车金融服务公司降低汽车贷款标准

"通用汽车金融服务公司表示将大幅降低车贷标准，立即开始向信用评分为621分以上的借款人发放贷款，而两个月前公司开始接受的最低评分为700分（当时它在努力维持运营）。通用汽车表示将提供新一轮低利率贷款，包括对某些车型的零利率贷款。"

缓，发达国家12月普遍降息。

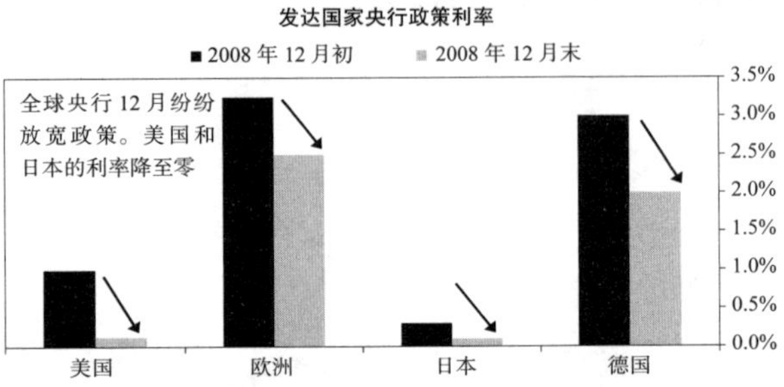

美联储将隔夜利率降至有史以来的最低水平（0%~0.25%），触及零点。伯南克主席指出："这一决定具有历史意义。"[56] 在宣布降息之后，美股上涨，美元下跌，主要因为政府显然要采取"印钞"、购买债务、提供大笔担保等一切必要手段扭转本次债务/流动性危机。

汽车企业获得不良资产救助计划资助和达成协议的可能性增加，这也有助于提振市场，因为这些进展可以帮助那些受困的汽车企业，而且说明政府愿意为拯救系统而加大行动力度。不良资产救助计划的颁布是为了帮助金融机构。保尔森多次表示，他们并不打算将不良资产救助计划资金用于汽车企业。小布什政府则明确表示不希望汽车企业破产，他们努力与国会合作，希望通过立法授权，从国会250亿美元的拨款中拨出一部分资金，帮助汽车企业达到燃油效率标准，这样一来，汽车企业就能获得债务重组的紧急贷款，从而避免破产。这些努力取得了实质性的进展，众议院通过了一项法案，但12月中旬在参议院搁浅。12月19日，小布什总统在离任前正式宣布向克莱斯勒和通用汽车提供134亿美元的紧急贷款。到月底，政府又出人意料地扩大了这一救助方案，为汽车业提供了额外支持（提振了股市）。由于不良资产救助计划资金只能用于金融机构，这笔资金必须先提供给汽车企业的金融部门。此外，通用汽车的金融子公司（通用汽车金融服务公司）获批重组为银行控股公司（以便接受联邦援助），可以开始向信誉较差的借款人提供新贷款。之后，小布什政府在卸任之前还帮助汽车企业进行资本重组，援救其金融公司。市场对当选总统奥巴马承诺的财政刺激措施持乐观态度。这些交接工作体现了两位总统绝佳的政治行为。此外，伯南克和盖特纳保持经济领导团队的连续性也有所帮助。

这些都是重大举措，但市场当然有理由质疑体系受损是否过于严重，难以完全恢复。虽然股市因希望政府出台刺激计划和推进汽车企业救助而上涨，但 12 月底市场预期波动性（不确定性）将会继续处于高位。

在 2008 年结束时，大多数其他投资者遭受重大损失，而桥水则获得了显著的投资收益。多么惊心动魄的一年！终于解脱了！

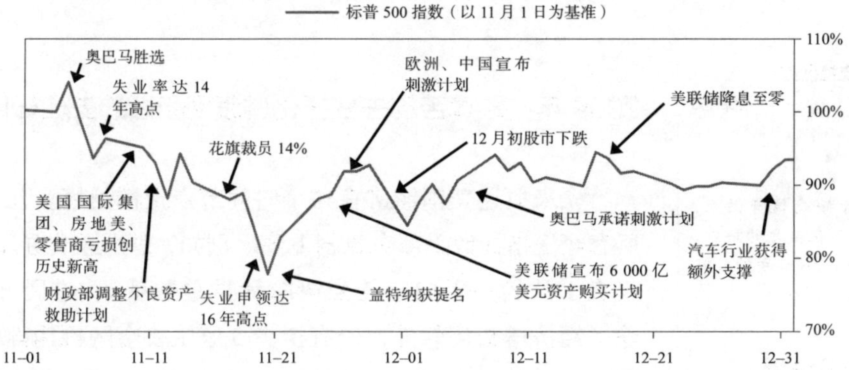

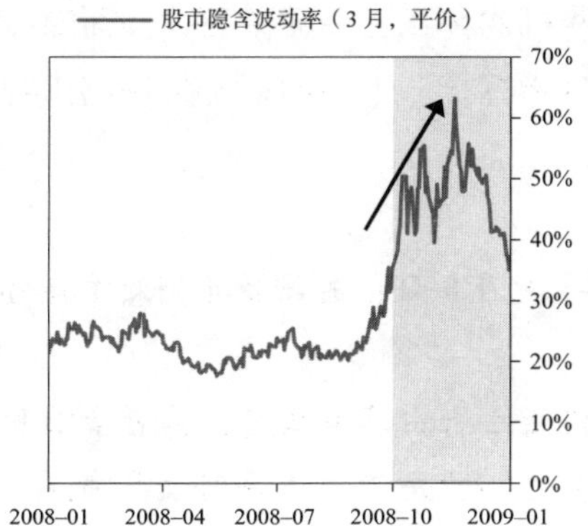

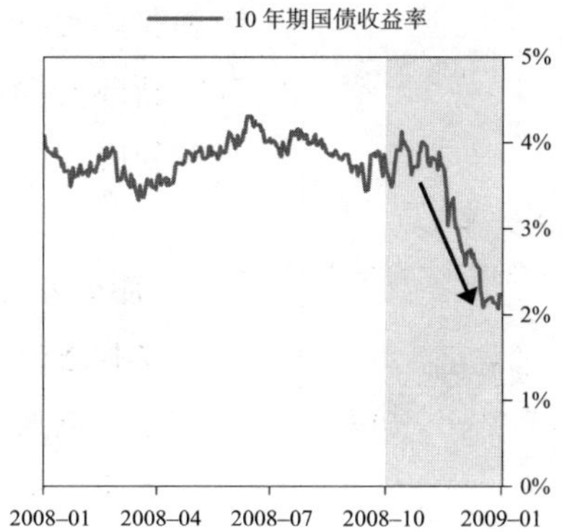

掌握本书第一部分介绍的理论，深刻理解 20 世纪 30 年代大萧条时期（及其他诸多去杠杆案例）的演变，这些都让我们受益匪浅。下图展示了自 1925 年以来的利率和货币供应量，涵盖了本书探讨的这两段时期。在这两种情况下，利率几乎都达到 0%，接下来都是“印钞”。请注意，自 1900 年以来，仅出现过这两次降息至零和印钞的时期。在这两个时期，紧接着“印钞”/ 量化宽松政策，市场和经济都出现触底。

量化宽松政策就像给心脏病发作者注射大剂量的兴奋剂，以此挽救病人

新闻和《桥水每日观察》

2009年1月2日

制造业报告显示全球经济深度衰退

“周五，美国12月制造业活动的关键指标降至28年来的最低水平。供应管理协会（一个采购经理人行业集团）表示，12月制造业指数为32.4，低于11月的36.2。”

2009年1月4日

汽车行业仍在应对2008年危机的冲击

“市场预计，6家最大汽车制造商（包括外国和国内品牌）12月在美国的销售额均会下降至少30%。”

2009年1月5日

美联储开始购买抵押贷款支持证券

——美联社

2009年1月5日

解读刺激计划

“我们的估算显示，由于缺乏信贷供求，美国经济至少出现了1.2万亿美元的缺口。基于我们现在掌握的情况，2009年的政府刺激计划只能填补大约1/3的缺口。”

2009年1月6日

担心陷入长期经济衰退，美联储降息

2009年1月9日

失业报告发布，股市暴跌

“随着经济进一步陷入衰退，失业率达到16年来的最高水平，股市下跌。”

2009年1月12日

小布什同意奥巴马的救助请求

——哥伦比亚广播公司

2009年1月15日

经济疲弱，零售销售不佳，美股走低

“零售商和美联储数据显示经济陷入困境，周三，股市创数周内最大跌幅。”

2009年1月16日

银行救助新计划提振美股

“周五，联邦政府同意向美国银行再注资200亿美元，并吸收多达982亿美元的亏损。一些投资者对此表示欢迎，但其他人认为，金融救助升级以及美国银行和花旗集团的巨额亏损都是黑暗预兆，表明金融市场和整体经济将误入歧途。”

2009年1月20日

奥巴马宣誓就任美国第44任总统

生命。在2008年年底，我唯一的疑问是，这个姗姗来迟的重大举措是会取得成效还是为时已晚。

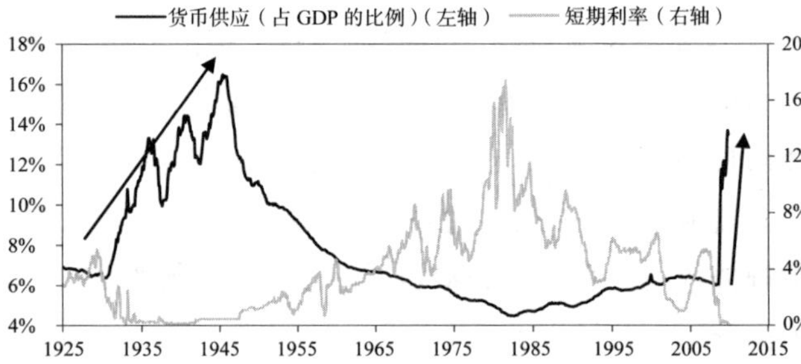

2009年：从痛苦的去杠杆化过渡到和谐的去杠杆化

先来概述美国经济在这个时间节点上的处境。几乎所有经济指标似乎都在急剧下降。例如，就业报告显示，仅在1月的一天内，各公司的裁员总数就达6.2万人。除了经济增长疲软外，仍有至少5家主要金融机构面临倒闭的风险：房利美、房地美、美国国际集团、花旗集团和美国银行。这些机构都比雷曼兄弟更大。而未经考验的新政府即将接过指挥棒。下面的报告是我们当时的经济分析。

（桥水每日观察）1月9日：美国经济仍处于自由落体状态……

美国经济仍处于自由落体状态，信贷紧缩带来负面影响，现在这些冲击已经传导到最大痛点，即就业。首当其冲的是金融部门，然后是需求，现在是就业。从需求向就业的转变开始于2008年第四季度，因为企业收入下降快于成本下降，压缩了利润率，造成盈利下滑（尚未公布，但几乎已是板上钉钉），促使企业削减其最大的单项支出，即劳动力。这导致就业人数急速下降，11月和12月的每月下降数量超过50万人，反映出企业维持营业利润的努力。

由于缺乏信贷资金，企业不能靠贷款度过现金短缺的困境，而必须从内部产生现金流。这就加大了裁员的压力，使裁员比大多数经济萎缩时期都更有必要。

当奥巴马总统于1月20日就职时，市场开始关注这届政府的经济政策。财政部长盖特纳2月10日公布的金融稳定计划被视为政府财政政策的主要风向标，其纲要[57]是“清理和加强美国的银行”。他解释说，政府将对美国的主要银行进行压力测试，确定哪些机构需要额外的资金，并将利用公共和私人资金为银行注资，但投资者不确定盖特纳计划的细节：是否进行国有化？股东或纳税人是否会承担亏损？投资者只知道大概的方向，因此做出了最坏的打算。盖特纳发表讲话期间，标普500指数下跌3%，收盘时下跌4.9%。

由于奥巴马政府正在考虑国有化的谣言继续流传，因此财政部、联邦存款保险公司、美国货币监理署、美国储蓄管理局和美联储发布了一份联合声明，向公众保证[58]国有化操作将是最后的手段，并表示：“当金融机构在私营部门得到妥善管理时，经济会运行得更好，因此，对资本援助计划的有力推定应该是银行将会留在私营部门。”但这一“有力的推定”未能说服市场，标普500指数当天下跌3.5%。

当月晚些时候，盖特纳公布了财政部和美联储共同制订的“压力测试”计划的更多细节。美联储将评估重要银行抵御经济大幅萎缩的能力。经济大幅萎缩的定义为：GDP下降3.3%，失业率升至8.9%，房价下跌22%。如果缺乏承受压力测试的资本金，银行需要首先求助于私人市场，其次才能利用公共资金填补缺口。当然，盖特纳尚不能提供资金，需要等待美联储完成对如何填补缺口的评估。在18个月左右的时间里，我们分析银行持仓情况，以市值计算银行资债规模，考虑未来可能出现的情况及其后果，定期估算银行亏损。我们对自己的估算很有信心，因此很想知道美联储的测试结果，主要是想看看美联储会不会直截了当地公布数据，然后应对相关问题。

除了盖特纳的金融稳定计划外，奥巴马政府还宣布了一系列其他财政政策，旨在快速启动经济增长，推动信贷重新流动。我们不会在此详细分析所有内容，但会介绍两个最重要的公告。

- 2月17日，奥巴马总统签署《美国复苏与再投资法案》。这一刺激计划总额为7 870亿美元，其中2 880亿美元专门用于减税，1 440亿美元用于州和地方政府，1 050亿美元用于基础设施，其余用于联邦支出计划。值得注意的是，减税金额在几天时间内就能送到纳税人手里，几乎立刻带来刺激效应。而基础设施支出则需要数年才能生效，因为这些项目需要确定范围和进行规划，因此在短期内的影响力较小。

- 2月18日，政府宣布了一项价值高达2 750亿美元的计划，旨在解决房地产行业危机。为了帮助“多达900万名美国房主进行抵押贷款再融资，避免房屋止赎”，房主支付能力和稳定计划提供了750亿美元的资金，直接用于帮助风险较高的房主保留其住房。该计划还鼓励贷款机构放宽贷款条款，减轻受困借款人的还款负担，并为房利美和房地美额外提供了2 000亿美元的融资。

2月，决策者还宣布或扩大了其他政策，包括美联储推出定期资产支持证券贷款工具，目的是刺激各类消费贷款。定期资产支持证券贷款工具向AAA级资产支持证券的持有人提供无追索权贷款，贷款金额高达1万亿美元。这项政策将于3月5日开始实施，以此延长将于4月底到期的一系列流动性计划。尽管公布了这些政策，市场仍然继续下跌，如下图所示。

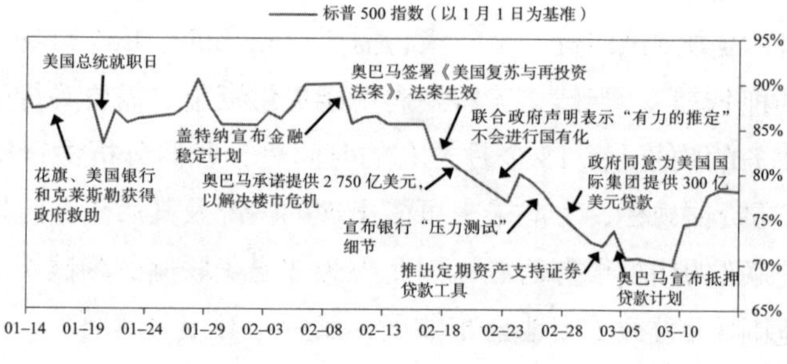

越来越多的报告继续显示，金融部门和经济持续疲软。3月1日（周日），有消息称美国国际集团将公布第四季度620亿美元的亏损（美国公司历史上最大的季度亏损），据说财政部和美联储同意向美国国际集团提供300亿美元的额外资本，并放宽此前对美国国际集团的贷款条款。因为投资者担心这会引发连锁反应，周一市场暴跌。2月首批发布的统计数据也显示经济正在加速

新闻和《桥水每日观察》

2009年1月26日

参议院确认盖特纳出任财政部长

2009年1月28日

银行股引领美股反弹

“周三有报道称，政府正在考虑达成协议，设立一家‘坏账银行’来吸收不良资产，引发了股市广泛反弹，金融股一路领先。”

2009年1月30日

美联储委员会宣布政策，避免某些房贷资产发生不必要的止赎事件

——美联储新闻稿

2009年2月6日

就业报道未能阻止美股上涨

“即使美国失去了59.8万个工作岗位，也没有挫伤美股飙升的情绪。”

2009年2月10日

财政部长盖特纳出台金融稳定计划

——财政部新闻稿

2009年2月10日

新救助计划令人失望，股市下滑

2009年2月10日

没有太多惊喜……

“出席简报会的成员和工作人员获得的关键信息似乎是，财政部的计划还处于起步阶段，远不是国会议员所期望的样子。”

——《桥水每日观察》

2009年2月13日

国会批准刺激计划

2009年2月17日

奥巴马签署刺激计划，不排除未来推出更多政策

2009年2月18日

2 750亿计划应对住房危机

“奥巴马总统周三宣布了一项计划，旨在帮助多达900万名美国房主进行抵押贷款再融资，避免房屋止赎。”

2009年2月20日

对银行担忧持续，美股收盘走低

2009年2月20日

国有化前夜？

“在我们看来，国有化是最好的选择，但这一操作仍然非常危险。国有化的目标是以可接受的方式重组这些机构，同时维持金融体系基本的基础运行机制。”

——《桥水每日观察》

萎缩。汽车月度销售下降5.8%，降至20世纪80年代以来的最低水平。美国的工作岗位减少65.1万个。

接下来的一周开始时，形势依然如故。3月9日（周一），世界银行发布了一份非常悲观的报道，沃伦·巴菲特称经济已经“跌落悬崖”。股市下跌1%，投资者情绪极度看跌，卖盘汹涌。这就是美股触底、美元汇率触顶的那一天，但当时不可能知道这一点。

周二，花旗集团股价上涨38%，带动美股飙升6.4%。因为有多个利好消息：花旗集团首席执行官在发给员工的邮件中称，该银行重新实现盈利；伯南克主席关于金融监管改革的演讲广受好评；有报告称立法者即将调整报升规则，限制股票卖空。

2009年3—4月：决策者推出协调对策

在幕后，**美联储和财政部的决策者协调配合，共同筹划一套“强力震骇”的政策，旨在支撑金融体系，提供弥补信贷萎缩所需的资金。**这些政策比早期的宽松政策更为激进，而且是通过一系列巨型公告发布的。这种发布方式加大了政策对市场的影响。

其中第一个公告是**3月18日**发布的，出乎市场意料。美联储宣布扩大量化宽松政策的购债规模，把机构抵押贷款支持证券的购买量增加7 500亿美元，把机构债务的购买量增加1 000亿美元，也增加美国国债的购买量，未来6个月内购买3 000亿美元的国债。此外，美联储扩大了定期资产支持证券贷款工具合格抵押品的范围（涵盖更广泛的金融资产），并继续预期“利率将会长期保持在极低水平”。

1万亿美元的刺激计划及其公告引发了巨大的市场反应。美债暴涨（收益率下跌48个基点，是几十年来最大幅度的波动），美股上涨，美元汇率走低，黄金上涨。下图展示了公告发布后的市场剧烈波动。

新闻和《桥水每日观察》

2009年2月23日

政府第三次救援花旗，获得40%股份

2009年2月25日

银行压力测试细节公布，市场涨幅回落

“美股周三早盘下跌，道琼斯指数回吐了前一日大部分涨幅（周二上涨236点），反映了市场近期的波动性……美股下午反弹，因联邦监管机构公布了银行压力测试的细节（压力测试对象是总资产超过1 000亿美元的银行），但在交易的最后几分钟，主要股指均跌至负值。”

2009年2月27日

GDP修订值显示经济长期深度衰退

“第四季度GDP年率下降6.2%，是1982年经济衰退以来的最大跌幅，比之前报道的3.8%更为严重。”

2009年2月27日

政府同意增持花旗股份

2009年3月1日

政府据称将向美国国际集团提供额外300亿美元

2009年3月1日

沃伦·巴菲特在致股东信中承认这是艰难的一年

2009年3月2日

美国财政部和美联储委员会宣布参与美国国际集团重组计划

“美国财政部和美联储委员会今天宣布，调整政府对美国国际集团的援助计划，旨在以最好的方式保护美国纳税人，使这家系统重要性公司稳定运行。具体而言，重组计划的目的是增强美国国际集团的资本金和流动性，促进公司有序完成全球资产剥离计划。”

——美联储新闻稿

2009年3月18日

美联储计划再注入1万亿美元帮助经济

“美联储周三大幅加强了对经济的支持力度，宣布将购买国债和抵押贷款证券，向金融体系额外注资1万亿美元。央行已将所控制的关键利率降至接近零，越来越多地使用证券购买等替代方案，以此增加经济中的资金量，这种策略相当于凭空创造大量新增资金。”

> ## 新闻和《桥水每日观察》
>
> 2009 年 3 月 18 日
>
> **央行购债：不可避免的典型步骤**
>
> “美联储今天公布的政策行动不是意外，而是去杠杆化进程中非常典型的一步，既不可避免又不可缺少。事实上，按照我们的计算结果，美联储的国债购买规模最终将达到 1.5 万亿 ~2.0 万亿美元。“整体来看，当前局势发展符合萧条时期的典型走势（我们在“现状分析理论”中有所概述），唯一的不同是，美联储采取措施的时间点要早于典型进程，这一点是可以理解的。显然，美联储的决策者正在采取债务减免的所有典型措施，设法越过债务重组阶段，直接进入信用创造阶段。美国政府亦是如此。除了印钞外，政府还出台了鼓励信用创造的举措（如定期资产支持证券贷款工具、公私合营投资基金等），并放宽了会计和监管规则。”
>
> ——《桥水每日观察》
>
> 2009 年 3 月 20 日
>
> **金融股领跌市场**
>
> “股市周五下跌，因为国会准备追回所救助公司发放的奖金，造成投资者担忧……由于美国国际集团奖金问题激起的民愤升级，众议院周四通过了一项法案，针对获得 50 亿美元以上救助资金的公司对它们今年的奖金征收 90% 的税收。参议院下周预计将推出另一个版本的类似法案。”
>
> 2009 年 3 月 22 日
>
> **政府呼吁投资者购买不良资产**
>
> “周日，奥巴马政府官员努力说服不情愿的私人投资者接受政府的资金，从银行购买高达 1 万亿美元的不良抵押贷款和相关资产。”
>
> 2009 年 3 月 23 日
>
> **美国扩大银行不良资产购买计划**
>
> “奥巴马政府推出新计划，帮助美国的银行摆脱不良房贷和抵押贷款相关证券，该计划比预期的规模更大，对私人投资者也更慷慨，但使纳税人面临巨大风险……总之，美国财政部长盖特纳周一公布了三项计划，可能购买高达 2 万亿美元的房地产资产。这些资产一直在重压银行，导致信贷市场陷入瘫痪，造成经济复苏延迟。”
>
> 2009 年 3 月 23 日
>
> **银行计划推动美股创数月最佳涨势**

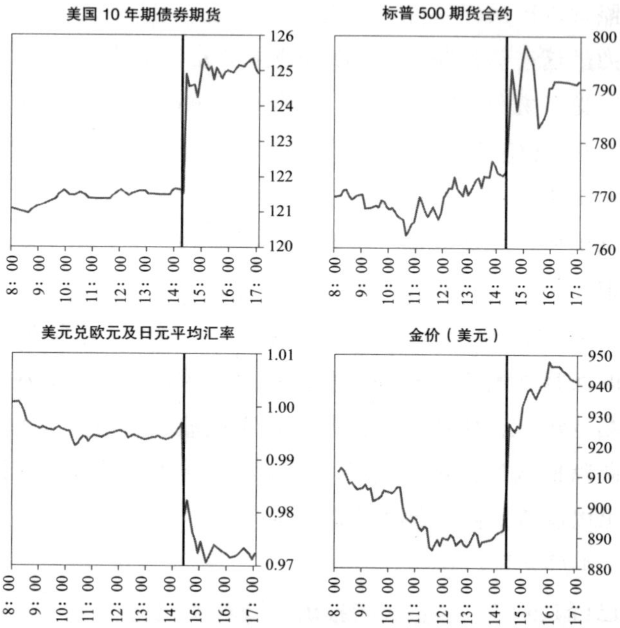

3 月 23 日，财政部长盖特纳宣布了一系列政策，旨在从银行购买价值 5 000 亿 ~1 万亿美元的不良资产。该计划的核心是包含三个部分的公私合作投资伙伴关系，鼓励私人投资公司使用自己的资本金购买银行的不良资产。实际上，这些公司可以使用从美联储借来的资金，发挥不良贷款投资的杠杆作用。如果这些资产跌破初始价值，该计划保证它们的亏损不会超过其投资本金。此外，财政部还与美联储共同制定了另一个举措，盖特纳宣布可能扩大定期资产支持证券贷款工具的范围，为住房和商业抵押贷款支持证券提供融资，并表示政府正在考虑把遗留资产纳入定期资产支持证券贷款工具计划。

在公告当天，标普 500 指数上涨 7.1%，金融股上涨 18%。

3 月 24 日，美联储和财政部各自宣布计划，全面改革金融监管，扩大政府接管“大而不倒”机构的权力（这些机构包括银行、保险公司、投行和其他投资基金）。两天后，财政部长盖特纳概述了更广泛的金融监管改革措施，大大加强政府对保险公司、对冲基金和私募基金的监管，扩大政府对任何视同“大而不倒”机构的监管权力。这一举措虽然不是刺激性应对措施的核心部分，但广受市场欢迎。

3 月底，在萨默斯和盖特纳的监督管理下，精英金融家史蒂文·拉特纳领导的一支团队制订计划，推动通用汽车和克莱斯勒进行萨默斯所称的“缓冲式破产”。破产迫使工会与债权人展开谈判，讨论减少债务的方法。与此同时，美国政府将提供足够的支持（包括为通用汽车的保修政策提供大量担保），确保通用汽车在重组期间继续运营。虽然通用汽车担心无法在破产期间保持运转，但萨默斯认为，如果获得足够的支持，破产的汽车企业就可以运转，它们也无须全额偿还债务。

4 月 2 日，两个重大公告发布。首先，20 国集团表示已经达成对 IMF 的增资协议，增资规模超出我们的预期。具体而言，20 国集团国家同意在 IMF 现有流动性资源的基础（2 500 亿美元）上立即为 IMF 提供 2 500 亿美元的额外融资，最终增加高达 5 000 亿美元的贷款额度。如果大幅提高 IMF 的贷款额度，同时增加贷款条件的灵活性，那么一些新兴市场国家的直接流动性需求预计将大大减少。消息宣布后，新兴市场国家的货币汇率飙升。

第二份公告来自美国财务会计准则委员会。该委员会通过了两项放宽盯市会计准则的提案，使银行在报告抵押贷款证券价值方面得到更大的自主权（该提案在几周前就预期将会通过）。虽然市场对此表示欢迎，但当时我们认为，这些变更对银行逐步减记亏损的影响相对较小，只能减轻保险公司的部分（而非全部）会计压力。

政府协调应对信贷危机的政策规模是前所未有的。当时，我们将这些举动描述为“巨大的浪潮”，并与客户分享了下表，该表汇总了截至 2009 年 4 月美国政府宣布的全部资产购买和担保政策。**美国政府支持的债务占总债务的 2/3，约 29 万亿美元，相当了不起。**

新闻和《桥水每日观察》

2009 年 3 月 26 日

盖特纳将概述全面改革财务规则的重大举措

“一些官员表示，奥巴马政府将于周四详细介绍一项全面改革金融监管的广泛计划，可能推出严格的政府监管新规，加强监管对冲基金和奇异金融工具的交易商（这些机构是美国金融市场上规模最大、监管最宽松的参与者）。”

2009 年 3 月 27 日

银行家承诺与奥巴马合作

“在一个时长 90 分钟的会议中，13 位首席执行官承诺将与政府加强合作，支撑银行业和整体经济。这一天，阳光明媚，樱花盛开，政府官员和银行家向美国传达了一个统一信息：我们共克时艰。”

2009 年 3 月 27 日

3 月汽车销售带来希望

2009 年 4 月 2 日

银行规则变更提振美股

“政府领导人承诺增加巨额金融救助，监管机构调整财务监管和会计准则……财务会计准则委员会投票放宽盯市会计标准，在评估抵押贷款支持证券方面，赋予公司更大的自主权，这一系列举措使投资者认为金融危机最糟糕的日子有望结束。周四，美股上扬。”

2009 年 4 月 2 日

银行得到更大的资产估值自主权

“银行曾对一项复杂的会计准则怨气冲天，指责它加剧了金融危机。周四，政府调整了这一准则，使银行在报告抵押贷款证券价值方面得到更大的自主权。……在金融危机期间，许多证券的市场价格（特别是次级住房抵押贷款支持证券的市场价格）已经跌至其原始价格的一小部分，迫使银行在去年公布了数千亿美元的亏损……”

新闻和《桥水每日观察》

2009年4月2日

20国集团的IMF增资协议，美国的会计准则变更

“周四，20国集团宣布加大对IMF的支持，美国政府也宣布调整盯市会计准则，这些举措是沿着缓解压力这一大方向的最新步骤。IMF公告是一大步，但财务会计准则委员会的提案对会计方面的影响将较为有限……我们认为，公告中最重要的部分是立刻为IMF提供融资的承诺，美国在不久的将来也会做出类似的承诺。我们预计，美国承诺的金额大约是1 000亿美元，将把IMF资源总量增加到3 500亿美元……我们正在审查财务会计准则委员会昨日通过的提案。我们的初步想法是，这些变更对银行逐步减记亏损的影响相对较小，只能减轻保险公司的部分（而非全部）会计压力。”

——《桥水每日观察》

政府担保（百万美元）

描述	资产购买	硬性担保	隐性担保	软性担保
机构	40 000	577 000	6 400 891	
房利美	20 000		3 491 169	
房地美	20 000		2 740 721	
其他机构		577 000	169 001	
银行	1 080 546	8 757 623	884 973	924 280
美联储流动性项目	570 900			
优先股	285 646			
必要剩余资本	224 000			
临时流动性担保计划		201 645		
优先债软性担保				924 280
联邦住房贷款银行隐性担保			884 973	
联邦存款保险公司存款损失		8 555 978		
资产购买/担保	3 684 750	415 000		
定期资产支持证券贷款工具/公私合营投资基金	4 700	0		
银行资产担保	0	415 000		
短期债务市场	3 255 650	0		
美联储资产购买	424 400	0		
其他	463 285	140 193		5 700 000
美国国际集团	121 000			
通用汽车资本	3 500	36 693		
其他金融机构	10 000			5 700 000
汽车制造商	19 785	3 500		
外资机构	309 000	100 000		
总计	5 268 581	9 889 816	7 285 864	6 624 280
累计总计	5 268 581	15 158 397	22 444 261	29 068 541

担保全部债务的2/3

小布什总统的风格更为放手，他相信自己的团队最清楚应该采取何种行动，并支持他们的行动，而奥巴马总统则更加亲力亲为，他深入研究事实和数据，积极参与有关问题的讨论。奥巴马总统发起了每日经济简报会，类似每日国家安全简报会。他每天早上都会见自己的经济团队，在最初的几个月里，每次会议都是讨论当时的危机。根据萨默斯的说法，奥巴马总统会逐字阅读发给他的材料，用心领会其团队的推荐方案，搞清他们推荐的原因，了解哪些替代方案被否决。在这段时期，市场和经济的形势进展比其他任何事情都重要。

投资者在熊市中的表现存在很大差异，通常分为三大类：（1）一些人遭受亏损，亏损越大，他们越恐慌，会抛售高风险资产，以此降低风险；（2）另一些人遭受亏损后，盲目相信最终一切都会变好，他们继续持有风险资产，甚至增加仓位；（3）还有一些人能很好地把握当前局势，成功地买低卖高。第三种人寥寥无几。

截至此时，我们取得了较好的业绩，但不想在这个阶段下任何赌注。回到2007年的泡沫，我们认为，当时的市场预期与可能出现的情况存在很大差异。根据现在的市场预期，未来形势将会非常糟糕，可能结果的范围很广。虽然决策者正在采取正确的行动，但这些行动是否奏效和还有哪些潜在因素仍是未知。

4月下旬，我们对印钞规模和经济刺激力度发表了评论："去杠杆化进程就像瘟疫一样极少出现，因此我们可以分析的案例不多，但在为数不多的案例中，政府从未采取过如此大规模的应对政策。"

在这些危机中，决策者不可能"完美地解决所有问题"，尤其是无法得到所有人的认可。财政部的行动引起**公众的愤怒**，公众认为决策者对资本重组的银行过于"慷慨"，也没有惩罚银行家。美国国际集团接受了财政部的救助资金后，照发此前承诺的大额奖金，而新闻报道的焦点在于盖特纳明明知道这样的安排，依然允许发放奖金。这些报道激怒了本就对政府救助金融机构不满的公众，从而威胁到财政部下一步的行动计划。

这种反应很典型。**随着经济痛苦的加剧，民粹主义者往往会呼吁"惩罚造成混乱的银行家"，这导致决策者难以采取拯救金融体系和经济所必需的行动。**在这种情况下，银行家不愿承担责任，可能选择停止投资或贷款。如果在危机中采取这样的做法，只会加重危机。

金融危机及其应对方式在一定程度上促进了随后几年民粹主义的兴起，但归根结底，拯救体系要比追求精确重要得多。萨默斯把应对危机比作战地救护，这些工作永远都不会做得十全十美，即使已经竭尽全力，事后

新闻和《桥水每日观察》

2009年4月3日

房利美和房地美大额奖金引发强烈争议

2009年4月5日

财政部长表示对罢免脆弱银行主管持开放态度

2009年4月6日

央行扩大货币互换规模

"美国、欧洲、英国和日本的央行周一宣布达成协议，将通过货币互换的形式向美联储提供约2 870亿美元的流动性……根据协议，美联储可以利用这些额度为金融机构提供更多流动性，这次是以外币的形式。"

2009年4月6日

信贷市场略显生机

2009年4月7日

信贷停滞，美联储纪要表示担忧

"美联储周三公布的最新会议纪要显示，由于美国和全球经济普遍大幅减弱，美联储上个月向经济注资超过1万亿美元。在最近一次会议上，联邦公开市场委员会成员表示担心经济持续下滑，并讨论了放松信贷市场的最佳方式。"

2009年4月21日

盖特纳再次保证银行状况，美股反弹

"周一，美股出现3月初以来的最大跌幅，金融股暴跌超过10%。股市周二收盘走高，银行股反弹，因为美国财政部长盖特纳表示大多数银行资本充足……在国会监督委员会的书面证词中，盖特纳表示，'绝大多数'银行拥有的资金超过它们现在的需求。"

2009年4月22日

监管机构周五将与银行会面，公布"压力测试"结果

"联邦监管机构悄悄安排了周五与全国最大银行领导进行面对面会谈，公布压力测试的初步结果。"

也会意识到自己犯了错误，也会遭到指责。我必须再次重申：在我看来，从这个角度评判决策者是不公平的。面对绝大的困难和压力，决策者依然做好自己的工作，竭力帮助尽可能多的人，正因如此，他们是我眼中的英雄。

3月中旬，在争议的高峰时期，国会议员和媒体公开呼吁财政部长盖特纳辞职，尽管他以高超的技能和出众的智慧一丝不苟地完成了自己的工作。如果他们成功迫使盖特纳辞职，或以其他方式破坏了财政部注资银行系统等大胆和必要的计划，就会导致巨大的经济恶果。

盖特纳在自己的书中这样描述了应对公愤的挑战。

> 公众的愤怒是恰当的，我理解为什么总统愿意接受这种情绪，但我认为我们无法满足公众的要求。我们没有法律权力没收在繁荣期间支付的奖金。我们没有权力为大多数私营公司设定薪酬标准。我们对接受不良资产救助计划资金的公司拥有更大的权力，但我们无法将奖金降至公众可以接受的水平，因为这样会导致这些银行的大批人才流失，降低银行恢复正常运营的可能性。无论是哪种情况，我认为公众对这些问题的愤怒是无法平息的。我担心我们对奖金问题的态度越强硬，公众的期待就会越高，他们会认为我们可以彻底消除金融业的挥霍无度，而这一期望不切实际。[59]

奥巴马总统对盖特纳的大力支持最终平息了这场喧嚣。就在公众指责盖特纳坐视不管后，众议院于3月19日通过了一项法案，对接受50亿美元以上政府救助的公司征收90%的奖金税。虽然税收范围主要限于美国国际集团的奖金，但金融业许多高管对政府支持产生了不信任感（他们认为奖金税是政府事后改变规则），这种情绪影响了他们与政府日后的关系。

幸运的是，市场和经济正在筑底，因为如果事态恶化或危机持续下去，我们的资本主义和民主制度就会面临毁灭的风险。在其他条件相同的情况下，当购买速度减缓时，商品、服务和投资性资产的价格会下降，而当出售速度减缓时，其价格会上涨。出于这个原因，**周期顶部通常出现在购买速度不可持续时（也就是人们认为价格会上涨时）以及出售速度不可持续时（通常在大多数人看跌时）**。在重大公告公布之前和之后的几周内，压力有所缓解，经济出现复苏迹象，市场反弹。4月第一周的一系列经济数据显示，虽然经济在3月继续萎缩，但萎缩速度慢于预期。正如下图所示，虽然主要经济数据以几十年来的最快速度继续萎缩，但萎缩势头看起来趋于平稳，经济可能正在掉头向上。

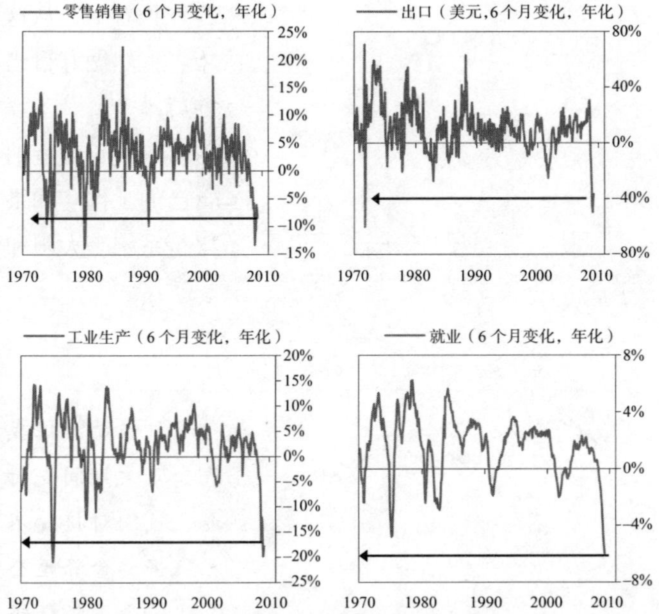

到4月中旬，全球各地的股市和大宗商品市场从3月的低点大幅反弹。标普500指数上涨25%，油价上涨超过20%，银行信用违约互换利差下跌近30%，但平均而言，市场定价仍然接近极端水平。这些市场走势似乎更多缘于出售速度减缓，而非购买速度加快。

当时，最突出的疑问是：市场是正在筑底还是又一次熊市反弹？毕竟，在本轮危机期间，曾多次出现典型的熊市反弹。例如，标普500指数在10月底的一周内上涨了19%，在2008年的最后6周上涨了24%，而每次都会跌尽涨幅，触及新低。

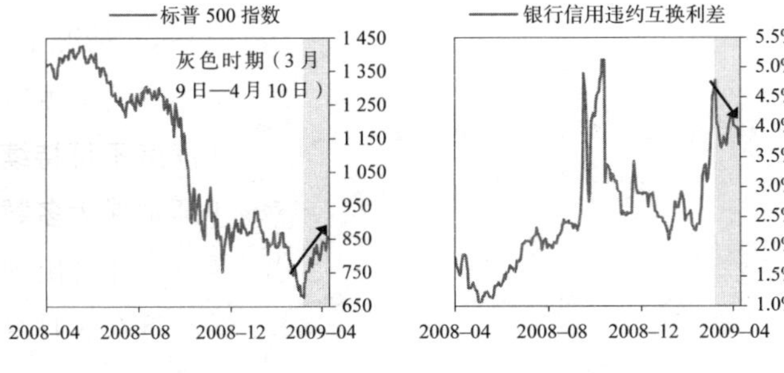

新闻和《桥水每日观察》

2009年4月24日

压力测试细节曝光，美股不为所动

“在5月4日前，投资者都不太可能知道政府对主要银行的压力测试结果，但美股周五没有因此起伏不定：在监管机构解释了评估方法之后，股市仍旧保持镇静。

“压力测试旨在确定银行需不需要筹集更多资金，虽然关于测试比率和指标的细节极少，但美股依然走高。不过，投资者猜测，在参与测试的19家金融机构中，大多数机构都资本充足，不需要私人投资者或政府再次大量注资。”

2009年4月24日

世界金融领袖会面，谨慎瞥见复苏“绿芽”

“美国和其他发达国家的财政部长周五表示，他们看到了全球经济危机‘企稳的迹象’……这是他们过去6个月来首次表现出些许乐观情绪。在一份联合声明中，七国集团进一步预测，今年晚些时候经济活动将开始回升，但他们警告称经济增长将较为‘疲软’，前景可能再次变得暗淡。”

2009年4月28日

政府推出新计划，调整第二抵押贷款

“奥巴马政府试图扩大其500亿美元计划，以期减少房屋止赎。政府周二宣布了一项新计划，帮助陷入困境的房主调整第二抵押贷款或附加贷款……根据新计划，如果贷款机构同意大幅减少第二抵押贷款的月供或完全免除贷款，就可得到财政部的现金奖励和补贴。”

2009年5月1日

据称花旗要求增加资本金

2009年5月1日

美联储将在6月启动贷款计划

“美联储周五宣布，6月将开始一项市场期待已久的计划，以鼓励商业房地产贷款……美联储表示，计划的目标是扩大这些贷款的供应，避免商业地产（如办公园区、购物中心）违约，并缓解不良资产的出售难度。新的商业房地产计划是3月推出的更广泛计划的一部分。3月的计划名为定期资产支持证券贷款工具，旨在为消费者和小企业提供贷款。

2009年5月4日

现房销售连续两个月上升

新闻和《桥水每日观察》

2009 年 5 月 6 日

压力测试结果公布前夕，银行股上涨

“一些大银行可能需要数十亿美元的额外资金，但周三，美股对金融体系表示乐观……投资者买入主要银行和地区银行的股票，与此同时，政府正准备公布 19 家主要金融公司的压力测试结果。投资者认为，即使政府要求银行筹集更多资金（以抵御经济进一步衰退），银行也处于良好状态。”

2009 年 5 月 7 日

压力测试结果公布，银行财务状况大相径庭

“周四，奥巴马政府公布压力测试结果，反映了美国银行业的整体问题，并首次在美国金融业的新格局中划出了一条清晰的分界线……整体而言，测试结果显示银行业的状况比许多人担心的要好。在全国 19 家最大的银行中（坐拥全美存款的 2/3），监管机构认为 9 家银行的健康状况良好。”

2009 年 5 月 7 日

欧洲央行再次放宽信贷政策

2009 年 5 月 8 日

银行测试结束，华尔街庆祝

“政府公布对 19 家主要银行的压力测试结果，新数据显示失业率增速开始放缓，投资者对此表示欢迎，美股周五上涨。”

2009 年 5 月 8 日

美国失业率达到 8.9%，但增速放缓

2009 年 5 月 8 日

参与压力测试的两家银行找到现成的投资者

“在银行压力测试公布后的次日，富国银行和摩根士丹利银行两大银行周五在资本市场轻松筹集了数十亿美元，满足了联邦政府增资的新要求。第三家机构美国银行匆忙制订计划，欲出售数十亿美元的新股。”

2009 年 5 月 18 日

盖特纳表示倾向于制定新政策，而不是设定奖金上限

“美国财政部长盖特纳周一表示，政府不应对接受联邦救助的机构设定高管薪金上限，而应制定政策，阻止所有金融公司奖励过度冒险行为。”

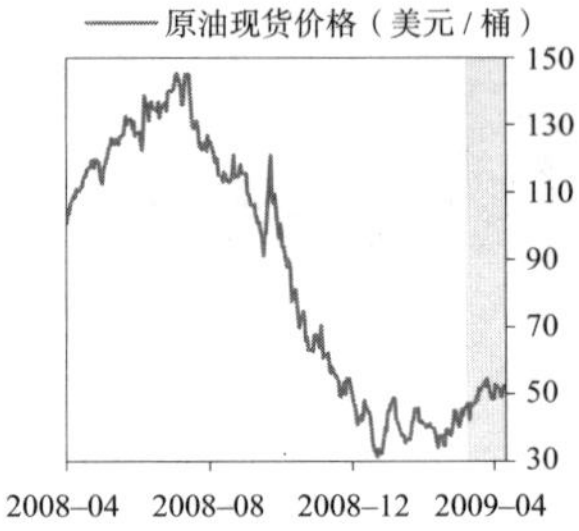

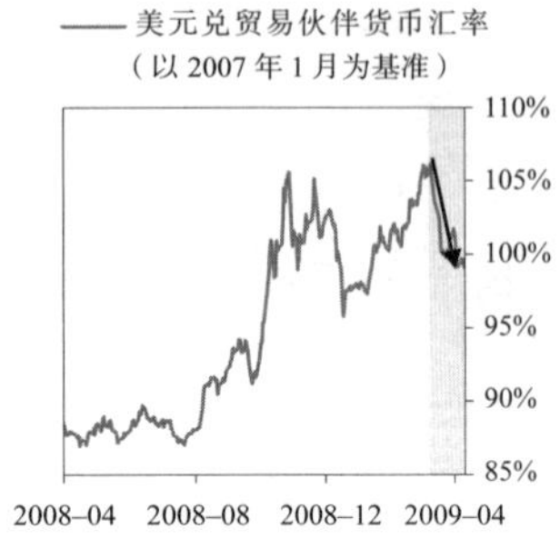

银行压力测试

确定美国是否走向持续复苏的一个关键点是银行的健康状况。尽管最近好消息接踵而至，但市场尚不确定银行是否仍然受到不良资产或大量资本需求的拖累。几个月来，我们一直在进行分析，发现大量问题并未被曝光或加以应对。盖特纳在 2 月宣布美联储将进行压力测试时，我不知道美联储是会捏造这些数字（美化结果）还是会实事求是，以便妥当处理问题。

5 月 7 日，美联储公布了压力测试结果，我做出以下评论。

（桥水每日观察）5 月 7 日：我们同意！

美联储的压力测试结果和我们的结果几乎完全相同！！！监管机构解释了本次压力测试的具体做法，公布了测试结果，它们极为出色地完成了工作。我们从近两年前就开始报告我们的亏损估算结果，美联储的做法与我们的几乎一模一样，其结果也与我们的基本相同。二者的差异更多的在术语层面，而非实质层面。例如，最大的差异在于我们计算的年数不同。美联储估算的是未来两年将会出现的损失，而我们估算的则是这些资产在整个寿命周期内的亏损总额。除了头两年外，这些资产在第三年、第四年等也会出现亏损，因此桥水计算的总损失自然大于美联储计算的未来两年亏损额。我们不会猜测美联储采取这一做法的原因，但根据我们的预测，资本需求将在第二年结束时达到最大值（即盈利小于亏损）。总之，年数的差异是我们的总亏损数据与美联储不同的主要原因，此外我们假设的经济情景可能也比它们的略差。对这些差异进行调整后，我们双方的结果基本相同。终于解脱了！！！我们两年来第一次确信，监管机构真正把握了银行业务问题的深度和广度！

在整个危机期间，盖特纳每天都会读《桥水每日观察》，他把这一期拿给了奥巴马总统。他在回忆录中描述了那个时刻。

第二天早上，我走进总统办公室，参加总统每日经济简报会，带着全球最大的对冲基金公司桥水的一份报告。包括萨默斯在内的许多专家都将《桥水每日观察》视为私营部门提供的最明智和最可靠的经济分析之一（桥水对银行业问题的分析结果也是最悲观的）。我当着经济团队和总统政治顾问的面把那天的《桥水每日观察》交给总统……

虽然我没有在达阵端区庆祝，但今天对主队来说的确是个好日子。[60]

我们和政府同时把握了问题的本质，也在采取的必要措施上保持一致。如释重负！

新闻和《桥水每日观察》

2009 年 5 月 20 日

美联储考虑增加债务购买量

“根据周三公布的会议纪要，为了控制利率并恢复信贷市场，美联储上个月就是否应该扩大抵押贷款和国债购买计划进行了辩论。”

2009 年 5 月 20 日

盖特纳称银行筹集了数十亿美元

“美国财政部长盖特纳周三表示，自两周前政府披露财务“压力测试”结果以来，美国最大的几家银行已采取行动，将资产负债表扩大约 560 亿美元。”

2009 年 5 月 21 日

续请失业救济人数上升，但裁员率下降

2009 年 5 月 21 日

据称财政部计划向通用汽车金融服务公司提供第二轮救助

2009 年 5 月 21 日

据称政府考虑成立消费者金融保护局

2009 年 5 月 26 日

5 月消费者信心大幅上升

2009 年 6 月 1 日

奥巴马对通用汽车的未来充满乐观

“周一，通用汽车申请破产，标志着该公司百年历史上的最低点。奥巴马总统的讲话对此一带而过，强调在政府进一步援助下，通用汽车将会再次获得机会，自力更生。”

2009 年 6 月 4 日

经济有望反弹，美股上扬

“虽然经济仍然疲软，但周四，投资者已经开始展望未来经济复苏，关注通胀走向……周四有报告显示首次申请失业救济人数减少，上周申请失业救济人数也继续走低，进一步鼓励了寻求经济稳定迹象的投资者。”

2009 年 6 月 4 日

首次申请失业救济人数略有下降，这是 20 周来的首次

“政府周四表示，上周失业保险领取人数在 20 周内首次略有下降，首次申请失业救济人数也有所减少……该报告给求职者带来了一线希望，但两者的降幅都很小，目前的绝对数据仍远高于经济健康时期的水平。”

2009 年 6—12 月：和谐的去杠杆化的开始

2009 年下半年，各项政策（即通过量化宽松提供流动性，通过财政政策提供资本金，通过宏观审慎政策提供其他支持）降低了风险，扩张了“高风险”资产的购买规模，提高了“高风险”资产的购买价格，经济开始恢复。由于之前解释的原因，这些转变类似产生和谐的去杠杆化的其他转变。

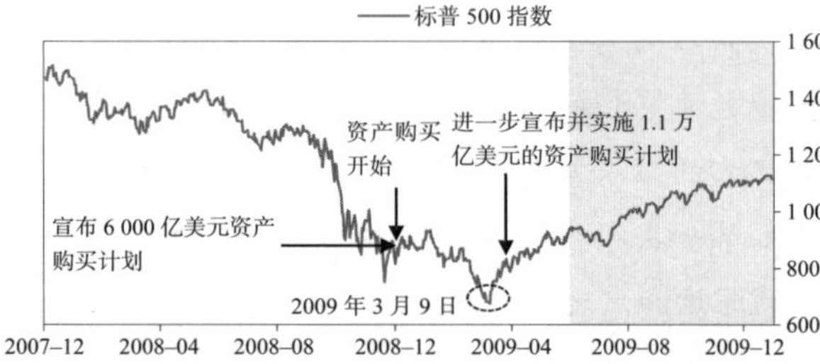

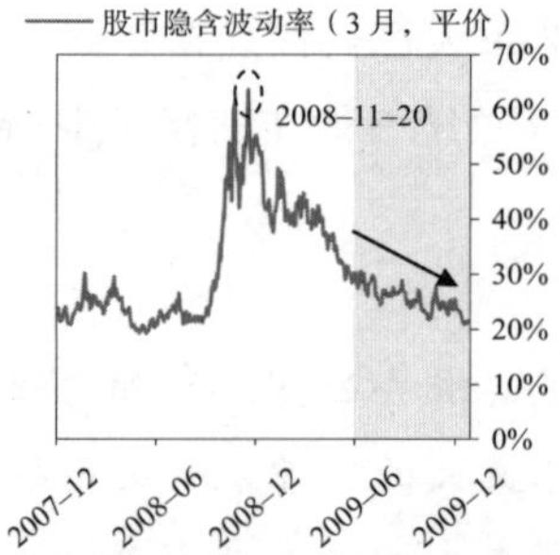

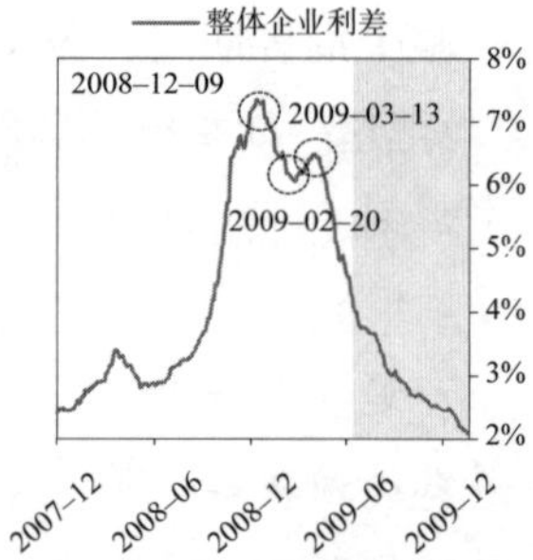

我们不会深入讨论这一时期的所有利好消息，但将强调两点。首先，市场频繁担心央行快速印钞会引发通胀，但幸运的是，这一问题并未出现，证明“增印货币会加快通胀”的说法是不正确的。如果美联储的“印钞”是取代信贷萎缩，就不会引发通胀加速走高。

当年夏季，我们向客户做出了如下的解释。

- **通货再膨胀不一定导致通胀，可能只会抵销通缩，具体取决于政策力度和资金流向。**
- 这样谈论“通胀”过于简单化，因为通胀率是许多指数的平均值，这些指数的表现各不相同。例如，

新闻和《桥水每日观察》

2009 年 6 月 5 日

失业率上升至 9.4%，但希望犹存

“5 月，美国的工作岗位减少了 34.5 万个，失业率飙升至 9.4%，但损失远小于预期，提升了经济复苏的希望……经济学家不能确定劳工部周五公布的月度就业报告是个改善迹象，但有明显证据表明，美国进一步陷入困境，数百万个家庭设法应对失业和工作时间减少的损失。”

2009 年 6 月 9 日

政府允许 10 家大型银行退出援助计划

“周二，奥巴马政府的银行救助工作迎来一个重要的里程碑：政府允许 10 家大型银行返还联邦救助资金（在危机最严重的时期，这些资金维持了银行的运营）。政府并没有大张旗鼓地宣传这一时刻，因为决策者和行业高管还在关注未来的挑战……一系列银行控股公司（美国运通、高盛、摩根大通、摩根士丹利等）计划总共返还 683 亿美元。”

2009 年 6 月 10 日

美联储看到疲软经济的亮点

2009 年 6 月 12 日

美国消费者信心指数触及 9 个月高位

2009 年 6 月 15 日

美股回吐涨幅，因担心经济复苏过慢过晚

“今春，经济有望复苏，美股走出低谷，但周一，美股普遍下跌，因投资者担心经济复苏可能非常缓慢，道路漫长。两份新的报告都强调美国经济将面临艰难时期。”

2009 年 6 月 17 日

金融监管改革

“虽然这场危机有很多起因，但现在显而易见，政府本可以采取更多措施防止这些问题失控，威胁到金融体系的稳定性。金融公司监督和监管存在漏洞，过于疏松，使风险在金融体系中不断积累，给政府监控、预防或解决这些风险带来了挑战。没有一个监管机构从保护整个经济和金融体系的角度思考自己的职责……我们必须立即采取行动，恢复对金融体系完整性的信心。普通家庭和企业面临的持久经济损失不断提醒我们，决策者迫切需要采取行动，改革金融监管体制，使经济走上可持续复苏的轨道。”

——美国财政部新闻稿

2009 年 6 月 24 日

美国证券交易委员会提出规则修正案，加强货币市场基金的监管框架

——美国证券交易委员会新闻稿

在通货再膨胀期间，经济处于低迷状态（这是典型现象，否则就不需要通货再膨胀了），用于生产的劳动力成本和资产（房地产、设备等）的通胀率几乎不会走高，而受益于货币价值/汇率下降的资产（全球交易的大宗商品、黄金等）价格会走高。

其次，国会和奥巴马政府**调整了工作重点，显著加强了金融业监管和监督**。以下时间表可以反映新法律法规的出台速度。

- 6月17日：奥巴马发表讲话，概述了全面金融服务改革的立法提案（最终促使《多德-弗兰克法案》的通过）。该提案包括加强监管、整合现有监管机构（给予美联储更大的监管权力）、加大消费者保护力度、对信用评级机构加强监管、更新银行清算规则等众多组成部分。法案本身直到2010年才被通过。
- 6月24日：美国证券交易委员会建议对货币市场基金进行监管，要求基金的投资组合必须包含一定数额的高流动性资产。此外，拟定监管规则将限制货币市场基金对优质证券的持有量。
- 6月30日：财政部向国会提交法案，设立消费者金融保护局。该机构将接管目前由美联储、美国货币监理署、美国储蓄管理局、联邦存款保险公司、联邦贸易委员会和国家信用社管理局负责的所有消费者保护计划。
- 7月23日：美联储提议修改《Z条例》(《诚信贷款法案》)，旨在改善封闭式抵押贷款和房屋净值信贷的消费者披露法规，要求告知买方（浮动利率贷款的）年度百分率和每月还款额。
- 10月22日：美联储提议审查28家银行机构的激励性薪酬政策，确定它们是否“风险适度”，并对小型银行进行类似的审查。这项提议发布的当天，

新闻和《桥水每日观察》

2009年7月2日

失业率达到9.5%，打击复苏希望

“6月，美国经济又失去了46.7万个就业岗位，失业率微升至9.5%。这些数据清楚地说明，自20世纪80年代以来为期最长的经济衰退尚未过去。”

2009年7月8日

IMF上调经济前景

2009年7月16日

新增申请失业救济人数降至1月以来的最低水平

2009年7月16日

盖特纳看到金融复苏迹象

2009年7月23日

道琼斯指数收于9 000点以上，为1月来首次

2009年8月6日

新增失业救济人数下降，降幅超预期

“政府周四表示，领取失业保险的新增下岗职工人数上周下降……劳工部表示，8月1日当周的首次申领失业救济人数下降至季末调整后的55万人，低于此前上修的数据（58.8万人）。汤森路透的一项调查显示，这一数字远低于分析师预估的58万。”

2009年8月7日

美股牛市上扬，上次出现这一水平还是在2008年

2009年8月12日

美联储认为经济衰退即将结束

“美联储周三表示，经济衰退即将结束，并且表示将向政策正常化迈出一步。差不多两年前，美联储开始实施美国历史上最大规模的金融救助计划。”

2009年9月19日

重要参议员力推银行监督新计划

2009年11月16日

美联储主席预测失业率将维持高位

2010年1月4日

制造业数据推动美股走高

2010年1月6日

美国服务业增长温和

——美联社

2010年1月8日

消费者借款11月再次下降

——美联社

新闻和《桥水每日观察》

2010 年 1 月 13 日

美联储报告显示部分地区经济增长，部分地区经济疲软

2010 年 1 月 22 日

美股连续三天走低，下跌约 5%

“每天都会出现新的担忧。周三，交易员担心企业尤其是银行的盈利。周四，奥巴马总统限制大银行的计划似乎造成市场走低。”

2010 年 1 月 27 日

在伯南克投票前一天，美联储按兵不动

2010 年 1 月 27 日

美联储退出量化宽松政策

“鉴于经济形势基本面仍然疲弱，我们预计美联储将长期维持接近 0% 的利率（时长将超出目前预期），并继续预期收益率曲线下行，以在一段时间内保持吸引力。”

——《桥水每日观察》

2010 年 2 月 1 日

盈利报告和房市稳定迹象刺激美股走高

2010 年 2 月 4 日

投资者担心欧洲问题可能会延长全球经济萧条

2010 年 2 月 4 日

紧缩 + 过度负债 = 高风险

“如您所知，我们认为全球货币和财政政策开始收紧，发展成熟的工业化国家负债过重，因此我们即将进入一个考验时期，看各国央行和中央政府能否按计划‘撤出’量化宽松政策。根据我们的计算，如果它们坚持既定的紧缩计划，就会面临不可接受的后果。”

——《桥水每日观察》

2010 年 2 月 11 日

希腊援助前景推动美股走高

2010 年 2 月 24 日

伯南克预期将延长低利率

2010 年 3 月 3 日

经济活力和金融资产价格的变化和水平

“关于发达国家‘当前事态发展’的分析似乎存在很大的混乱，观察者有时关注变化，有时观察水平，有时分析经济活力，有时考察经济活力影响因素，有时看市场。具体来说，那些关注金融市场价格变化的人是最乐观的，那些关注经济活力变化和市场价值水平的人没有那么乐观，那些关注经济活力水平和经济活力影响因素的人最不乐观。”

——《桥水每日观察》

不良资产救助计划高管薪酬特别监察官发布了[61]高管薪酬决定，涉及“接受大量救助资金的 7 家公司中薪酬最高的 25 名高管”。

- 12 月 11 日：经众议院通过，金融稳定委员会和消费者金融保护局成立。

在重大债务危机结束时，政府往往会修改法律法规，但如果尽早进行修改，危机就不会这么严重。然后，在很长一段时间（例如 25 年）内，随着灾难性影响的逐步消退，又呈现出一派欣欣向荣的景象，这些法律越来越受到轻视，新形式的实体创造出新形式的杠杆化工具，引发新一轮债务危机，以同样的方式演变发展。

2010 年—2011 年中期

2010 年伊始，金融市场表现强劲（从 2009 年 3 月的低点上涨近 65%），因为美联储的量化宽松政策使得流动性充裕，财政和监管规则调整加强了金融市场的安全性，但经济尚未摆脱困境，许多借款人的财务状况变差，借款更为谨慎，贷款标准也有所收紧。

此时，市场开始预期政策将会走向正常化。信贷市场预期，美联储将在一年内加息 2~3 次，大致相当于从经济衰退恢复到正常经济周期后的紧缩力度。这一预期不符合当时的经济形势。此时，失业率仍然非常接近战后高位，工资增长停滞不前，房价持平至远低于此前峰值的水平（许多中产阶层抵押借款人仍资不抵债），信贷标准收紧，财务状况健康的人不愿借款，而财务状况极差的人则希望借款。因此很难想象经济会出现正常的复苏。

此时，全球大多数央行和政府都开始放慢其大幅经济刺激步伐。在购买了 1.25 万亿美元的抵押贷款支持证券后，美联储在 3 月结束了第一轮量化宽松政策。《美国复苏与再投资法案》等财政刺激步伐也将在当年晚些时候达到顶峰。中国等其他国家加息，收紧货币政策。

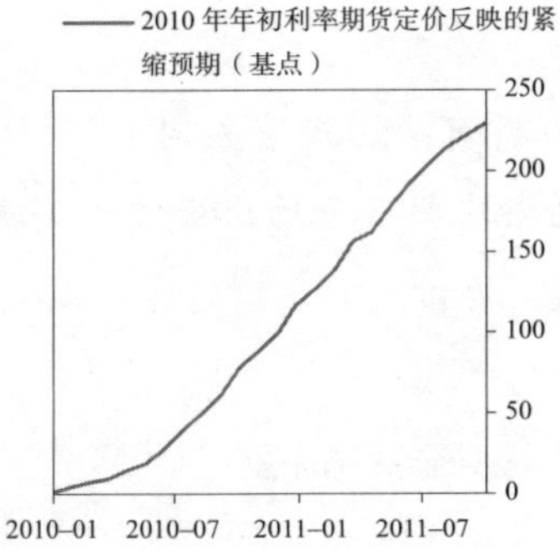

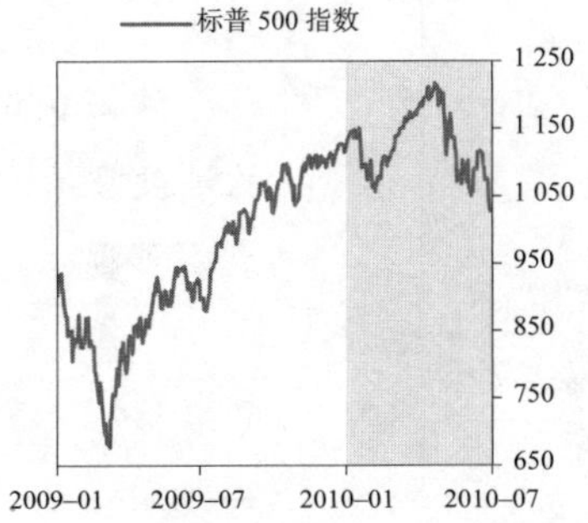

重要的是，此时投资者并不清楚，**仅仅放缓或结束量化宽松政策就已经相当于收紧政策，与加息没有什么不同。**有些人认为，只要将大量资金投入经济，就会刺激经济增长，美联储显然已经做到这一点，央行增印了超过2万亿美元的货币。但是，资金的流动比资金的数量更重要，正因为资产购买带来了资金流动，资产价值才会持续上涨，买方才会获得更多贷款（因为信贷增长仍然缓慢）。然而，此时人们普遍认为美联储的经济刺激规模太大，这样做不负责任。我们的看法不同，我们认为发达国家的政策收紧速度将不及预期。在2月17日的《桥水每日观察》中，我们指出：

（桥水每日观察）2月17日：即将到来的紧缩政策

各国选民、央行和当选官员一直普遍认为，央行印钞和购买资产，中央政府扩大预算赤字，这些行为在经济上不负责任，必须节制。我们认为，这种普遍看法往好里说是不成熟，往坏里说是危险的……深入分析这些计划及其影响后，我们得出的结论是这些计划受到太大的约束，除非私人债务出现大规模增长，或发达国家和新兴市场国家汇率出现重大调整，但考虑到所需的力度，这两种情况都不太可能发生。

与此同时，我们对欧洲进行了模拟金融预测，认为欧洲酝酿着债务危机，因为以下两方面不匹配：（1）债务人延展到期债务以维持运行所需的借款额；（2）资产负债表已经过度扩张的银行所能提供的贷款额。2月，欧洲若干重债国（葡萄牙、爱尔兰、意大利、西班牙，尤其是希腊）难以履行偿债负担，同时面临经济形势日益恶化。虽然与此相关的新闻导致全球市场出现一些日常波动，但大多数人认为问题只限于希腊（可能还有葡萄牙），不会影响到欧洲货币体系或全球经济。我们的计算结果显示，问题可能会严重得多。我们在2月初向客户写道：

新闻和《桥水每日观察》

2010 年 3 月 5 日

就业报告乐观数据提振市场

2010 年 3 月 31 日

美联储停止购买抵押贷款证券

2010 年 7 月 13 日

美国股指连涨 6 天

"周二，美国股指连续 6 个交易日上涨，主要得益于公司财报季的强势开局。"

2010 年 7 月 14 日

理论框架和经济减速

"我们认为，桥水观点与其他观点之间最重要的区别在于长期债务周期。由于长期债务周期的演变非常缓慢，每个周期基本上都是近百年的时间，因此大多数人没有经历过，这与我们大多数人已经多次经历的经济周期不同。因此，虽然人们已经很好地理解了经济衰退，但对于去杠杆化并不是很了解。"

——《桥水每日观察》

2010 年 7 月 21 日

伯南克对不确定性发表评论，造成市场紧张

2010 年 7 月 21 日

奥巴马签署法案，修改财务规则

2010 年 7 月 29 日

美联储可能需要加大政策力度

"虽然大家目前认为货币化政策是有风险的，但我们认为在去杠杆化和通缩期间，不采取行动的影响和风险更大。货币化不应被视为"全或无"的电灯开关，而应被视为调节流量的龙头，其原理类似降息或踩油门。无论是哪种情况，都是主要通过观察局势反应判断力度是否合适。如果局势开始好转，就可以放松油门；如果进展变慢，就踩油门。货币化也是如此。我们认为，现在是美联储加速货币化的时候了。"

——《桥水每日观察》

2010 年 8 月 10 日

美联储的购债行动显示对经济担忧

"美联储官员承认他们对经济复苏的信心有所黯淡。周二，央行再次采取措施，维持低利率、鼓励经济增长。央行还表示，如果就业市场和其他指标持续疲软，可能会采取更积极的措施。"

2010 年 8 月 24 日

美股再次受挫，这次因房屋数据所致

2010 年 9 月 1 日

报告良好，美股飙升

2010 年 9 月 7 日

欧洲问题再现，股市走低

（桥水每日观察）2 月 4 日：紧缩 + 过度负债 = 高风险

根据我们的判断，欧洲债务国（"欧猪四国"）的过度负债问题堪比新兴市场出现的一些最严重的债务问题。

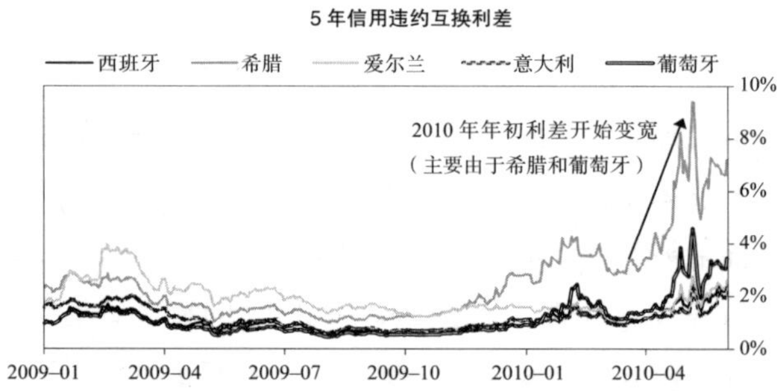

欧洲债务危机是另一回事。虽然我不会在此分析欧债问题，但值得注意的是，事件发生的顺序是一样的。决策者先是否认将会出现债务危机。当危机确实出现时，他们又犯了同样的新手错误，即过度依赖通缩性政策措施（财政紧缩等），而没有增印货币，避免系统重要性实体发生违约，直到痛苦难以承受。

5—7 月，美股跌幅超过 15%（从年初到 4 月末，上扬了近 10%），主要由于欧债危机引发蔓延担忧、美国经济数据疲软。

由于实体经济疲软，投资者意识到美联储可能会维持其零利率的政策路线。在接下来的 4 个月里，美债收益率下跌超过 100 个基点。2010 年夏，经济改善步伐放缓。最新劳动力市场健康状况数据显示，失业救济申领人数仅略有改善，而失业率仍接近高位。经济中诸多领域仍然存在过剩。如果经济活力从当时的水平继续走弱，后果将是非常可怕的。

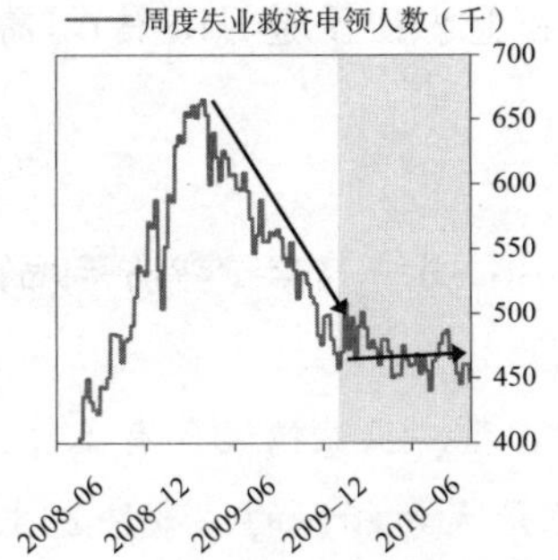

伯南克在杰克逊·霍尔的讲话中阐述了加大量化宽松力度的重要性，他明确表示，加大量化宽松是必要时的一个关键政策选项，指出“在必要情况下，美联储增持长期证券是加大货币宽松力度的第一选择”。[62] 他还强调了自己对量化宽松有效性的信心，表示这一政策“为经济稳定和复苏做出了重要贡献”。如下图所示，在伯南克8月发表这次讲话前的几个月内，10年盈亏平衡通胀率下降了50个基点，反映出市场对持续低通胀或通缩的担忧。然而，在他表示很有可能加大量化宽松力度后，市场强劲反弹。实体经济的反应自然落后于几乎瞬时的市场反应，但不久之后，经济增长也有所回升。

2010年10月初，美联储纽约银行主席比尔·达德利认为经济形势“完全不令人满意”，并认为“可能需要进一步采取行动”。[63] 达德利接着评估了影响美国经济增长的潜在因素，我们在10月1日的《桥水每日观察》中也阐述了基本类似的观点：“消费者收入增长缓慢，资产价格低于危机前水平。由于财富缩水、债务水平走高、收入降低，消费者的借款能力大大降低。其结果就是，家

新闻和《桥水每日观察》

2010年9月21日

美联储坚定立场，表示仍准备购债

2010年9月21日

朝着加大量化宽松力度方向又迈出一步

“我们认为，美联储最终的政策力度必须明显超出目前的预期，因为本轮量化宽松的单位效力可能远不及上一轮的水平。这是因为美联储印钞和支出（即量化宽松）的经济影响取决于谁获得了资金，以及他们利用资金做了什么。”

——《桥水每日观察》

2010年9月24日

稳定迹象有助于延长美股9月的涨势

2010年10月1日

美联储官员的评论释放加大经济刺激的信号

2010年10月14日

欧洲央行政策

“我们认为，欧洲总体经济增长率正在放缓，外缘国的债务问题至少仍然是经济增长的一个沉重负担，财政紧缩政策造成了明显的负面影响。在这种背景下，欧洲央行正在推进资产负债表‘正常化’（按时退出长期贷款工具，减缓资产购买速度），从而推高了短期利率和欧元汇率。我们认为，这是一个错误，这样做等同于收紧货币政策，将会导致金融环境恶化（可能进一步重压外缘国的信贷），最终迫使欧洲央行扭转政策方向（压低利率，也有可能压低欧元汇率）。”

——《桥水每日观察》

2010年10月15日

伯南克权衡新行动的风险

2010年10月25日

美联储审查止赎程序

——美联社

新闻和《桥水每日观察》

2010年11月3日

美联储注资6 000亿美元，加速经济复苏

“周三，美联储采取行动，推出了一项大胆的高风险计划，向银行体系注入6 000亿美元，以此推动经济走向复苏，在美国未来两年最主要的政治争斗中占领先机。”

2010年11月12日

股市和大宗商品因汇率问题而下跌

“周五，股市和大宗商品价格下跌，反映了投资者对全球问题和中国经济可能放缓的担忧……欧洲出现财政压力迹象，中国10月通胀率高达4.4%，超出预期，中国政府可能为此调整政策，导致经济放缓，这两个因素引发投资者抛售。”

2010年11月18日

爱尔兰获救前景提振全球股市

“美股周四上扬，因爱尔兰表示将寻求国际贷款机构提供数十亿美元援助，以拯救该国的银行。此举缓解了市场对欧洲金融体系健康状况的担忧，并有助于提振全球投资者情绪。”

2010年11月23日

债务危机和韩国形势导致美股走低

2010年12月1日

葡萄牙债券销售突显欧元区的压力

2010年12月14日

美联储实施购债计划

2010年12月21日

美联储扩大与欧洲的货币互换

——美联社

2011年1月3日

美股开年飙升

“在今年的首个交易日，大盘达到自2008年以来的最高水平，其中金融股的涨幅超过2%。

“美国银行股价涨幅超过6%，因银行宣布12月31日向房利美支付13.4亿美元现金，向房地美支付12.8亿美元现金，用于回购不良抵押贷款。此举解决了困扰市场的一大问题。”

2011年2月1日

道琼斯指数和标普500指数收于2008年以来的最高水平

——路透社

庭未能通过减少储蓄或借款对降息做出反应。”10月6日，我写道：

（桥水每日观察）10月6日：另一只靴子即将落地：更多量化宽松和货币贬值

目前的形势发展非常典型。虽然情况各有差异，但大多数去杠杆化的进程是大致相同的，事件发生的顺序也基本类似。我们已经在《桥水每日观察》和我们的“现状分析理论”中介绍了这些内容，此处略过，但需要强调与现在特别相关的几点。

所有的去杠杆化都源于私营部门信贷增长下降，需要央行增印货币和中央政府扩大赤字，抵消私营部门信贷下降的影响。尽管我们中的许多人在经济上都很保守，觉得通过印钞拯救债务人和债权人有些不道德，但我们需要认识到，财政紧缩措施是不能解决严重的债务去杠杆化问题的。有些政府不断尝试通过财政紧缩摆脱债务，它们最后都放弃了，这种方法不奏效，带来的痛苦也太大。这是因为借款和支出的减少造成就业压力及许多其他痛点，使债务去杠杆化出现自我强化的下行，而造成泡沫的债务和支出处于自我强化的上行。因此，我们研究的所有去杠杆化案例（涵盖过去几百年的大多数实例）的最终结果都是政府大量印钞，财政出现赤字，货币对黄金、大宗商品和股票贬值。

在提供必要的额外刺激方面，量化宽松政策整体有效。尽管欧洲持续存在债务问题，但美国经济和市场则在2010年结束时达到了高位。在第一轮量化宽松和第二轮量化宽松之间的时期，美国经济出现短暂停滞，但之后有所回升，标普500指数2010年的总回报率为13%，美联储在必要时持续提供刺激政策的决心也得到了证实：市场重新确定了通胀预期。2011年3月15日，我们对美国国内经济形势发展做出了如下分析。

（桥水每日观察）3月15日：从“最佳时期”过渡到下一个阶段

如前所述，美国经济显然正处于萎缩后的增长期，增长的支撑因素是货币政策、财政政策和信贷增长改善。在经济复苏的同时，国内（以及欧洲和日本）经济存在大量过剩产能，新兴国家的需求过热，因此我们认为通胀压力有限，这些压力主要来自新兴国家所需项目的价格。**换句话说，2010/2011年的周期性背景非常类似周期中的“最佳时期”。最佳时期通常出现于复苏的头两年，此时经济仍然存在大量富余产能，通胀压力较小。**然而，目前的经济复苏发生在去杠杆化时期，因此更依赖美联储的印钞和中央政府的财政刺激措施。

到目前为止，显而易见，政府支持金融体系的各项计划整体有效。与其他国家相比，美国金融体系的去杠杆化进程具有以下特点。

- 金融系统进行资本重组的速度相对较快（而且不良资产救助计划资本金也得到偿还）。
- 退出紧急信贷计划的速度相对较快。
- 各项救援计划的总体财务回报良好。

我们将就此结束本次案例分析。2011年第二季度，美国实际GDP恢复到危机前的水平。这绝对不是复苏的终点。美国经济和自我强化的上行周期中仍然存在大量过剩产能。下面第一组图分别展示2006年至今（2008年雷曼兄弟债务危机10周年纪念日）的失业率、GDP增长率、GDP缺口（估算实体经济的产能过剩程度）和标普500指数。阴影条块是各个数据在2011年第二季度的水平。第二组图是从1920年到距今10年以后的实际和预计债务占GDP的比例。债务数据不包括养老金和医疗保健等非债务义务（这些义务金额远远大于债务）。这是另一个需要单独讨论的话题。

新闻和《桥水每日观察》

2011年2月8日

美联储广泛定义系统性风险

“周二，联邦监管机构广泛定义了系统重要性金融机构，表示应该对这些机构加强监督。

“美联储根据《多德－弗兰克法案》的要求，公布了一份22页的提案，其中概述了确定‘系统重要性金融机构’的初步标准（此类机构的崩溃将对经济构成严重威胁）。”

2011年2月16日

随着经济好转，美联储预测经济增长将加速

2011年2月25日

油价和供应忧虑缓解，股价攀升

——美联社

2011年3月3日

就业数据乐观，美股上扬

2011年3月10日

全球差距加大

“如您所知，我们把全球经济体划分为债务国和债权国两类，再将每一类分为具有独立货币政策的经济体和具有汇率挂钩货币政策的经济体。我们认为，具有汇率挂钩货币政策的债务国（即不能增印货币）将会多年面临困难和经济疲弱，而那些因汇率挂钩而必须不断印钞的债权国将出现长期经济过热。我们还认为，这些压力将在未来18个月内加剧，导致这些挂钩关系出现裂缝和巨变。这些判断影响了我们在信用利差、收益率曲线、货币、大宗商品和股票的市场仓位。”

——《桥水每日观察》

2011年3月15日

交易员关注日本危机，美股收低

2011年3月20日

美国电话电报公司收购德国电信旗下美国子公司T-Mobile，道琼斯指数飙升至12 000点以上

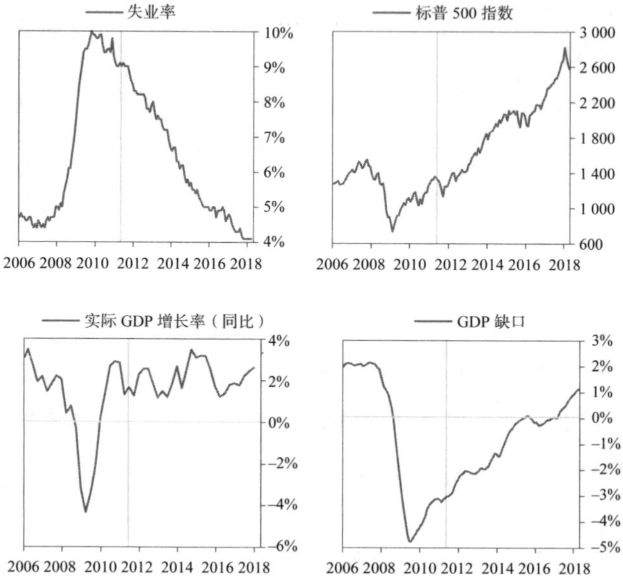

债务水平（占 GDP 的比例）

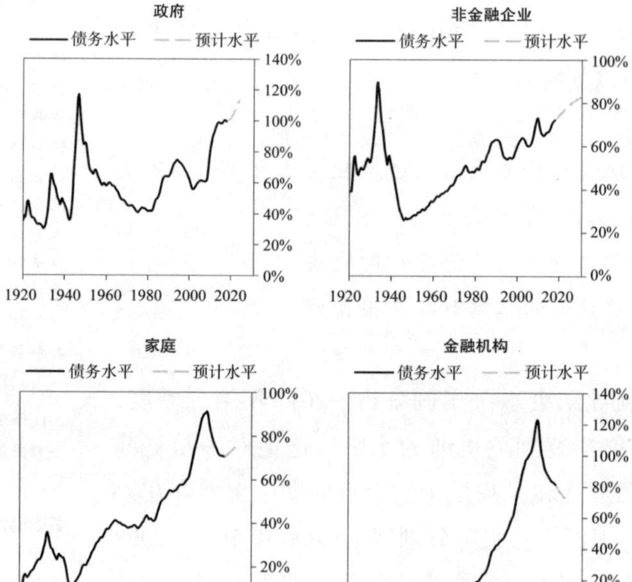

参考文献

Associated Press, "Fed Chairman Signals an End to Interest Rate Cuts Amid Concerns About Inflation," *New York Times*, June 4, 2008, https://nyti.ms/2BC431y.

Bernanke, Ben S. "Causes of the Recent Financial and Economic Crisis," Testimony Before the Financial Crisis Inquiry Commission (Washington D.C., September 2, 2010). https://www.federalreserve.gov/newsevents/testimony/bernanke20100902a.htm.

Bernanke, Ben S. *The Courage to Act: A Memoir of a Crisis and Its Aftermath*. New York: W.W. Norton & Company, 2017.

Bernanke, Ben S. "The Economic Outlook and Monetary Policy." Speech, Federal Reserve Bank of Kansas City Economic Symposium, August 27, 2010. The Federal Reserve. https://www.federalreserve.gov/newsevents/speech/bernanke20100827a.htm.

Board of Governors of the Federal Reserve System (U.S.). *Joint Statement by the Treasury, FDIC, OCC, OTS, and the Federal Reserve*. Washington, DC, 2009. https://www.federalreserve.gov/newsevents/pressreleases/bcreg20090223a.htm.

Creswell, Julie and Vikas Bajaj. "$3.2 Billion Move by Bear Stearns to Rescue Fund," *New York Times*, June 23, 2007. https://nyti.ms/2hanv9c.

da Costa, Pedro Nicolaci. "Bernanke says U.S. economy faces big threat," Reuters, October 15, 2008. https://www.reuters.com/article/us-financial-fed-bernanke/bernanke-says-u-s-economy-faces-big-threat-idUSTRE49E6Y820081015.

Dudley, William C. "The Outlook, Policy Choices and Our Mandate" Remarks at the Society of American Business Editors and Writers Fall Conference, City University of New York, Graduate School of Journalism. New York City, October 1, 2010. https://www.newyorkfed.org/newsevents/speeches/2010/dud101001.

Elliott, Larry and Jill Treanor. "The Day the Credit Crunch Began, Ten Years On: 'The World Changed,'" *The Guardian*, August 3, 2017. https://www.theguardian.com/business/2017/aug/02/day-credit-crunch-began-10-years-on-world-changed.

Ellis, David and Ben Rooney. "Banks to Abandon 'Super-SIV' Fund," CNNMoney.com, December 21, 2007. https://money.cnn.com/2007/12/21/news/companies/super_siv/index.htm?postversion=2007122116.

Federal Reserve Bank, "2016 Survey of Consumer Finances Chartbook," (October 16, 2017), 835. https://www.federalreserve.gov/econres/files/BulletinCharts.pdf.

Geithner, Timothy F. "Introducing the Financial Stability Plan." (Speech, Washington, D.C., February 10, 2009) https://www.treasury.gov/press-center/press-releases/Pages/tg18.aspx.

Geithner, Timothy F. *Stress Test: Reflections on the Financial Crisis*. New York: Broadway Books, 2015.

Greenspan, Alan and James Kennedy. "Sources and Uses of Equity Extracted from Homes," Finance and Economics Discussion Series, Division of Research and Statistics and Monetary Affairs (Washington, D.C.: Federal Reserve Board, 2007–20), 16–72. https://www.federalreserve.gov/pubs/feds/2007/200720/200720pap.pdf.

Lukken, Walt. "Reauthorization: Let the Debate Begin." *Futures & Derivatives Law Report* 24, no. 6 (2004): 1-9.https://www.cftc.gov/sites/default/files/idc/groups/public/@newsroom/documents/speechandtestimony/opafdlrlukkenarticle.pdf.

Memorandum from Financial Economist to Erik R. Sirri, Robert L.D. Colby, Herbert F. Brooks, Michael A Macchiaroli, Thomas K. McGowan, "Re: Risk Management Reviews of Consolidated Supervised Entities," January 4, 2007. https://fcic-static.law.stanford.edu/cdn_media/fcic-docs/2007-01- 04%20 SEC%20Risk%20 Management%20Review%20of%20Consolidated%20Supervised%20Entities.pdf.

Nizza, Mike. "Paulson Says Economy Is Starting to Rebound," *New York Times*, May 17, 2008. https:// nyti. ms/2BBJJgD.

Paulson Jr., Henry M. *On the Brink: Inside the Race to Stop the Collapse of the Global Financial System*. New York: Business Plus, 2010.

Raum, Tom and Daniel Wagner. "Geithner grilled on AIG bailout," *The Post and Courier*, January 27, 2010. https://www.postandcourier.com/business/geithner-grilled-on-aig-bailout/article_e0713d80-bbf1-5e81-ba9d-377b93532f34.html.

Reuters, "2 Bear Stearns Funds Are Almost Worthless," *New York Times*, July 17, 2007. https://nyti.ms/2fHPu2b.

Reuters, "Paulson Won't Rule Out Dollar Intervention," *New York Times*, June 10, 2008. https://nyti.ms/2BAWQid.

Stolberg, Sheryl Gay and Steven R. Weisman. "Bush Talks Up Dollar as He Heads to Europe," *New York Times*, June 10, 2008. https://nyti.ms/2o1glHj.

Summers, Larry. "Opening Remarks at the SIEPR Economic Summit." (Speech, Stanford University, March 7, 2008). Accessed at: http://delong.typepad.com/larry-summers-stanford-march-7-2008.pdf.

U.S. Census Bureau. "Number of Stories in New Single-Family Houses Sold." https://www.census.gov/const/C25Ann/soldstories.pdf.

U.S. Department of the Treasury. *The Special Master for TARP Executive Compensation Issues First Rulings*. Washington, DC, 2009. https://www.treasury.gov/press-center/press-releases/Pages/tg329.aspx.

Vazza, Diane, Nick W. Kraemer, Nivritti Mishra Richhariya, Mallika Jain, Abhik Debnath, and Aliasger Dohadwala. "Default, Transition, and Recovery: 2017 Annual Global Corporate Default Study and Rating Transitions," S&P Global Ratings, April 5, 2018. http://media.spglobal.com/documents/RatingsDirect_DefaultTransitionandRecovery2017 AnnualGlobalCorporateDefaultStudyAndRatingTransitions_38612717_ Apr-17-2018.PDF.

1 Federal Reserve Bank, "2016 Survey of Consumer Finances Chartbook," 835.
2 Greenspan and Kennedy, "Sources and Uses of Equity," 16-17.
3 US Census Bureau, "Number of Stories."
4 Paulson, *On the Brink*, 45, 50-52.
5 Paulson, 57-58.
6 Bernanke, "Causes of the Recent Financial and Economic Crisis."
7 Memorandum, "Re: Risk Management Reviews."
8 Bernanke, "Causes of the Recent Financial and Economic Crisis."
9 Reuters, "2 Bear Stearns Funds."
10 Creswell and Bajaj, "$3.2. Billion Move to Rescue Fund."
11 Bernanke, *The Courage to Act*, 156.
12 Bernanke, *The Courage to Act*, 156.
13 Geithner, Stress Test, 9.
14 Bernanke, *The Courage to Act*, 160.
15 Ellis and Rooney, "Banks to Abandon 'Super-SIV' Fund."
16 Elliott and Treanor, "The Day the Credit Crunch Began."
17 Vazza, et al. "Default, Transition, Recovery" ; Andrews, "Mortgage Relief Impact."
18 Lukken, "Reauthorization," 3.
19 Bernanke, *The Courage to Act*, 194.
20 Bernanke, *The Courage to Act*, 194.
21 Bernanke, *The Courage to Act*, 208, 215-6.
22 Bernanke, *The Courage to Act*, 208.
23 Paulson, On the Brink, 93.
24 Bernanke, *The Courage to Act*, 218.
25 Geithner, *Stress Test*, 166-7.
26 Paulson, 132-5.
27 Nizza, "Economy Is Starting to Rebound."
28 Stolberg and Weisman, "Bush Talks Up Dollar" ; Reuters, "Paulson Won't Rule Out."
29 Associated Press, "Fed Chairman Signals an End."
30 Paulson, 142.
31 Paulson, 57.
32 Paulson, 4.
33 Paulson, 162.
34 Paulson, 167.
35 Paulson, 1.
36 Paulson, 147.
37 Paulson, 219.
38 Ibid, 185.
39 Paulson, 209, Geithner, *Stress Test*, 96.
40 Paulson, 225.
41 Paulson, 229.
42 Bernanke, *The Courage to Act*, 280.
43 Bernanke, *The Courage to Act*, 281.
44 Raum and Wagner, "Geithner Grilled on AIG."
45 Paulson, 252-3.
46 Paulson, 233.
47 Paulson, 342.
48 Paulson, 353.
49 Paulson, 353.
50 Paulson, 369.
51 Paulson, 357-8.
52 Da Costa, "Bernanke Says U.S. Economy."
53 Paulson, 396.
54 Paulson, 399-400.
55 Summers, "SIEPR Economic Summit," 1.
56 Bernanke, *The Courage to Act*, 378.
57 Geithner, "Introducing the Financial Stability Plan."
58 Board of Governors of the Federal Reserve, "Joint Statement."
59 Geithner, *Stress Test*, 291.
60 Geithner, *Stress Test*, 349-50.
61 US Treasury, "The Special Master for TARP."
62 Bernanke, "Economic Outlook."
63 Dudley, "The Outlook."

第三部分

48 个案例研究概要

核心经济术语表

以下是本书第三部分（及其他部分）中使用的一些经济术语的概念。为简洁起见，我们对这些概念进行了简化。

国际收支差额

一个特定国家 / 货币区的个人或机构与世界其他地区之间进行的所有交易的余额，这些交易包括购买货物、服务、金融资产以及其他支付。以某种特定商品的交易为例，当一个国家的人要购买石油时，他必须要放弃某种形式的资本以换取石油。国际收支恶化的情况好比一个家庭的财务状况恶化，原因是资金流入（所获得的收入和贷款）低于消费支出，而国际收支改善的情况则与之相反。

国际收支危机

经济危机的一种，表现为一国的国际收支不断恶化，导致该国的实体在国际市场上缺乏购买力，从而无法满足其需求。此时，该国的现金和信贷均已耗尽。

泡沫阶段

债务周期的一个阶段，通常表现为债务、资产价格和经济增长率呈现自我强化式上涨，但这种情况不可持续。这里的关键词是“不可持续”，经济在经历了暂时的繁荣之后就会陷入萧条。这就如同一个人为了过上奢华的生活而大量举债，这种生活可以在短期内维持，但不可持续，一旦发生调整，就会陷入窘境。

资本流入 / 流出

资金和信贷的跨境流动，其目的是购买资本或投资性资产（例如，债券、货币、股票、工厂等）。一国的国内投资者买卖外国资产即“资本流出”，国外投资者买卖该国资产即“资本流入”。

核心通胀

剔除价格波动巨大的商品（例如大宗商品）或服务后的价格通胀。

钉住汇率制度

汇率政策的一种，即一国政府使本国货币的价值钉住另一种货币、一篮子货币或资产（例如黄金），与其保持固定的兑换比率。

经常账户余额

一国的货物和服务出口净额、收入净额与转移支付净额之和。可以将其视作一国的净收入（收入减去支出）。如果一国出现经常账户赤字，意味着该国的支出大于收入，则需通过资本交易（例如借款或出售资产）填补缺口。这些资本交易会被计入资本账户余额。

偿债总额

在既定时期里维持债务的成本，包括利息和本金支付。

去杠杆化

减轻债务负担的过程。

去杠杆化归因

桥水用于分析导致一国债务负担增减的原因的方法。在去杠杆化归因图中，黑点表示在这一时期该国的债务占 GDP 的比例的年化增减幅度。（正值表示该国债务水平上升，负值表示该国债务水平下降。）该图还展示了导致债务水平变化的因素：0 以上为导致债务负担加重的因素，0 以下为导致债务负担减轻的因素。其中包括导致该国 GDP 增减的因素（例如通胀率和实际经济增长率），以及导致债务增减的因素（例如，该国为支付利息而新增的借款，或者其他新增债务）。请注意，这种分析方法因国家而异，主要取决于该国可获得数据的完备程度。

经济萧条

债务危机阶段发生的严重经济衰退，通常表现为资产价格和经济增长率的自我强化式下跌。这段时期的典型特征是，央行放宽货币政策的能力有限，无法缓解经济衰退。

宽松政策

央行通过降息、印钞，或修改监管规定等方式增加货币和信贷供应的货币政策举措，或中央政府做出的调整支出、税收或监管规定的财政政策举措。

财政余额

政府支出与政府税收收入的差额。当政府支出超过收入（因而必须要借款或消耗储蓄）时，就会产生财政赤字；当政府收入超过支出时，就会实现财政盈余。

外汇回报

投资者投资外国货币所获得的回报。这取决于汇率变化，以及投资者赚取的利息与其投资本国货币赚取的利息的差额。

FX

外汇汇率。

外汇债务

以投资者本国货币以外的货币计价的债务。

GDP

国内生产总值，即一国生产的全部最终商品和服务的总值（即价格乘以数量）。GDP 是衡量经济体规模的最常用指标。我们常常以占 GDP 的比例来衡量其他经济概念（例如债务）在特定经济体中的规模大小。

GDP 缺口

一种粗略衡量经济体产能利用率高低的指标。GDP 缺口是基于经济体目前的产出水平与潜在的产出水平（即预计该经济体可以长期维持而无负面影响的产出水平）之间的差异。如果一个经济体的 GDP 缺口为负，就说明该经济体存在闲置产能（例如，工厂没有满负荷运转）。如果一个经济体的 GDP 缺口为正，就说明该经济体几乎不存在闲置产能。GDP 缺口通常被称为“产出缺口”或“闲置产能”。

流动性

衡量资金与信贷是相对紧缺还是容易获得的指标。当流动性较低时，资金与信贷紧缺，即使是信用度高的借款人也需支付较高的借款利率。当流动性较高时，信用度高的借款人很容易借款，而且借款利率较低。

长期利率

长期债务的利率。本书中提到的名义长期利率通常是指 10 年期政府债券的收益率。

M0

衡量某种货币的印发总量的指标，通常基于流通中的实物货币量与央行持有的准备金之和。

名义经济增长率

一国的产出总值（例如 GDP）的变化。“名义”是指包括通胀造成的价格上涨因素，与之相对的是实际经济增长率（见下文）。

潜在产出水平

粗略估算一个经济体能够长期维持的最高产出水平的指标。GDP 缺口显示了一个经济体当前的产出水平是高于还是低于潜在产出水平。

实际

包含“实际”一词的经济术语意味着对相关数据进行调整，剔除通胀因素的影响之后的结果。具体例子可见下文，需要注意的是，这些指标通常无法做到精确（例如，我们无法精确衡量一国的实际汇率）。

实际汇率

通过比较各国现在与过去的相对汇率和价格水平，粗略衡量一种货币的价值高低的指标。实际汇率为正，代表这种货币的价值增加；实际汇率为负，代表这种货币的价值下降。我们通常将一国的货币与其贸易伙伴的货币进行对比（即贸易加权指数，简称 TWI）来衡量这一指标。

实际 GDP

粗略衡量一国产出的商品与服务总值（剔除通胀因素的影响）的指标。

实际经济增长率

粗略衡量一国产出的商品与服务总值的变化（剔除通胀因素的影响），与之相对的是名义经济增长率。

实际利率

剔除通胀因素影响之后的利率。如果实际利率为负，意味着通胀率高于贷款利率，则贷款者的购买力在逐渐下降。

通货再膨胀

当一国的货币政策较为宽松时，具有刺激效果，有助于促进经济体从萧条中复苏的阶段。

储备

一国持有的外汇或黄金储备。它本质上是指一国政府积蓄的外汇，可用于购买资产，也可用于调整本国货币的供需状况和汇率。

短期利率

通常是指期限在 3 个月以内的短期贷款的利率。

刺激

见“宽松政策”。

紧缩政策

通过减少货币与信贷供给，使经济增速放缓的政策举措。通常的做法是，通过提高利率，减少货币供给，削减政府支出，或者改变监管规则来限制银行放贷。

收益率曲线

短期利率与长期利率之差。当短期利率高于长期利率时，收益率曲线会出现倒挂，短期利率预期将会下降。当短期利率低于长期利率时，短期利率预期将会上升。

48 场债务危机

本部分将逐一介绍我们研究的 48 场债务危机，以便读者获得身临其境的体验。我们系统性地考察了主要国家在过去 100 年里经历的去杠杆化时期，重点关注实际 GDP 降幅超过 3% 的情况，从而筛选出这 48 个案例（其中前 21 个为典型通缩性去杠杆化周期，后 27 个为典型通胀性去杠杆化周期），并将其与 IMF 和其他著名研究机构的研究成果进行对比。虽然我们的研究无法囊括过去 100 年里发生的所有债务危机，但这些案例可以很好地说明债务危机和去杠杆化的特征，凸显其中重要的共性（正如本书第一部分所讨论的）与差异。

每个案例都包括两部分内容：一部分是由电脑生成的案例文本分析[①]，简述当时的势态发展；另一部分则通过大量图示显示基本统计数据。这些自动生成的案例文本对基本统计数据进行了解释，并以简化的方式展示了我们的算法分析。在本书的这一部分，我们通过简化的视角来看这些案例（基于本书第一部分中提供的更为简化的模型），有助于凸显精髓所在。而在本书的第二部分，我们通过详述细节的方式研究案例。这两种视角会使读者获得不同的认识。我希望，透过这一简化的视角，读者能更容易地看到"典型债务大危机"模型中所阐释的原则层面的共性与差异。

① 因文本分析部分为电脑自动生成的案例摘要，运用相同的模式分析不同的历史数据，故部分文字存在相似之处。——编者注

美国 1926—1936 年案例文本自动摘要

如右图所示，1926—1936 年，美国经历了典型的通缩性去杠杆化周期。

下图中的指标是根据后文分类图示中的统计数据汇编而成。请注意，这些指标的数据仅为粗略值。[①]（以下案例均为如此，不再赘述。）

泡沫与萧条指数

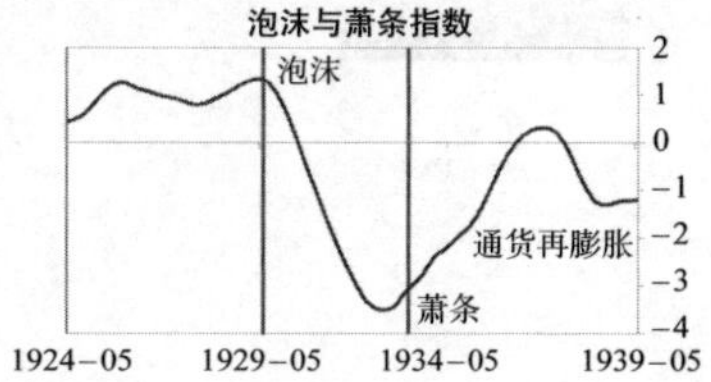

紧缩与宽松指数

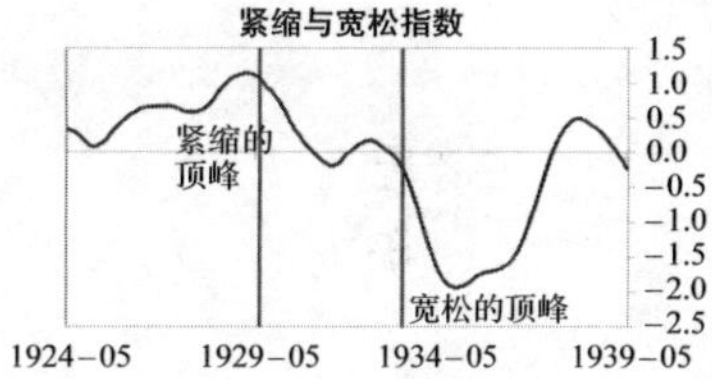

核心通胀率（同比）

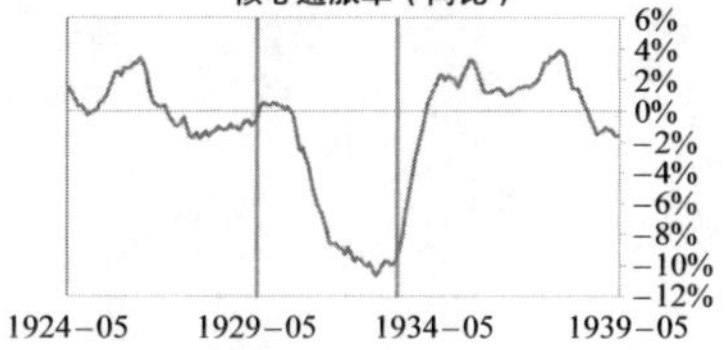

去杠杆化归因：萧条阶段

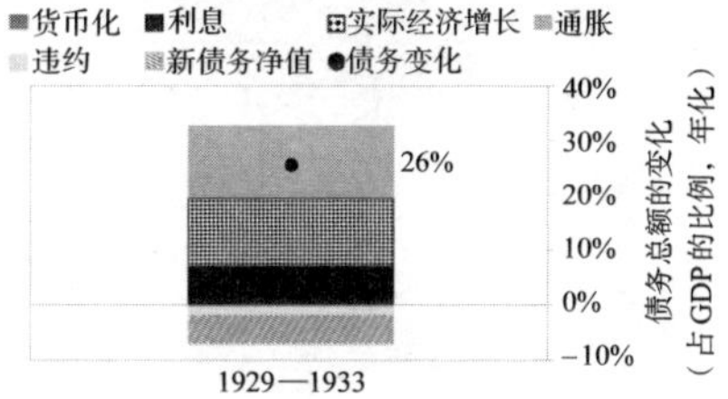

泡沫阶段

1926—1929 年，美国处于泡沫阶段。债务不断增加，股市回报丰厚，经济增长强劲，这些因素促成一个自我强化的泡沫周期。泡沫阶段结束时，美国的债务已达到危机前的峰值，占 GDP 的 125%。在本案例中，这些债务都以美元计价，而且大多数债务的债权人是美国人。在债务不断增加的支撑下，美国经济增长强劲（增速达到 3%），经济活力处于高位（GDP 缺口达到 13% 的峰值）。此外，股票在泡沫阶段的平均年化回报率高达 31%，高资产回报率鼓励更多借债，刺激经济增长。在这一阶段，决策者采取了温和的紧缩政策（将短期利率上调约 250 个基点）。美国经济面临泡沫压力，货币与信贷环境不断收紧，这些因素共同促成了不可持续的发展局势。

萧条阶段

最终，形势出现逆转，引发了自我强化的经济萧条和痛苦的去杠杆化，持续时间为 1929—1933 年。高债务水平使美国容易受到冲击伤害，而此时其面临的冲击是 1929 年股市崩盘。美国的 GDP、股价与房价均陷入自我强化式下跌，跌幅分别为 26%、84% 和 24%，失业率上升 23%。美国的金融机构也面临巨大压力。如右边的去杠杆化归因图所示，尽管美国需要去杠杆化，但由于实际收入水平不断下降，经济面临通缩压力，以及举借新债以支付利息，其债务占 GDP 的比例增加了 98%（年化增幅为 26%）。

---

① 前两张图分别显示了泡沫与萧条状况和货币与信贷的紧缩及宽松程度的衡量指标。对每项指标而言，与 0 的距离代表泡沫的程度，当指标大于 0 时代表进入泡沫，当指标小于 0 时代表走出泡沫。

去杠杆化归因：通货再膨胀阶段

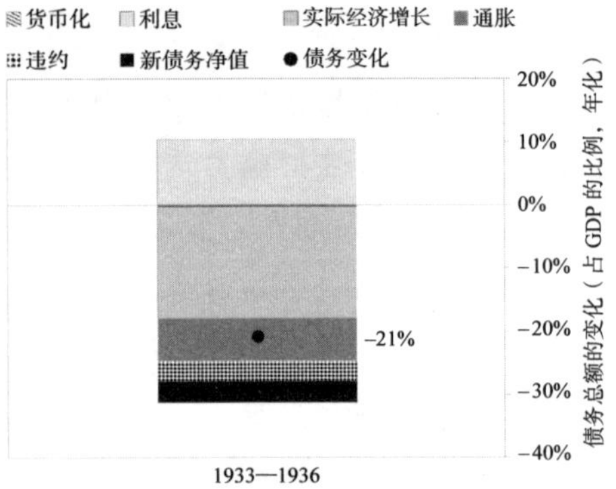

通货再膨胀阶段

这一萧条阶段的持续时间略长于平均水平。之后，决策者提供了充足的经济刺激，使痛苦的去杠杆化转变为和谐的去杠杆化，美国从 1933 年开始步入通货再膨胀阶段。在这一经济刺激阶段，货币政策方面，政府切断了美元与黄金的挂钩，M0 增幅达 GDP 的 6%，利率最终降至 0%，实际汇率平均为 –5%。在这一周期里，美国非常积极地管控金融机构和处理坏账，使用了 9 个典型政策工具中的 8 个。特别是，美国政府提供流动性，直接购买不良资产。在这些刺激性举措的作用下，美国的名义经济增长率远高于名义利率（在此期间，其经济增长率平均为 8%，而主权长期利率降至 3%）。如左边的去杠杆化归因图所示，在这一阶段，美国的失业率下降 14%，债务占 GDP 的比例下降 70%（年化降幅为 21%）。在这段和谐的去杠杆化时期，债务与收入比率下降主要是因为实际收入水平不断提升，其次是因为通胀。其实际 GDP 在 7 年后才达到之前的峰值，以美元计算的股价在 25 年里恢复。

这场危机对美国政局造成显著影响，它为罗斯福上台搭建了舞台，而许多人认为罗斯福是一名民粹主义领导人。

美国 1926—1936 年分类图示附录

负债状况

货币政策与财政政策

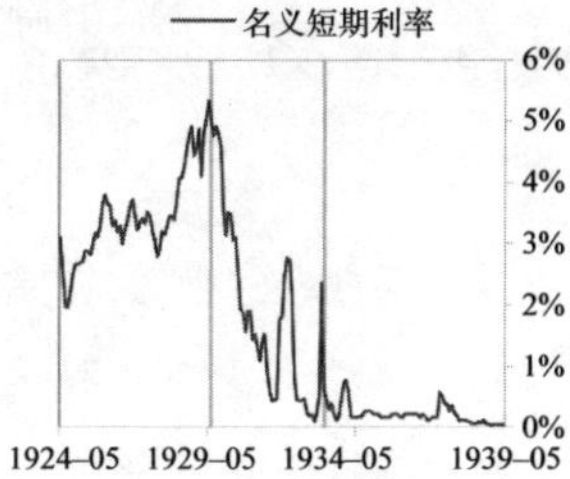

经济状况

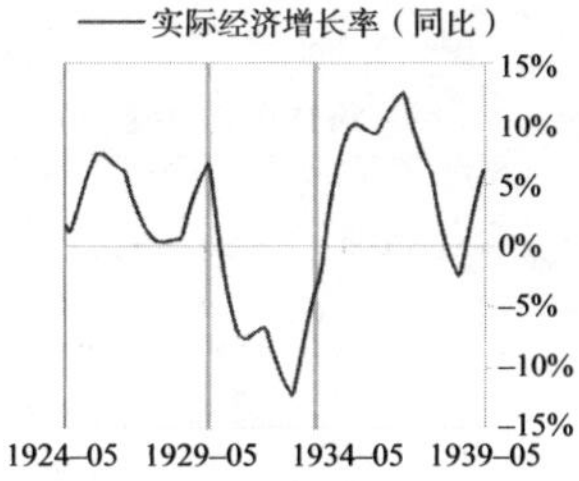

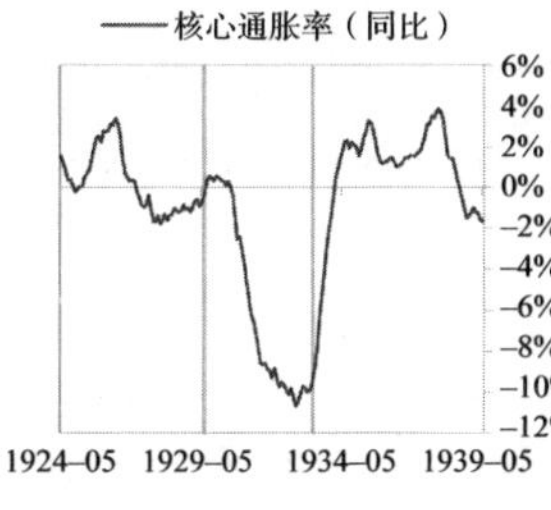

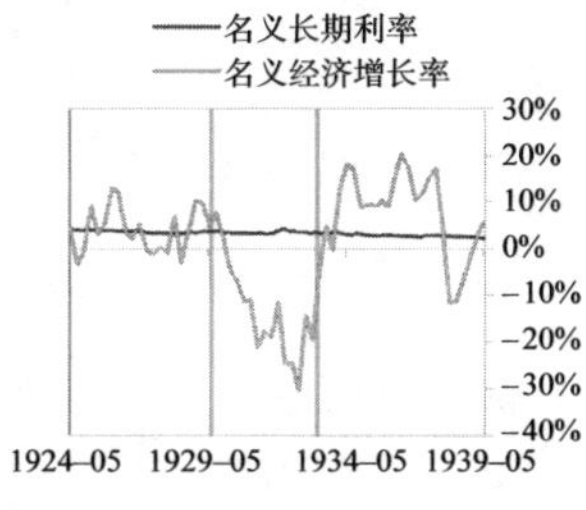

市场状况

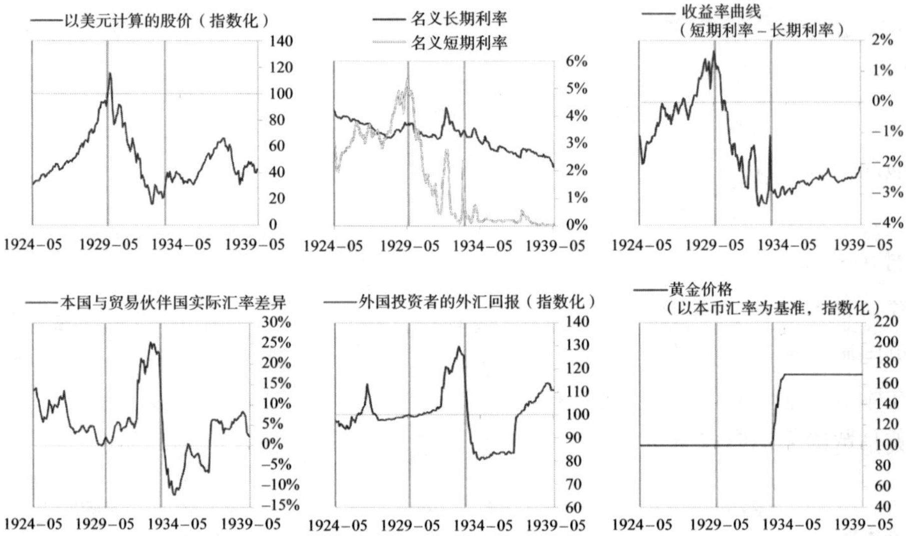

以美元计算的股价（指数化）
140
120
100
80
60
40
20
0
1924–05 1929–05 1934–05 1939–05
名义长期利率
名义短期利率
6%
5%
4%
3%
2%
1%
0%
1924–05 1929–05 1934–05 1939–05
收益率曲线
（短期利率 – 长期利率）
2%
1%
0%
–1%
–2%
–3%
–4%
1924–05 1929–05 1934–05 1939–05
本国与贸易伙伴国实际汇率差异
30%
25%
20%
15%
10%
5%
0%
–5%
–10%
–15%
1924–05 1929–05 1934–05 1939–05
外国投资者的外汇回报（指数化）
140
130
120
110
100
90
80
70
60
1924–05 1929–05 1934–05 1939–05
黄金价格
（以本币汇率为基准，指数化）
220
200
180
160
140
120
100
80
60
40
1924–05 1929–05 1934–05 1939–05

国际收支状况

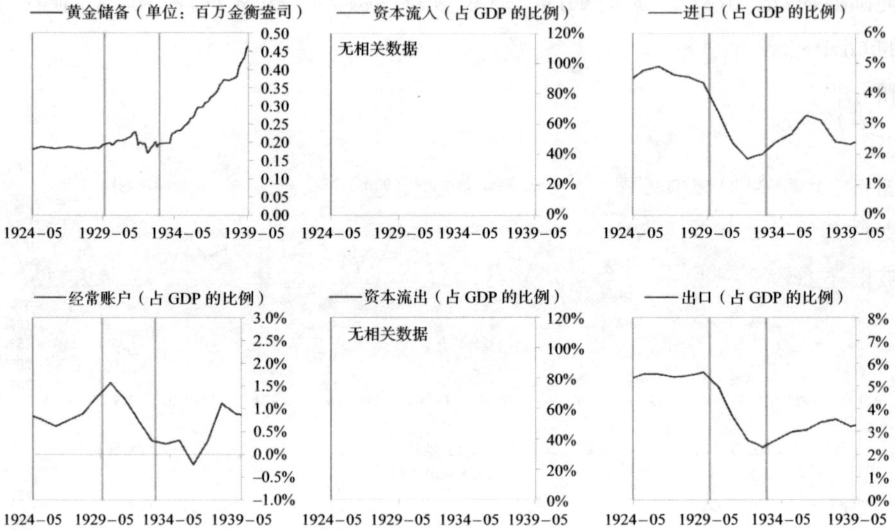

黄金储备（单位：百万金衡盎司）
0.50
0.45
0.40
0.35
0.30
0.25
0.20
0.15
0.10
0.05
0.00
1924–05 1929–05 1934–05 1939–05
资本流入（占 GDP 的比例）
无相关数据
120%
100%
80%
60%
40%
20%
0%
1924–05 1929–05 1934–05 1939–05
进口（占 GDP 的比例）
6%
5%
4%
3%
2%
1%
0%
1924–05 1929–05 1934–05 1939–05
经常账户（占 GDP 的比例）
3.0%
2.5%
2.0%
1.5%
1.0%
0.5%
0.0%
–0.5%
–1.0%
1924–05 1929–05 1934–05 1939–05
资本流出（占 GDP 的比例）
无相关数据
120%
100%
80%
60%
40%
20%
0%
1924–05 1929–05 1934–05 1939–05
出口（占 GDP 的比例）
8%
7%
6%
5%
4%
3%
2%
1%
0%
1924–05 1929–05 1934–05 1939–05

英国 1927—1936 年案例文本自动摘要

如右图所示，1927—1936 年，英国经历了典型的通缩性去杠杆化周期。

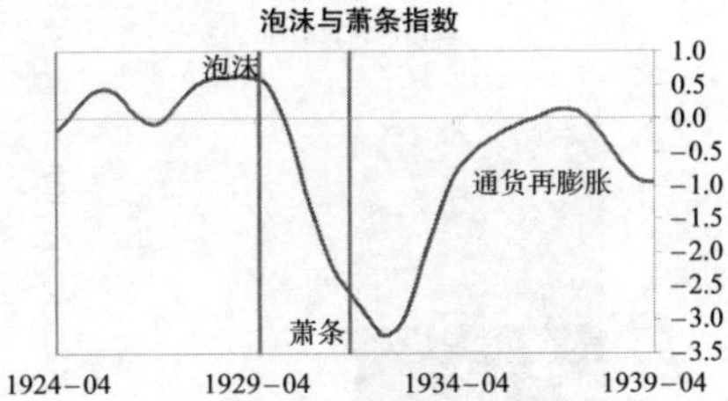

泡沫阶段

与许多其他案例不同，在危机爆发前的几年里，英国并未普遍出现泡沫，但与英国联系密切的其他国家、经济体和金融市场出现了泡沫式发展。而且在危机前，英国确实积累了大量债务，债务总额达到 GDP 的 210%。在本案例中，这些债务以英镑计价，大多数债务的债权人是英国人。

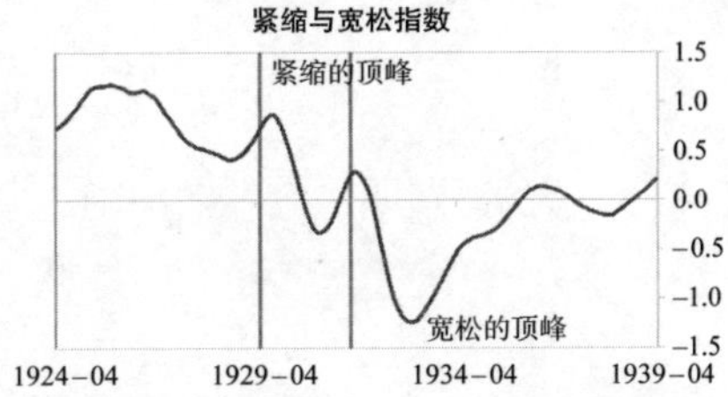

萧条阶段

最终，形势出现逆转，导致自我强化的经济萧条和痛苦的去杠杆化，持续时间为 1929—1931 年。高债务水平使英国容易受到冲击伤害，而此时其面临的冲击是，美国股市崩盘及大萧条初期造成的影响波及英国。英国的 GDP 和股价均陷入自我强化式下跌，跌幅分别为 10% 和 61%，失业率上升 7%。如右边的去杠杆化归因图所示，尽管英国需要去杠杆化，但其债务占 GDP 的比例增加了 13%（年化增幅为 6%），这主要是因为举借新债以支付利息，其次是因为实际收入水平下降。但这一增幅被偿还旧债部分抵销。

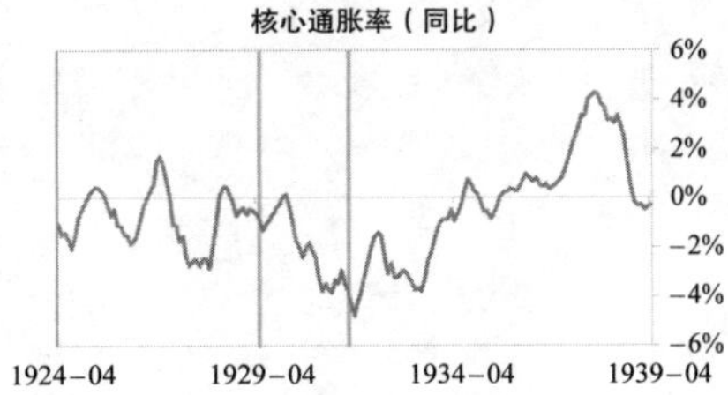

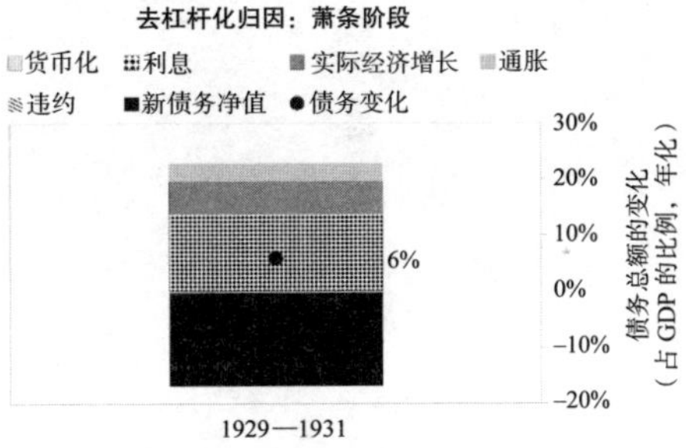

去杠杆化归因：通货再膨胀阶段

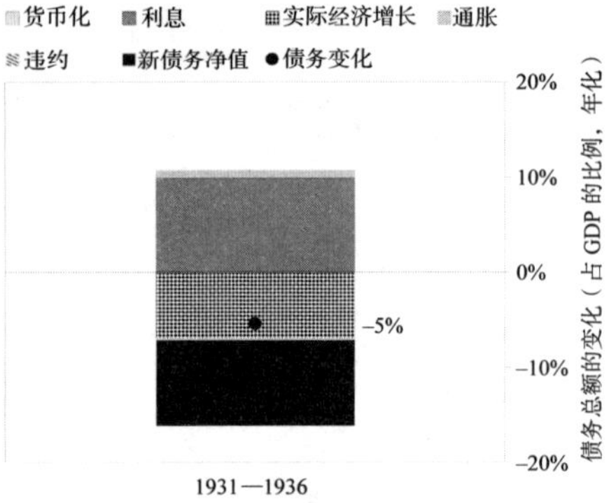

通货再膨胀阶段

这一萧条阶段的持续时间略短于平均水平。之后，英国的决策者提供了充足的经济刺激，将痛苦的去杠杆化转变为和谐的去杠杆化，英国从 1931 年开始步入通货再膨胀阶段。在这一经济刺激阶段，货币政策方面，政府切断了英镑与黄金的挂钩，M0 增幅达 GDP 的 2%，利率最终降至 0%，实际汇率平均为 – 8%。在这一周期里，英国没有积极地管控金融机构和处理坏账，采用了 9 个典型政策工具中的 1 个。在这一举措及其他刺激性措施的作用下，英国的名义经济增长率远高于名义利率（在此期间，其经济增长率平均为 4%，而主权长期利率降至 3%）。如左边的去杠杆化归因图所示，在这一阶段，英国的失业率下降 8%，债务占 GDP 的比例下降 29%（年化降幅为 5%）。在这段和谐的去杠杆化时期，债务与收入比率下降主要是因为偿还旧债，其次是因为实际收入水平上升。但这一降幅被举借新债以支付利息部分抵销。其实际 GDP 在 5 年后才达到之前的峰值，以美元计算的股价在 8 年里恢复。

英国 1927—1936 年分类图示附录

负债状况

货币政策与财政政策

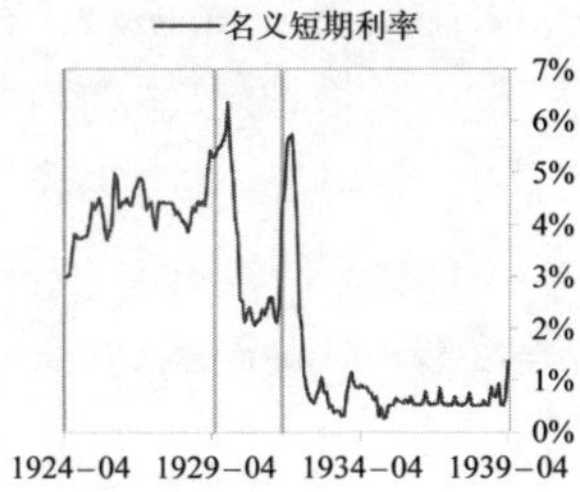

经济状况

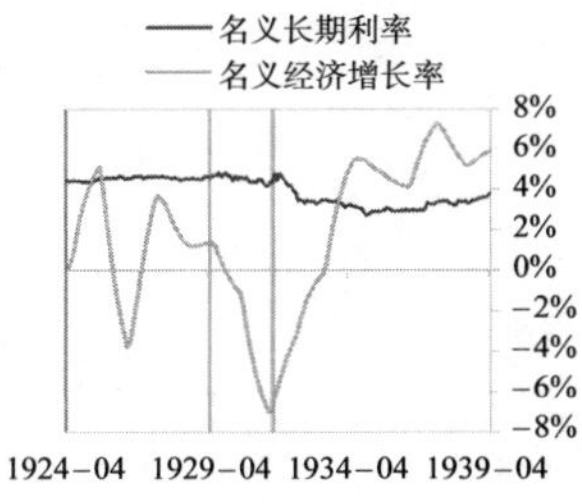

市场状况

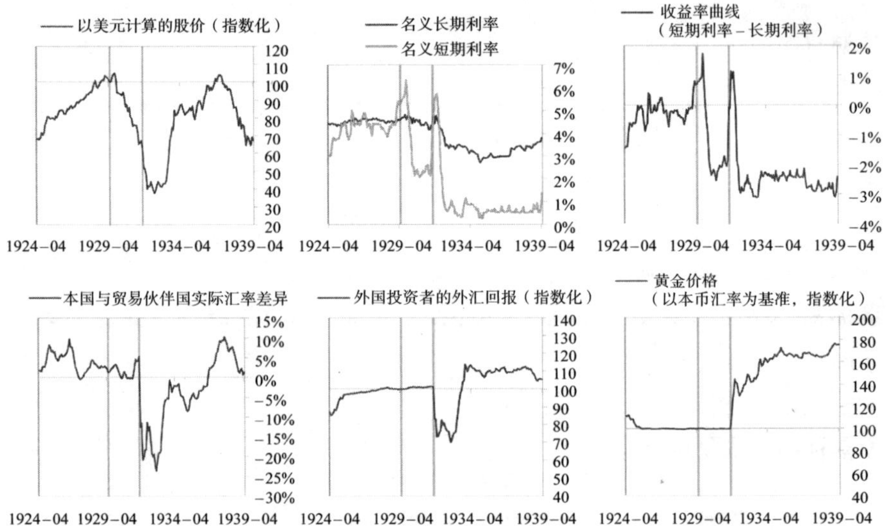
以美元计算的股价（指数化）
名义长期利率
名义短期利率
收益率曲线
（短期利率 – 长期利率）
本国与贸易伙伴国实际汇率差异
外国投资者的外汇回报（指数化）
黄金价格
（以本币汇率为基准，指数化）

国际收支状况

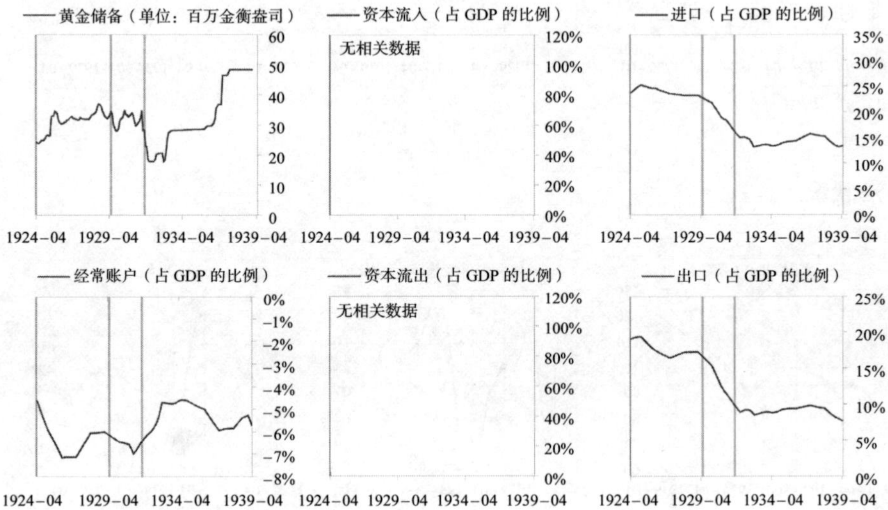
黄金储备（单位：百万金衡盎司）
资本流入（占 GDP 的比例）
无相关数据
进口（占 GDP 的比例）
经常账户（占 GDP 的比例）
资本流出（占 GDP 的比例）
无相关数据
出口（占 GDP 的比例）

日本 1925—1936 年案例文本自动摘要

如右图所示，1925—1936 年，日本经历了典型的通缩性去杠杆化周期。

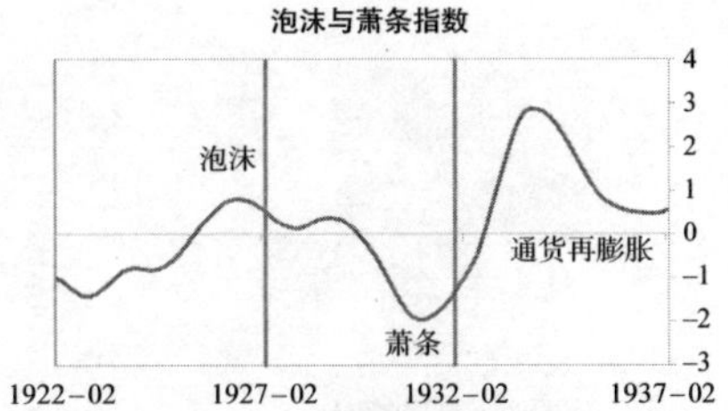

泡沫阶段

与许多其他案例不同，在危机爆发前的几年里，日本并未普遍出现泡沫，但与日本联系密切的其他国家、经济体和金融市场出现了泡沫式发展。而且在危机前，日本确实积累了大量债务，债务总额达到 GDP 的 65%。在本案例中，这些债务都以日元计价，大多数债务的债权人是日本人。

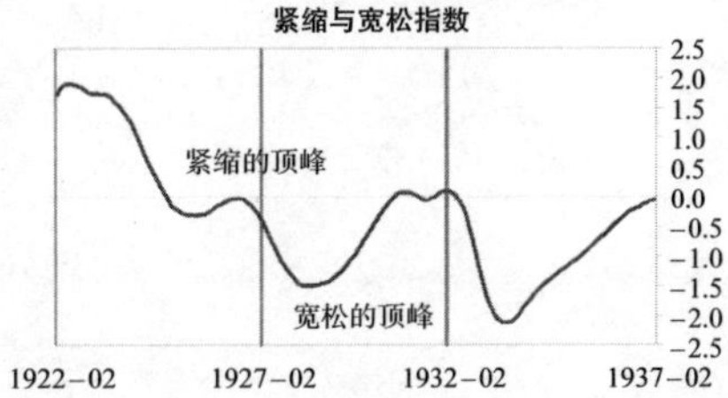

萧条阶段

最终，形势出现逆转，导致自我强化的经济萧条和痛苦的去杠杆化，持续时间是 1927—1931 年。高债务水平使日本容易受到冲击伤害，而此时其面临的冲击是 1929 年全球股市崩盘。日本的 GDP 和股价均陷入自我强化式下跌，跌幅分别为 4% 和 47%。日本的金融机构也面临巨大压力。如右边的去杠杆化归因图所示，尽管日本需要去杠杆化，但其债务占 GDP 的比例增加了 36%（年化增幅为 8%）。

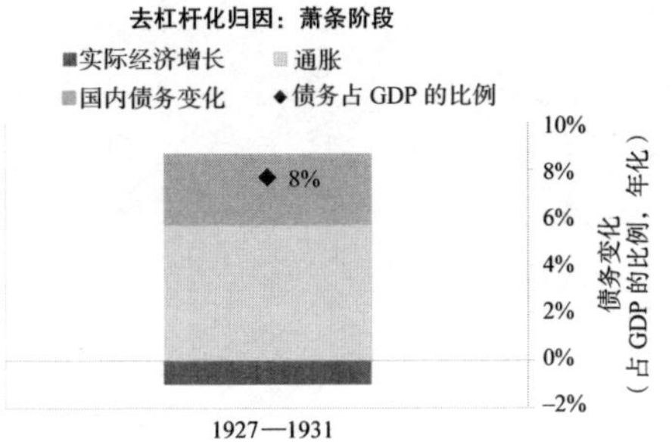

去杠杆化归因：通货再膨胀阶段

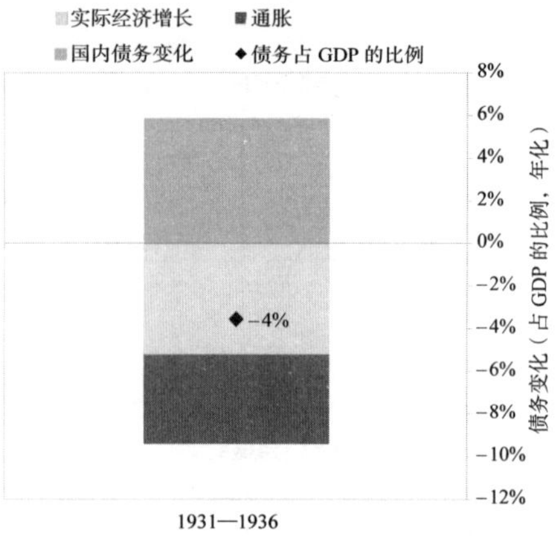

通货再膨胀阶段

这一萧条阶段的持续时间略长于平均水平，之后，决策者提供了充足的经济刺激，将痛苦的去杠杆化转变为和谐的去杠杆化，日本从 1931 年开始步入通货再膨胀阶段。在这一经济刺激阶段，货币政策方面，政府切断了日元与黄金的挂钩，利率最终降至 2%，实际汇率平均为 –26%。在这一周期里，日本比较积极地管控金融机构和处理坏账，采用了 9 个典型政策工具中的 3 个。在这些刺激性举措的作用下，日本的名义经济增长率高于名义利率（在此期间，其经济增长率平均为 4.7%，而主权长期利率降至 3.9%）。如左边的去杠杆化归因图所示，在这一阶段，日本的债务占 GDP 的比例下降 18%（年化降幅为 4%）。在这段和谐的去杠杆化时期，债务与收入比率下降的主要原因是，在实际经济增速提升的大力支撑下，收入水平不断上升。

这场危机对日本政局造成显著影响，为东条英机上台搭建了舞台，而许多人认为东条英机是一名民粹主义领导人。

日本 1925—1936 年分类图示附录

负债状况

货币政策与财政政策

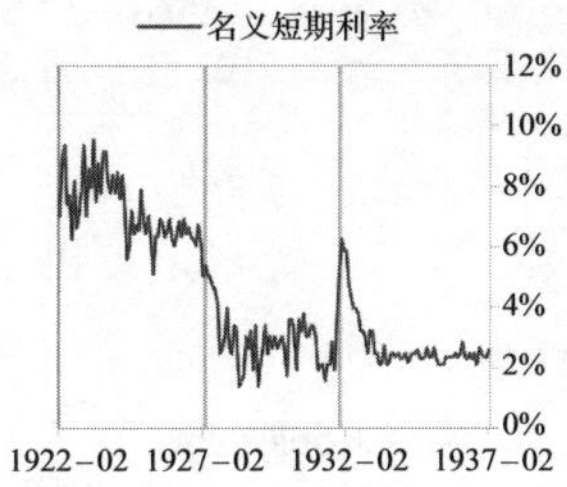

经济状况

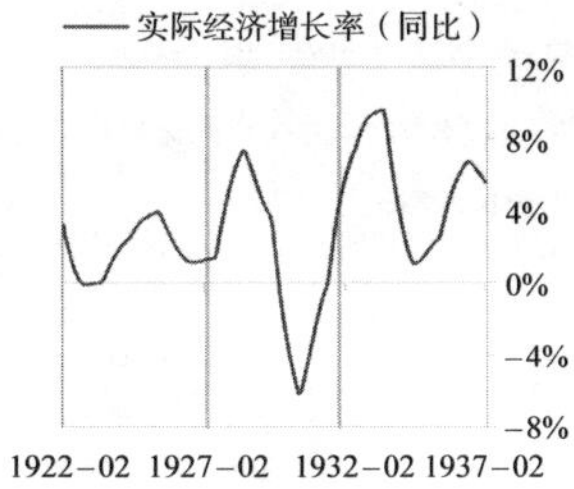

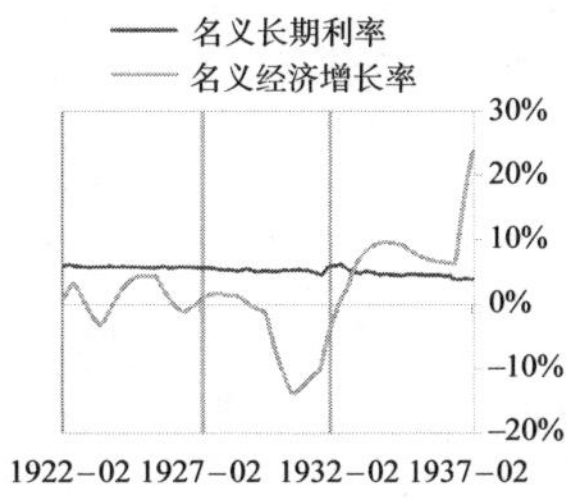

市场状况

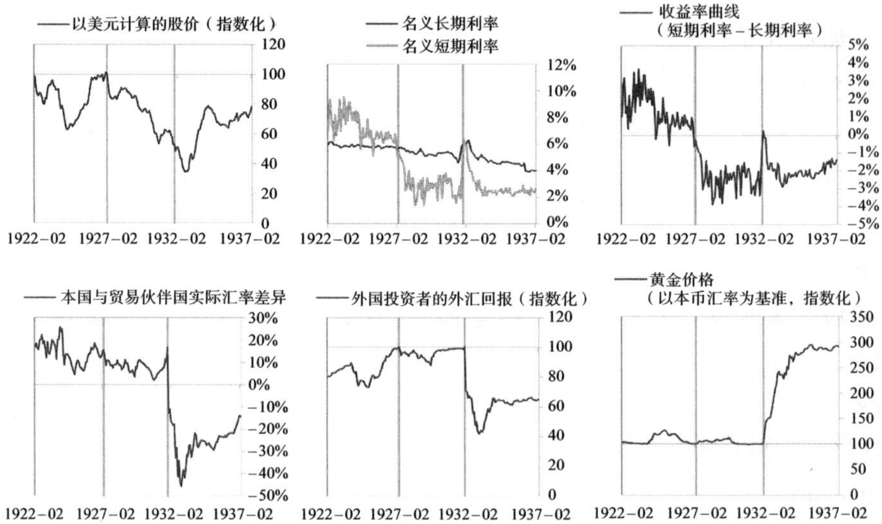
以美元计算的股价（指数化）
120
100
80
60
40
20
0
1922-02 1927-02 1932-02 1937-02
名义长期利率
名义短期利率
12%
10%
8%
6%
4%
2%
0%
1922-02 1927-02 1932-02 1937-02
收益率曲线
（短期利率 - 长期利率）
5%
4%
3%
2%
1%
0%
-1%
-2%
-3%
-4%
-5%
1922-02 1927-02 1932-02 1937-02
本国与贸易伙伴国实际汇率差异
30%
20%
10%
0%
-10%
-20%
-30%
-40%
-50%
1922-02 1927-02 1932-02 1937-02
外国投资者的外汇回报（指数化）
120
100
80
60
40
20
0
1922-02 1927-02 1932-02 1937-02
黄金价格
（以本币汇率为基准，指数化）
350
300
250
200
150
100
50
0
1922-02 1927-02 1932-02 1937-02

国际收支状况

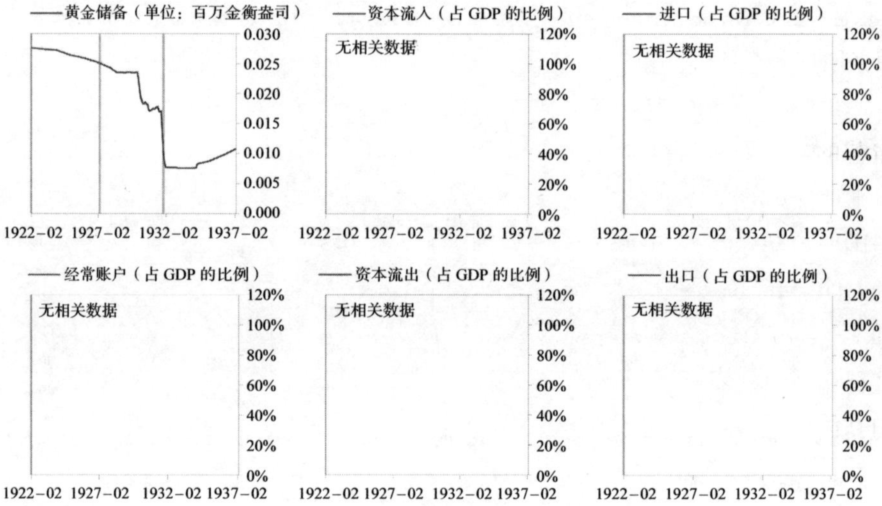
黄金储备（单位：百万金衡盎司）
0.030
0.025
0.020
0.015
0.010
0.005
0.000
1922-02 1927-02 1932-02 1937-02
资本流入（占 GDP 的比例）
无相关数据
120%
100%
80%
60%
40%
20%
0%
1922-02 1927-02 1932-02 1937-02
进口（占 GDP 的比例）
无相关数据
120%
100%
80%
60%
40%
20%
0%
1922-02 1927-02 1932-02 1937-02
经常账户（占 GDP 的比例）
无相关数据
120%
100%
80%
60%
40%
20%
0%
1922-02 1927-02 1932-02 1937-02
资本流出（占 GDP 的比例）
无相关数据
120%
100%
80%
60%
40%
20%
0%
1922-02 1927-02 1932-02 1937-02
出口（占 GDP 的比例）
无相关数据
120%
100%
80%
60%
40%
20%
0%
1922-02 1927-02 1932-02 1937-02

法国 1926—1938 年案例文本自动摘要

如右图所示，1926—1938 年，法国经历了典型的通缩性去杠杆化周期。

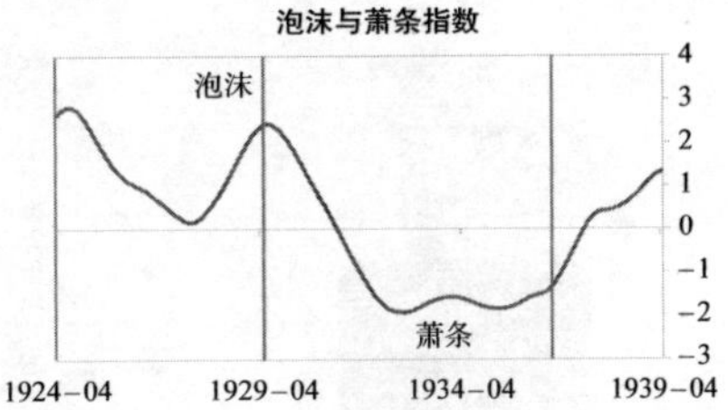

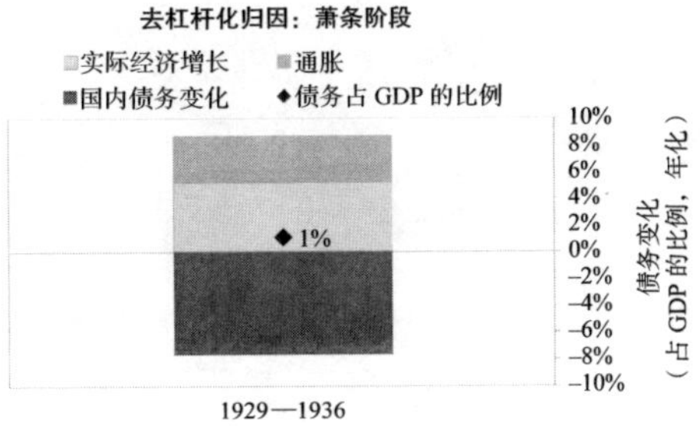

泡沫阶段

1926—1929 年，法国处于泡沫阶段，经济增长强劲和股市回报丰厚促成一个自我强化的泡沫周期。在这一阶段，法国的债务水平实际上下降了，在危机前降至 GDP 的 205%，降幅为 GDP 的 13%。在本案例中，这些债务都以法郎计价，大多数债务的债权人是法国人。法国经济增长强劲（增速达到 3%），经济活力处于高位（GDP 缺口达到 9% 的峰值）。此外，股票在泡沫阶段的平均年化回报率为 45%，高资产回报率鼓励更多借债，刺激经济增长。法国经济面临这些泡沫压力，货币与信贷环境收紧，相关国家的经济形势恶化，这些因素共同促成了不可持续的发展局势。

萧条阶段

最终，形势出现逆转，导致自我强化的经济萧条和痛苦的去杠杆化，持续时间是 1929—1936 年。高债务水平使法国容易受到冲击伤害，而此时其面临的冲击是，美国股市崩盘和大萧条初期造成的影响波及法国。法国的 GDP 和股价均陷入自我强化式下跌，跌幅分别为 17% 和 57%。法国的金融机构也面临巨大压力。如右边的去杠杆化归因图所示，在此期间，尽管法国需要去杠杆化，但其债务占 GDP 的比例基本保持平稳。

去杠杆化归因：通货再膨胀阶段

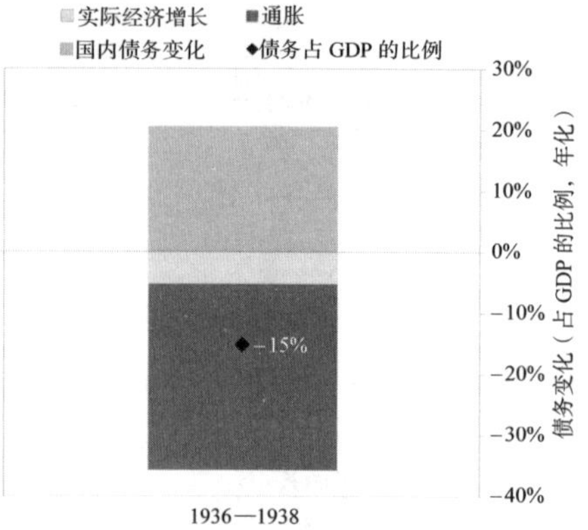

通货再膨胀阶段

这一萧条阶段的持续时间相对较长。之后，决策者提供了充足的经济刺激，将痛苦的去杠杆化转变为和谐的去杠杆化，法国从 1936 年开始步入通货再膨胀阶段。在这一经济刺激阶段，货币政策方面，政府切断了法郎与黄金的挂钩，利率最终降至 2%，实际汇率平均为 –4%。重要的是，决策者允许通胀率高企（在此期间，平均通胀率为 10%），从而推高了名义经济增长率，减轻了国内债务负担。在这一周期里，法国比较积极地管控金融机构和处理坏账，使用了 9 个典型政策工具中的 3 个。在这些刺激性举措的作用下，法国的名义经济增长率远高于名义利率（在此期间，其经济增长率平均为 15%，而主权长期利率降至 4%）。如左边的去杠杆化归因图所示，在这一阶段，法国的债务占 GDP 的比例下降37%（年化降幅为 15%）。在这段和谐的去杠杆化时期，债务与收入比率下降的主要原因是，在通胀率提升的主要支撑下，收入不断增加。其实际 GDP 在 21 年后才达到之前的峰值。

这场危机对法国政局造成显著影响，为莱昂 · 布鲁姆在 1936 年上台搭建了舞台，许多人认为布鲁姆是一名民粹主义领导人。

法国 1926—1938 年分类图示附录

负债状况

货币政策与财政政策

经济状况

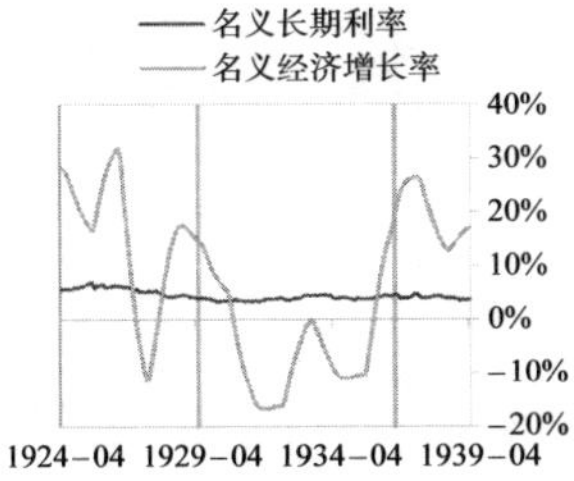

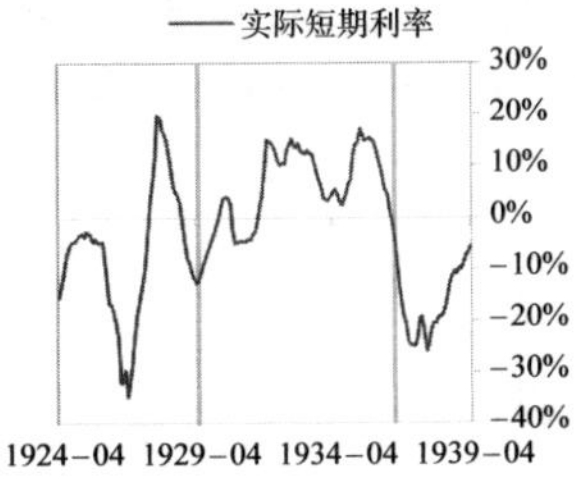

市场状况

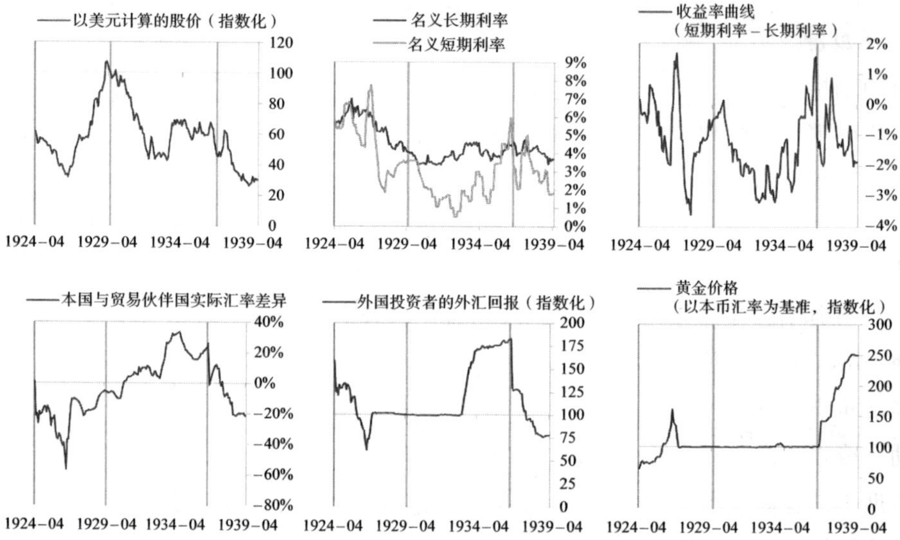
以美元计算的股价（指数化）
名义长期利率
名义短期利率
收益率曲线
（短期利率–长期利率）
本国与贸易伙伴国实际汇率差异
外国投资者的外汇回报（指数化）
黄金价格
（以本币汇率为基准，指数化）

国际收支状况

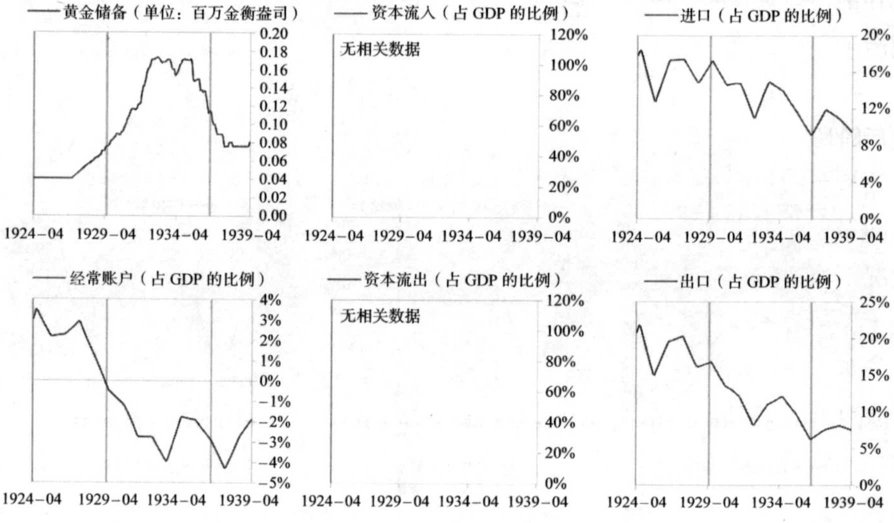
黄金储备（单位：百万金衡盎司）
资本流入（占 GDP 的比例）
无相关数据
进口（占 GDP 的比例）
经常账户（占 GDP 的比例）
资本流出（占 GDP 的比例）
无相关数据
出口（占 GDP 的比例）

英国 1941—1967 年案例文本自动摘要

如右图所示，1941—1967 年，英国经历了典型的战时通缩性去杠杆化周期。正如重大战争之后战胜国通常经历的那样，随着英国走出战时生产模式，英国经济陷入了短暂的衰退，其去杠杆化进程更为有序。

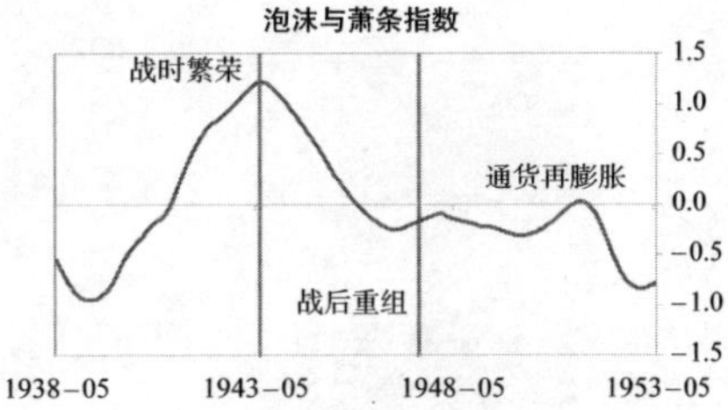

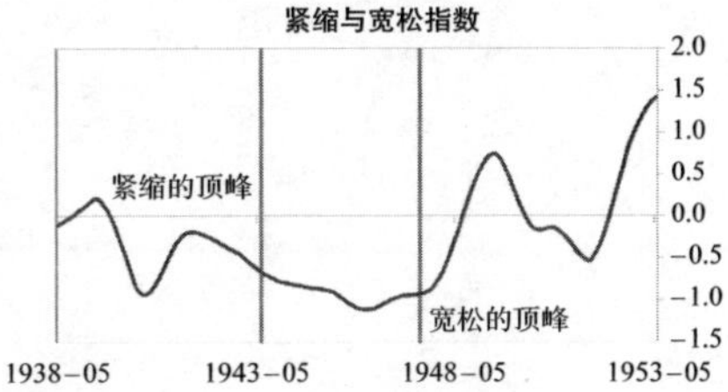

战争阶段

与典型的泡沫危机不同，这场债务危机的根源是二战。战争期间，英国大量借款以填补巨额财政赤字，将经济重点转向战争相关生产，大多数劳动力参与军事活动，或投入战争相关生产。因此，这个阶段的经济统计数据不能反映典型的经济关联性。战争期间，英国的债务急剧增加。在本案例中，这些债务都以英镑计价，大多数债务的债权人是英国人。这段时期，在战争相关开支的支撑下，英国经济增长强劲（增速达到 6%），经济活力处于高位（GDP 缺口达到 10% 的峰值）。此外，股票在战争阶段的平均年化回报率为 16%，高资产回报率刺激了经济增长。

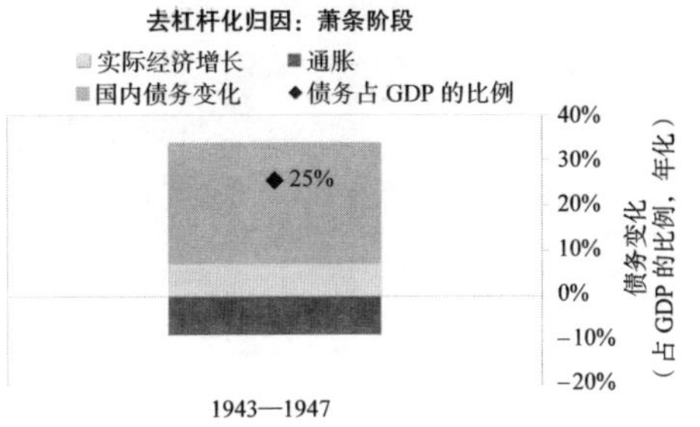

战后阶段

战争临近结束时，英国陷入了一段衰退时期，持续时间为 1943—1947 年。因为英国是战胜国，其战后衰退状况不像战败国那么糟糕。但英国的 GDP 陷入自我强化式下跌，跌幅为 15%。如右边的去杠杆化归因图所示，尽管英国需要去杠杆化，但由于实际收入水平下降，而且政府继续承担战争相关开销（在痛苦的去杠杆化阶段，财政赤字占 GDP 的比例达到 31% 的峰值），其债务占 GDP 的比例增加了 102%（年化增幅为 25%）。

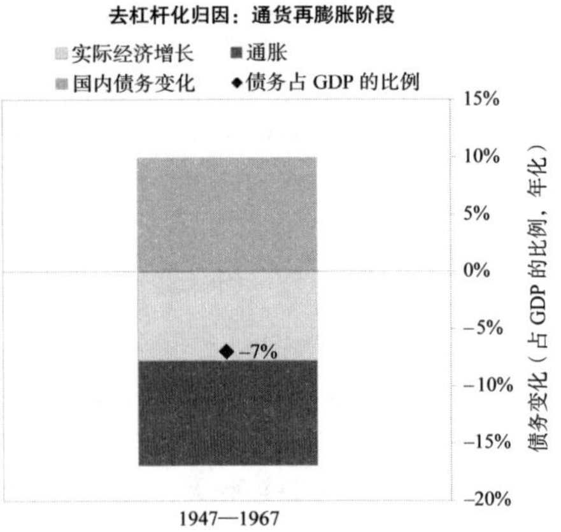

通货再膨胀阶段

这一战后衰退时期的持续时间略长于平均水平。之后，决策者提供了充足的经济刺激，将痛苦的去杠杆化转变为和谐的去杠杆化。英国从 1947 年开始步入通货再膨胀阶段。在这一经济刺激阶段，货币政策方面，政府使英镑对黄金贬值了 30%，M0 实际水平下降，降幅为 GDP 的 8%，利率最终降至 1%，实际汇率平均为 –10%。重要的是，决策者允许通胀率高企（在此期间，平均通胀率为 4%），从而推高了名义经济增长率，减轻了国内债务负担。在这一举措及其他刺激性措施的作用下，英国的名义经济增长率远高于名义利率（在此期间，其经济增长率平均为 7%，而主权长期利率降至 2%）。如左边的去杠杆化归因图所示，在这一阶段，英国的失业率保持平稳，债务占 GDP 的比例下降 139%（年化降幅为 7%）。在这段和谐的去杠杆化时期，债务与收入比率下降的主要原因是，在通胀率提升的主要支撑下，收入不断增加。其实际 GDP 用了 10 年时间才达到之前的峰值。

英国1941—1967年分类图示附录

负债状况

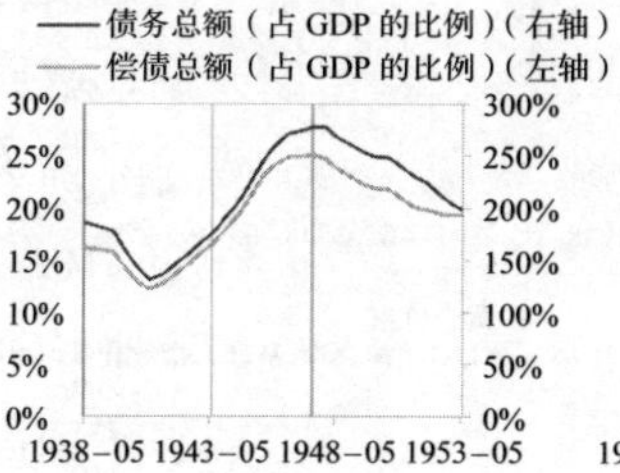

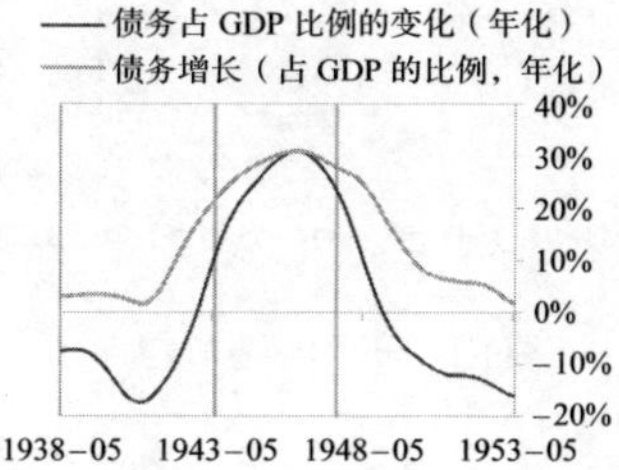

货币政策与财政政策

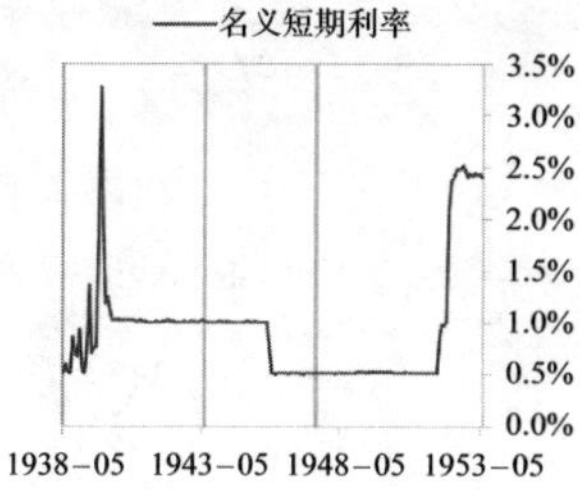

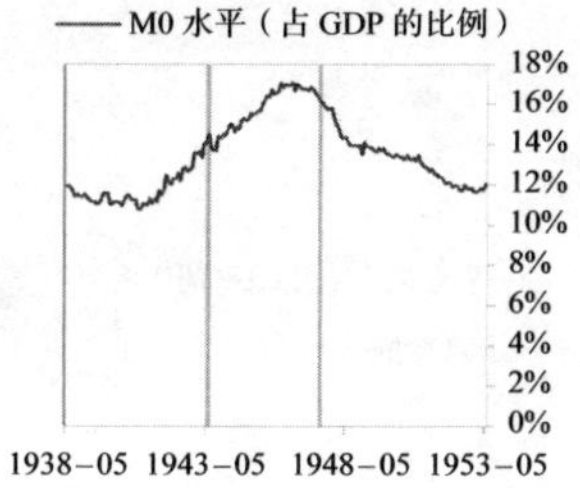

经济状况

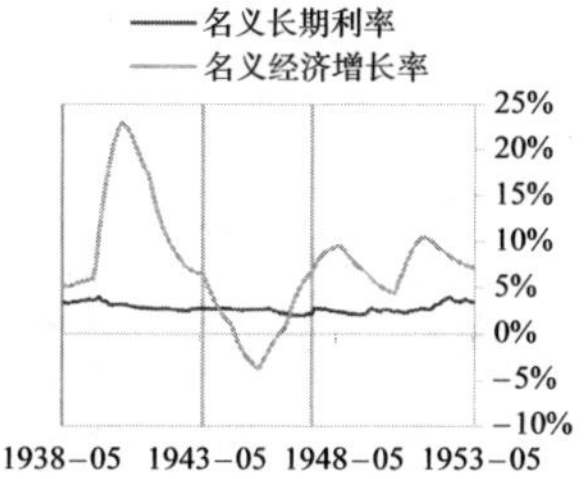

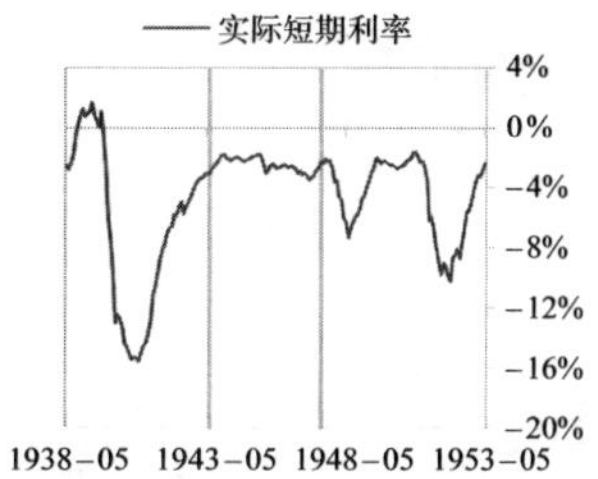

市场状况

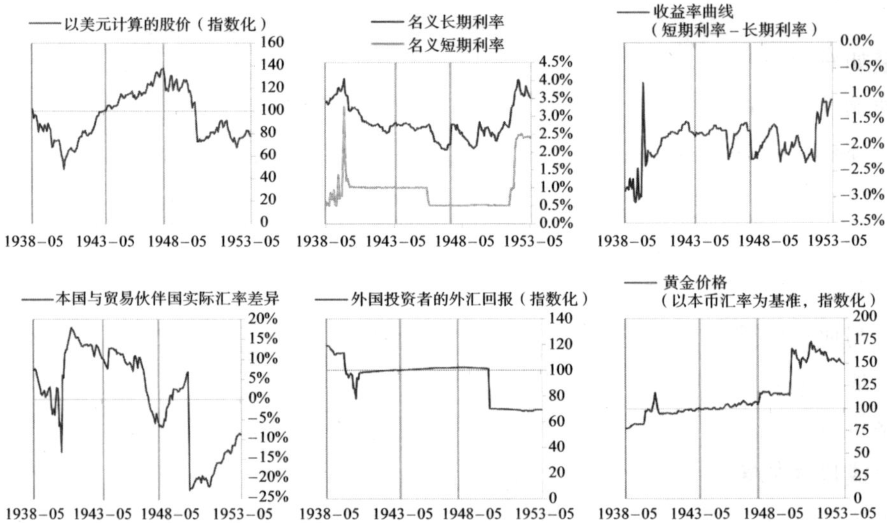

国际收支状况

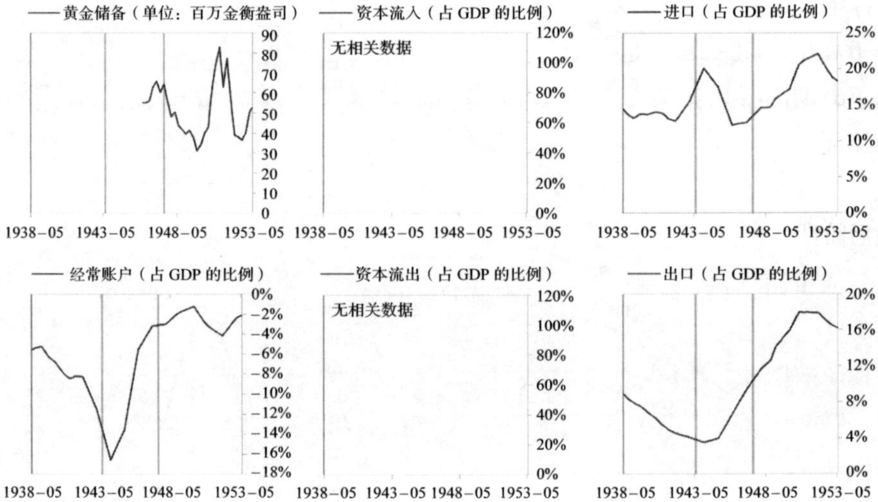

政府与军事

美国 1943—1951 年案例文本自动摘要

如右图所示，1943—1951 年，美国经历了典型的战时通缩性去杠杆化周期。正如重大战争后战胜国通常经历的那样，随着美国走出战时生产模式，美国经济陷入了短暂的衰退，其去杠杆化进程更为有序。

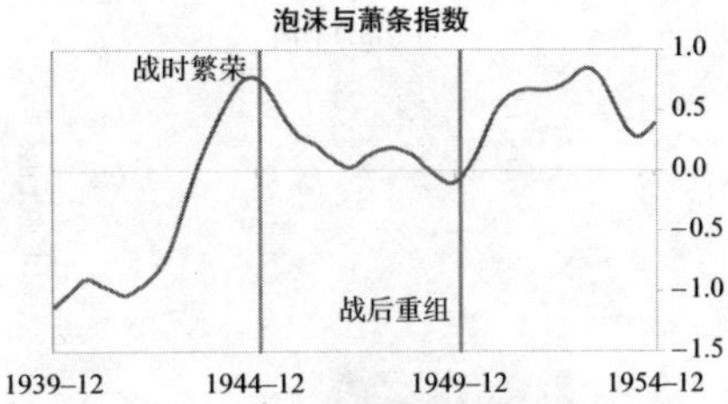

战争阶段

与典型的泡沫危机不同，这场债务危机的根源是二战。战争期间，美国大量借款以填补巨额财政赤字，将经济重点转向战争相关生产，大多数劳动力参与军事活动，或投入战争相关生产。因此，这个阶段的经济统计数据不能反映典型的经济关联性。战争期间，美国的债务升至 GDP 的 150%。在本案例中，这些债务以美元计价，大多数债务的债权人是美国人。在战争相关开支的支撑下，美国经济增长强劲（增速达到 13%），经济活力处于高位（GDP 缺口达到 19% 的峰值）。此外，股票在战争时期的平均年化回报率为 15%，高资产回报率刺激了经济增长。

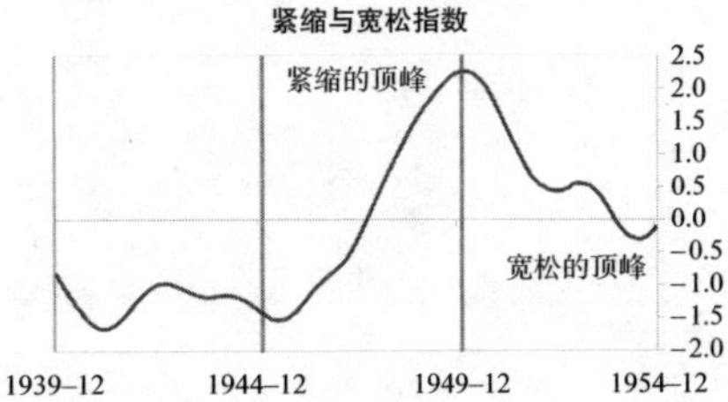

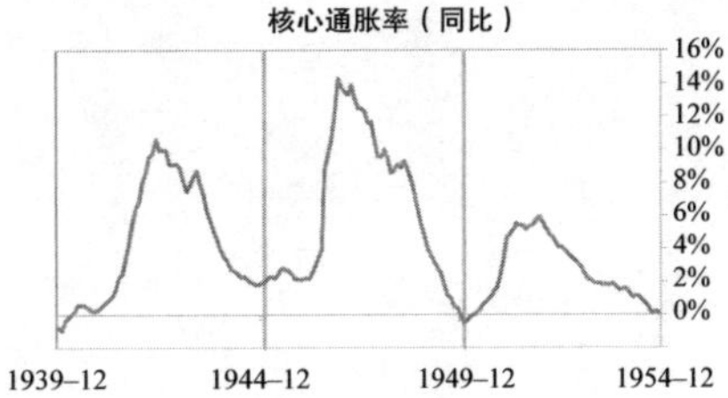

战后阶段

战争结束后，美国进入了战后衰退时期，持续时间为 1945—1950 年。因为美国是战胜国，其战后衰退状况不像战败国那么糟糕。但美国的 GDP 陷入自我强化式下跌，跌幅为 13%，失业率上升 5%。如右边的去杠杆化归因图所示，在此期间，尽管美国需要去杠杆化，但其债务占 GDP 的比例基本保持平稳。

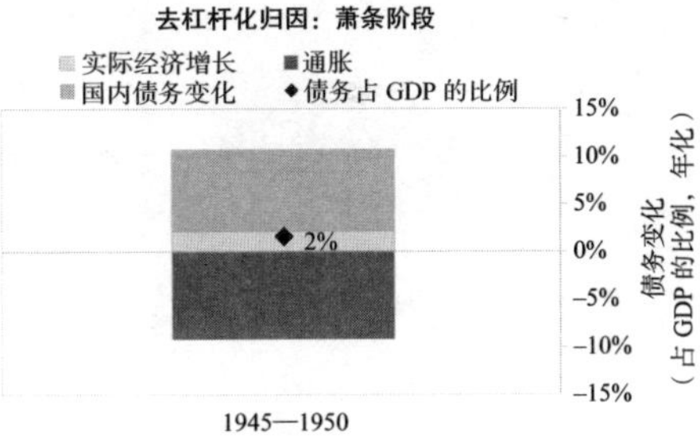

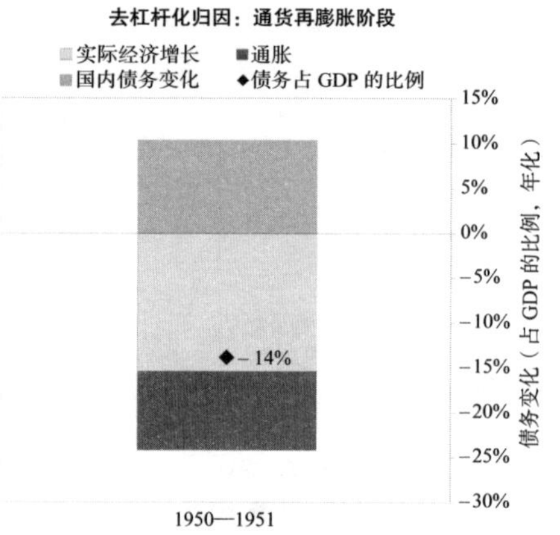

通货再膨胀阶段

这一战后衰退阶段的持续时间相对较长。之后，决策者提供了充足的经济刺激，将痛苦的去杠杆化转变为和谐的去杠杆化，美国从 1950 年开始步入通货再膨胀阶段。在这一经济刺激阶段，货币政策方面，M0 实际水平下降，降幅为 GDP 的 0.9%，利率最终降至 1%。尽管美国的经济活力大幅提升，央行选择维持宽松政策，使名义经济增长率远高于名义利率（在此期间，其经济增长率平均为 11%，而主权长期利率平均为 2%）。如左边的去杠杆化归因图所示，在这一阶段，美国的失业率下降 2%，债务占 GDP 的比例下降 22%（年化降幅为 14%）。在这段和谐的去杠杆化时期，债务与收入比率下降的主要原因是，在实际经济增速加快的主要支撑下，收入不断增加。其实际 GDP 用了 6 年时间才达到之前的峰值。

美国 1943—1951 年分类图示附录

负债状况

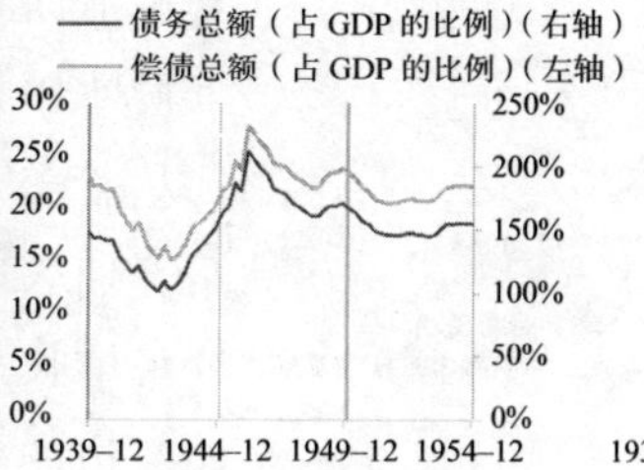

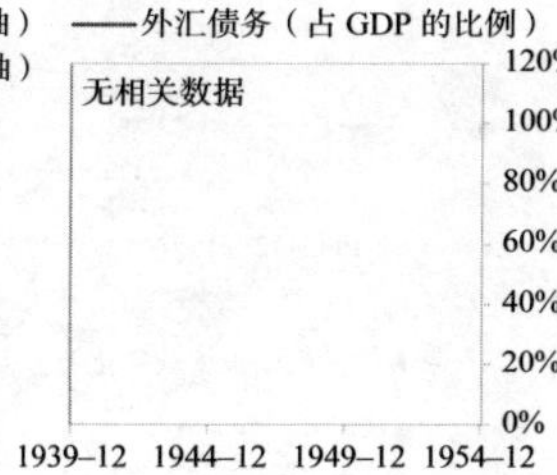

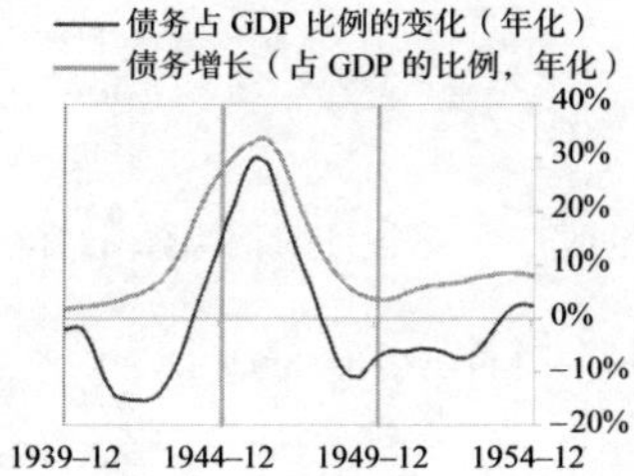

货币政策与财政政策

经济状况

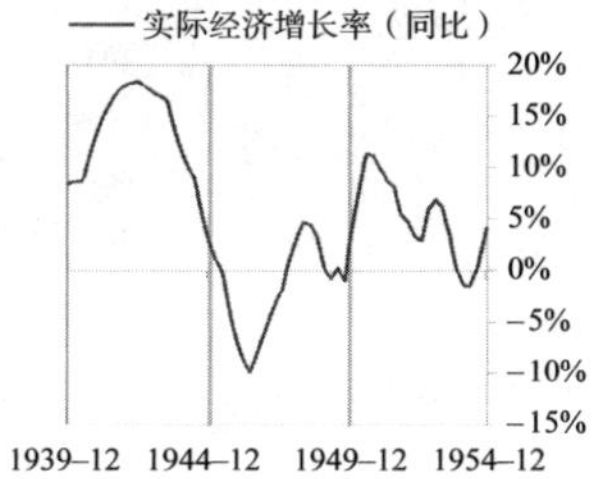

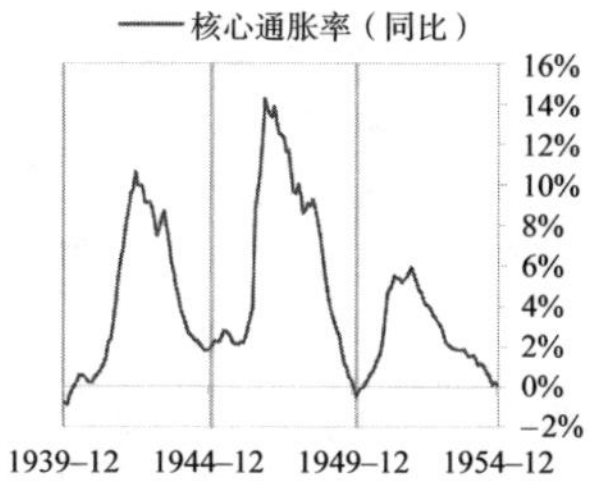

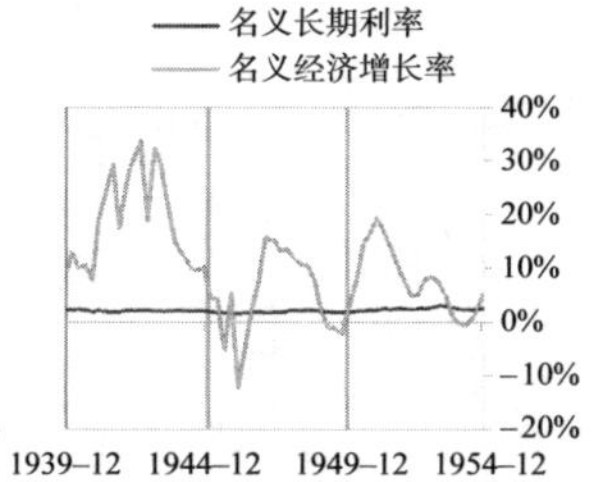

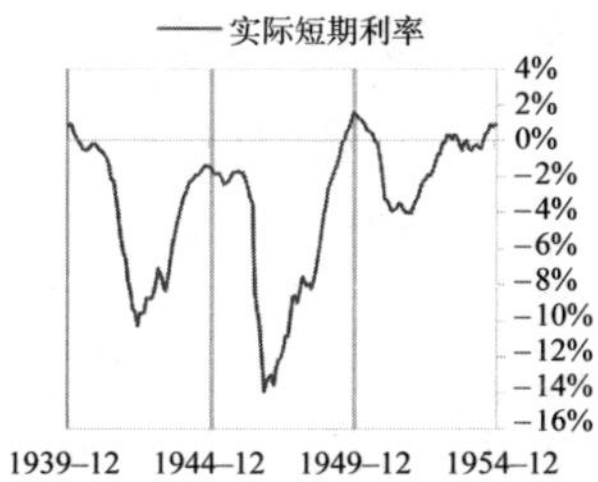

市场状况

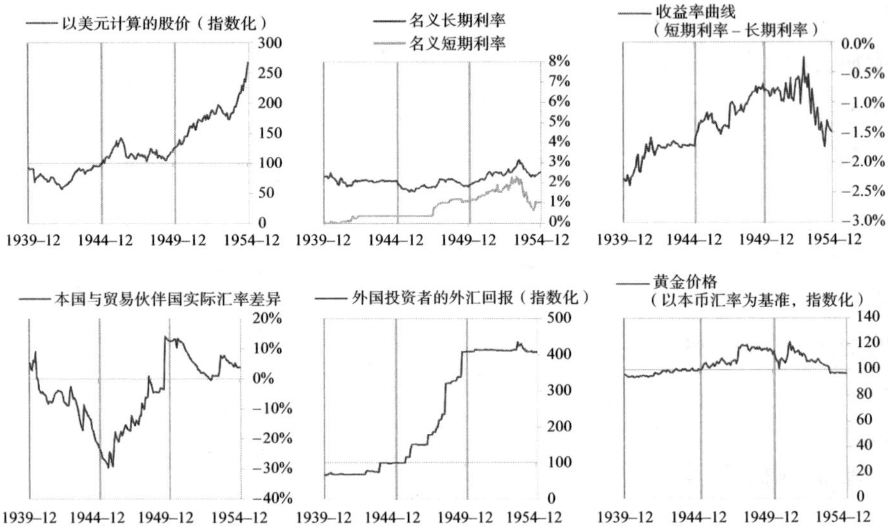

国际收支状况

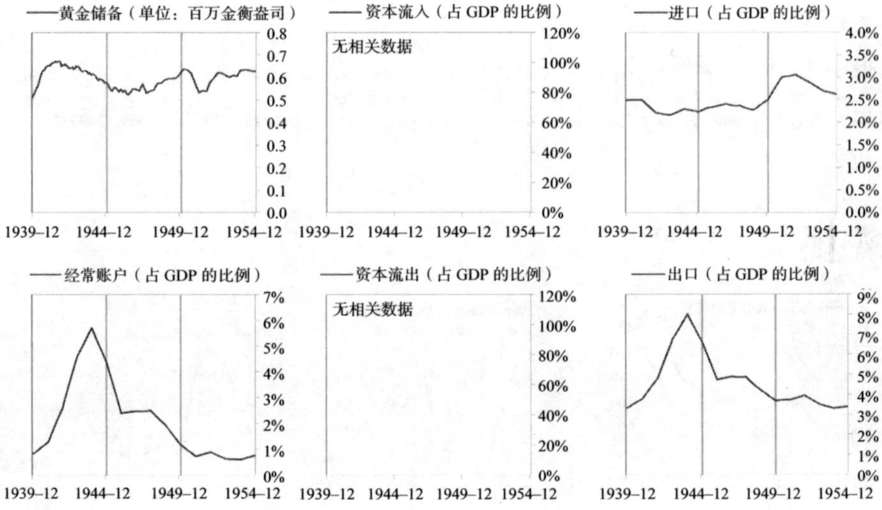

政府与军事

挪威 1984—1996 年案例文本自动摘要

如右图所示，1984—1996 年，挪威经历了典型的通缩性去杠杆化周期。

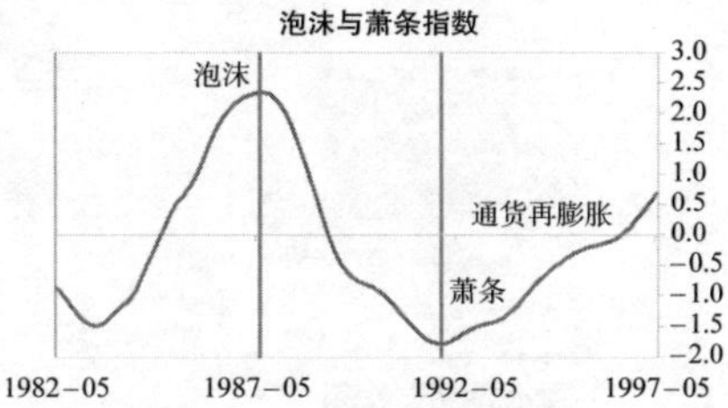

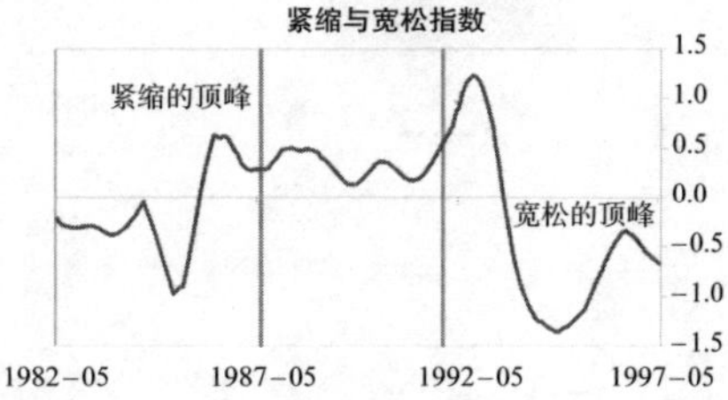

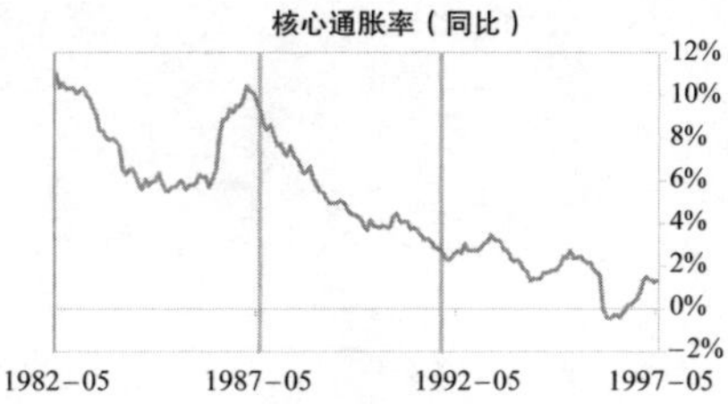

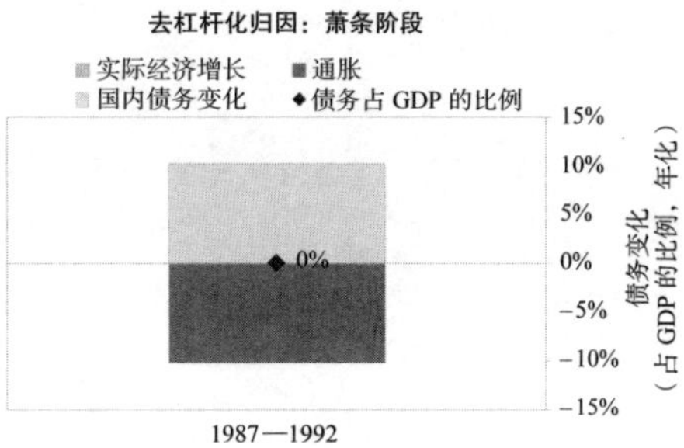

泡沫阶段

1984—1987年，挪威处于泡沫阶段。经济增长强劲，股市和房地产市场回报丰厚，这些因素促成一个自我强化的泡沫周期。到泡沫阶段结束时，挪威的债务已达到危机前的峰值，占 GDP 的 211%。在本案例中，这些债务以挪威的本国货币计价，大多数债务的债权人是挪威人。在这一阶段，挪威的投资流入适度强劲，平均约占 GDP 的 4%，这有助于其填补经常账户缺口（经常账户赤字占 GDP 的 2%）。在这些资金的支撑下，挪威经济增长强劲（增速达到 3%），经济活力处于高位（GDP 缺口达到 5% 的峰值）。此外，房价在泡沫阶段的平均年化回报率为 19%，高资产回报率鼓励更多借债，刺激经济增长。在这一阶段，决策者启动了大规模紧缩政策（将短期利率上调约 700 个基点）。挪威经济面临这些泡沫压力，货币与信贷环境不断收紧，这些因素共同促成了不可持续的发展局势。

萧条阶段

最终，形势出现逆转，挪威陷入自我强化的经济萧条和痛苦的去杠杆化，持续时间为 1987—1992 年。在危机前的最高峰，挪威的偿债总额达到 GDP 的 58%，这使挪威容易受到冲击伤害，而此时其面临的冲击是，大宗商品价格暴跌的影响波及挪威。挪威的 GDP 和房价均陷入自我强化式下跌，跌幅分别为 4% 和 38%。挪威的金融机构也面临巨大压力。如右边的去杠杆化归因图所示，尽管挪威需要去杠杆化，但其债务占 GDP 的比例在此期间基本保持平稳。

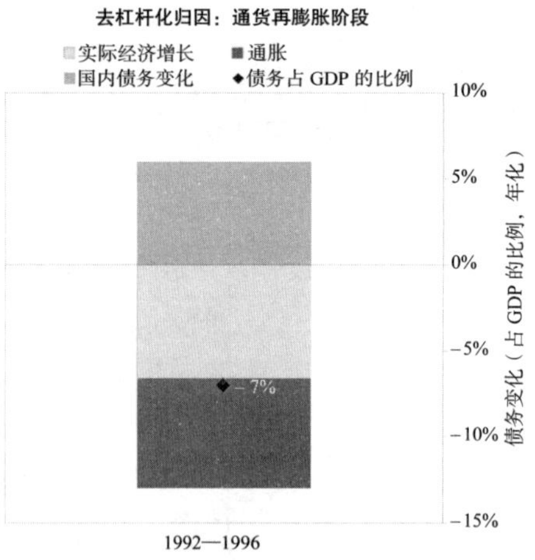

通货再膨胀阶段

这一萧条阶段的持续时间相对较长。之后，决策者提供了充足的经济刺激，将痛苦的去杠杆化转变为和谐的去杠杆化，挪威从 1992 年开始步入通货再膨胀阶段。在这一经济刺激阶段，货币政策方面，M0 增幅达 GDP 的 2%，利率最终降至 4%，实际汇率平均为 3%。在这一周期里，挪威积极地管控金融机构和处理坏账，采用了 9 个典型政策工具中的 4 个。特别是，挪威将银行国有化，并提供流动性。挪威还实施了结构性改革，旨在增强劳动力市场的灵活性。在这些刺激性举措的作用下，挪威的名义经济增长率接近名义利率（在此期间，其经济增长率平均为 6.1%，而主权长期利率降至 5.5%）。如左边的去杠杆化归因图所示，在这一阶段，挪威的失业率下降 4%，债务占 GDP 的比例下降 35%（年化降幅为 7%）。在这段和谐的去杠杆化时期，债务与收入比率下降的主要原因是，在实际经济增速加快的主要支撑下，收入不断增加。其实际 GDP 用了 5 年时间才达到之前的峰值。

挪威 1984—1996 年分类图示附录

负债状况

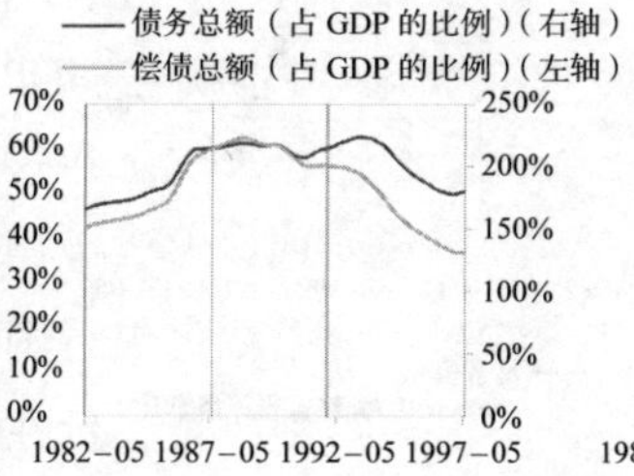

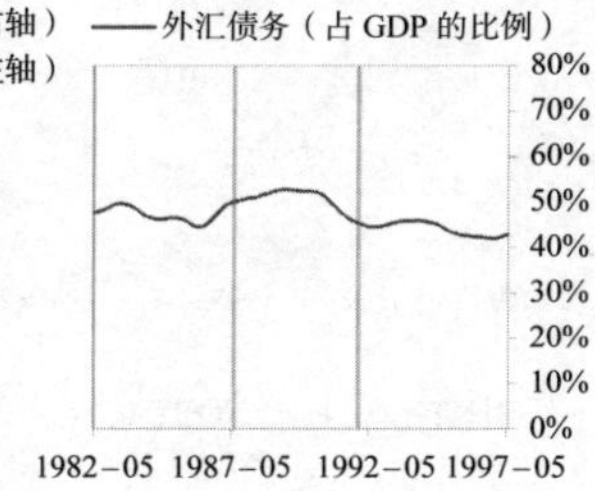

货币政策与财政政策

经济状况

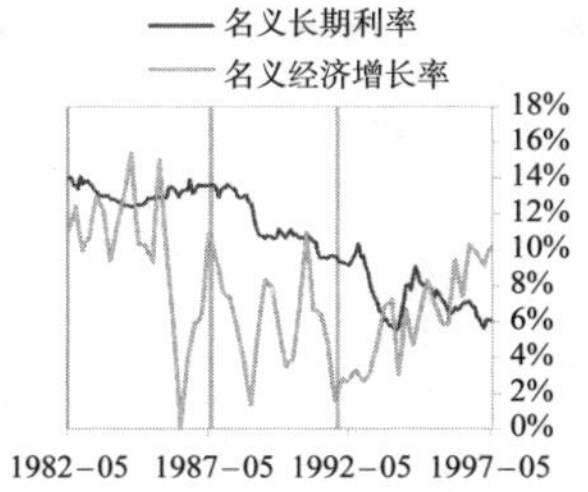

市场状况

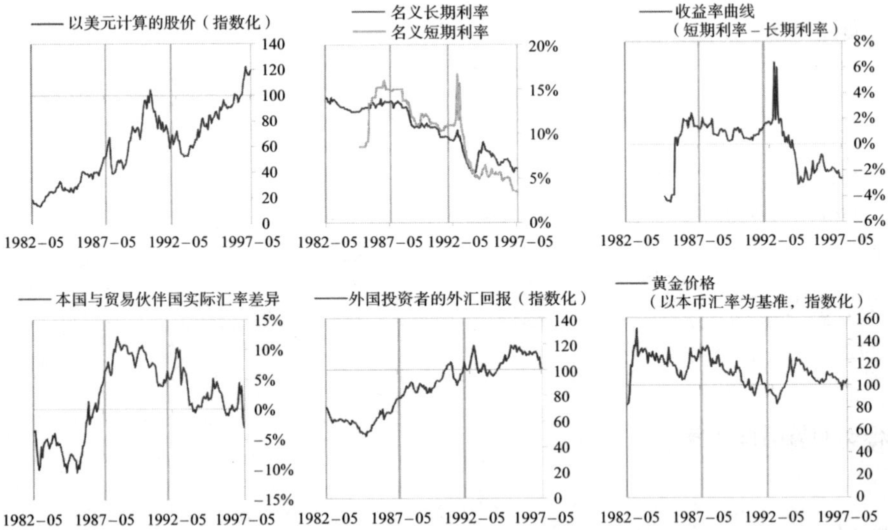

以美元计算的股价（指数化）
名义长期利率
名义短期利率
收益率曲线
（短期利率－长期利率）
本国与贸易伙伴国实际汇率差异
外国投资者的外汇回报（指数化）
黄金价格
（以本币汇率为基准，指数化）
1982–05 1987–05 1992–05 1997–05

国际收支状况

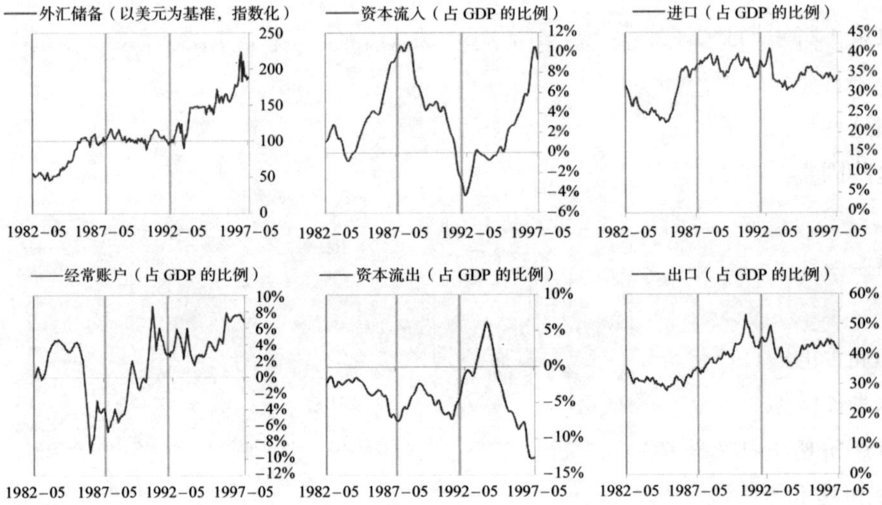

外汇储备（以美元为基准，指数化）
资本流入（占 GDP 的比例）
进口（占 GDP 的比例）
经常账户（占 GDP 的比例）
资本流出（占 GDP 的比例）
出口（占 GDP 的比例）
1982–05 1987–05 1992–05 1997–05

芬兰 1987—2001 年案例文本自动摘要

如右图所示，1987—2001 年，芬兰经历了典型的通缩性去杠杆化周期。

泡沫与萧条指数

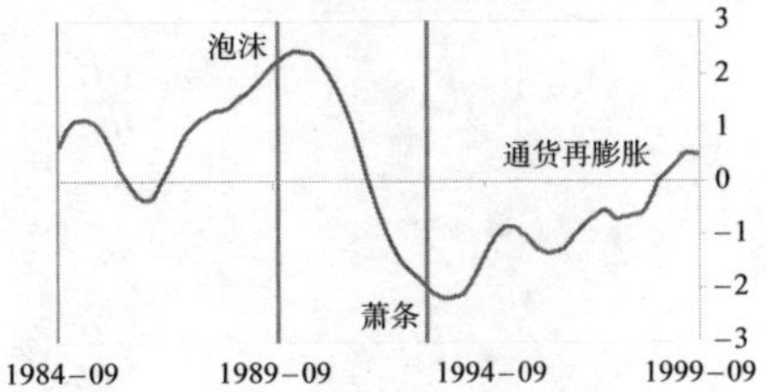

紧缩与宽松指数

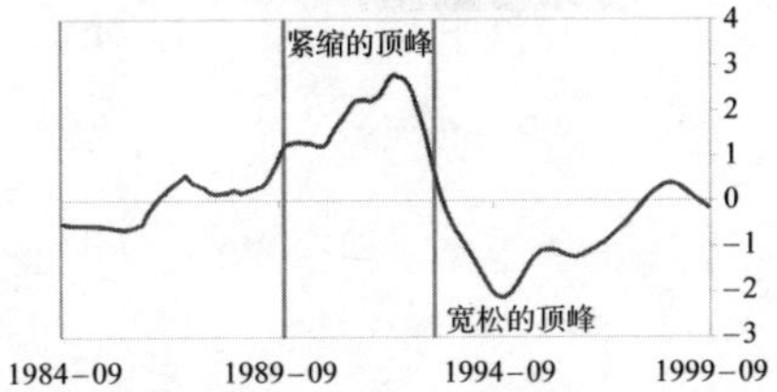

核心通胀率（同比）

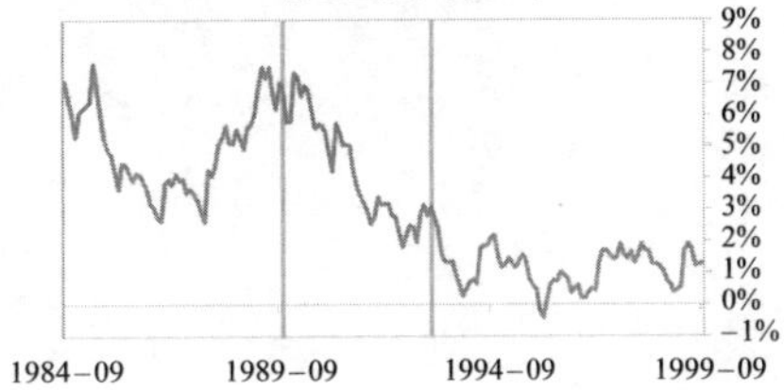

去杠杆化归因：萧条阶段

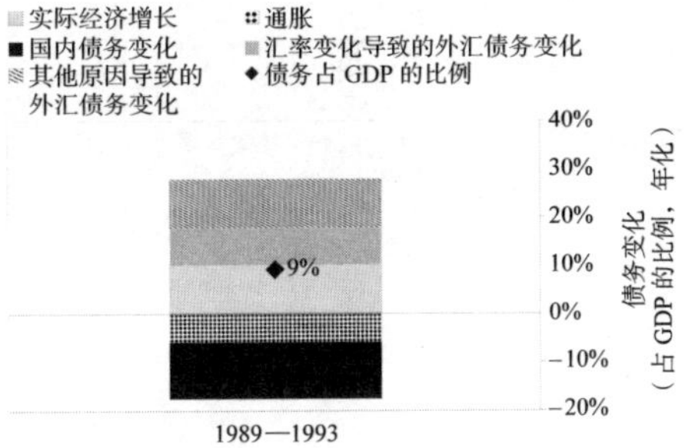

泡沫阶段

1987—1989 年，芬兰处于泡沫阶段。经济增长强劲和股市回报丰厚促成一个自我强化的泡沫周期。到泡沫阶段结束时，芬兰的债务已达到危机前的顶峰，占 GDP 的 272%。在本案例中，这些债务都以芬兰的本国货币计价，但很大一部分债务的债权人并非芬兰人，这使芬兰比较容易受到外资撤出的影响。在这一阶段，芬兰的投资流入较少但为正，平均约占 GDP 的 3%，同时，其经常账户赤字占 GDP 的 3%。在这些资金的支撑下，芬兰经济增长强劲（增速达到 5%）。此外，股票在泡沫阶段的平均年化回报率为 18%，高资产回报率鼓励更多借债，刺激经济增长。在这一阶段，决策者启动了大规模紧缩政策（将短期利率上调约 700 个基点）。因为芬兰的实际汇率达到 24% 的峰值，其竞争力变成一个问题。芬兰面临这些泡沫压力，依赖外资流入，货币与信贷环境收紧，这些因素共同促成了不可持续的发展局势。

萧条阶段

最终，形势出现逆转，导致了自我强化的经济萧条和痛苦的去杠杆化，持续时间为 1989—1993 年。高债务水平使芬兰容易受到冲击伤害，而此时其面临的冲击是，资产价格下跌导致银行偿付能力减弱。芬兰的 GDP、股价和房价均陷入自我强化式下跌，跌幅分别为 12%、36% 和 32%，失业率上升 13%。芬兰的金融机构也面临巨大压力。如右边的去杠杆化归因图所示，尽管芬兰需要去杠杆化，但因为收入减少，其债务占 GDP 的比例增加了 32%（年化增幅为 9%）。

去杠杆化归因：通货再膨胀阶段

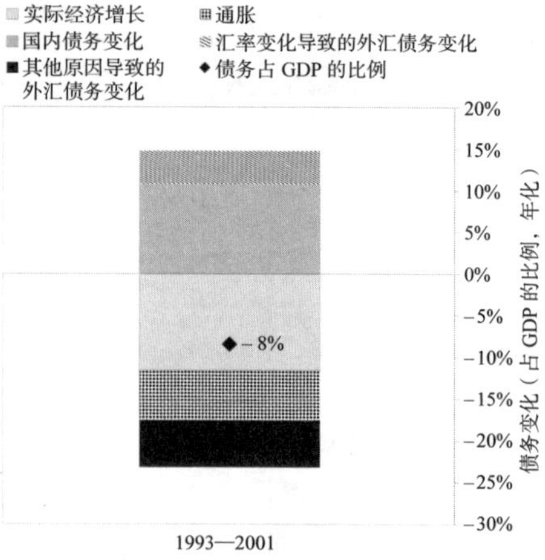

通货再膨胀阶段

这一萧条阶段的持续时间略长于平均水平。之后，决策者提供了充足的经济刺激，将痛苦的去杠杆化转变为和谐的去杠杆化，芬兰从 1993 年开始步入通货再膨胀阶段。在这一经济刺激阶段，货币政策方面，M0 增幅达到 GDP 的 7%，利率最终降至 3%，实际汇率平均为 –10%。在这一周期里，芬兰非常积极地管控金融机构和处理坏账，使用了 9 个典型政策工具中的 7 个。特别是，芬兰将银行国有化，提供流动性，并直接购买不良资产。这些刺激性举措的作用下，芬兰的名义经济增长率远高于名义利率（在此期间，其经济增长率平均为 6%，而主权长期利率降至 4%）。如左边的去杠杆化归因图所示，在这一阶段，芬兰的失业率下降 6%，债务占 GDP 的比例下降 72%（年化降幅为 8%）。在这段和谐的去杠杆化时期，债务与收入比率下降的主要原因是，实际经济增速加快，推动收入不断增加。其实际 GDP 用了 7 年时间才达到之前的峰值，以美元计算的股价在 5 年里恢复。

芬兰 1987—2001 年分类图示附录

负债状况

货币政策与财政政策

经济状况

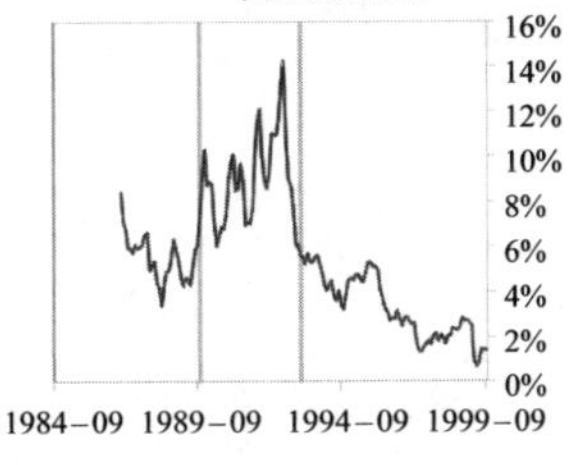

市场状况

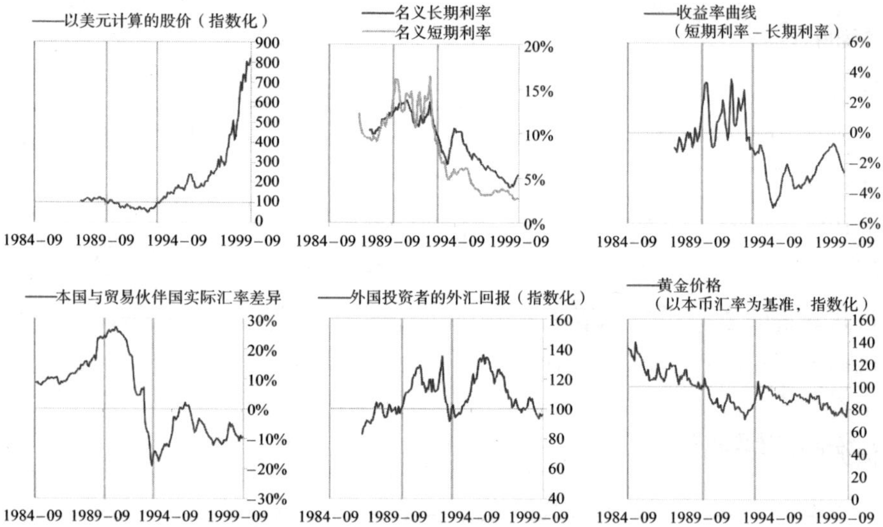
以美元计算的股价（指数化）
名义长期利率
名义短期利率
收益率曲线
（短期利率－长期利率）
本国与贸易伙伴国实际汇率差异
外国投资者的外汇回报（指数化）
黄金价格
（以本币汇率为基准，指数化）

国际收支状况

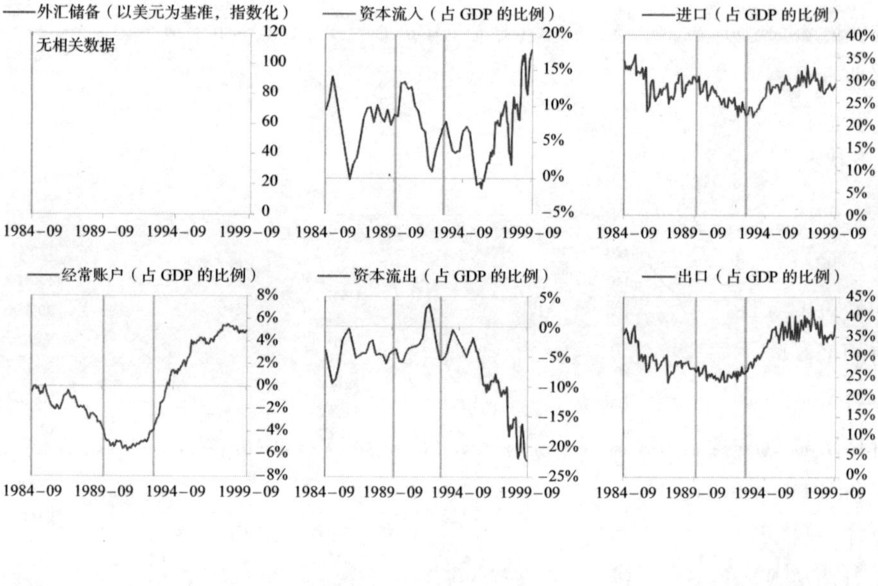
外汇储备（以美元为基准，指数化）
无相关数据
资本流入（占 GDP 的比例）
进口（占 GDP 的比例）
经常账户（占 GDP 的比例）
资本流出（占 GDP 的比例）
出口（占 GDP 的比例）

瑞典 1987—2000 年案例文本自动摘要

如右图所示，1987—2000 年，瑞典经历了典型的通缩性去杠杆化周期。

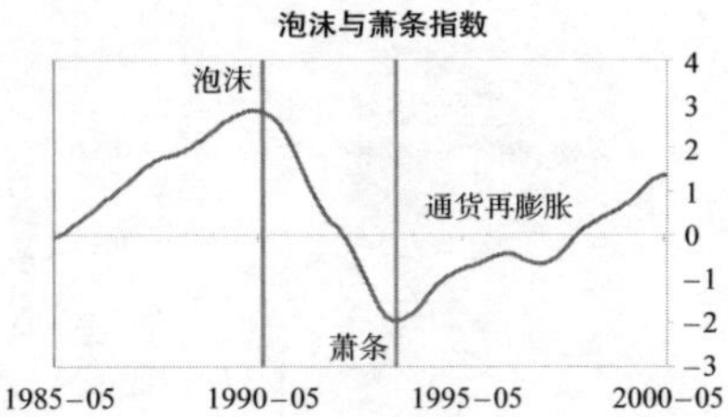

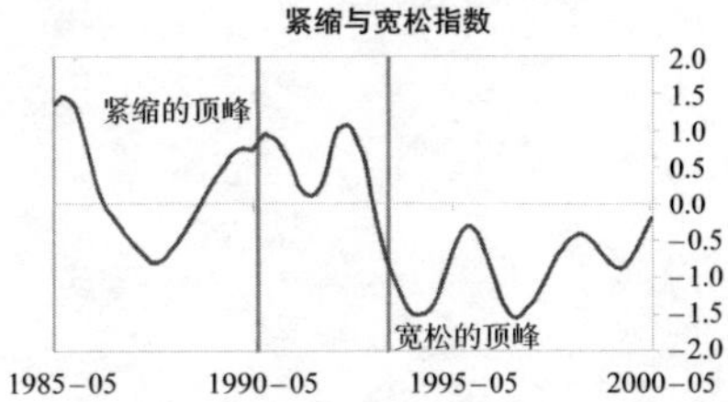

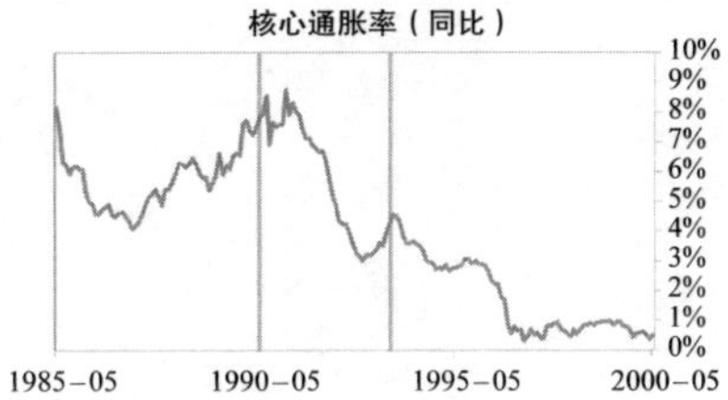

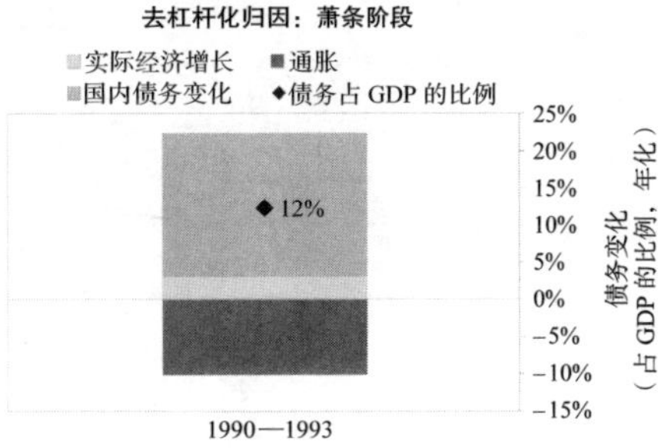

泡沫阶段

1987—1990年，瑞典处于泡沫阶段。债务不断增加，经济增长强劲，房地产市场回报丰厚，这些因素促成一个自我强化的泡沫周期。在这一阶段，瑞典的债务达到危机前的峰值，占 GDP 的 239%，增幅为 GDP 的 15%。在本案例中，这些债务都以瑞典的本国货币计价，大多数债务的债权人是瑞典人。在这一阶段，瑞典的投资流入较少但为正，平均约占 GDP 的 2%，同时，瑞典的经常账户赤字占 GDP 的 3%。在债务与资金增加的支撑下，瑞典经济温和增长（增速为 2%），经济活力处于高位（GDP 缺口达到 4% 的峰值）。同时，决策者启动了大规模紧缩政策（将短期利率上调约 500 个基点）。因为瑞典的实际汇率达到了 15% 的峰值，其竞争力变成一个问题。瑞典面临这些泡沫压力，货币与信贷环境收紧，这些因素共同促成不可持续的发展局势。

萧条阶段

最终，形势出现逆转，导致了自我强化的经济萧条和痛苦的去杠杆化，持续时间为 1990—1993 年。在危机前的最高峰，瑞典的偿债总额达到 GDP 的 65%，这使瑞典容易受到冲击伤害，而此时其面临的冲击是，房地产价格下跌导致银行偿付能力减弱。瑞典的 GDP、股价和房价均陷入自我强化式下跌，跌幅分别为 6%、34% 和 7%，失业率上升 9%。瑞典的金融机构也面临巨大压力。如右边的去杠杆化归因图所示，尽管瑞典需要去杠杆化，但由于收入减少，而且政府需要举借新债应对危机（在痛苦的去杠杆化阶段，财政赤字占 GDP 的比例达到 10% 的峰值），其债务占 GDP 的比例增加了 40%（年化增幅为 12%）。

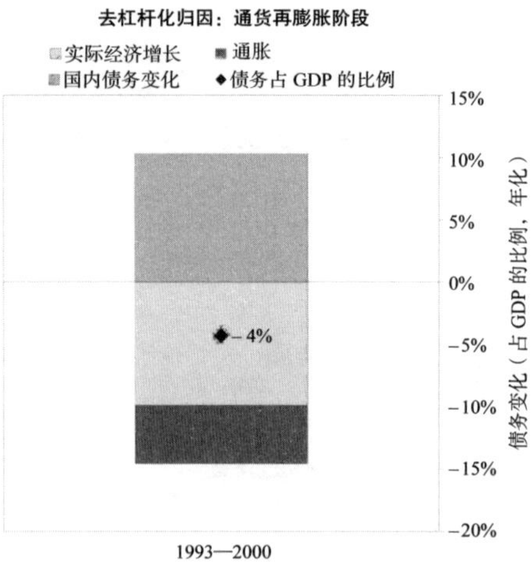

通货再膨胀阶段

这一萧条阶段的持续时间相对较短。之后，决策者提供了充足的经济刺激，将痛苦的去杠杆化转变为和谐的去杠杆化，瑞典从 1993 年开始步入通货再膨胀阶段。在这一经济刺激阶段，货币政策方面，M0 增幅达 GDP 的 5%，利率最终降至 3%，实际汇率平均为 –5%。在这一周期里，瑞典非常积极地管控金融机构和处理坏账，使用了 9 个典型政策工具中的 7 个。特别是，瑞典将银行国有化，提供流动性，并直接购买不良资产。瑞典还实施了结构性改革，旨在增强劳动力市场的灵活性。在这些刺激性举措的作用下，瑞典的名义经济增长率高于名义利率（在此期间，其经济增长率平均为 5%，而主权长期利率降至 4%）。如左边的去杠杆化归因图所示，在这一阶段，瑞典的失业率下降 1%，债务占 GDP 的比例下降 28%（年化降幅为 4%）。在这段和谐的去杠杆化时期，债务与收入比率下降的主要原因是，实际经济增速加快，推动收入不断增加。其实际 GDP 用了 3 年时间达到之前的峰值，以美元计算的股价在 4 年里恢复。

瑞典 1987—2000 年分类图示附录

负债状况

货币政策与财政政策

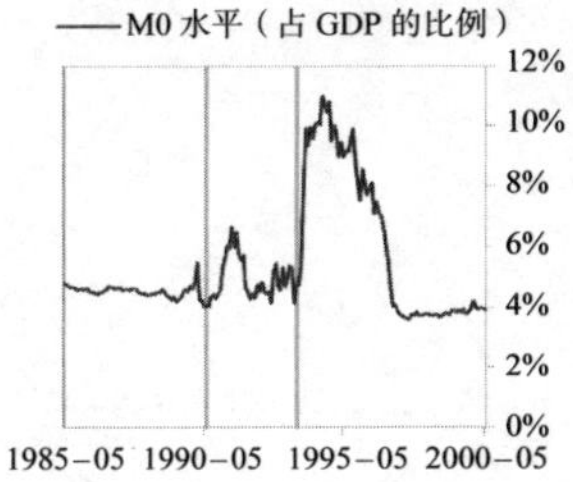

经济状况

市场状况

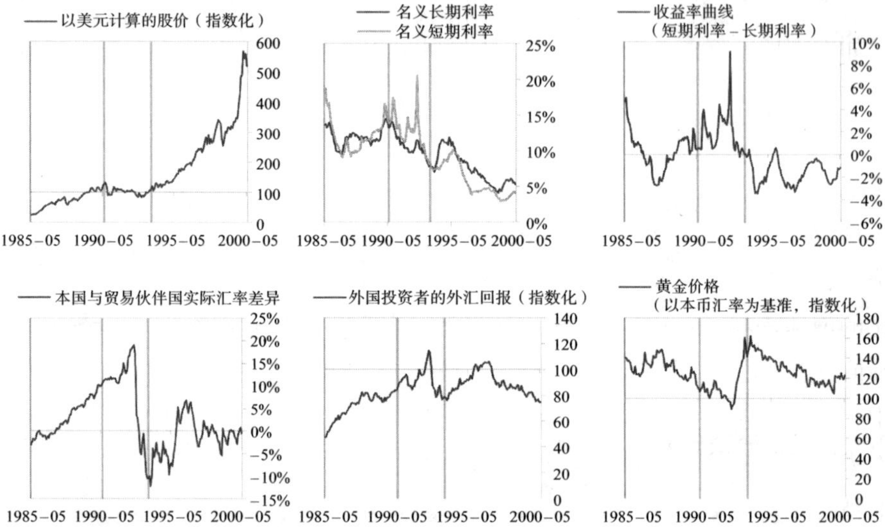
以美元计算的股价（指数化）
名义长期利率
名义短期利率
收益率曲线
（短期利率－长期利率）
本国与贸易伙伴国实际汇率差异
外国投资者的外汇回报（指数化）
黄金价格
（以本币汇率为基准，指数化）
1985–05
1990–05
1995–05
2000–05

国际收支状况

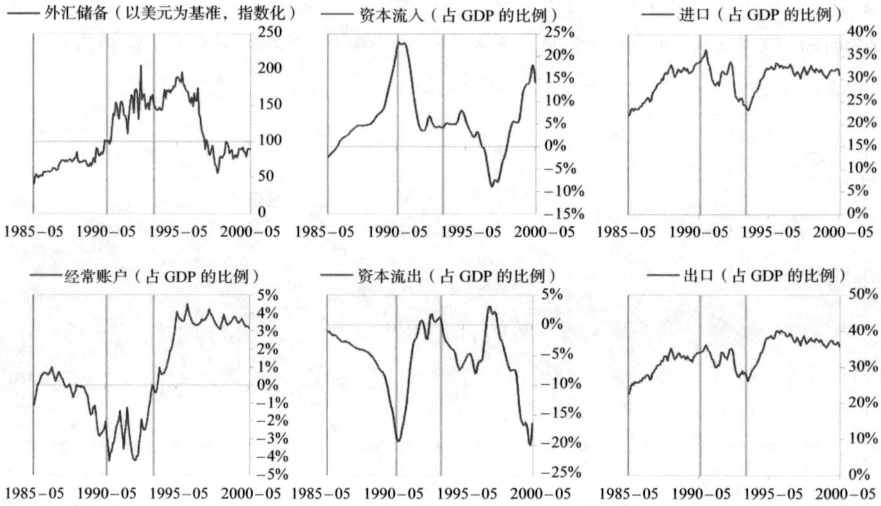
外汇储备（以美元为基准，指数化）
资本流入（占 GDP 的比例）
进口（占 GDP 的比例）
经常账户（占 GDP 的比例）
资本流出（占 GDP 的比例）
出口（占 GDP 的比例）
1985–05
1990–05
1995–05
2000–05

日本1987—2017年案例文本自动摘要

如右图所示，1987—2017年，日本经历了典型的通缩性去杠杆化周期。

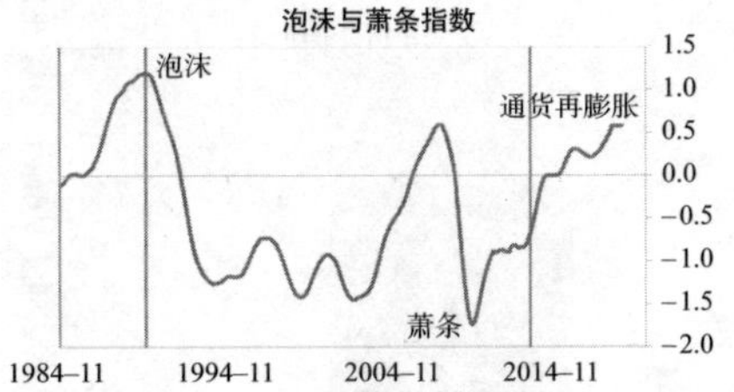

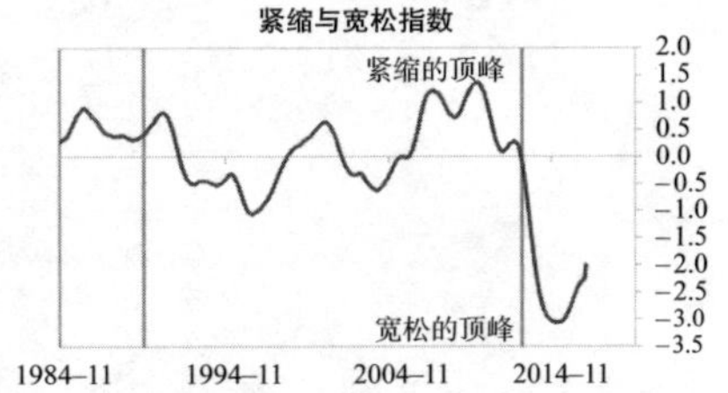

泡沫阶段

1987—1989年，日本处于泡沫阶段，债务不断增加，经济增长强劲，资产回报丰厚，这些因素促成一个自我强化的泡沫周期。在这一阶段，日本的债务达到危机前的峰值，占GDP的307%，增幅为GDP的24%。在本案例中，这些债务都以日元计价，大多数债务的债权人是日本人，而且日本是净债权国（即使在资本回流构成冲击的情况下，日本也维持了坚挺的汇率）。在泡沫阶段，日本的投资流入较少，平均约占GDP的1%。在债务不断增加的支撑下，日本经济增长强劲（增速达到5%），经济活力处于高位（GDP缺口达到4%的峰值）。此外，股票在泡沫阶段的平均年化回报率为28%，高资产回报率鼓励更多借债，刺激经济增长。在这一阶段，决策者启动了一场大规模紧缩政策（将短期利率上调约450个基点）。日本面临这些泡沫压力，货币与信贷环境收紧，这些因素共同促成了不可持续的发展局势。

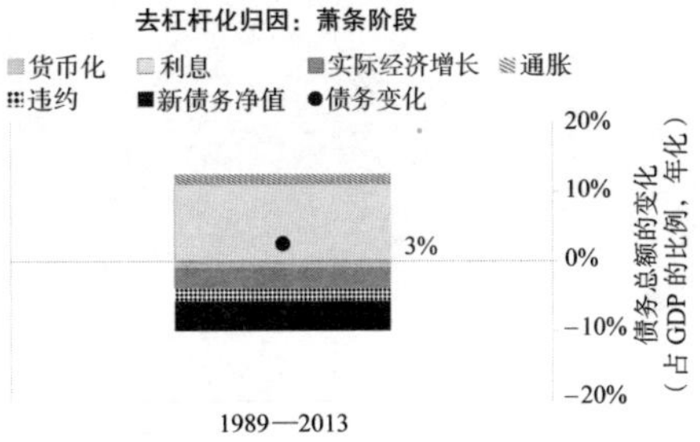

萧条阶段

最终，形势出现逆转，导致了自我强化的经济萧条和痛苦的去杠杆化，持续时间为1989—2013年。在危机前的最高峰，日本的偿债总额达到GDP的78%，这使日本容易受到冲击伤害，而此时其面临的冲击是，房地产市场与股市崩盘。日本的股价和房价均陷入自我强化式下跌，跌幅分别为67%和43%，失业率上升3%。日本的金融机构也面临巨大压力。如右边的去杠杆化归因图所示，尽管日本需要去杠杆化，但主要由于举借新债以支付利息，其债务占GDP的比例增加了59%（年化增幅为3%）。

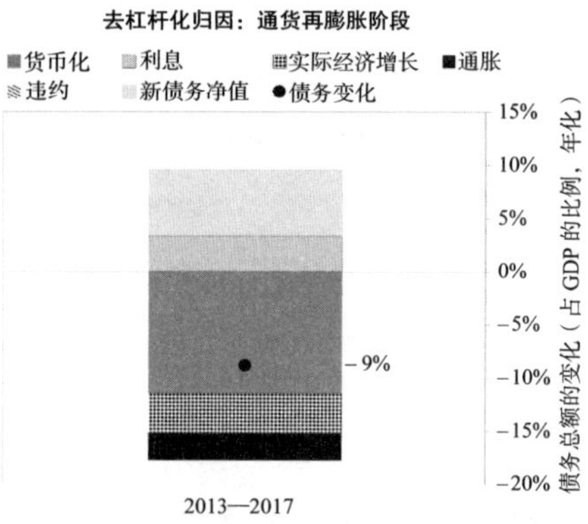

通货再膨胀阶段

在本案例中，日本解决债务问题的速度非常缓慢。央行的货币宽松力度不足，因此在较长时间里，日本的名义GDP增速低于名义利率。但最终，决策者提供了充足的经济刺激，将痛苦的去杠杆化转变为和谐的去杠杆化，日本从2013年开始步入通货再膨胀阶段。在这一经济刺激阶段，货币政策方面，M0增幅达到GDP的58%，利率最终降至0%，实际汇率平均为–10%。在这一周期里，日本非常积极地管控金融机构和处理坏账，使用了9个典型政策工具中的7个。特别是，日本将银行国有化，提供流动性，并直接购买不良资产。日本还实施了结构性改革，旨在增强劳动力市场的灵活性。在这些刺激性举措的作用下，日本的名义经济增长率远高于名义利率（在此期间，其经济增长率平均为2%，而主权长期利率降至0%）。如左边的去杠杆化归因图所示，在这一阶段，日本的失业率保持平稳，债务占GDP的比例下降43%（年化降幅为9%）。在这段和谐的去杠杆化时期，债务与收入比率下降主要是因为债务货币化，其次是因为实际收入不断增加。

日本 1987—2017 年分类图示附录

负债状况

货币政策与财政政策

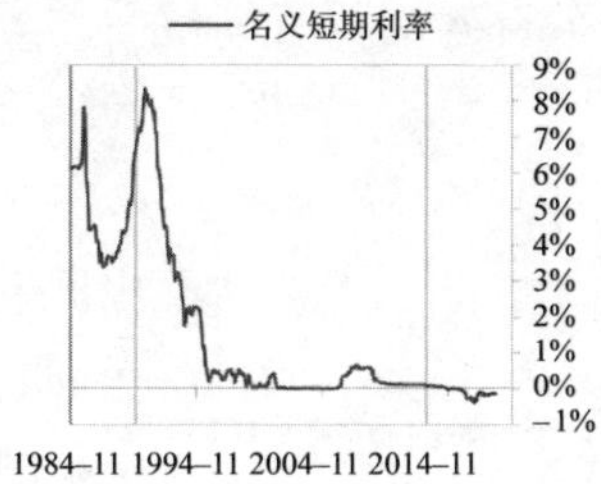

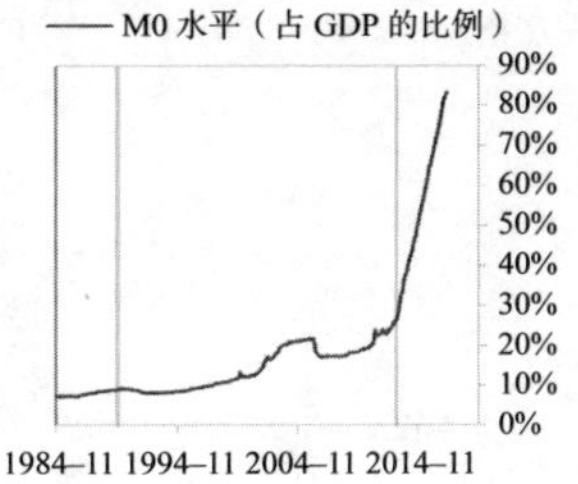

经济状况

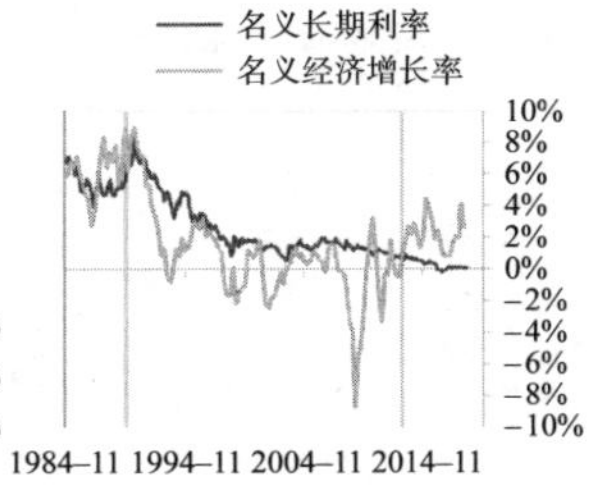

市场状况

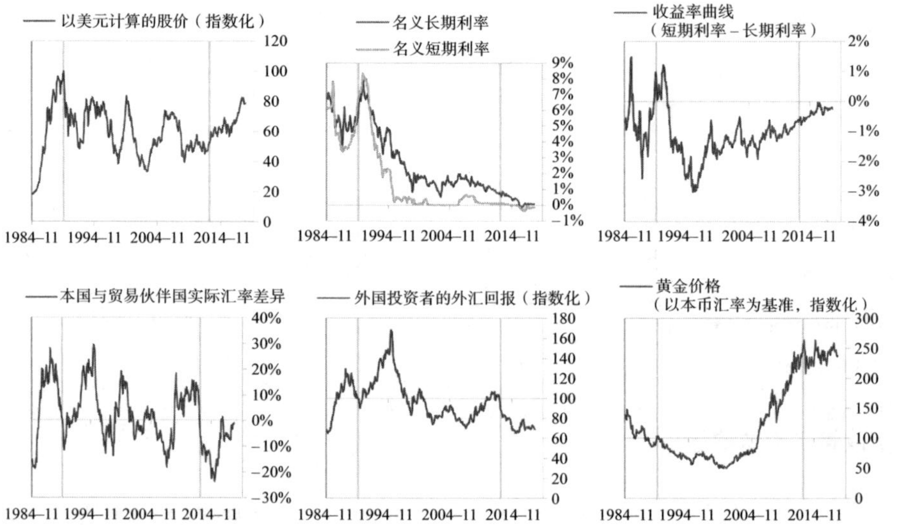
以美元计算的股价（指数化）
名义长期利率
名义短期利率
收益率曲线
（短期利率 – 长期利率）
本国与贸易伙伴国实际汇率差异
外国投资者的外汇回报（指数化）
黄金价格
（以本币汇率为基准，指数化）
1984–11 1994–11 2004–11 2014–11

国际收支状况

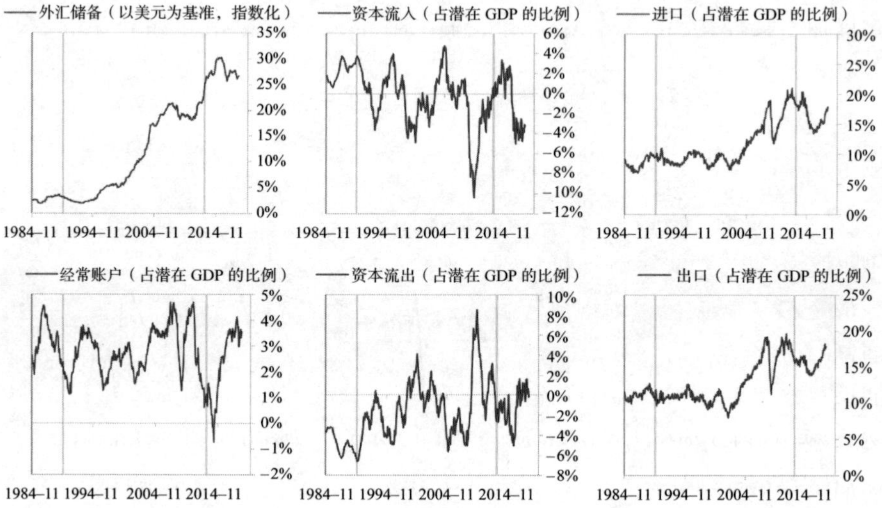
外汇储备（以美元为基准，指数化）
资本流入（占潜在 GDP 的比例）
进口（占潜在 GDP 的比例）
经常账户（占潜在 GDP 的比例）
资本流出（占潜在 GDP 的比例）
出口（占潜在 GDP 的比例）
1984–11 1994–11 2004–11 2014–11

美国 2004—2014 年案例文本自动摘要

如右图所示，2004—2014 年，美国经历了典型的通缩性去杠杆化周期。

泡沫与萧条指数

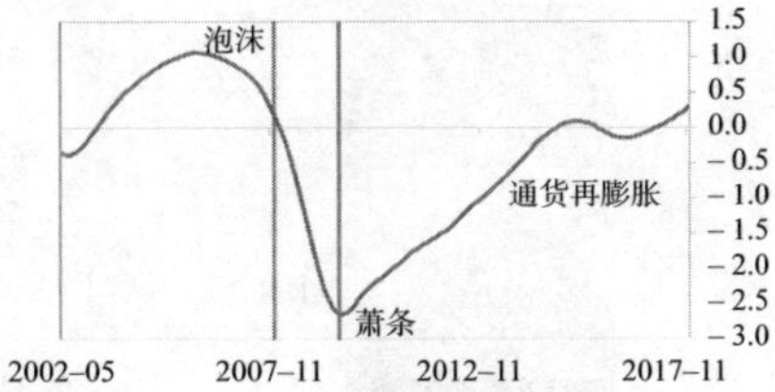

紧缩与宽松指数

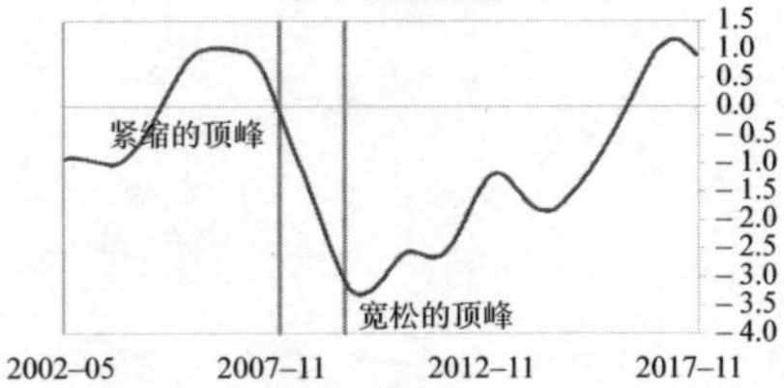

核心通胀率（同比）

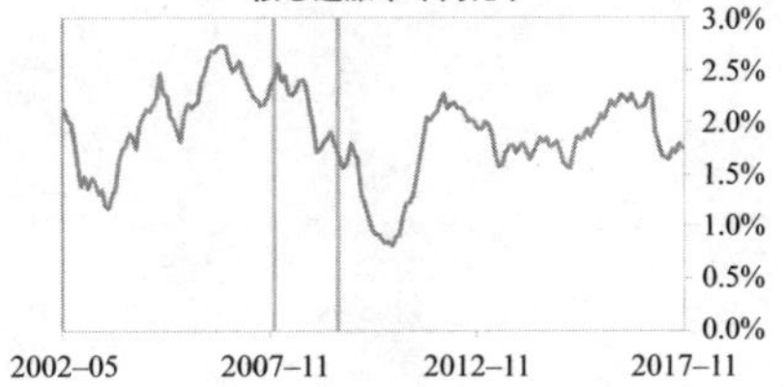

去杠杆化归因：萧条阶段

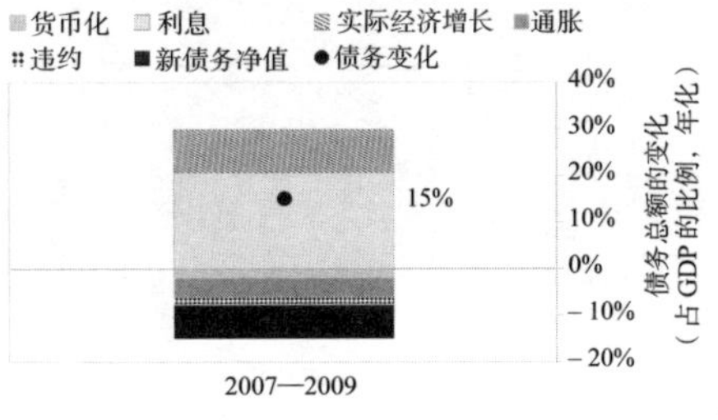

泡沫阶段

2004—2007年，美国处于泡沫阶段。债务不断增加，经济增长强劲，资产回报丰厚，这些因素促成一个自我强化的泡沫周期。在这一阶段，美国的债务达到危机前的峰值，占 GDP 的 349%，增幅为 GDP 的 38%。在本案例中，这些债务都以美元计价，大多数债务的债权人是美国人。在泡沫阶段，美国的投资流入较为强劲，平均约占 GDP 的 8%，这有助于其填补经常账户缺口（此时的经常账户赤字占 GDP 的 6%）。在债务与资金不断增加的支撑下，美国经济增长强劲（增速达到 3%），经济活力处于高位（GDP 缺口达到 3% 的峰值）。此外，股票在泡沫阶段的平均年化回报率为 14%，高资产回报率鼓励更多借债，刺激经济增长。在此期间，决策者启动了大规模紧缩政策（将短期利率上调约 400 个基点）。美国面临这些泡沫压力，货币与信贷环境收紧，这些因素共同促成了不可持续的发展局势。

萧条阶段

最终，形势出现逆转，导致了自我强化的经济萧条和痛苦的去杠杆化，持续时间为 2007—2009 年。在危机前的最高峰，美国的偿债总额达到 GDP 的 68%，这使美国容易受到冲击伤害，而此时其面临的冲击是，房地产市场崩盘。美国的 GDP、股价和房价均陷入自我强化式下跌，跌幅分别为 4%、50% 和 28%，失业率上升 5%。美国的金融机构也面临巨大压力。如右边的去杠杆化归因图所示，尽管美国需要去杠杆化，但其债务占 GDP 的比例增加了 23%（年化增幅为 15%），这主要是因为举借新债以支付利息，其次是因为实际收入减少。

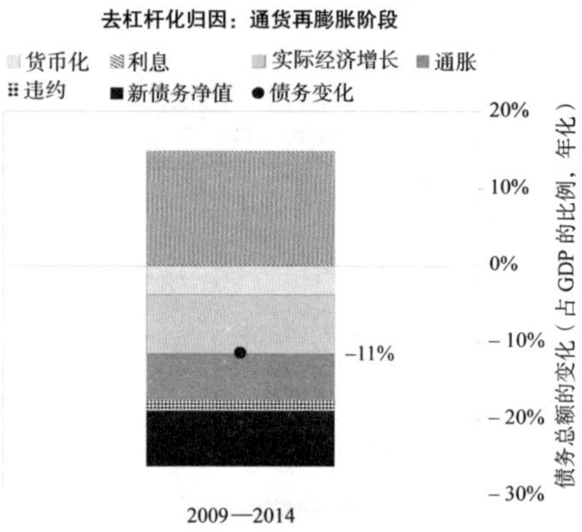

通货再膨胀阶段

这一萧条阶段的持续时间略短于平均水平。之后，决策者提供了充足的经济刺激，将痛苦的去杠杆化转变为和谐的去杠杆化，美国从2009年开始步入通货再膨胀阶段。在这一经济刺激阶段，货币政策方面，M0增幅达GDP的16%，利率最终降至0%，实际汇率平均为–10%。在这一周期里，美国非常积极地管控金融机构和处理坏账，使用了9个典型政策工具中的6个。特别是，美国将银行国有化，提供流动性，并直接购买不良资产。在这些刺激性举措的作用下，美国的名义经济增长率远高于名义利率（在此期间，其经济增长率平均为3%，而主权长期利率降至2%）。如左边的去杠杆化归因图所示，在这一阶段，美国的失业率下降3%，债务占GDP的比例下降59%（年化降幅为11%）。在这段和谐的去杠杆化时期，债务与收入比率下降的主要原因是实际收入增多，通货膨胀，以及偿还旧债。但上述降幅被举借新债以支付利息部分抵销。其实际GDP用了4年时间才达到之前的峰值，以美元计算的股价在5年里恢复。

美国 2004—2014 年分类图示附录

负债状况

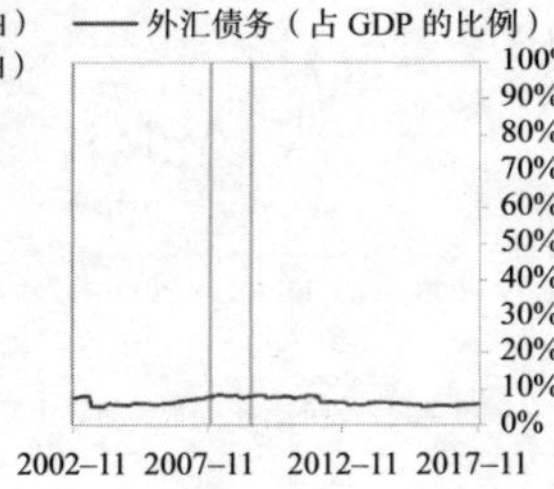

货币政策与财政政策

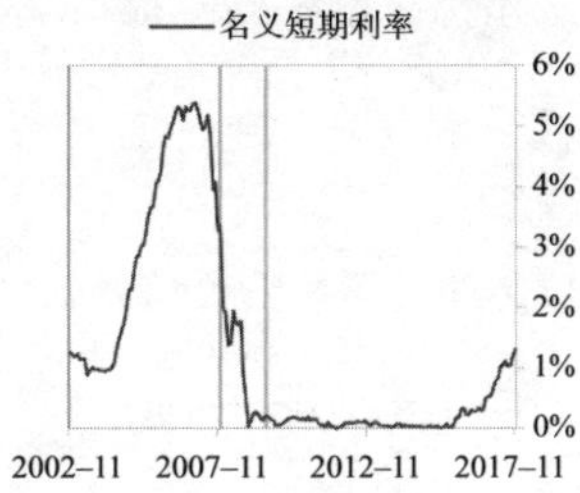

经济状况

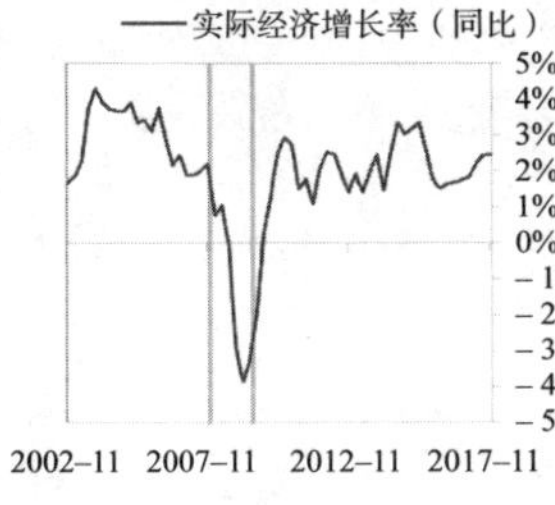

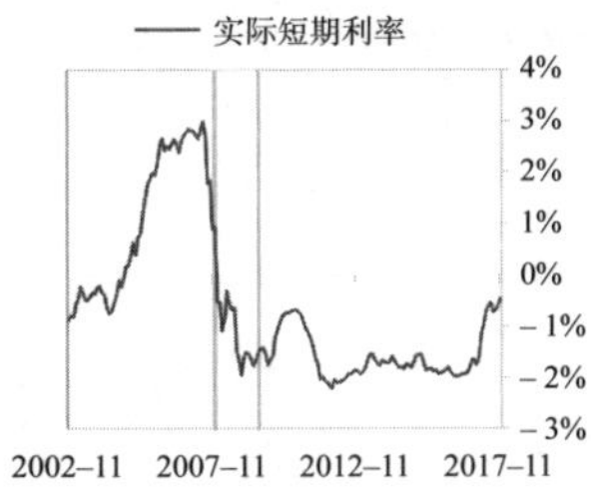

市场状况

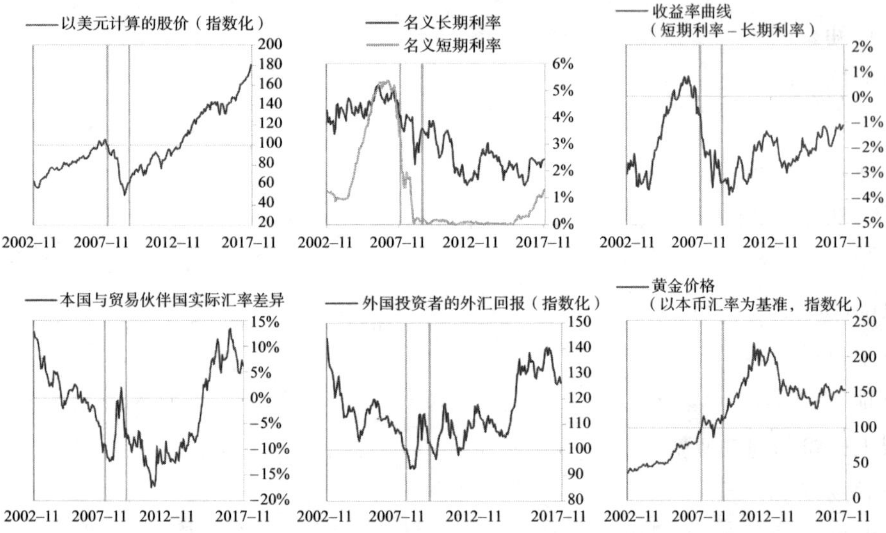
以美元计算的股价（指数化）
200
180
160
140
120
100
80
60
40
20
2002–11
2007–11
2012–11
2017–11
名义长期利率
名义短期利率
6%
5%
4%
3%
2%
1%
0%
收益率曲线
（短期利率 – 长期利率）
2%
1%
0%
–1%
–2%
–3%
–4%
–5%
本国与贸易伙伴国实际汇率差异
15%
10%
5%
0%
–5%
–10%
–15%
–20%
外国投资者的外汇回报（指数化）
150
140
130
120
110
100
90
80
黄金价格
（以本币汇率为基准，指数化）
250
200
150
100
50
0

国际收支状况

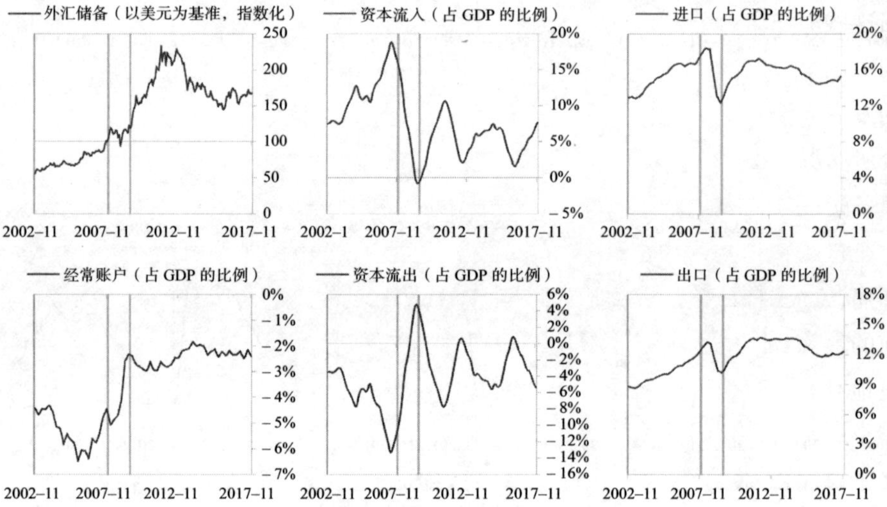
外汇储备（以美元为基准，指数化）
250
200
150
100
50
0
2002–11
2007–11
2012–11
2017–11
资本流入（占 GDP 的比例）
20%
15%
10%
5%
0%
– 5%
2002–1
进口（占 GDP 的比例）
20%
16%
12%
8%
4%
0%
经常账户（占 GDP 的比例）
0%
– 1%
– 2%
– 3%
– 4%
– 5%
– 6%
– 7%
资本流出（占 GDP 的比例）
6%
4%
2%
0%
– 2%
– 4%
– 6%
– 8%
– 10%
– 12%
– 14%
– 16%
出口（占 GDP 的比例）
18%
15%
12%
9%
6%
3%
0%

奥地利 2005—2017 年案例文本自动摘要

如右图所示，2005—2017 年，奥地利经历了典型的通缩性去杠杆化周期。

泡沫与萧条指数

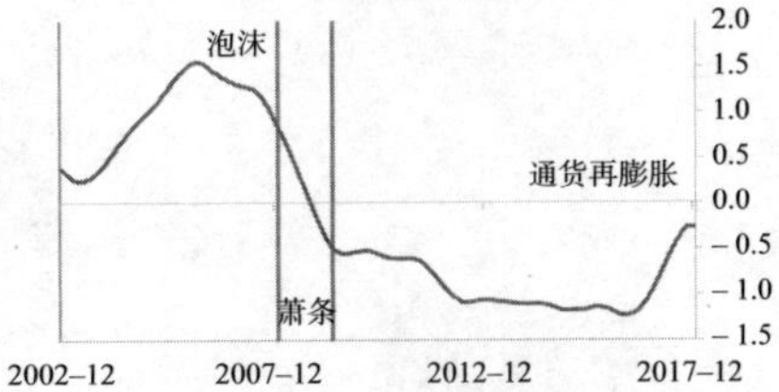

紧缩与宽松指数

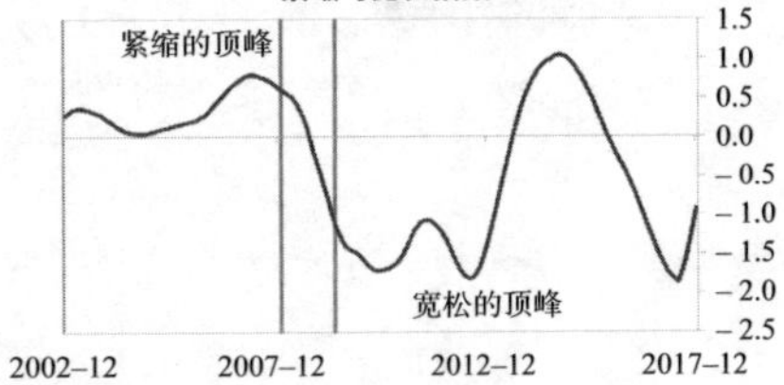

核心通胀率（同比）

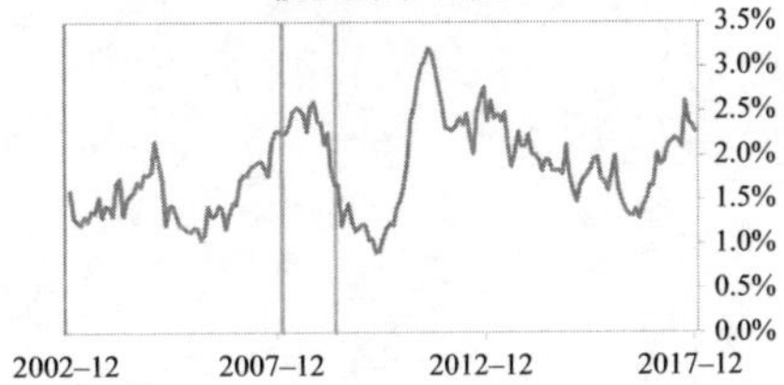

泡沫阶段

2005—2008 年，奥地利处于泡沫阶段，最显著的特征是股市回报丰厚。在这一阶段，奥地利的债务达到危机前的峰值，占 GDP 的 279%，增幅为 GDP 的 19%。在本案例中，这些债务都以欧元计价，虽然欧元实际上是奥地利的本国货币，但奥地利对其没有控制权。此外，很大一部分债务的债权人并非奥地利人，这使奥地利比较容易受到外资撤出的影响。在这些资金的支撑下，奥地利经济增长强劲（增速达到 3%）。此外，股票在泡沫阶段的平均年化回报率为 20%，高资产回报率鼓励更多借债，刺激经济增长。在这一阶段，决策者启动了温和的紧缩政策（将短期利率上调约 200 个基点）。奥地利面临这些泡沫压力，依赖外资流入，货币与信贷环境收紧，相关国家经济状况恶化，这些因素共同促成了不可持续的发展局势。

去杠杆化归因：萧条阶段

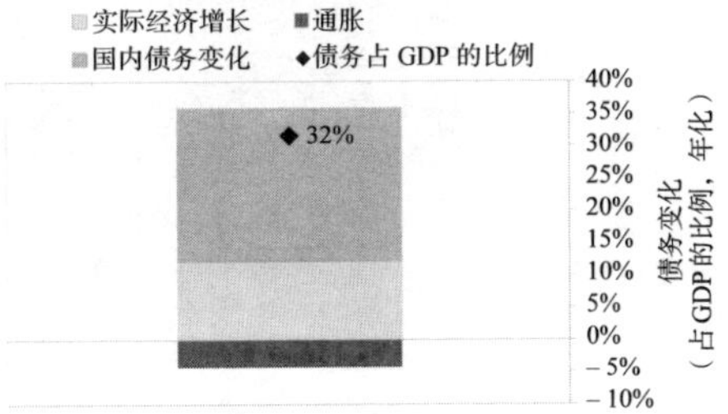

萧条阶段

最终，形势出现逆转，导致了自我强化的经济萧条和痛苦的去杠杆化，持续时间为 2008—2009 年。在危机前的最高峰，奥地利的偿债总额达到 GDP 的 69%，这使奥地利容易受到冲击伤害，而此时其面临的冲击是 2008 年全球金融危机。奥地利的 GDP 和股价均陷入自我强化式下跌，跌幅分别为 4% 和 66%。奥地利的金融机构也面临巨大压力。如右边的去杠杆化归因图所示，尽管奥地利需要去杠杆化，但由于收入减少，其债务占 GDP 的比例增加了 39%（年化增幅为 32%）。

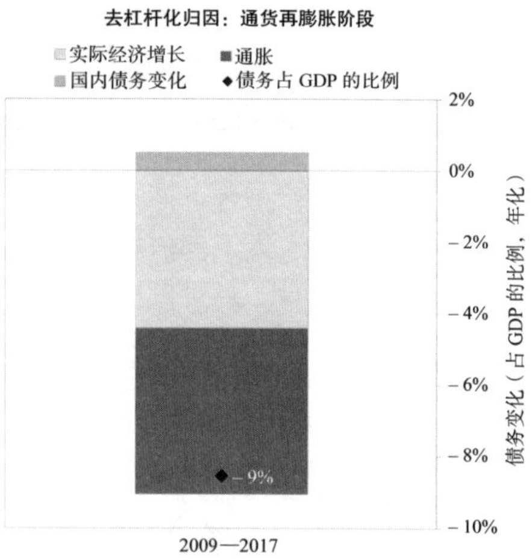

通货再膨胀阶段

这一萧条阶段的持续时间相对较短。之后，欧洲央行决策者提供了充足的经济刺激，将痛苦的去杠杆化转变为和谐的去杠杆化，奥地利从 2009 年开始步入通货再膨胀阶段。在这一经济刺激阶段，货币政策方面，M0 增幅达 GDP 的 19%，利率最终降至 0%，实际汇率平均为 –2%。在这一周期里，奥地利积极地管控金融机构和处理坏账，使用了 9 个典型政策工具中的 5 个。特别是，奥地利将银行国有化，并提供流动性。在这些刺激性举措的作用下，奥地利的名义经济增长率远高于名义利率（在此期间，其经济增长率平均为 3%，而主权长期利率降至 0%）。如左边的去杠杆化归因图所示，在这一阶段，奥地利的失业率保持平稳，债务占 GDP 的比例下降 74%（年化降幅为 9%）。在这段和谐的去杠杆化时期，债务与收入比率下降的主要原因是，通胀率提升推动收入增加。其实际 GDP 用了 3 年时间达到之前的峰值，但以美元计算的股价至今尚未完全恢复。

奥地利 2005—2017 年分类图示附录

负债状况

货币政策与财政政策

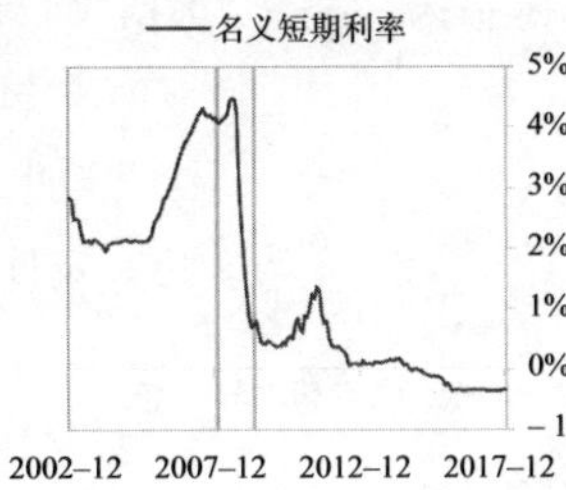

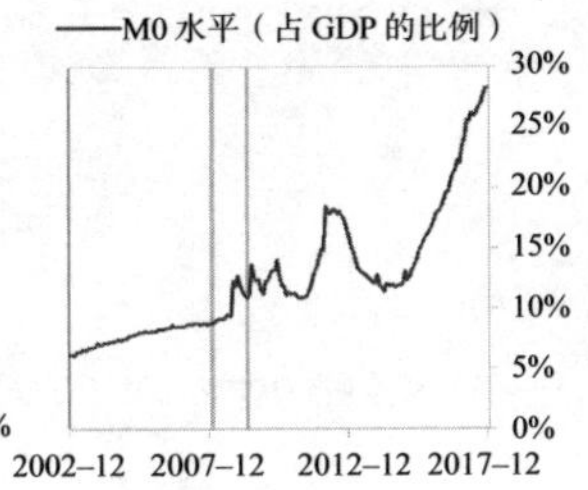

经济状况

市场状况

以美元计算的股价（指数化）
名义长期利率
名义短期利率
收益率曲线
（短期利率 – 长期利率）
本国与贸易伙伴国实际汇率差异
外国投资者的外汇回报（指数化）
黄金价格
（以本币汇率为基准，指数化）

国际收支状况

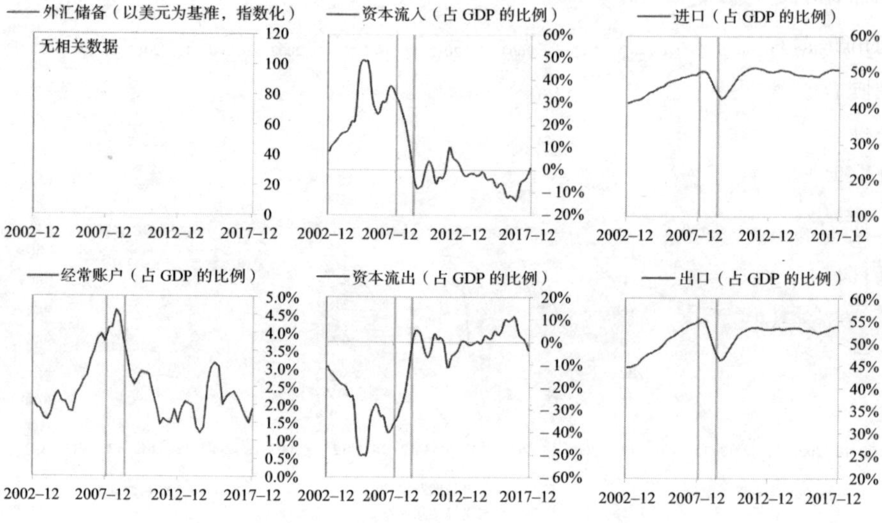
外汇储备（以美元为基准，指数化）
无相关数据
资本流入（占 GDP 的比例）
进口（占 GDP 的比例）
经常账户（占 GDP 的比例）
资本流出（占 GDP 的比例）
出口（占 GDP 的比例）

德国 2006—2017 年案例文本自动摘要

如右图所示，2006—2017 年，德国经历了典型的通缩性去杠杆化周期。

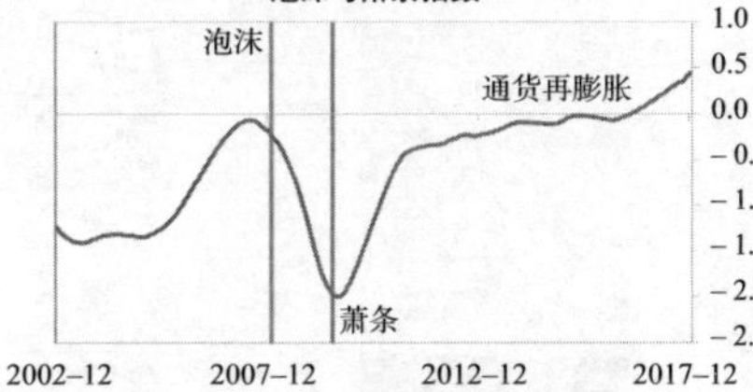

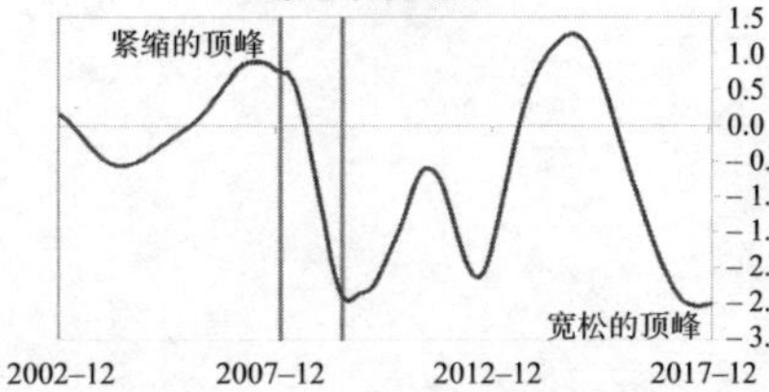

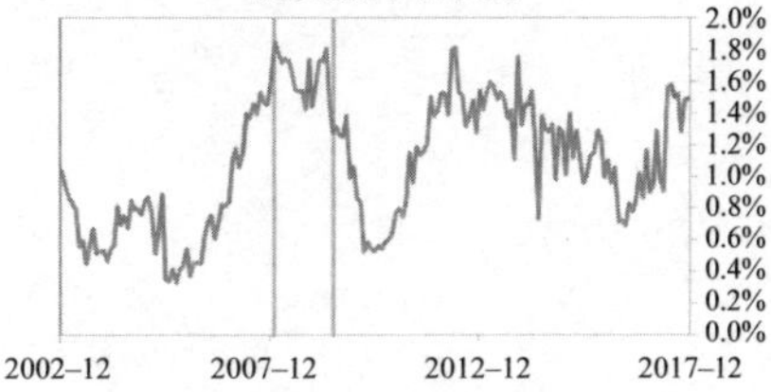

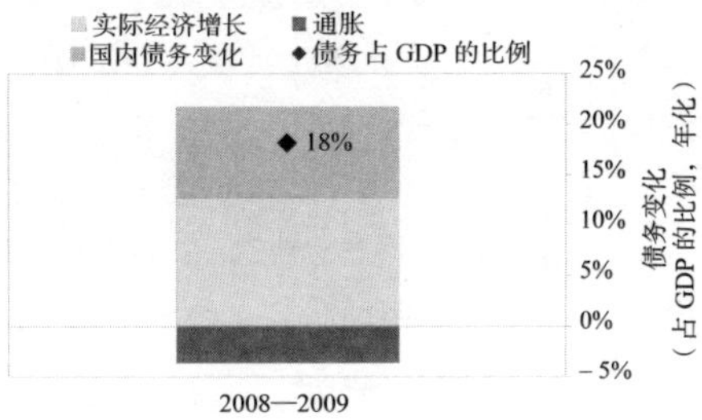

泡沫阶段

与许多其他案例不同，在危机爆发前的几年里，德国并未普遍出现泡沫，但与德国联系密切的其他国家、经济体和金融市场出现了泡沫式发展。而且在危机前，德国确实积累了大量债务，债务总额达到 GDP 的 261%。在本案例中，这些债务都以欧元计价，虽然欧元实际上是德国的本国货币，但德国对其没有控制权。大多数债务的债权人是德国人。

萧条阶段

最终，形势出现逆转，导致了自我强化的经济萧条和痛苦的去杠杆化，持续时间为 2008—2009 年。在危机前的最高峰，德国的偿债总额达到 GDP 的 51%，这使德国容易受到冲击伤害，而此时其面临的冲击是 2008 年全球金融危机。德国的 GDP 和股价均陷入自我强化式下跌，跌幅分别为 7% 和 53%。德国的金融机构也面临巨大压力。如右边的去杠杆化归因图所示，尽管德国需要去杠杆化，但由于收入减少，其债务占 GDP 的比例增加了 26%（年化增幅为 18%）。

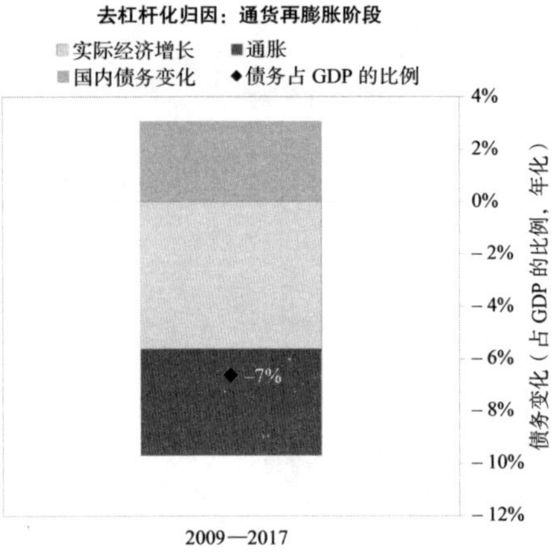

通货再膨胀阶段

这一萧条阶段的持续时间略短于平均水平。之后，欧洲央行决策者提供了充足的经济刺激，将痛苦的去杠杆化转变为和谐的去杠杆化，德国从 2009 年开始步入通货再膨胀阶段。在这一经济刺激阶段，货币政策方面，M0 增幅达 GDP 的 14%，利率最终降至 –1%，实际汇率平均为 –4%。在这一周期里，德国非常积极地管控金融机构和处理坏账，使用了 9 个典型政策工具中的 6 个。特别是，德国将银行国有化，提供流动性，并直接购买不良资产。在这些刺激性举措的作用下，德国的名义经济增长率远高于名义利率（在此期间，其经济增长率平均为 3%，而主权长期利率降至 0%）。如左边的去杠杆化归因图所示，在这一阶段，德国的失业率下降 4%，债务占 GDP 的比例下降 56%（年化降幅为 7%）。在这段和谐的去杠杆化时期，债务与收入比率下降的主要原因是，实际经济增速提升推动收入增加。其实际 GDP 用了 3 年时间达到之前的峰值，但以美元计算的股价至今尚未完全恢复。

德国 2006—2017 年分类图示附录

负债状况

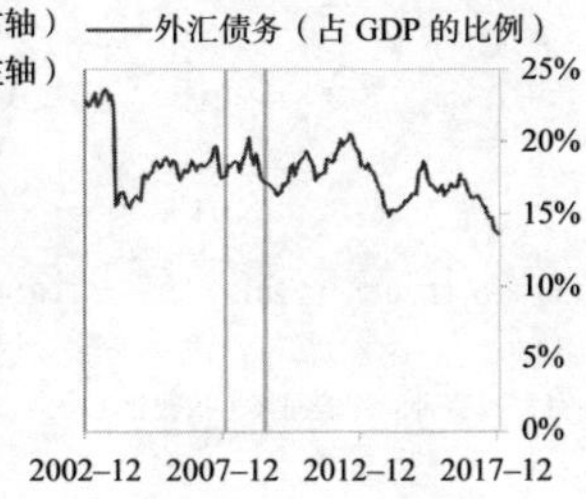

货币政策与财政政策

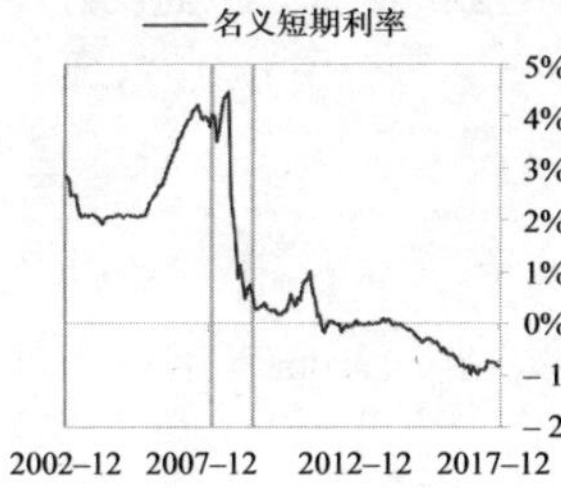

经济状况

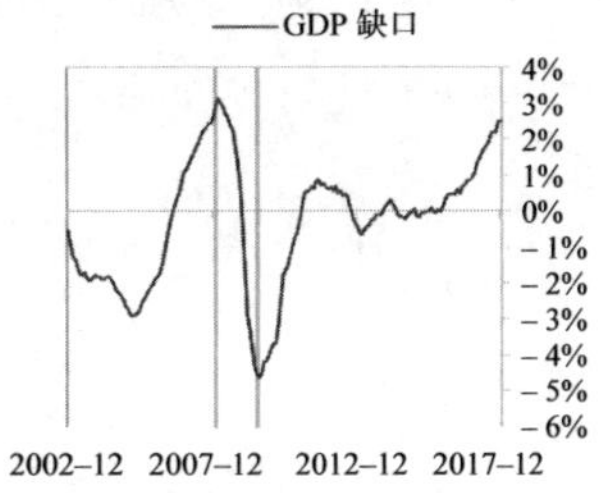

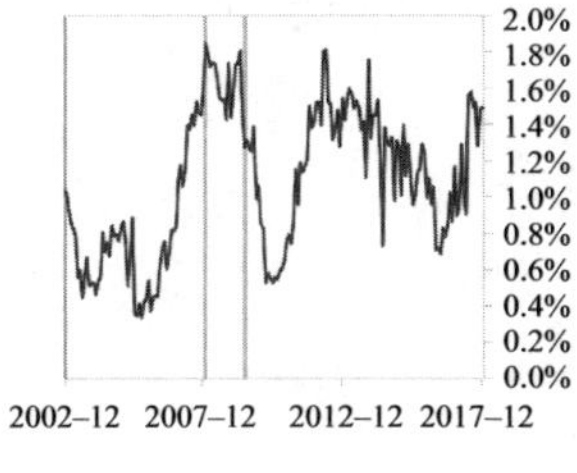

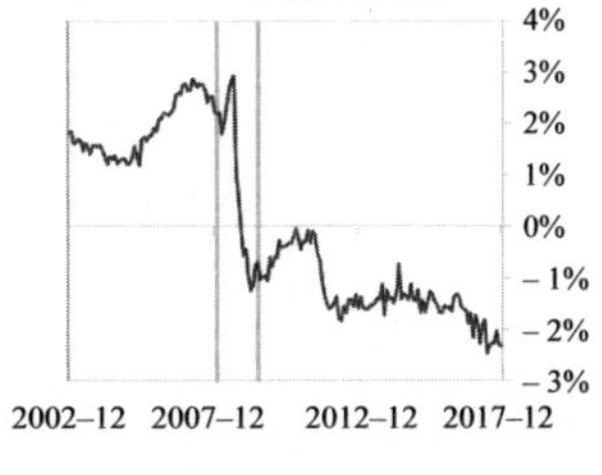

市场状况

——以美元计算的股价（指数化）
140
120
100
80
60
40
20
0
—— 名义长期利率
—— 名义短期利率
5%
4%
3%
2%
1%
0%
-1%
-2%
—— 收益率曲线
（短期利率-长期利率）
0.5%
0.0%
-0.5%
-1.0%
-1.5%
-2.0%
-2.5%
-3.0%
-3.5%
——本国与贸易伙伴国实际汇率差异
8%
6%
4%
2%
0%
-2%
-4%
-6%
-8%
-10%
——外国投资者的外汇回报（指数化）
120
100
80
60
40
20
0
—— 黄金价格
（以本币汇率为基准，指数化）
250
200
150
100
50
0
2002-12 2007-12 2012-12 2017-12

国际收支状况

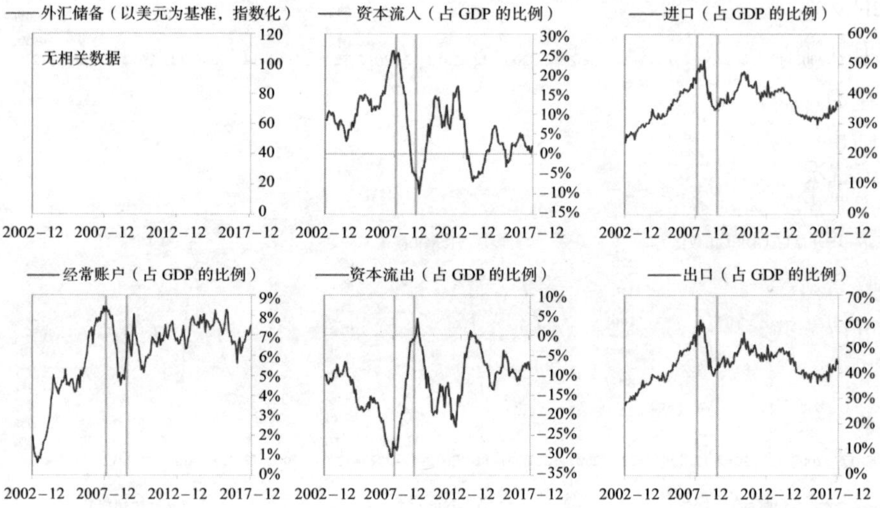

——外汇储备（以美元为基准，指数化）
无相关数据
120
100
80
60
40
20
0
—— 资本流入（占 GDP 的比例）
30%
25%
20%
15%
10%
5%
0%
-5%
-10%
-15%
——进口（占 GDP 的比例）
60%
50%
40%
30%
20%
10%
0%
——经常账户（占 GDP 的比例）
9%
8%
7%
6%
5%
4%
3%
2%
1%
0%
——资本流出（占 GDP 的比例）
10%
5%
0%
-5%
-10%
-15%
-20%
-25%
-30%
-35%
——出口（占 GDP 的比例）
70%
60%
50%
40%
30%
20%
10%
0%
2002-12 2007-12 2012-12 2017-12

希腊2005—2018年案例文本自动摘要

如右图所示，从2005年开始，希腊经历了典型的通缩性去杠杆化周期。

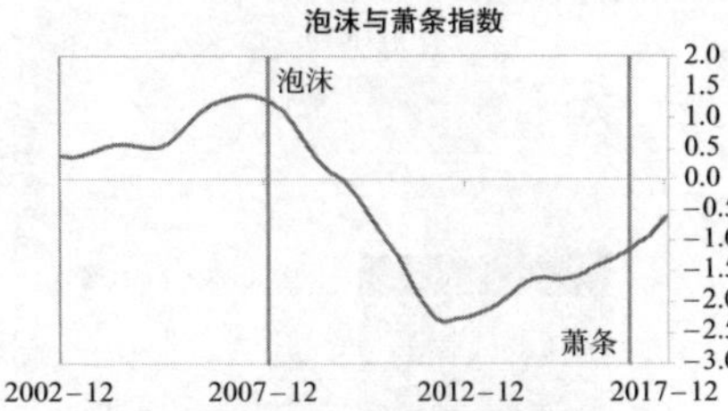

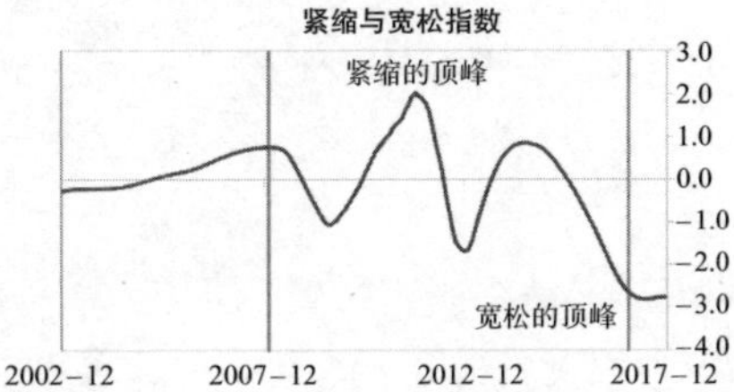

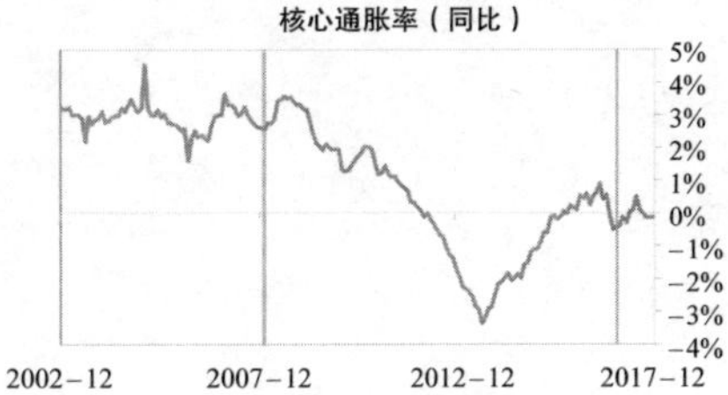

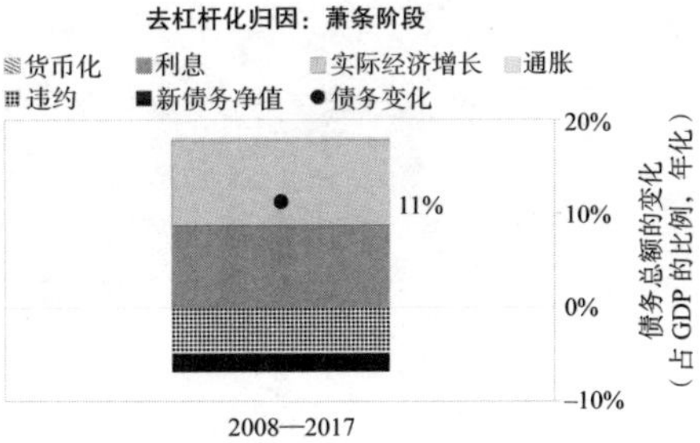

泡沫阶段

2005—2008年，希腊处于泡沫阶段，债务不断增加，经济增长强劲，资产回报丰厚，这些因素促成一个自我强化的泡沫周期。在这一阶段，希腊的债务达到危机前的峰值，占GDP的206%，增幅为GDP的40%。在本案例中，这些债务都以欧元计价，虽然欧元实际上是希腊的本国货币，但希腊对其没有控制权。此外，很大一部分债务的债权人并非希腊人，这使希腊比较容易受到外资撤出的影响。在此期间，希腊的投资流入强劲，平均约占GDP的22%，这有助于其填补经常账户缺口（此时的经常账户赤字占GDP的13%）。在债务与资金不断增加的支撑下，希腊经济增长强劲（增速达到3%），经济活力处于高位（GDP缺口达到10%的峰值）。此外，股票在泡沫阶段的平均年化回报率为19%，高资产回报率鼓励更多借债，刺激经济增长。在这一阶段，决策者采取了温和的紧缩政策（将短期利率上调约200个基点）。希腊面临这些泡沫压力，依赖外资流入，货币与信贷环境收紧，相关国家经济状况恶化，这些因素共同促成了不可持续的发展局势。

萧条阶段

最终，形势出现逆转，导致了自我强化的经济萧条和痛苦的去杠杆化，持续时间为2008—2017年。在危机前的最高峰，希腊的偿债总额达到GDP的42%，这使希腊容易受到冲击伤害，而此时其面临的冲击是2008年全球金融危机。希腊的外资流入减少（资本流入降幅为GDP的34%），导致货币政策收紧（短期利率上调86%），进而导致其GDP、股价和房价均陷入自我强化式下跌，跌幅分别为27%、91%和42%，失业率上升

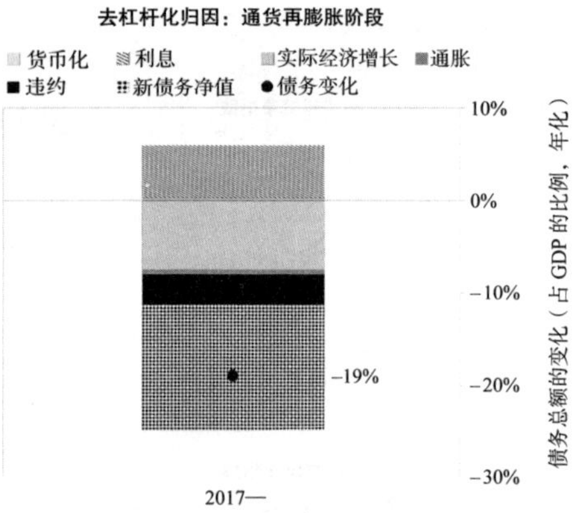

15%。希腊的金融机构也面临巨大压力。如上页中的去杠杆化归因图所示，尽管希腊需要去杠杆化，但其债务占GDP的比例增加了101%（年化增幅为11%），这主要是因为实际收入减少，其次是因为举借新债以支付利息。

通货再膨胀阶段

截至目前，希腊尚未过渡到和谐的去杠杆化阶段，因为希腊没有采取充足的货币宽松政策，以使名义经济增长率高于名义利率。

这场危机对希腊政局造成显著影响，为阿莱克西斯·齐普拉斯上台搭建了舞台，而许多人认为齐普拉斯是一名民粹主义领导人。

希腊 2005—2018 年分类图示附录

负债状况

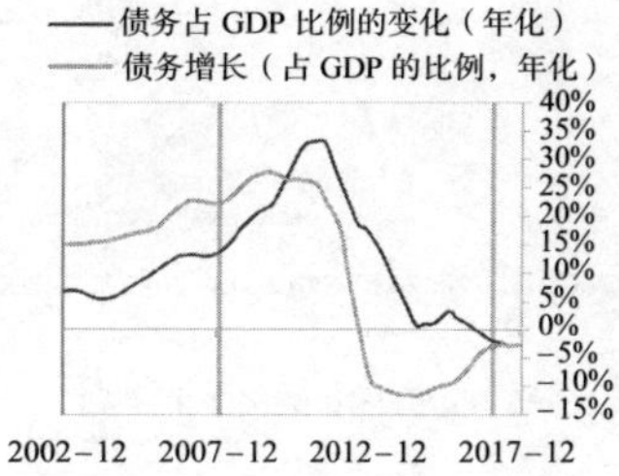

货币政策与财政政策

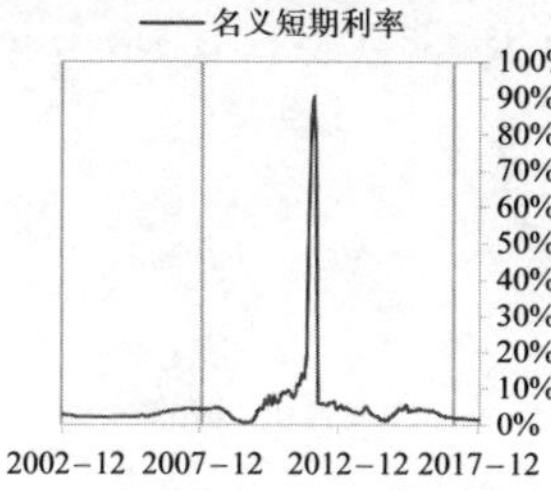

经济状况

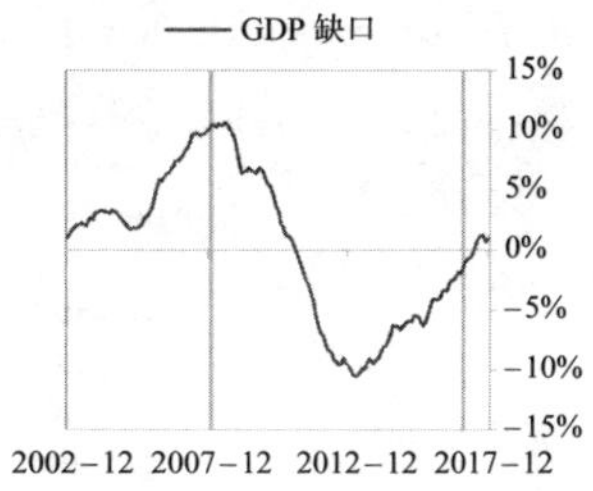

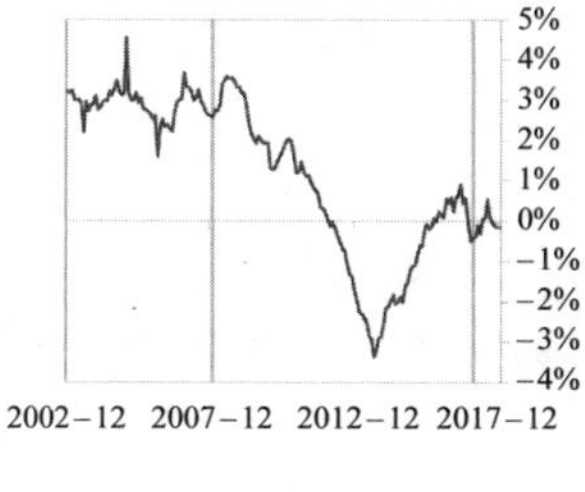

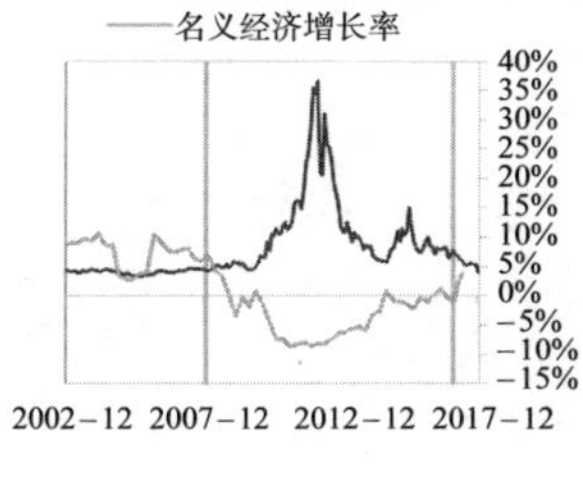

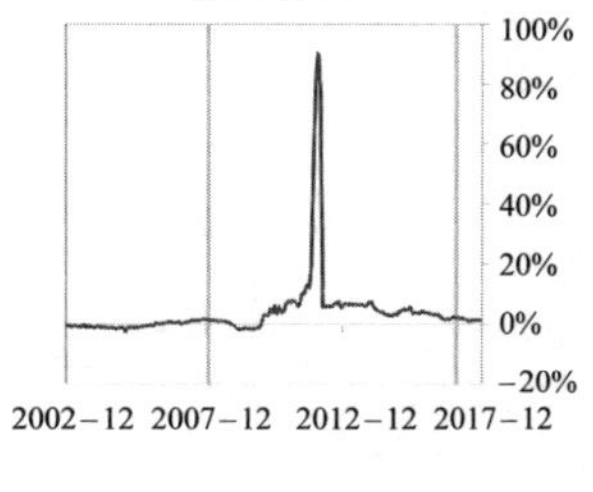

市场状况

以美元计算的股价（指数化）
名义长期利率
名义短期利率
收益率曲线
（短期利率－长期利率）
本国与贸易伙伴国实际汇率差异
外国投资者的外汇回报（指数化）
黄金价格
（以本币汇率为基准，指数化）
2002－12
2007－12
2012－12
2017－12

国际收支状况

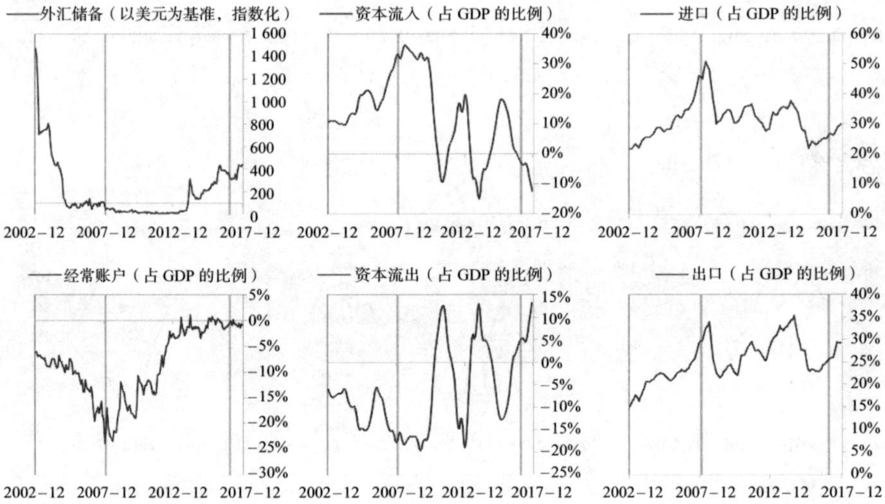
外汇储备（以美元为基准，指数化）
资本流入（占 GDP 的比例）
进口（占 GDP 的比例）
经常账户（占 GDP 的比例）
资本流出（占 GDP 的比例）
出口（占 GDP 的比例）
2002－12
2007－12
2012－12
2017－12

匈牙利 2005—2017 年案例文本自动摘要

如右图所示，2005—2017 年，匈牙利经历了典型的通缩性去杠杆化周期。

泡沫与萧条指数

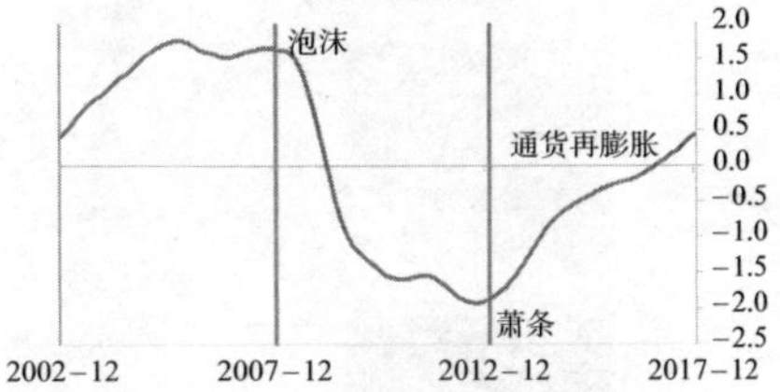

紧缩与宽松指数

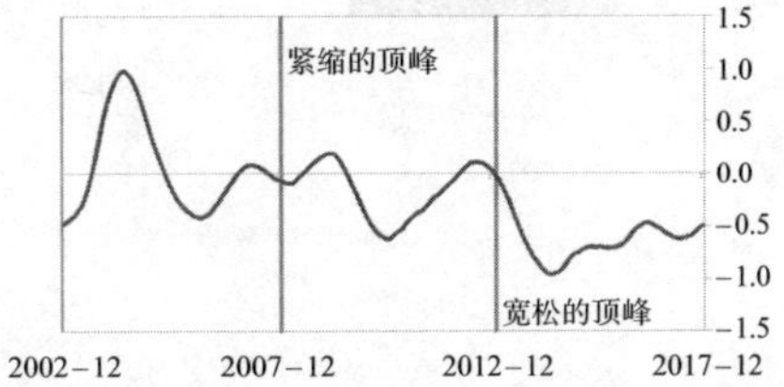

核心通胀率（同比）

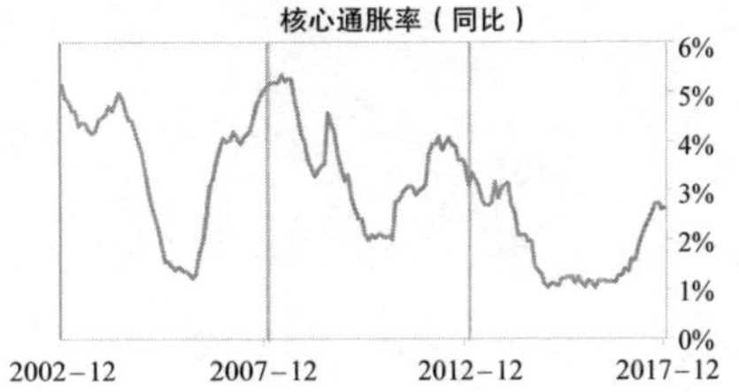

去杠杆化归因：萧条阶段

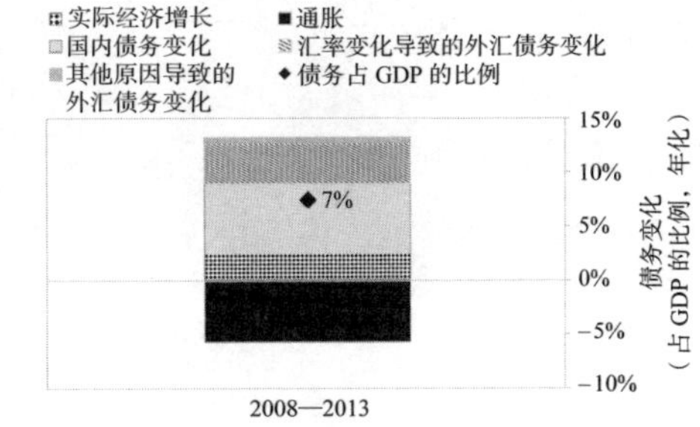

泡沫阶段

2005—2008 年，匈牙利处于泡沫阶段。债务不断增加，股市回报丰厚，经济增长强劲，这些因素促成一个自我强化的泡沫周期。在这一阶段，匈牙利的债务达到危机前的峰值，占 GDP 的 214%，增幅为 GDP 的 45%。在本案例中，这些债务都以匈牙利本国货币计价，但很大一部分债务的债权人并非匈牙利人，这使匈牙利比较容易受到外资撤出的影响。在泡沫阶段，匈牙利的投资流入较为强劲，平均约占 GDP 的 6%，这有助于其填补经常账户缺口（此时的经常账户赤字占 GDP 的 8%）。在债务和资金不断增加的支撑下，匈牙利经济增长强劲（增速达到 3%），经济活力处于高位（GDP 缺口达到 5% 的峰值）。此外，股票在泡沫时期的平均年化回报率为 14%，高资产回报率鼓励更多借债，刺激经济增长。匈牙利面临这些泡沫压力，依赖外资流入，相关国家经济状况恶化，这些因素共同促成了不可持续的发展局势。

萧条阶段

最终，形势出现逆转，导致了自我强化的经济萧条和痛苦的去杠杆化，持续时间为 2008—2013 年。在危机前的最高峰，匈牙利的偿债总额达到 GDP 的 31%，这使匈牙利容易受到冲击伤害，而此时其面临的冲击是 2008 年全球金融危机。匈牙利的外资流入减少（投资组合流入降幅为 GDP 的 12%），导致货币政策收紧（短期利率上调 5%），进而导致其 GDP、股价和房价均陷入自我强化式下跌，跌幅分别为 7%、73% 和 16%，失业率上升 3%。匈牙利的金融机构也面临巨大压力。如右边的去杠杆化归因图所示，尽管匈牙利需要去杠杆化，但由于收入减少，而且政府需要举借新债应对危机（在痛苦的去

去杠杆化归因：通货再膨胀阶段

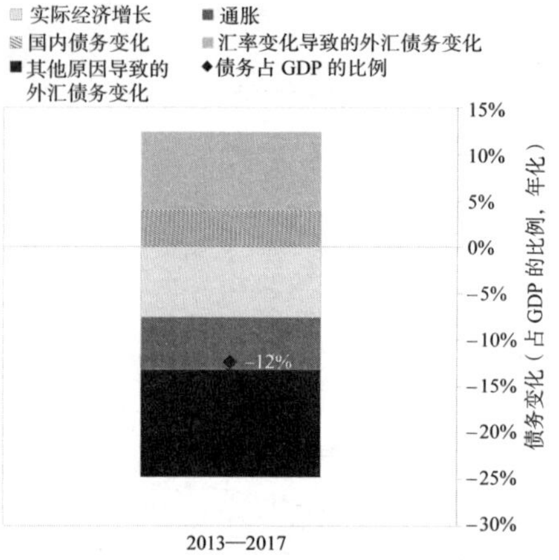

杠杆化阶段，财政赤字占 GDP 的比例达到 5% 的峰值），其债务占 GDP 的比例增加了 37%（年化增幅为 7%）。

通货再膨胀阶段

这一萧条阶段的持续时间相对较长。之后，决策者提供了充足的经济刺激，将痛苦的去杠杆化转变为和谐的去杠杆化，匈牙利从 2013 年开始步入通货再膨胀阶段。在这一经济刺激阶段，货币政策方面，M0 增幅达 GDP 的 4%，利率最终降至 0%，实际汇率平均为 –6%。在这一周期里，匈牙利积极地管控金融机构和处理坏账，使用了 9 个典型政策工具中的 4 个。匈牙利还受益于一项 IMF 援助计划。在这些刺激性举措的作用下，匈牙利的名义经济增长率远高于名义利率（在此期间，其经济增长率平均为 5%，而主权长期利率降至 2%）。如左边的去杠杆化归因图所示，在这一阶段，匈牙利的失业率下降 7%，债务占 GDP 的比例下降 51%（年化降幅为 12%）。在这段和谐的去杠杆化时期，债务与收入比率下降的主要原因是，实际经济增速加快推动收入不断增加。其实际 GDP 用了 6 年时间才达到之前的峰值，但以美元计算的股价至今尚未完全恢复。

这场危机对匈牙利政局造成显著影响，为维克托·欧尔班上台搭建了舞台，而许多人认为欧尔班是一名民粹主义领导人。

匈牙利 2005—2017 年分类图示附录

负债状况

货币政策与财政政策

经济状况

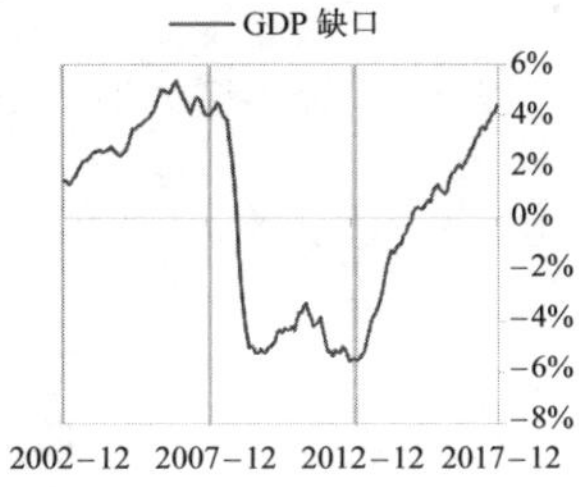

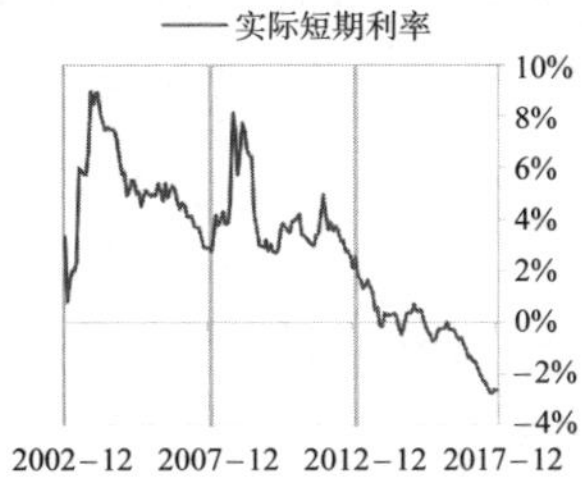

市场状况

以美元计算的股价（指数化）
名义长期利率
名义短期利率
收益率曲线
（短期利率－长期利率）
本国与贸易伙伴国实际汇率差异
外国投资者的外汇回报（指数化）
黄金价格
（以本币汇率为基准，指数化）

国际收支状况

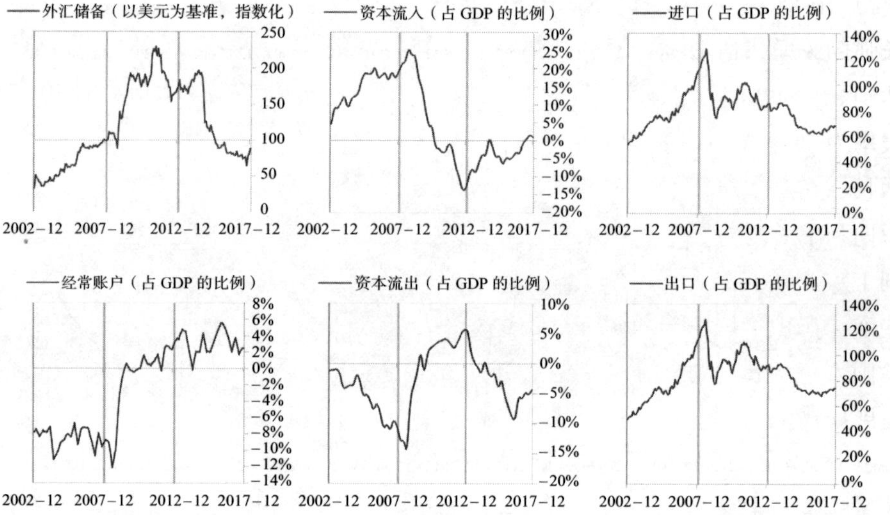
外汇储备（以美元为基准，指数化）
资本流入（占 GDP 的比例）
进口（占 GDP 的比例）
经常账户（占 GDP 的比例）
资本流出（占 GDP 的比例）
出口（占 GDP 的比例）

爱尔兰 2005—2017 年案例文本自动摘要

如右图所示，2005—2017 年，爱尔兰经历了典型的通缩性去杠杆化周期。

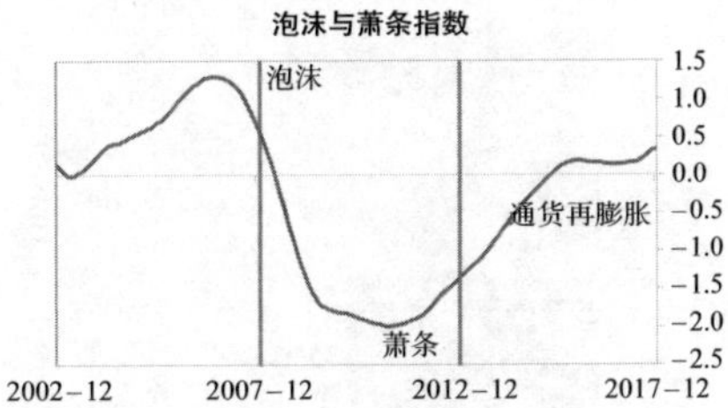

泡沫阶段

2005—2008 年，爱尔兰处于泡沫阶段。债务不断增加，经济增长强劲，房地产市场回报丰厚，这些因素促成一个自我强化的泡沫周期。在这一阶段，爱尔兰的债务达到危机前的峰值，占 GDP 的 271%，增幅为 GDP 的 94%。在本案例中，这些债务都以欧元计价，尽管欧元实际上是爱尔兰的本国货币，但爱尔兰对其没有控制权。此外，很大一部分债务的债权人并非爱尔兰人，这使爱尔兰比较容易受到外资撤出的影响。在泡沫阶段，爱尔兰投资流入强劲，平均约占 GDP 的 95%，这有助于其填补经常账户缺口（此时的经常账户赤字占 GDP 的 5%）。在债务和资金不断增加的支撑下，爱尔兰经济增长强劲（增速达到 5%），经济活力处于高位（GDP 缺口达到 8% 的峰值）。此外，股票在泡沫阶段的平均年化回报率为 5%，适度的资产回报率鼓励更多借债，刺激经济增长。在这一阶段，决策者采取了温和的紧缩政策（将短期利率上调约 220 个基点）。因为爱尔兰的实际汇率达到 17% 的峰值，其竞争力变成一个问题。爱尔兰面临这些泡沫压力，依赖外资流入，货币和信贷环境收紧，相关国家经济状况恶化，这些因素共同促成了不可持续的发展局势。

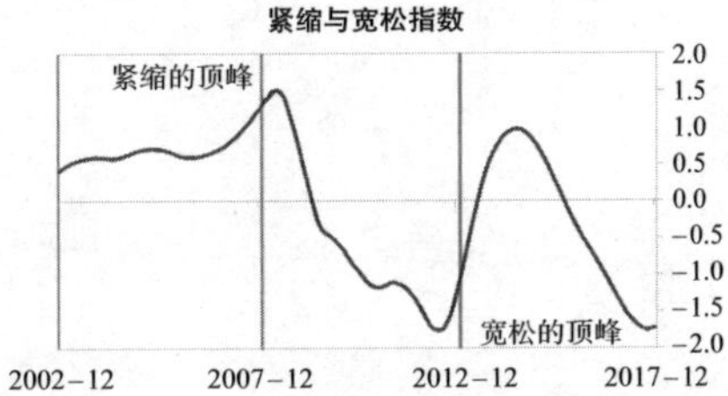

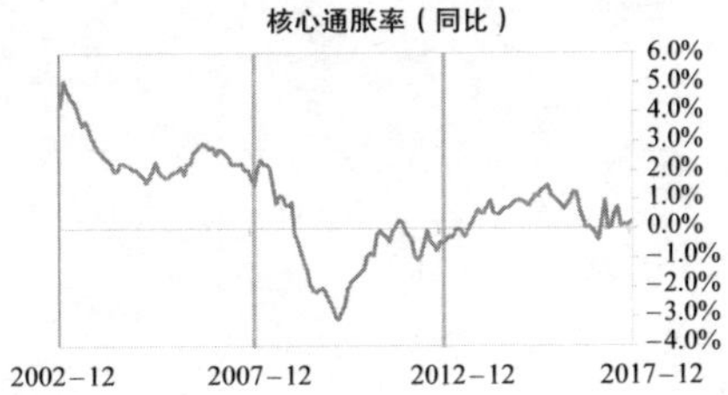

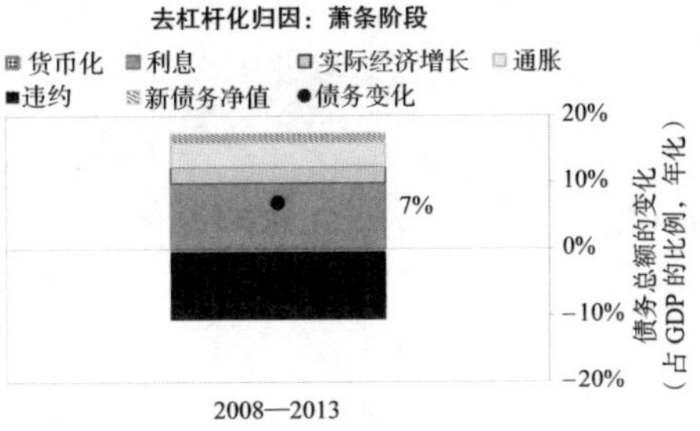

萧条阶段

最终，形势出现逆转，导致了自我强化的经济萧条和痛苦的去杠杆化，持续时间为 2008—2013 年。在危机前的最高峰，爱尔兰的偿债总额达到 GDP 的 77%，这使爱尔兰容易受到冲击伤害，而此时其面临的冲击是欧洲债务危机。爱尔兰的 GDP、股价和房价均陷入自我强化式下跌，跌幅分别为 9%、73% 和 53%，失业率上升 9%。

去杠杆化归因：通货再膨胀阶段

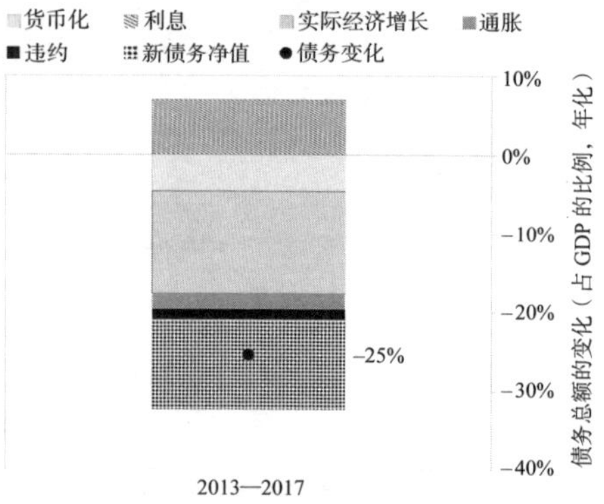

爱尔兰的金融机构也面临巨大压力。如上页中的去杠杆化归因图所示，尽管爱尔兰需要去杠杆化，但其债务占GDP的比例增加了35%（年化增幅为7%），这主要是因为举借新债以支付利息，其次是因为通货紧缩。但这一增幅被债务违约部分抵销。

通货再膨胀阶段

这一萧条阶段的持续时间相对较长。之后，欧洲央行决策者提供了充足的经济刺激，将痛苦的去杠杆化转变为和谐的去杠杆化，爱尔兰从2013年开始步入通货再膨胀阶段。在这一经济刺激阶段，货币政策方面，M0增幅达GDP的14%，利率最终降至0%，实际汇率平均为–19%。在这一周期里，爱尔兰非常积极地管控金融机构和处理坏账，使用了9个典型政策工具中的7个。特别是，爱尔兰将银行国有化，提供流动性，并直接购买不良资产。爱尔兰还受益于一项IMF援助计划，并实施了结构性改革，旨在增强劳动力市场的灵活性。在这些刺激性举措的作用下，爱尔兰的名义经济增长率远高于名义利率（在此期间，其经济增长率平均为6%，而主权长期利率降至0%）。如左边的去杠杆化归因图所示，在这一阶段，爱尔兰的失业率下降8%，债务占GDP的比例下降116%（年化降幅为25%）。在这段和谐的去杠杆化时期，由于实际收入增加和偿还旧债，债务与收入比率下降。其实际GDP用了6年时间才达到之前的峰值，但以美元计算的股价至今尚未完全恢复。

爱尔兰 2005—2017 年分类图示附录

负债状况

货币政策与财政政策

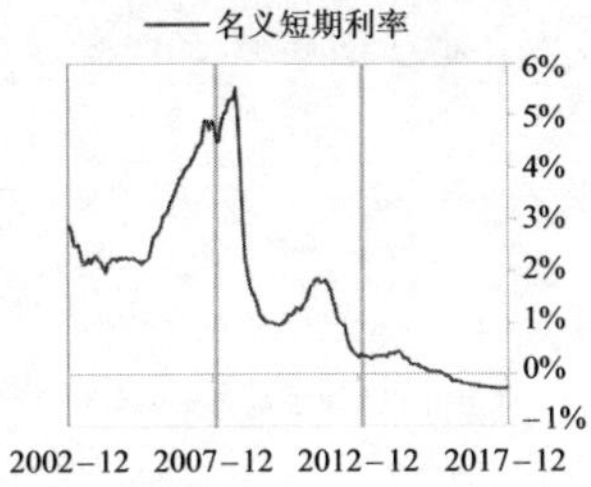

经济状况

市场状况

以美元计算的股价（指数化）
160
140
120
100
80
60
40
20
0
名义长期利率
名义短期利率
14%
12%
10%
8%
6%
4%
2%
0%
-2%
收益率曲线
（短期利率－长期利率）
2%
0%
-2%
-4%
-6%
-8%
-10%
-12%
本国与贸易伙伴国实际汇率差异
30%
20%
10%
0%
-10%
-20%
-30%
-40%
外国投资者的外汇回报（指数化）
120
100
80
60
40
20
0
黄金价格
（以本币汇率为基准，指数化）
250
200
150
100
50
0
2002-12
2007-12
2012-12
2017-12

国际收支状况

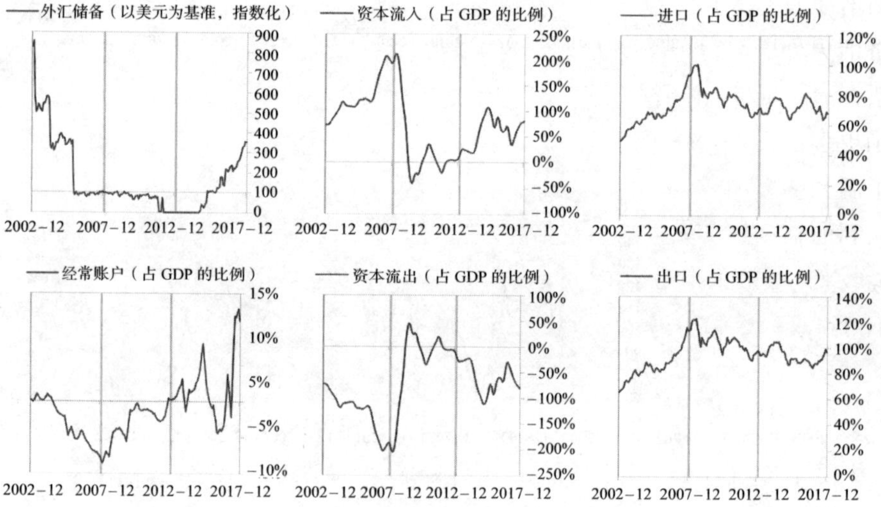
外汇储备（以美元为基准，指数化）
900
800
700
600
500
400
300
200
100
0
资本流入（占GDP的比例）
250%
200%
150%
100%
50%
0%
-50%
-100%
进口（占GDP的比例）
120%
100%
80%
60%
40%
20%
0%
经常账户（占GDP的比例）
15%
10%
5%
-5%
-10%
资本流出（占GDP的比例）
100%
50%
0%
-50%
-100%
-150%
-200%
-250%
出口（占GDP的比例）
140%
120%
100%
80%
60%
40%
20%
0%
2002-12
2007-12
2012-12
2017-12

意大利 2005—2017 年案例文本自动摘要

如右图所示，2005—2017 年，意大利经历了典型的通缩性去杠杆化周期。

泡沫与萧条指数

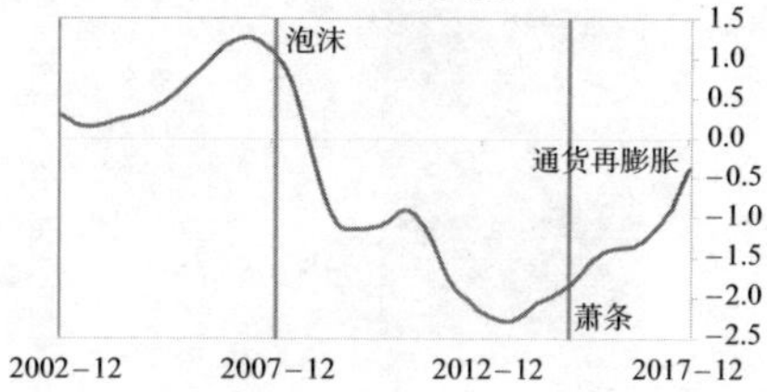

紧缩与宽松指数

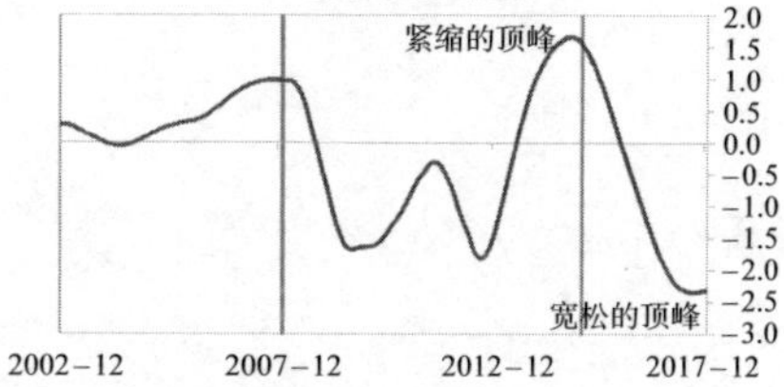

核心通胀率（同比）

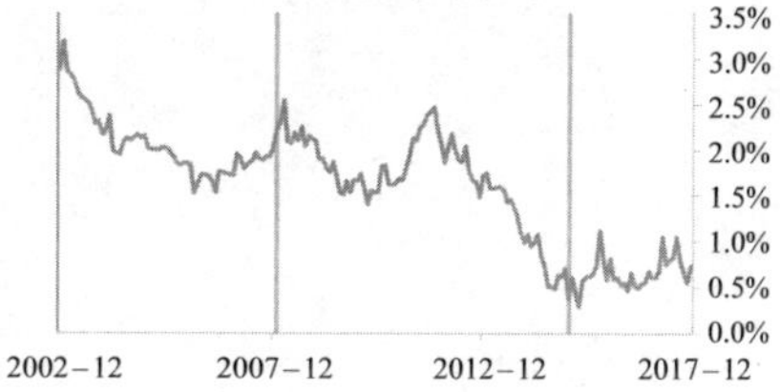

去杠杆化归因：萧条阶段

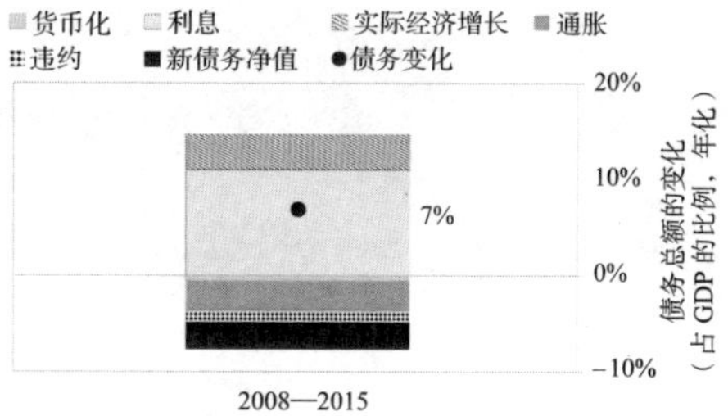

泡沫阶段

2005—2008 年，意大利处于泡沫阶段。债务不断增加，经济增长强劲，这些因素促成一个自我强化的泡沫周期。在这一阶段，意大利的债务达到危机前的峰值，占 GDP 的 270%，增幅为 GDP 的 29%。在本案例中，这些债务都以欧元计价，尽管欧元实际上是意大利的本国货币，但意大利对其没有控制权。此外，很大一部分债务的债权人并非意大利人，这使意大利比较容易受到外资撤出的影响。在泡沫阶段，意大利投资流入较为强劲，平均约占 GDP 的 7%，这有助于其填补经常账户缺口（此时的经常账户赤字占 GDP 的 1%）。在债务和资金不断增加的支撑下，意大利经济温和增长（增速为 2%），经济活力处于高位（GDP 缺口达到 4% 的峰值）。此外，股票在泡沫阶段的平均年化回报率为 7%，高资产回报率鼓励更多借债，刺激经济增长。在这一阶段，决策者采取了温和的紧缩政策（将短期利率上调约 200 个基点）。意大利面临这些泡沫压力，依赖外资流入，货币和信贷环境收紧，相关国家经济状况恶化，这些因素共同促成了不可持续的发展局势。

萧条阶段

最终，形势出现逆转，导致了自我强化的经济萧条和痛苦的去杠杆化，持续时间为 2008—2015 年。在危机前的最高峰，意大利的偿债总额达到 GDP 的 58%，这使意大利容易受到冲击伤害，而此时其面临的冲击是欧洲债务危机。由于意大利的外资流入减少（投资组合流入降幅为 GDP 的 14%），其 GDP、股价和房价均陷入自我强化式下跌，跌幅分别为 9%、67% 和 15%，失业率上升 6%。意大利的金融机构也面临巨大压力。如右边的去

去杠杆化归因：通货再膨胀阶段

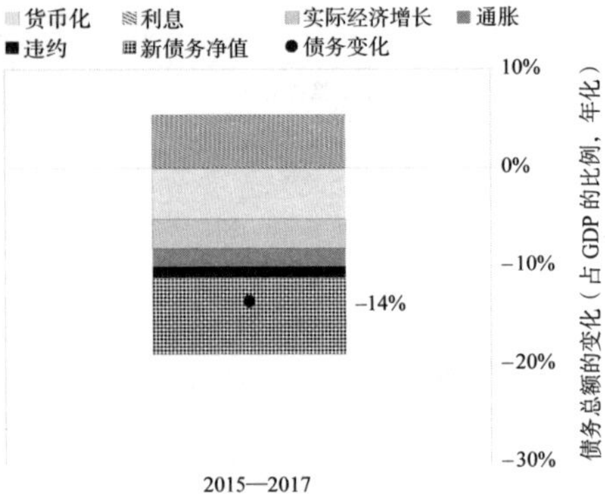

杠杆化归因图所示，尽管意大利需要去杠杆化，但其债务占 GDP 的比例增加了 48%（年化增幅为 7%），这主要是因为举借新债以支付利息，其次是因为实际收入减少。

通货再膨胀阶段

这一萧条阶段的持续时间相对较长。之后，欧洲央行决策者提供了充足的经济刺激，将痛苦的去杠杆化转变为和谐的去杠杆化，意大利从 2015 年开始步入通货再膨胀阶段。在这一经济刺激阶段，货币政策方面，M0 增幅达 GDP 的 16%，利率最终降至 0%，实际汇率平均为 –1%。在这一周期里，意大利积极地管控金融机构和处理坏账，使用了 9 个典型政策工具中的 4 个。意大利还实施了结构性改革，旨在增强劳动力市场的灵活性。在这些刺激性举措的作用下，意大利的名义经济增长率高于名义利率（在此期间，其经济增长率平均为 1.8%，而主权长期利率降至 1.2%）。如左边的去杠杆化归因图所示，在这一阶段，意大利的失业率下降 1%，债务占 GDP 的比例下降 36%（年化降幅为 14%）。在这段和谐的去杠杆化时期，由于债务货币化和偿还旧债，债务与收入比率下降。其实际 GDP 至今尚未达到之前的峰值，以美元计算的股价也尚未完全恢复。

这场危机对意大利政局造成显著影响，为朱塞佩·孔特上台搭建了舞台，而许多人认为孔特是一名民粹主义领导人。

意大利 2005—2017 年分类图示附录

负债状况

货币政策与财政政策

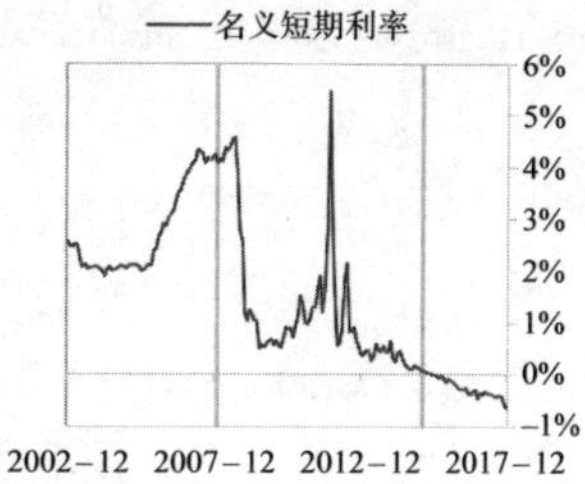

经济状况

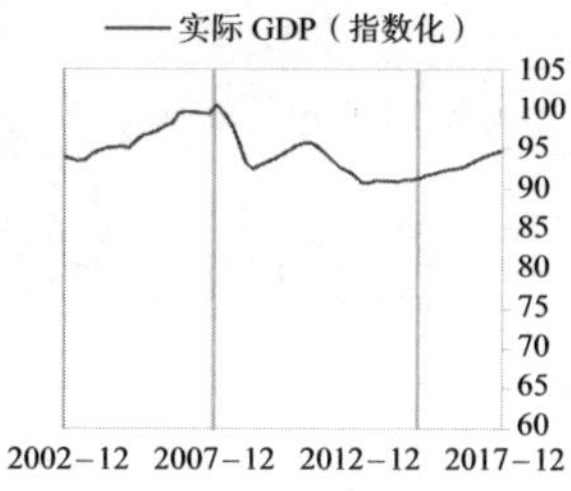

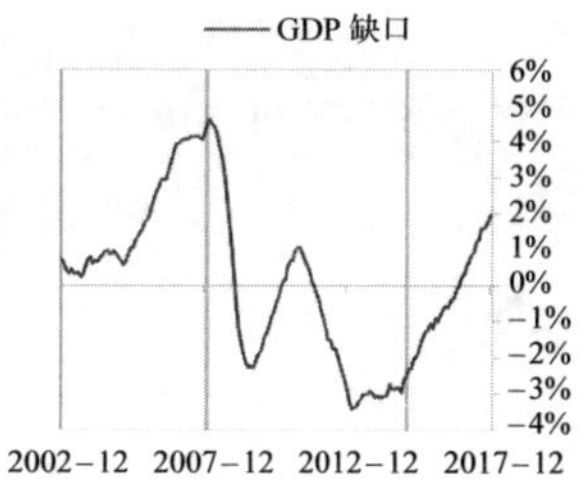

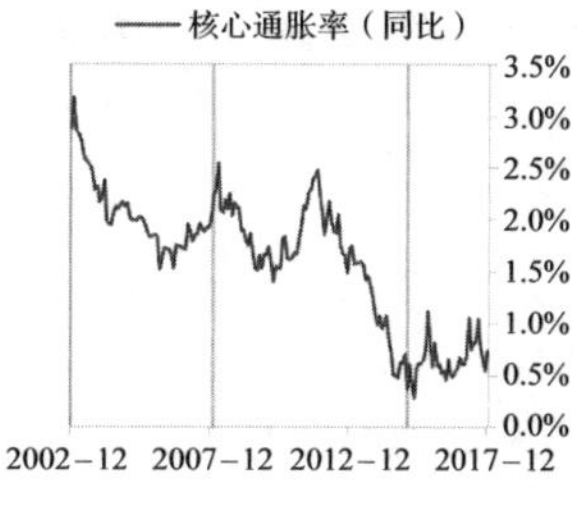

市场状况

以美元计算的股价（指数化）
名义长期利率
名义短期利率
收益率曲线
（短期利率－长期利率）
本国与贸易伙伴国实际汇率差异
外国投资者的外汇回报（指数化）
黄金价格
（以本币汇率为基准，指数化）
2002－12 2007－12 2012－12 2017－12

国际收支状况

外汇储备（以美元为基准，指数化）
资本流入（占 GDP 的比例）
进口（占 GDP 的比例）
经常账户（占 GDP 的比例）
资本流出（占 GDP 的比例）
出口（占 GDP 的比例）
2002－12 2007－12 2012－12 2017－12

荷兰 2006—2017 年案例文本自动摘要

如右图所示，2006—2017 年，荷兰经历了一场典型的通缩性去杠杆化周期。

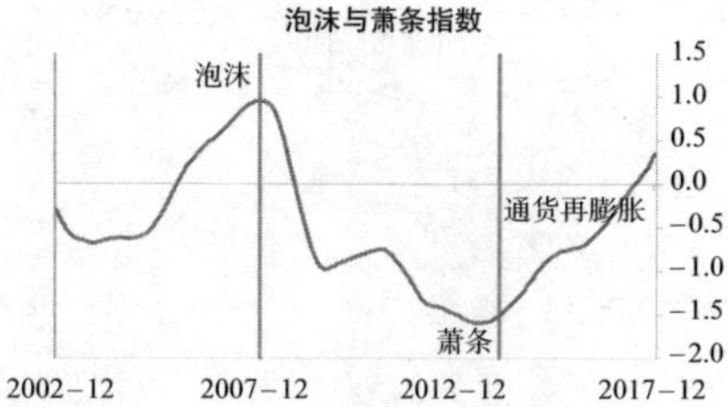

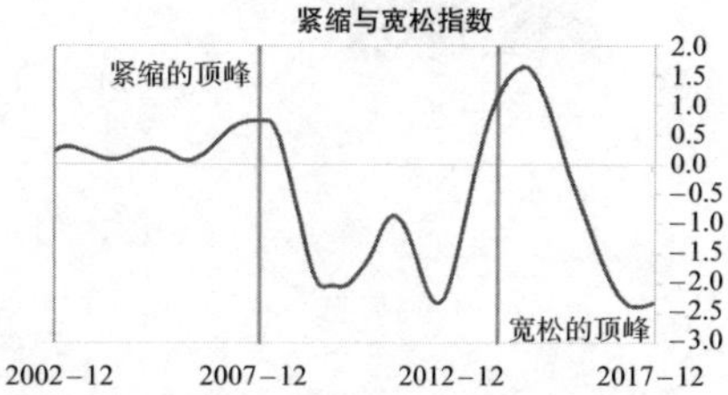

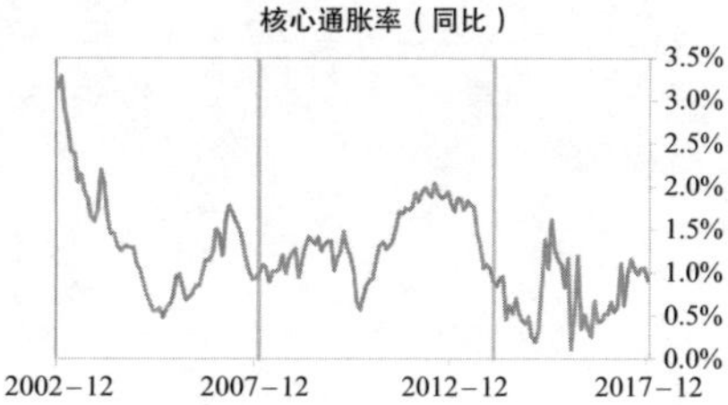

泡沫阶段

2006—2008 年，荷兰处于泡沫阶段。债务不断增加，股市回报丰厚，经济增长强劲，这些因素促成一个自我强化的泡沫周期。在这一阶段，荷兰的债务达到危机前的峰值，占 GDP 的 355%，增幅为 GDP 的 10%。在本案例中，这些债务都以欧元计价，尽管欧元实际上是荷兰的本国货币，但荷兰对其没有控制权。此外，很大一部分债务的债权人并非荷兰人，这使荷兰比较容易受到外资撤出的影响。在泡沫阶段，荷兰投资流入强劲，平均约占 GDP 的 14%。在债务和资金不断增加的支撑下，荷兰经济增长强劲（增速为 3%），经济活力处于高位（GDP 缺口达到 5% 的峰值）。此外，股票在泡沫阶段的平均年化回报率为 11%，高资产回报率鼓励更多借债，刺激经济增长。在这一阶段，决策者采取了温和的紧缩政策（将短期利率上调约 200 个基点）。荷兰面临这些泡沫压力，依赖外资流入，货币和信贷环境收紧，相关国家经济状况恶化，这些因素共同促成了不可持续的发展局势。

萧条阶段

最终，形势出现逆转，导致了自我强化的经济萧条和痛苦的去杠杆化，持续时间为 2008—2014 年。在危机前的最高峰，荷兰的偿债总额达到 GDP 的 68%，这使荷兰很容易受到冲击伤害，而此时其面临的冲击是 2008 年全球金融危机。荷兰的 GDP、股价和房价均陷入自我强化式下跌，跌幅分别为 4%、57% 和 20%，失业率上升 4%。荷兰的金融机构也面临巨大压力。如右边的去杠杆化归因图所示，尽管荷兰需要去杠杆化，但由于收入减少，其债务占 GDP 的比例增加了 74%（年化增幅为 12%）。

通货再膨胀阶段

去杠杆化归因：通货再膨胀阶段

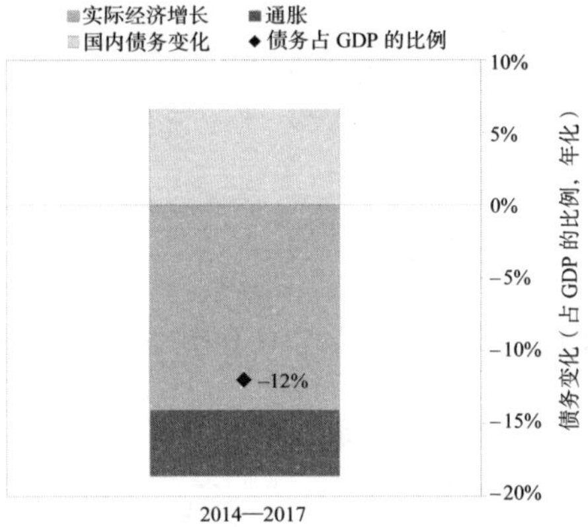

这一萧条阶段的持续时间相对较长。之后，欧洲央行决策者提供了充足的经济刺激，将痛苦的去杠杆化转变为和谐的去杠杆化，荷兰从 2014 年开始步入通货再膨胀阶段。在这一经济刺激阶段，货币政策方面，M0 增幅达 GDP 的 16%，利率最终降至 –1%，实际汇率平均为 –2%。在这一周期里，荷兰积极地管控金融机构和处理坏账，使用了 9 个典型政策工具中的 5 个。特别是，荷兰将银行国有化，并提供流动性。在这些刺激性举措的作用下，荷兰的名义经济增长率远高于名义利率（在此期间，其经济增长率平均为 3%，而主权长期利率降至 0%）。如左边的去杠杆化归因图所示，在这一阶段，荷兰的失业率下降 3%，债务占 GDP 的比例下降 46%（年化降幅为 12%）。在这段和谐的去杠杆化时期，债务与收入比率下降的主要原因是，实际经济增速提升推动收入不断增加。其实际 GDP 用了 7 年时间才达到之前的峰值，但以美元计算的股价至今尚未完全恢复。

荷兰 2006—2017 年分类图示附录

负债状况

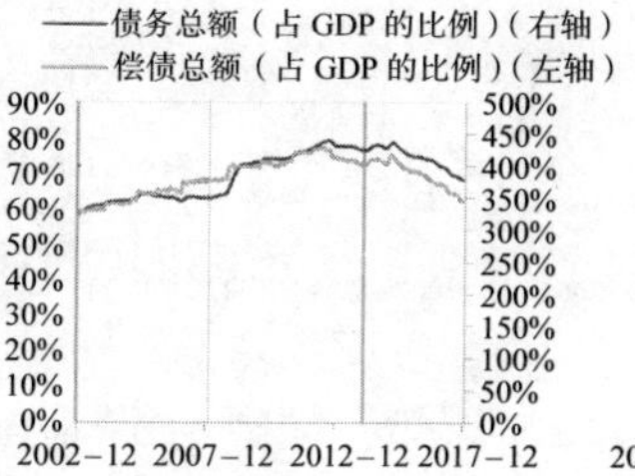

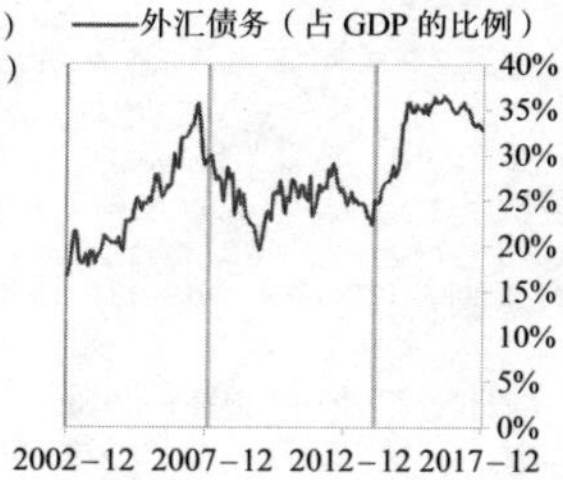

货币政策与财政政策

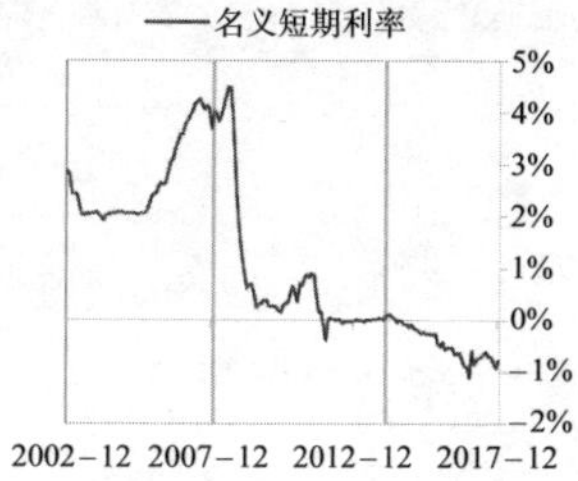

经济状况

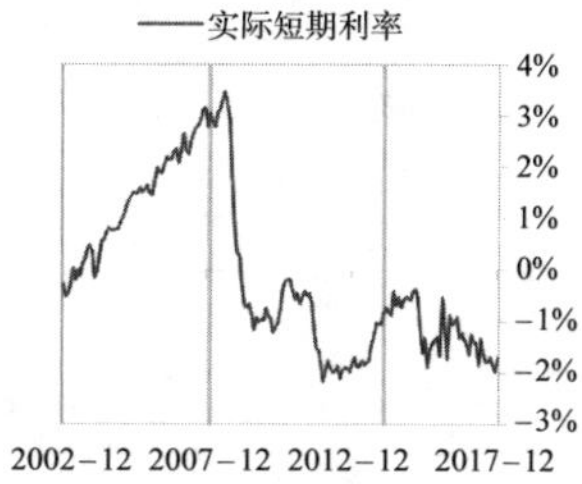

市场状况

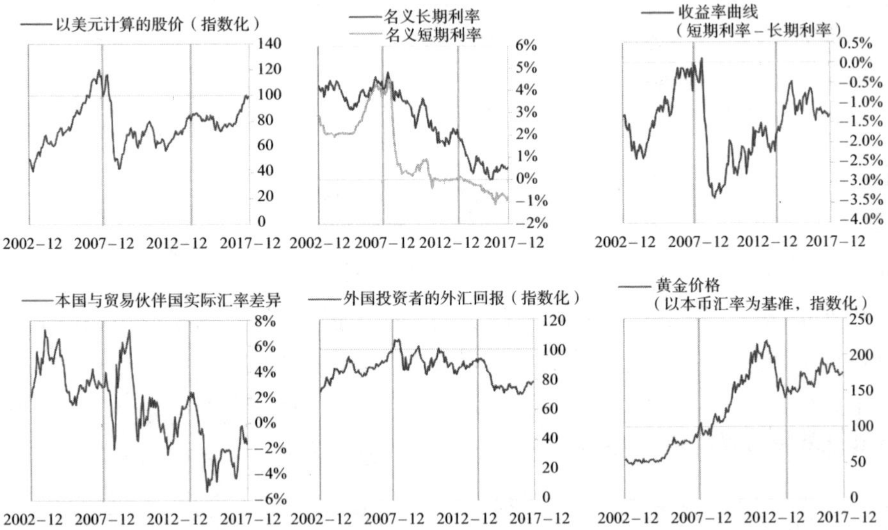
以美元计算的股价（指数化）
名义长期利率
名义短期利率
收益率曲线
（短期利率 – 长期利率）
本国与贸易伙伴国实际汇率差异
外国投资者的外汇回报（指数化）
黄金价格
（以本币汇率为基准，指数化）
2002–12
2007–12
2012–12
2017–12

国际收支状况

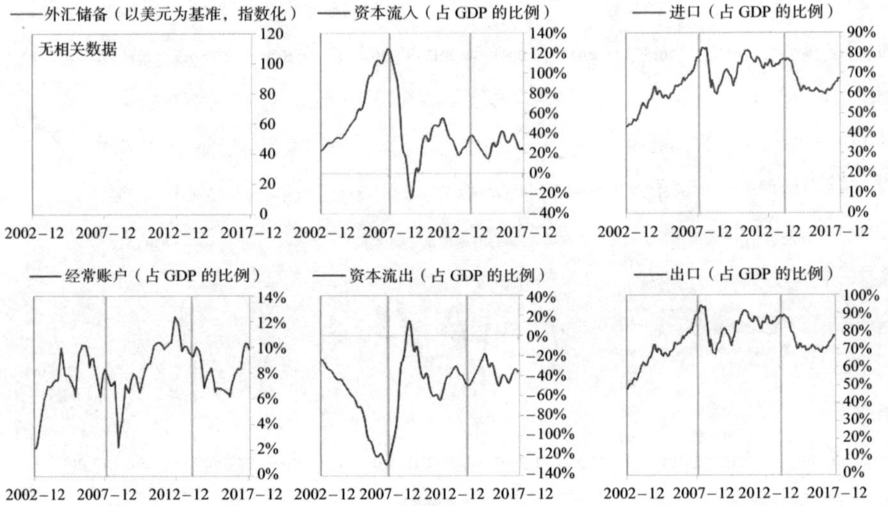
外汇储备（以美元为基准，指数化）
无相关数据
资本流入（占 GDP 的比例）
进口（占 GDP 的比例）
经常账户（占 GDP 的比例）
资本流出（占 GDP 的比例）
出口（占 GDP 的比例）
2002–12
2007–12
2012–12
2017–12

葡萄牙 2007—2017 年案例文本自动摘要

如右图所示，2007—2017 年，葡萄牙经历了典型的通缩性去杠杆化周期。

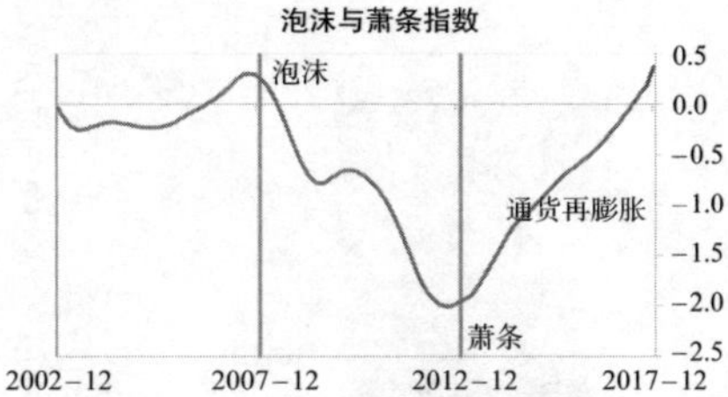

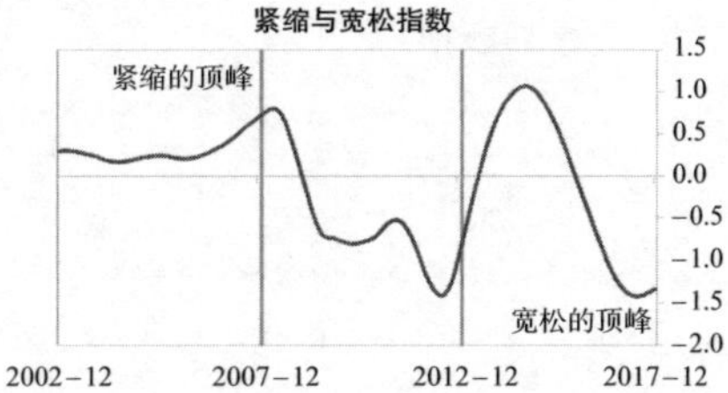

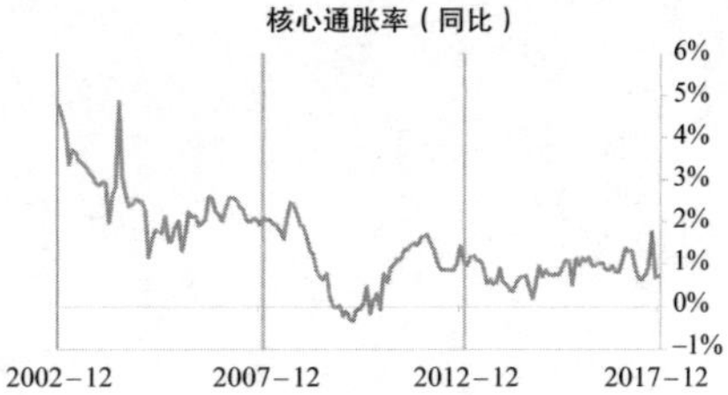

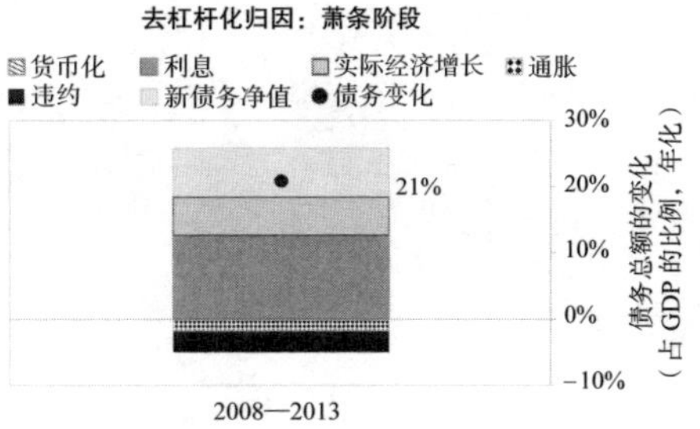

泡沫阶段

2007—2008 年，葡萄牙处于泡沫阶段。债务不断增加，股市回报丰厚，经济增长强劲，这些因素促成一个自我强化的泡沫周期。在这一阶段，葡萄牙的债务达到危机前的峰值，占 GDP 的 273%，增幅为 GDP 的 36%。在本案例中，这些债务都以欧元计价，尽管欧元实际上是葡萄牙的本国货币，但葡萄牙对其没有控制权。此外，很大一部分债务的债权人并非葡萄牙人，这使葡萄牙比较容易受到外资撤出的影响。在泡沫阶段，葡萄牙投资流入强劲，平均约占 GDP 的 10%，这有助于其填补经常账户缺口（此时的经常账户赤字占 GDP 的 11%）。在债务和资金不断增加的支撑下，葡萄牙经济温和增长（增速为 2%），经济活力处于高位（GDP 缺口达到 3% 的峰值）。此外，股票在泡沫阶段的平均年化回报率为 16%，高资产回报率鼓励更多借债，刺激经济增长。在这一阶段，决策者采取了温和的紧缩政策（将短期利率上调约 220 个基点）。葡萄牙面临这些泡沫压力，依赖外国资金流入，货币和信贷环境收紧，相关国家的经济状况恶化，这些因素共同促成了不可持续的发展局势。

萧条阶段

最终，形势出现逆转，导致了自我强化的经济萧条和痛苦的去杠杆化，持续时间为 2008—2013 年。在危机前的最高峰，葡萄牙的偿债总额达到 GDP 的 48%，这使葡萄牙容易受到冲击伤害，而此时其面临的冲击是欧洲债务危机。由于葡萄牙的外资流入减少（投资组合流入降幅为 GDP 的 40%），其 GDP、股价和房价均陷入自我强化式下跌，跌幅分别为 10%、65% 和 18%，失业率上

去杠杆化归因：通货再膨胀阶段

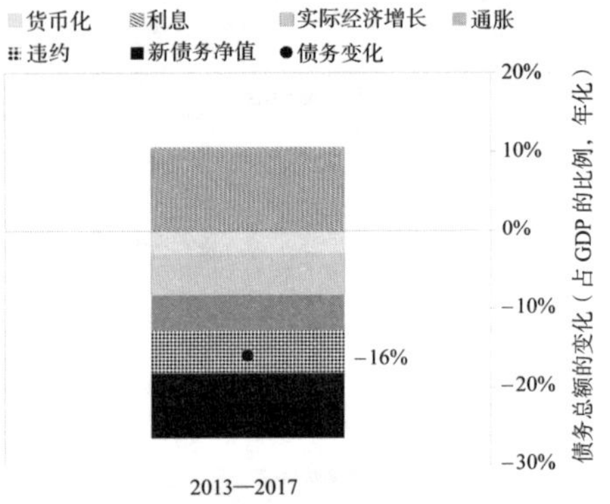

升9%。葡萄牙的金融机构也面临巨大压力。如上页中的去杠杆化归因图所示，尽管葡萄牙需要去杠杆化，但其债务占GDP的比例增加了105%（年化增幅为21%），原因是实际收入减少，举借新债以支付利息，以及净新借款。这些新债务部分源于政府增加借款以应对危机（在痛苦的去杠杆化阶段，财政赤字占GDP的比例达到8%的峰值）。

通货再膨胀阶段

这一萧条阶段的持续时间相对较长。之后，欧洲央行决策者提供了充足的经济刺激，将痛苦的去杠杆化转变为和谐的去杠杆化，葡萄牙从2013年开始步入通货再膨胀阶段。在这一经济刺激阶段，货币政策方面，M0增幅达GDP的15%，利率最终降至0%，实际汇率平均为–1%。在这一周期里，葡萄牙积极地管控金融机构和处理坏账，使用了9个典型政策工具中的4个。葡萄牙还受益于一项IMF援助计划，并实施了结构性改革，旨在增强劳动力市场的灵活性。在这些刺激性举措的作用下，葡萄牙的名义经济增长率高于名义利率（在此期间，其经济增长率平均为2%，而主权长期利率降至1.7%）。如左边的去杠杆化归因图所示，在这一阶段，葡萄牙的失业率下降9%，债务占GDP的比例下降77%（年化降幅为16%）。在这段和谐的去杠杆化时期，债务与收入比率下降的原因是债务违约和偿还旧债。其实际GDP用了9年时间才达到之前的峰值，但以美元计算的股价至今尚未完全恢复。

葡萄牙2007—2017年分类图示附录

负债状况

货币政策与财政政策

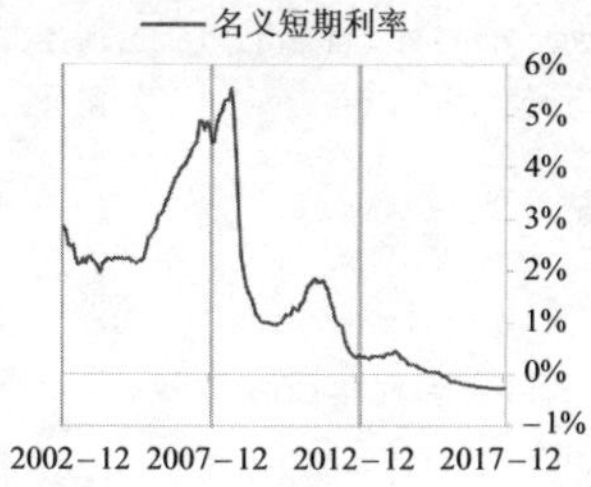

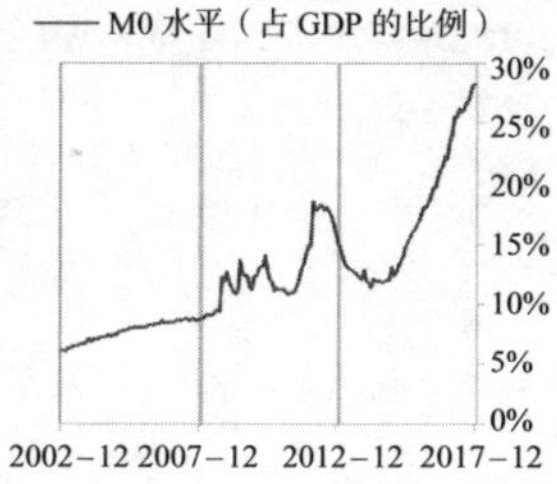

经济状况

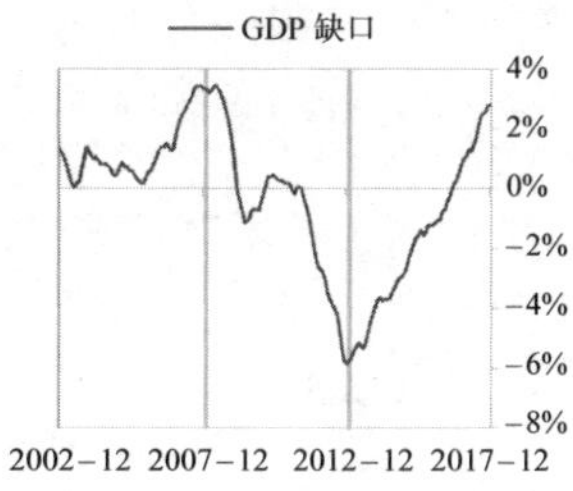

市场状况

以美元计算的股价（指数化）
140 120 100 80 60 40 20 0
2002–12 2007–12 2012–12 2017–12
名义长期利率
名义短期利率
18% 16% 14% 12% 10% 8% 6% 4% 2% 0% –2%
2002–12 2007–12 2012–12 2017–12
收益率曲线
（短期利率 – 长期利率）
2% 0% –2% –4% –6% –8% –10% –12% –14% –16%
2002–12 2007–12 2012–12 2017–12
本国与贸易伙伴国实际汇率差异
6% 5% 4% 3% 2% 1% 0% –1% –2% –3% –4%
2002–12 2007–12 2012–12 2017–12
外国投资者的外汇回报（指数化）
120 100 80 60 40 20 0
2002–12 2007–12 2012–12 2017–12
黄金价格
（以本币汇率为基准，指数化）
250 200 150 100 50 0
2002–12 2007–12 2012–12 2017–12

国际收支状况

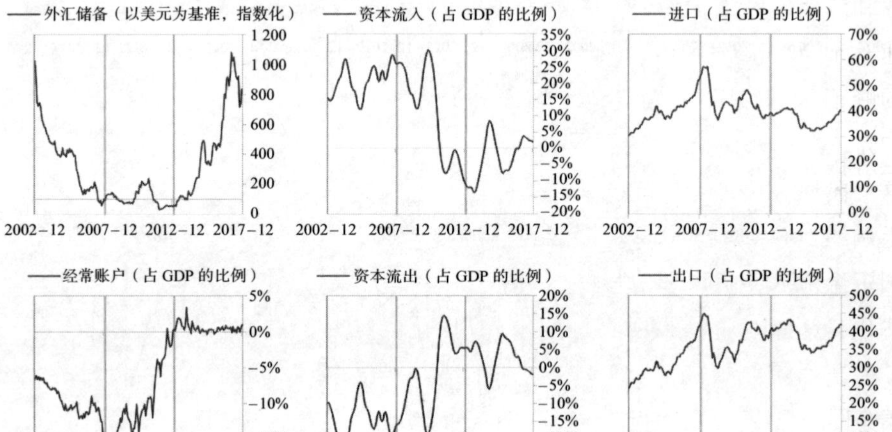
外汇储备（以美元为基准，指数化）
1 200 1 000 800 600 400 200 0
2002–12 2007–12 2012–12 2017–12
资本流入（占 GDP 的比例）
35% 30% 25% 20% 15% 10% 5% 0% –5% –10% –15% –20%
2002–12 2007–12 2012–12 2017–12
进口（占 GDP 的比例）
70% 60% 50% 40% 30% 20% 10% 0%
2002–12 2007–12 2012–12 2017–12
经常账户（占 GDP 的比例）
5% 0% –5% –10% –15% –20%
2002–12 2007–12 2012–12 2017–12
资本流出（占 GDP 的比例）
20% 15% 10% 5% 0% –5% –10% –15% –20% –25% –30%
2002–12 2007–12 2012–12 2017–12
出口（占 GDP 的比例）
50% 45% 40% 35% 30% 25% 20% 15% 10% 5% 0%
2002–12 2007–12 2012–12 2017–12

西班牙 2005—2017 年案例文本自动摘要

如右图所示，2005—2017 年，西班牙经历了典型的通缩性去杠杆化周期。

泡沫与萧条指数

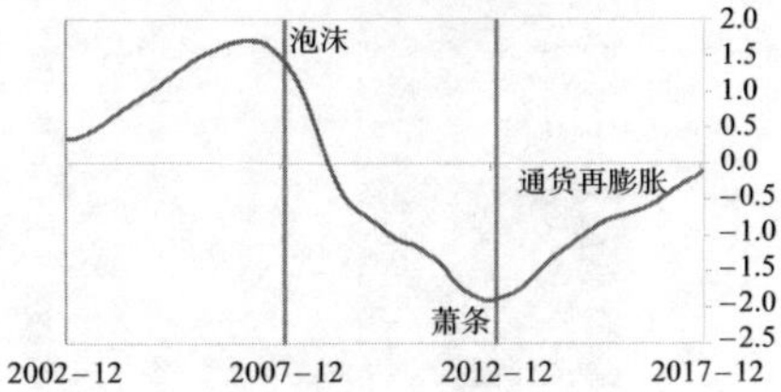

紧缩与宽松指数

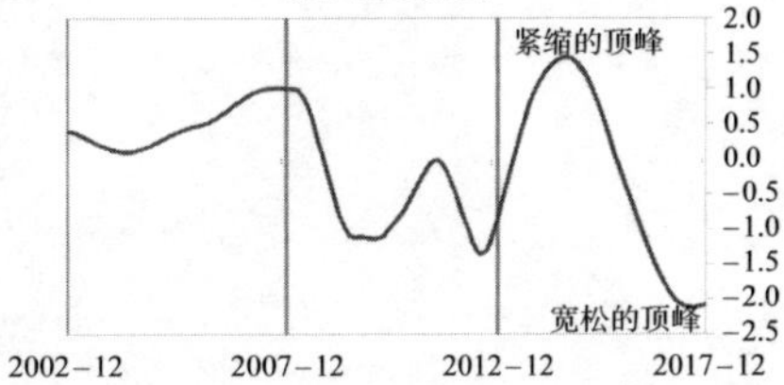

核心通胀率（同比）

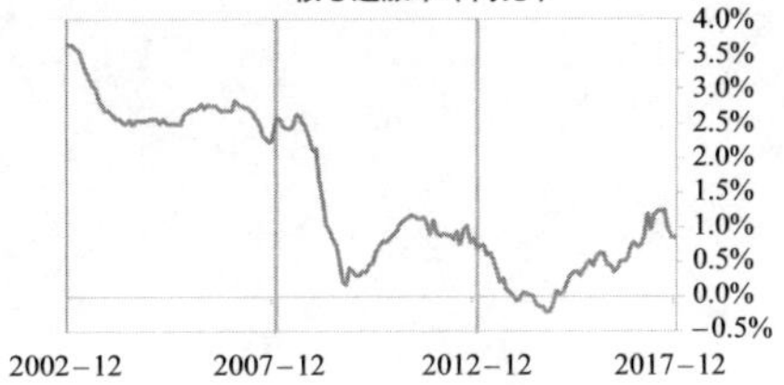

去杠杆化归因：萧条阶段

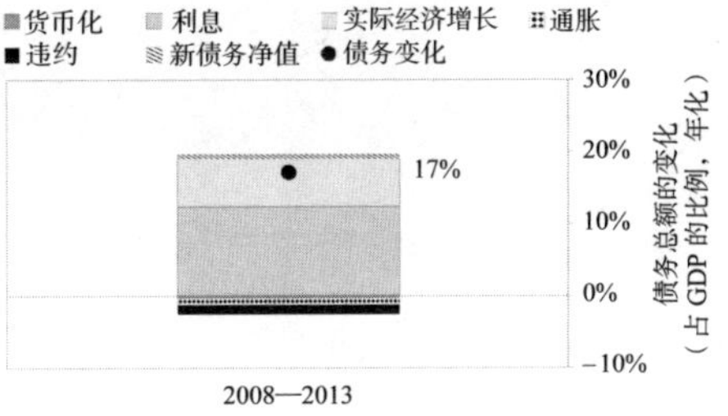

泡沫阶段

2005—2008 年，西班牙处于泡沫阶段。债务不断增加，经济增长强劲，资产回报丰厚，这些因素促成一个自我强化的泡沫周期。在这一阶段，西班牙的债务达到危机前的峰值，占 GDP 的 313%，增幅为 GDP 的 93%。在本案例中，这些债务都以欧元计价，尽管欧元实际上是西班牙的本国货币，但西班牙对其没有控制权。此外，很大一部分债务的债权人并非西班牙人，这使西班牙比较容易受到外资撤出的影响。在泡沫阶段，西班牙投资流入强劲，平均约占 GDP 的 27%，这有助于其填补经常账户缺口（此时的经常账户赤字占 GDP 的 10%）。在债务和资金不断增加的支撑下，西班牙经济增长强劲（增速达到 4%），经济活力处于高位（GDP 缺口达到 6% 的峰值）。此外，股票在泡沫阶段的平均年化回报率为 17%，高资产回报率鼓励更多借债，刺激经济增长。在这一阶段，决策者采取了温和的紧缩政策（将短期利率上调约 200 个基点）。西班牙面临这些泡沫压力，依赖外国资金流入，货币和信贷环境收紧，相关国家经济状况恶化，这些因素共同促成了不可持续的发展局势。

萧条阶段

最终，形势出现逆转，导致了自我强化的经济萧条和痛苦的去杠杆化，持续时间为 2008—2013 年。在危机前的最高峰，西班牙的偿债总额达到 GDP 的 64%，这使西班牙容易受到冲击伤害，而此时其面临的冲击是欧洲债务危机。由于外资流入减少（资金流入降幅为 GDP 的 16%），西班牙的 GDP、股价和房价均陷入自我强化式下跌，跌幅分别为 9%、60% 和 31%，失业率上升 17%。

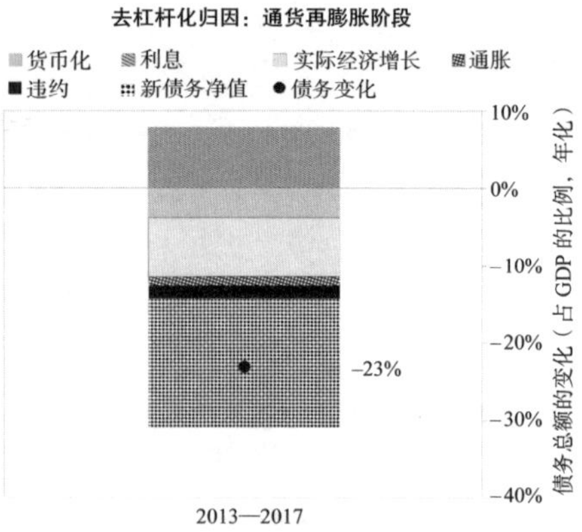

西班牙的金融机构也面临巨大压力。如上页中的去杠杆化归因图所示，尽管西班牙需要去杠杆化，但其债务占 GDP 的比例增加了 86%（年化增幅为 17%），这主要是因为举借新债以支付利息，其次是因为实际收入减少。

通货再膨胀阶段

这一萧条阶段的持续时间相对较长。之后，欧洲央行决策者提供了充足的经济刺激，将痛苦的去杠杆化转变为和谐的去杠杆化，西班牙从 2013 年开始步入通货再膨胀阶段。在这一经济刺激阶段，货币政策方面，M0 增幅达 GDP 的 15%，利率最终降至 –1%，实际汇率平均为 0%。在这一周期里，西班牙积极地管控金融机构和处理坏账，使用了 9 个典型政策工具中的 5 个。特别是，西班牙提供流动性，并直接购买不良资产。西班牙还实施了结构性改革，旨在增强劳动力市场的灵活性。在这些刺激性举措的作用下，西班牙的名义经济增长率远高于名义利率（在此期间，其经济增长率平均为 2%，而主权长期利率降至 1%）。如左边的去杠杆化归因图所示，在这一阶段，西班牙的失业率下降 10%，债务占 GDP 的比例下降 112%（年化降幅为 23%）。在这段和谐的去杠杆化时期，债务与收入比率下降主要是因为偿还旧债，其次是因为实际收入增加。其实际 GDP 用了 9 年时间才达到之前的峰值，但以美元计算的股价至今尚未完全恢复。

西班牙 2005—2017 年分类图示附录

负债状况

货币政策与财政政策

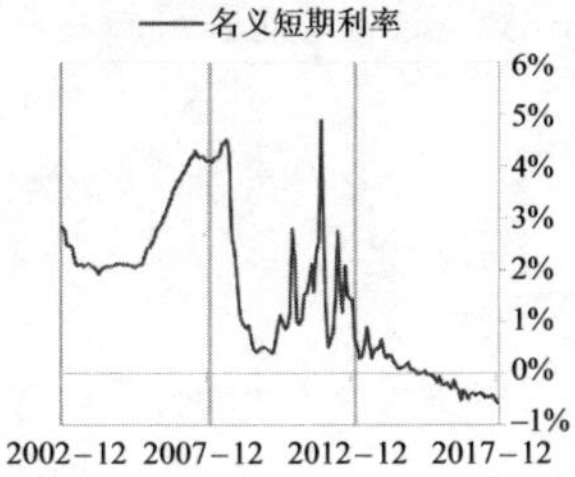

经济状况

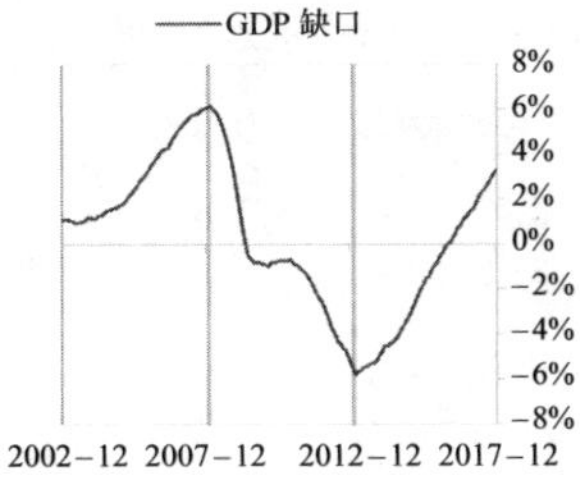

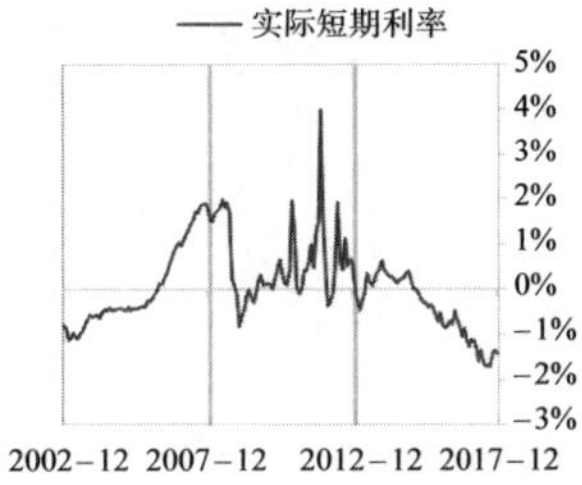

市场状况

以美元计算的股价（指数化）
140
120
100
80
60
40
20
0
名义长期利率
名义短期利率
8%
7%
6%
5%
4%
3%
2%
1%
0%
-1%
收益率曲线
（短期利率 - 长期利率）
0%
-1%
-2%
-3%
-4%
-5%
-6%
本国与贸易伙伴国实际汇率差异
12%
10%
8%
6%
4%
2%
0%
-2%
-4%
-6%
外国投资者的外汇回报（指数化）
120
100
80
60
40
20
0
黄金价格
（以本币汇率为基准，指数化）
250
200
150
100
50
0
2002-12
2007-12
2012-12
2017-12

国际收支状况

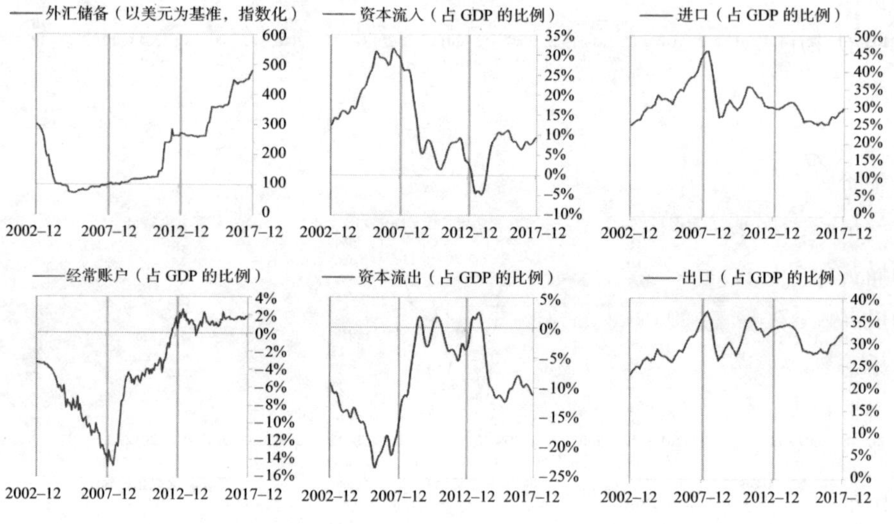

外汇储备（以美元为基准，指数化）
600
500
400
300
200
100
0
资本流入（占 GDP 的比例）
35%
30%
25%
20%
15%
10%
5%
0%
-5%
-10%
进口（占 GDP 的比例）
50%
45%
40%
35%
30%
25%
20%
15%
10%
5%
0%
经常账户（占 GDP 的比例）
4%
2%
0%
-2%
-4%
-6%
-8%
-10%
-12%
-14%
-16%
资本流出（占 GDP 的比例）
5%
0%
-5%
-10%
-15%
-20%
-25%
出口（占 GDP 的比例）
40%
35%
30%
25%
20%
15%
10%
5%
0%
2002-12
2007-12
2012-12
2017-12

英国 2005—2015 年案例文本自动摘要

如右图所示，2005—2015 年，英国经历了典型的通缩性去杠杆化周期。

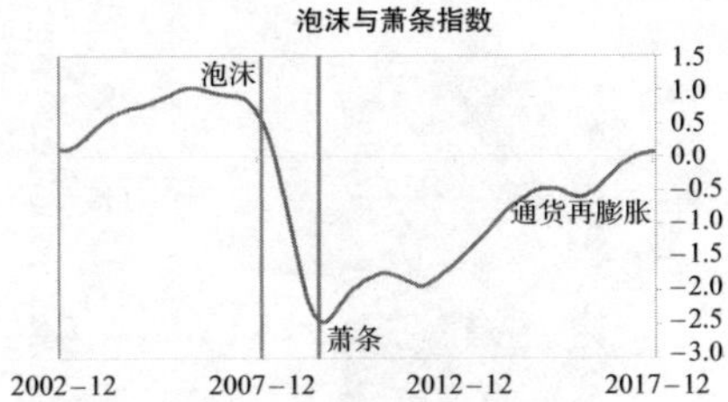

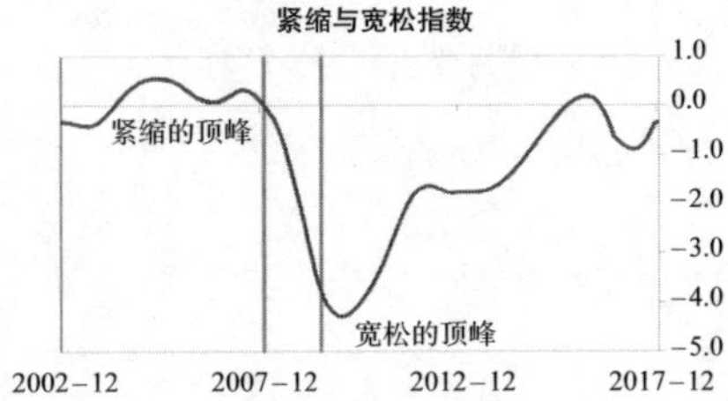

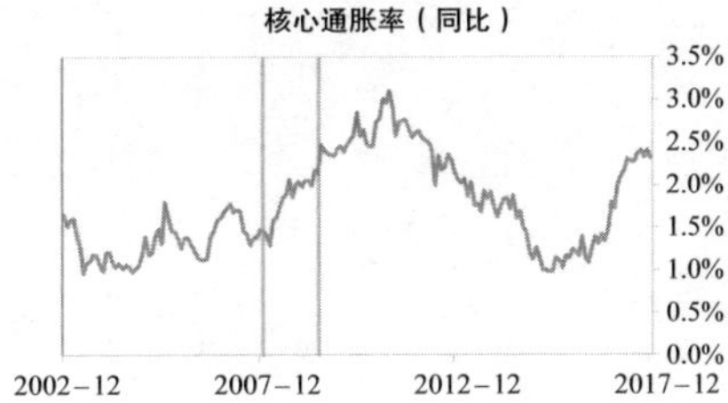

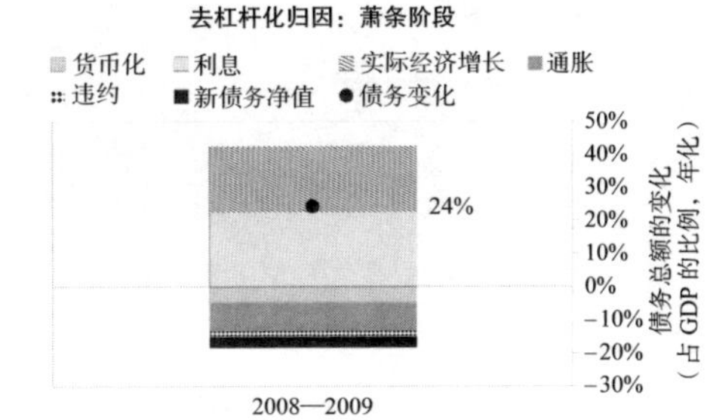

泡沫阶段

2005—2008 年，英国处于泡沫阶段。债务不断增加与经济增长强劲促成一个自我强化的泡沫周期。在这一阶段，英国的债务达到危机前的峰值，占 GDP 的 437%，增幅为 GDP 的 89%。在本案例中，这些债务以英镑计价，大多数债务的债权人是英国人。在泡沫阶段，英国投资流入强劲，平均约占 GDP 的 14%，这有助于其填补经常账户缺口（此时的经常账户赤字占 GDP 的 3%）。在债务和资金不断增加的助推下，英国经济增长强劲（增速达到 3%），经济活力处于高位（GDP 缺口达到 4% 的峰值）。此外，股票在泡沫阶段的平均年化回报率为 8%，高资产回报率鼓励更多借债，刺激经济增长。英国面临这些泡沫压力，货币和信贷环境收紧，相关国家经济状况恶化，这些因素共同促成了不可持续的发展局势。

萧条阶段

最终，形势出现逆转，导致了自我强化的经济萧条和痛苦的去杠杆化，持续时间 2008—2009 年。在危机前的最高峰，英国的偿债总额达到 GDP 的 82%，这使英国容易受到冲击伤害，而此时其面临的冲击是 2008 年全球金融危机。英国的 GDP、股价和房价均陷入自我强化式下跌，跌幅分别为 6%、52% 和 19%，失业率上升 3%。英国的金融机构也面临巨大压力。如右边的去杠杆化归因图所示，尽管英国需要去杠杆化，但其债务占 GDP 的比例增加了 34%（年化增幅为 24%），这主要是因为举借新债以支付利息，其次是因为实际收入减少。

去杠杆化归因：通货再膨胀阶段

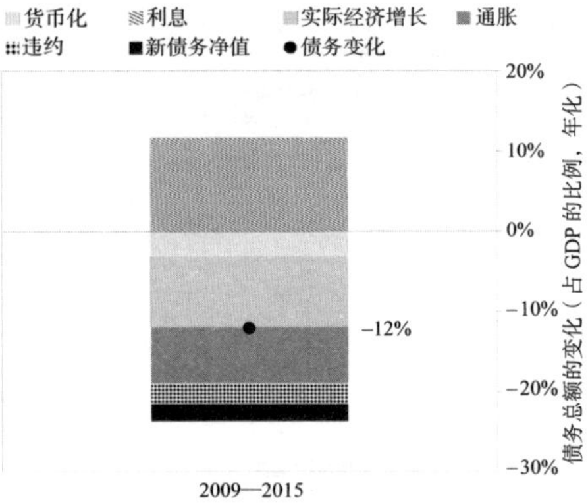

通货再膨胀阶段

这一萧条阶段的持续时间略短于平均水平。之后，决策者提供了充足的经济刺激，将痛苦的去杠杆化转变为和谐的去杠杆化，英国从2009年开始步入通货再膨胀阶段。在这一经济刺激阶段，货币政策方面，M0增幅达GDP的10%，利率最终降至0%，实际汇率平均为–5%。在这一周期里，英国非常积极地管控金融机构和处理坏账，使用了9个典型政策工具中的6个。特别是，英国将银行国有化，提供流动性，并直接购买不良资产。英国还实施了结构性改革，旨在增强劳动力市场的灵活性。在这些刺激性举措的作用下，英国的名义经济增长率远高于名义利率（在此期间，其经济增长率平均为4%，而主权长期利率降至1%）。如左边的去杠杆化归因图所示，在这一阶段，英国的失业率下降2%，债务占GDP的比例下降73%（年化降幅为12%）。在这段和谐的去杠杆化时期，债务与收入比率下降的原因是实际收入增加和通胀，但其降幅被举借新债以支付利息部分抵销。其实际GDP用了5年时间才达到之前的峰值，但以美元计算的股价至今尚未完全恢复。

英国 2005—2015 年分类图示附录

负债状况

货币政策与财政政策

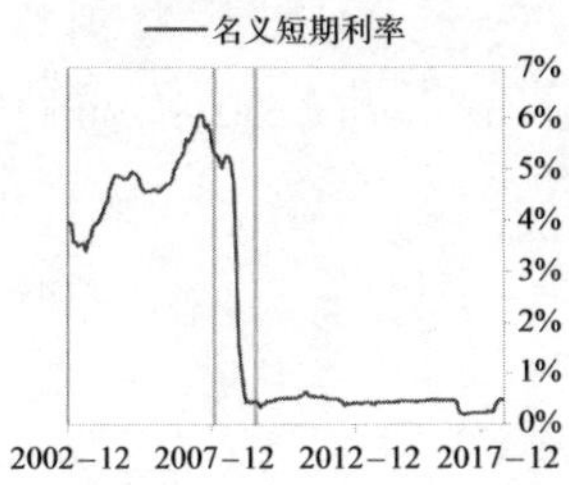

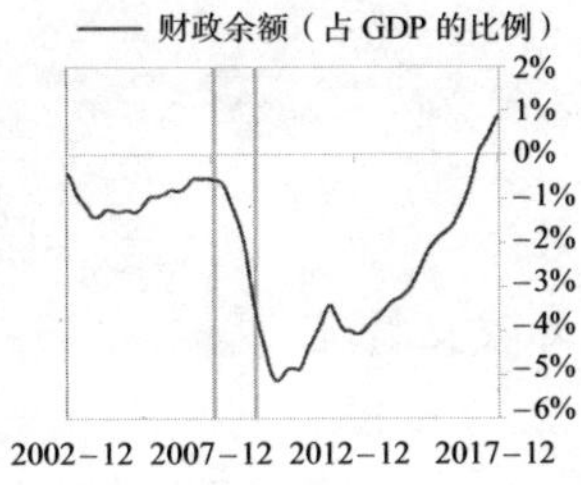

经济状况

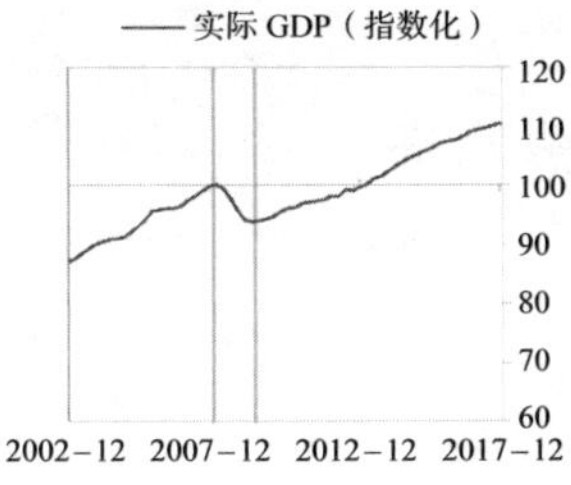

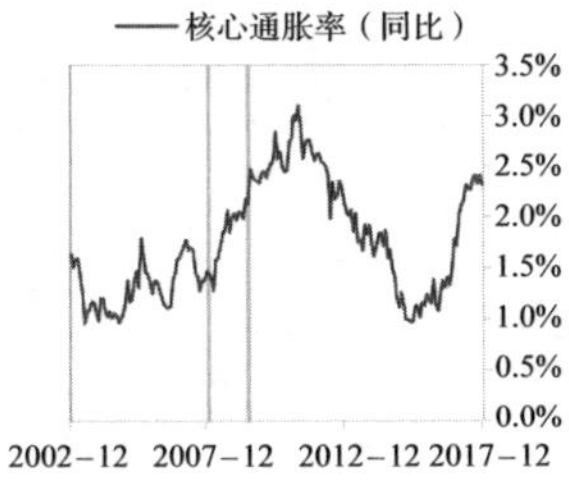

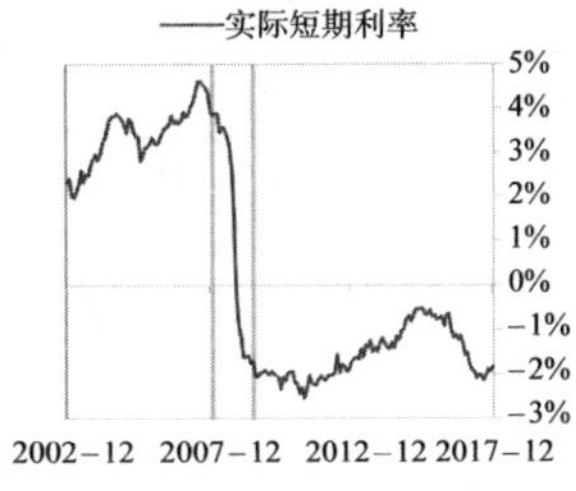

市场状况

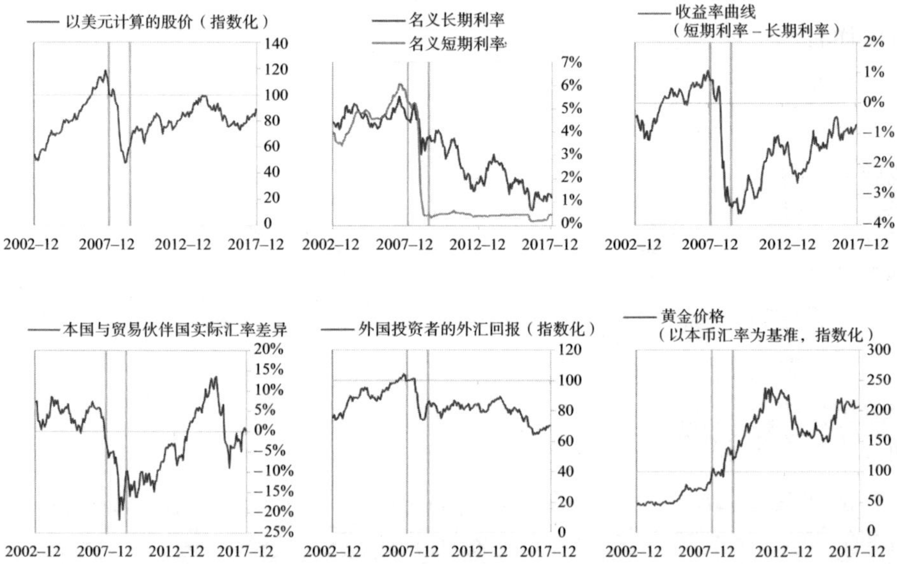
以美元计算的股价（指数化）
140
120
100
80
60
40
20
0
2002–12
2007–12
2012–12
2017–12
名义长期利率
名义短期利率
7%
6%
5%
4%
3%
2%
1%
0%
收益率曲线
（短期利率 – 长期利率）
2%
1%
0%
–1%
–2%
–3%
–4%
本国与贸易伙伴国实际汇率差异
20%
15%
10%
5%
0%
–5%
–10%
–15%
–20%
–25%
外国投资者的外汇回报（指数化）
120
100
80
60
40
20
0
黄金价格
（以本币汇率为基准，指数化）
300
250
200
150
100
50
0

国际收支状况

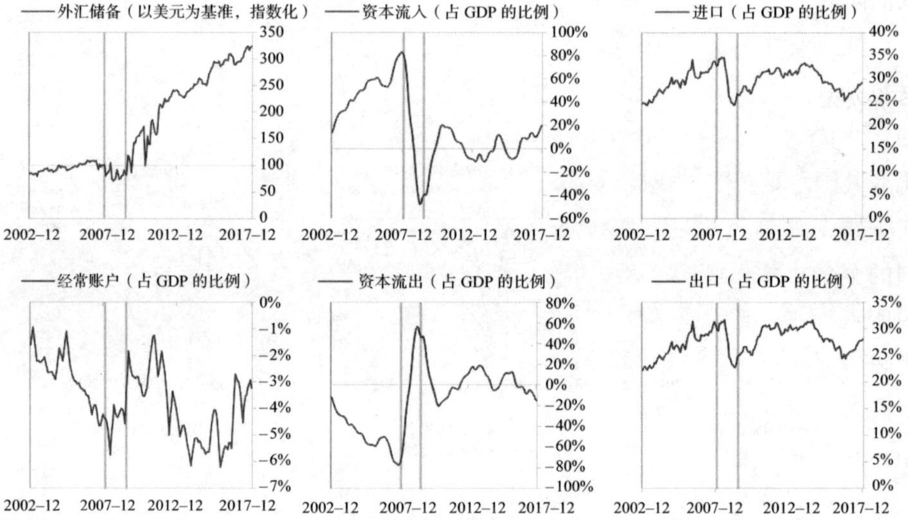
外汇储备（以美元为基准，指数化）
350
300
250
200
150
100
50
0
2002–12
2007–12
2012–12
2017–12
资本流入（占 GDP 的比例）
100%
80%
60%
40%
20%
0%
–20%
–40%
–60%
进口（占 GDP 的比例）
40%
35%
30%
25%
20%
15%
10%
5%
0%
经常账户（占 GDP 的比例）
0%
–1%
–2%
–3%
–4%
–5%
–6%
–7%
资本流出（占 GDP 的比例）
80%
60%
40%
20%
0%
–20%
–40%
–60%
–80%
–100%
出口（占 GDP 的比例）
35%
30%
25%
20%
15%
10%
5%
0%

德国 1918—1925 年案例文本自动摘要

如右图所示，1918—1925 年，德国经历了典型的战时恶性通胀性去杠杆化周期。正如重大战争战败国的典型情况，由于工业基础大面积受损，德国经历了漫长的战后萧条时期和更为痛苦的去杠杆化。

泡沫与萧条指数

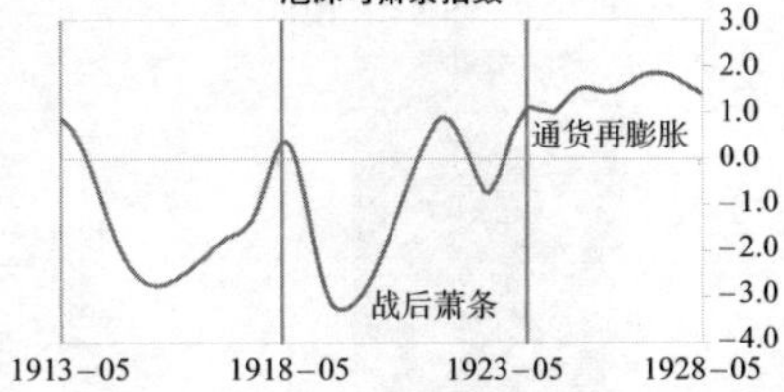

紧缩与宽松指数

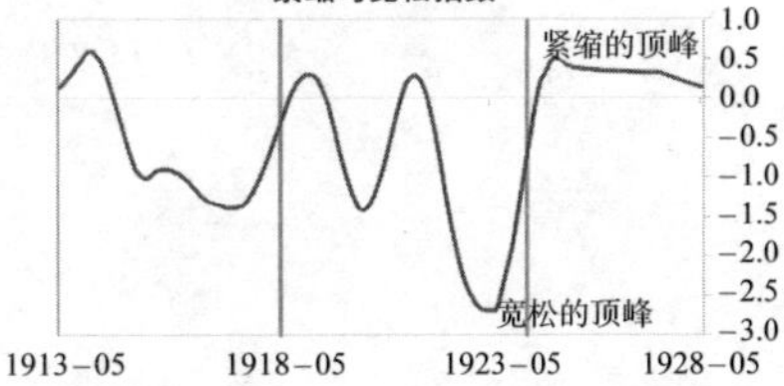

核心通胀率（同比）

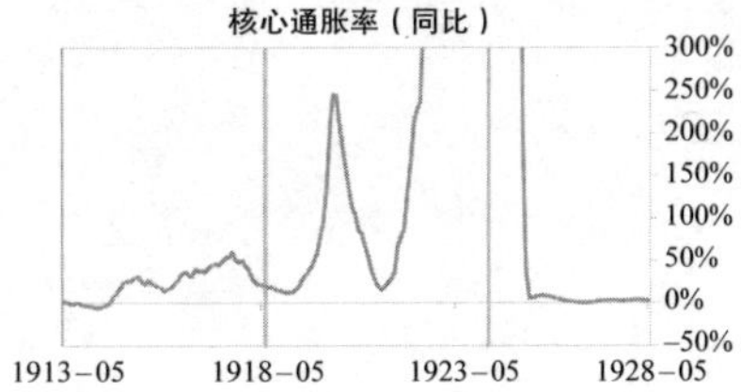

去杠杆化归因：萧条阶段

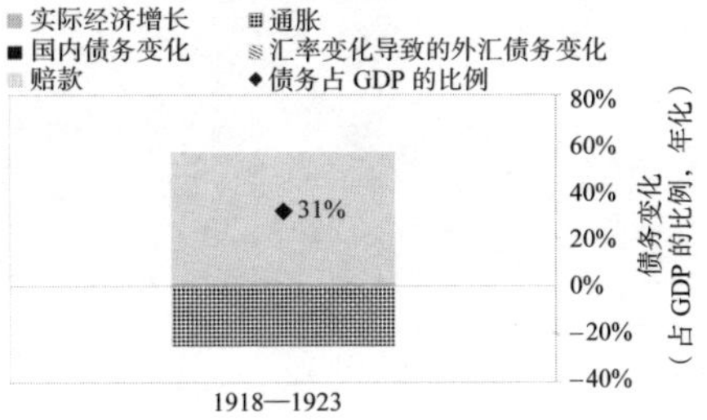

战争阶段

与典型的泡沫危机不同，这场债务危机的根源是一战。战争期间，德国大举借款以填补巨额财政赤字，将经济重点转向战争相关生产，大部分劳动力参与军事活动，或投入战争相关生产。由于这些原因，相关经济统计数据不能反映典型的经济关联性。战争期间，德国的债务上升到 GDP 的 158%。在本案例中，很大一部分债务以外币计价（占 GDP 的 64%）。这段时期，德国受战争损失影响，经济增长疲软，增长率为 –6%。

战后阶段

战争结束后，德国进入了萧条阶段，并面临国际收支危机，持续时间为 1918—1923 年。由于德国是战败国，背负以外币计价的巨额债务，所以其战后萧条状况比战胜国严重得多。德国的 GDP 和股价均陷入自我强化式下跌，跌幅分别为 5% 和 97%，失业率上升 16%。德国的金融机构也面临巨大压力。如右边的去杠杆化归因图所示，尽管德国需要去杠杆化，但由于收入下降，而且政府继续承担战争相关开销（在痛苦的去杠杆化阶段，财政赤字占 GDP 的比例达到 11% 的峰值），其债务占 GDP 的比例增加了 165%（年化增幅为 31%）。

去杠杆化归因：通货再膨胀阶段

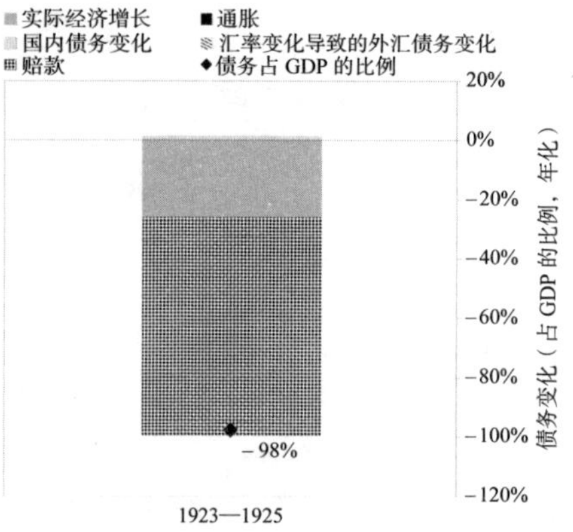

通货再膨胀阶段

国际收支危机 / 货币危机的演变主要取决于决策者如何处理不良资本流动：是允许金融环境收紧（这往往是解决危机必要的措施，但会带来痛苦），还是通过印钞弥补资金外流（这可能导致通胀）。在本案例中，由于紧缩措施不足以带来必要的调整，德国陷入汇率下跌和恶性通胀的旋涡，通胀率最高时超过 10 000%。这合乎逻辑，因为当时德国存在大多数导致通胀率螺旋式上升的典型“风险因素”（其中最大的风险因素是财政赤字）。德国积极地管控金融机构和处理坏账，使用了 9 个典型政策工具中的 5 个。但与典型情况一样，要想阻止通胀率螺旋式上升，德国最终需要加大结构性改革力度。德国在 1924 年放弃极度贬值的纸马克，采用帝国马克。其实际 GDP 用了 15 年时间才达到之前的峰值。

德国 1818—1925 年分类图示附录

负债状况

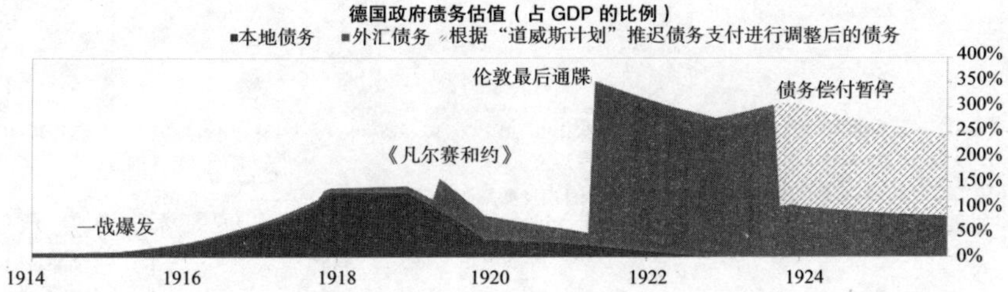

货币政策与财政政策

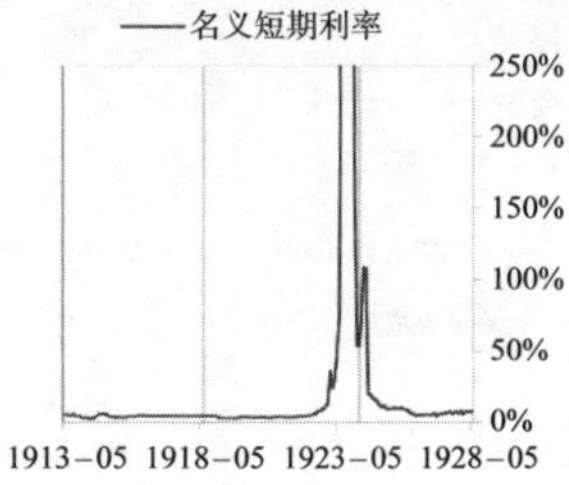

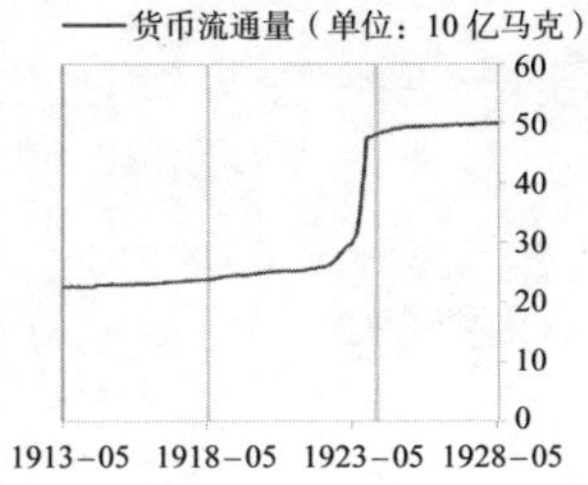

经济状况

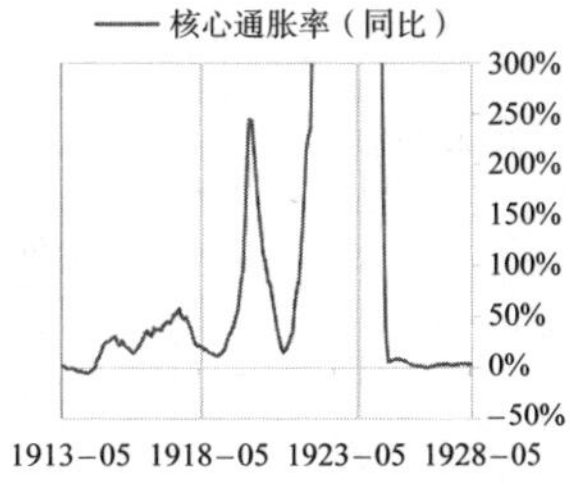

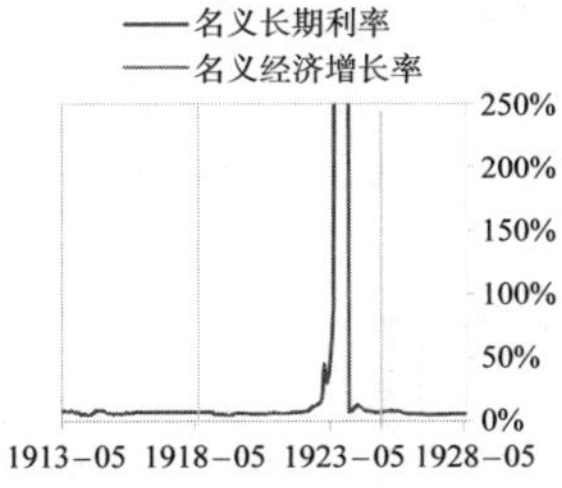

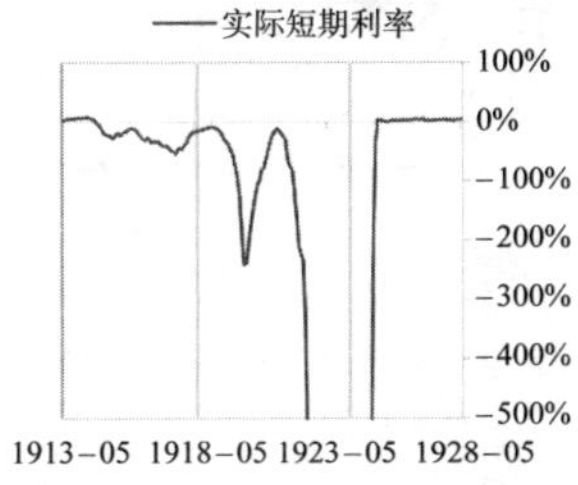

市场状况

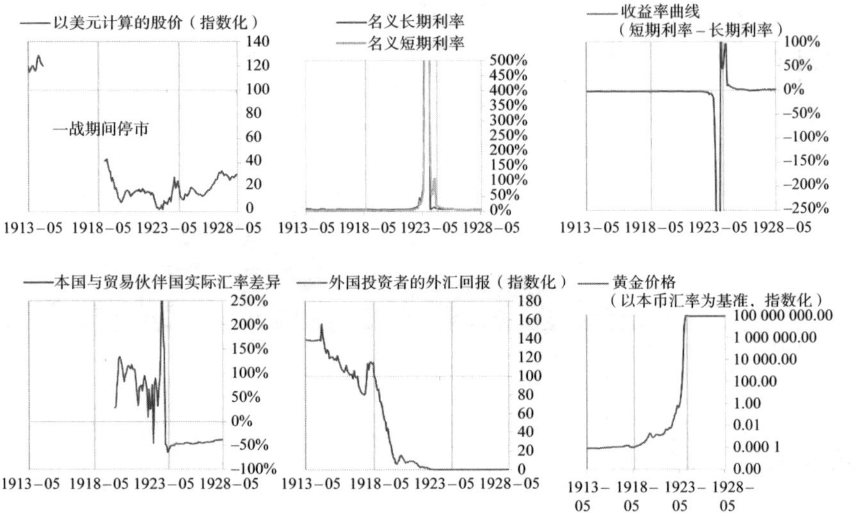

国际收支状况

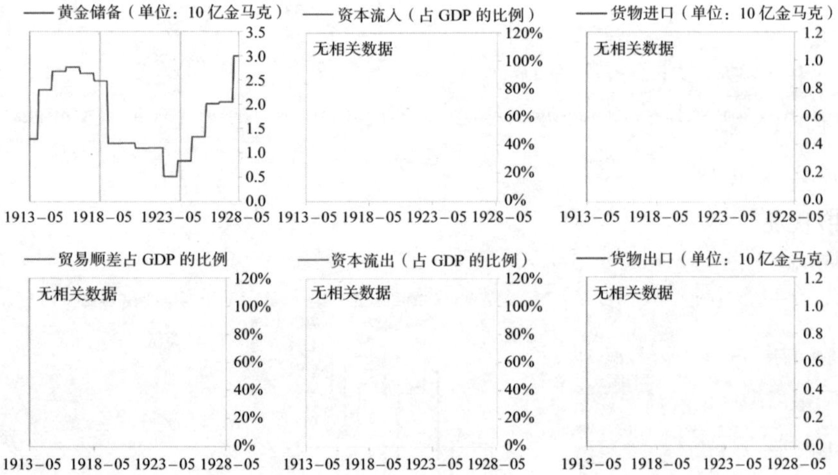

政府与军事

阿根廷 1977—1988 年案例文本自动摘要

如右图所示，1977—1988 年，阿根廷经历了典型的恶性通胀性去杠杆化周期。

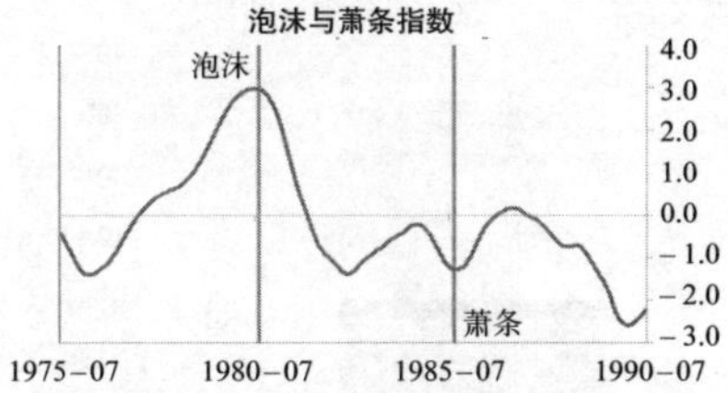

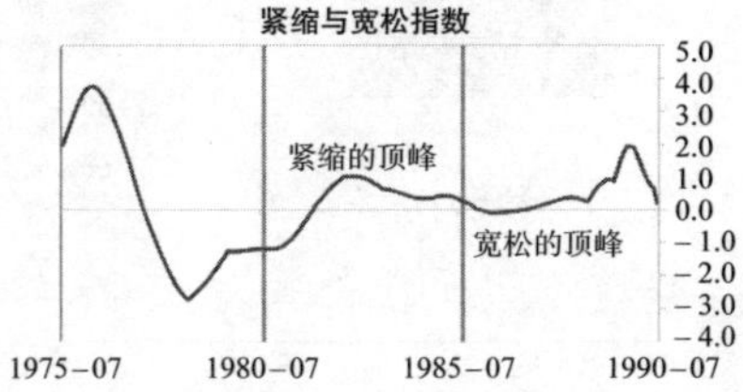

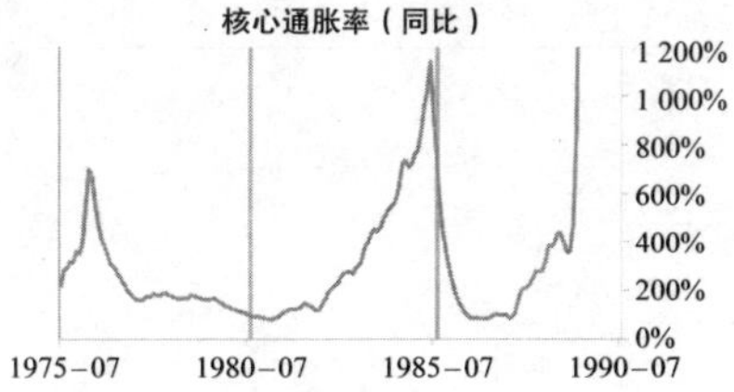

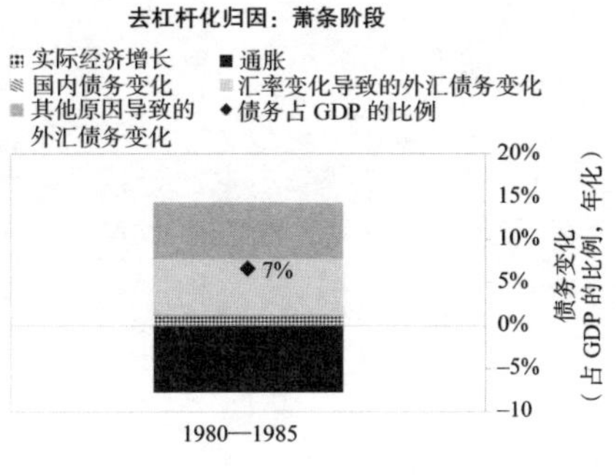

泡沫阶段

1977—1980 年，阿根廷处于泡沫阶段。债务不断增加，股市回报丰厚，经济增长强劲，这些因素促成一个自我强化的泡沫周期。泡沫阶段结束时，阿根廷的债务已达到危机前的峰值，占 GDP 的 39%。在本案例中，很大一部分债务以外币计价（占 GDP 的 15%），这使阿根廷很容易受到外资撤出的影响。在泡沫阶段，阿根廷的投资流入较少但为正，平均约占 GDP 的 2%。在债务和资金不断增加的助推下，阿根廷经济温和增长（增速为 2%），经济活力处于高位（GDP 缺口达到 8% 的峰值）。此外，股票在泡沫阶段的平均年化回报率为 52%，高资产回报率鼓励更多借债，刺激经济增长。因为阿根廷的实际汇率达到了 70% 的峰值，其竞争力变成一个问题。阿根廷面临这些泡沫压力，依赖外国资金流入，相关国家的经济状况恶化，这些因素共同促成了不可持续的发展局势。

萧条阶段

最终，形势出现逆转，导致了自我强化的经济萧条和国际收支危机/货币危机，持续时间为 1980—1985 年。高债务水平使阿根廷很容易受到冲击伤害，而此时其面临的冲击是 20 世纪 80 年代的拉丁美洲债务危机。阿根廷的外资流入减少（资本流入降幅为 GDP 的 9%），导致货币政策收紧（短期利率上调逾 250%），货币大幅贬值（实际汇率下降 93%）。同时，阿根廷的 GDP 和股价均陷入自我强化式下跌，跌幅分别为 14% 和 91%，失业率上升 3%。由于货币疲软，阿根廷的通胀率高企且不断上升。阿根廷的金融机构也面临巨大压力。央行动用外汇储备维持货币稳定（外汇储备减少了 83%），但最终决策

去杠杆化归因：通货再膨胀阶段

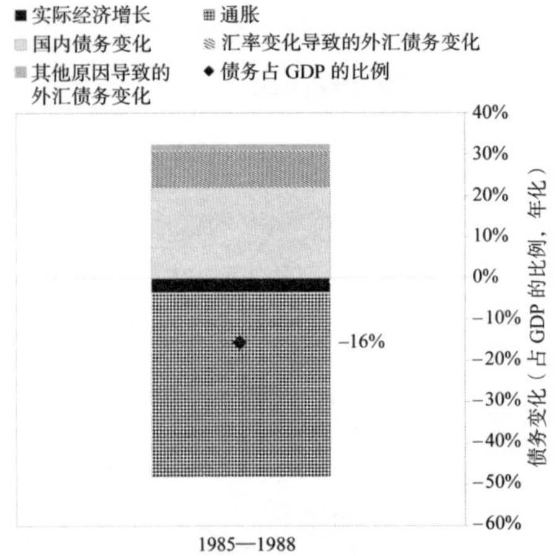

者放弃捍卫货币。如上页中的去杠杆化归因图所示，尽管阿根廷需要去杠杆化，但其债务占 GDP 的比例增加了 33%（年化增幅为 7%），原因是货币贬值（这导致以外币计价的偿债负担加重），以及政府需要举借新债应对危机（财政赤字占 GDP 的比例达到 5% 的峰值）。

通货再膨胀阶段

国际收支危机 / 货币危机的演变主要取决于决策者如何处理不良资本流动：是允许金融环境收紧（这往往是解决危机必要的措施，但会带来痛苦），还是通过印钞弥补资金外流（这可能导致通胀）。在本案例中，由于紧缩措施未能带来必要的调整，阿根廷陷入汇率急剧下跌和恶性通胀的旋涡，实际汇率触底，降至 –138%，通胀率达到峰值，超过 1 000%。这合乎情理，因为当时阿根廷存在大约一半导致通胀率螺旋式上升的典型“风险因素”（其中最大的风险因素是实际短期利率较低）。阿根廷比较积极地管控金融机构和处理坏账，使用了 9 个典型政策工具中的 3 个。特别是，阿根廷将银行国有化，并提供流动性。阿根廷还受益于一项 IMF 援助计划。但与典型情况一样，要想阻止通胀率螺旋式上升，阿根廷最终需要加大结构性改革力度。阿根廷于 1983 年放弃极度贬值的旧比索，采用新比索。其实际 GDP 用了 7 年时间才达到之前的峰值。

阿根廷 1977—1988 年分类图示附录

负债状况

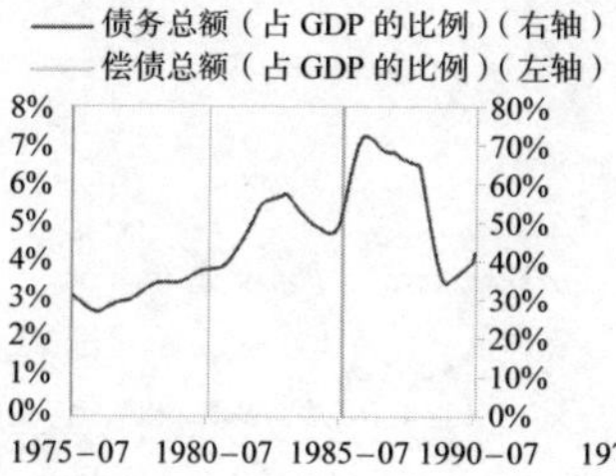

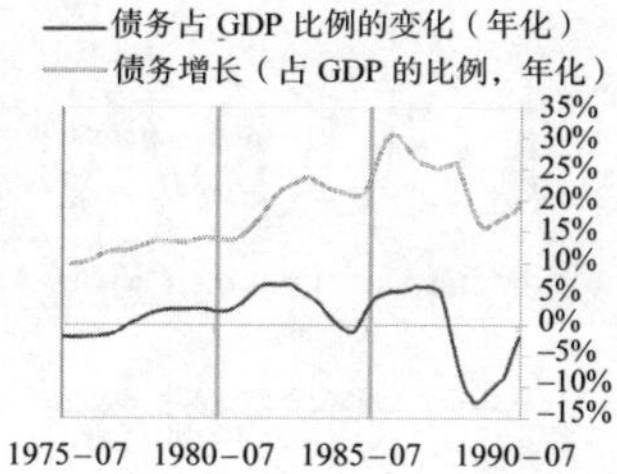

货币政策与财政政策

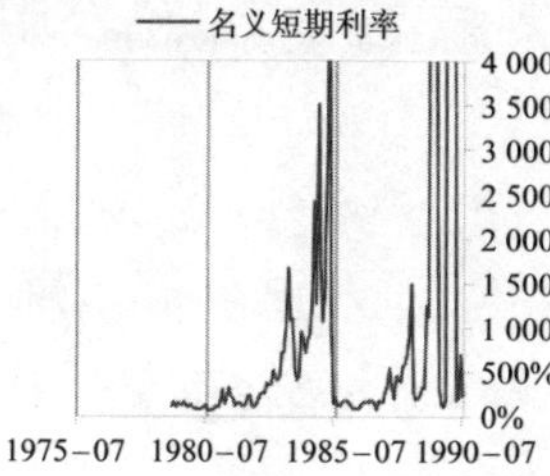

经济状况

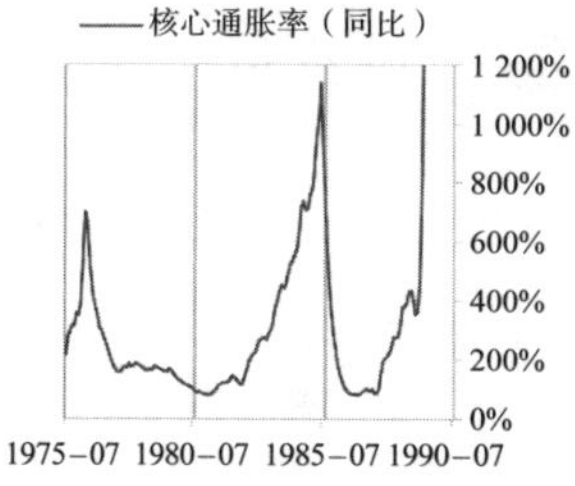

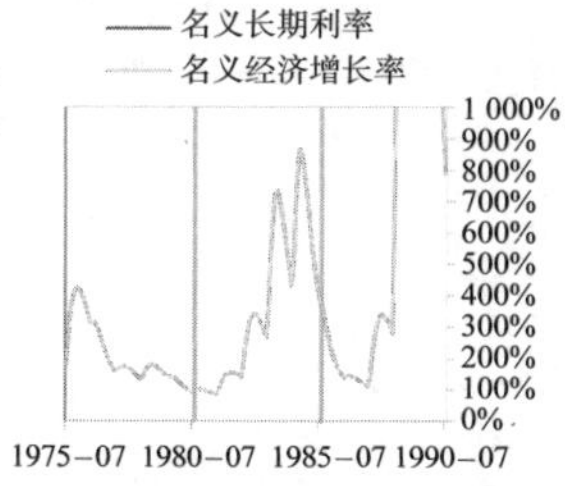

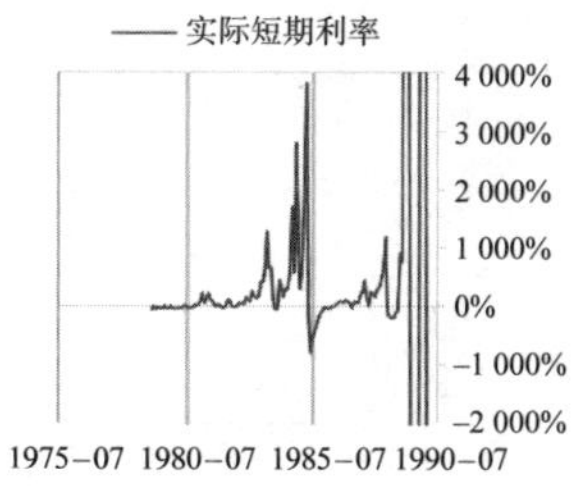

市场状况

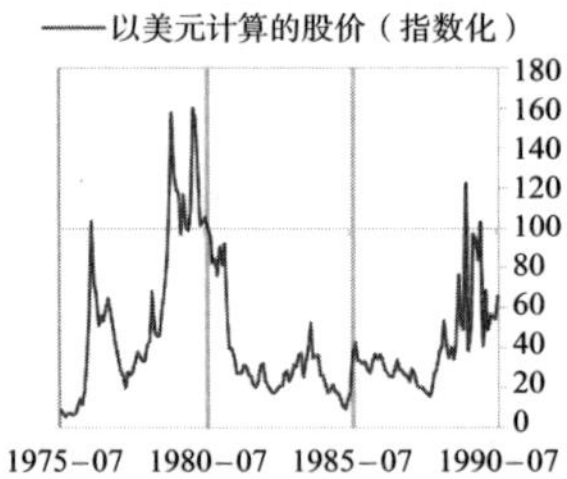
以美元计算的股价（指数化）
180
160
140
120
100
80
60
40
20
0
1975–07 1980–07 1985–07 1990–07

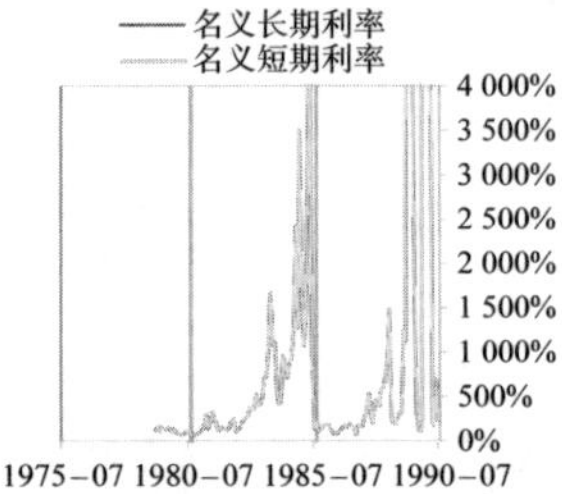
名义长期利率
名义短期利率
4 000%
3 500%
3 000%
2 500%
2 000%
1 500%
1 000%
500%
0%
1975–07 1980–07 1985–07 1990–07

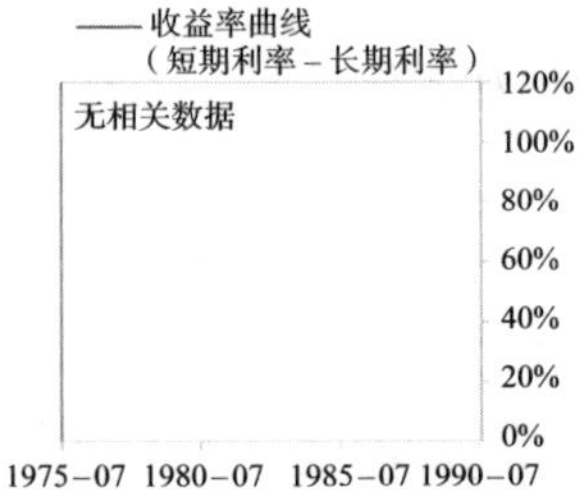
收益率曲线
（短期利率 – 长期利率）
无相关数据
120%
100%
80%
60%
40%
20%
0%
1975–07 1980–07 1985–07 1990–07

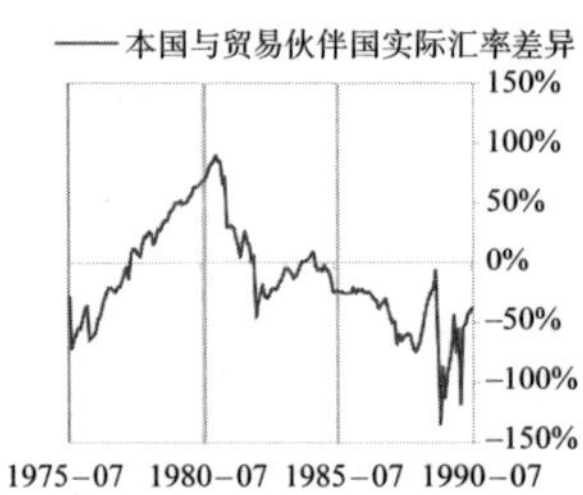
本国与贸易伙伴国实际汇率差异
150%
100%
50%
0%
–50%
–100%
–150%
1975–07 1980–07 1985–07 1990–07

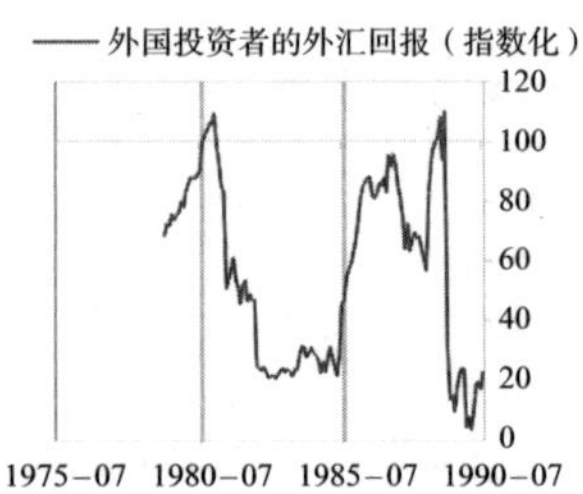
外国投资者的外汇回报（指数化）
120
100
80
60
40
20
0
1975–07 1980–07 1985–07 1990–07

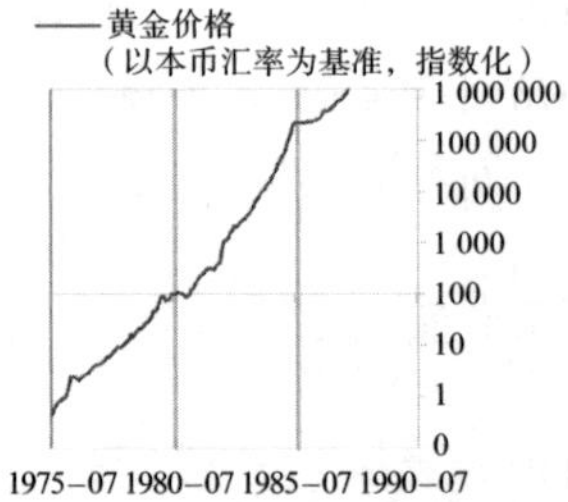
黄金价格
（以本币汇率为基准，指数化）
1 000 000
100 000
10 000
1 000
100
10
1
0
1975–07 1980–07 1985–07 1990–07

国际收支状况

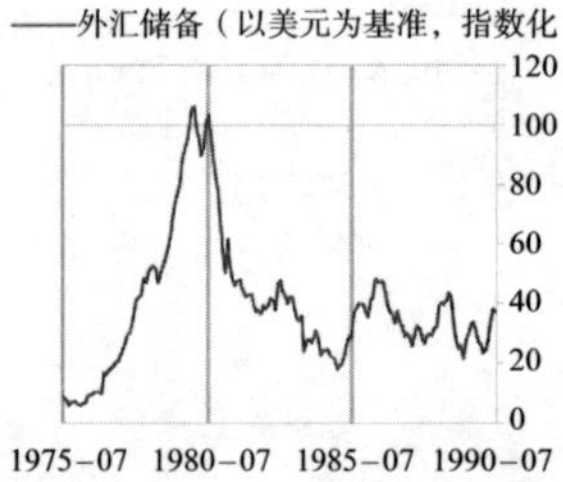
外汇储备（以美元为基准，指数化）
120
100
80
60
40
20
0
1975–07 1980–07 1985–07 1990–07

资本流入（占 GDP 的比例）
8%
6%
4%
2%
0%
–2%
–4%
–6%
1975–07 1980–07 1985–07 1990–07

进口（占 GDP 的比例）
25%
20%
15%
10%
5%
0%
1975–07 1980–07 1985–07 1990–07

经常账户（占 GDP 的比例）
4%
2%
0%
–2%
–4%
–6%
–8%
–10%
1975–07 1980–07 1985–07 1990–07

资本流出（占 GDP 的比例）
1.5%
1.0%
0.5%
0.0%
–0.5%
–1.0%
–1.5%
–2.0%
–2.5%
1975–07 1980–07 1985–07 1990–07

出口（占 GDP 的比例）
16%
14%
12%
10%
8%
6%
4%
2%
0%
1975–07 1980–07 1985–07 1990–07

巴西 1977—1987 年案例文本自动摘要

如右图所示，1977—1987 年，巴西经历了典型的通胀性去杠杆化周期。

泡沫与萧条指数

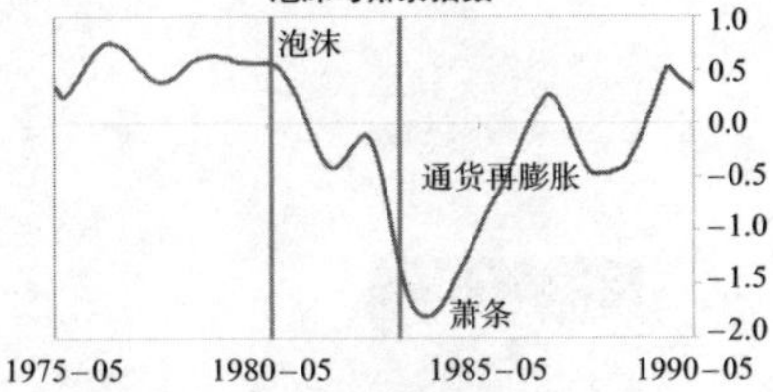

紧缩与宽松指数

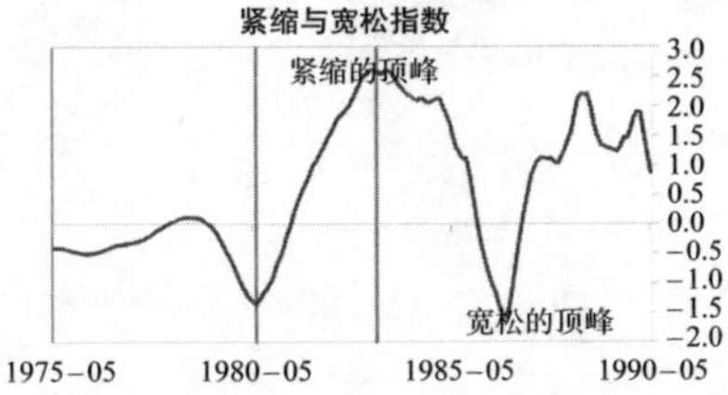

核心通胀率（同比）

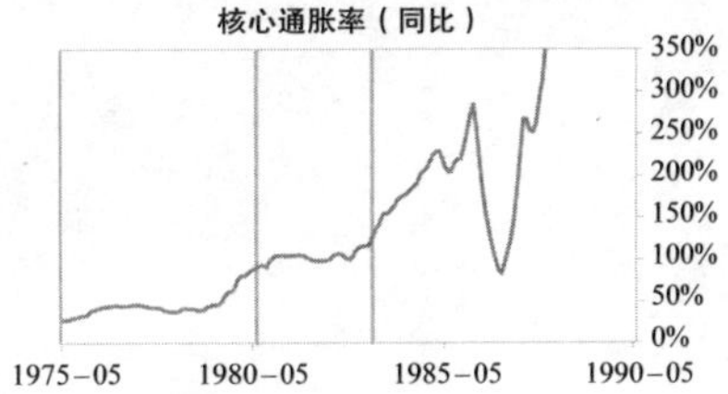

泡沫阶段

与许多其他案例不同，在危机爆发前的几年里，巴西没有普遍出现泡沫，但与巴西联系密切的其他国家、经济体和金融市场出现了泡沫式发展。而且在危机前，由于外资以不可持续的方式强劲流入，巴西确实积累了大量债务，债务总额达到 GDP 的 158%。在本案例中，很大一部分债务以外币计价（占 GDP 的 70%），这使巴西很容易受到外资撤出的影响。巴西还比较依赖持续流入的外资（在危机前的几年里，投资流入平均为 GDP 的 6%），经常账户赤字占 GDP 的 5%。最终，巴西肩负高额债务，依赖外资流入，相关国家的经济状况恶化，这些因素共同促成了不可持续的发展局势。

去杠杆化归因：萧条阶段

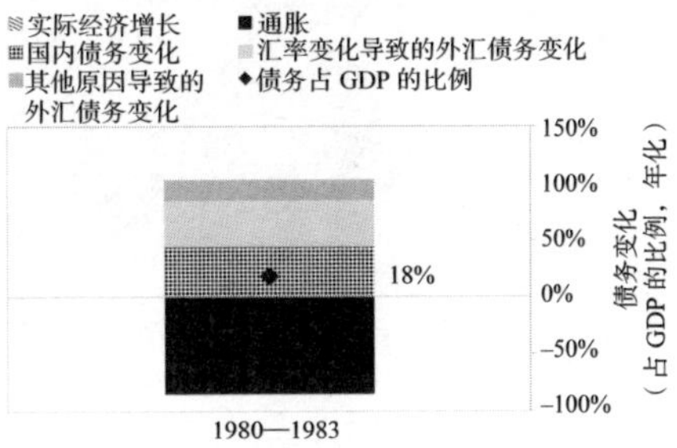

萧条阶段

最终，形势出现逆转，导致了自我强化的经济萧条和国际收支危机 / 货币危机，持续时间为 1980—1983 年。高债务水平使巴西容易受到冲击伤害，而此时其面临的冲击是 20 世纪 80 年代的拉丁美洲债务危机。巴西的外资流入减少（资本流入降幅为 GDP 的 5%），导致货币政策收紧（短期利率上调 234%），货币大幅贬值（实际汇率下降 20%）。同时，巴西的 GDP 和股价均陷入自我强化式下跌，跌幅分别为 6% 和 51%。此外，由于货币疲软，巴西的通胀率高企且不断上升，在萧条阶段最高达到 124%，这与其他类似案例相比是很高的水平。这合乎情理，因为当时巴西存在大多数导致通胀率螺旋式上升的典型“风险因素”（其中最大的风险因素是实际短期利率较低）。巴西的金融机构也面临巨大压力。央行动用了外汇储备来维持货币稳定（外汇储备减少了 70%），但最终决策者放弃捍卫货币。如右边的去杠杆化归因图所示，

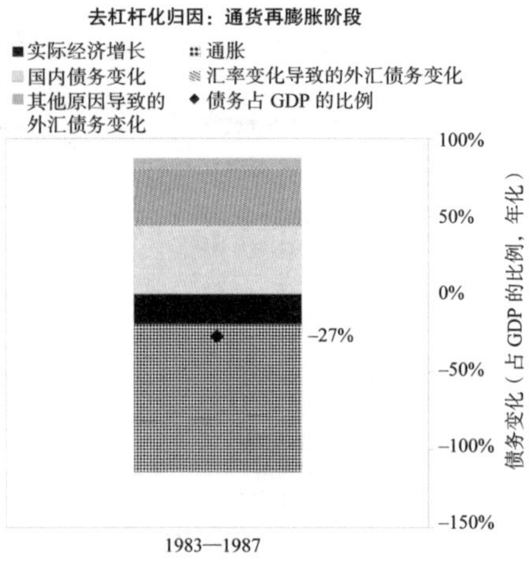

尽管巴西需要去杠杆化，但其债务占 GDP 的比例增加了 54%（年化增幅为 18%），原因是货币贬值（这导致以外币计价的偿债负担加重），以及政府需要举借新债应对危机（财政赤字占 GDP 的比例达到 11% 的峰值）。

通货再膨胀阶段

国际收支危机 / 货币危机的演变主要取决于决策者如何处理不良资本流动：是允许金融环境收紧（这往往是解决危机必要的措施，但会带来痛苦），还是通过印钞弥补资金外流（这可能导致通胀）。在本案例中，巴西放弃了钉住汇率制度，痛苦的去杠杆化阶段的持续时间略长于平均水平。之后，决策者实施了足够的紧缩政策，减少进口支出（经常账户余额增幅为 GDP 的 3%），提高本国货币的吸引力。巴西积极地管控金融机构和处理坏账，使用了 9 个典型政策工具中的 4 个。特别是，巴西将银行国有化，并提供流动性。巴西还受益于一项 IMF 援助计划。如左边的去杠杆化归因图所示，在这段调整时期，巴西的债务占 GDP 的比例下降了 121%（年化降幅为 27%）。债务与收入比率下降的主要原因是名义收入增加。同时，由于本国货币贬值（在这段和谐的去杠杆化时期，实际汇率跌至 –33% 的低点），巴西重新获得竞争力。其实际 GDP 用了 4 年时间才达到之前的峰值，以美元计算的股价在 1.9 年里恢复。

巴西 1977—1987 年分类图示附录

负债状况

货币政策与财政政策

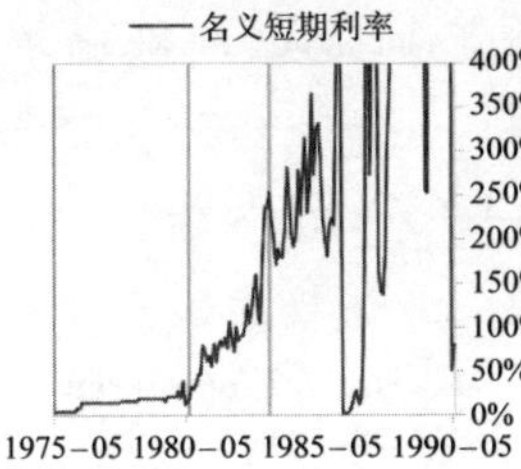

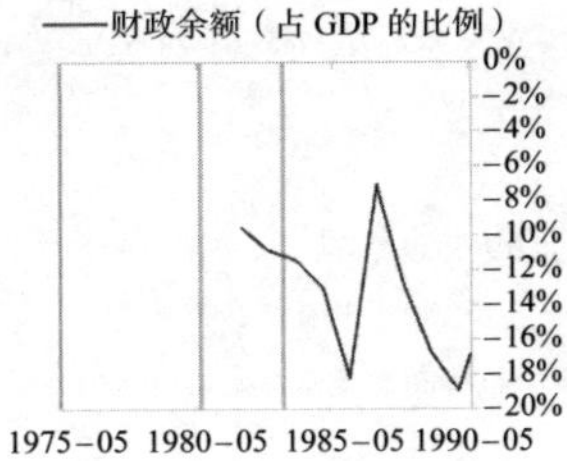

经济状况

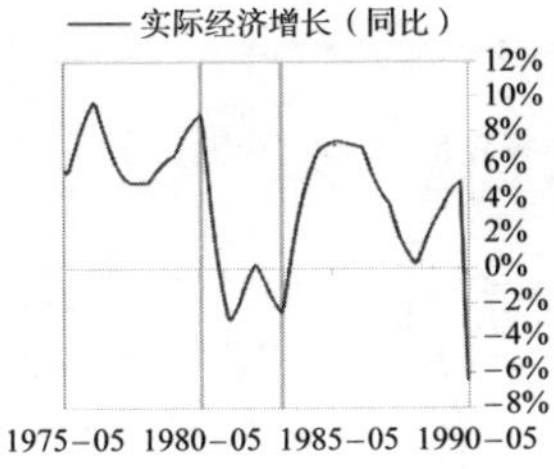

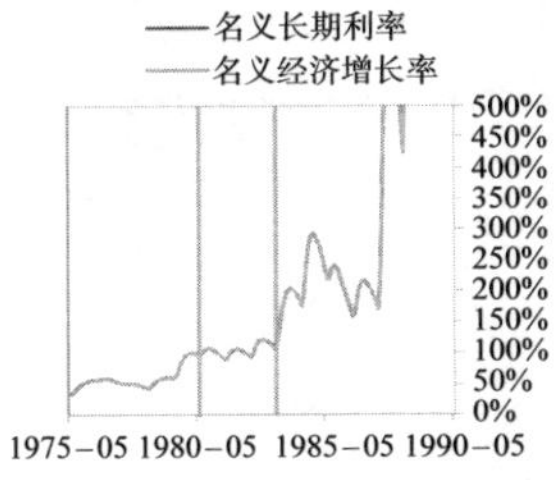

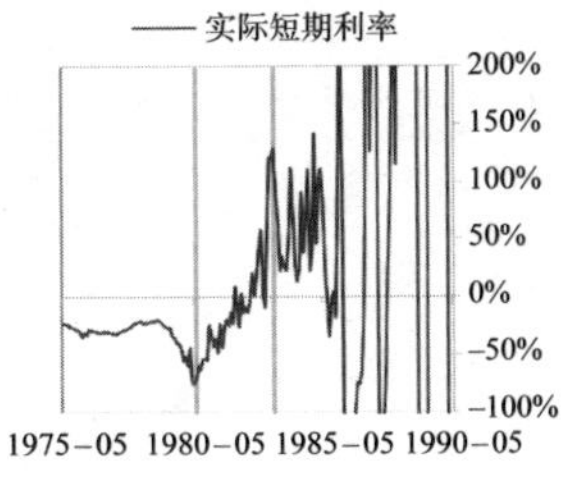

市场状况

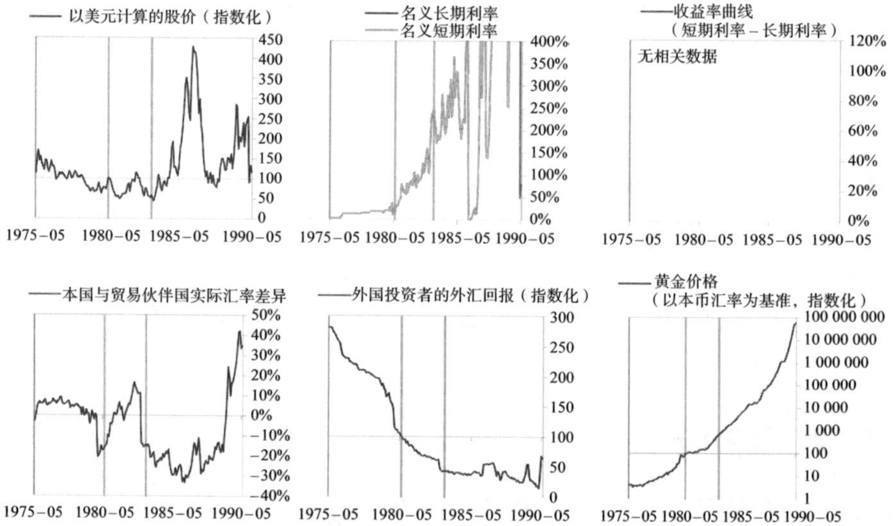
以美元计算的股价（指数化）
450
400
350
300
250
200
150
100
50
0
1975–05
1980–05
1985–05
1990–05
名义长期利率
名义短期利率
400%
350%
300%
250%
200%
150%
100%
50%
0%
收益率曲线
（短期利率–长期利率）
无相关数据
120%
100%
80%
60%
40%
20%
0%
本国与贸易伙伴国实际汇率差异
50%
40%
30%
20%
10%
0%
–10%
–20%
–30%
–40%
外国投资者的外汇回报（指数化）
300
250
200
150
100
50
0
黄金价格
（以本币汇率为基准，指数化）
100 000 000
10 000 000
1 000 000
100 000
10 000
1 000
100
10
1

国际收支状况

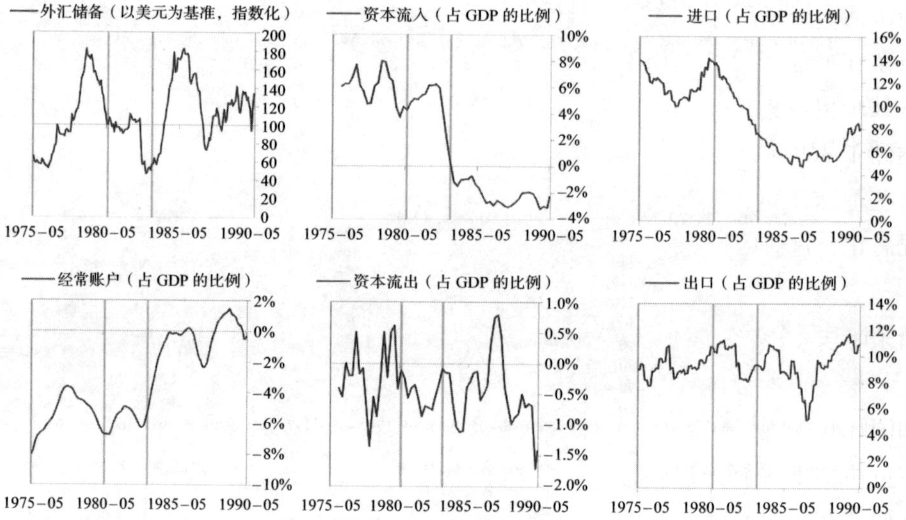
外汇储备（以美元为基准，指数化）
200
180
160
140
120
100
80
60
40
20
0
1975–05
1980–05
1985–05
1990–05
资本流入（占 GDP 的比例）
10%
8%
6%
4%
2%
0%
–2%
–4%
进口（占 GDP 的比例）
16%
14%
12%
10%
8%
6%
4%
2%
0%
经常账户（占 GDP 的比例）
2%
0%
–2%
–4%
–6%
–8%
–10%
资本流出（占 GDP 的比例）
1.0%
0.5%
0.0%
–0.5%
–1.0%
–1.5%
–2.0%
出口（占 GDP 的比例）
14%
12%
10%
8%
6%
4%
2%
0%

智利 1978—1995 年案例文本自动摘要

如右图所示，1978—1995 年，智利经历了典型的通胀性去杠杆化周期。

泡沫与萧条指数

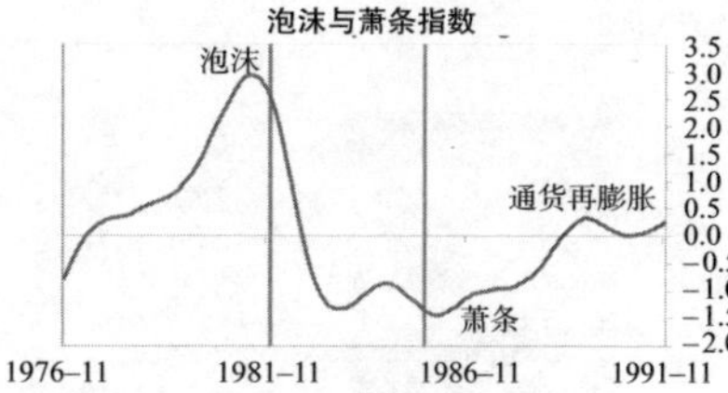

紧缩与宽松指数

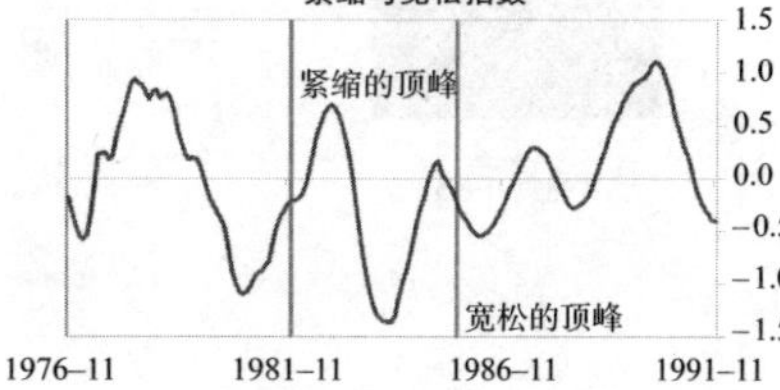

核心通胀率（同比）

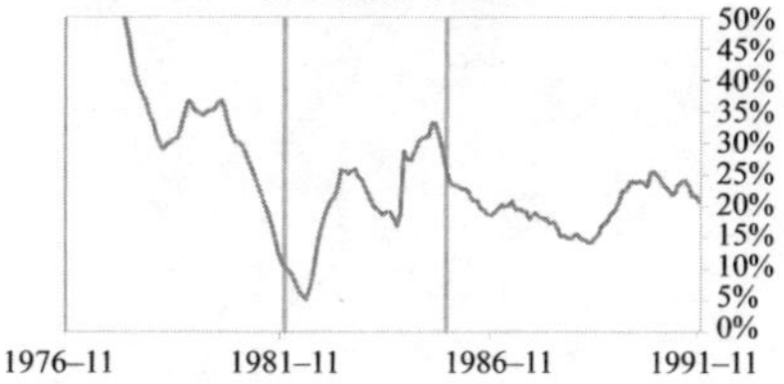

去杠杆化归因：萧条阶段

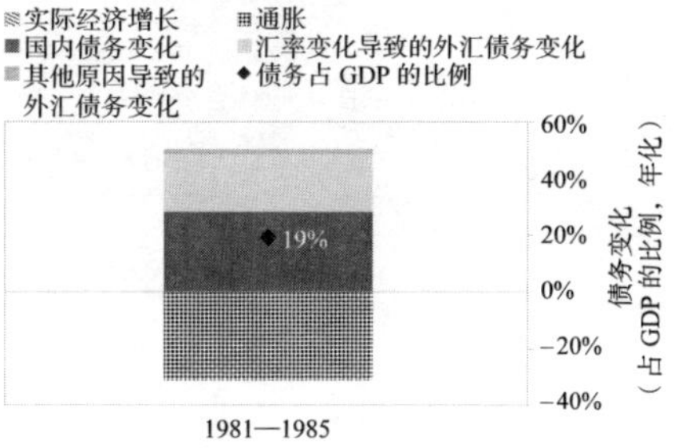

泡沫阶段

1978—1981年，智利处于泡沫阶段。大量资本流入，债务不断增加，股市回报丰厚，经济增长强劲，这些因素以不可持续的方式促成一个自我强化的泡沫周期。在这一阶段，智利的债务达到危机前的峰值，占 GDP 的 145%，升幅为 GDP 的 86%。在本案例中，很大一部分债务以外币计价（占 GDP 的 32%），这使智利很容易受到外资撤出的影响。在泡沫阶段，智利的投资流入强劲，平均约占 GDP 的 14%，这有助于其填补经常账户缺口（此时的经常账户赤字占 GDP 的 11%）。在债务和资金不断增加的支撑下，智利经济增长强劲（增速达到 7%），经济活力处于高位（GDP 缺口达到 11% 的峰值）。此外，股票在泡沫阶段的平均年化回报率为 36%，高资产回报率鼓励更多借债，刺激经济增长。因为智利的实际汇率达到了 36% 的峰值，其竞争力变成一个问题。智利面临这些泡沫压力，依赖外国资金流入，相关国家的经济状况恶化，这些因素共同促成了不可持续的发展局势。

萧条阶段

最终，形势出现逆转，导致了自我强化的经济萧条和国际收支危机 / 货币危机，持续时间为 1981—1985 年。在危机前的最高峰，智利的偿债总额达到 GDP 的 45%，这使智利容易受到冲击伤害，而此时其面临的冲击是 20 世纪 80 年代的拉丁美洲债务危机。智利的外资流入减少（资本流入降幅为 GDP 的 40%），导致货币政策收紧（短期利率上调 31%），货币大幅贬值（实际汇率下降 50%）。同时，智利的 GDP 和股价均陷入自我强化式下跌，跌幅分别为 14% 和 74%。此外，由于货币疲软，智利的通胀率高企且不断上升，在萧条阶段最高达到 33%，这与其

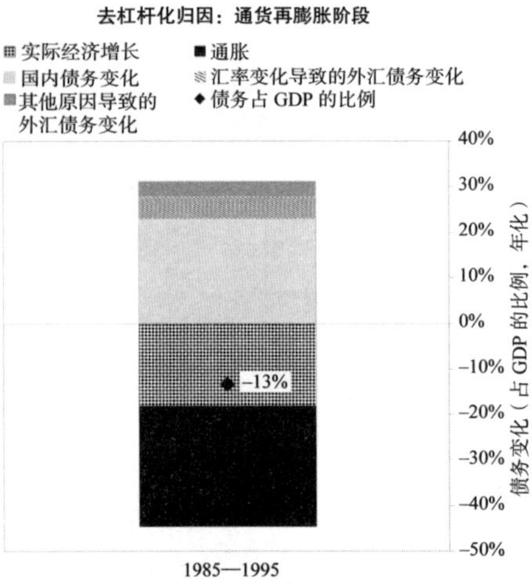

他类似案例相比是正常水平，尽管当时智利存在大多数导致通胀率螺旋式上升的典型“风险因素”（其中最大的风险因素是智利长期忽视对通胀的管控）。智利的金融机构也面临巨大压力。央行动用了外汇储备来维持货币稳定（外汇储备减少了 53%），但最终决策者放弃捍卫货币。如上页中的去杠杆化归因图所示，尽管智利需要去杠杆化，但其债务占 GDP 的比例增加了 73%（年化增幅为 19%），原因是货币贬值（这导致以外币计价的偿债负担加重），以及政府需要举借新债应对危机（财政赤字占 GDP 的比例达到 4% 的峰值）。

通货再膨胀阶段

国际收支危机 / 货币危机的演变主要取决于决策者如何处理不良资本流动：是允许金融环境收紧（这往往是解决危机必要的措施，但会带来痛苦），还是通过印钞弥补资金外流（这可能导致通胀）。在本案例中，智利放弃了钉住汇率制度，痛苦的去杠杆化阶段的持续时间略长于平均水平。之后，决策者实施了充足的紧缩政策，减少进口支出（经常账户余额增幅为 GDP 的 11%），提高本国货币的吸引力。智利积极地管控金融机构和处理坏账，使用了 9 个典型政策工具中的 5 个。特别是，智利提供流动性，并购买不良资产。智利还受益于一项 IMF 援助计划，并实施了结构性改革，旨在增强劳动力市场的灵活性。如左边的去杠杆化归因图所示，在这段调整时期，智利的债务占 GDP 的比例下降了 129%（年化降幅为 13%）。债务与收入比率下降的主要原因是名义收入增加。同时，由于本国货币大幅贬值（在这段和谐的去杠杆化时期，实际汇率跌至 –32% 的低点），智利重新获得竞争力。其实际 GDP 在 5 年后达到之前的峰值，以美元计算的股价在 9 年里恢复。

智利 1978—1995 年分类图示附录

负债状况

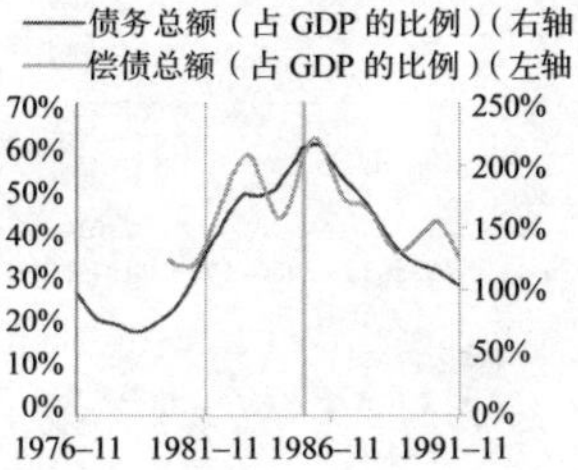

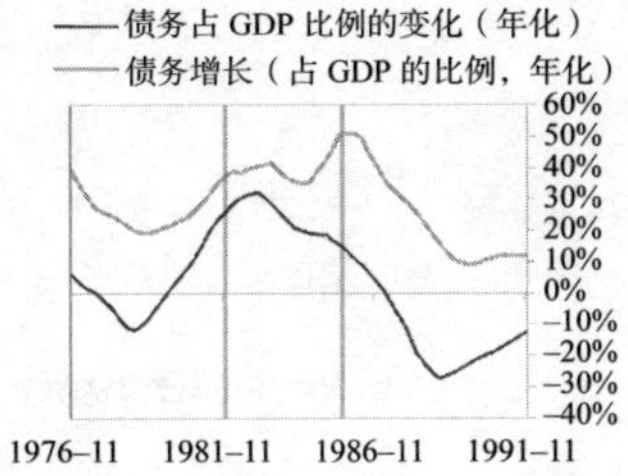

货币政策与财政政策

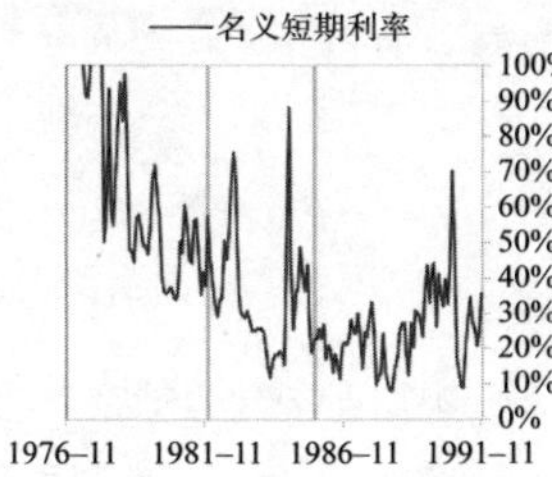

经济状况

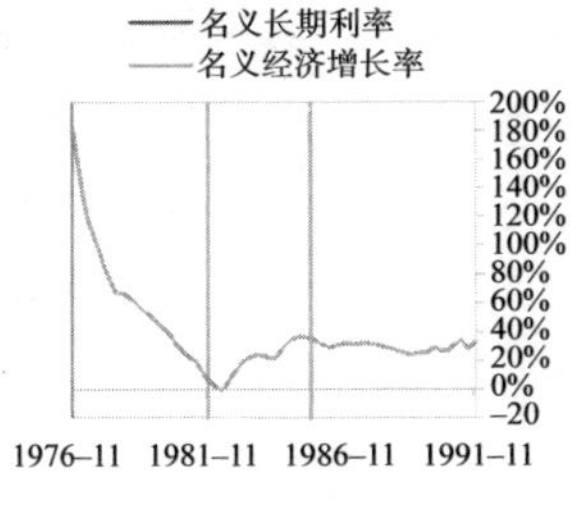

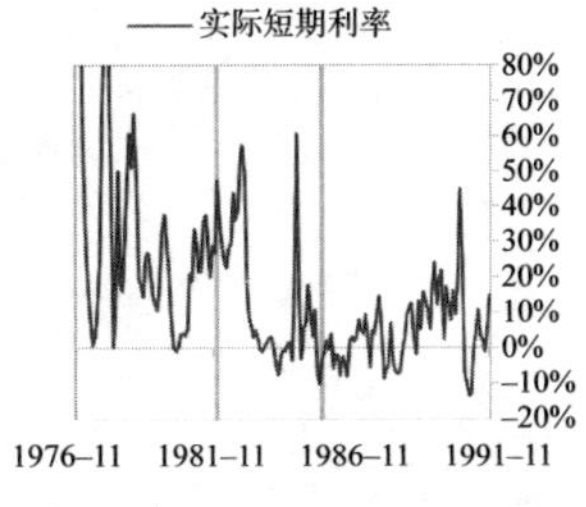

市场状况

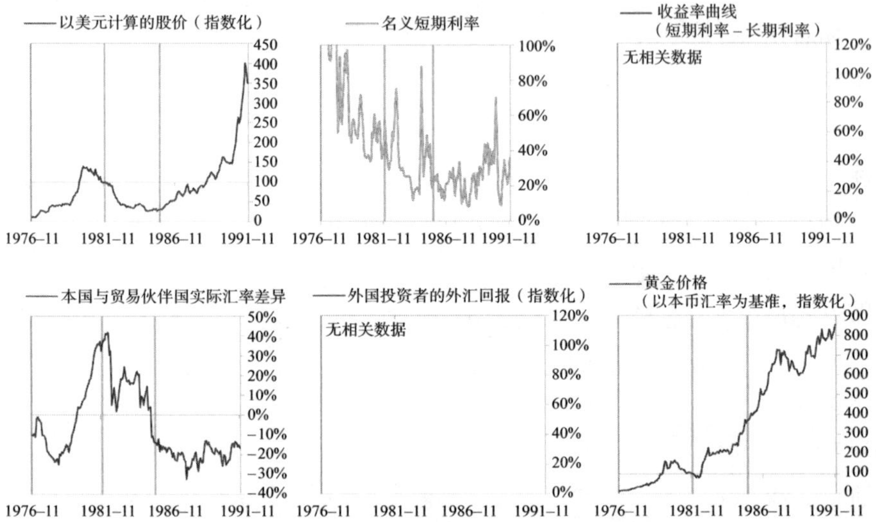
以美元计算的股价（指数化）
450
400
350
300
250
200
150
100
50
0
名义短期利率
100%
80%
60%
40%
20%
0%
收益率曲线
（短期利率 - 长期利率）
无相关数据
120%
100%
80%
60%
40%
20%
0%
本国与贸易伙伴国实际汇率差异
50%
40%
30%
20%
10%
0%
-10%
-20%
-30%
-40%
外国投资者的外汇回报（指数化）
无相关数据
120%
100%
80%
60%
40%
20%
0%
黄金价格
（以本币汇率为基准，指数化）
900
800
700
600
500
400
300
200
100
0
1976–11
1981–11
1986–11
1991–11

国际收支状况

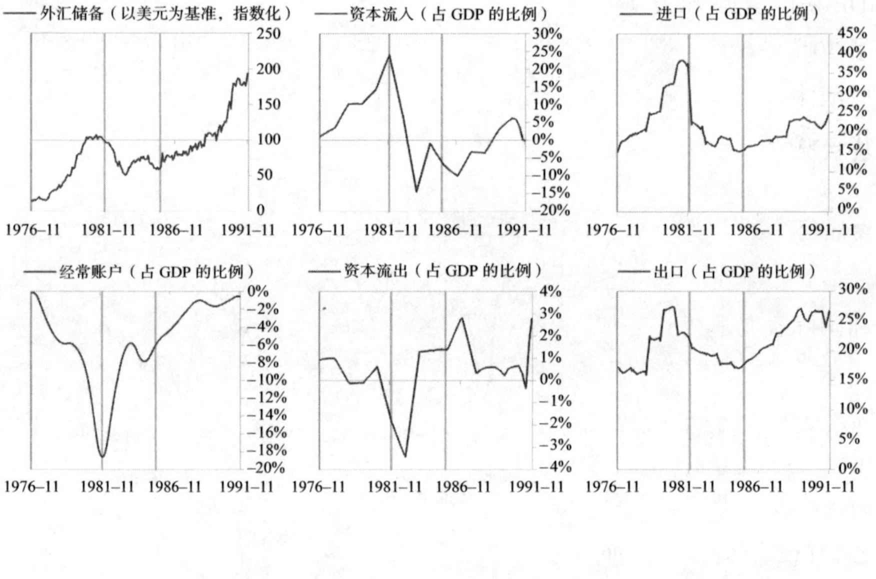
外汇储备（以美元为基准，指数化）
250
200
150
100
50
0
资本流入（占 GDP 的比例）
30%
25%
20%
15%
10%
5%
0%
-5%
-10%
-15%
-20%
进口（占 GDP 的比例）
45%
40%
35%
30%
25%
20%
15%
10%
5%
0%
经常账户（占 GDP 的比例）
0%
-2%
-4%
-6%
-8%
-10%
-12%
-14%
-16%
-18%
-20%
资本流出（占 GDP 的比例）
4%
3%
2%
1%
0%
-1%
-2%
-3%
-4%
出口（占 GDP 的比例）
30%
25%
20%
15%
10%
5%
0%
1976–11
1981–11
1986–11
1991–11

墨西哥 1979—1991 年案例文本自动摘要

如右图所示，1979—1991 年，墨西哥经历了典型的通胀性去杠杆化周期。

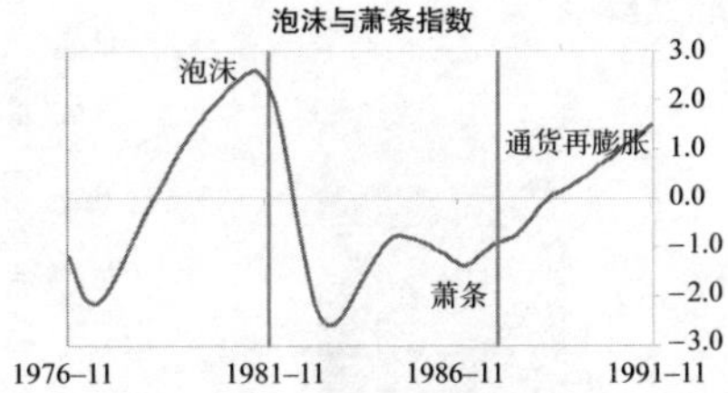

泡沫阶段

1979—1981 年，墨西哥处于泡沫阶段。大量资本流入，债务不断增加，经济增长强劲，这些因素以不可持续的方式促成一个自我强化的泡沫周期。泡沫阶段结束时，墨西哥的债务达到危机前的峰值，占 GDP 的 65%。在本案例中，很大一部分债务以外币计价（占 GDP 的 26%），这使墨西哥很容易受到外资撤出的影响。在这一阶段，墨西哥投资流入强劲，平均约占 GDP 的 8%，这有助于其填补经常账户缺口（此时的经常账户赤字占 GDP 的 6%）。在债务和资金不断增加的支撑下，墨西哥经济增长强劲（增速达到 9%），经济活力处于高位（GDP 缺口达到 9% 的峰值）。因为墨西哥的实际汇率达到了 30% 的峰值，其竞争力变成一个问题。墨西哥面临这些泡沫压力，依赖外国资金流入，相关国家经济状况恶化，这些因素共同促成了不可持续的发展局势。

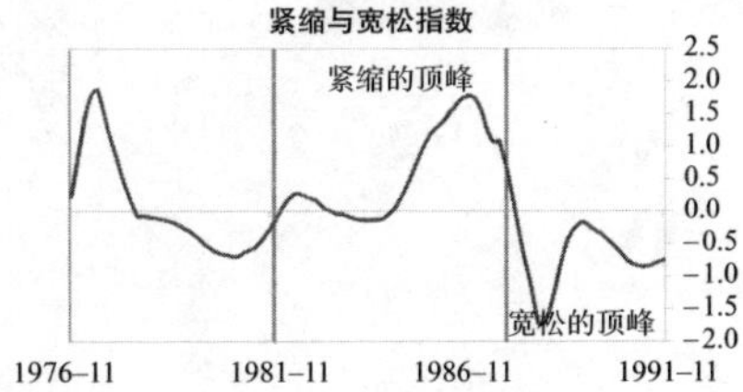

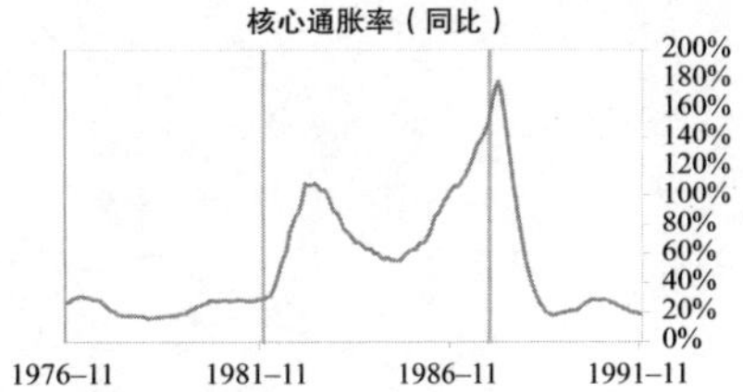

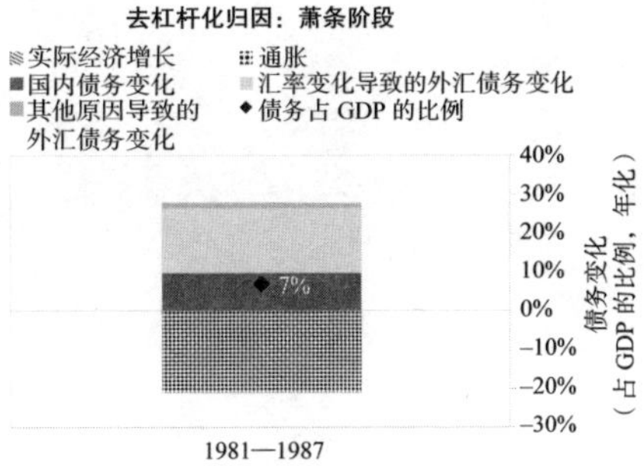

萧条阶段

最终，形势出现逆转，导致了自我强化的经济萧条和国际收支危机 / 货币危机，持续时间为 1981—1987 年。在危机前的最高峰，墨西哥的偿债总额达到 GDP 的 31%，这使墨西哥容易受到冲击伤害，而此时其面临的冲击是 20 世纪 80 年代的拉丁美洲债务危机和油价下跌。墨西哥的外资流入减少（资本流入降幅为 GDP 的 17%），导致货币政策收紧（短期利率上调 128%），货币大幅贬值（实际汇率下降 74%）。同时，墨西哥的 GDP 和股价均陷入自我强化式下跌，跌幅分别为 7% 和 86%。此外，由于货币疲软，通胀率高企且不断上升，在萧条阶段最高达到 151%，这与其他类似案例相比是很高的水平。这合乎情理，因为当时墨西哥存在大多数导致通胀率螺旋

去杠杆化归因：通货再膨胀阶段

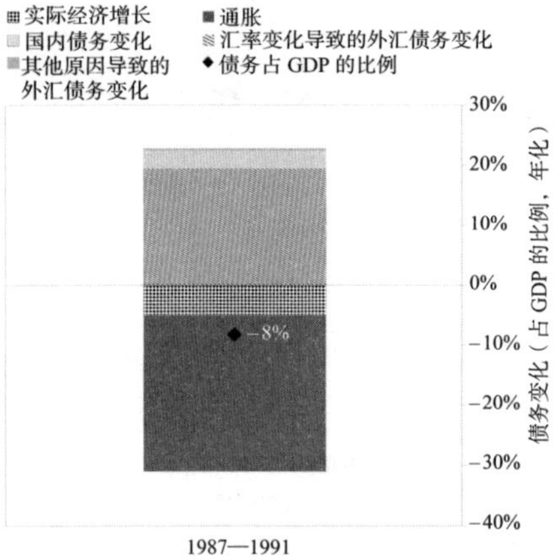

式上升的典型“风险因素”（其中最大的风险因素是财政赤字）。墨西哥的金融机构也面临巨大压力。央行动用了外汇储备来维持货币稳定（外汇储备减少了 66%），但最终决策者放弃捍卫货币。如上页中的去杠杆化归因图所示，尽管墨西哥需要去杠杆化，但其债务占 GDP 的比例增加了 41%（年化增幅为 7%），原因是货币贬值（这导致以外币计价的偿债负担加重），以及政府需要举借新债应对危机（财政赤字占 GDP 的比例达到 13% 的峰值）。

通货再膨胀阶段

国际收支危机 / 货币危机的演变主要取决于决策者如何处理不良资本流动：是允许金融环境收紧（这往往是解决危机必要的措施，但会带来痛苦），还是通过印钞弥补资金外流（这可能导致通胀）。在本案例中，墨西哥放弃了钉住汇率制度，痛苦的去杠杆化阶段的持续时间略长于平均水平。之后，决策者实施了充足的紧缩政策，减少进口支出（经常账户余额增幅为 GDP 的 10%），提高本国货币的吸引力。墨西哥没有积极地管控金融机构和坏账，使用了 9 个典型政策工具中的 2 个。墨西哥还受益于一项 IMF 援助计划，并实施了结构性改革，旨在增强劳动力市场的灵活性。如左边的去杠杆化归因图所示，在这段调整时期，墨西哥的债务占 GDP 的比例下降了 31%（年化降幅为 8%）。债务与收入比率下降的主要原因是名义收入增加。同时，由于本国货币大幅贬值（在这段和谐的去杠杆化时期，实际汇率跌至 −44% 的低点），墨西哥重新获得竞争力。其实际 GDP 用了 7 年时间才达到之前的峰值，以美元计算的股价在 6 年里恢复。

墨西哥 1979—1991 年分类图示附录

负债状况

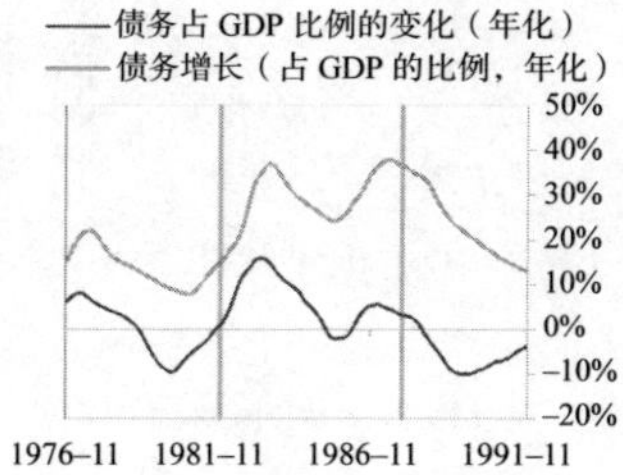

货币政策与财政政策

经济状况

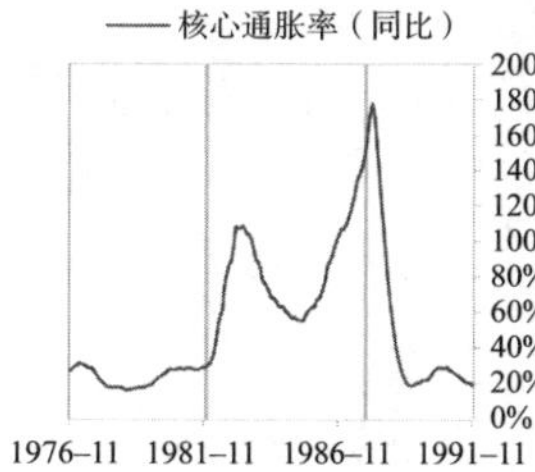

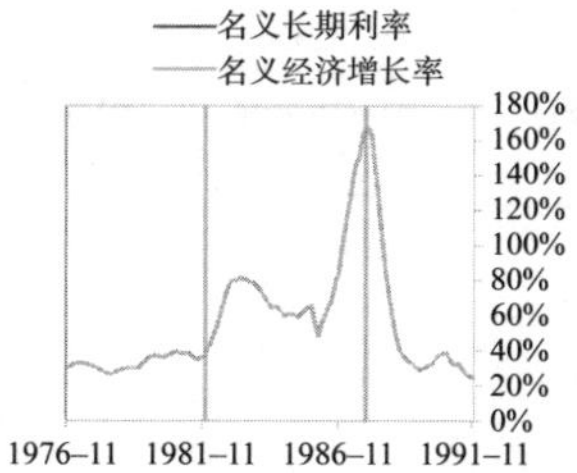

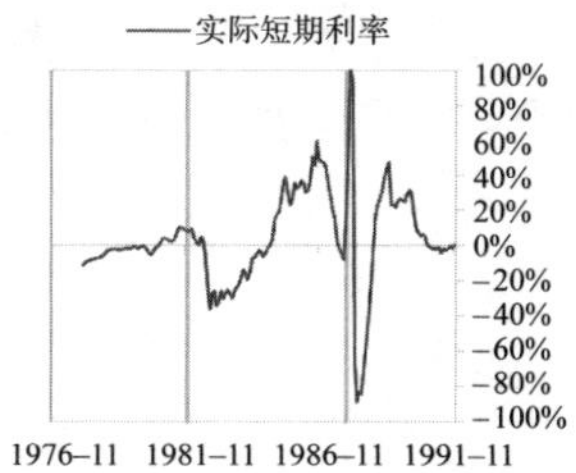

市场状况

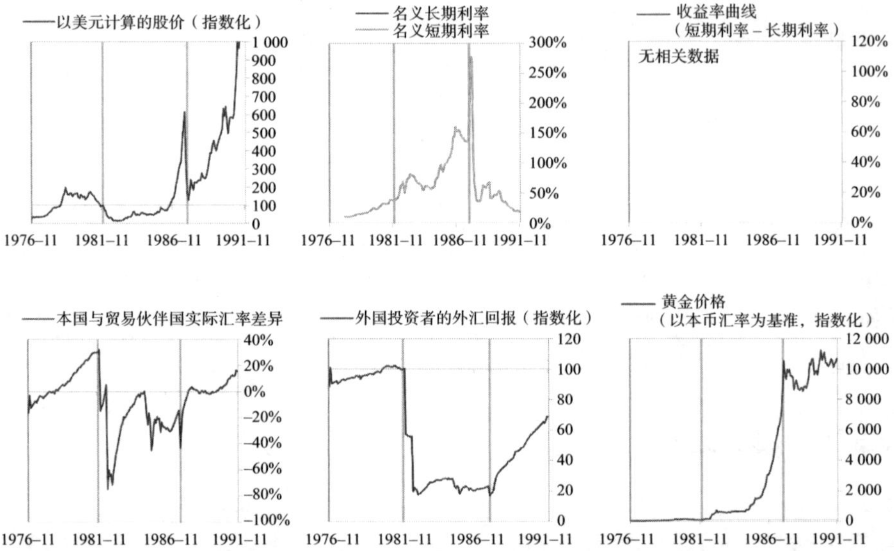
以美元计算的股价（指数化）
名义长期利率
名义短期利率
收益率曲线
（短期利率－长期利率）
无相关数据
本国与贸易伙伴国实际汇率差异
外国投资者的外汇回报（指数化）
黄金价格
（以本币汇率为基准，指数化）

国际收支状况

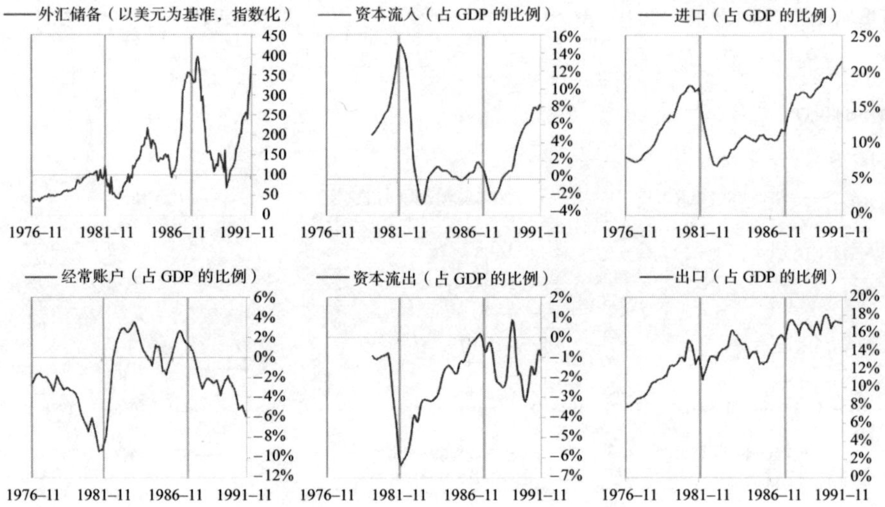
外汇储备（以美元为基准，指数化）
资本流入（占 GDP 的比例）
进口（占 GDP 的比例）
经常账户（占 GDP 的比例）
资本流出（占 GDP 的比例）
出口（占 GDP 的比例）

秘鲁 1980—1986 年案例文本自动摘要

如右图所示，1980—1986 年，秘鲁经历了典型的通胀性去杠杆化周期。

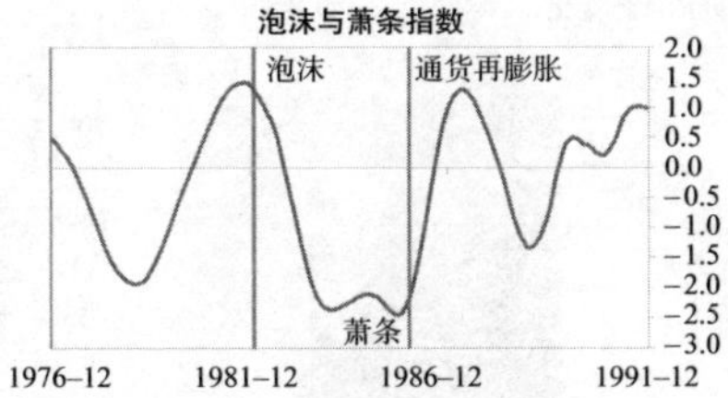

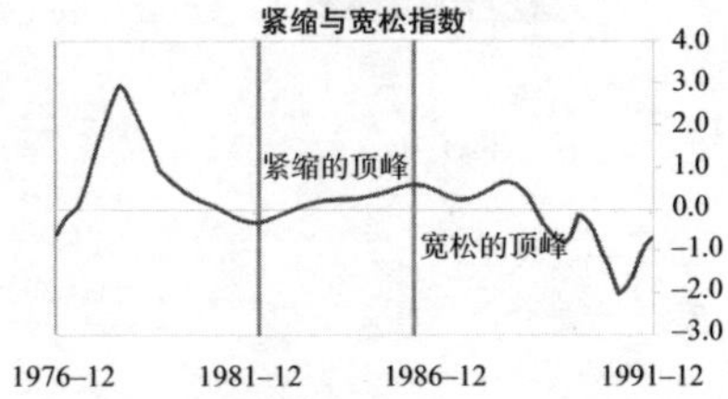

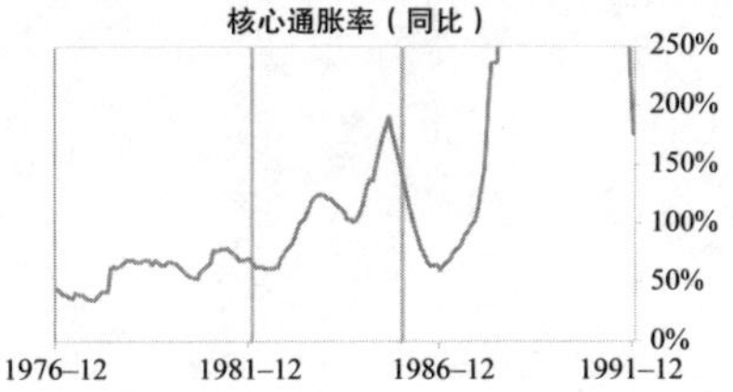

泡沫阶段

与许多其他案例不同，在危机爆发前的几年里，秘鲁没有普遍出现泡沫，但与秘鲁联系密切的其他国家、经济体和金融市场出现了泡沫式发展。而且在危机前，秘鲁确实积累了大量债务，债务总额达到 GDP 的 107%。在本案例中，很大一部分债务以外币计价（占 GDP 的 106%），这使秘鲁很容易受到外资撤出的影响。此外，秘鲁变得依赖持续流入的外资，经常账户赤字占 GDP 的 4%。最终，秘鲁肩负这些高额债务，依赖外资持续流入，相关国家经济状况恶化，这些因素共同促成了不可持续的发展局势。

萧条阶段

最终，形势出现逆转，导致了自我强化的经济萧条和国际收支危机 / 货币危机，持续时间为 1982—1985 年。高债务水平使秘鲁很容易受到冲击伤害，而此时其面临的冲击是 20 世纪 80 年代的拉丁美洲债务危机。秘鲁的 GDP 和股价均陷入自我强化式下跌，跌幅分别为 13% 和 56%，失业率上升 5%。同时，由于货币疲软，秘鲁的通胀率高企且不断上升，在萧条阶段最高达到 190%，这与其他类似案例相比是很高的水平。这合乎情理，因为当时秘鲁存在大多数导致通胀率螺旋式上升的典型“风险因素”（其中最大的风险因素是实际短期利率较低）。秘鲁的金融机构也面临巨大压力。央行动用了外汇储备来维持货币稳定（外汇储备减少了 44%），但最终决策者放弃捍卫货币，货币贬值 53%。如右边的去杠杆化归因图所示，尽管秘鲁需要去杠杆化，但其债务占 GDP 的比例增加了 163%（年化增幅为 42%），原因是货币贬值（这导致以外币计价的偿债负担加重），以及政府需要举借新

去杠杆化归因：通货再膨胀阶段

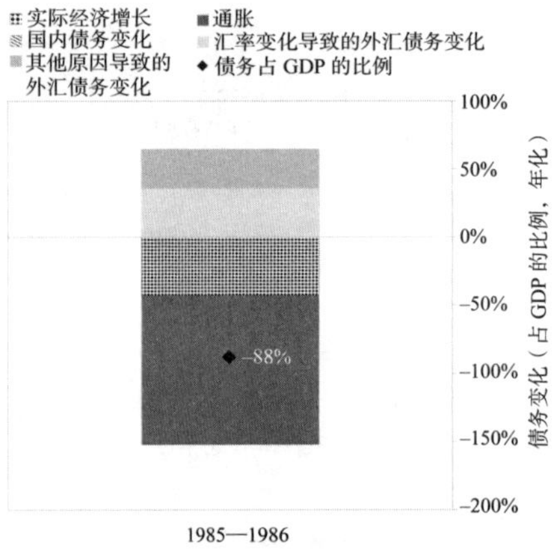

债应对危机（财政赤字占 GDP 的比例达到 5% 的峰值）。

通货再膨胀阶段

国际收支危机 / 货币危机的演变主要取决于决策者如何处理不良资本流动：是允许金融环境收紧（这往往是解决危机必要的措施，但会带来痛苦），还是通过印钞弥补资金外流（这可能导致通胀）。在本案例中，秘鲁放弃了钉住汇率制度，痛苦的去杠杆化阶段持续的时间略长于平均水平。之后，决策者实施了充足的紧缩政策，减少进口支出（经常账户余额增幅为 GDP 的 13%），提高本国货币的吸引力。秘鲁比较积极地管控金融机构和处理坏账，使用了 9 个典型政策工具中的 3 个。特别是，秘鲁将银行国有化，并提供流动性。秘鲁还受益于一项 IMF 援助计划，并实施了结构性改革，旨在增强劳动力市场的灵活性。如左边的去杠杆化归因图所示，在这段调整时期，秘鲁的债务占 GDP 的比例下降了 88%（年化降幅为 88%）。债务与收入比率下降的主要原因是名义收入增加。同时，由于本国货币大幅贬值（在这段和谐的去杠杆化时期，实际汇率跌至 –46% 的低点），秘鲁重获竞争力。其实际 GDP 用了 4 年时间才达到之前的峰值，以美元计算的股价在 6 年里恢复。

这场危机对秘鲁政局造成显著影响，为阿兰 · 加西亚 · 佩雷斯上台搭建了舞台，而许多人认为佩雷斯是一名民粹主义领导人。

秘鲁1980—1986年分类图示附录

负债状况

货币政策与财政政策

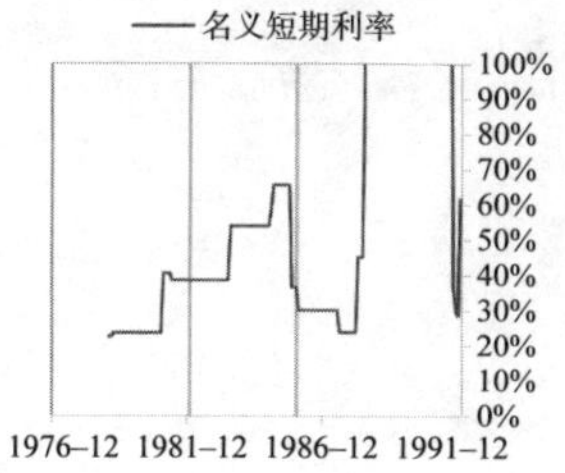

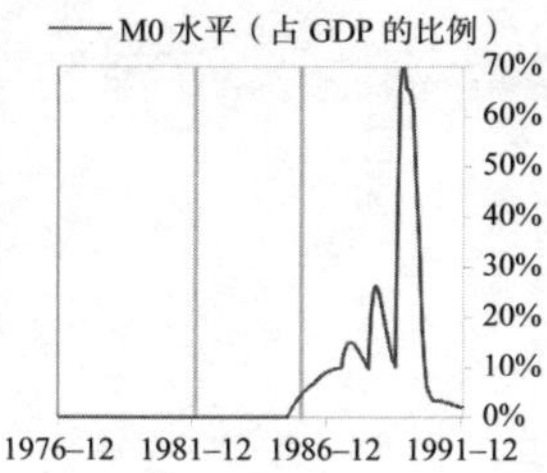

经济状况

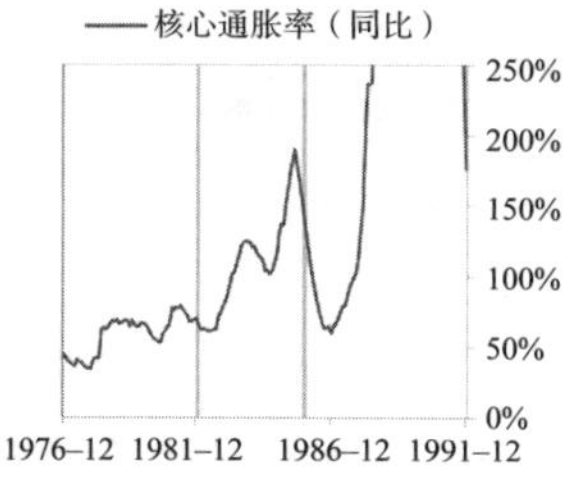

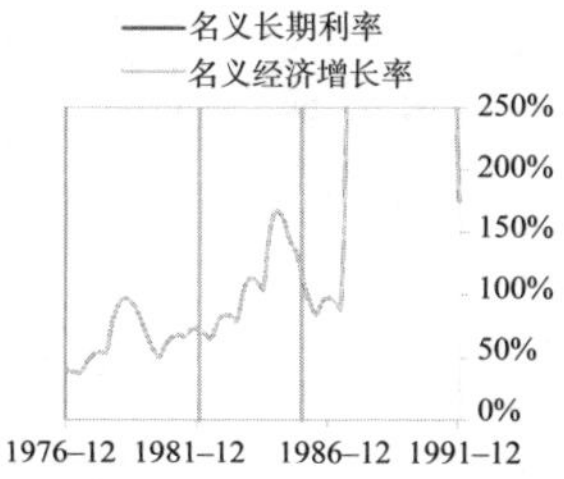

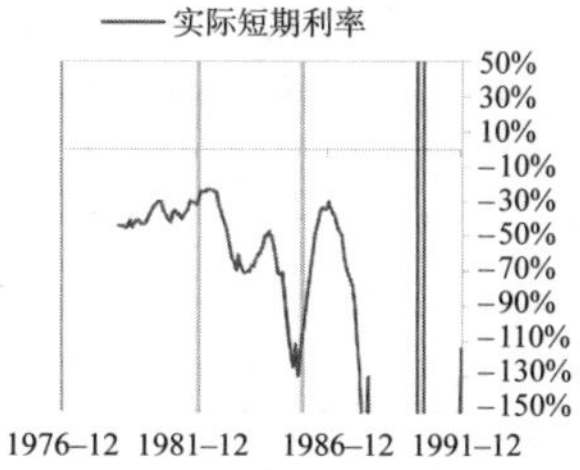

市场状况

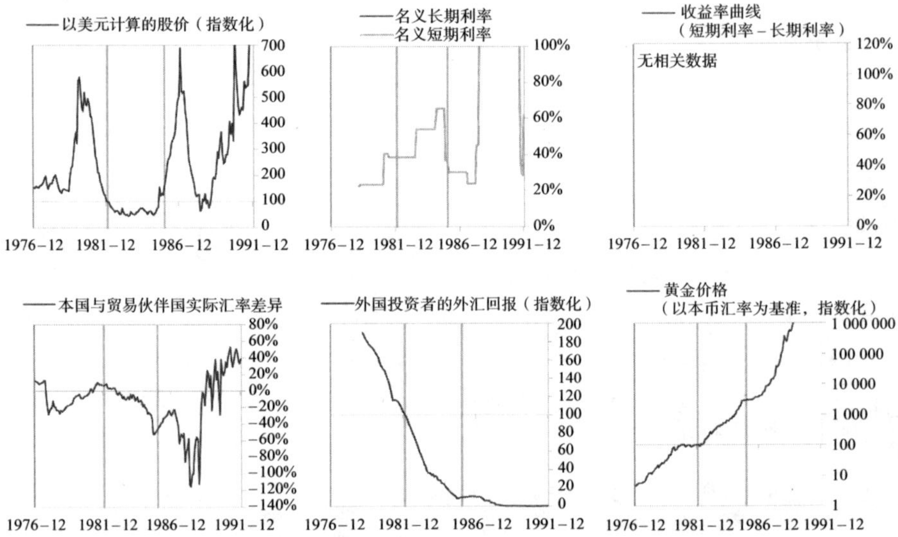
以美元计算的股价（指数化）
700
600
500
400
300
200
100
0
1976-12 1981-12 1986-12 1991-12
名义长期利率
名义短期利率
100%
80%
60%
40%
20%
0%
1976-12 1981-12 1986-12 1991-12
收益率曲线
（短期利率－长期利率）
无相关数据
120%
100%
80%
60%
40%
20%
0%
1976-12 1981-12 1986-12 1991-12
本国与贸易伙伴国实际汇率差异
80%
60%
40%
20%
0%
-20%
-40%
-60%
-80%
-100%
-120%
-140%
1976-12 1981-12 1986-12 1991-12
外国投资者的外汇回报（指数化）
200
180
160
140
120
100
80
60
40
20
0
1976-12 1981-12 1986-12 1991-12
黄金价格
（以本币汇率为基准，指数化）
1 000 000
100 000
10 000
1 000
100
10
1
1976-12 1981-12 1986-12 1991-12

国际收支状况

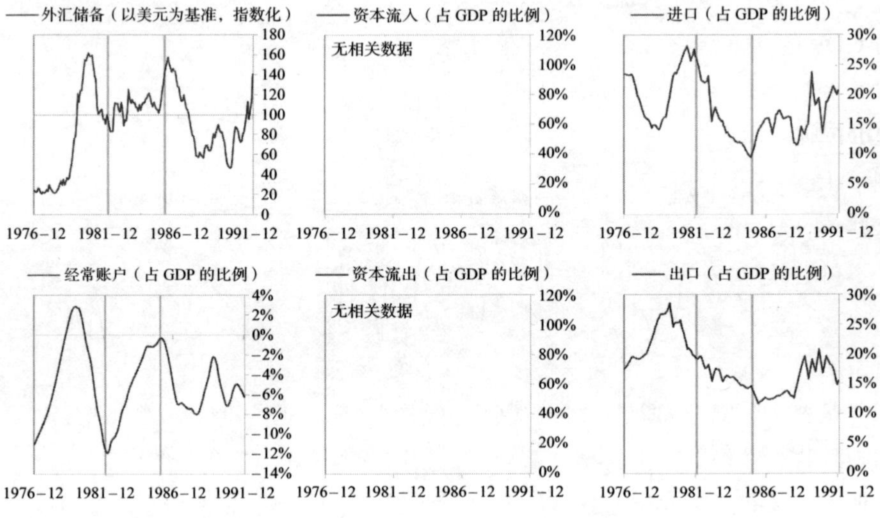
外汇储备（以美元为基准，指数化）
180
160
140
120
100
80
60
40
20
0
1976-12 1981-12 1986-12 1991-12
资本流入（占GDP的比例）
无相关数据
120%
100%
80%
60%
40%
20%
0%
1976-12 1981-12 1986-12 1991-12
进口（占GDP的比例）
30%
25%
20%
15%
10%
5%
0%
1976-12 1981-12 1986-12 1991-12
经常账户（占GDP的比例）
4%
2%
0%
-2%
-4%
-6%
-8%
-10%
-12%
-14%
1976-12 1981-12 1986-12 1991-12
资本流出（占GDP的比例）
无相关数据
120%
100%
80%
60%
40%
20%
0%
1976-12 1981-12 1986-12 1991-12
出口（占GDP的比例）
30%
25%
20%
15%
10%
5%
0%
1976-12 1981-12 1986-12 1991-12

菲律宾 1979—1992 年案例文本自动摘要

如右图所示，1979—1992 年，菲律宾暂时处于通胀性去杠杆化周期。这是一个国家在面临外部压力时“任其货币浮动”的典型例子，虽然这使菲律宾暂时出现了一定程度的通胀，但最终为决策者设定利率提供了更大的灵活性。

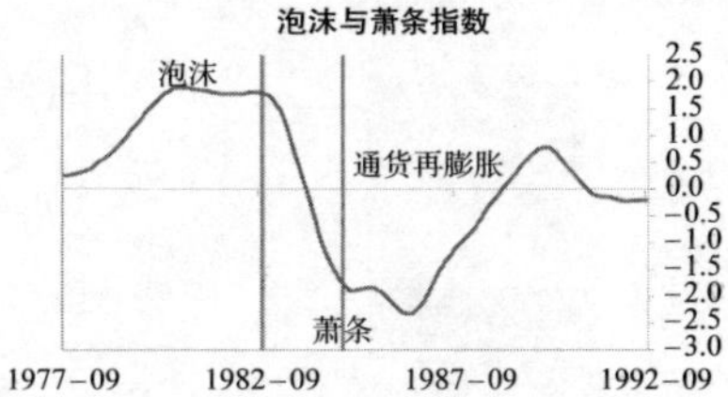

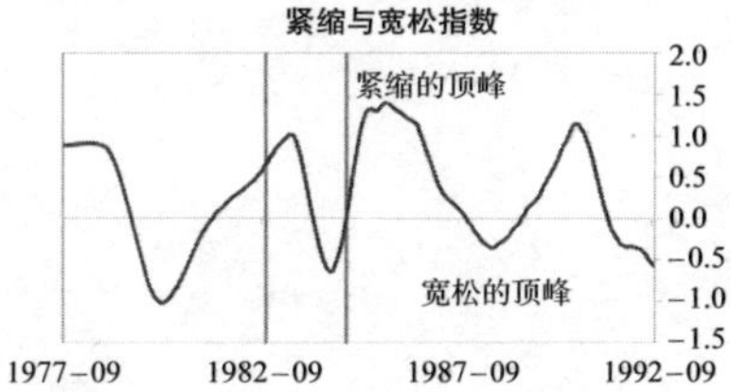

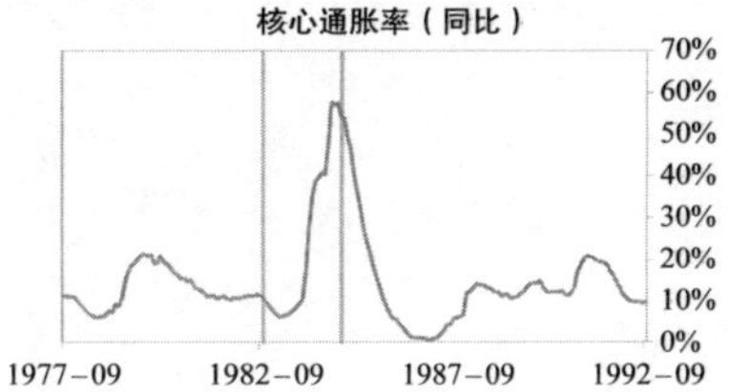

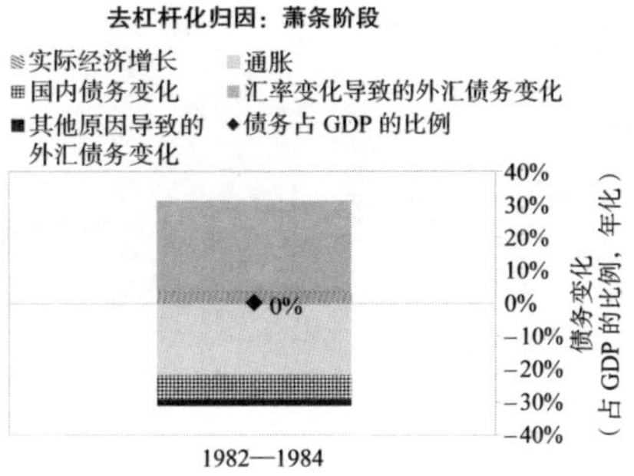

泡沫阶段

1979—1982 年，菲律宾处于泡沫阶段。其最显著的特征是，资本流入强劲，货币回报丰厚，这些因素以不可持续的方式发展。在这一阶段，菲律宾的债务达到危机前的峰值，占 GDP 的 77%，升幅为 GDP 的 16%。在本案例中，很大一部分债务以外币计价（占 GDP 的 56%），这使菲律宾很容易受到外资撤出的影响。在泡沫阶段，菲律宾投资流入强劲，平均约占 GDP 的 9%，这有助于其填补经常账户缺口（此时的经常账户赤字占 GDP 的 7%）。在债务与资金不断增加的支撑下，菲律宾经济增长强劲（增速达到 4%），经济活力处于高位（GDP 缺口达到 9% 的峰值）。因为菲律宾的实际汇率达到了 18% 的峰值，其竞争力变成一个问题。菲律宾面临这些泡沫压力，依赖外国资金流入，这些因素共同促成了不可持续的发展局势。

萧条阶段

最终，形势出现逆转，导致了自我强化的经济萧条和国际收支危机 / 货币危机，持续时间为 1982—1984 年。高债务水平使菲律宾很容易受到冲击伤害，而此时其面临的冲击是，大宗商品价格骤跌和政治暴力事件的发生。菲律宾的外资流入减少（资本流入降幅为 GDP 的 9%），导致货币政策收紧（短期利率上调 34%），货币大幅贬值（实际汇率下降 16%）。同时，菲律宾的 GDP 和股价均陷入自我强化式下跌，跌幅分别为 11% 和 71%。此外，由于货币疲软，通胀率高企且不断上升，在萧条阶段最高

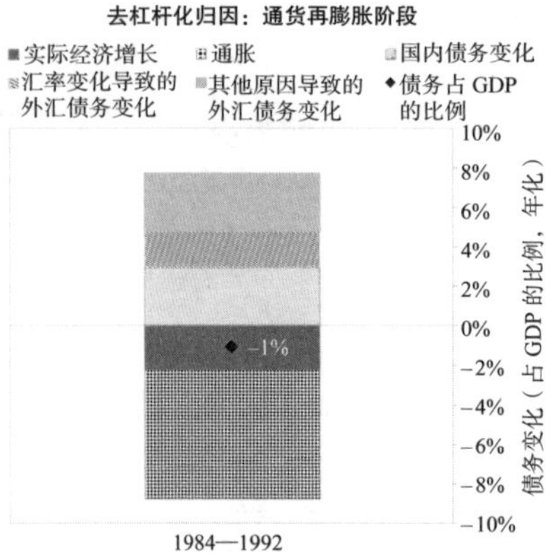

达到 58%，这与其他类似案例相比是正常水平。这合乎情理，因为当时菲律宾 存在大约一半导致通胀率螺旋式上升的典型“风险因素”（其中最大的风险因素是以外币计价的高额债务）。菲律宾的金融机构也面临巨大压力。央行动用了外汇储备来维持货币稳定（外汇储备减少了 100%），但最终决策者放弃捍卫货币。如上页中的去杠杆化归因图所示，尽管菲律宾需要去杠杆化，但其债务占 GDP 的比例在此期间大体保持平稳。

通货再膨胀阶段

国际收支危机 / 货币危机的演变主要取决于决策者如何处理不良资本流动：是允许金融环境收紧（这往往是解决危机必要的措施），还是通过印钞弥补资金外流（这可能导致通胀）。在本案例中，菲律宾放弃了钉住汇率制度，痛苦的去杠杆化阶段持续的时间略短于平均水平。之后，决策者实施了充足的紧缩政策，减少进口支出（经常账户余额增幅为 GDP 的 7%），提高本国货币的吸引力。菲律宾非常积极地管控金融机构和处理坏账，使用了 9 个典型政策工具中的 7 个。特别是，菲律宾将银行国有化，提供流动性，并直接购买不良资产。菲律宾还受益于一项 IMF 援助计划，并实施了结构性改革，旨在增强劳动力市场的灵活性。如左边的去杠杆化归因图所示，在这段调整时期，菲律宾的债务占 GDP 的比例下降了 9%（年化降幅为 1%）。债务与收入比率下降的主要原因是名义收入增加。同时，由于本国货币贬值（在这段和谐的去杠杆化时期，实际汇率跌至 –19% 的低点），菲律宾重获竞争力。其实际 GDP 用了 6 年时间才达到之前的峰值，以美元计算的股价在 5 年里恢复。

菲律宾 1979—1992 年分类图示附录

负债状况

货币政策与财政政策

经济状况

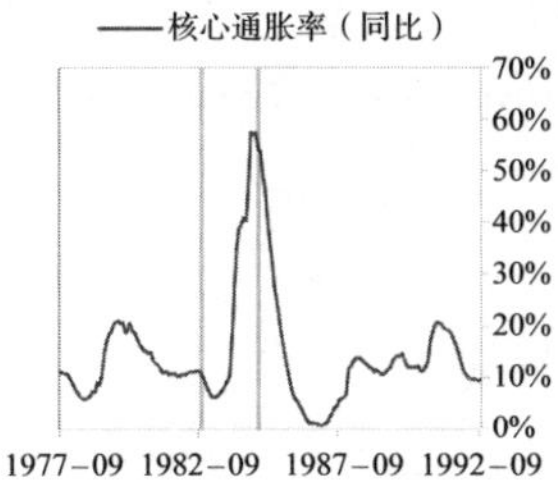

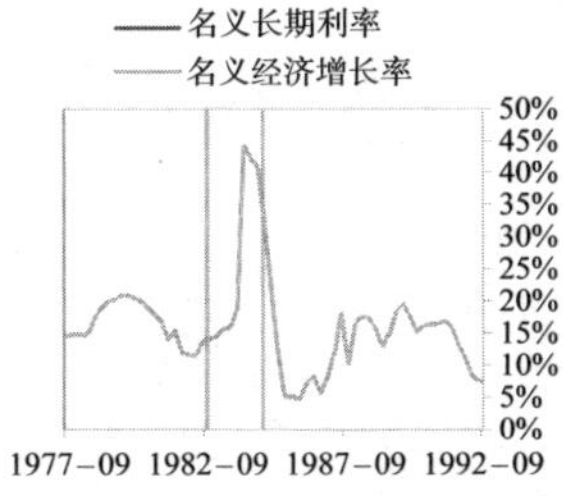

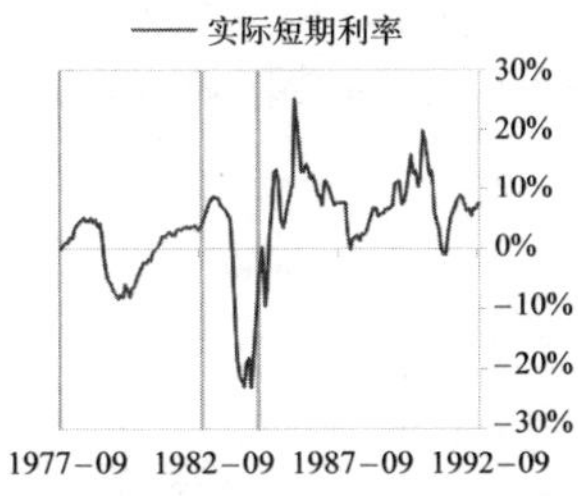

市场状况

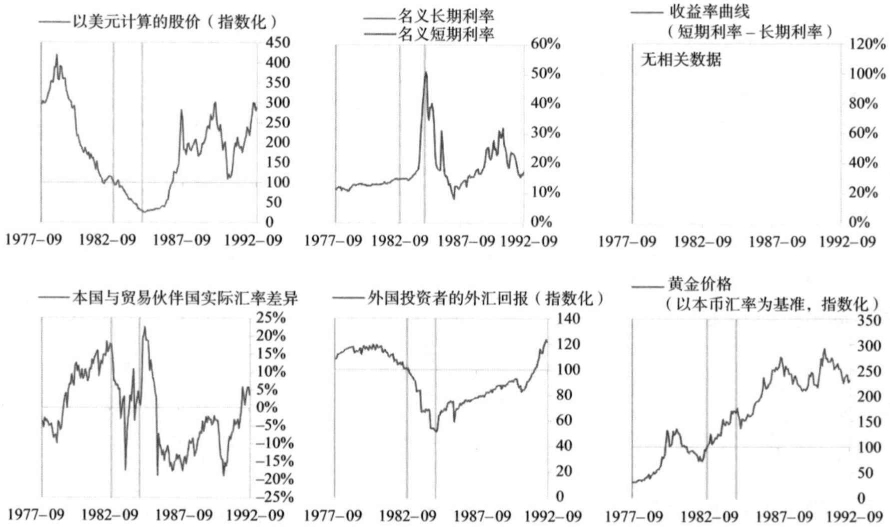
以美元计算的股价（指数化）
名义长期利率
名义短期利率
收益率曲线（短期利率－长期利率）
无相关数据
本国与贸易伙伴国实际汇率差异
外国投资者的外汇回报（指数化）
黄金价格（以本币汇率为基准，指数化）
1977–09
1982–09
1987–09
1992–09

国际收支状况

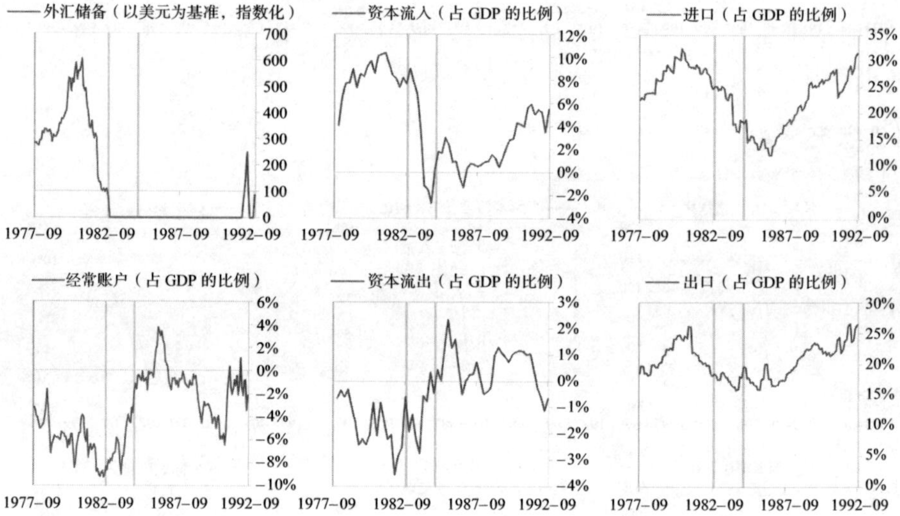
外汇储备（以美元为基准，指数化）
资本流入（占 GDP 的比例）
进口（占 GDP 的比例）
经常账户（占 GDP 的比例）
资本流出（占 GDP 的比例）
出口（占 GDP 的比例）
1977–09
1982–09
1987–09
1992–09

马来西亚 1981—1990 年案例文本自动摘要

如右图所示，1981—1990 年，马来西亚暂时处于通胀性去杠杆化周期。这是一个国家在面临外部压力时“任其货币浮动”的典型例子，虽然这使马来西亚暂时出现了一定程度的通胀，但最终为决策者设定利率提供了更大的灵活性。

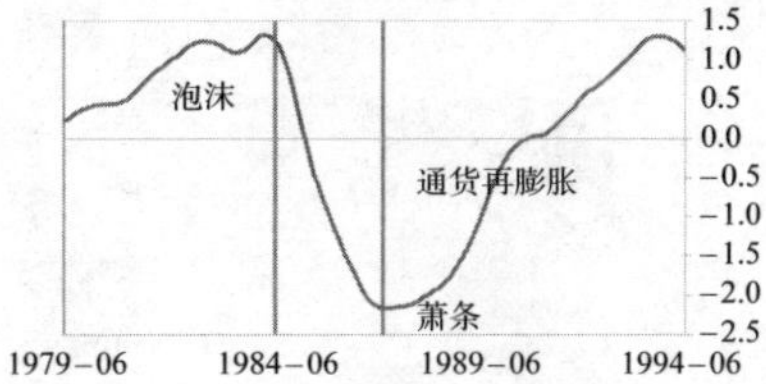

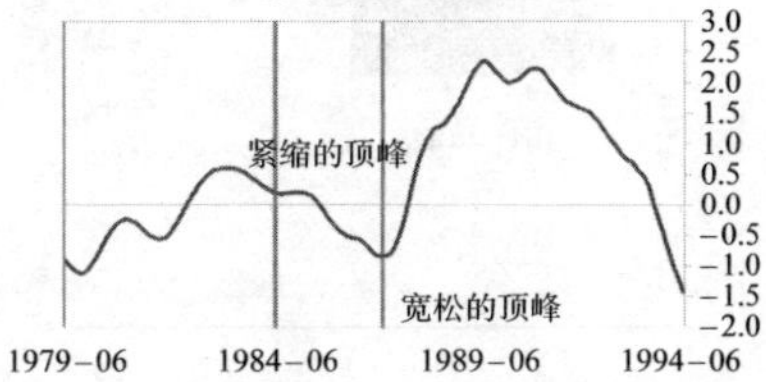

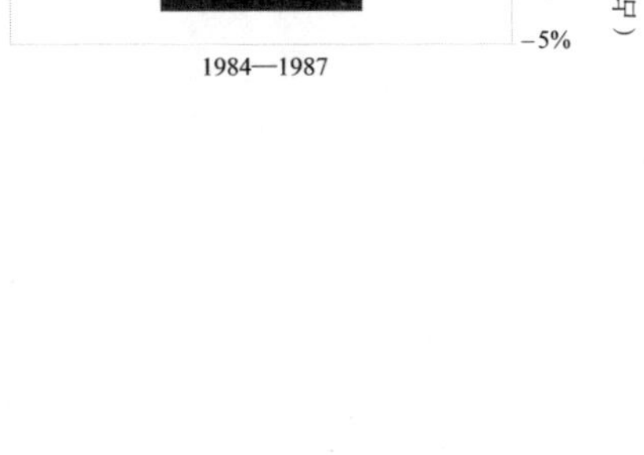

泡沫阶段

1981—1984 年，马来西亚处于泡沫阶段。大量资本流入，债务不断增加，经济增长强劲，这些因素以不可持续的方式促成一个自我强化的泡沫周期。在这一阶段，马来西亚的债务达到危机前的峰值，占 GDP 的 153%，升幅为 GDP 的 40%。在本案例中，很大一部分债务以外币计价（占 GDP 的 42%），这使马来西亚很容易受到外资撤出的影响。在泡沫阶段，马来西亚的投资流入强劲，平均约占 GDP 的 14%，这有助于其填补经常账户缺口（此时的经常账户赤字占 GDP 的 10%）。在债务与资金不断增加的支撑下，马来西亚经济增长强劲（增速达到 7%），经济活力处于高位（GDP 缺口达到 3% 的峰值）。因为马来西亚的实际汇率达到了 20% 的峰值，其竞争力变成一个问题。马来西亚面临这些泡沫压力，依赖外国资金流入，相关国家经济状况恶化，这些因素共同促成了不可持续的发展局势。

萧条阶段

最终，形势出现逆转，导致了自我强化的经济萧条和国际收支危机 / 货币危机，持续时间为 1984—1987 年。高债务水平使马来西亚容易受到冲击伤害，而此时其面临的冲击是，大宗商品价格骤跌冲击出口。马来西亚的外资流入减少（资本流入降幅为 GDP 的 11%），导致货币大幅贬值（实际汇率下降 19%）。同时，股价陷入自我强化式下跌，跌幅为 56%，失业率上升 2%。马来西亚的金融机构也面临巨大压力。央行动用了外汇储备来维

去杠杆化归因：通货再膨胀阶段

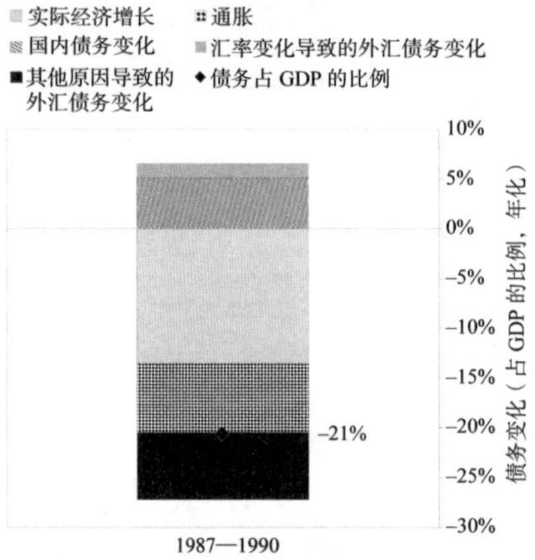

持货币稳定（外汇储备减少了 26%），但最终决策者放弃捍卫货币。如上页中的去杠杆化归因图所示，尽管马来西亚需要去杠杆化，但其债务占 GDP 的比例增加了 43%（年化增幅为 17%），原因是货币贬值（这导致以外币计价的偿债负担加重），以及政府需要举借新债应对危机（财政赤字占 GDP 的比例达到 10% 的峰值）。

通货再膨胀阶段

国际收支危机 / 货币危机的演变主要取决于决策者如何处理不良资本流动：是允许金融环境收紧（这往往是解决危机必要的措施，但会带来痛苦），还是通过印钞弥补资金外流（这可能导致通胀）。在本案例中，马来西亚放弃了钉住汇率制度，痛苦的去杠杆化阶段的持续时间略短于平均水平。之后，决策者实施了充足的紧缩政策，减少进口支出（经常账户余额增幅为 GDP 的 9%），并提高本国货币的吸引力。马来西亚积极地管控金融机构和处理坏账，使用了 9 个典型政策工具中的 5 个。特别是，马来西亚将银行国有化，并提供流动性。如左边的去杠杆化归因图所示，在这段调整时期，马来西亚的债务占 GDP 的比例下降了 74%（年化降幅为 21%）。债务与收入比率下降的主要原因是，实际经济增速提升，推动名义收入不断增加。同时，由于本国货币贬值（在这段和谐的去杠杆化时期，实际汇率跌至 –12% 的低点），马来西亚重新获得竞争力。其实际 GDP 用了 1.8 年时间达到之前的峰值，以美元计算的股价在 6 年里恢复。

马来西亚 1981—1990 年分类图示附录

负债状况

货币政策与财政政策

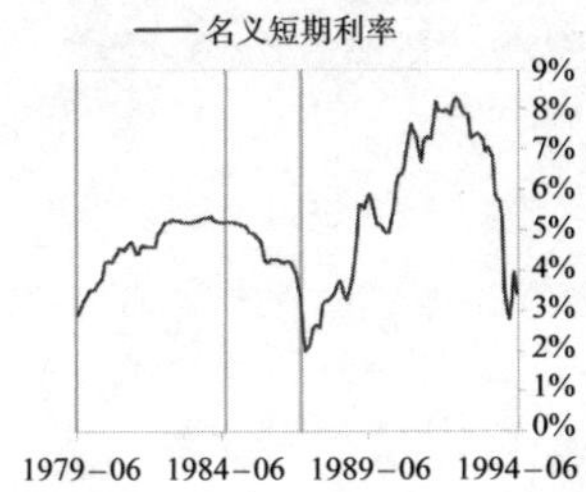

经济状况

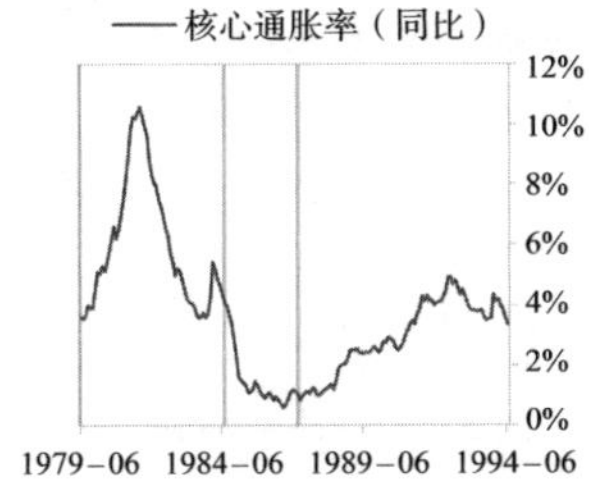

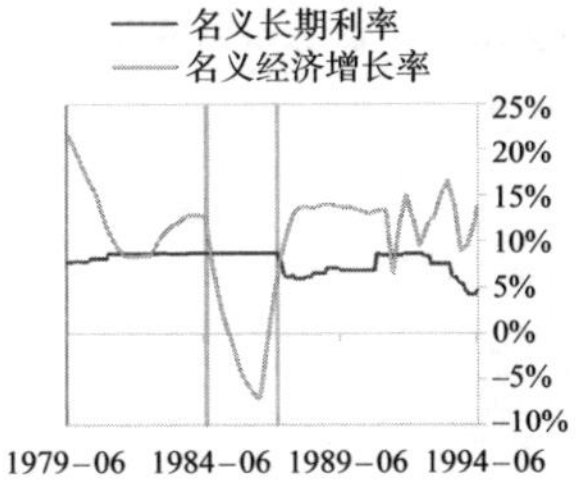

市场状况

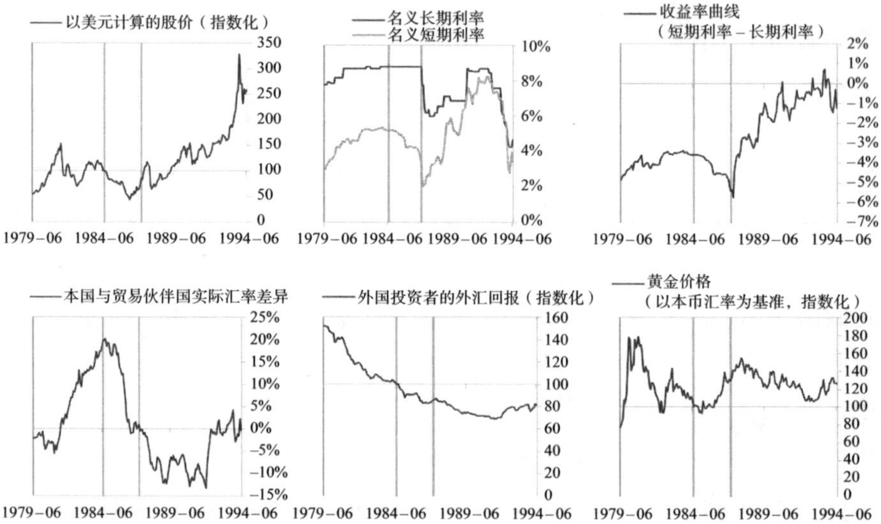
以美元计算的股价（指数化）
名义长期利率
名义短期利率
收益率曲线
（短期利率－长期利率）
本国与贸易伙伴国实际汇率差异
外国投资者的外汇回报（指数化）
黄金价格
（以本币汇率为基准，指数化）
1979－06
1984－06
1989－06
1994－06

国际收支状况

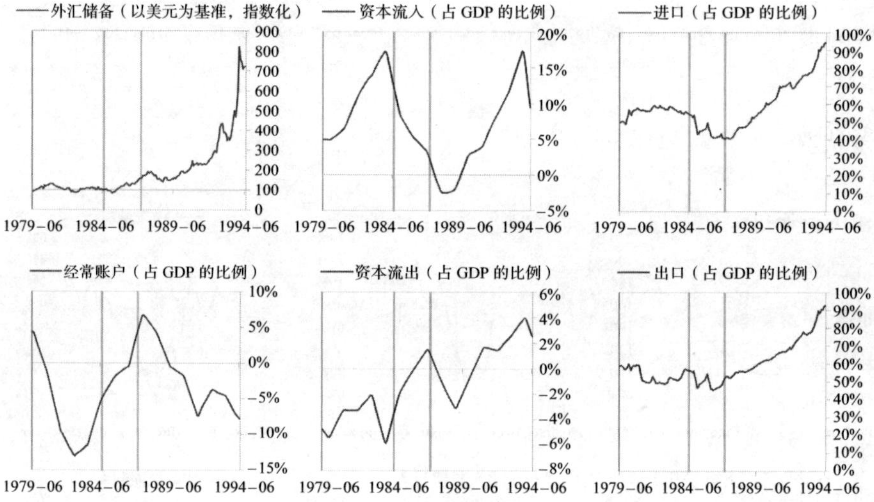
外汇储备（以美元为基准，指数化）
资本流入（占 GDP 的比例）
进口（占 GDP 的比例）
经常账户（占 GDP 的比例）
资本流出（占 GDP 的比例）
出口（占 GDP 的比例）
1979－06
1984－06
1989－06
1994－06

秘鲁 1986—1995 年案例文本自动摘要

如右图所示，1986—1995 年，秘鲁经历了典型的恶性通胀性去杠杆化周期。

泡沫与萧条指数

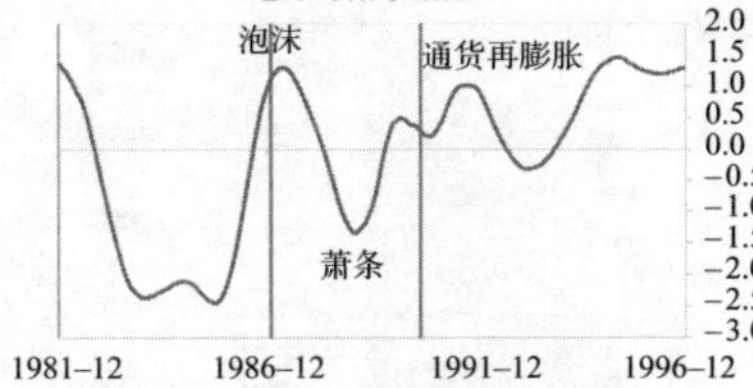

紧缩与宽松指数

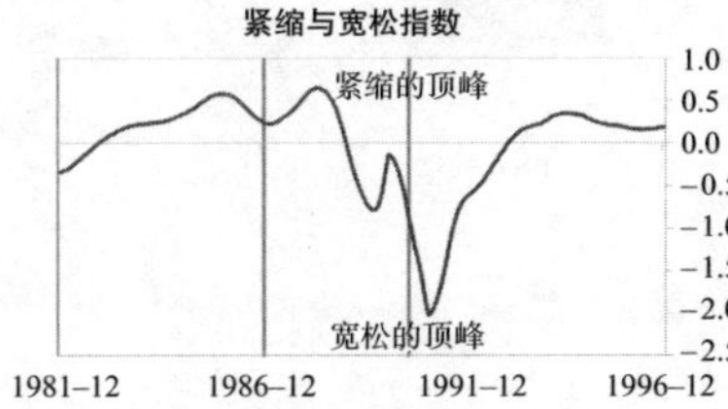

核心通胀率（同比）

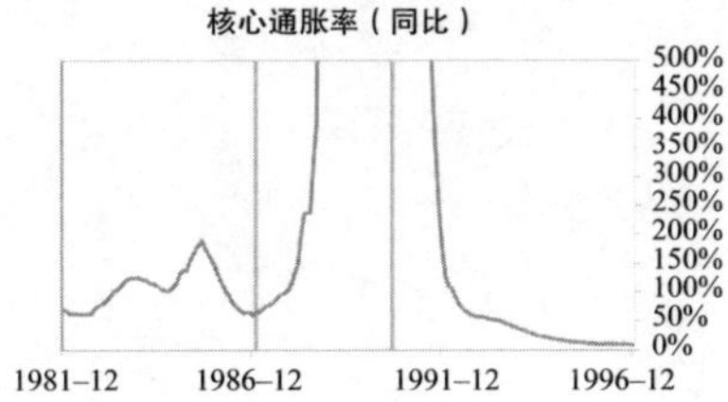

去杠杆化归因：萧条阶段

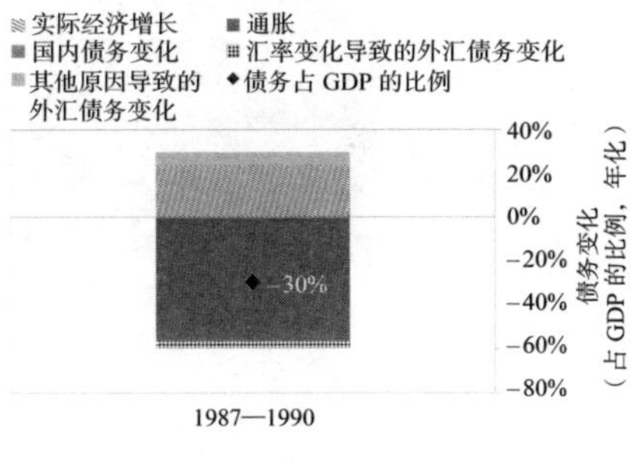

泡沫阶段

1986—1987年，秘鲁处于泡沫阶段。债务不断增加，股市回报丰厚，经济增长强劲，这些因素促成一个自我强化的泡沫周期。在这一阶段，秘鲁的债务达到危机前的峰值，占 GDP 的 184%，升幅为 GDP 的 55%。在本案例中，很大一部分债务以外币计价（占 GDP 的 182%），这使秘鲁很容易受到外资撤出的影响。秘鲁的经常账户赤字占 GDP 的 3%。在债务不断增加的支撑下，秘鲁经济增长强劲（增速达到 5%），经济活力处于高位（GDP 缺口达到 11% 的峰值）。此外，股票在泡沫阶段的平均年化回报率为 124%，高资产回报率鼓励更多借债，刺激经济增长。秘鲁面临这些泡沫压力，依赖外国资金流入，这些因素共同促成了不可持续的发展局势。

萧条阶段

最终，形势出现逆转，导致了自我强化的经济萧条和国际收支危机 / 货币危机，持续时间为 1987—1990 年。高债务水平使秘鲁很容易受到冲击伤害，而此时其面临的冲击是，领导层不愿与国际债权人合作。秘鲁的 GDP 和股价均陷入自我强化式下跌，跌幅分别为 30% 和 91%。秘鲁的金融机构也面临巨大压力。如右边的去杠杆化归因图所示，尽管陷入了痛苦的去杠杆化，但秘鲁的债务占 GDP 的比例降低了 106%（年化降幅为 30%）。债务与收入比率下降的主要原因是，通胀率提升推动收入不断增加。

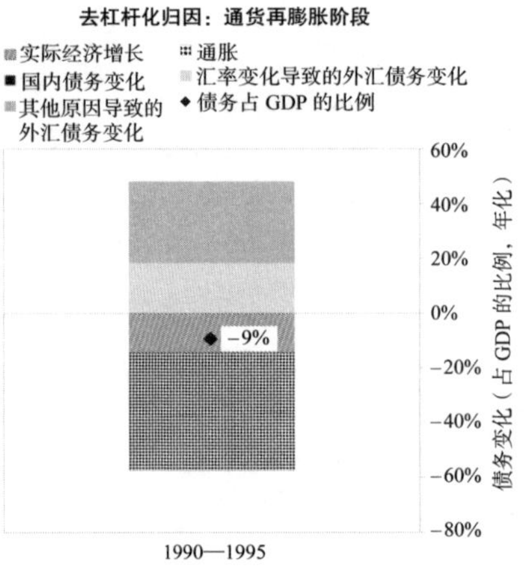

通货再膨胀阶段

国际收支危机/货币危机的演变主要取决于决策者如何处理不良资本流动：是允许金融环境收紧（这往往是解决危机必要的措施，但会带来痛苦），还是通过印钞弥补资金外流（这可能导致通胀）。在本案例中，由于紧缩措施未能带来必要的调整，秘鲁陷入了汇率下跌和恶性通胀的旋涡，实际汇率触底，跌至 –115%，通胀率最高时超过 10 000%。这合乎情理，因为当时秘鲁存在大多数导致通胀率螺旋式上升的典型“风险因素”（其中最大的风险因素是实际短期利率较低）。秘鲁比较积极地管控金融机构和处理坏账，使用了 9 个典型政策工具中的 3 个。特别是，秘鲁将银行国有化，并提供流动性。秘鲁还实施了结构性改革，旨在增强劳动力市场的灵活性。但与典型情况一样，要想阻止通胀率螺旋式上升，秘鲁最终需要加大结构性改革力度。秘鲁在 1991 年放弃极度贬值的印蒂，采用索尔。其实际 GDP 用了 9 年时间才达到之前的峰值。

秘鲁 1986—1995 年分类图示附录

负债状况

货币政策与财政政策

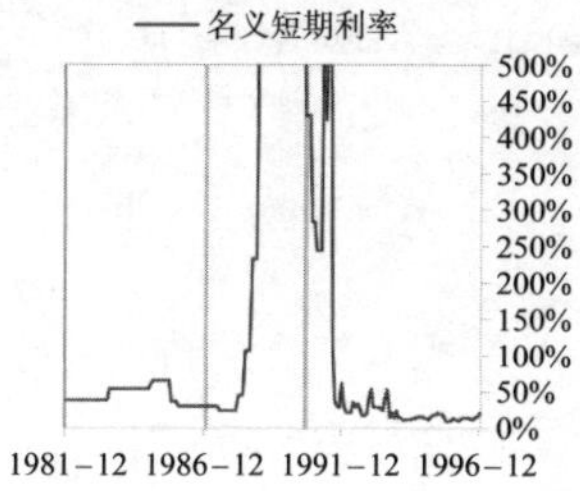

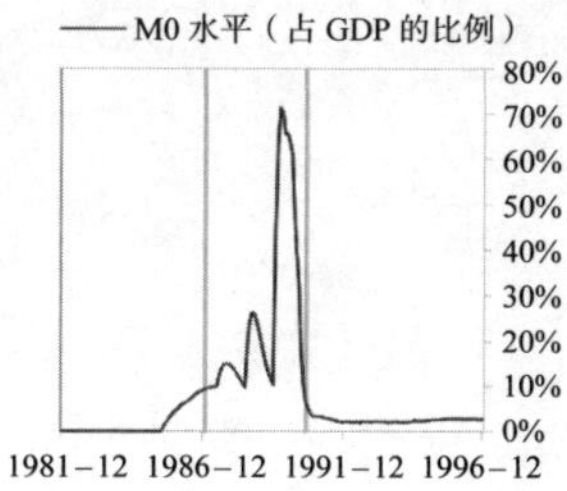

经济状况

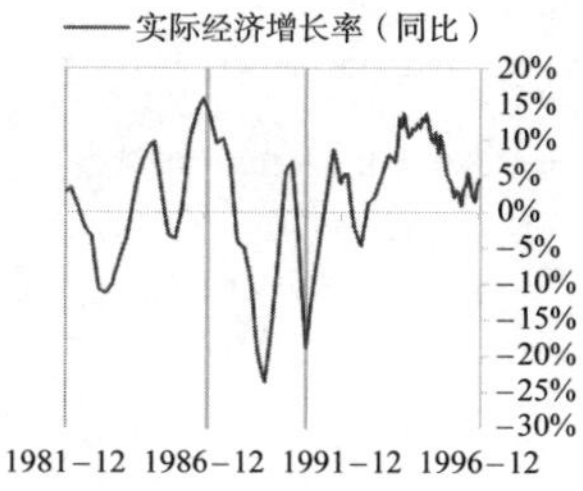

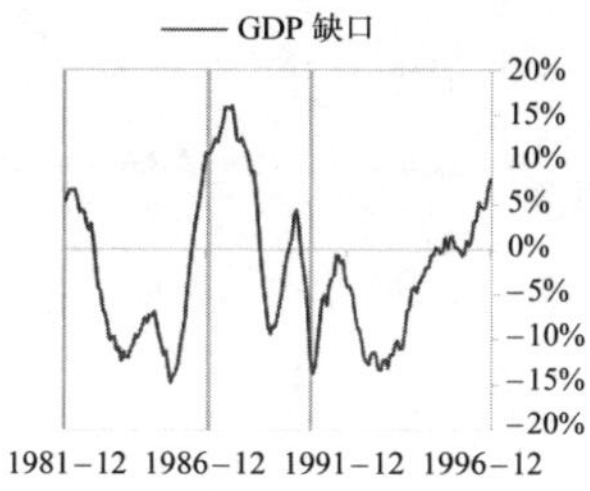

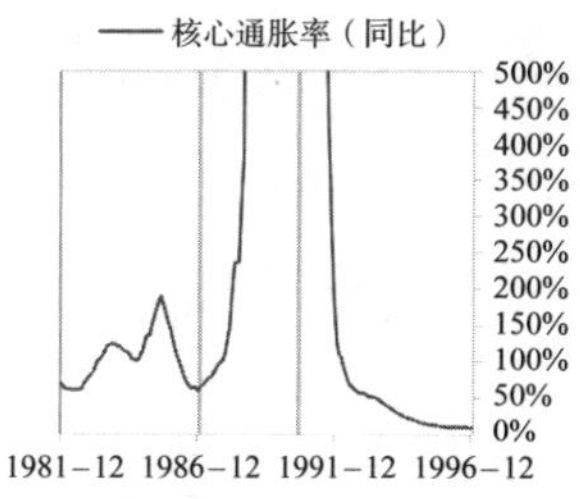

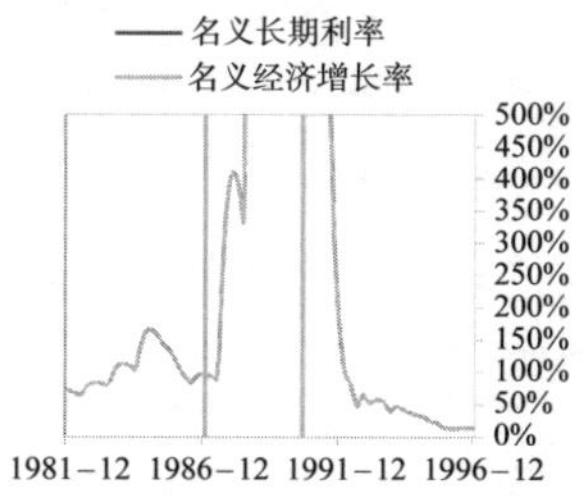

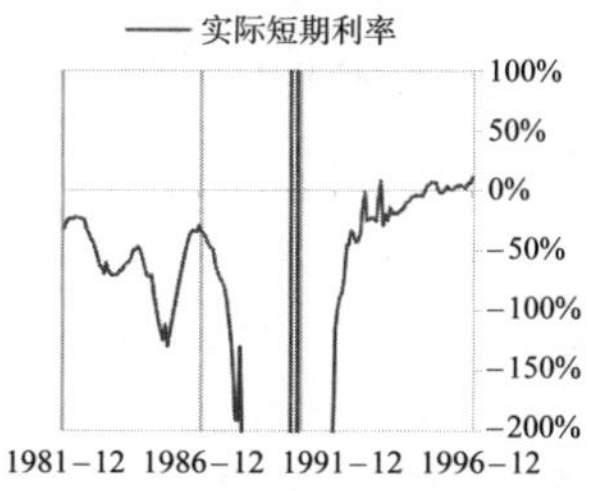

市场状况

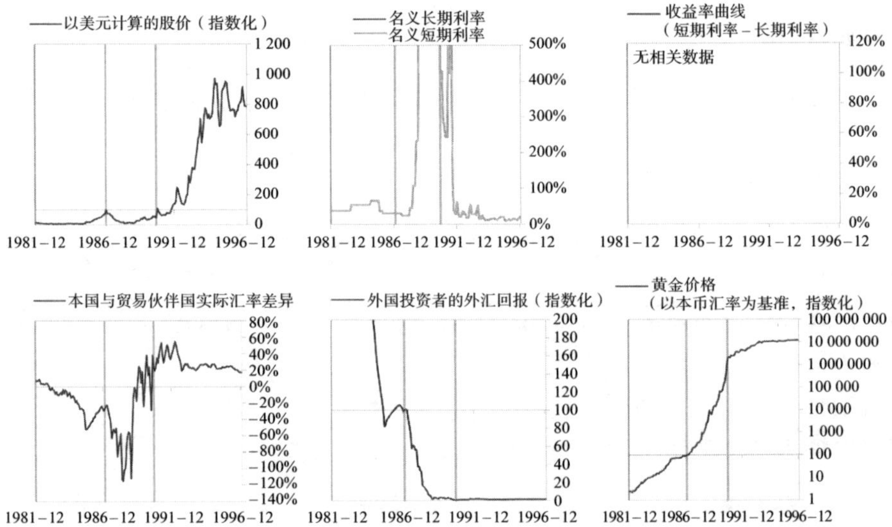
以美元计算的股价（指数化）
名义长期利率
名义短期利率
收益率曲线
（短期利率－长期利率）
无相关数据
本国与贸易伙伴国实际汇率差异
外国投资者的外汇回报（指数化）
黄金价格
（以本币汇率为基准，指数化）

国际收支状况

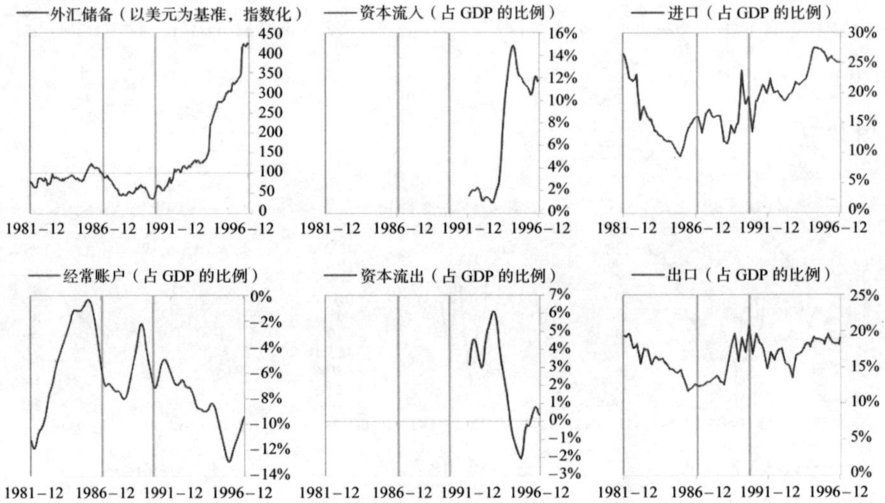
外汇储备（以美元为基准，指数化）
资本流入（占 GDP 的比例）
进口（占 GDP 的比例）
经常账户（占 GDP 的比例）
资本流出（占 GDP 的比例）
出口（占 GDP 的比例）

阿根廷 1987—1993 年案例文本自动摘要

如右图所示，1987—1993 年，阿根廷经历了典型的恶性通胀性去杠杆化周期。

泡沫与萧条指数

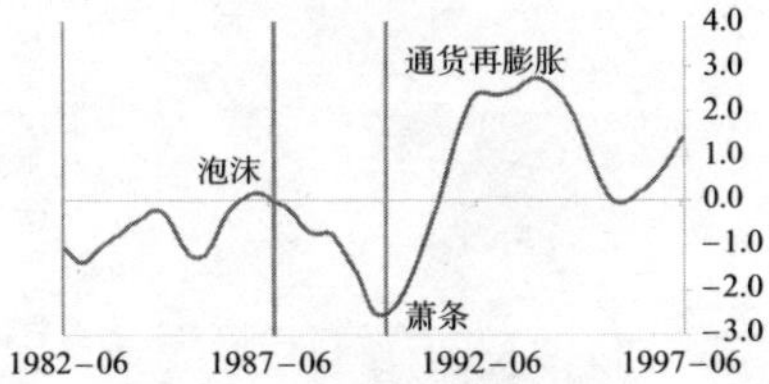

紧缩与宽松指数

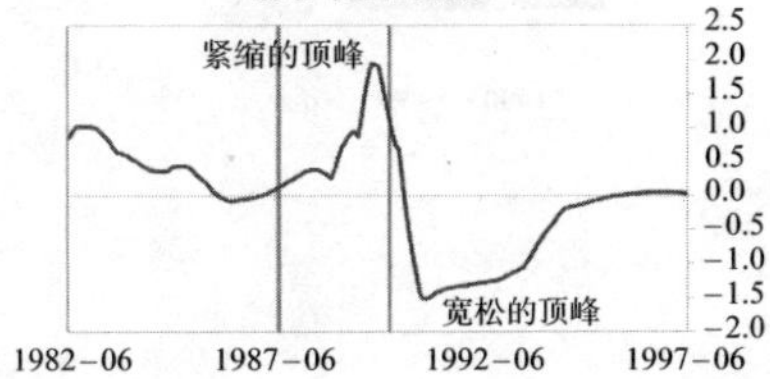

核心通胀率（同比）

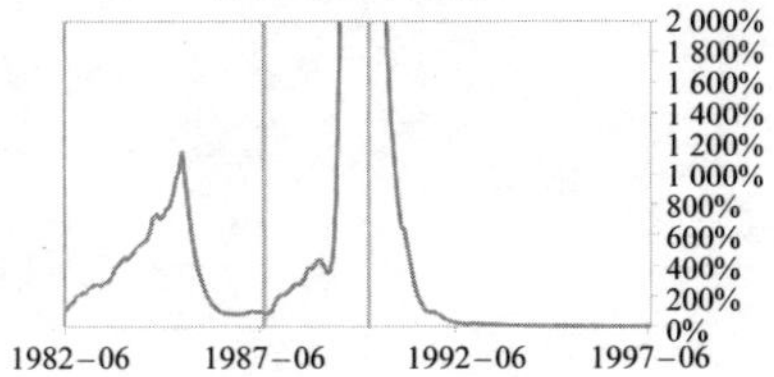

去杠杆化归因：萧条阶段

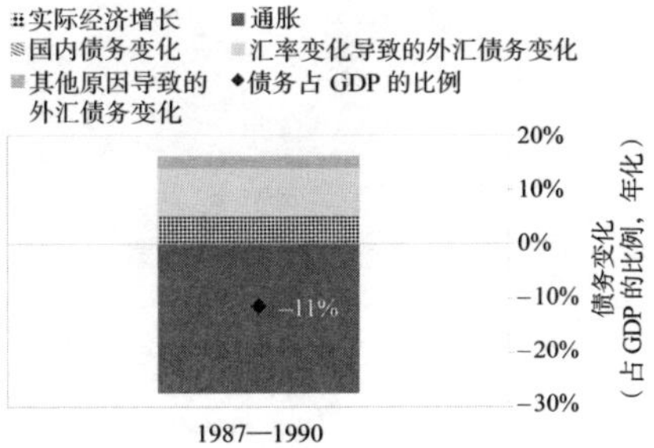

泡沫阶段

与许多其他案例不同，在危机爆发前的几年里，阿根廷没有普遍出现泡沫，但与阿根廷联系密切的其他国家、经济体和金融市场出现了泡沫式发展。而且，阿根廷确实积累了大量债务，在杠杆化期间，债务总额达到危机前的峰值，占 GDP 的 70%，升幅为 GDP 的 15%。在本案例中，很大一部分债务以外币计价（占 GDP 的 39%），这使阿根廷很容易受到外资撤出的影响。最终，这些高额债务与阿根廷经济的结构性弱点共同促成了不可持续的发展局势。

萧条阶段

最终，形势出现逆转，导致了自我强化的经济萧条和国际收支危机 / 货币危机，持续时间为 1987—1990 年。高债务水平使阿根廷容易受到冲击伤害，而此时其面临的冲击是，大宗商品价格下跌冲击出口。阿根廷的外资流入减少（资本流入降幅为 GDP 的 4%），导致货币政策收紧（短期利率上调逾 250%），货币大幅贬值（实际汇率下跌 60%）。同时，阿根廷的 GDP 和股价均陷入自我强化式下跌，跌幅分别为 16% 和 33%，失业率上升 3%。由于货币疲软，阿根廷的通胀率高企且不断上升。阿根廷的金融机构也面临巨大压力。央行动用了外汇储备来稳定货币（外汇储备减少了 26%），但最终决策者放弃捍卫货币。如右边的去杠杆化归因图所示，尽管陷入了痛苦的去杠杆化，但阿根廷的债务占 GDP 的比例降低了 30%（年化降幅为 11%）。债务与收入比率降低的主要原因是，通胀率提升推动收入不断增加。

去杠杆化归因：通货再膨胀阶段

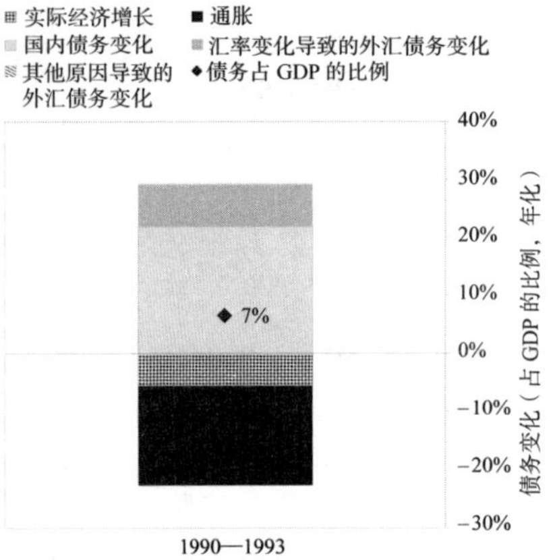

通货再膨胀阶段

国际收支危机 / 货币危机的演变主要取决于决策者如何处理不良资本流动：是允许金融环境收紧（这往往是解决危机必要的措施，但会带来痛苦），还是通过印钞弥补资金外流（这可能导致通胀）。在本案例中，由于紧缩措施未能带来必要的调整，阿根廷陷入汇率下跌和恶性通胀的旋涡，实际汇率跌至 –135% 的低点，通胀率最高时超过 10 000%。这合乎情理，因为当时阿根廷存在大约一半导致通胀率螺旋式上升的典型“风险因素”（其中最大的风险因素是阿根廷长期忽视对通胀的管控）。阿根廷比较积极地管控金融机构和处理坏账，使用了 9 个典型政策工具中的 3 个。阿根廷还受益于一项 IMF 援助计划，并实施了结构性改革，旨在增强劳动力市场的灵活性。但与典型情况一样，要想阻止通胀率螺旋式上升，阿根廷最终需要加大结构性改革力度。阿根廷放弃极度贬值的奥斯特拉尔，采用目前的阿根廷比索（最初钉住美元）。其实际 GDP 用了 4 年时间才回到之前的峰值，以美元计算的股价在 2 年里恢复。

这场危机对阿根廷政局造成显著影响，为卡洛斯·梅内姆上台搭建了舞台，而许多人认为梅内姆是一名民粹主义领导人。

阿根廷 1987—1993 年分类图示附录

负债状况

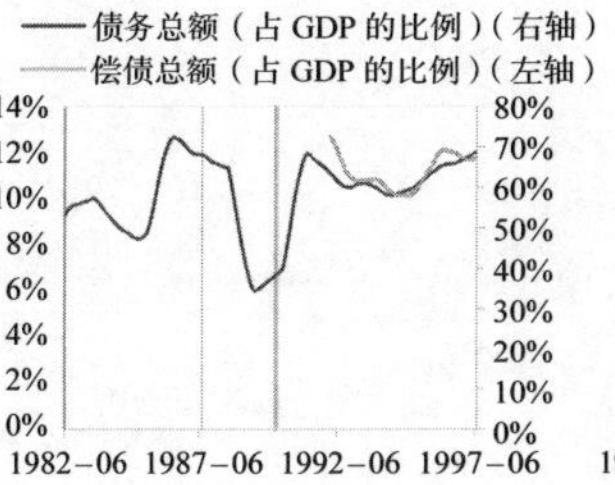

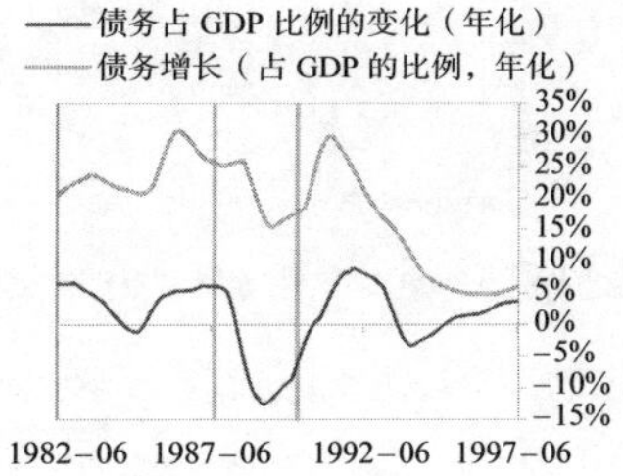

货币政策与财政政策

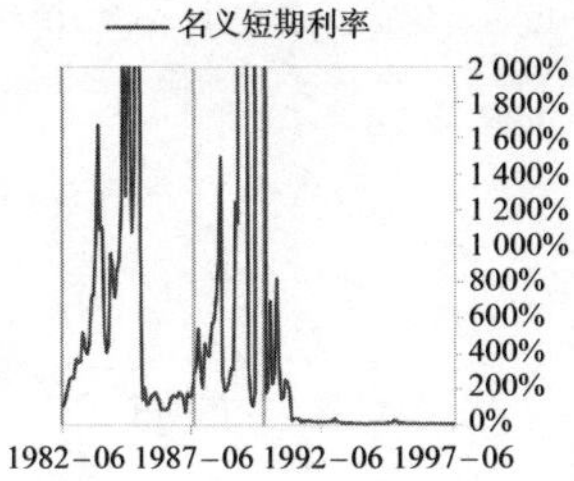

经济状况

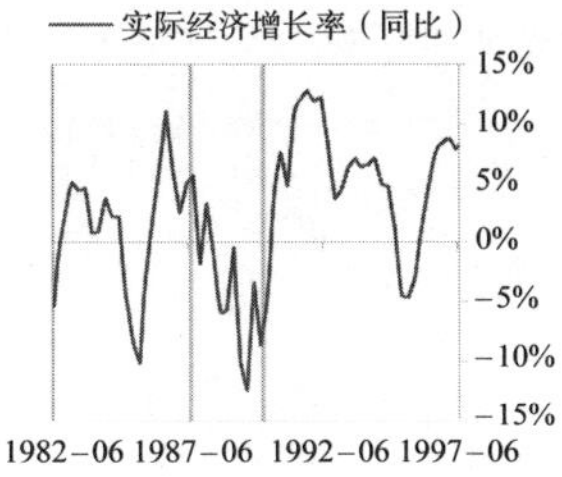

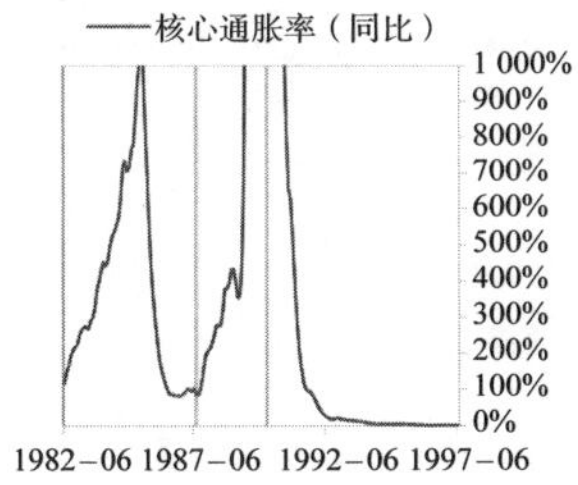

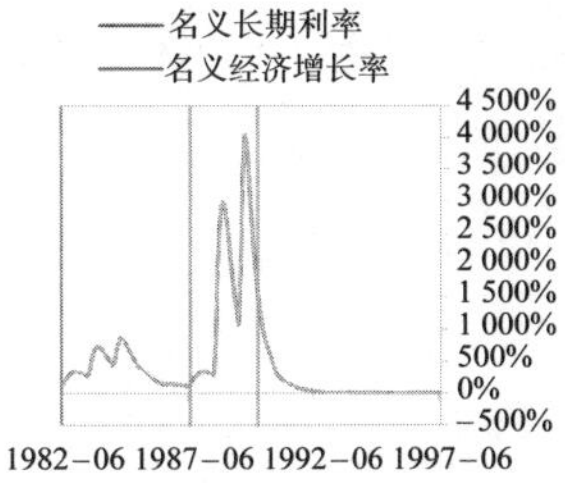

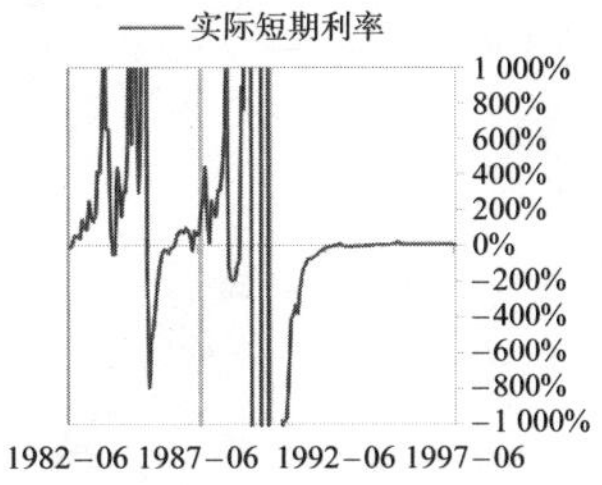

市场状况

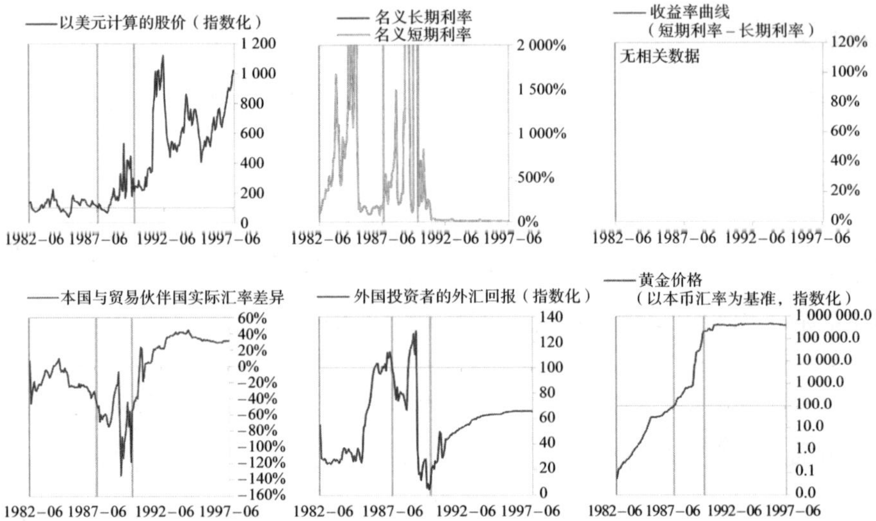
以美元计算的股价（指数化）
名义长期利率
名义短期利率
收益率曲线
（短期利率－长期利率）
无相关数据
本国与贸易伙伴国实际汇率差异
外国投资者的外汇回报（指数化）
黄金价格
（以本币汇率为基准，指数化）
1982–06 1987–06 1992–06 1997–06

国际收支状况

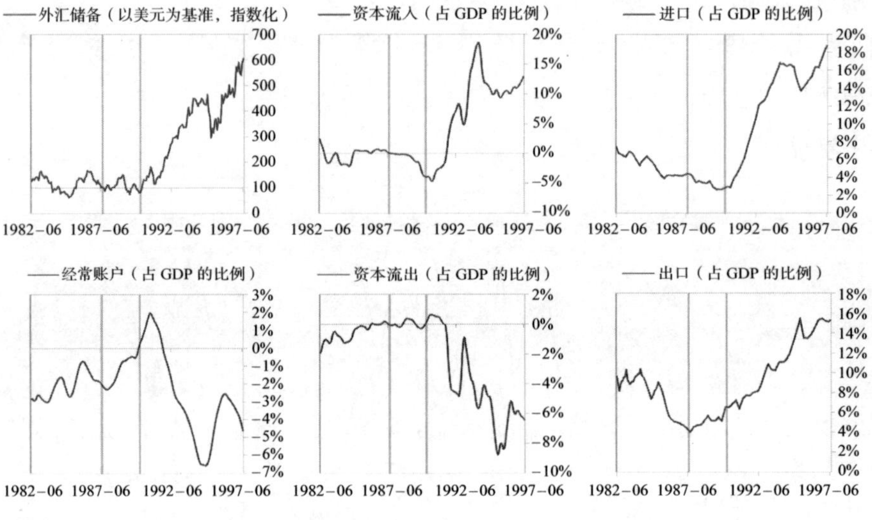
外汇储备（以美元为基准，指数化）
资本流入（占 GDP 的比例）
进口（占 GDP 的比例）
经常账户（占 GDP 的比例）
资本流出（占 GDP 的比例）
出口（占 GDP 的比例）
1982–06 1987–06 1992–06 1997–06

巴西 1987—1995 年案例文本自动摘要

如右图所示，1987—1995 年，巴西经历了典型的恶性通胀性去杠杆化周期。

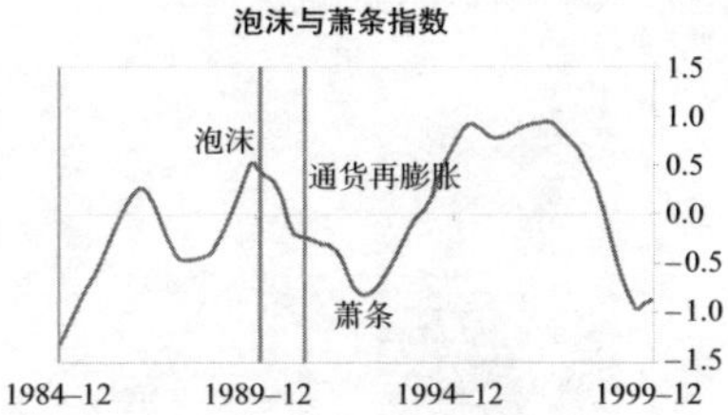

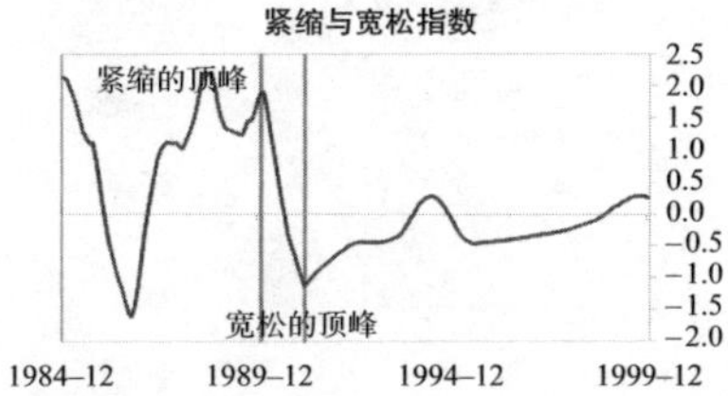

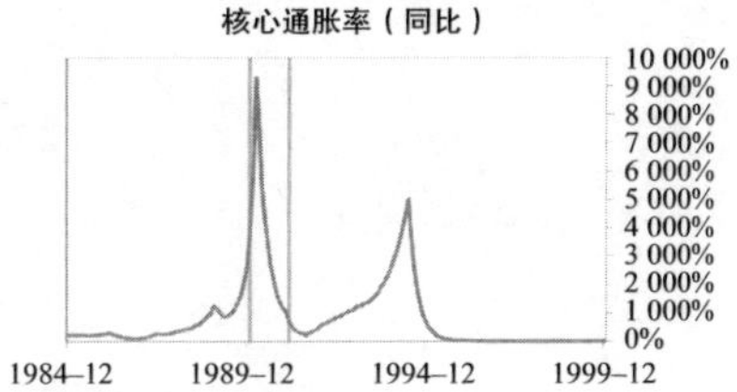

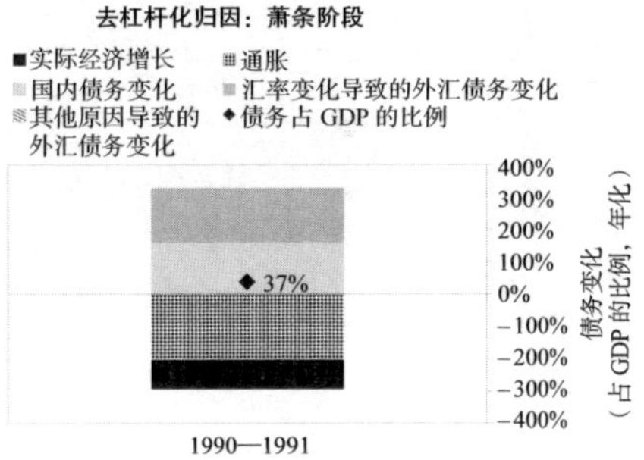

泡沫阶段

1987—1990年，巴西处于泡沫阶段，债务不断增加，股市回报丰厚，经济增长强劲，这些因素促成一个自我强化的泡沫周期。在这一阶段，巴西的债务达到危机前的顶峰，占 GDP 的 177%，升幅为 GDP 的 69%。在本案例中，很大一部分债务以外币计价（占 GDP 的 26%），这使巴西很容易受到外资撤出的影响。在泡沫阶段，巴西的投资流入较少，平均约占 GDP 的 –3%。在债务不断增加的支撑下，巴西经济增长强劲（增速达到 3%），经济活力处于高位（GDP 缺口达到 7% 的峰值）。此外，股票在泡沫阶段的平均年化回报率为 16%，高资产回报率鼓励更多借债，刺激经济增长。因为巴西的实际汇率达到了 35% 的峰值，其竞争力变成一个问题。巴西面临这些泡沫压力，相关国家经济状况恶化，这些因素共同促成不可持续的发展局势。

萧条阶段

最终，形势出现逆转，导致了自我强化的经济萧条和国际收支危机 / 货币危机，持续时间为 1990—1991 年。高债务水平使巴西容易受到冲击伤害，而此时其面临的冲击是价格管控失灵和通胀影响。巴西的 GDP 和股价均陷入自我强化式下跌，跌幅分别为 7% 和 70%，失业率上升 4%。同时，由于货币疲软，巴西的通胀率高企。巴西的金融机构也面临巨大压力。央行动用了外汇储备来维持货币稳定（外汇储备减少了 28%），但最终决策者放弃捍卫货币，货币贬值 19%。如右边的去杠杆化归因图所示，尽管巴西需要去杠杆化，但其债务占 GDP 的比例增加了 40%（年化增幅为 37%），原因是货币贬值（这导致以外币计价的偿债负担加重），以及政府需要举借新债

去杠杆化归因：通货再膨胀阶段

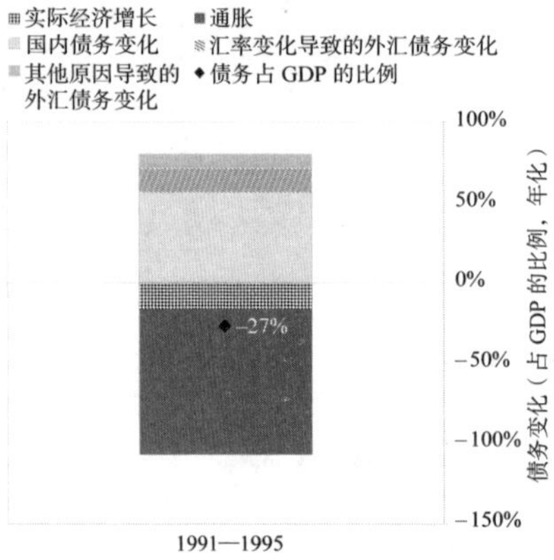

应对危机（财政赤字占 GDP 的比例达到 19% 的峰值）。

通货再膨胀阶段

国际收支危机 / 货币危机的演变主要取决于决策者如何应对不良资本流动：是允许金融环境收紧（这往往是解决危机必要的措施，但会带来痛苦），还是通过印钞弥补资金外流（这可能导致通胀）。在本案例中，由于紧缩措施未能带来必要的调整，巴西陷入汇率下跌和恶性通胀的旋涡，实际汇率跌至 –16% 的低点，通胀率最高时超过 5 000%。这合乎情理，因为当时巴西存在大多数导致通胀率螺旋式上升的典型“风险因素”（其中最大的风险因素是巴西长期忽视对通胀的管控）。巴西没有积极地管控金融机构和处理坏账，使用了 9 个典型政策工具中的 2 个。巴西还受益于一项 IMF 援助计划，并实施了结构性改革，旨在增强劳动力市场的灵活性。但与典型情况一样，要想阻止通胀率螺旋式上升，巴西最终需要加大结构性改革力度。巴西放弃极度贬值的克鲁扎多，先是采用克鲁塞罗，之后在 1994 年采用现代的雷亚尔。其实际 GDP 用了 1.4 年时间达到之前的峰值，以美元计算的股价在 3 年里恢复。

巴西 1987—1995 年分类图示附录

负债状况

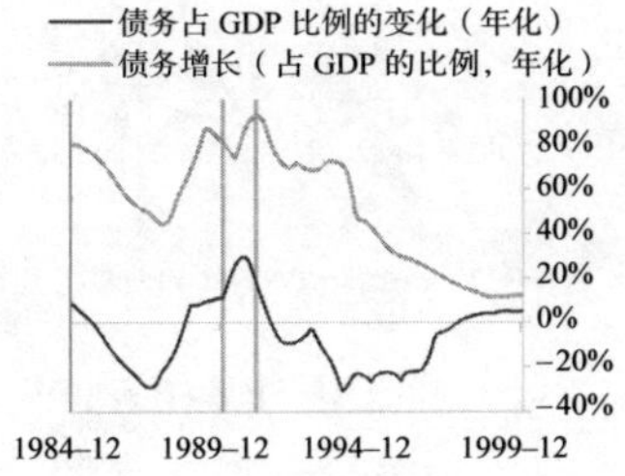

货币政策与财政政策

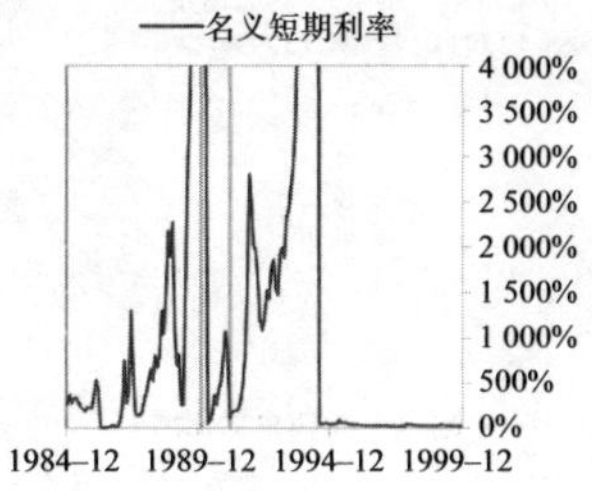

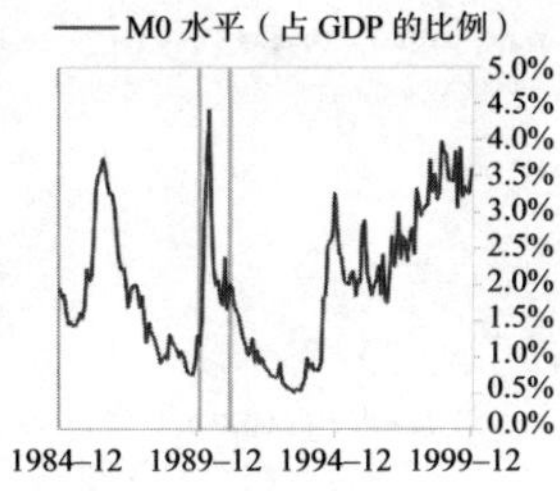

经济状况

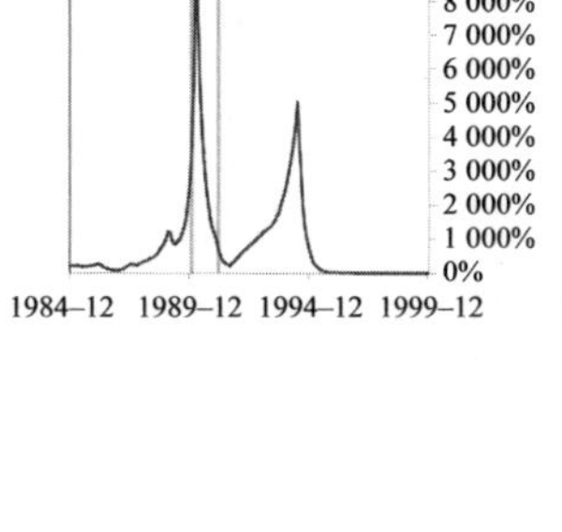

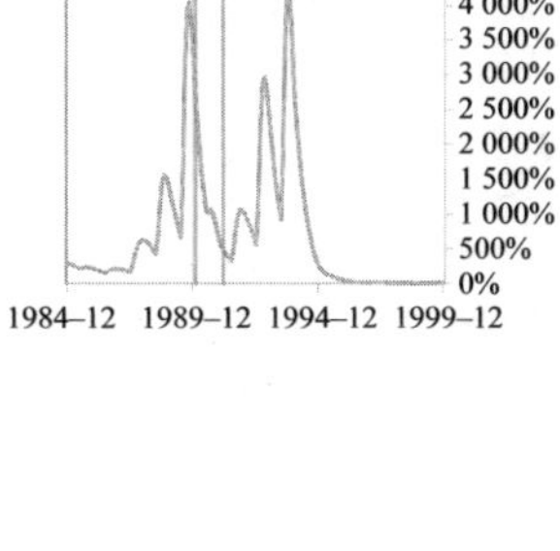

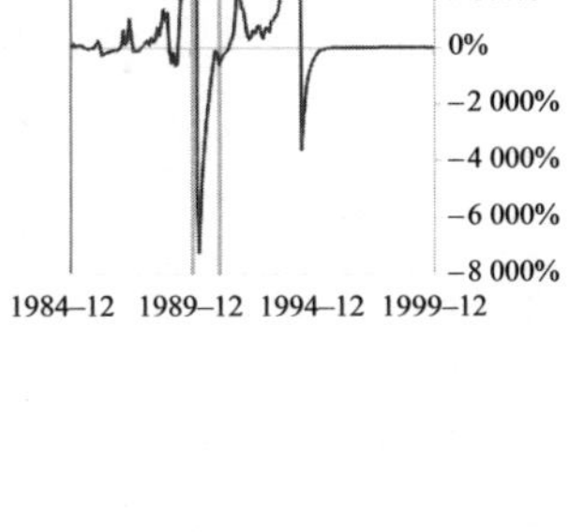

市场状况

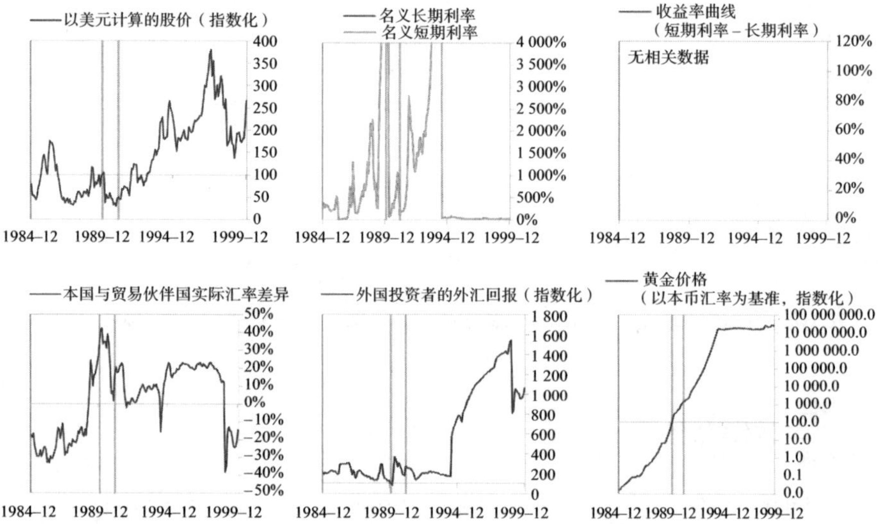
以美元计算的股价（指数化）
名义长期利率
名义短期利率
收益率曲线
（短期利率－长期利率）
无相关数据
本国与贸易伙伴国实际汇率差异
外国投资者的外汇回报（指数化）
黄金价格
（以本币汇率为基准，指数化）

国际收支状况

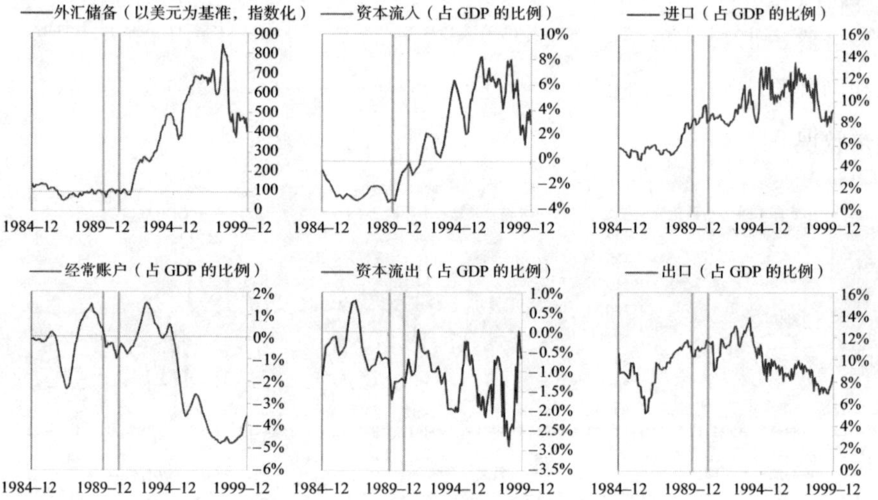
外汇储备（以美元为基准，指数化）
资本流入（占 GDP 的比例）
进口（占 GDP 的比例）
经常账户（占 GDP 的比例）
资本流出（占 GDP 的比例）
出口（占 GDP 的比例）

土耳其 1990—1995 年案例文本自动摘要

如右图所示，1990—1995 年，土耳其经历了典型的恶性通胀性去杠杆化周期。

泡沫与萧条指数

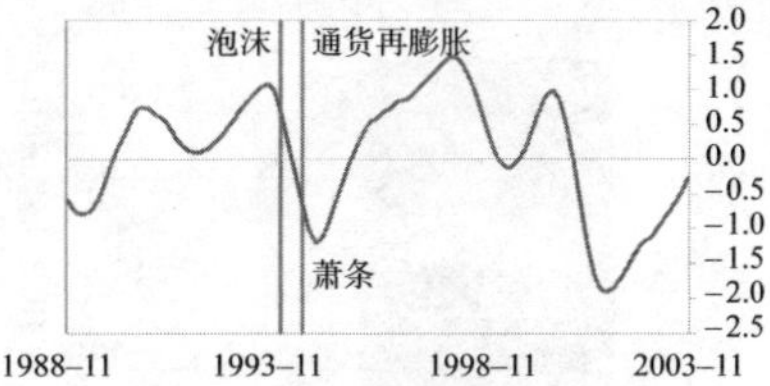

泡沫阶段

与许多其他案例不同，在危机爆发前的几年里，土耳其没有普遍出现泡沫，但在危机前，土耳其确实积累了大量债务，债务总额升至 GDP 的 41%。在本案例中，很大一部分债务以外币计价（占 GDP 的 26%），这使土耳其很容易受到外资撤出的影响。此外，土耳其变得依赖持续流入的外资，在危机爆发前的几年里，投资流入平均为 GDP 的 2%。最终，土耳其肩负这些高额债务，而且依赖外资流入，这些因素共同促成了不可持续的发展局势。

紧缩与宽松指数

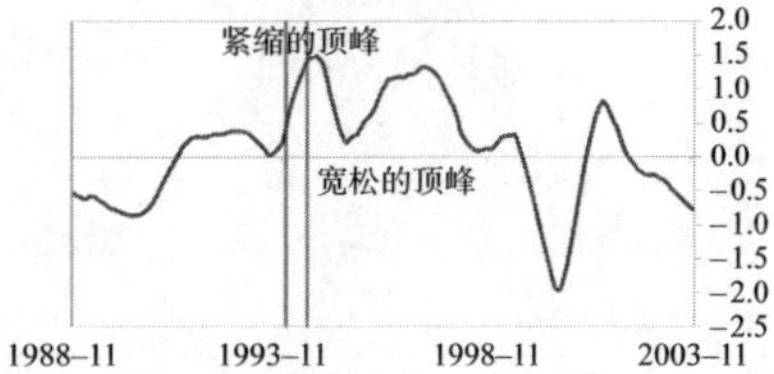

核心通胀率（同比）

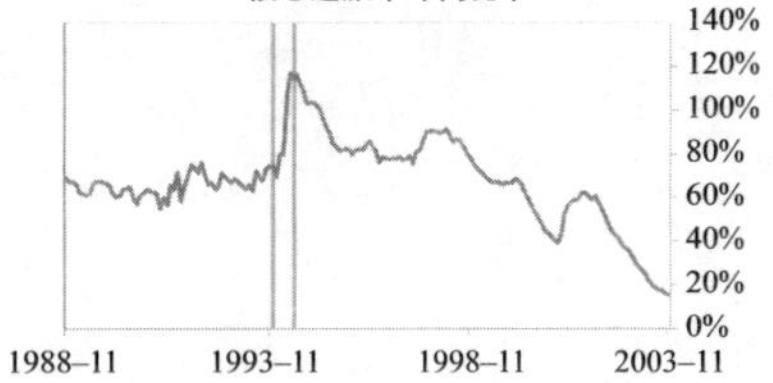

萧条阶段

最终，形势出现逆转，导致了自我强化的经济萧条和国际收支危机 / 货币危机，持续时间为 1993—1994 年。高债务水平使土耳其很容易受到冲击伤害，而此时其面临的冲击是，政府采取措施削弱央行的独立性。土耳其的外资流入减少（资本流入降幅为 GDP 的 8%），导致货币政策收紧（短期利率上调 203%），货币大幅贬值（实际汇率下跌 26%）。同时，土耳其的 GDP 和股价均陷入自我强化式下跌，跌幅分别为 12% 和 70%。此外，由于货币疲软，土耳其的通胀率高企且不断上升，在萧条阶段最高达到 117%，这与其他类似案例相比是很高的水平，尽管当时土耳其只存在 1/4 导致通胀率螺旋式上升的典型“风险因素”（其中最大的风险因素是土耳其长期忽视对通胀的管控）。土耳其的金融机构也面临巨大压力。央行动用了外汇储备来维持货币稳定（外汇储备减少了 99%），但最终决策者放弃捍卫货币。如右边的去杠杆化归因图所示，尽管土耳其需要去杠杆化，但部分由于货币贬值（这导致以外币计价的偿债

去杠杆化归因：萧条阶段

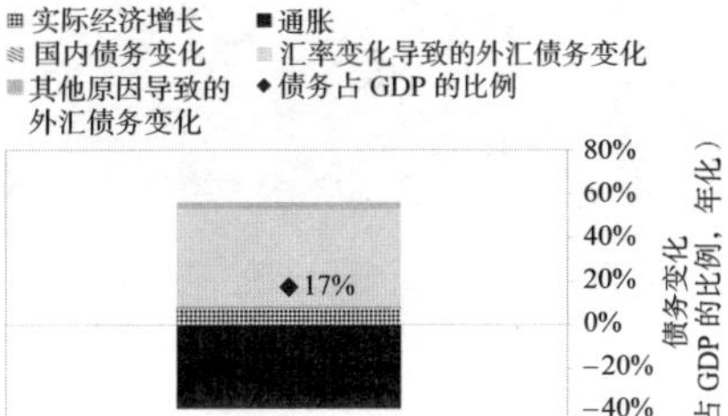

去杠杆化归因：通货再膨胀阶段

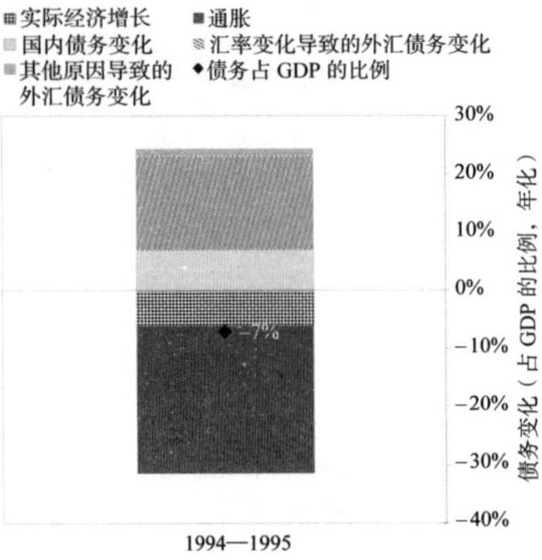

负担加重），债务占 GDP 的比例增加了 9%（年化增幅为 17%）。

通货再膨胀阶段

国际收支危机 / 货币危机的演变主要取决于决策者如何处理不良资本流动：是允许金融环境收紧（这往往是解决危机的必要措施，但会带来痛苦），还是通过印钞弥补资金外流（这可能导致通胀）。在本案例中，痛苦的去杠杆化阶段的持续时间相对较短。之后，决策者实施了充足的紧缩政策，减少进口支出（经常账户余额增幅为 GDP 的 5%），提高本国货币的吸引力。土耳其比较积极地管控金融机构和处理坏账，使用了 9 个典型政策工具中的 3 个。土耳其还受益于一项 IMF 援助计划。如左边的去杠杆化归因图所示，在这段调整时期，土耳其的债务占 GDP 的比例降低了 11%（年化降幅为 7%）。债务与收入比率下降的主要原因是名义收入增加。同时，由于本国货币大幅贬值（在这段和谐的去杠杆化时期，实际汇率跌至 –21% 的低点），土耳其重新获得竞争力。其实际 GDP 用了 1.6 年时间达到之前的峰值，以美元计算的股价在 4 年里恢复。

土耳其 1990—1995 年分类图示附录

负债状况

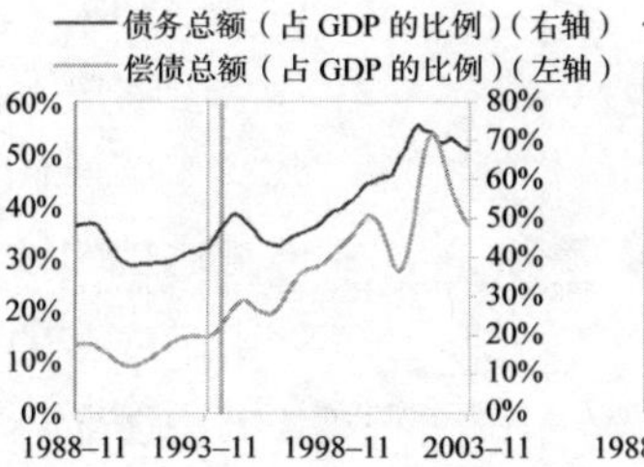

货币政策与财政政策

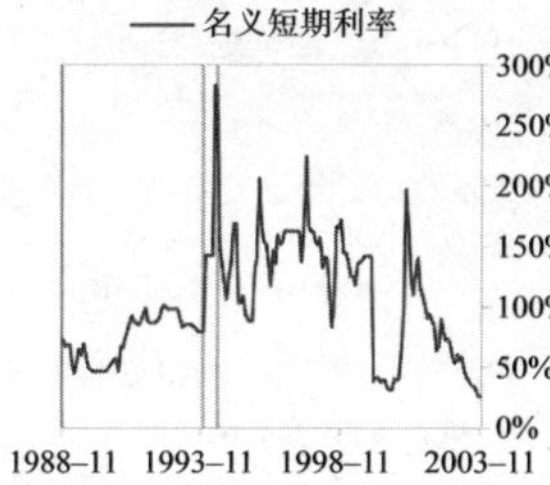

经济状况

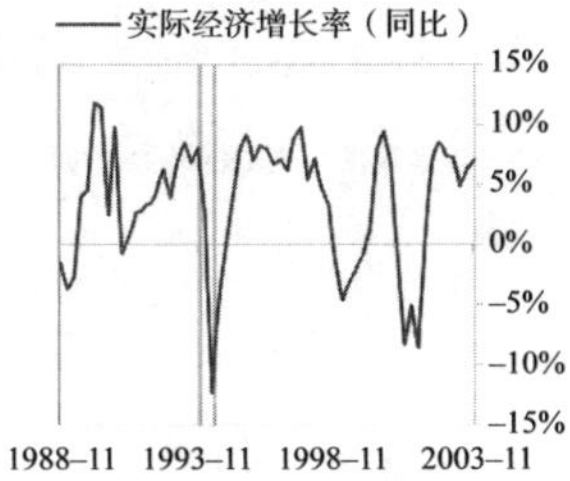

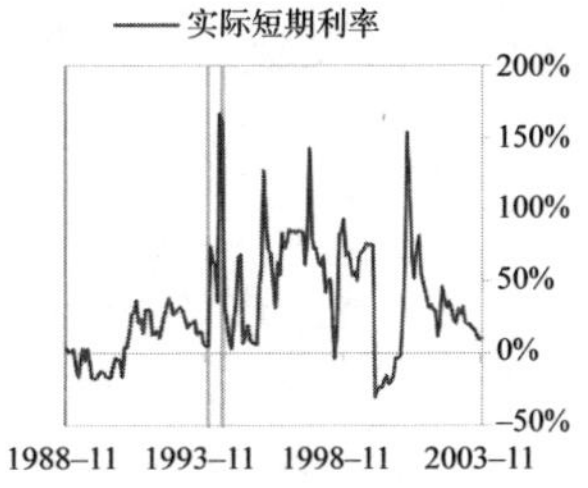

市场状况

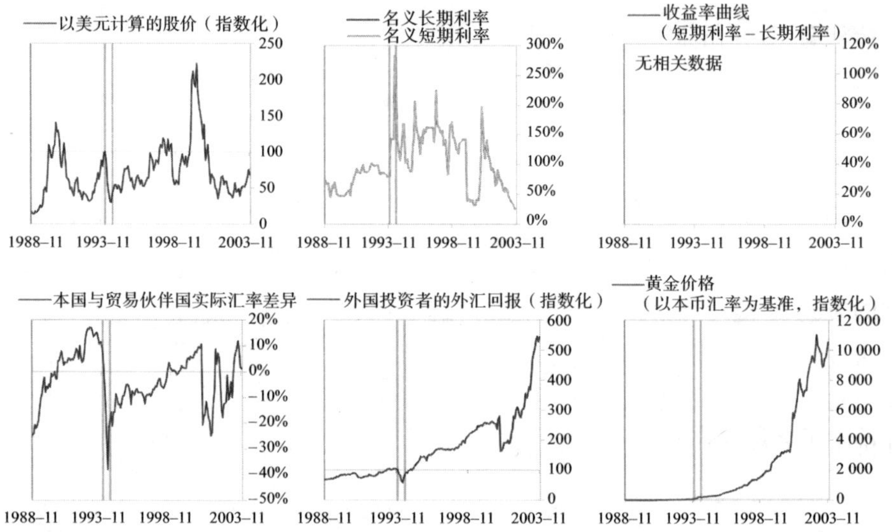
以美元计算的股价（指数化）
名义长期利率
名义短期利率
收益率曲线
（短期利率 – 长期利率）
无相关数据
本国与贸易伙伴国实际汇率差异
外国投资者的外汇回报（指数化）
黄金价格
（以本币汇率为基准，指数化）
1988–11
1993–11
1998–11
2003–11

国际收支状况

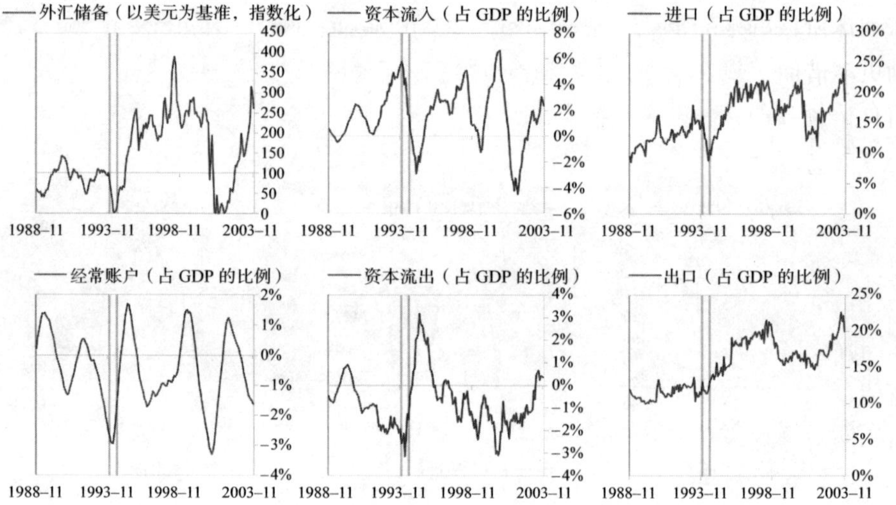
外汇储备（以美元为基准，指数化）
资本流入（占 GDP 的比例）
进口（占 GDP 的比例）
经常账户（占 GDP 的比例）
资本流出（占 GDP 的比例）
出口（占 GDP 的比例）
1988–11
1993–11
1998–11
2003–11

墨西哥 1991—2005 年案例文本自动摘要

如右图所示，1991—2005 年，墨西哥经历了典型的通胀性去杠杆化周期。

泡沫与萧条指数

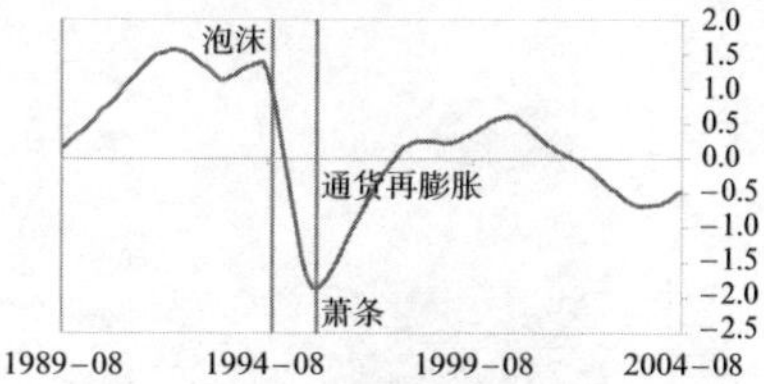

紧缩与宽松指数

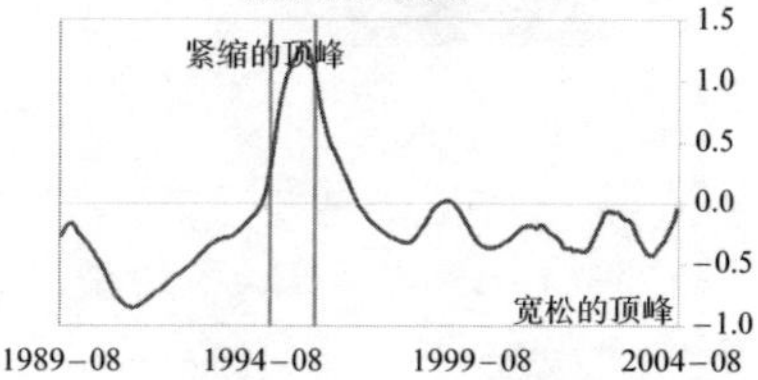

核心通胀率（同比）

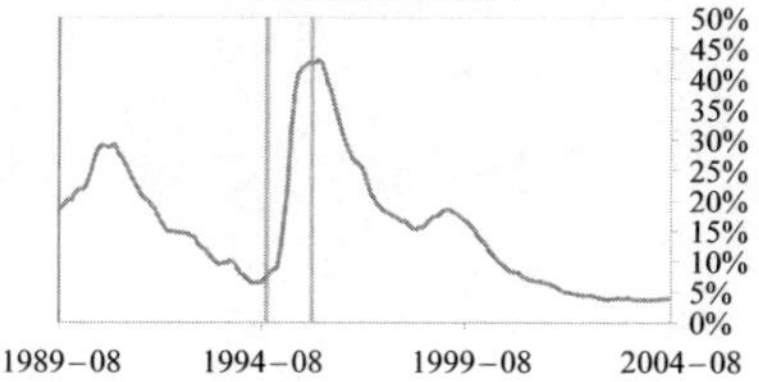

去杠杆化归因：萧条阶段

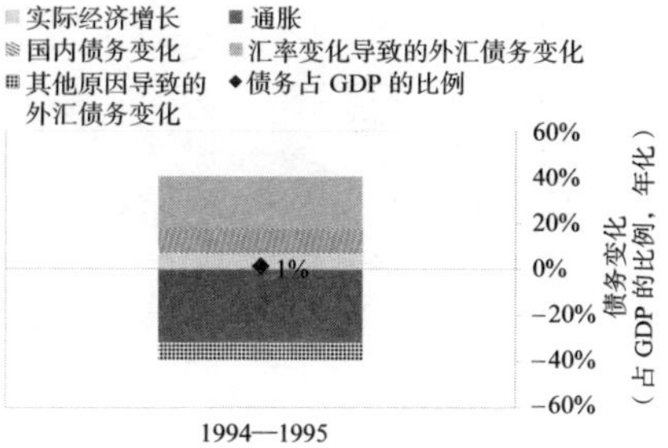

泡沫阶段

1991—1994 年，墨西哥处于泡沫阶段。大量资本流入，债务不断增加，股市回报丰厚，这些因素以不可持续的方式促成一个自我强化的泡沫周期。在这一阶段，墨西哥的债务达到危机前的顶峰，升至 GDP 的 85%，升幅为 GDP 的 10%。在本案例中，很大一部分债务以外币计价（占 GDP 的 25%），这使墨西哥很容易受到外资撤出的影响。在泡沫阶段，墨西哥的投资流入强劲，平均约占 GDP 的 8%，这有助于其填补经常账户缺口（此时的经常账户赤字占 GDP 的 7%）。在债务和资金不断增加的支撑下，墨西哥经济增长强劲（增速达到 4%），经济活力处于高位（GDP 缺口达到 3% 的峰值）。此外，股票在泡沫阶段的平均年化回报率为 25%，高资产回报率鼓励更多借债，刺激经济增长。墨西哥面临这些泡沫压力，而且依赖外国资金流入，这些因素共同促成了不可持续的发展局势。

萧条阶段

最终，形势出现逆转，导致了自我强化的经济萧条和国际收支危机 / 货币危机，持续时间为 1994—1995 年。高债务水平使墨西哥很容易受到冲击伤害，而此时其面临的冲击是政治暴力事件的爆发。墨西哥的 GDP 和股价均陷入自我强化式下跌，跌幅分别为 10% 和 66%，失业率上升 3%。同时，由于货币疲软，墨西哥的通胀率高企且不断上升，在萧条阶段最高达到 43%，这与其他类似案例相比是正常水平。这合乎情理，因为当时墨西哥存在大约一半导致通胀率螺旋式上升的典型“风险因素”（其中最大的风险因素是墨西哥长期忽视对通胀的管控）。墨西哥的金融机构也面临巨大压力。央行动用了外汇储

去杠杆化归因：通货再膨胀阶段

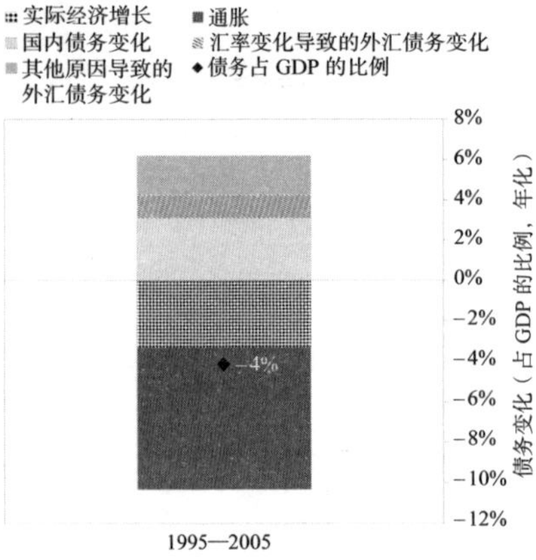

备来维持货币稳定（外汇储备减少了 100%），但最终决策者放弃捍卫货币保卫，货币贬值 37%。如上页中的去杠杆化归因图所示，尽管墨西哥需要去杠杆化，但其债务占 GDP 的比例在此期间基本保持平稳。

通货再膨胀阶段

国际收支危机 / 货币危机的演变主要取决于决策者如何处理不良资本流动：是允许金融环境收紧（这往往是解决危机的必要措施），还是通过印钞弥补资金外流（这可能导致通胀）。在本案例中，墨西哥放弃了钉住汇率制度，痛苦的去杠杆化阶段的持续时间相对较短。之后，决策者实施了充足的紧缩政策，减少进口支出（经常账户余额增幅为 GDP 的 7%），提高本国货币的吸引力。墨西哥非常积极地管控金融机构和处理坏账，使用了 9 个典型政策工具中的 6 个。特别是，墨西哥将银行国有化，提供流动性，直接购买不良资产。墨西哥还受益于一项 IMF 援助计划，并实施了结构性改革，旨在增强劳动力市场的灵活性。如左边的去杠杆化归因图所示，在这段调整时期，墨西哥的债务占 GDP 的比例下降了 41%（年化降幅为 4%）。债务与收入比率下降的主要原因是名义收入增加。同时，由于本国货币大幅贬值（在这段和谐的去杠杆化时期，实际汇率跌至 −26% 的低点），墨西哥重新获得竞争力。其实际 GDP 用了 2 年时间达到之前的峰值，以美元计算的股价在 10 年里恢复。

墨西哥 1991—2005 年分类图示附录

负债状况

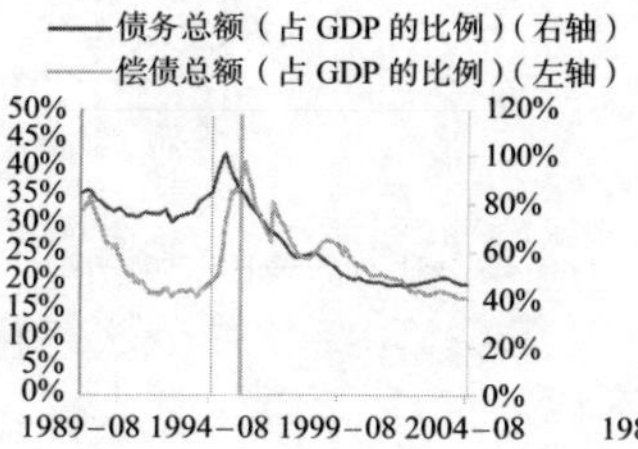

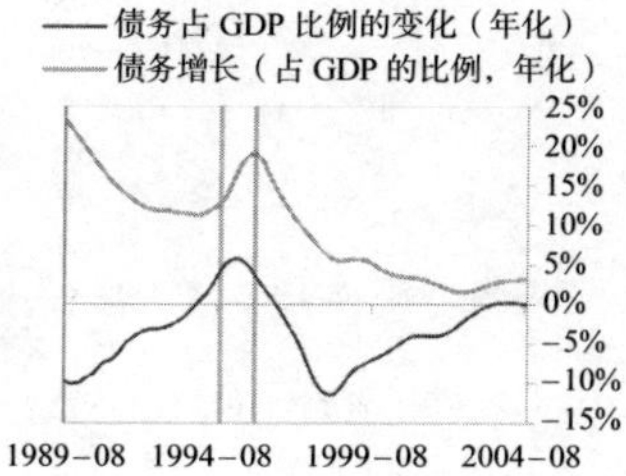

货币政策与财政政策

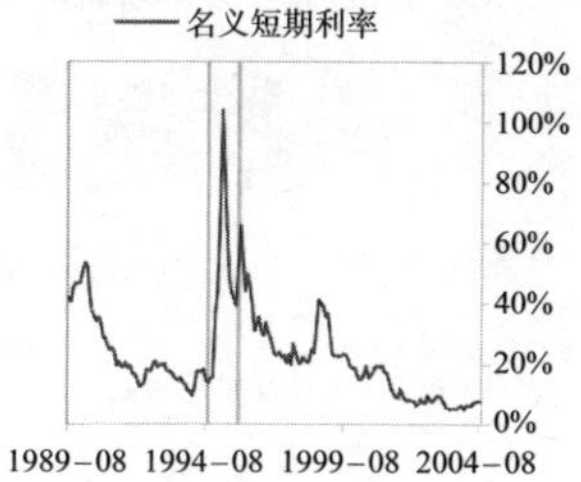

经济状况

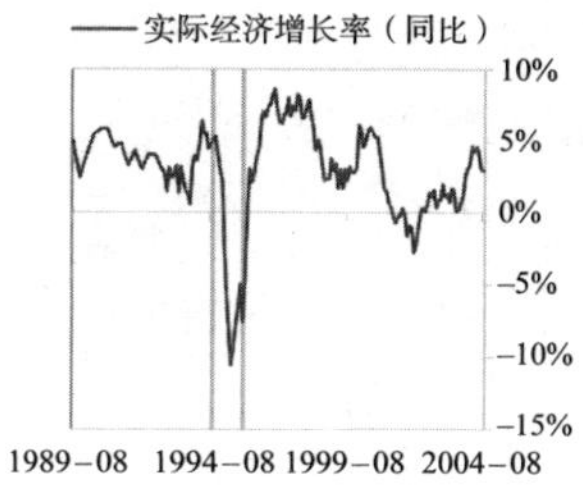

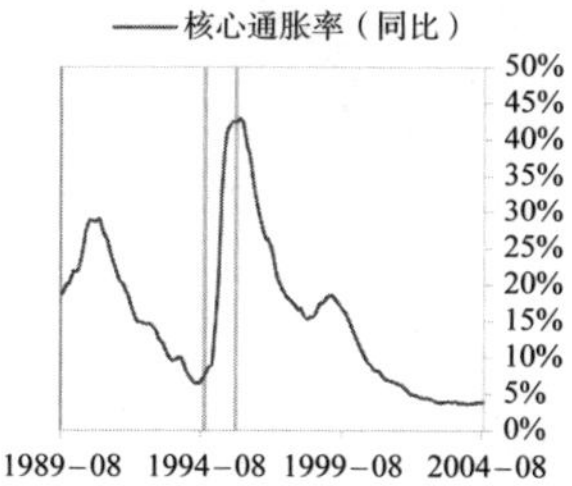

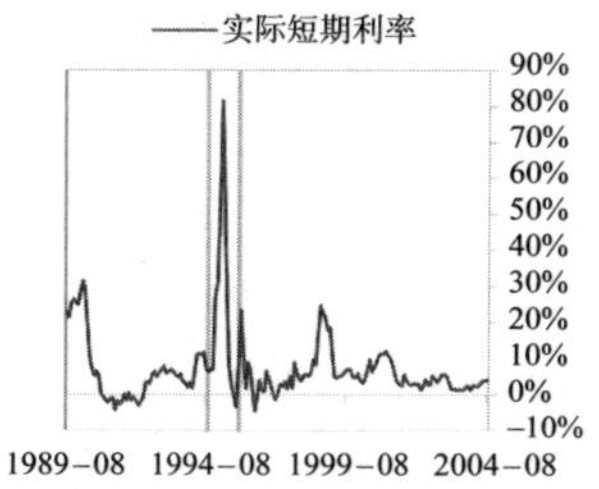

市场状况

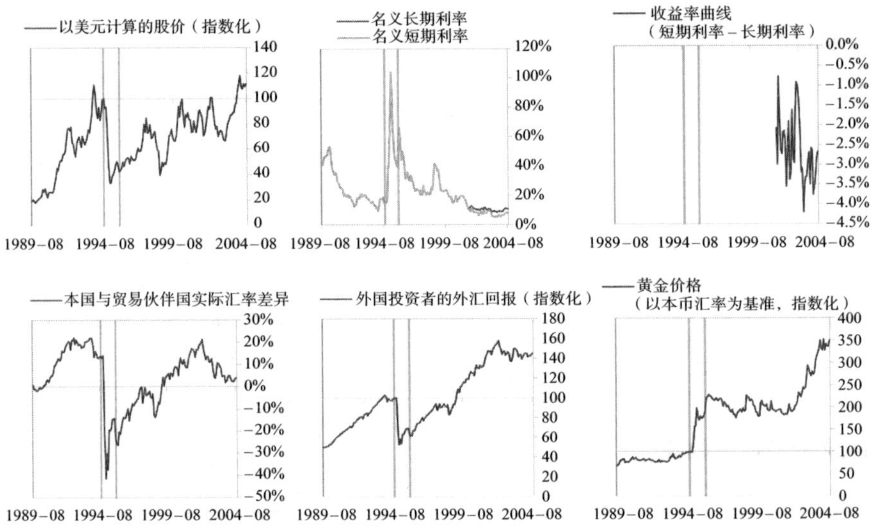

以美元计算的股价（指数化）
140
120
100
80
60
40
20
0
名义长期利率
名义短期利率
120%
100%
80%
60%
40%
20%
0%
收益率曲线
（短期利率－长期利率）
0.0%
−0.5%
−1.0%
−1.5%
−2.0%
−2.5%
−3.0%
−3.5%
−4.0%
−4.5%
1989−08 1994−08 1999−08 2004−08
本国与贸易伙伴国实际汇率差异
30%
20%
10%
0%
−10%
−20%
−30%
−40%
−50%
外国投资者的外汇回报（指数化）
180
160
140
120
100
80
60
40
20
0
黄金价格
（以本币汇率为基准，指数化）
400
350
300
250
200
150
100
50
0
1989−08 1994−08 1999−08 2004−08

国际收支状况

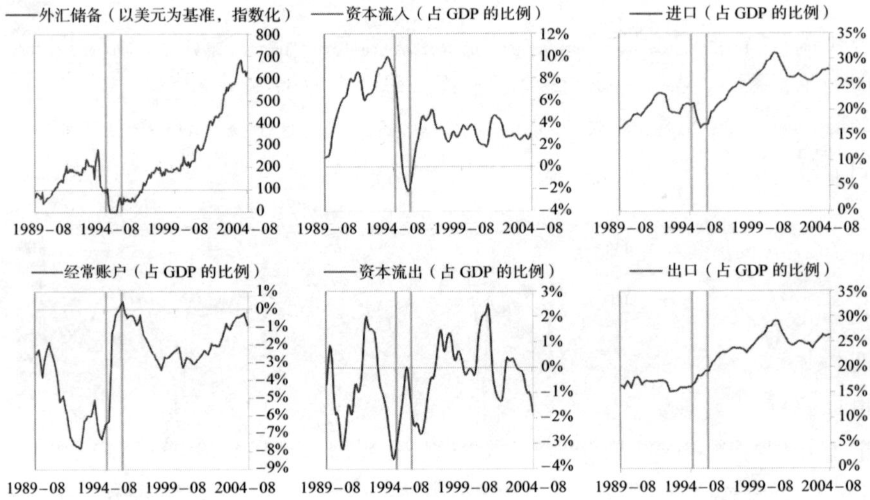

外汇储备（以美元为基准，指数化）
800
700
600
500
400
300
200
100
0
资本流入（占GDP的比例）
12%
10%
8%
6%
4%
2%
0%
−2%
−4%
进口（占GDP的比例）
35%
30%
25%
20%
15%
10%
5%
0%
1989−08 1994−08 1999−08 2004−08
经常账户（占GDP的比例）
1%
0%
−1%
−2%
−3%
−4%
−5%
−6%
−7%
−8%
−9%
资本流出（占GDP的比例）
3%
2%
1%
0%
−1%
−2%
−3%
−4%
出口（占GDP的比例）
35%
30%
25%
20%
15%
10%
5%
0%
1989−08 1994−08 1999−08 2004−08

保加利亚 1995—2003 年案例文本自动摘要

如右图所示，1995—2003 年，保加利亚经历了典型的恶性通胀性去杠杆化周期。

泡沫与萧条指数

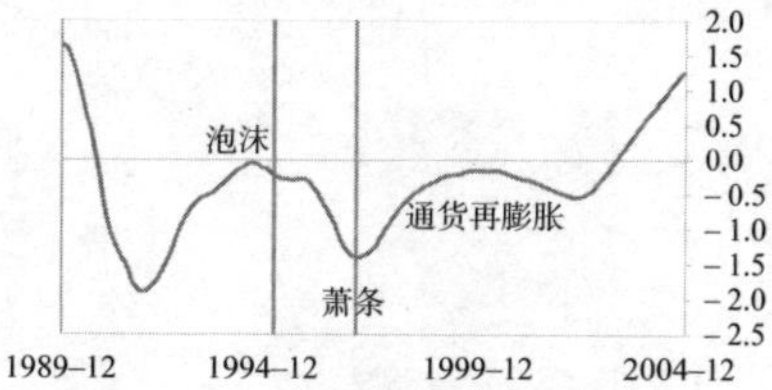

紧缩与宽松指数

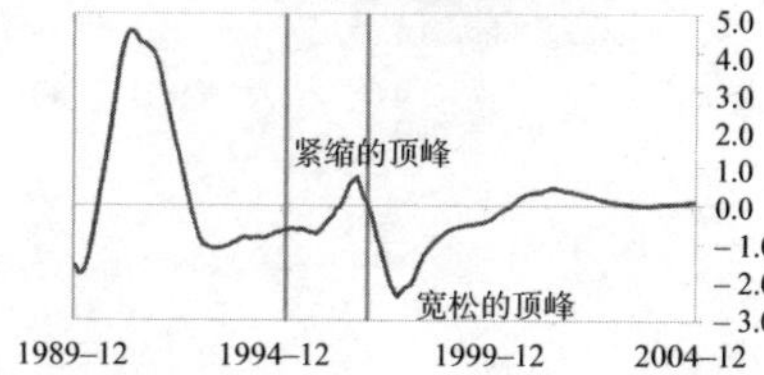

核心通胀率（同比）

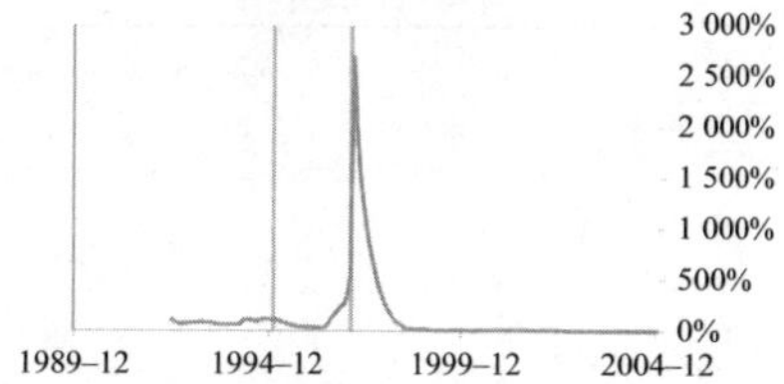

去杠杆化归因：萧条阶段

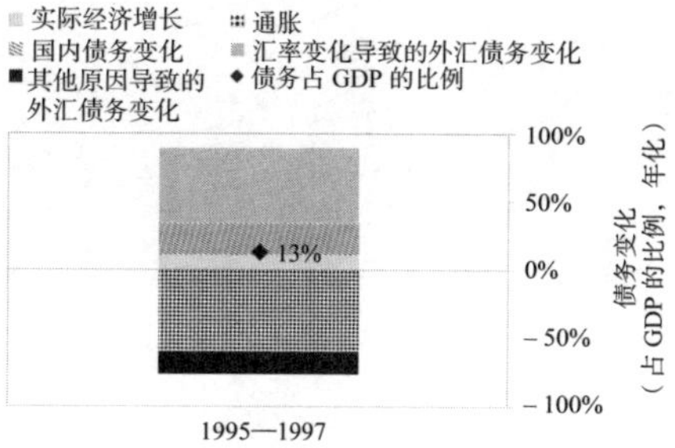

泡沫阶段

与许多其他案例不同，在危机爆发前的几年里，保加利亚没有普遍出现泡沫，但它确实积累了大量债务。在本案例中，很大一部分债务以外币计价（占 GDP 的 82%），这使保加利亚很容易受到外资撤出的影响。此外，保加利亚变得依赖持续流入的外资，经常账户赤字占 GDP 的 4%。最终，保加利亚肩负这些高额债务，而且依赖外资流入，这些因素共同促成了不可持续的发展局势。

萧条阶段

最终，形势出现逆转，导致了自我强化的经济萧条和国际收支危机 / 货币危机，持续时间为 1995—1997 年。高债务水平使保加利亚容易受到冲击伤害，而此时其面临的冲击是，企业 / 银行因负债过高而遭遇亏损潮。保加利亚的外资流入减少（资本流入降幅为 GDP 的 6%），导致货币政策收紧（短期利率上调 228%），货币大幅贬值（实际汇率下降 96%）。同时，保加利亚的 GDP 陷入自我强化式下跌，跌幅为 13%。此外，由于货币疲软，保加利亚的通胀率高企且不断上升。保加利亚的金融机构也面临巨大压力。央行动用了外汇储备来维持货币稳定（外汇储备减少了 75%），但最终决策者放弃捍卫货币。

去杠杆化归因：通货再膨胀阶段

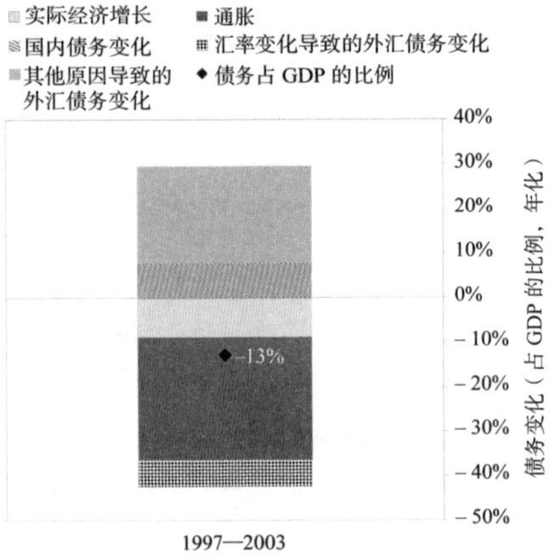

通货再膨胀阶段

国际收支危机 / 货币危机的演变主要取决于决策者如何处理不良资本流动：是允许金融环境收紧（这往往是解决危机的必要措施，但是会带来痛苦），还是通过印钞弥补资金外流（这可能导致通胀）。在本案例中，由于紧缩措施未能带来必要的调整，保加利亚陷入汇率下跌和恶性通胀的旋涡，实际汇率触底，降至 –63%，通胀率最高时超过 500%。这合乎情理，因为当时保加利亚存在大多数导致通胀率螺旋式上升的典型"风险因素"（其中最大的风险因素是保加利亚历来忽视对通胀的管控）。保加利亚积极地管控金融机构和处理坏账，使用了 9 个典型政策工具中的 5 个。特别是，保加利亚将银行国有化，提供流动性，直接购买不良资产。保加利亚还受益于一项 IMF 援助计划。但与典型情况一样，要想阻止通胀率螺旋式上升，保加利亚最终需要加大结构性改革力度。保加利亚将保加利亚列弗重新定价，将其与德国马克挂钩，并以外汇储备作为支撑。其实际 GDP 用了 8 年时间达到之前的峰值。

保加利亚 1995—2003 年分类图示附录

负债状况

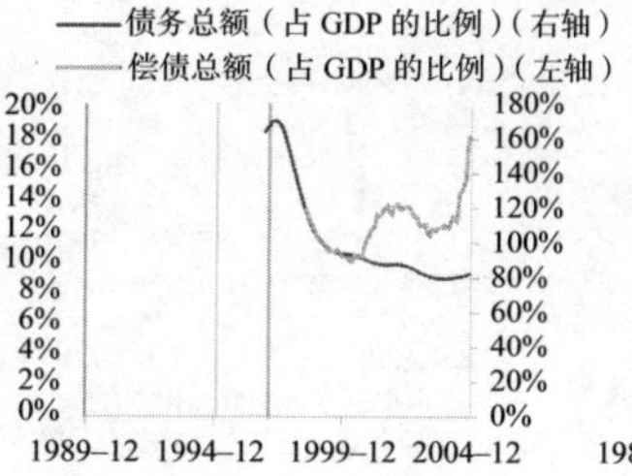

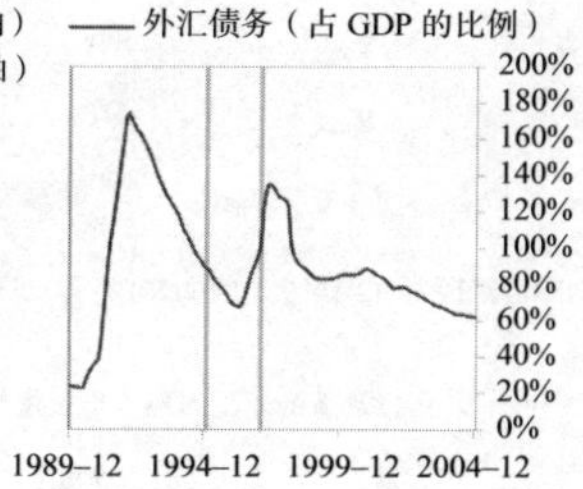

货币政策与财政政策

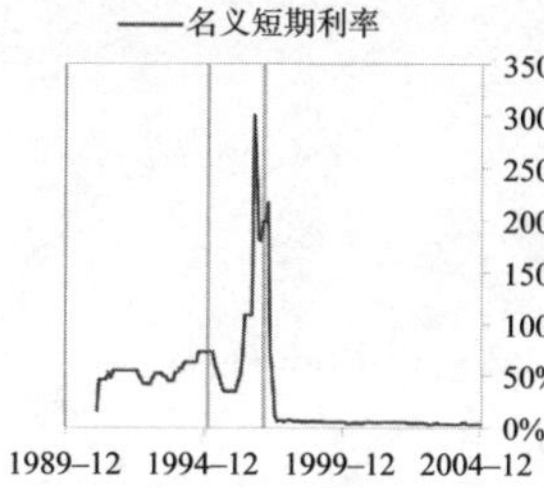

经济状况

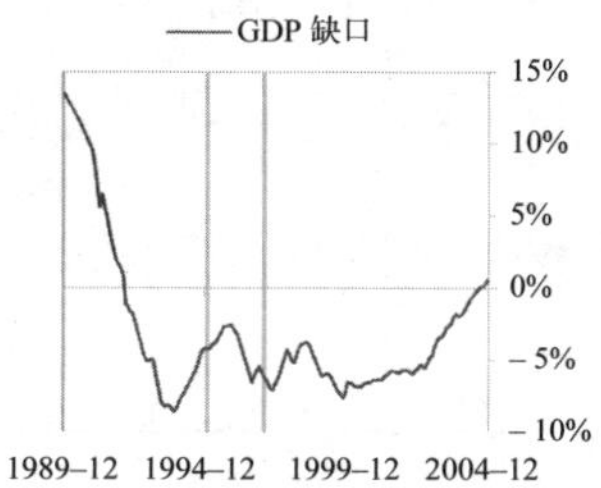

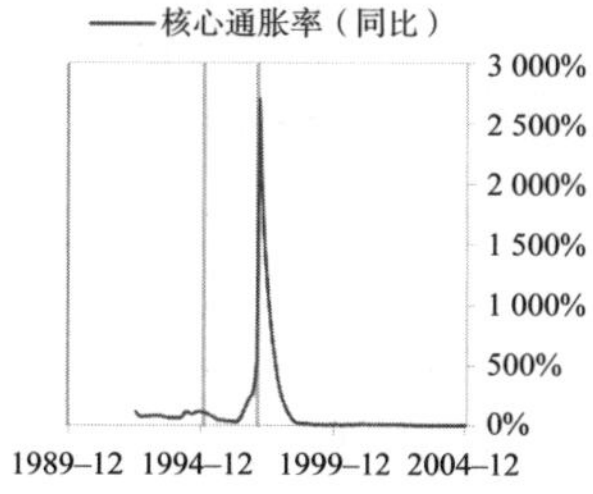

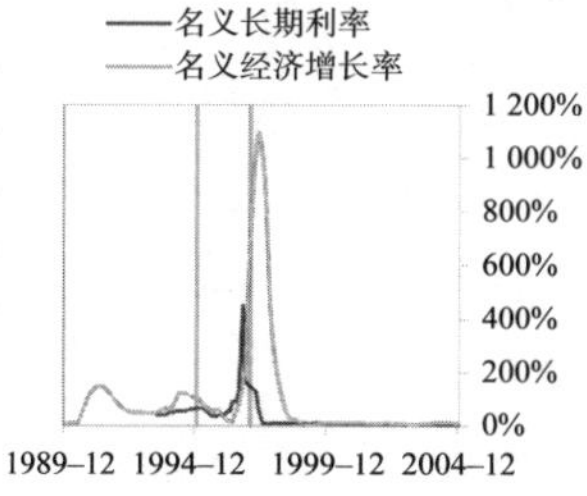

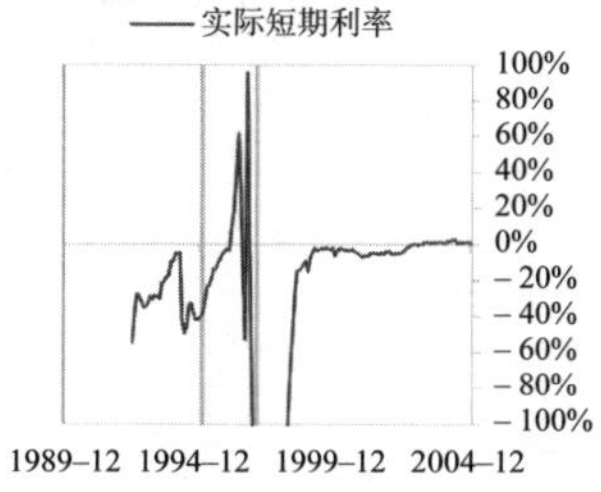

市场状况

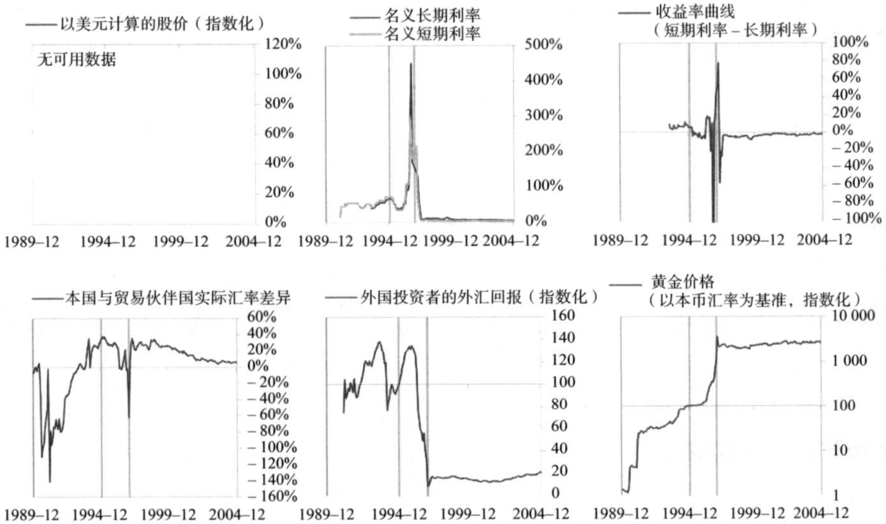
以美元计算的股价（指数化）
无可用数据
名义长期利率
名义短期利率
收益率曲线
（短期利率－长期利率）
本国与贸易伙伴国实际汇率差异
外国投资者的外汇回报（指数化）
黄金价格
（以本币汇率为基准，指数化）
1989–12
1994–12
1999–12
2004–12

国际收支状况

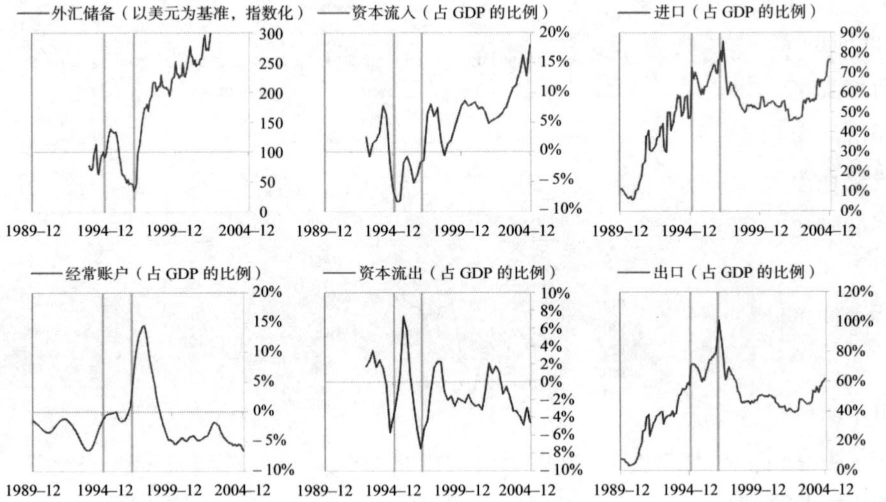
外汇储备（以美元为基准，指数化）
资本流入（占 GDP 的比例）
进口（占 GDP 的比例）
经常账户（占 GDP 的比例）
资本流出（占 GDP 的比例）
出口（占 GDP 的比例）
1989–12
1994–12
1999–12
2004–12

泰国 1993—2004 年案例文本自动摘要

如右图所示，1993—2004 年，泰国暂时处于通胀性去杠杆化周期。这是一个国家在面临外部压力时“任其货币浮动”的典型例子。虽然这使泰国暂时出现了一定程度的通胀，但最终为决策者设定利率提供了更大的灵活性。

泡沫与萧条指数

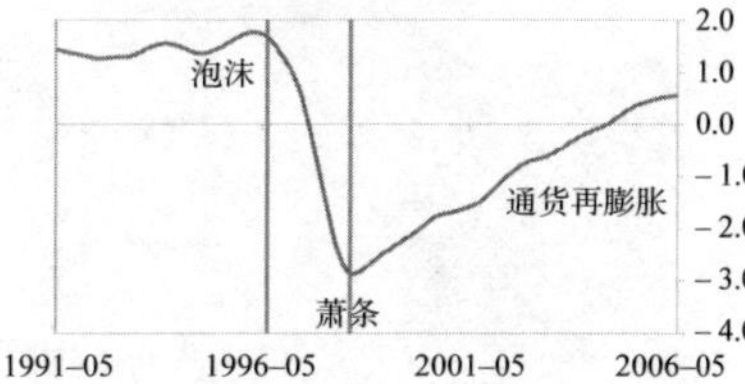

紧缩与宽松指数

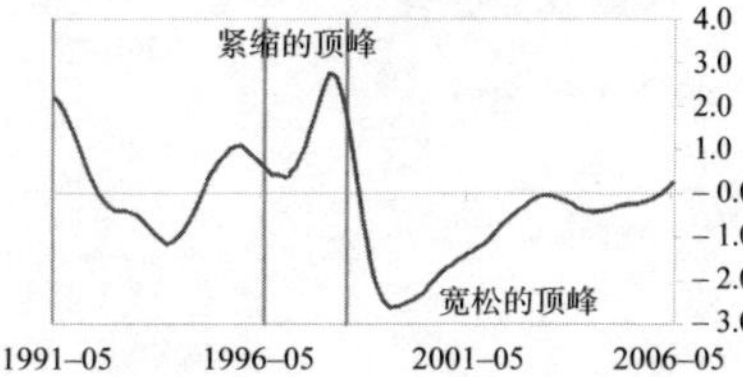

核心通胀率（同比）

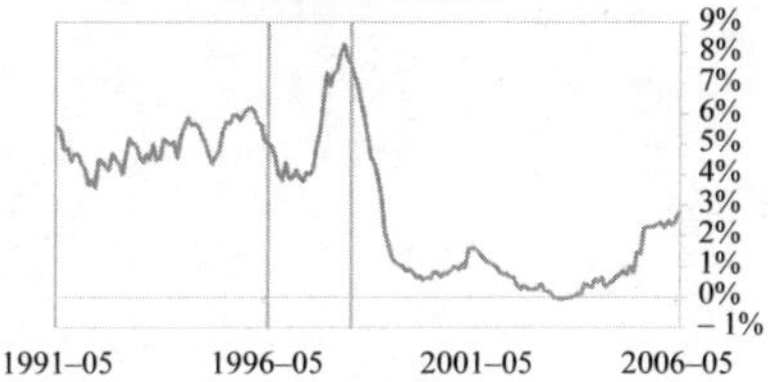

去杠杆化归因：萧条阶段

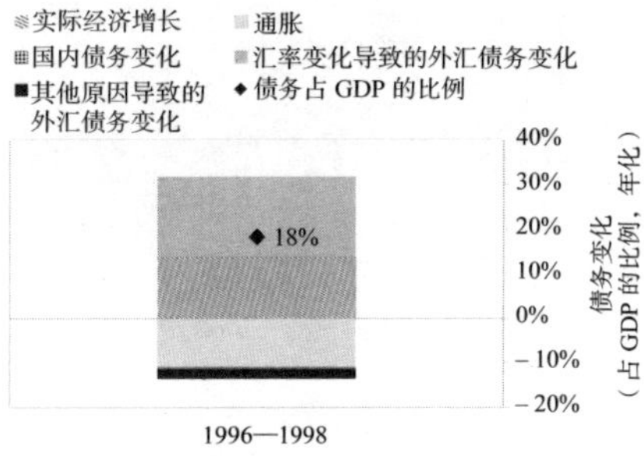

泡沫阶段

1993—1996年，泰国处于泡沫阶段。大量资本流入，债务不断增加，股市回报丰厚，经济增长强劲，这些因素以不可持续的方式促成一个自我强化的泡沫周期。在泡沫阶段，泰国的债务达到危机前的峰值，占 GDP 的 183%，升幅为 GDP 的 44%。在本案例中，很大一部分债务以外币计价（占 GDP 的 51%），这使泰国很容易受到外资撤出的影响。在这一阶段，泰国投资流入强劲，平均约占 GDP 的 15%，这有助于其填补经常账户缺口（此时的经常账户赤字占 GDP 的 9%）。在债务与资金不断增加的支撑下，泰国经济增长强劲（增速达到 8%），经济活力处于高位（GDP 缺口达到 8% 的峰值）。此外，股票在泡沫阶段的平均年化回报率为 12%，高资产回报率鼓励更多借债，刺激经济增长。泰国面临这些泡沫压力，而且依赖外国资金流入，这些因素共同促成了不可持续的发展局势。

萧条阶段

最终，形势出现逆转，导致了自我强化的经济萧条和国际收支危机 / 货币危机，持续时间为 1996—1998 年。在危机前的最高峰，泰国的偿债总额达到 GDP 的 49%，这使泰国容易受到冲击伤害，而此时其面临的冲击是，企业 / 银行因负债过高而遭遇亏损潮。泰国的外资流入减少（资本流入降幅为 GDP 的 34%），导致货币政策收紧（短期利率上调 11%），货币大幅贬值（实际汇率下降 19%）。同时，泰国的 GDP 和股价均陷入自我强化式下

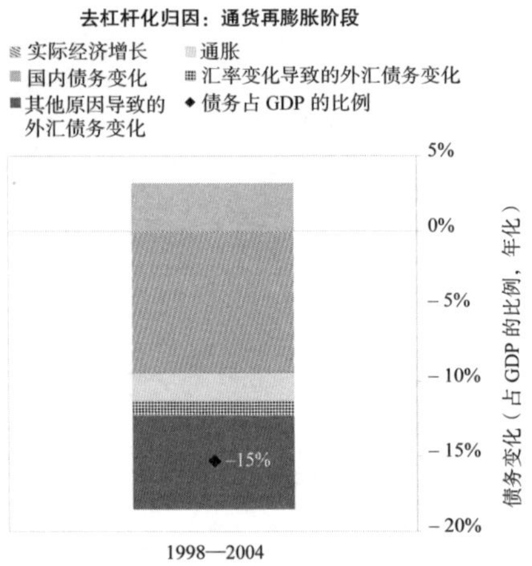

跌，跌幅分别为 14% 和 87%。此外，由于货币疲软，泰国的通胀率处于温和水平且不断上升，在萧条阶段最高达到 8%，这与其他类似案例相比是较低水平。这合乎情理，因为当时泰国仅有约 1/4 导致通胀率螺旋式上升的典型“风险因素”（其中最大的风险因素是经常账户赤字）。泰国的金融机构也面临巨大压力。央行动用了外汇储备来维持货币稳定（外汇储备减少了 100%），但最终决策者放弃捍卫货币。如上页中的去杠杆化归因图所示，尽管泰国需要去杠杆化，但部分由于货币贬值（这导致以外币计价的偿债负担加重），债务占 GDP 的比例在此期间增加了 36%（年化增幅为 18%）。

通货再膨胀阶段

国际收支危机 / 货币危机的演变主要取决于决策者如何处理不良资本流动：是允许金融环境收紧（这往往是解决危机的必要措施，但会带来痛苦），还是通过印钞弥补资金外流（这可能导致通胀）。在本案例中，泰国放弃了钉住汇率制度，痛苦的去杠杆化阶段的持续时间略短于平均水平。之后，决策者实施了充足的紧缩政策，减少进口支出（经常账户余额增幅为 GDP 的 21%），提高本国货币的吸引力。泰国非常积极地管控金融机构和处理坏账，使用了 9 个典型政策工具中的 8 个。特别是，泰国将银行国有化，提供流动性，直接购买不良资产。泰国还受益于一项 IMF 援助计划。如左边的去杠杆化归因图所示，在这段调整时期，泰国的债务占 GDP 的比例下降了 88%（年化降幅为 15%）。债务与收入比率下降的主要原因是，实际经济增速提升，推动名义收入不断增加。同时，由于本国货币贬值（在这段和谐的去杠杆化时期，实际汇率跌至 –16% 的低点），泰国重新获得竞争力。其实际 GDP 用了 5 年时间达到之前的峰值，以美元计算的股价在 23 年内恢复。

这场危机对泰国政局造成显著影响，为 2010 年他信 · 西那瓦上台搭建了舞台，而许多人认为他信是一名民粹主义领导人。

泰国 1993—2004 年分类图示附录

负债状况

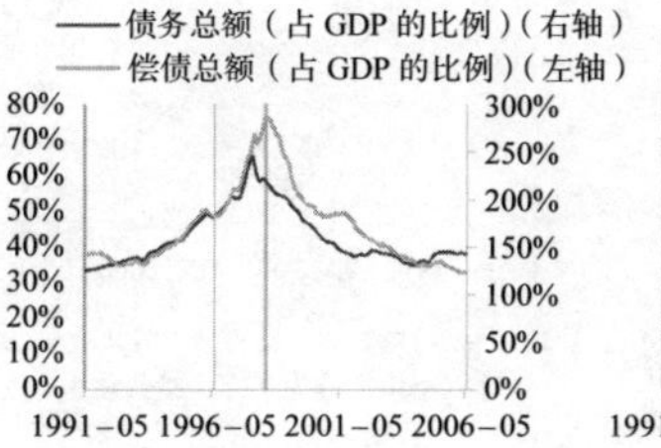

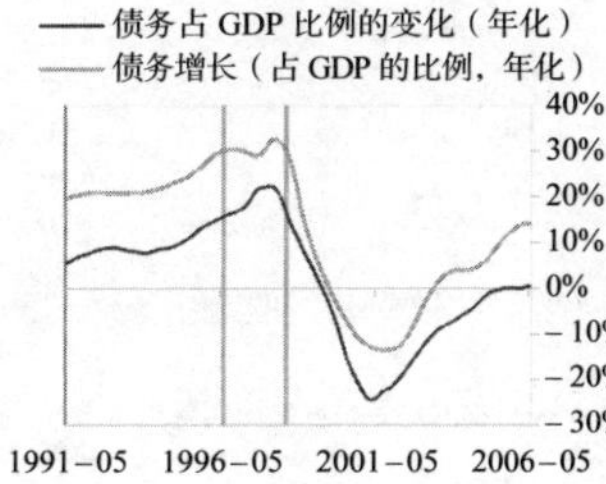

货币政策与财政政策

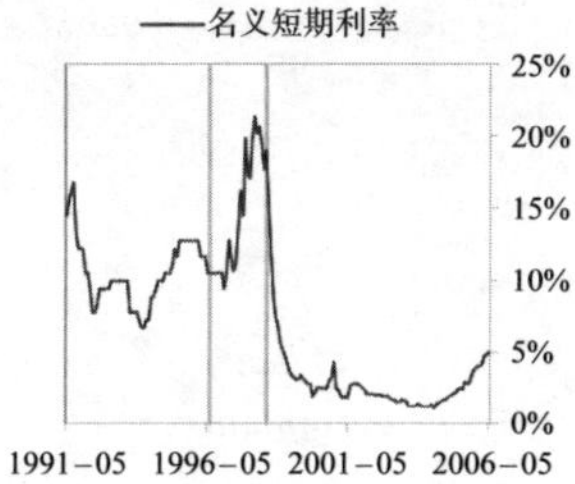

经济状况

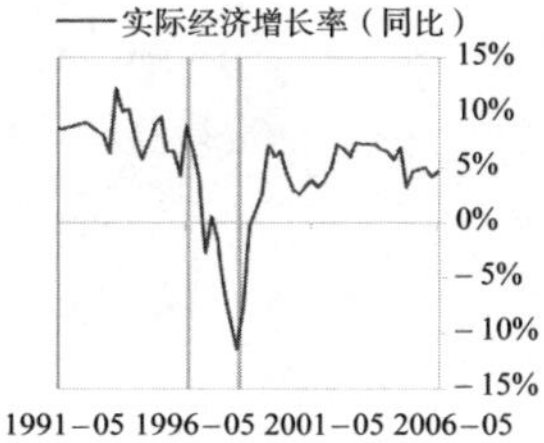

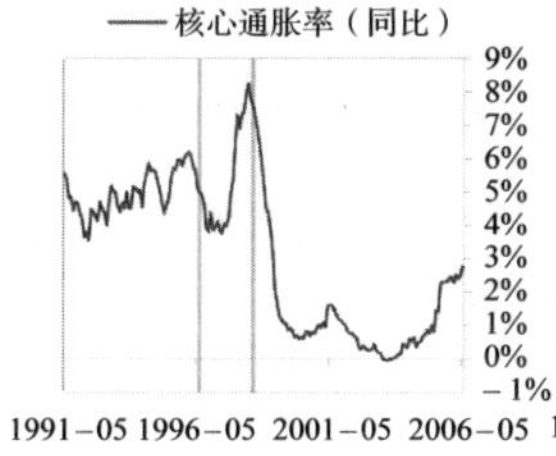

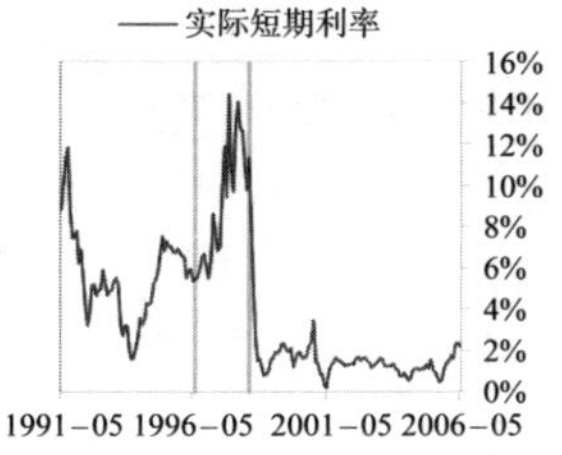

市场状况

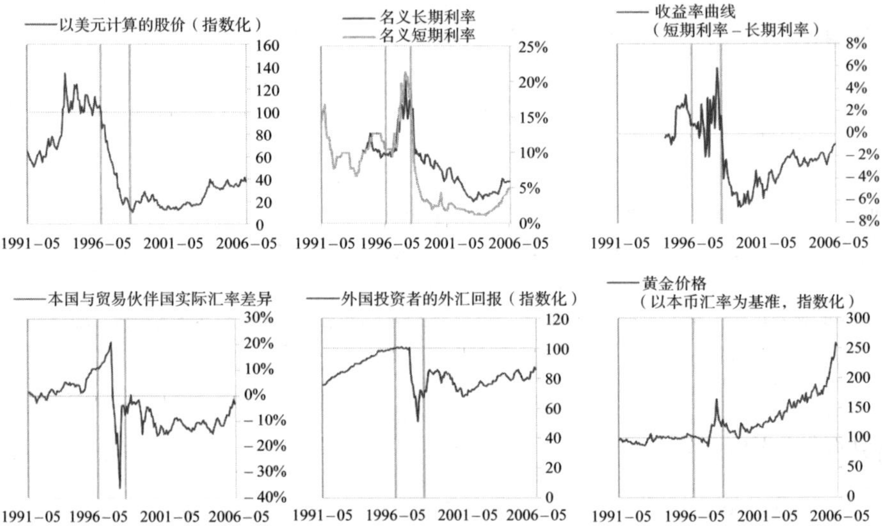
以美元计算的股价（指数化）
160 140 120 100 80 60 40 20 0
1991-05 1996-05 2001-05 2006-05
名义长期利率
名义短期利率
25% 20% 15% 10% 5% 0%
1991-05 1996-05 2001-05 2006-05
收益率曲线
（短期利率－长期利率）
8% 6% 4% 2% 0% -2% -4% -6% -8%
1991-05 1996-05 2001-05 2006-05
本国与贸易伙伴国实际汇率差异
30% 20% 10% 0% -10% -20% -30% -40%
1991-05 1996-05 2001-05 2006-05
外国投资者的外汇回报（指数化）
120 100 80 60 40 20 0
1991-05 1996-05 2001-05 2006-05
黄金价格
（以本币汇率为基准，指数化）
300 250 200 150 100 50 0
1991-05 1996-05 2001-05 2006-05

国际收支状况

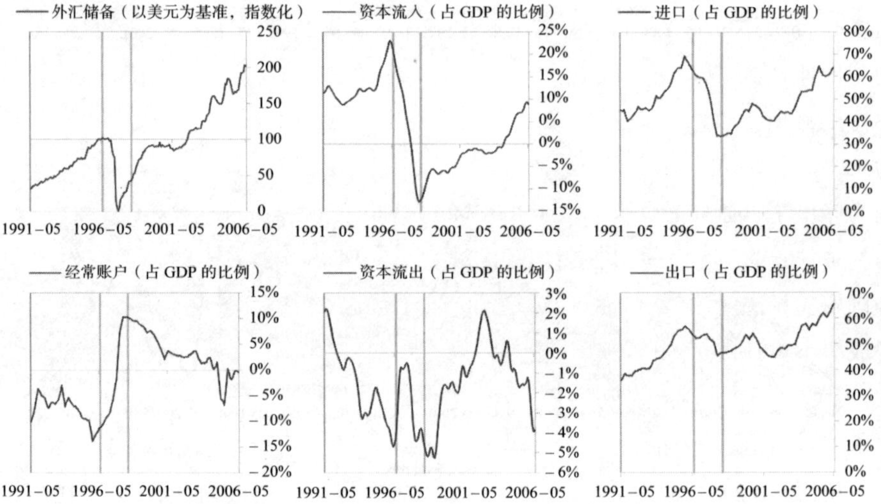
外汇储备（以美元为基准，指数化）
250 200 150 100 50 0
1991-05 1996-05 2001-05 2006-05
资本流入（占GDP的比例）
25% 20% 15% 10% 0% 0% -5% -10% -15%
1991-05 1996-05 2001-05 2006-05
进口（占GDP的比例）
80% 70% 60% 50% 40% 30% 20% 10% 0%
1991-05 1996-05 2001-05 2006-05
经常账户（占GDP的比例）
15% 10% 5% 0% -5% -10% -15% -20%
1991-05 1996-05 2001-05 2006-05
资本流出（占GDP的比例）
3% 2% 1% 0% -1% -2% -3% -4% -5% -6%
1991-05 1996-05 2001-05 2006-05
出口（占GDP的比例）
70% 60% 50% 40% 30% 20% 10% 0%
1991-05 1996-05 2001-05 2006-05

印度尼西亚 1994—2012 年案例文本自动摘要

如右图所示，1994—2012 年，印度尼西亚暂时处于通胀性去杠杆化周期。这是一个国家在面临外部压力时“任其货币浮动”的典型例子。虽然这使印度尼西亚暂时出现了一定程度的通胀，但最终为决策者设定利率提供了更大的灵活性。

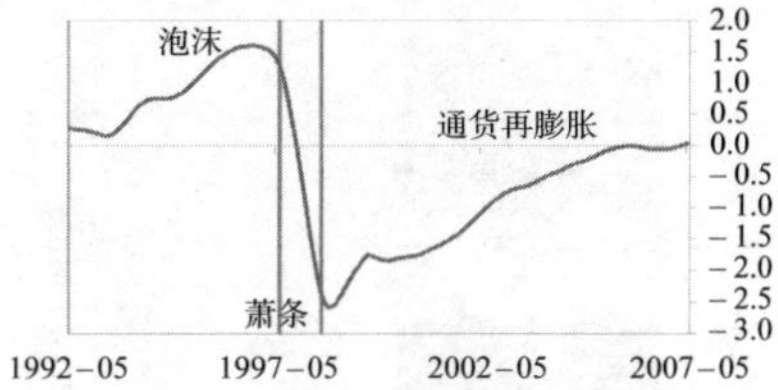

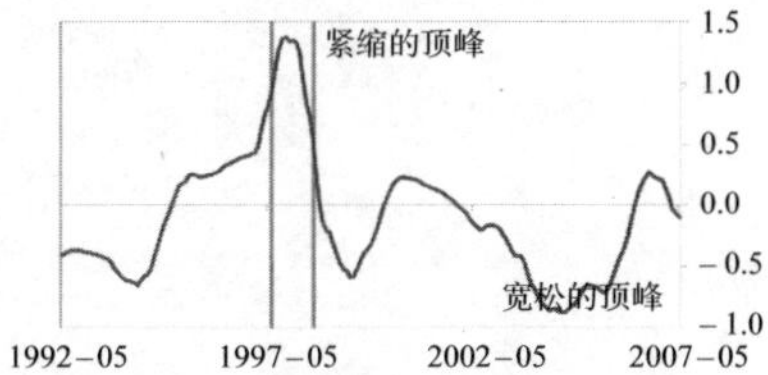

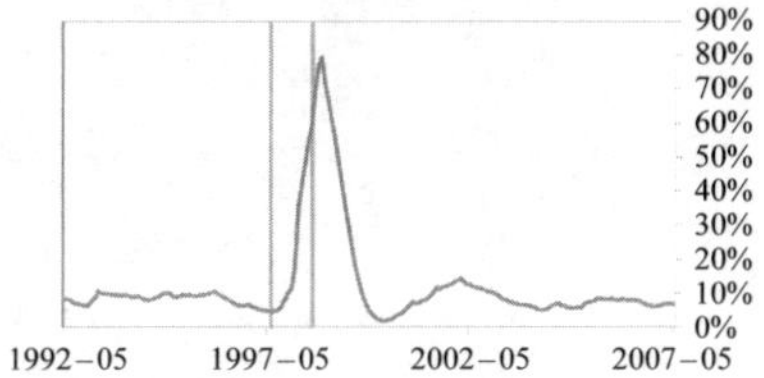

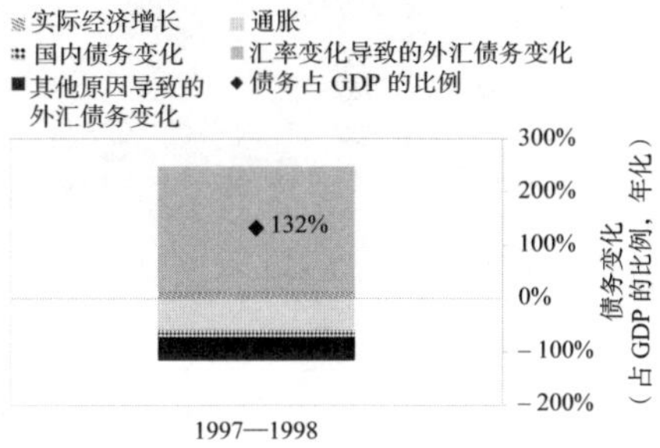

泡沫阶段

1994—1997 年，印度尼西亚处于泡沫阶段。大量资本流入，债务不断增加，股市回报丰厚，这些因素以不可持续的方式促成一个自我强化的泡沫周期。泡沫阶段结束时，印度尼西亚的债务达到危机前的峰值，占 GDP 的 104%。在本案例中，很大一部分债务以外币计价（占 GDP 的 51%），这使印度尼西亚很容易受到外资撤出的影响。在泡沫阶段，印度尼西亚的投资流入较少但为正，平均约占 GDP 的 5%，经常账户赤字占 GDP 的 3%。在债务与资金不断增加的支撑下，印度尼西亚经济增长强劲（增速达到 7%），经济活力处于高位（GDP 缺口达到 13% 的峰值）。此外，股票在泡沫阶段的平均年化回报率为 12%，高资产回报率鼓励更多借债，刺激经济增长。因为印度尼西亚的实际汇率达到了 19% 的峰值，其竞争力变成一个问题。印度尼西亚面临这些泡沫压力，依赖外国资金流入，相关国家经济状况恶化，这些因素共同促成了不可持续的发展局势。

萧条阶段

最终，形势出现逆转，导致了自我强化的经济萧条和国际收支危机 / 货币危机，持续时间为 1997—1998 年。高债务水平使印度尼西亚很容易受到冲击伤害，而此时其面临的冲击是 1997 年的亚洲金融危机。印度尼西亚的外资流入减少（资本流入降幅为 GDP 的 13%），导致货币政策收紧（短期利率上调 43%），货币大幅贬值（实际

去杠杆化归因：通货再膨胀阶段

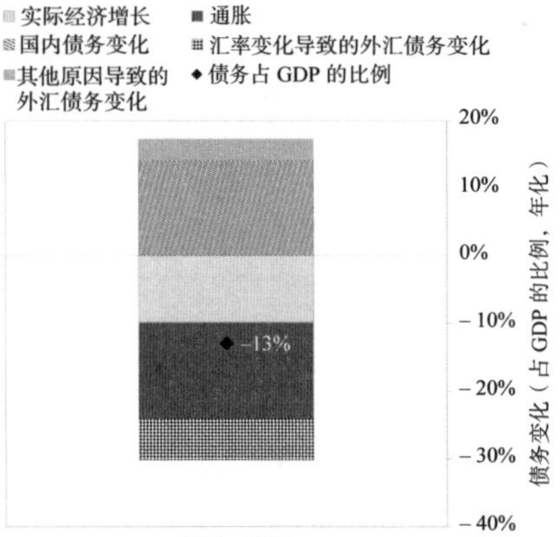

汇率下降 110%）。同时，印度尼西亚的 GDP 和股价均陷入自我强化式下跌，跌幅分别为 14% 和 89%。此外，由于货币疲软，其通胀率高企且不断上升，在萧条阶段最高达到 59%，这与其他类似案例相比是正常水平，尽管当时印度尼西亚仅有约 1/4 导致通胀螺旋式上升的典型“风险因素”（其中最大的风险因素是以外币计价的高额债务）。印度尼西亚的金融机构也面临巨大压力。央行动用了外汇储备来维持货币稳定（外汇储备减少了 23%），但最终决策者放弃捍卫货币。如上页中的去杠杆化归因图所示，尽管印度尼西亚需要去杠杆化，但部分由于货币贬值（这导致以外币计价的偿债负担加重），债务占 GDP 的比例在此期间增加了 132%（年化增幅为 132%）。

通货再膨胀阶段

国际收支危机 / 货币危机的演变主要取决于决策者如何处理不良资本流动：是允许金融环境收紧（这往往是解决危机的必要措施，但会带来痛苦），还是通过印钞弥补资金外流（这可能导致通胀）。在本案例中，印度尼西亚放弃了钉住汇率制度，痛苦的去杠杆化阶段的持续时间相对较短。之后，决策者实施了充足的紧缩政策，减少进口支出（经常账户余额增幅为 GDP 的 4%），提高本国货币的吸引力。印度尼西亚非常积极地管控金融机构和处理坏账，使用了 9 个典型政策工具中的 7 个。特别是，印度尼西亚将银行国有化，提供流动性，并直接购买不良资产。印度尼西亚还受益于一项 IMF 援助计划。如左边的去杠杆化归因图所示，在这段调整时期，印度尼西亚的债务占 GDP 的比例下降了 178%（年化降幅为 13%）。债务与收入比率降低的主要原因是名义收入增加。同时，由于本国货币大幅贬值（在这段和谐的去杠杆化时期，实际汇率跌至 –90% 的低点），印度尼西亚重新获得竞争力。其实际 GDP 用了 5 年时间达到之前的峰值，以美元计算的股价在 13 年内恢复。

印度尼西亚 1994—2012 年分类图示附录

负债状况

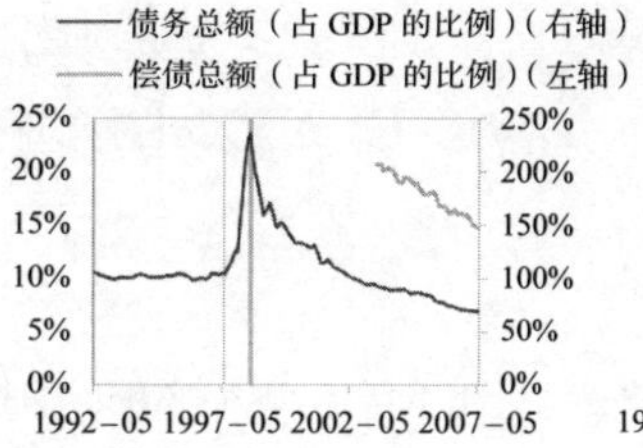

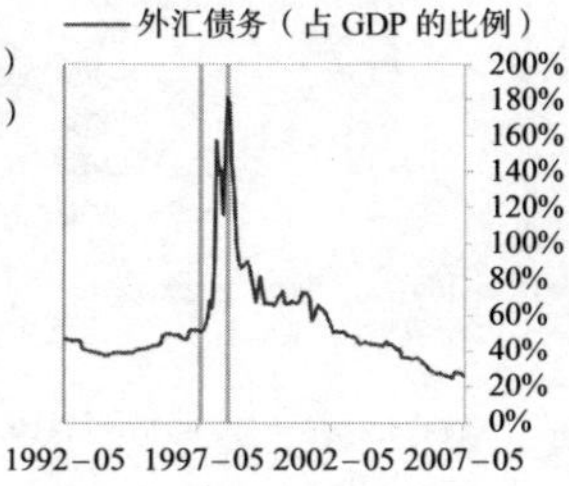

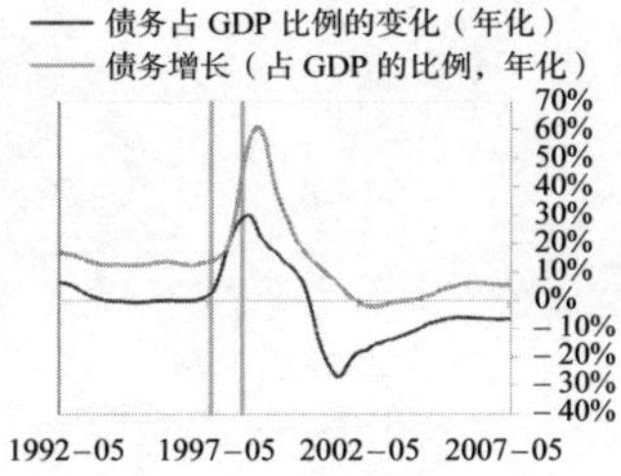

货币政策与财政政策

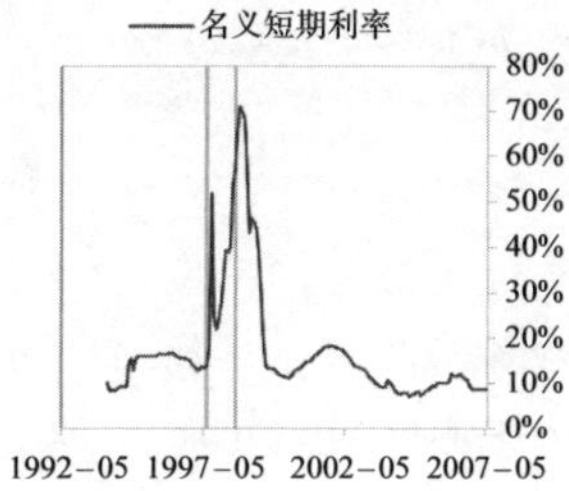

经济状况

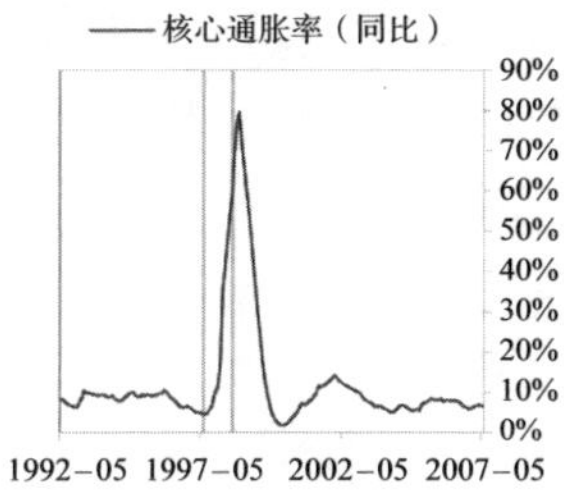

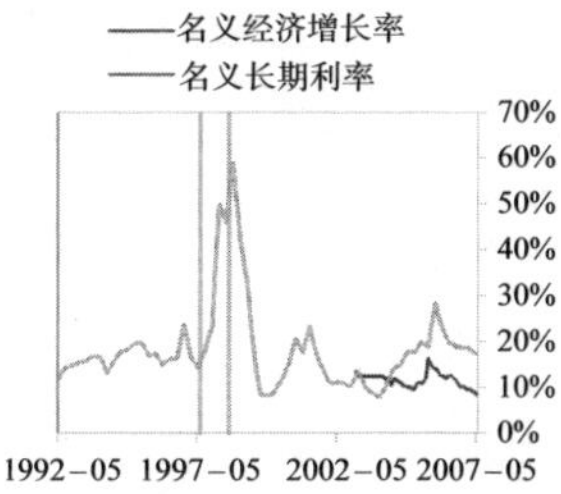

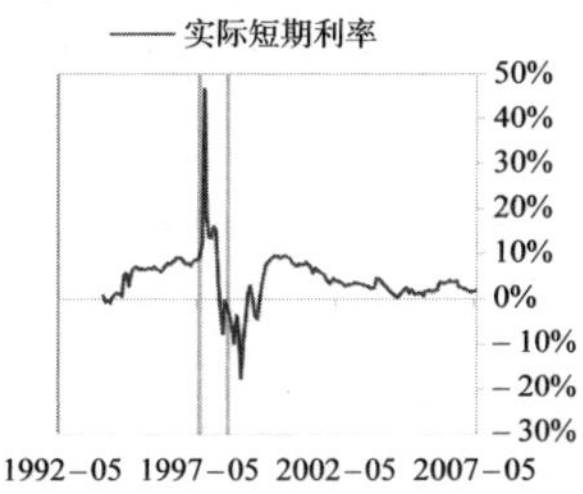

市场状况

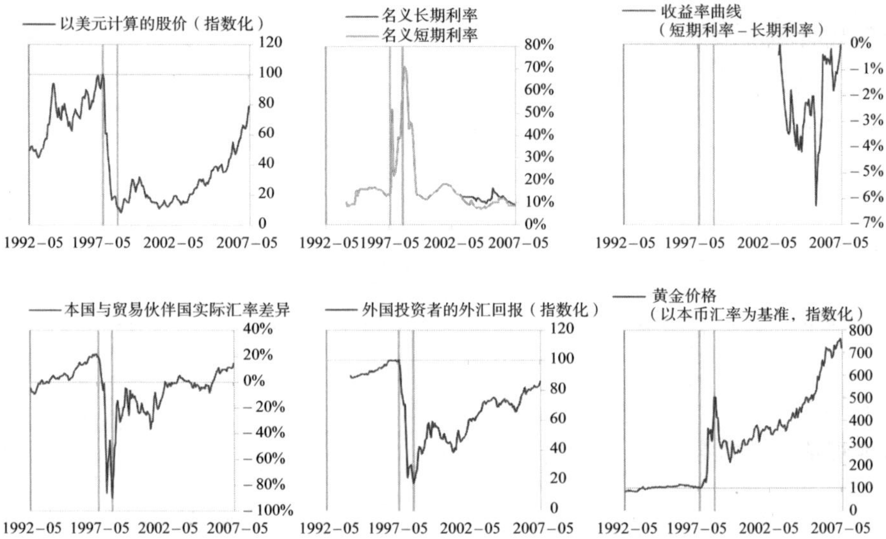
以美元计算的股价（指数化）
120
100
80
60
40
20
0
1992–05 1997–05 2002–05 2007–05
名义长期利率
名义短期利率
80%
70%
60%
50%
40%
30%
20%
10%
0%
1992–05 1997–05 2002–05 2007–05
收益率曲线
（短期利率 – 长期利率）
0%
–1%
–2%
–3%
–4%
–5%
–6%
–7%
1992–05 1997–05 2002–05 2007–05
本国与贸易伙伴国实际汇率差异
40%
20%
0%
–20%
–40%
–60%
–80%
–100%
1992–05 1997–05 2002–05 2007–05
外国投资者的外汇回报（指数化）
120
100
80
60
40
20
0
1992–05 1997–05 2002–05 2007–05
黄金价格
（以本币汇率为基准，指数化）
800
700
600
500
400
300
200
100
0
1992–05 1997–05 2002–05 2007–05

国际收支状况

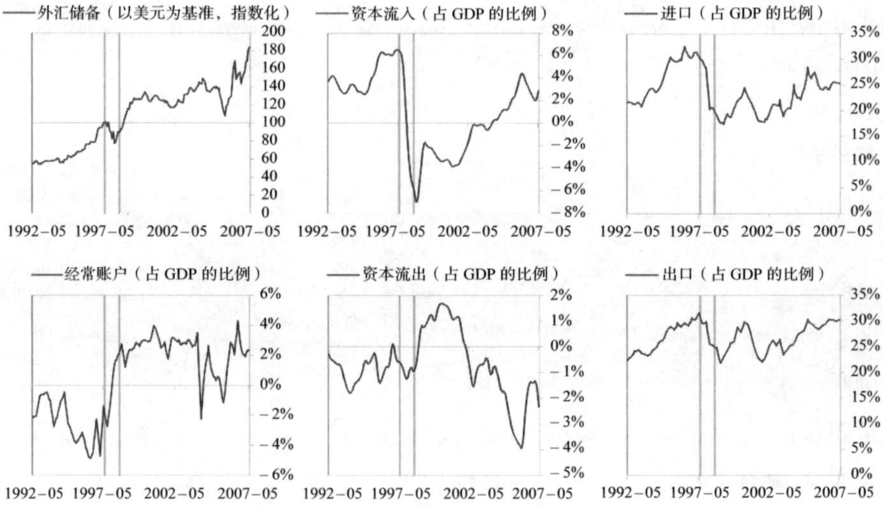
外汇储备（以美元为基准，指数化）
200
180
160
140
120
100
80
60
40
20
0
1992–05 1997–05 2002–05 2007–05
资本流入（占 GDP 的比例）
8%
6%
4%
2%
0%
–2%
–4%
–6%
–8%
1992–05 1997–05 2002–05 2007–05
进口（占 GDP 的比例）
35%
30%
25%
20%
15%
10%
5%
0%
1992–05 1997–05 2002–05 2007–05
经常账户（占 GDP 的比例）
6%
4%
2%
0%
–2%
–4%
–6%
1992–05 1997–05 2002–05 2007–05
资本流出（占 GDP 的比例）
2%
1%
0%
–1%
–2%
–3%
–4%
–5%
1992–05 1997–05 2002–05 2007–05
出口（占 GDP 的比例）
35%
30%
25%
20%
15%
10%
5%
0%
1992–05 1997–05 2002–05 2007–05

韩国 1994—2001 年案例文本自动摘要

如右图所示，1994—2001 年，韩国暂时处于通胀性去杠杆化周期。这是一个国家在面临外部压力时“任其货币浮动”的典型例子。虽然这使韩国暂时出现了一定程度的通胀，但最终为决策者设定利率提供了更大的灵活性。

泡沫阶段

1994—1997年，韩国处于泡沫阶段。大量资本流入，债务不断增加，经济增长强劲，这些因素以不可持续的方式促成一个自我强化的泡沫周期。在此期间，韩国的债务达到危机前的峰值，占 GDP 的 163%，升幅为 GDP 的 23%。在本案例中，很大一部分债务以外币计价（占 GDP 的 27%），这使韩国很容易受到外资撤出的影响。在泡沫阶段，韩国的投资流入适度强劲，平均约占 GDP 的 8%，这有助于其填补经常账户缺口（此时的经常账户赤字占 GDP 的 3%。在债务与资金不断增加的支撑下，韩国经济增长强劲（增速达到 8%），经济活动处于高位（GDP 缺口达到 5% 的峰值）。韩国面临这些泡沫压力，依赖外国资金流入，相关国家的经济状况恶化，这些因素共同促成了一种不可持续的发展局势。

萧条阶段

最终，形势出现逆转，导致了自我强化的经济萧条和国际收支危机 / 货币危机，持续时间为 1997—1998 年。在危机前的最高峰，韩国的偿债总额达到 GDP 的 42%，这使韩国容易受到冲击伤害，而此时其面临的冲击是 1997 年的亚洲金融危机。韩国的外资流入减少（资本流入降幅为 GDP 的 9%），导致货币政策紧缩（短期利率上调 14%），货币大幅贬值（实际汇率降至 –50%）。同时，韩国的 GDP、股价和房价均陷入自我强化式下跌，跌幅分别为 8%、75% 和 13%，失业率上升 6%。由于货币疲软，韩国的通胀率处于温和水平，在萧条阶段最高达

泡沫与萧条指数

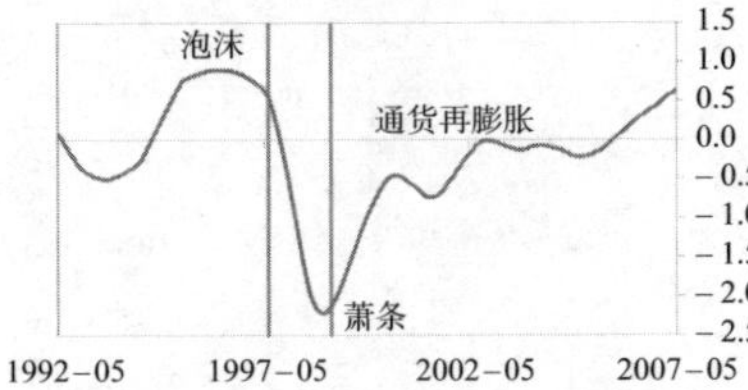

紧缩与宽松指数

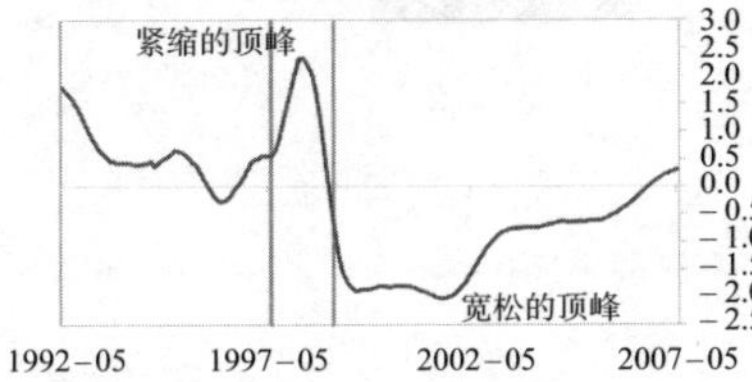

核心通胀率（同比）

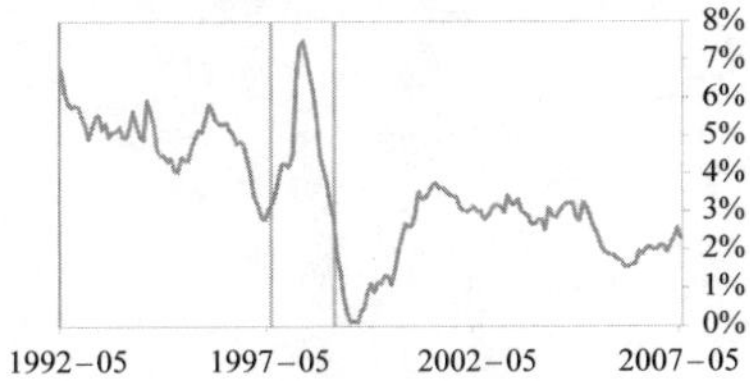

去杠杆化归因：萧条阶段

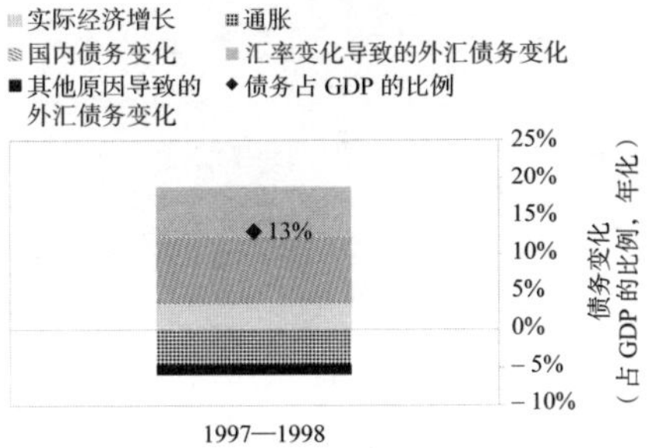

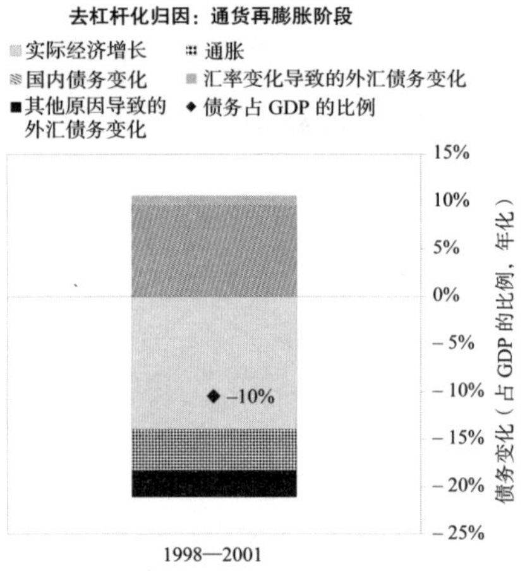

到 7%，这与其他类似案例相比是较低的水平。这合乎情理，因为当时韩国仅存在约 1/4 导致更大规模螺旋式通胀的典型“风险因素”（其中最大的风险因素是央行的外汇储备较少）。韩国的金融机构也面临巨大压力。央行动用了外汇储备来维持货币稳定（外汇储备减少了 24%），但决策者最终放弃捍卫货币。如上页中的去杠杆化归因图所示，尽管韩国需要去杠杆化，但部分由于货币贬值（这导致以外币计价的偿债负担加重），债务占 GDP 的比例增加了 19%（年化增幅为 13%）。

通货再膨胀阶段

国际收支危机 / 货币危机的演变主要取决于决策者如何处理不良资本流动：是允许金融环境收紧（这往往是解决危机的必要措施，但会带来痛苦），还是通过印钞弥补资金外流（这可能导致通胀）。在本案例中，韩国放弃了钉住汇率制度，痛苦的去杠杆化阶段的持续时间略短于平均水平。之后，决策者实施了充足的紧缩政策，减少进口支出（经常账户余额增幅为 GDP 的 7%），提高本国货币的吸引力。韩国非常积极地管控金融机构和处理坏账，使用了 9 个典型政策工具中的 7 个。特别是，韩国将银行国有化，提供流动性，并直接购买问题资产。韩国还受益于一项 IMF 援助计划，并实施了结构性改革，旨在增强劳动力市场的灵活性。如左边的去杠杆化归因图所示，在这段调整时期，韩国的债务占 GDP 的比例下降了 25%（年化降幅为 10%）。债务与收入比率下降的主要原因是，实际经济增速提升，推动名义收入不断增加。同时，由于本国货币贬值（在这段和谐的去杠杆化时期，实际汇率跌至 –17% 的低点），韩国重新获得竞争力。其实际 GDP 用了 1.7 年时间达到之前的峰值，以美元计算的股价在 9 年内恢复。

韩国 1994—2001 年分类图示附录

负债状况

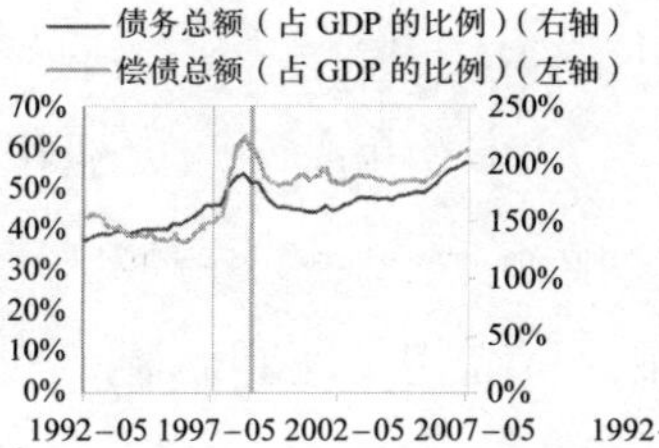

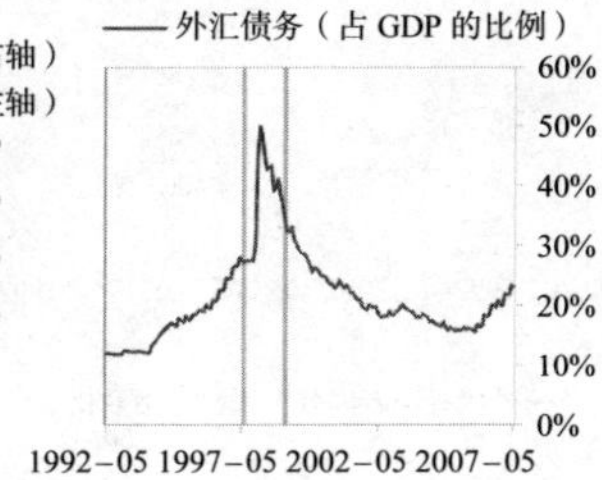

货币政策与财政政策

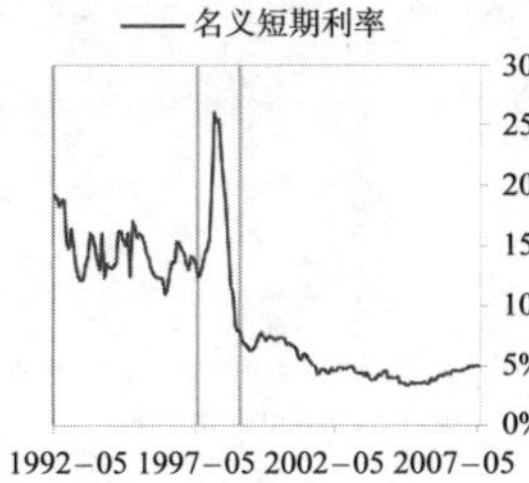

经济状况

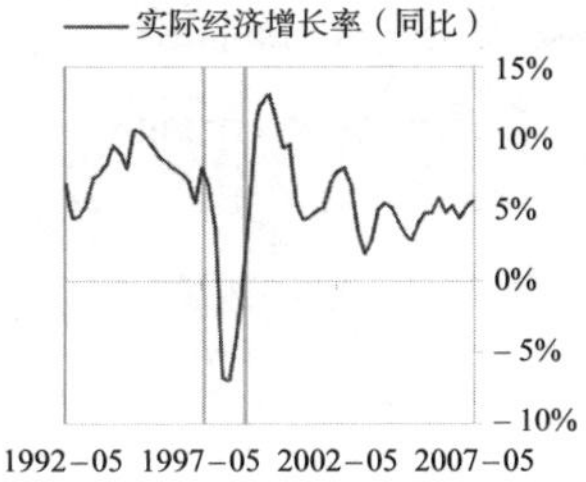

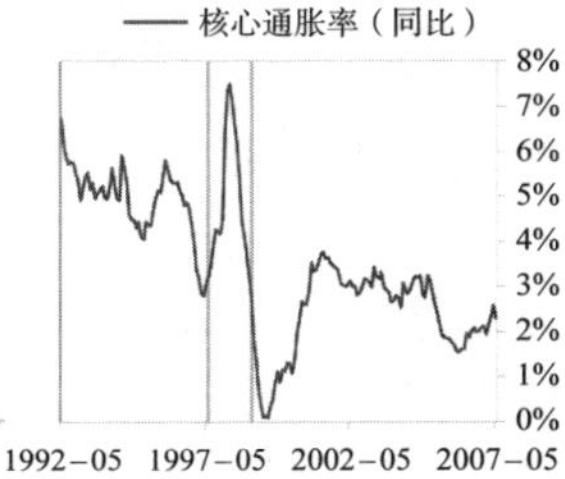

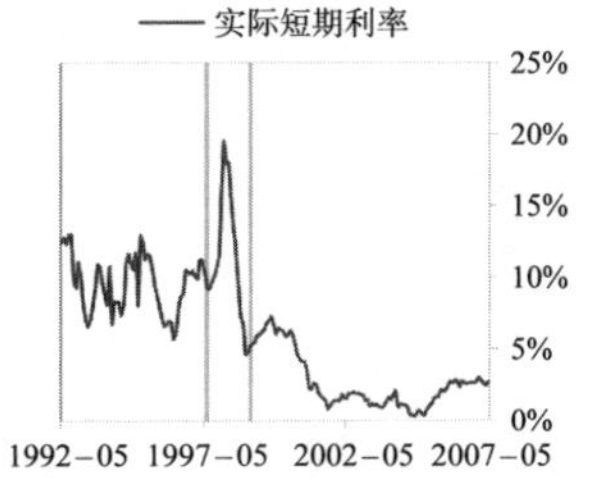

市场状况

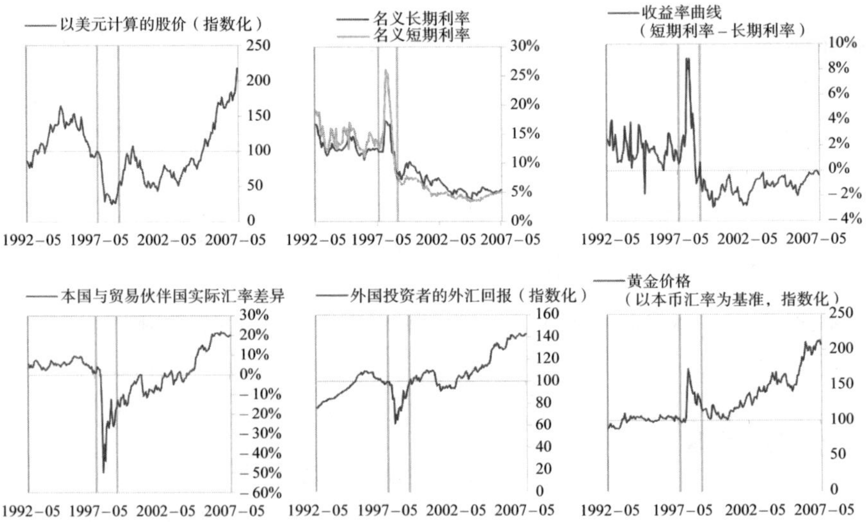

以美元计算的股价（指数化）
250
200
150
100
50
0
1992-05 1997-05 2002-05 2007-05
名义长期利率
名义短期利率
30%
25%
20%
15%
10%
5%
0%
1992-05 1997-05 2002-05 2007-05
收益率曲线
（短期利率-长期利率）
10%
8%
6%
4%
2%
0%
-2%
-4%
1992-05 1997-05 2002-05 2007-05
本国与贸易伙伴国实际汇率差异
30%
20%
10%
0%
-10%
-20%
-30%
-40%
-50%
-60%
1992-05 1997-05 2002-05 2007-05
外国投资者的外汇回报（指数化）
160
140
120
100
80
60
40
20
0
1992-05 1997-05 2002-05 2007-05
黄金价格
（以本币汇率为基准，指数化）
250
200
150
100
50
0
1992-05 1997-05 2002-05 2007-05

国际收支状况

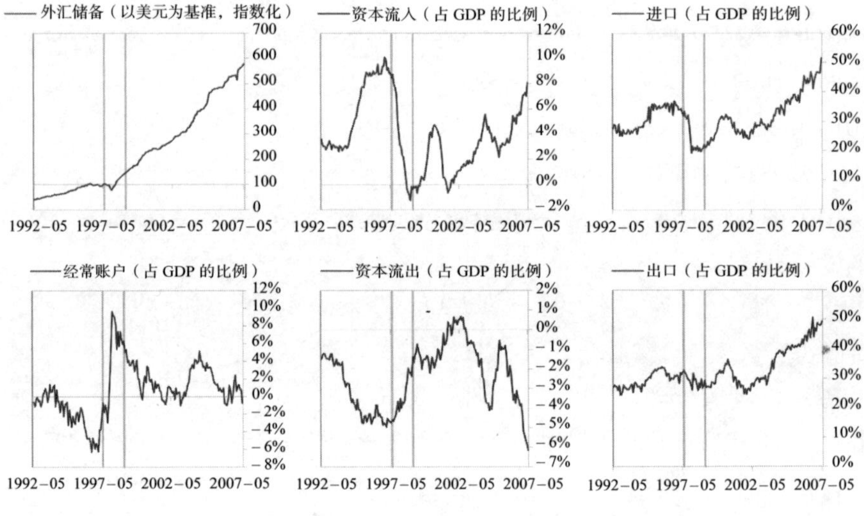

外汇储备（以美元为基准，指数化）
700
600
500
400
300
200
100
0
1992-05 1997-05 2002-05 2007-05
资本流入（占GDP的比例）
12%
10%
8%
6%
4%
2%
0%
-2%
1992-05 1997-05 2002-05 2007-05
进口（占GDP的比例）
60%
50%
40%
30%
20%
10%
0%
1992-05 1997-05 2002-05 2007-05
经常账户（占GDP的比例）
12%
10%
8%
6%
4%
2%
0%
-2%
-4%
-6%
-8%
1992-05 1997-05 2002-05 2007-05
资本流出（占GDP的比例）
2%
1%
0%
-1%
-2%
-3%
-4%
-5%
-6%
-7%
1992-05 1997-05 2002-05 2007-05
出口（占GDP的比例）
60%
50%
40%
30%
20%
10%
0%
1992-05 1997-05 2002-05 2007-05

马来西亚 1994—2001 年案例文本自动摘要

如右图所示，1994—2001 年，马来西亚暂时处于通胀性去杠杆化周期。这是一个国家在面临外部压力时“任其货币浮动”的典型例子。虽然这使马来西亚暂时出现了一定程度的通胀，但最终为决策者设定利率提供了更大的灵活性。

泡沫与萧条指数

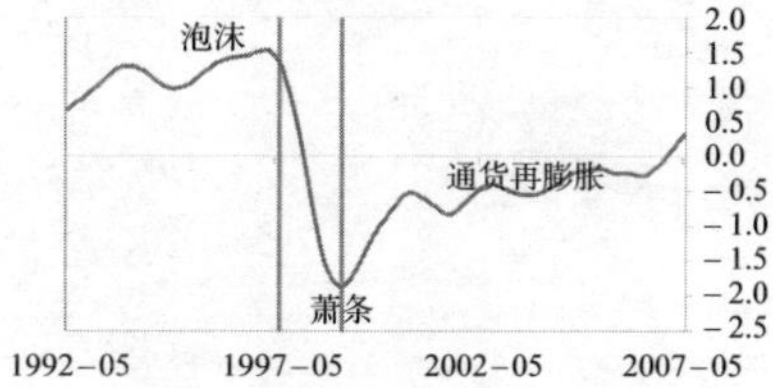

紧缩与宽松指数

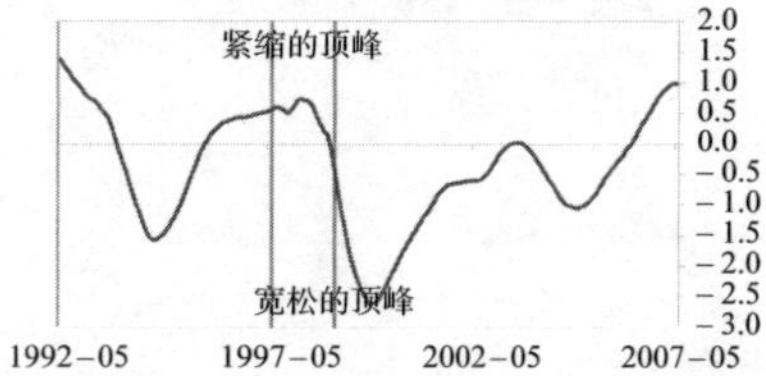

核心通胀率（同比）

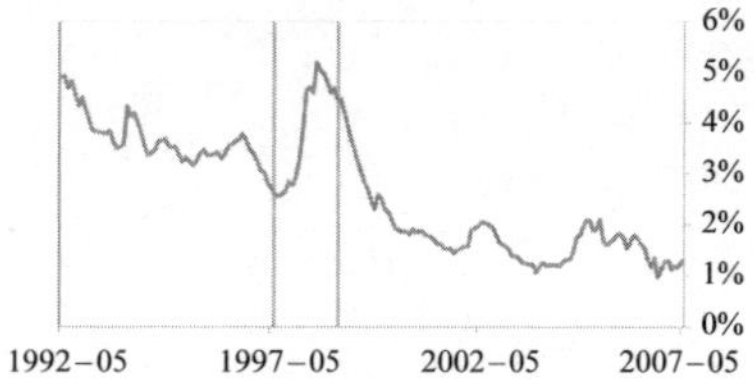

去杠杆化归因：萧条阶段

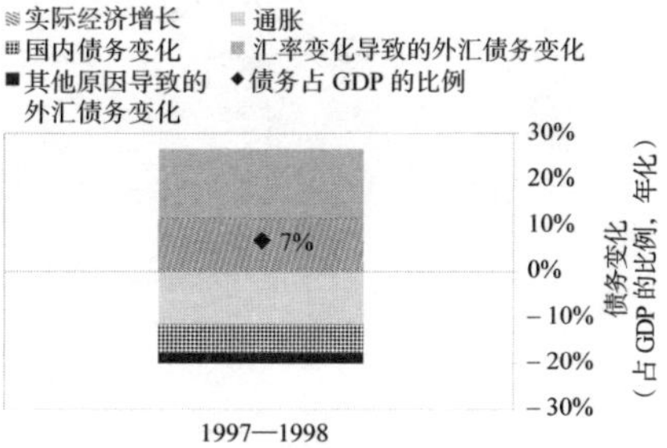

泡沫阶段

1994—1997 年，马来西亚处于泡沫阶段。大量资本流入，债务不断增加，经济增长强劲，这些因素以不可持续的方式促成一个自我强化的泡沫周期。在此期间，马来西亚的债务达到危机前的峰值，占 GDP 的 212%，升幅为 GDP 的 53%。在本案例中，很大一部分债务以外币计价（占 GDP 的 39%），这使马来西亚很容易受到外资撤出的影响。在泡沫阶段，马来西亚的投资流入适度强劲，平均约占 GDP 的 6%，这有助于其填补经常账户缺口（此时的经常账户赤字占 GDP 的 8%）。在债务与资金不断增加的支撑下，马来西亚经济增长强劲（增速达到 10%），经济活动处于高位（GDP 缺口达到 9% 的峰值）。马来西亚面临这些泡沫压力，依赖外国资金流入，相关国家的经济状况恶化，这些因素共同促成了不可持续的发展局势。

萧条阶段

最终，形势出现逆转，导致了自我强化的经济萧条和国际收支危机 / 货币危机，持续时间为 1997—1998 年。在危机前的最高峰，马来西亚的偿债总额达到 GDP 的 45%，这使马来西亚容易受到冲击伤害，而此时其面临的冲击是 1997 年的亚洲金融危机。马来西亚的外资流入减少（资本流入降幅为 GDP 的 5%），导致货币政策紧缩（短期利率上调 4%），货币大幅贬值（实际汇率下降 24%）。同时，马来西亚的 GDP 和股价均陷入自我强化式下跌，跌幅分别为 9% 和 83%。此外，由于货币疲软，

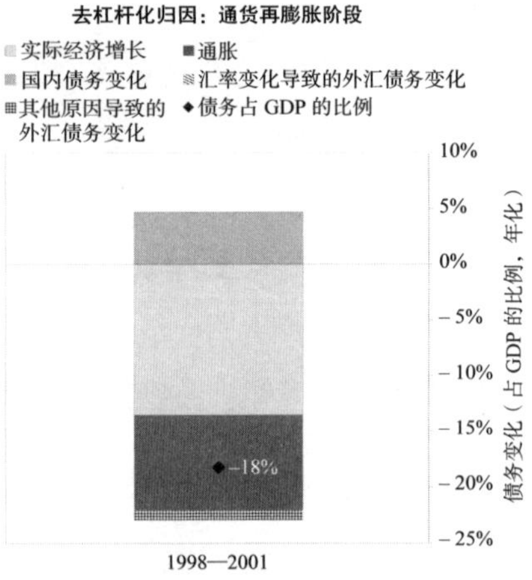

马来西亚的通胀率不断上升，在萧条阶段最高达到 5%，这与其他类似案例相比是较低的水平。这合乎情理，因为当时马来西亚仅存在约 1/4 导致更大规模螺旋式通胀的典型“风险因素”（其中最大的风险因素是经常账户赤字）。马来西亚的金融机构也面临巨大压力。央行动用了外汇储备来维持货币稳定（外汇储备减少了 27%），但决策者最终放弃捍卫货币。如上页中的去杠杆化归因图所示，尽管马来西亚需要去杠杆化，但部分由于货币贬值（这导致以外币计价的偿债负担加重），债务占 GDP 的比例增加了 10%（年化增幅为 7%）。

通货再膨胀阶段

国际收支危机 / 货币危机的演变主要取决于决策者如何处理不良资本流动：是允许金融环境收紧（这往往是解决危机的必要措施，但会带来痛苦），还是通过印钞弥补资金外流（这可能导致通胀）。在本案例中，马来西亚放弃了钉住汇率制度，痛苦的去杠杆化阶段的持续时间略短于平均水平。之后，决策者实施了充足的紧缩政策，减少进口支出（经常账户余额增幅为 GDP 的 19%），提高本国货币的吸引力。马来西亚非常积极地管控金融机构和处理坏账，使用了 9 个典型政策工具中的 7 个。特别是，马来西亚将银行国有化，提供流动性，并直接购买问题资产。如左边的去杠杆化归因图所示，在这段调整时期，马来西亚的债务占 GDP 的比例下降了 41%（年化降幅为 18%）。债务与收入比率下降的主要原因是，实际经济增速提升，推动名义收入不断增加。同时，由于本国货币大幅贬值（在这段和谐的去杠杆化时期，实际汇率跌至 –9% 的低点），马来西亚重新获得竞争力。其实际 GDP 用了 2 年时间达到之前的峰值，以美元计算的股价在 14 年内恢复。

马来西亚 1994—2001 年分类图示附录

负债状况

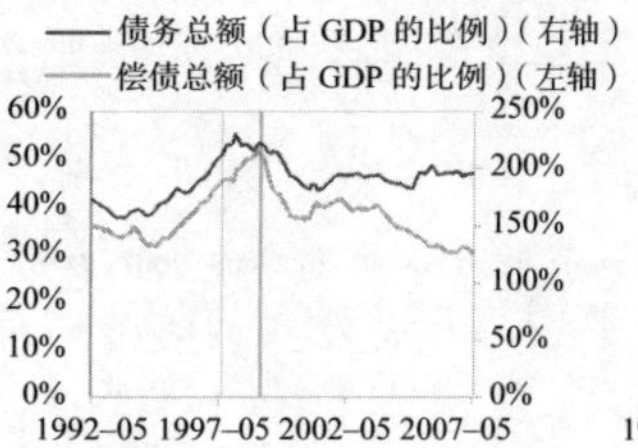

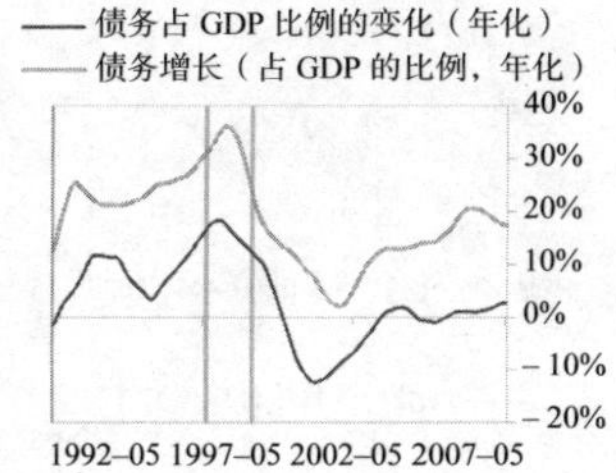

货币政策与财政政策

经济状况

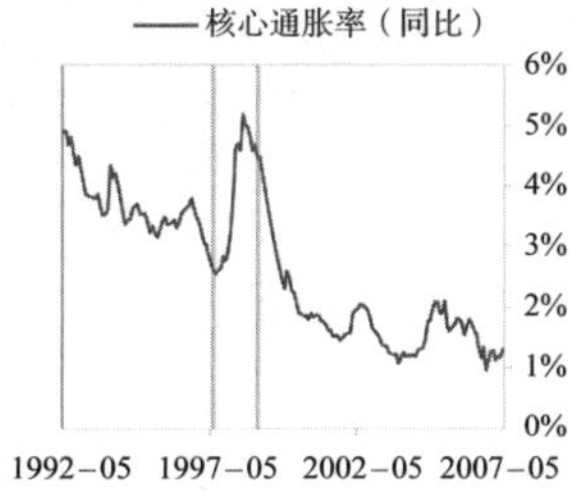

市场状况

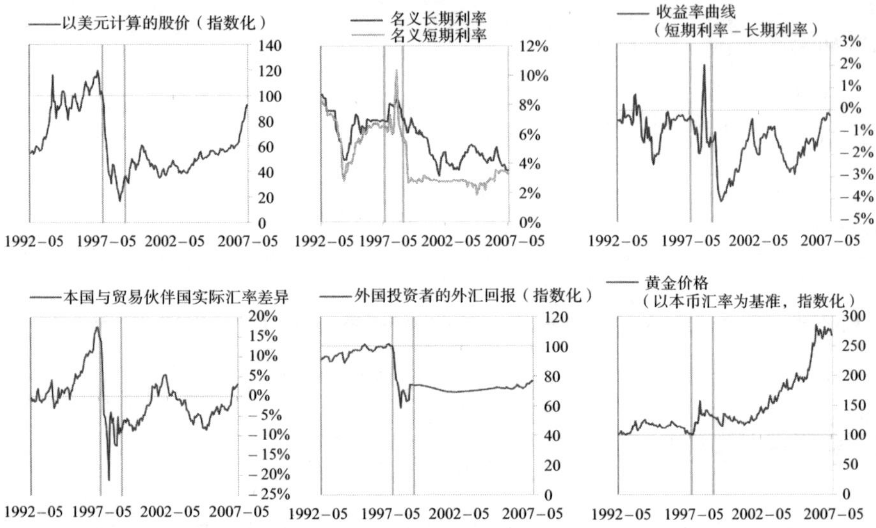

以美元计算的股价（指数化）
名义长期利率
名义短期利率
收益率曲线
（短期利率－长期利率）
本国与贸易伙伴国实际汇率差异
外国投资者的外汇回报（指数化）
黄金价格
（以本币汇率为基准，指数化）
1992－05
1997－05
2002－05
2007－05

国际收支状况

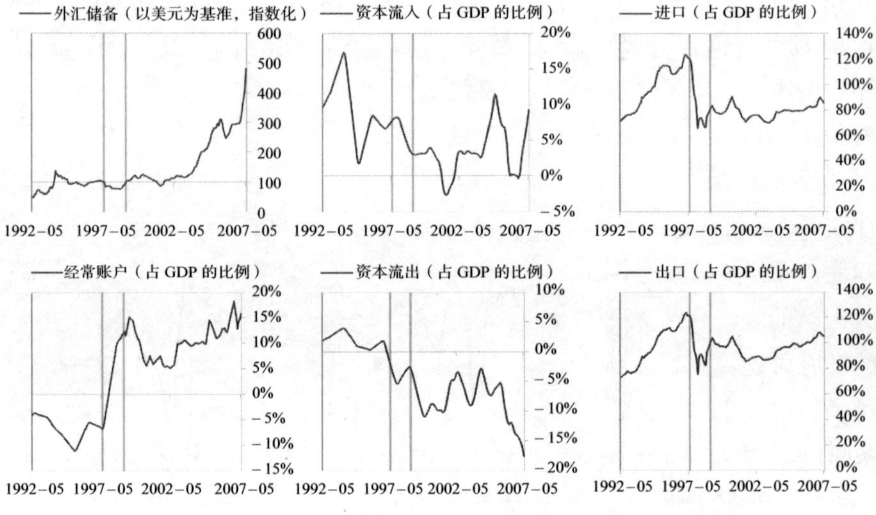

外汇储备（以美元为基准，指数化）
资本流入（占GDP的比例）
进口（占GDP的比例）
经常账户（占GDP的比例）
资本流出（占GDP的比例）
出口（占GDP的比例）
1992－05
1997－05
2002－05
2007－05

菲律宾1994—2008年案例文本自动摘要

如右图所示，1994—2008年，菲律宾暂时处于通胀性去杠杆化周期。这是一个国家在面临外部压力时“任其货币浮动”的典型例子。虽然这使菲律宾暂时出现了一定程度的通胀，但最终为决策者设定利率提供了更大的灵活性。

泡沫阶段

1994—1997年，菲律宾处于泡沫阶段。其最显著的特征是，资本流入强劲，货币回报丰厚，这些因素以不可持续的方式发展。在此期间，菲律宾的债务达到危机前的峰值，占GDP的95%，升幅为GDP的12%。在本案例中，很大一部分债务以外币计价（占GDP的51%），这使菲律宾很容易受到外资撤出的影响。在泡沫阶段，菲律宾的投资流入强劲，平均约占GDP的12%，这有助于其填补经常账户缺口（此时的经常账户赤字占GDP的5%。在债务与资金不断增加的支撑下，菲律宾经济增长强劲（增速达到5%），经济活力适度（GDP缺口达到2%的峰值）。此外，股票在泡沫阶段的平均年化回报率为8%，高资产回报率鼓励更多借债，刺激经济增长。因为菲律宾的实际汇率达到了23%的峰值，其竞争力变成一个问题。菲律宾面临这些泡沫压力，依赖外国资金流入，相关国家的经济状况恶化，这些因素共同促成了不可持续的发展局势。

萧条阶段

最终，形势出现逆转，导致了自我强化的经济萧条和国际收支危机/货币危机，持续时间为1997—1998年。在危机前的最高峰，菲律宾的偿债总额达到GDP的25%，这使菲律宾容易受到冲击伤害，而此时其面临的冲击是1997年的亚洲金融危机。菲律宾的外资流入减少（资本流入降幅为GDP的19%），导致货币政策紧缩（短期利率上调9%），货币大幅贬值（实际汇率下降29%）。

泡沫与萧条指数

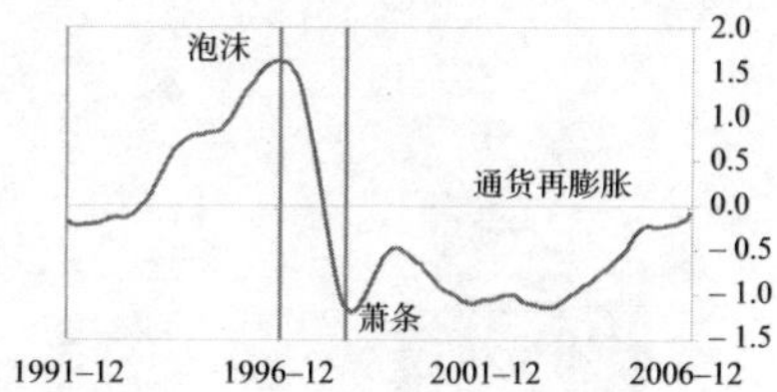

紧缩与宽松指数

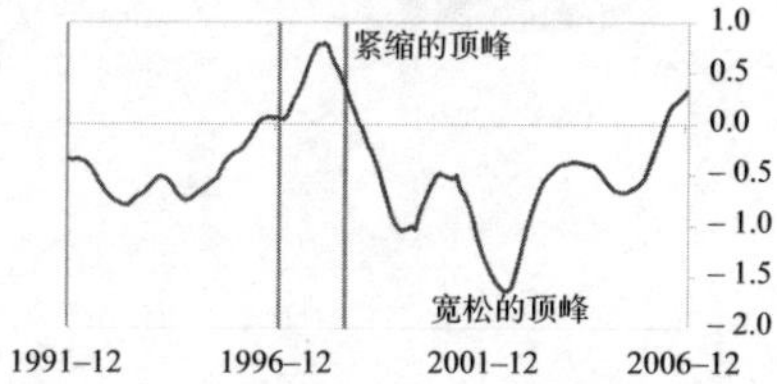

核心通胀率（同比）

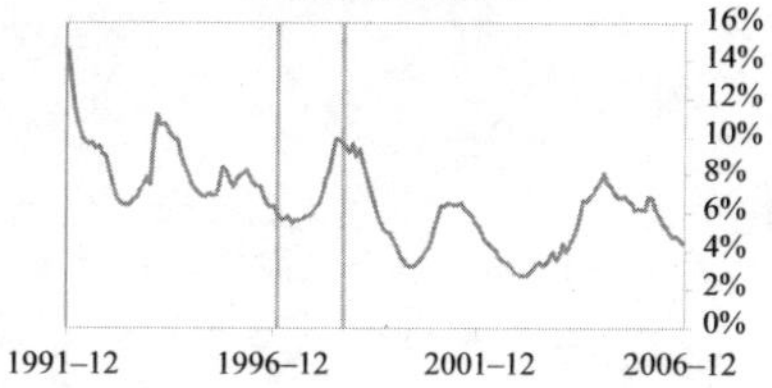

去杠杆化归因：萧条阶段

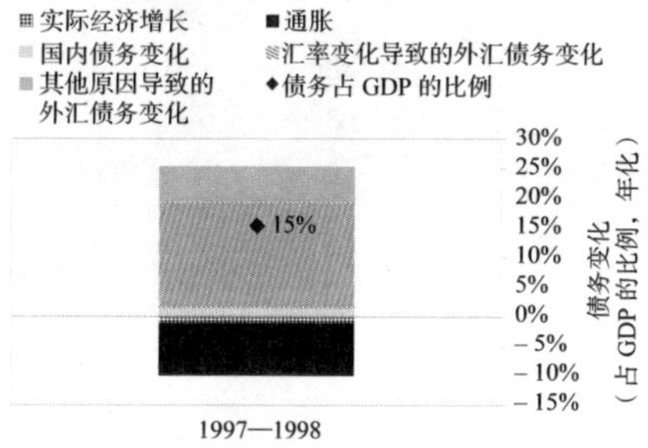

去杠杆化归因：通货再膨胀阶段

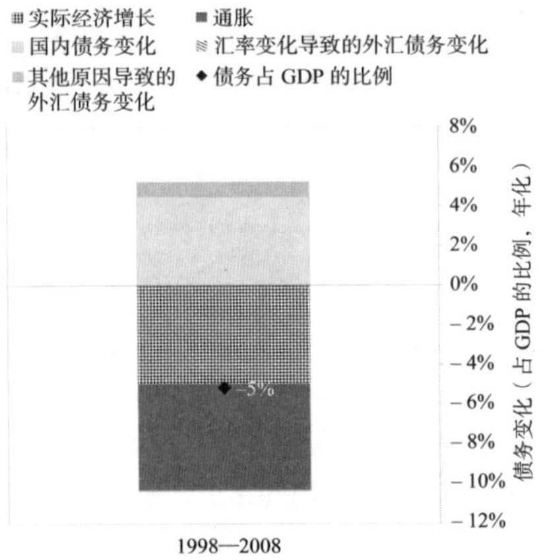

同时，菲律宾的 GDP 和股价均陷入自我强化式下跌，跌幅分别为 3% 和 79%。由于货币疲软，菲律宾的通胀率处于温和水平且不断上升，在萧条阶段最高达到 10%，这与其他类似案例相比是较低的水平。这合乎情理，因为当时菲律宾仅存在约 1/4 导致更大规模螺旋式通胀的典型“风险因素”（其中最大的风险因素是央行的外汇储备较少）。菲律宾的金融机构也面临巨大压力。央行动用了外汇储备来维持货币稳定（外汇储备减少了 60%），但最终决策者放弃捍卫货币。如上页中的去杠杆化归因图所示，尽管菲律宾需要去杠杆化，但部分由于货币贬值（这导致以外币计价的偿债负担加重），债务占 GDP 的比例增加了 24%（年化增幅为 15%）。

通货再膨胀阶段

国际收支危机 / 货币危机的演变主要取决于决策者如何处理不良资本流动：是允许金融环境收紧（这往往是解决危机的必要措施，但会带来痛苦），还是通过印钞弥补资金外流（这可能导致通胀）。在本案例中，菲律宾放弃了钉住汇率制度，痛苦的去杠杆化阶段的持续时间略短于平均水平。之后，决策者实施了充足的紧缩政策，减少进口支出（经常账户余额增幅为 GDP 的 11%），提高本国货币的吸引力。菲律宾比较积极地管控金融机构和处理坏账，使用了 9 个典型政策工具中的 3 个。菲律宾还受益于一项 IMF 援助计划，并实施了结构性改革，旨在增强劳动力市场的灵活性。如左边的去杠杆化归因图所示，在这段调整时期，菲律宾的债务占 GDP 的比例下降了 51%（年化降幅为 5%）。债务与收入比率下降的主要原因是名义收入增加。同时，由于本国货币大幅贬值（在这段和谐的去杠杆化时期，实际汇率跌至 –24% 的低点），菲律宾重新获得竞争力。最终，其 GDP 萎缩仅持续较短时间，以美元计算的股价在 16 年内恢复。

这场危机对菲律宾政局造成显著影响，为约瑟夫 · 埃斯特拉达上台搭建了舞台，而许多人认为埃斯特拉达是一名民粹主义领导人。

菲律宾 1994—2008 年分类图示附录

负债状况

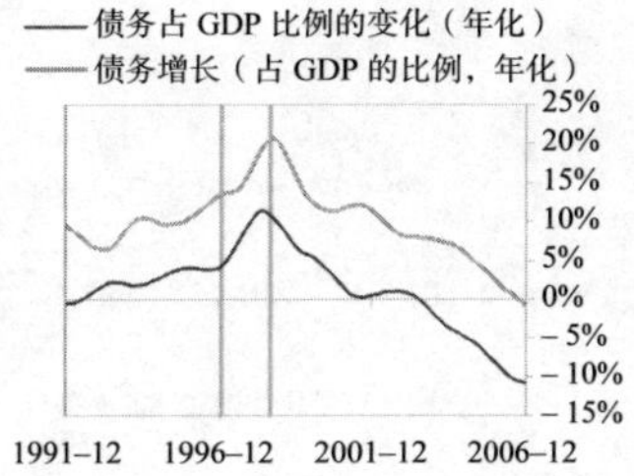

货币政策与财政政策

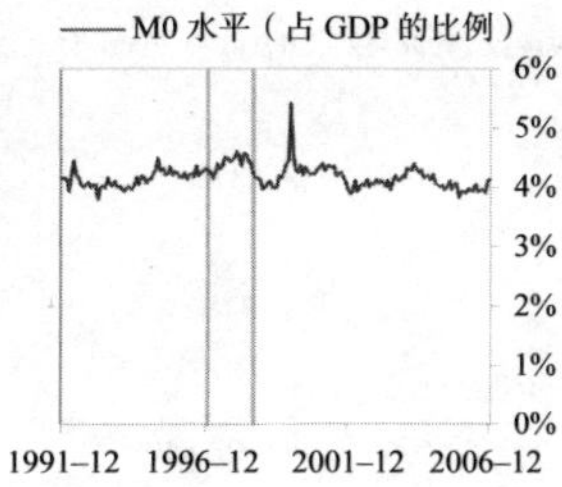

经济状况

市场状况

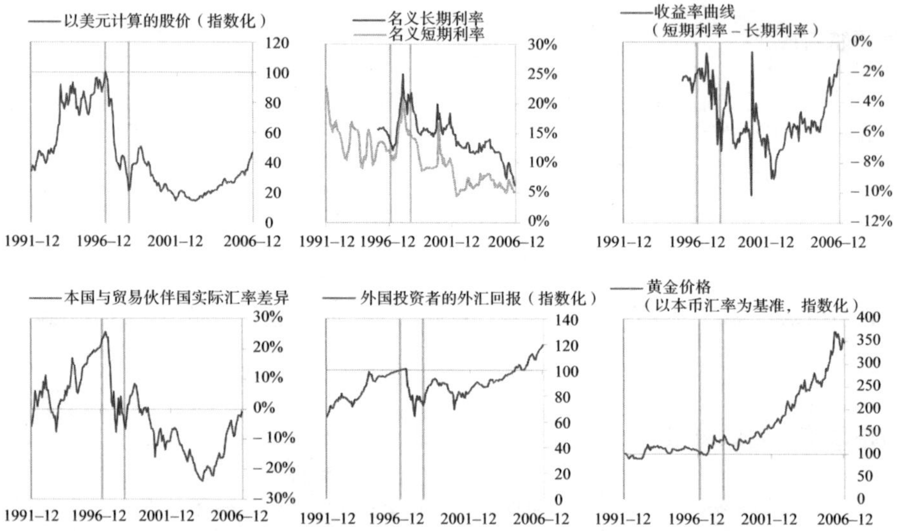
以美元计算的股价（指数化）
名义长期利率
名义短期利率
收益率曲线
（短期利率－长期利率）
本国与贸易伙伴国实际汇率差异
外国投资者的外汇回报（指数化）
黄金价格
（以本币汇率为基准，指数化）
1991–12
1996–12
2001–12
2006–12

国际收支状况

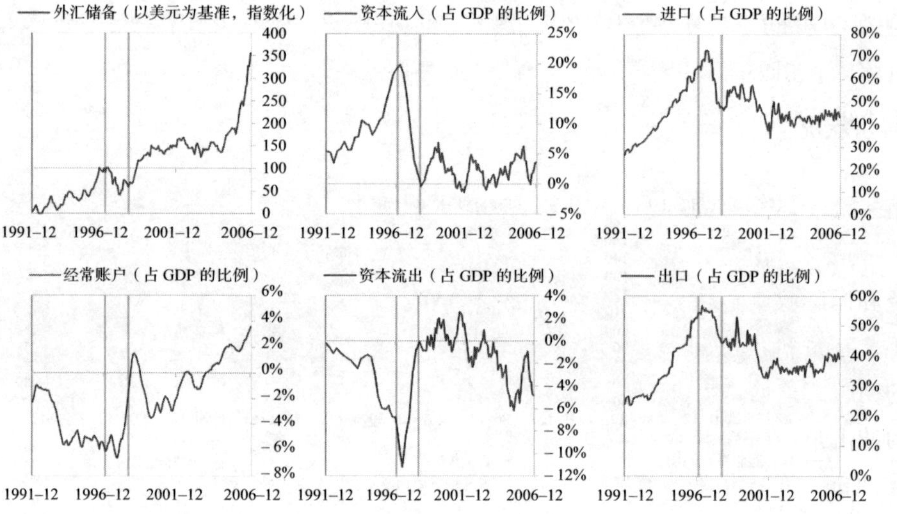
外汇储备（以美元为基准，指数化）
资本流入（占 GDP 的比例）
进口（占 GDP 的比例）
经常账户（占 GDP 的比例）
资本流出（占 GDP 的比例）
出口（占 GDP 的比例）
1991–12
1996–12
2001–12
2006–12

俄罗斯 1996—2006 年案例文本自动摘要

如右图所示，1996—2006 年，俄罗斯暂时处于通胀性去杠杆化周期。这是一个国家在面临外部压力时“任其货币浮动”的典型例子。虽然这使俄罗斯暂时出现了一定程度的通胀，但最终为决策者设定利率提供了更大的灵活性。

泡沫与萧条指数

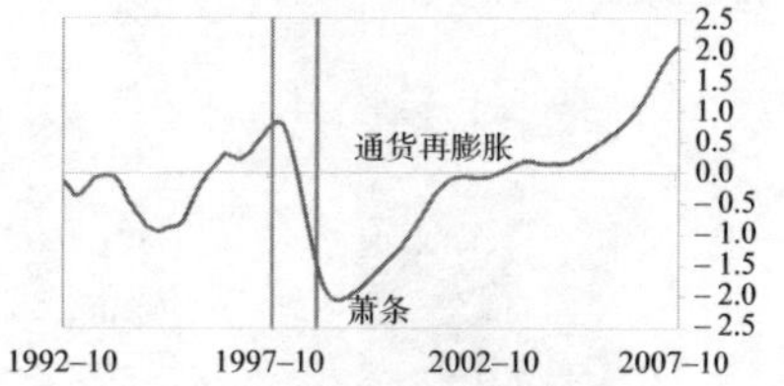

紧缩与宽松指数

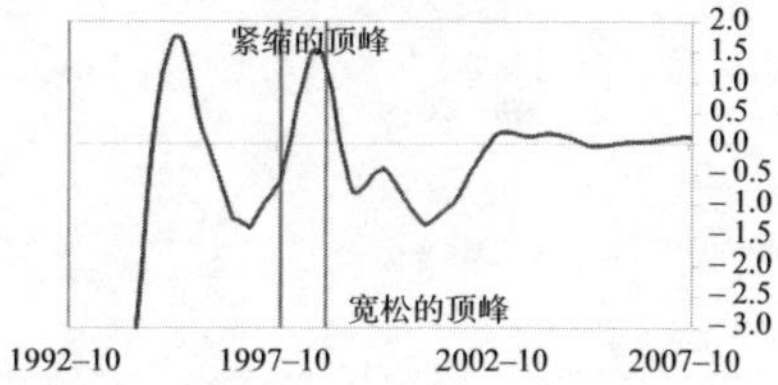

核心通胀率（同比）

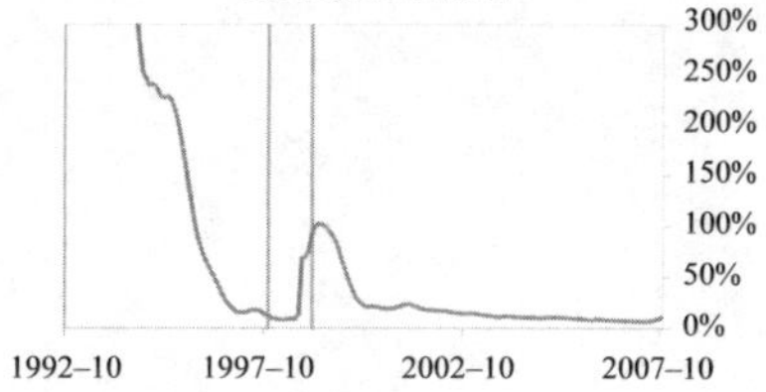

去杠杆化归因：萧条阶段

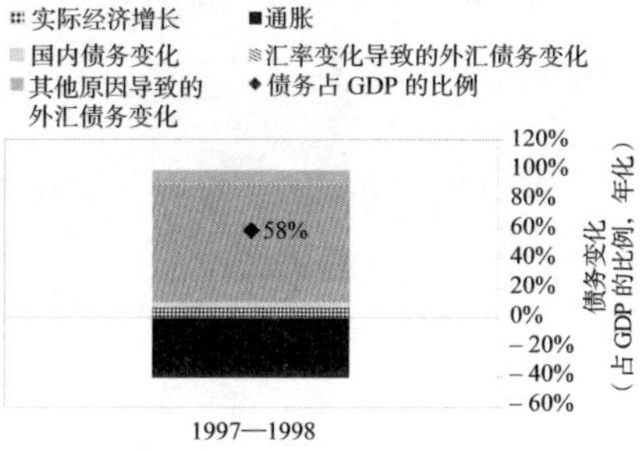

泡沫阶段

与许多其他案例不同，在危机爆发前的几年里，俄罗斯没有普遍出现泡沫，但与俄罗斯联系密切的其他国家、经济体和金融市场出现了泡沫式发展。而且在危机前，由于外资以不可持续的方式强劲流入，俄罗斯确实积累了大量债务，债务总额达到 GDP 的 112%。在本案例中，很大一部分债务以外币计价（占 GDP 的 38%），这使俄罗斯很容易受到外资撤出的影响。俄罗斯还比较依赖持续流入的外资，在危机前的几年里，投资流入平均为 GDP 的 5%。最终，俄罗斯肩负高额债务，依赖外资流入，相关国家的经济状况恶化，这些因素共同促成了不可持续的发展局势。

萧条阶段

最终，形势出现逆转，导致了自我强化的经济萧条和国际收支危机 / 货币危机，持续时间为 1997—1998 年。在危机前的最高峰，俄罗斯的偿债总额达到 GDP 的 90%，这使俄罗斯容易受到冲击伤害，而此时其面临的冲击是，1997 年亚洲金融危机的影响波及俄罗斯，以及油价下跌。俄罗斯的外资流入减少（资本流入降幅为 GDP 的 5%），导致货币政策紧缩（短期利率上调逾 250%），货币大幅贬值（实际汇率下降 72%）。同时，俄罗斯的 GDP 与股价均陷入自我强化式下跌，跌幅分别为 10% 和 85%。由于货币疲软，俄罗斯的通胀率高企且不断上升，在萧条阶段最高时达 91%，这与其他类似案例相比是很高的水平。这合乎情理，因为当时俄罗斯存在

去杠杆化归因：通货再膨胀阶段

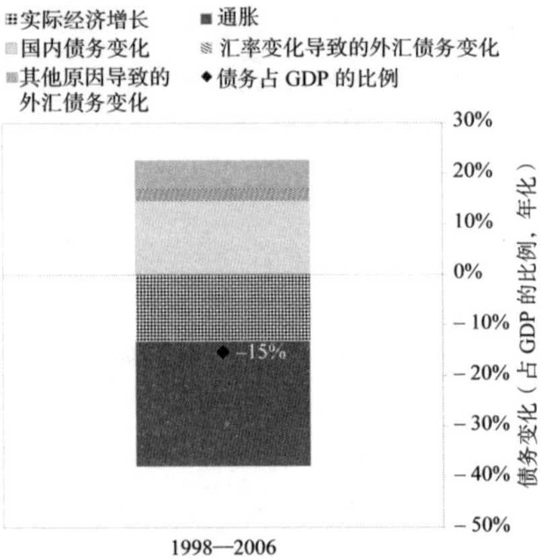

约一半导致更大规模螺旋式通胀的典型“风险因素”（其中最大的风险因素是俄罗斯长期忽视对通胀的管控）。俄罗斯的金融机构也面临巨大压力。央行动用了外汇储备来维持货币稳定（外汇储备减少了 55%），但最终决策者放弃捍卫货币。如上页中的去杠杆化归因图所示，尽管俄罗斯需要去杠杆化，但其债务占 GDP 的比例增加了 63%（年化增幅为 58%），原因是货币贬值（这导致以外币计价的偿债负担加重），以及政府需要举借新债应对危机（财政赤字占 GDP 的比例达到 5% 的峰值）。

通货再膨胀阶段

国际收支危机 / 货币危机的演变主要取决于决策者如何处理不良资本流动：是允许金融环境收紧（这往往是解决危机的必要措施，但会带来痛苦），还是通过印钞弥补资金外流（这可能导致通胀）。在本案例中，俄罗斯放弃了钉住汇率制度，痛苦的去杠杆化阶段的持续时间略短于平均水平。之后，决策者实施了充足的紧缩政策，减少进口支出（经常账户余额增幅为 GDP 的 8%），提高本国货币的吸引力。俄罗斯非常积极地管控金融机构和处理坏账，使用了 9 个典型政策工具中的 6 个。特别是，俄罗斯将银行国有化，提供流动性，并直接购买问题资产。俄罗斯还受益于一项 IMF 援助计划，并实施了结构性改革，旨在增强劳动力市场的灵活性。如左边的去杠杆化归因图所示，在这段调整时期，俄罗斯的债务占 GDP 的比例下降了 119%（年化降幅为 15%）。债务与收入比率下降的主要原因是名义收入增加。同时，由于本国货币大幅贬值（在这段和谐的去杠杆化时期，实际汇率跌至 –43% 的低点），俄罗斯重新获得竞争力。其实际 GDP 用了 1.8 年时间达到之前的峰值，以美元计算的股价在 6 年内恢复。

俄罗斯 1996—2006 年分类图示附录

负债状况

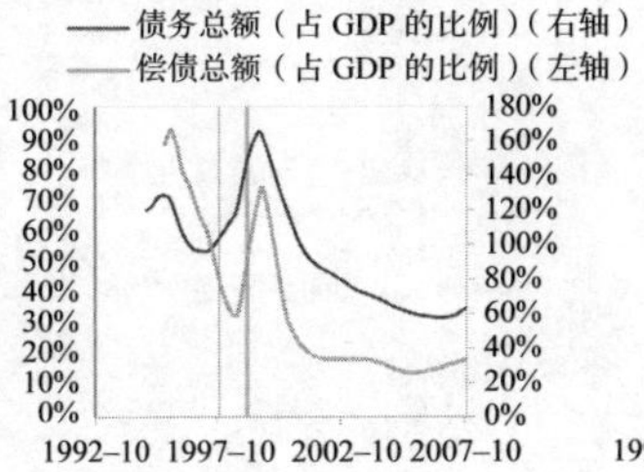

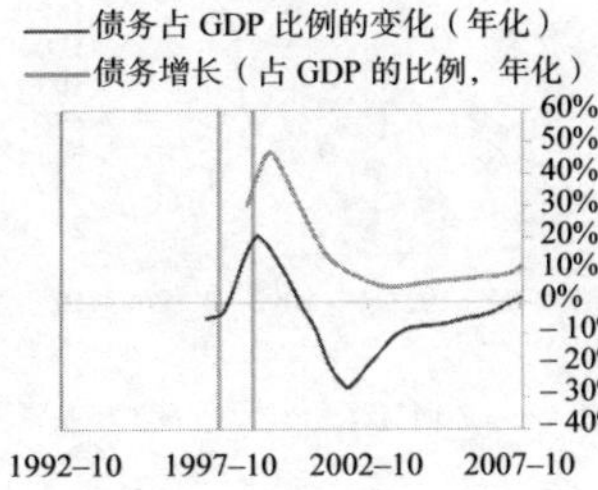

货币政策与财政政策

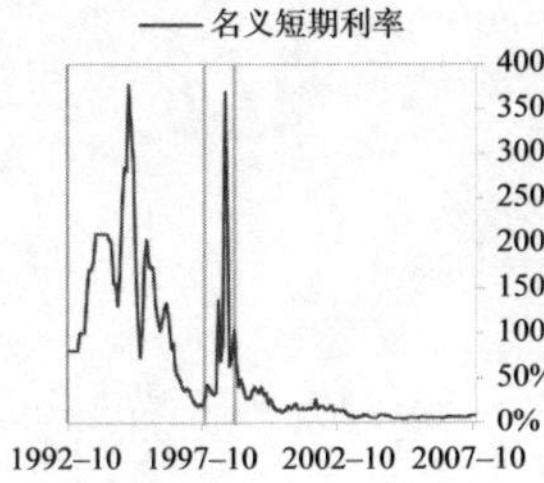

经济状况

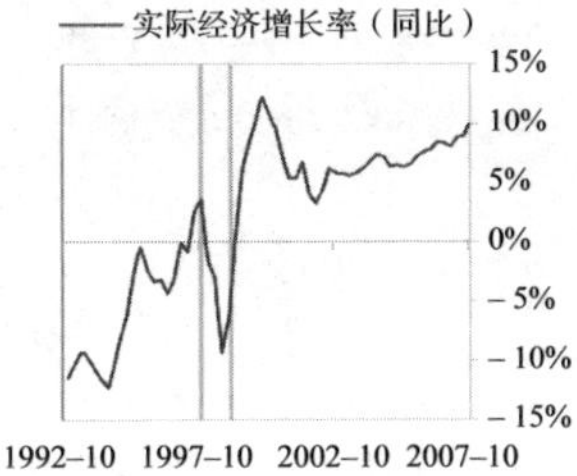

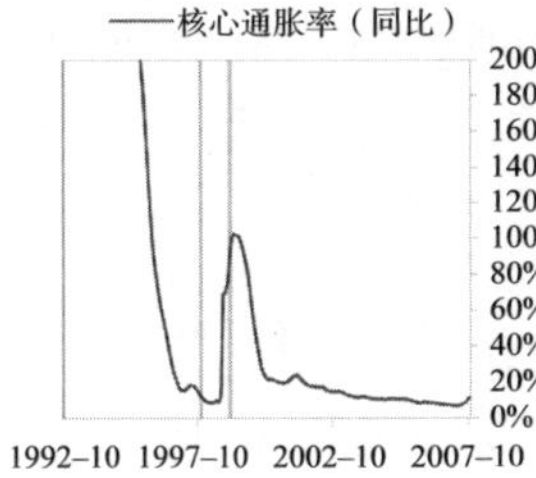

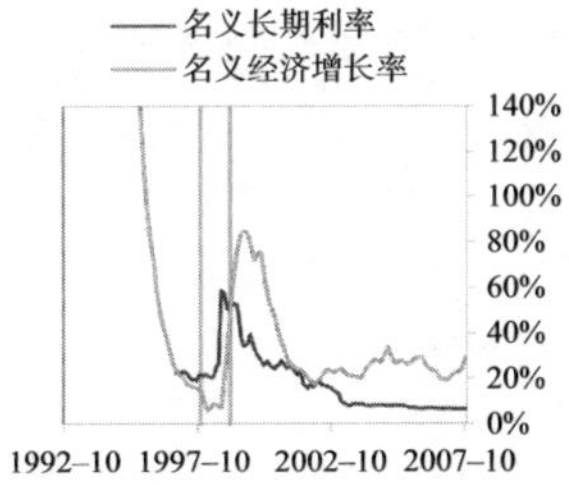

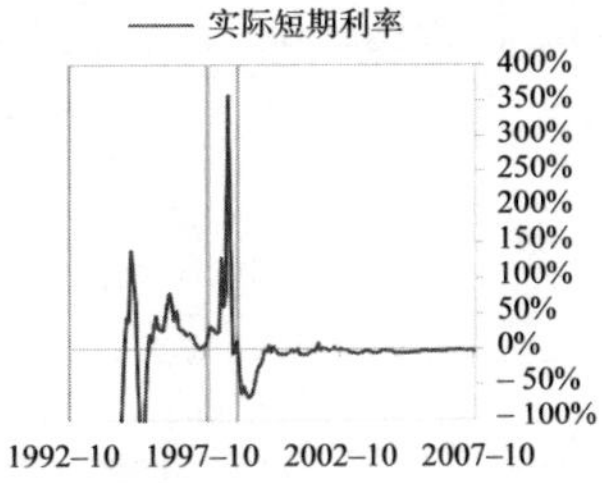

市场状况

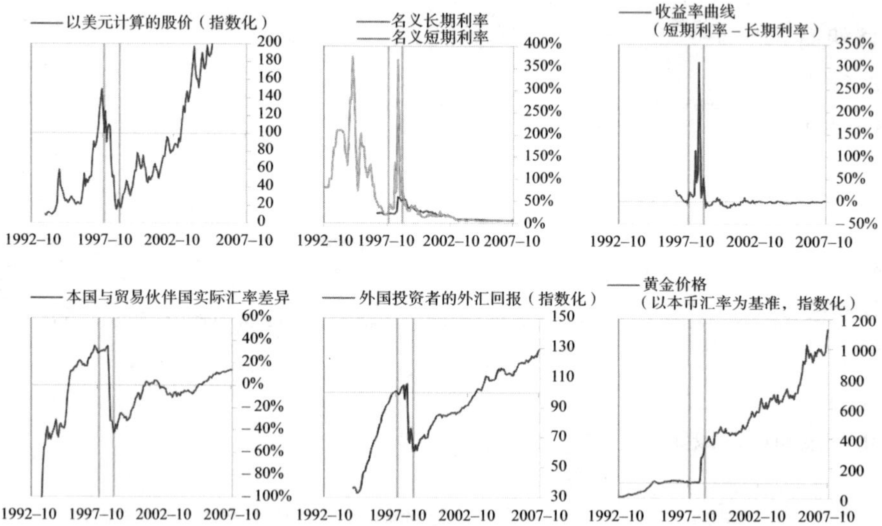
以美元计算的股价（指数化）
200
180
160
140
120
100
80
60
40
20
0
1992–10
1997–10
2002–10
2007–10
名义长期利率
名义短期利率
400%
350%
300%
250%
200%
150%
100%
50%
0%
收益率曲线
（短期利率－长期利率）
350%
300%
250%
200%
150%
100%
50%
0%
–50%
本国与贸易伙伴国实际汇率差异
60%
40%
20%
0%
–20%
–40%
–60%
–80%
–100%
外国投资者的外汇回报（指数化）
150
130
110
90
70
50
30
黄金价格
（以本币汇率为基准，指数化）
1 200
1 000
800
600
400
200
0

国际收支状况

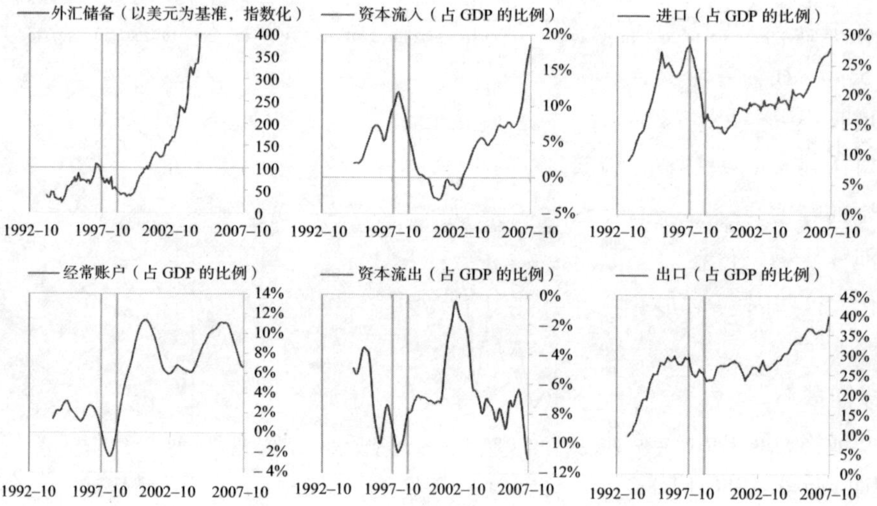
外汇储备（以美元为基准，指数化）
400
350
300
250
200
150
100
50
0
1992–10
1997–10
2002–10
2007–10
资本流入（占GDP的比例）
20%
15%
10%
5%
0%
–5%
进口（占GDP的比例）
30%
25%
20%
15%
10%
5%
0%
经常账户（占GDP的比例）
14%
12%
10%
8%
6%
4%
2%
0%
–2%
–4%
资本流出（占GDP的比例）
0%
–2%
–4%
–6%
–8%
–10%
–12%
出口（占GDP的比例）
45%
40%
35%
30%
25%
20%
15%
10%
5%
0%

哥伦比亚 1995—2008 年案例文本自动摘要

如右图所示，1995—2008 年，哥伦比亚暂时处于通胀性去杠杆化周期。这是一个国家在面临外部压力时“任其货币浮动”的典型例子。虽然这使哥伦比亚暂时出现了一定程度的通胀，但最终为决策者设定利率提供了更大的灵活性。

泡沫与萧条指数

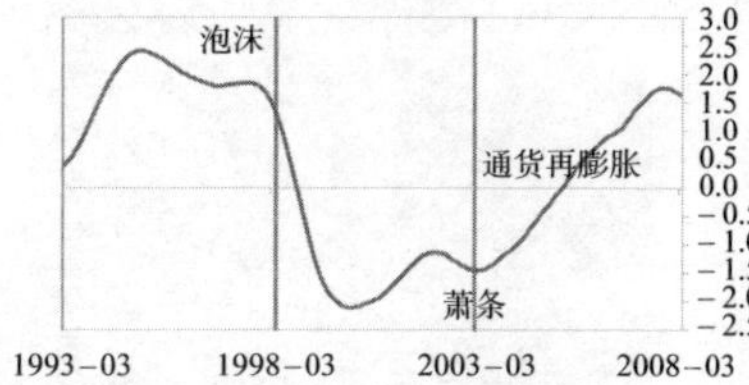

紧缩与宽松指数

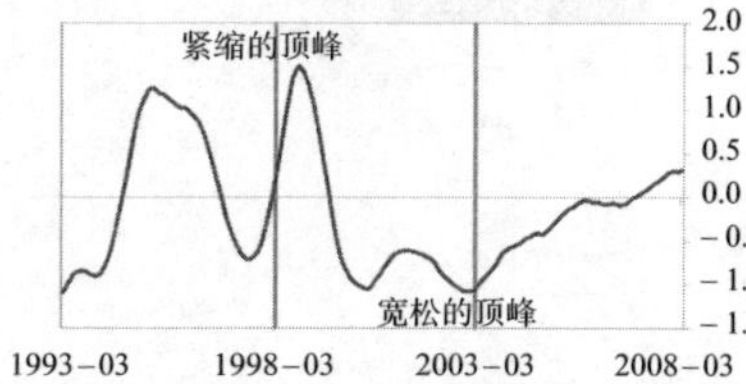

核心通胀率（同比）

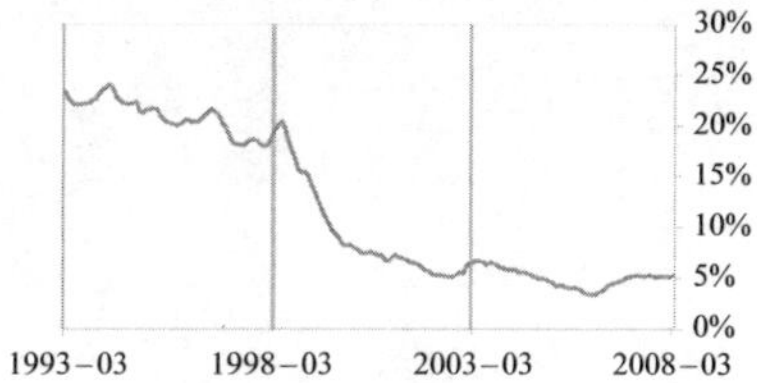

去杠杆化归因：萧条阶段

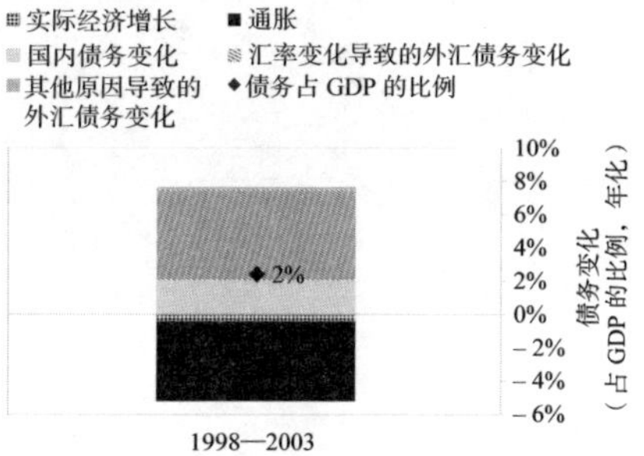

泡沫阶段

1995—1998 年，哥伦比亚处于泡沫阶段。大量资本流入，债务不断增加，经济增长强劲，房地产市场回报丰厚，这些因素以不可持续的方式促成一个自我强化的泡沫周期。在泡沫阶段，哥伦比亚的债务达到危机前的峰值，占 GDP 的 58%，升幅为 GDP 的 11%。在本案例中，很大一部分债务以外币计价（占 GDP 的 30%），这使哥伦比亚很容易受到外资撤出的影响。在这一阶段，哥伦比亚投资流入强劲，平均约占 GDP 的 8%，这有助于其填补经常账户缺口（此时的经常账户赤字占 GDP 的 5%）。在债务与资金不断增加的支撑下，哥伦比亚经济增长强劲（增速达到 3%），经济活力处于高位（GDP 缺口达到 5% 的峰值）。因为哥伦比亚的实际汇率达到了 16% 的峰值，其竞争力变成一个问题。哥伦比亚面临这些泡沫压力，依赖外国资金流入，相关国家的经济状况恶化，这些因素共同促成了不可持续的发展局势。

萧条阶段

最终，形势出现逆转，导致了自我强化的经济萧条和国际收支危机 / 货币危机，持续时间为 1998—2003 年。高债务水平使哥伦比亚容易受到冲击伤害，而此时其面临的冲击是，1997 年的亚洲金融危机影响哥伦比亚。哥伦比亚的外资流入减少（资本流入降幅为 GDP 的 8%），导致货币政策紧缩（短期利率上调 20%），货币大幅贬值（实际汇率下降 45%）。同时，哥伦比亚的 GDP 与股价陷入自我强化式下跌，跌幅分别为 7% 和 66%，失业率

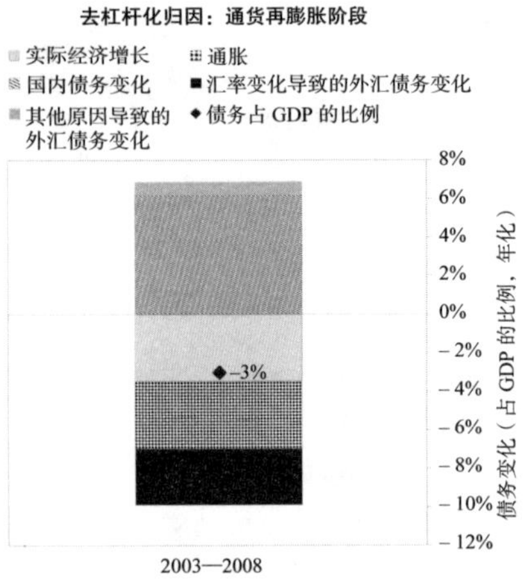

上升 6%。由于货币疲软，哥伦比亚的通胀率处于温和水平，在萧条阶段最高时达 20%，这与其他类似案例相比是较低的水平，尽管当时哥伦比亚存在约一半导致更大规模螺旋式通胀的典型“风险因素”（其中最大的风险因素是哥伦比亚长期忽视对通胀的管控）。哥伦比亚的金融机构也面临巨大压力。央行动用了外汇储备来维持货币稳定（外汇储备减少了 37%），但最终决策者放弃捍卫货币。如上页中的去杠杆化归因图所示，尽管哥伦比亚需要去杠杆化，但其债务占 GDP 的比例增加了 12%（年化增幅为 2%），原因是货币贬值（这导致以外币计价的偿债负担加重），以及政府需要举借新债应对危机（财政赤字占 GDP 的比例达到 5% 的峰值）。

通货再膨胀阶段

国际收支危机 / 货币危机的演变主要取决于决策者如何处理不良资本流动：是允许金融环境收紧（这往往是解决危机的必要措施，但会带来痛苦），还是通过印钞弥补资金外流（这可能导致通胀）。在本案例中，哥伦比亚放弃了钉住汇率制度，痛苦的去杠杆化阶段的持续时间略长于平均水平。之后，决策者实施了充足的紧缩政策，减少进口支出（经常账户余额增幅为 GDP 的 5%），提高本国货币的吸引力。哥伦比亚非常积极地管控金融机构和处理坏账，使用了 9 个典型政策工具中的 6 个。特别是，哥伦比亚将银行国有化，提供流动性，并直接购买问题资产。哥伦比亚还受益于一项 IMF 援助计划，并实施了结构性改革，旨在增强劳动力市场的灵活性。如左边的去杠杆化归因图所示，在这段调整时期，哥伦比亚的债务占 GDP 的比例下降了 16%（年化降幅为 3%）。债务与收入比率下降的主要原因是名义收入增加。同时，由于本国货币大幅贬值（在这段和谐的去杠杆化时期，实际汇率跌至 –29% 的低点），哥伦比亚重新获得竞争力。其实际 GDP 用了 4 年时间达到以前的峰值，以美元计算的股价在 7 年内恢复。

哥伦比亚 1995—2008 年分类图示附录

负债状况

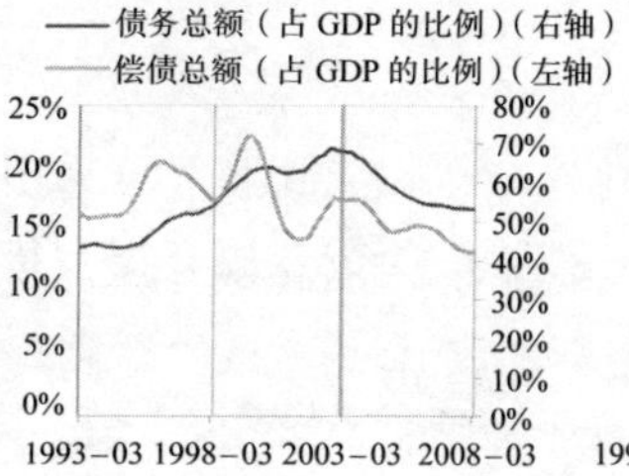

货币政策与财政政策

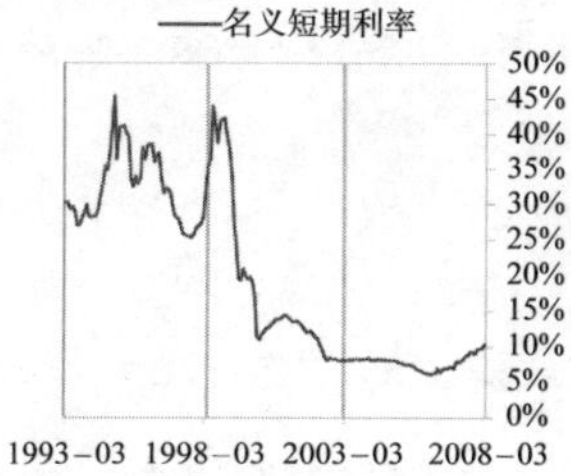

经济状况

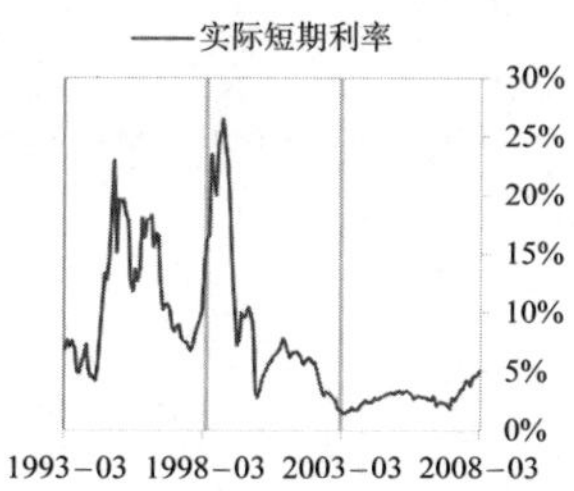

市场状况

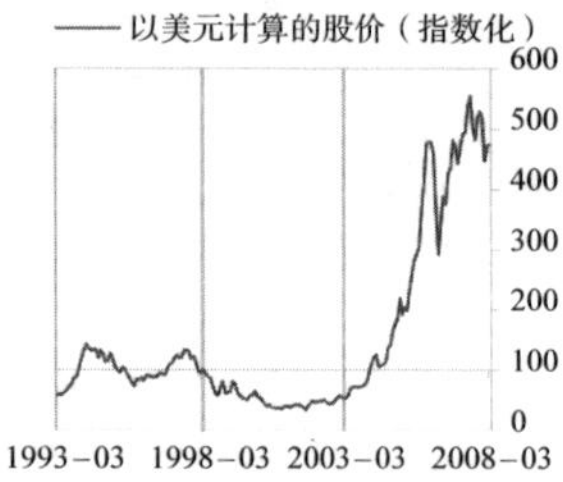

——以美元计算的股价（指数化）
600
500
400
300
200
100
0
1993-03 1998-03 2003-03 2008-03

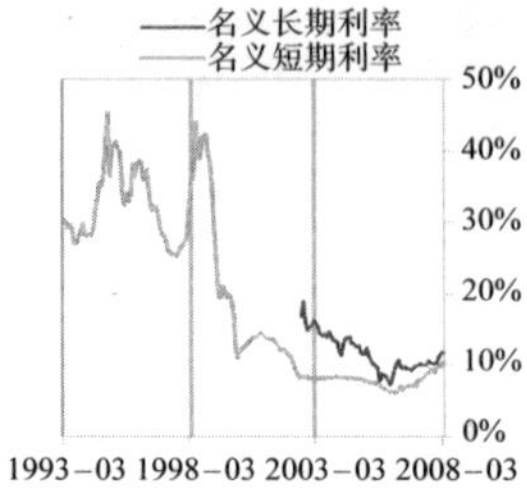

——名义长期利率
——名义短期利率
50%
40%
30%
20%
10%
0%
1993-03 1998-03 2003-03 2008-03

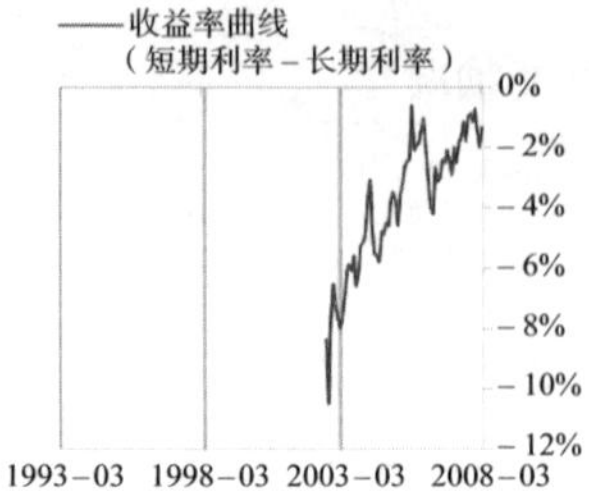

——收益率曲线
（短期利率－长期利率）
0%
-2%
-4%
-6%
-8%
-10%
-12%
1993-03 1998-03 2003-03 2008-03

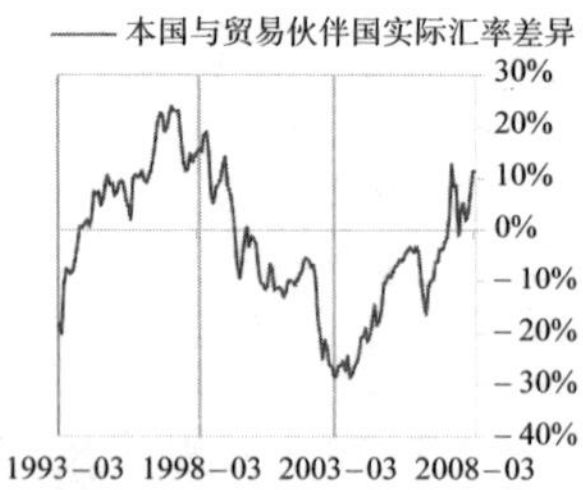

——本国与贸易伙伴国实际汇率差异
30%
20%
10%
0%
-10%
-20%
-30%
-40%
1993-03 1998-03 2003-03 2008-03

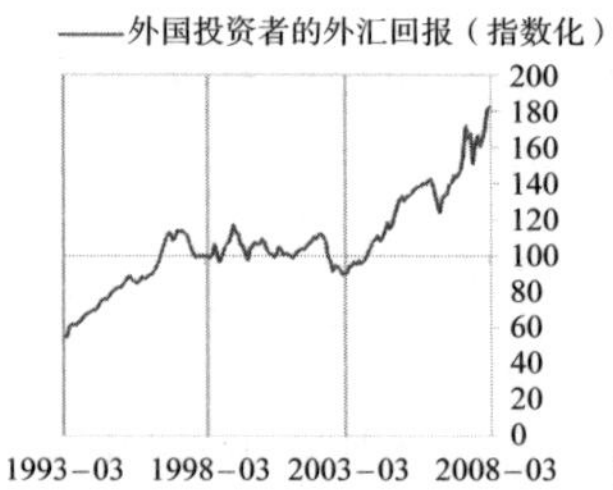

——外国投资者的外汇回报（指数化）
200
180
160
140
120
100
80
60
40
20
0
1993-03 1998-03 2003-03 2008-03

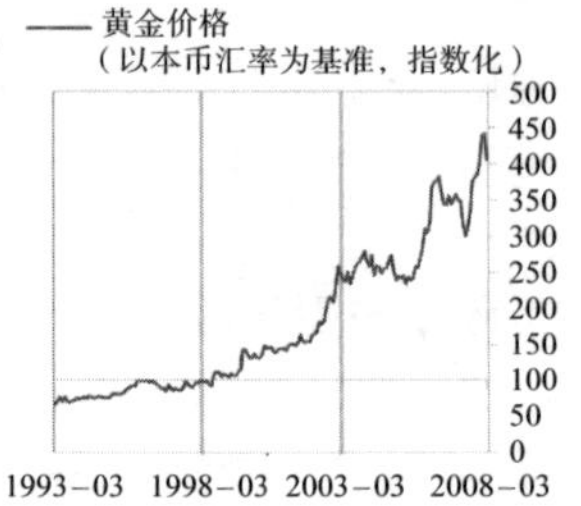

——黄金价格
（以本币汇率为基准，指数化）
500
450
400
350
300
250
200
150
100
50
0
1993-03 1998-03 2003-03 2008-03

国际收支状况

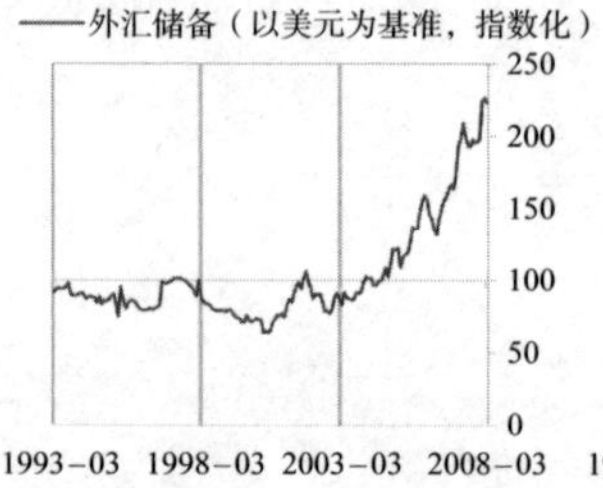

——外汇储备（以美元为基准，指数化）
250
200
150
100
50
0
1993-03 1998-03 2003-03 2008-03

——资本流入（占GDP的比例）
12%
10%
8%
6%
4%
2%
0%
1993-03 1998-03 2003-03 2008-03

——进口（占GDP的比例）
25%
20%
15%
10%
5%
0%
1993-03 1998-03 2003-03 2008-03

——经常账户（占GDP的比例）
2%
1%
0%
-1%
-2%
-3%
-4%
-5%
-6%
-7%
1993-03 1998-03 2003-03 2008-03

——资本流出（占GDP的比例）
3%
2%
1%
0%
-1%
-2%
-3%
-4%
-5%
-6%
-7%
1993-03 1998-03 2003-03 2008-03

——出口（占GDP的比例）
25%
20%
15%
10%
5%
0%
1993-03 1998-03 2003-03 2008-03

厄瓜多尔 1995—2009 年案例文本自动摘要

如右图所示，1995—2009 年，厄瓜多尔经历了典型的通胀性去杠杆化周期。

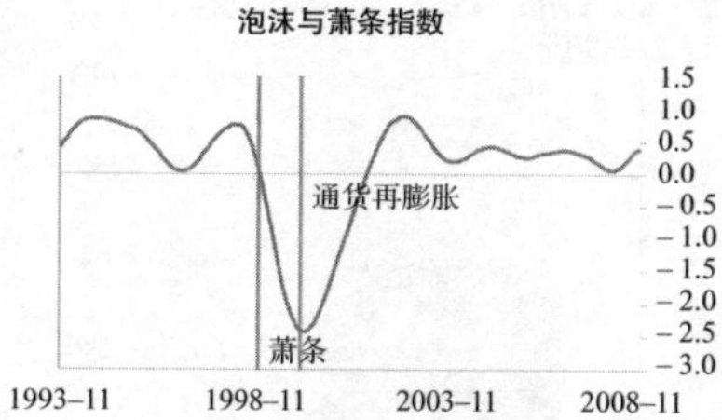

泡沫阶段

与许多其他案例不同，在危机爆发前的几年里，厄瓜多尔没有普遍出现泡沫，但与厄瓜多尔联系密切的其他国家、经济体和金融市场出现了泡沫式发展。而且在危机前，厄瓜多尔确实积累了大量债务，债务总额达到 GDP 的 85%。在本案例中，很大一部分债务以外币计价（占 GDP 的 56%），这使厄瓜多尔很容易受到外资撤出的影响。厄瓜多尔还比较依赖持续流入的外资（危机前的几年里，投资流入平均为 GDP 的 3%），经常账户赤字占 GDP 的 4%。最终，厄瓜多尔肩负高额债务，依赖外资流入，相关国家的经济状况恶化，这些因素共同促成了不可持续的发展局势。

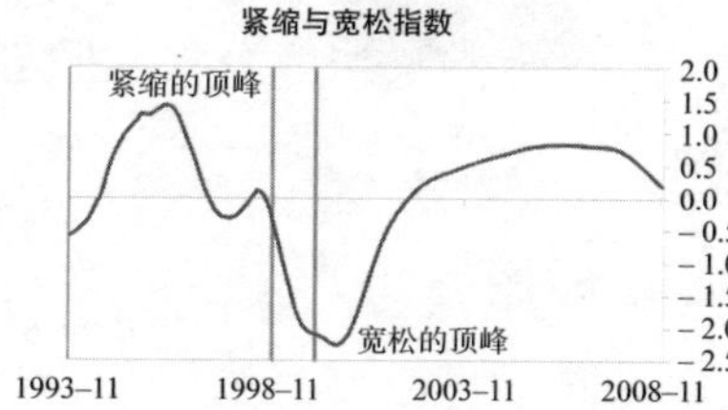

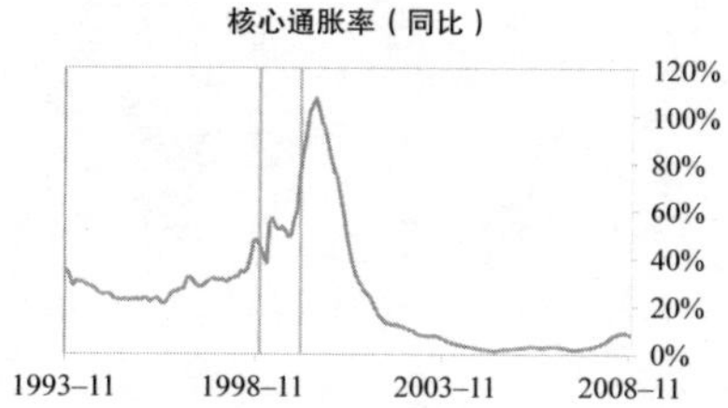

萧条阶段

最终，形势出现逆转，导致了自我强化的经济萧条和国际收支危机 / 货币危机，持续时间为 1998—2000 年。高债务水平使厄瓜多尔容易受到冲击伤害，而此时其面临的冲击是，1997 年的亚洲金融危机蔓延至厄瓜多尔。厄瓜多尔的外资流入减少（资本流入降幅为 GDP 的 11%），导致货币大幅贬值（实际汇率下降 60%）。同时，厄瓜多尔的 GDP 和股价均陷入自我强化式下跌，跌幅分别为 6% 和 62%，失业率上升 2%。由于货币疲软，厄瓜多尔的通胀率高企且不断上升，在萧条阶段最高时达 76%，这与其他类似案例相比是很高的水平。这合乎情理，因为当时厄瓜多尔存在大部分导致更大规模螺旋式通胀的典型“风险因素”（其中最大的风险因素是实际短期利率较低）。厄瓜多尔的金融机构也面临巨大压力。央行动用了外汇储备来维持货币稳定（外汇储备减少了 61%），但最终决策者放弃捍卫货币。如右边的去杠杆化

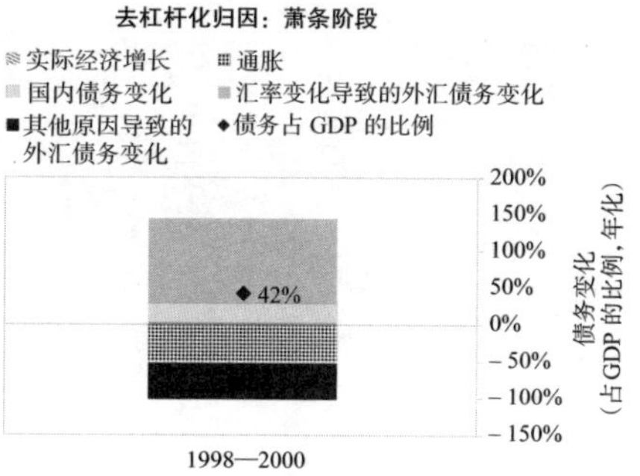

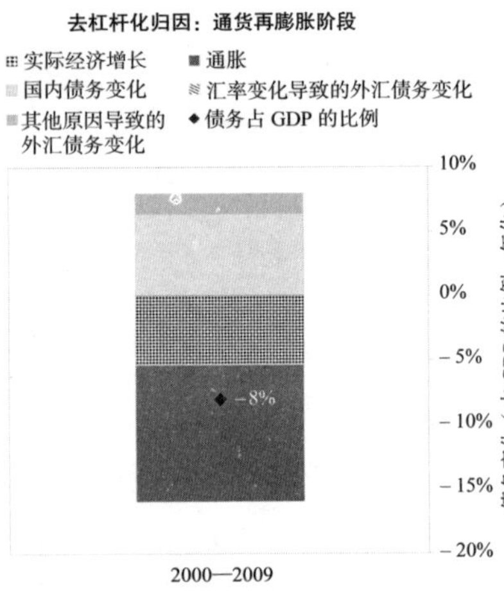

归因图所示，尽管厄瓜多尔需要去杠杆化，但部分由于货币贬值（这导致以外币计价的偿债负担加重），债务占 GDP 的比例增加了 46%（年化增幅为 42%）。

通货再膨胀阶段

国际收支危机/货币危机的演变主要取决于决策者如何处理不良资本流动：是允许金融环境收紧（这往往是解决危机的必要措施，但会带来痛苦），还是通过印钞弥补资金外流（这可能导致通胀）。在本案例中，厄瓜多尔放弃了钉住汇率制度，痛苦的去杠杆化阶段的持续时间相对较短。之后，决策者实施了充足的紧缩政策，减少进口支出（经常账户余额增幅为 GDP 的 11%），提高本国货币的吸引力。厄瓜多尔非常积极地管控金融机构和处理坏账，使用了 9 个典型政策工具中的 9 个。特别是，厄瓜多尔将银行国有化，提供流动性，并直接购买问题资产。厄瓜多尔还受益于一项 IMF 援助计划，并实施了结构性改革，旨在增强劳动力市场的灵活性。如左边的去杠杆化归因图所示，在这段调整时期，厄瓜多尔的债务占 GDP 的比例下降了 79%（年化降幅为 8%）。债务与收入比率下降的主要原因是名义收入增加。同时，由于本国货币大幅贬值（在这段和谐的去杠杆化时期，实际汇率跌至 –55% 的低点），厄瓜多尔重新获得竞争力。其实际 GDP 用了 1.8 年时间达到之前的峰值，以美元计算的股价在 5 年内恢复。

这场危机对厄瓜多尔政局造成显著影响，为 2003 年卢西奥·古铁雷斯上台搭建了舞台，而许多人认为古铁雷斯是一名民粹主义领导人。

厄瓜多尔 1995—2009 年分类图示附录

负债状况

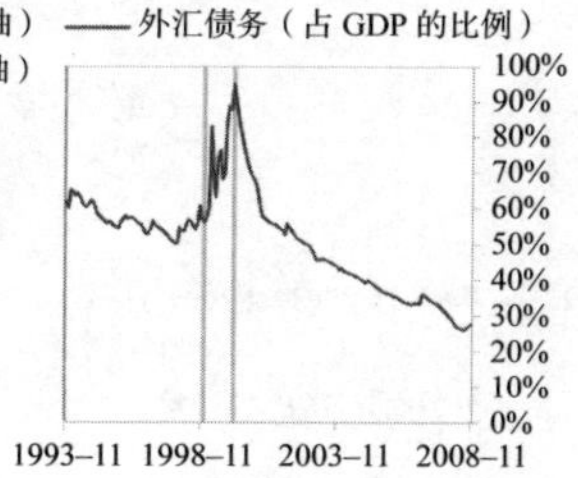

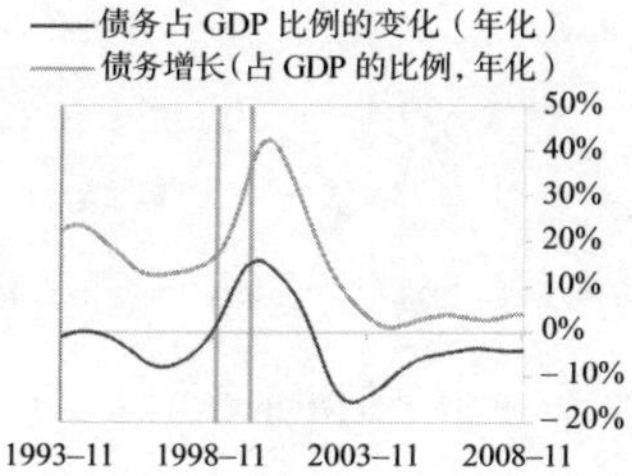

货币政策与财政政策

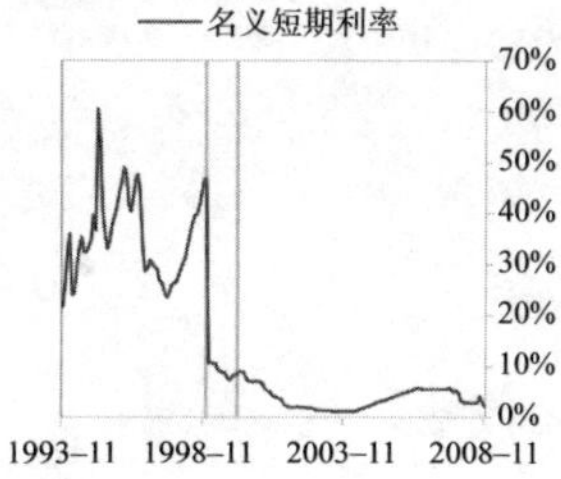

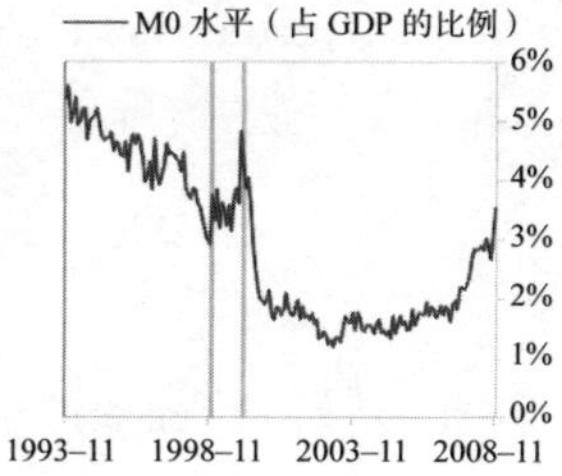

经济状况

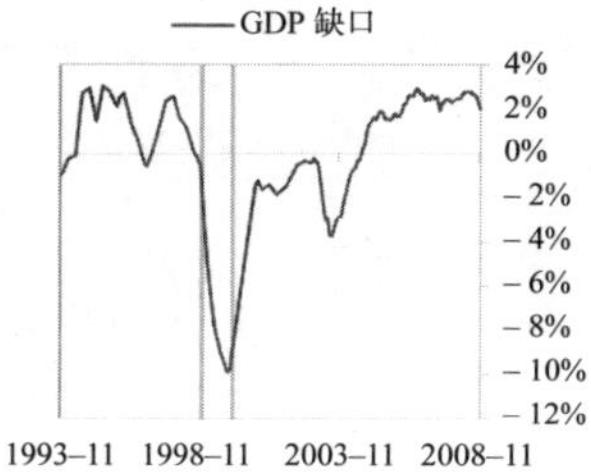

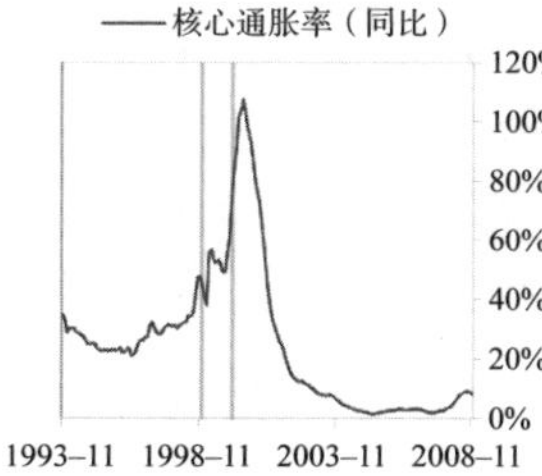

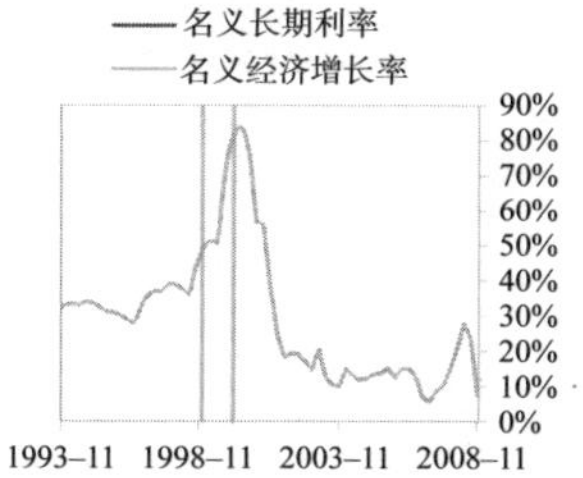

市场状况

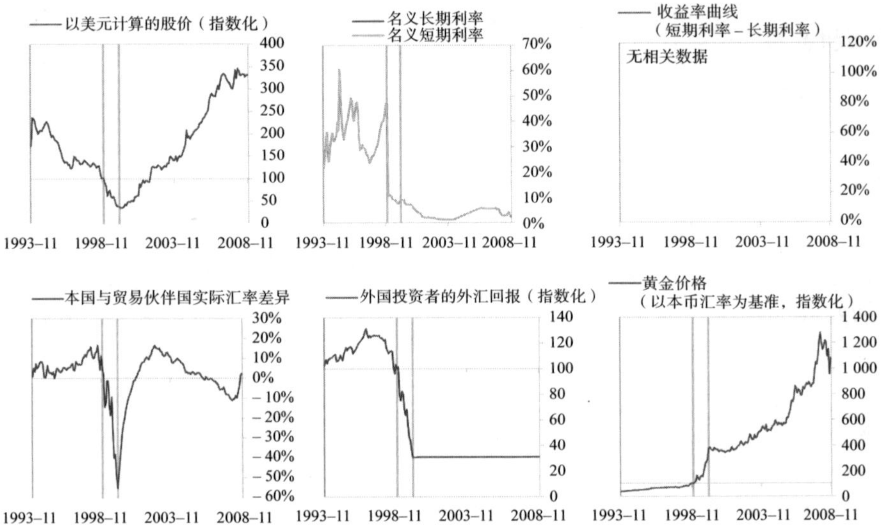
以美元计算的股价（指数化）
名义长期利率
名义短期利率
收益率曲线
（短期利率－长期利率）
无相关数据
本国与贸易伙伴国实际汇率差异
外国投资者的外汇回报（指数化）
黄金价格
（以本币汇率为基准，指数化）
1993–11
1998–11
2003–11
2008–11

国际收支状况

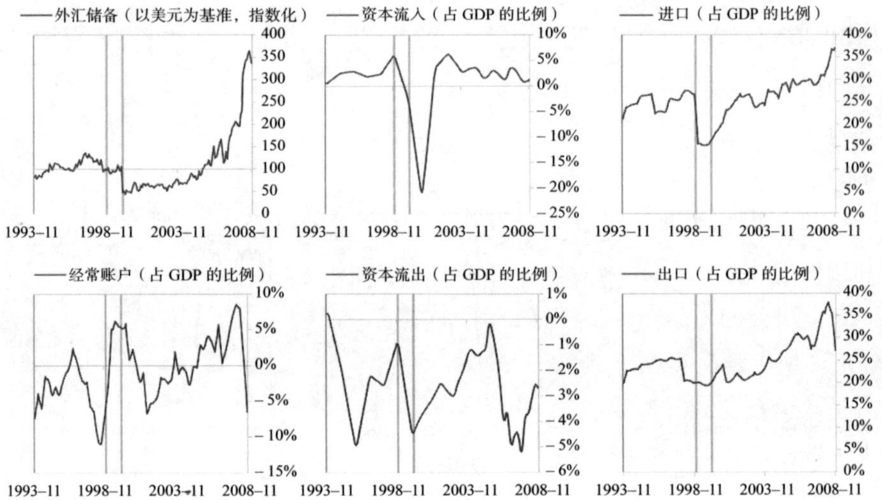
外汇储备（以美元为基准，指数化）
资本流入（占 GDP 的比例）
进口（占 GDP 的比例）
经常账户（占 GDP 的比例）
资本流出（占 GDP 的比例）
出口（占 GDP 的比例）
1993–11
1998–11
2003–11
2008–11

土耳其 1997—2003 年案例文本自动摘要

如右图所示，1997—2003 年，土耳其经历了典型的通胀性去杠杆化周期。

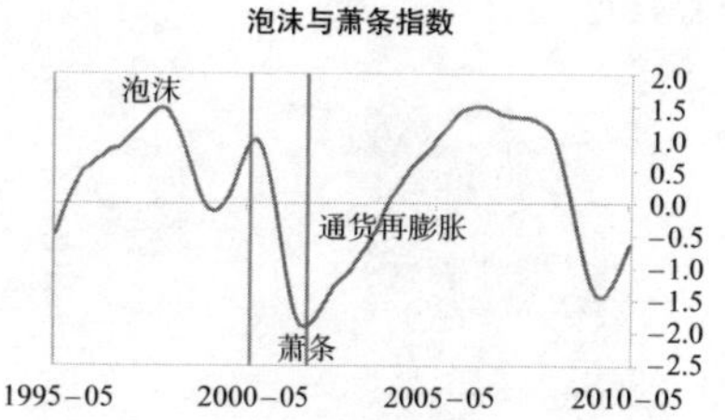

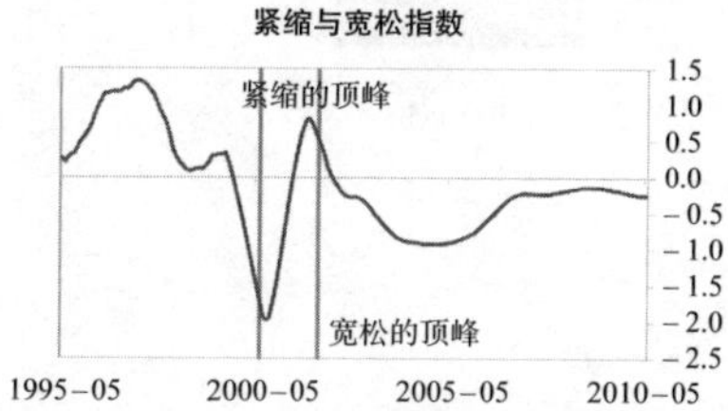

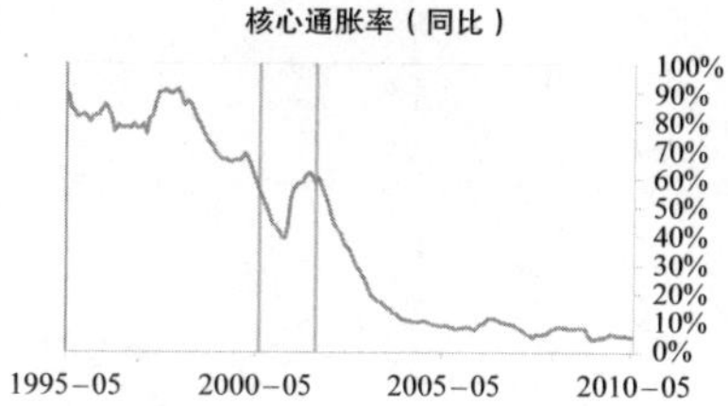

泡沫阶段

1997—2000 年，土耳其处于泡沫阶段。债务不断增加，股市回报丰厚，经济增长强劲，这些因素促成一个自我强化的泡沫周期。在泡沫阶段，土耳其的债务达到危机前的峰值，占 GDP 的 60%，升幅为 GDP 的 17%。在本案例中，很大一部分债务以外币计价（占 GDP 的 46%），这使土耳其很容易受到外资撤出的影响。在这一阶段，土耳其投资流入较少但为正，平均约占 GDP 的 3%。在债务与资金不断增加的支撑下，土耳其经济温和增长（增速达到 2%），经济活力处于高位（GDP 缺口达到 9% 的峰值）。此外，股票在泡沫阶段的平均年化回报率为 22%，高资产回报率鼓励更多借债，刺激经济增长。土耳其面临这些泡沫压力，而且依赖外资流入，这些因素共同促成了不可持续的发展局势。

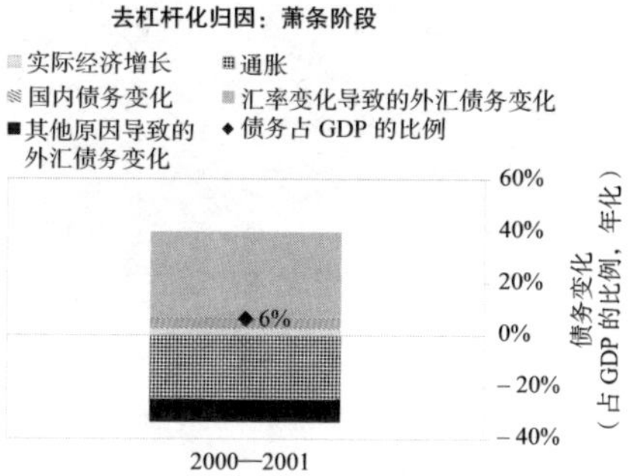

萧条阶段

最终，形势出现逆转，导致了自我强化的经济萧条和国际收支危机 / 货币危机，持续时间为 2000—2001 年。在危机前的最高峰，土耳其的偿债总额达到 GDP 的 30%，这使土耳其容易受到冲击伤害，而此时其面临的冲击是政治动荡和暴力事件的发生。土耳其的外资流入减少（资本流入降幅为 GDP 的 10%），导致货币政策收紧（短期利率上调 157%），货币大幅贬值（实际汇率下降 12%）。同时，土耳其的 GDP 和股价均陷入自我强化式下跌，跌幅分别为 10% 和 78%，失业率上升 3%。由于货币疲软，土耳其的通胀率高企且不断上升，在萧条阶段最高达到 62%，这与其他类似案例相比是很高的水平。这合乎情理，因为当时土耳其存在大部分导致更大规模螺旋式通胀的典型“风险因素”（其中最大的风险因

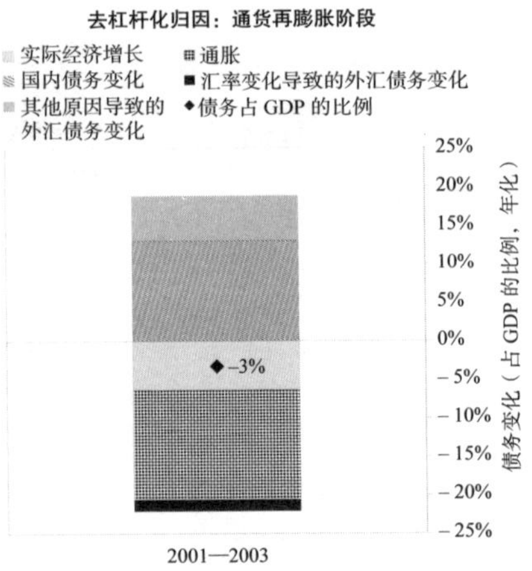

素是土耳其长期忽视对通胀的管控）。土耳其的金融机构也面临巨大压力。央行动用了外汇储备来维持货币稳定（外汇储备减少了 100%），但最终决策者放弃捍卫货币。如上页中的去杠杆化归因图所示，尽管土耳其需要去杠杆化，但其债务占 GDP 的比例增加了 9%（年化增幅为 6%），原因是货币贬值（这导致以外币计价的偿债负担加重），以及政府需要举借新债应对危机（财政赤字占 GDP 的比例达到 11% 的峰值）。

通货再膨胀阶段

国际收支危机 / 货币危机的演变主要取决于决策者如何处理不良资本流动：是允许金融环境收紧（这往往是解决危机的必要措施，但会带来痛苦），还是通过印钞弥补资金外流（这可能导致通胀）。在本案例中，土耳其放弃了钉住汇率制度，痛苦的去杠杆化阶段的持续时间略短于平均水平。之后，决策者实施了充足的紧缩政策，减少进口支出（经常账户余额增幅为 GDP 的 5%），提高本国货币的吸引力。土耳其非常积极地管控金融机构和处理坏账，使用了 9 个典型政策工具中的 7 个。特别是，土耳其将银行国有化，提供流动性，并直接购买问题资产。土耳其还受益于一项 IMF 援助计划，并实施了结构性改革，旨在增强劳动力市场的灵活性。如左边的去杠杆化归因图所示，在这段调整时期，土耳其的债务占 GDP 的比例下降了 6%（年化降幅为 3%）。债务与收入比率下降的主要原因是名义收入增加。同时，由于本国货币贬值（在这段和谐的去杠杆化时期，实际汇率跌至 –18% 的低点），土耳其重新获得竞争力。其实际 GDP 用了 2 年时间达到之前的峰值，以美元计算的股价在 6 年内恢复。

土耳其 1997—2003 年分类图示附录

负债状况

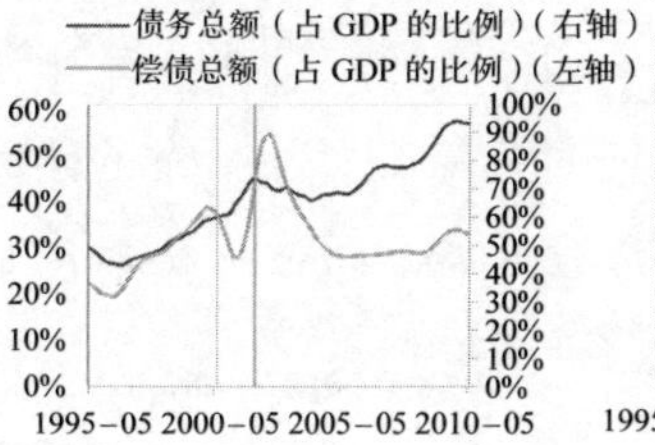

货币政策与财政政策

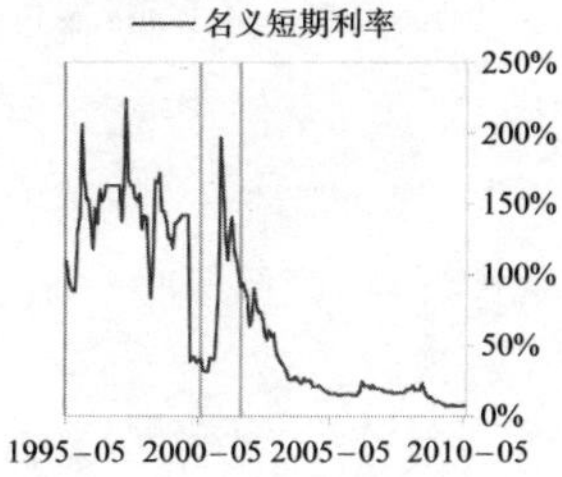

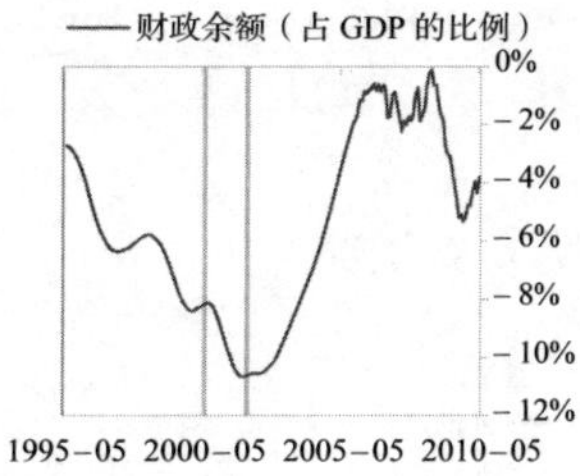

经济状况

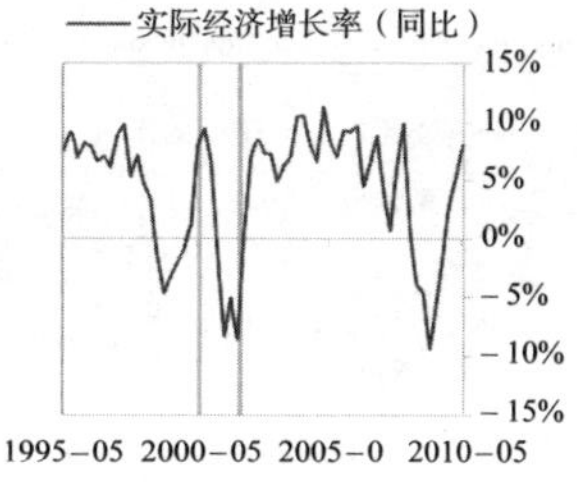

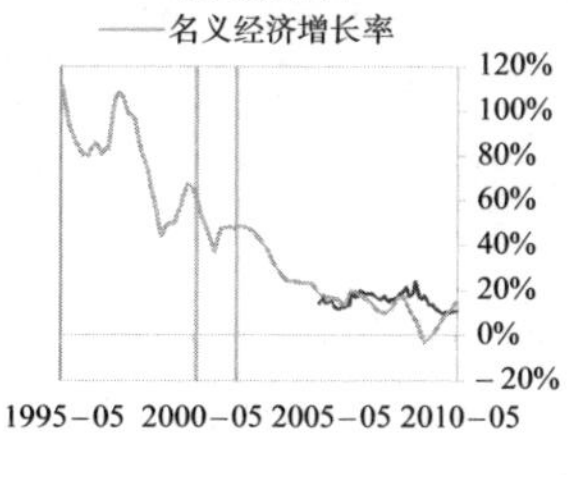

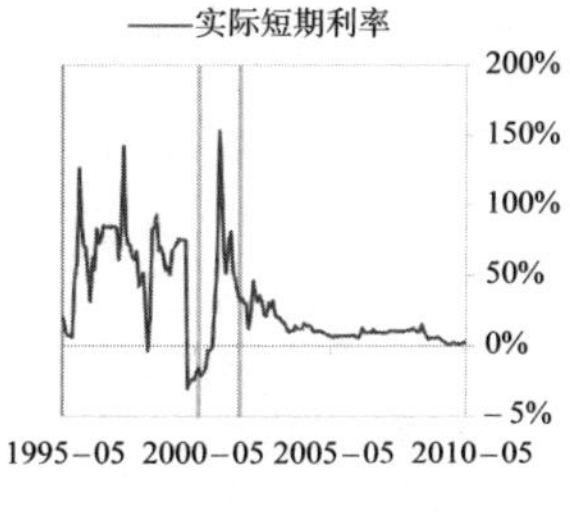

市场状况

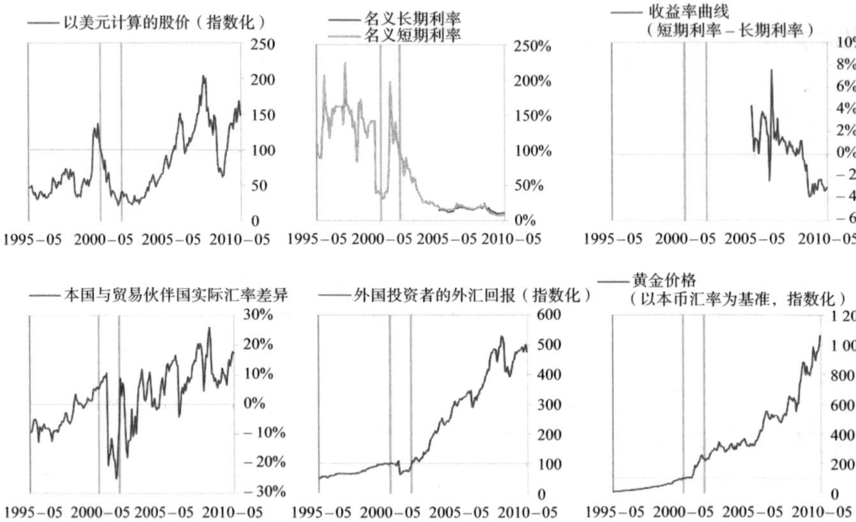

以美元计算的股价（指数化）
名义长期利率
名义短期利率
收益率曲线
（短期利率－长期利率）
本国与贸易伙伴国实际汇率差异
外国投资者的外汇回报（指数化）
黄金价格
（以本币汇率为基准，指数化）
1995－05 2000－05 2005－05 2010－05

国际收支状况

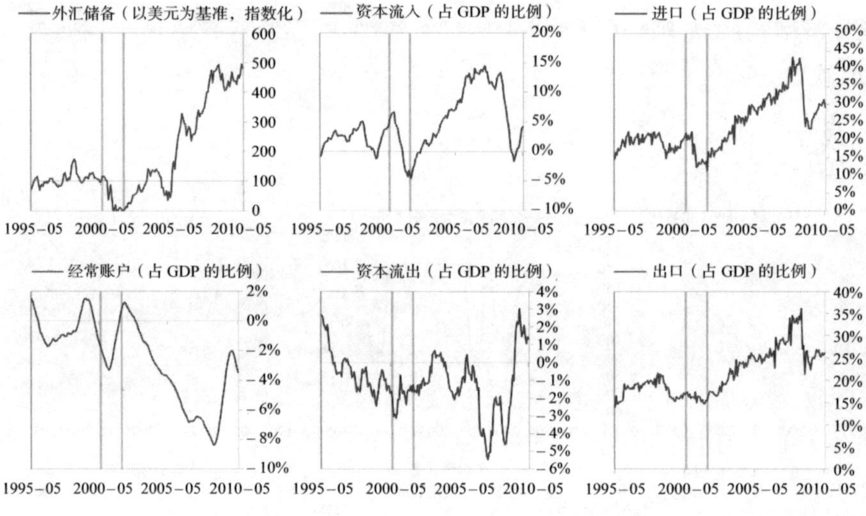

外汇储备（以美元为基准，指数化）
资本流入（占 GDP 的比例）
进口（占 GDP 的比例）
经常账户（占 GDP 的比例）
资本流出（占 GDP 的比例）
出口（占 GDP 的比例）
1995－05 2000－05 2005－05 2010－05

阿根廷 1998—2012 年案例文本自动摘要

如右图所示，1998—2012 年，阿根廷暂时处于通胀性去杠杆化周期。这是一个国家在面临外部压力时“任其货币浮动”的典型例子。虽然这使阿根廷暂时出现了一定程度的通胀，但最终为决策者设定利率提供了更大的灵活性。

泡沫与萧条指数

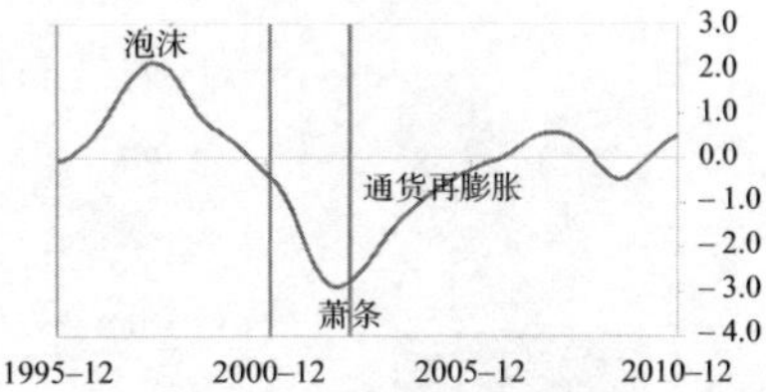

紧缩与宽松指数

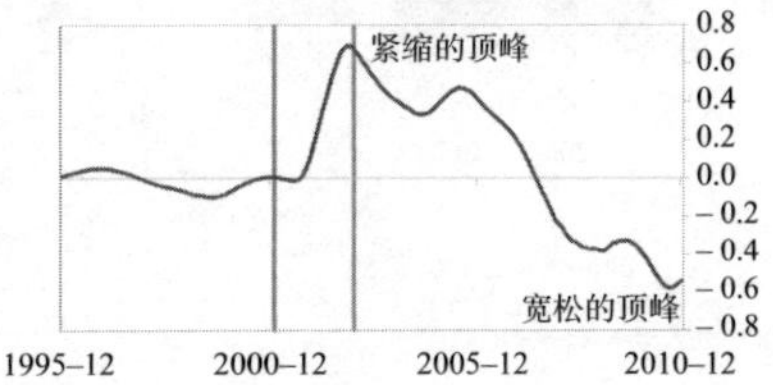

核心通胀率（同比）

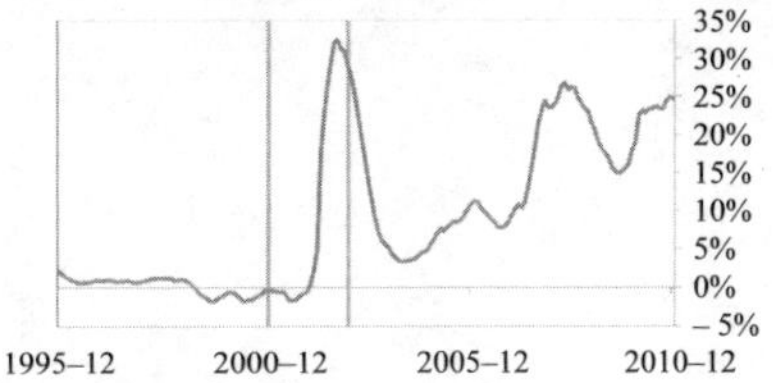

去杠杆化归因：萧条阶段

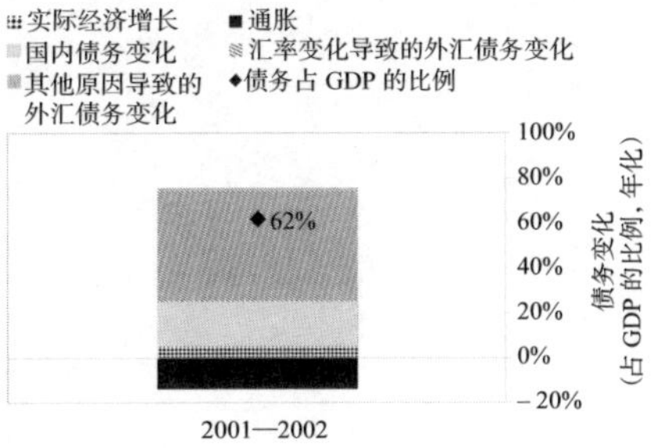

泡沫阶段

1998—2001 年，阿根廷处于泡沫阶段。其最显著的特征是，资本流入强劲，货币回报丰厚，这些因素以不可持续的方式发展。到泡沫阶段结束时，阿根廷的债务达到危机前的峰值，占 GDP 的 78%。在本案例中，很大一部分债务以外币计价（占 GDP 的 47%），这使阿根廷很容易受到大量外资撤出的影响。在这一阶段，阿根廷投资流入强劲，平均约占 GDP 的 11%，这有助于其填补经常账户缺口（此时的经常账户赤字占 GDP 的 5%）。阿根廷经济增长疲软（增速为 0%），但经济活动处于高位（GDP 缺口达到 9% 的峰值）。因为阿根廷的实际汇率达到了 39% 的峰值，其竞争力变成一个问题。阿根廷面临这些泡沫压力，依赖外资流入，相关国家的经济状况恶化，这些因素共同促成了一种不可持续的发展局势。

萧条阶段

最终，形势出现逆转，导致了自我强化的经济萧条和国际收支危机 / 货币危机，持续时间为 2001—2002 年。高债务水平使阿根廷容易受到冲击伤害，而此时其面临的冲击是，20 世纪 90 年代末发生于其他新兴经济体的金融危机波及阿根廷。阿根廷的外资流入减少（资本流入降幅为 GDP 的 10%），导致货币政策收紧（短期利率上调 173%），货币大幅贬值（实际汇率下降 77%）。同时，阿根廷的 GDP 与股价均陷入自我强化式下跌，跌幅分别为 15% 和 82%，失业率上升 3%。由于货币疲软，阿根廷的通胀率高企且不断上升，在萧条阶段最高时达

去杠杆化归因：通货再膨胀阶段

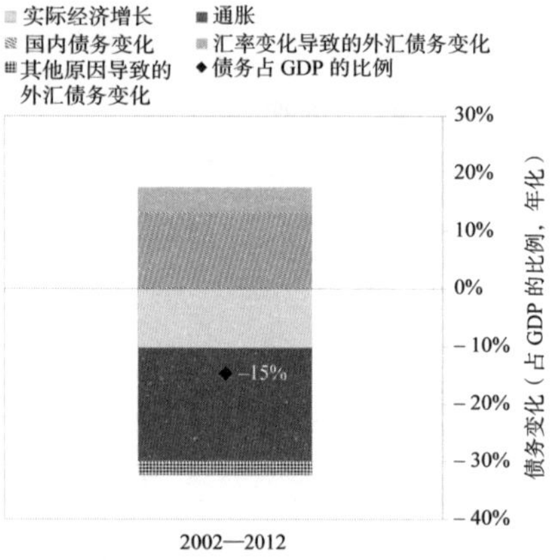

到 32%，这与其他类似案例相比是正常水平。这合乎情理，因为当时阿根廷存在约一半导致更大规模螺旋式通胀的典型"风险因素"（其中最大的风险因素是阿根廷长期忽视对通胀的管控）。阿根廷的金融机构也面临巨大压力。央行动用了外汇储备来维持货币稳定（外汇储备减少了 66%），但最终决策者放弃捍卫货币。如上页中的去杠杆化归因图所示，尽管阿根廷需要去杠杆化，但其债务占 GDP 的比例增加了 118%（年化增幅为 62%），原因是货币贬值（这导致以外币计价的偿债负担加重），以及政府需要举借新债应对危机（财政赤字占 GDP 的比例达到 4% 的峰值）。

通货再膨胀阶段

国际收支危机 / 货币危机的演变主要取决于决策者如何处理不良资本流动：是允许金融环境收紧（这往往是解决危机的必要措施，但会带来痛苦），还是通过印钞弥补资金外流（这可能导致通胀）。在本案例中，阿根廷放弃了钉住汇率制度，痛苦的去杠杆化阶段的持续时间略短于平均水平。之后，决策者实施了充足的紧缩政策，减少进口支出（经常账户余额增幅为 GDP 的 7%），提高本国货币的吸引力。阿根廷非常积极地管控金融机构和处理坏账，使用了 9 个典型政策工具中的 6 个。特别是，阿根廷将银行国有化，并提供流动性。阿根廷还受益于一项 IMF 援助计划，并实施了结构性改革，旨在增强劳动力市场的灵活性。如左边的去杠杆化归因图所示，在这段调整时期，阿根廷的债务占 GDP 的比例下降了 140%（年化降幅为 15%），其主要原因是名义收入增加。同时，由于本国货币大幅贬值（在这段和谐的去杠杆化时期，其实际汇率跌至 –42% 的低点），阿根廷重新获得竞争力。其实际 GDP 用了 5 年时间达到之前的峰值，以美元计算的股价在 7 年内恢复。

这场危机对阿根廷政局造成显著影响，为爱德华多 · 杜阿尔德上台搭建了舞台，而许多人认为杜阿尔德是一名民粹主义领导人。

阿根廷 1998—2012 年分类图示附录

负债状况

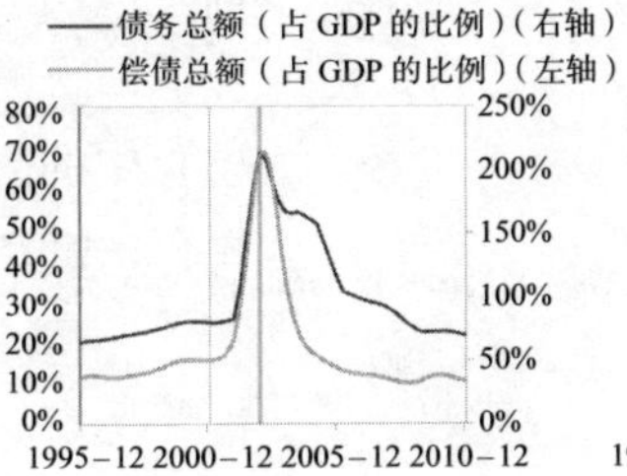

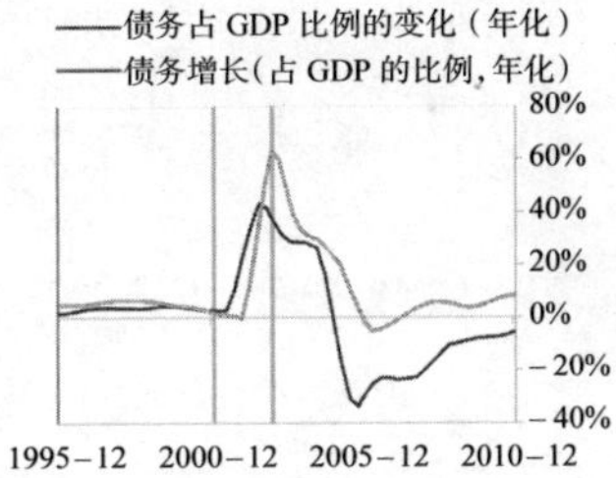

货币政策与财政政策

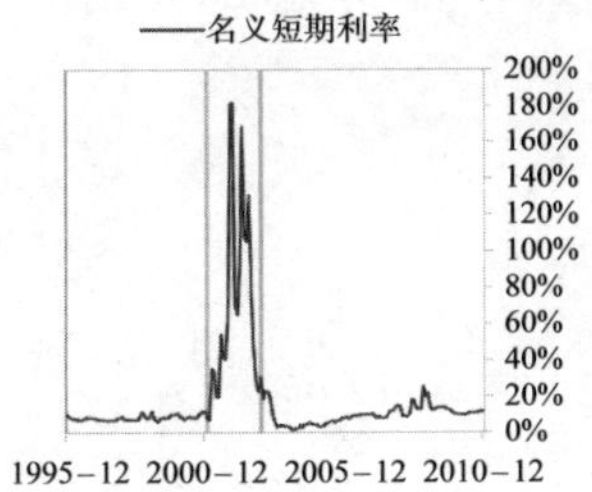

经济状况

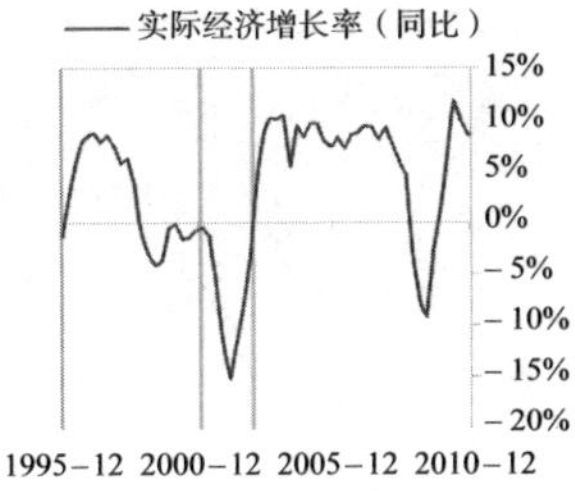

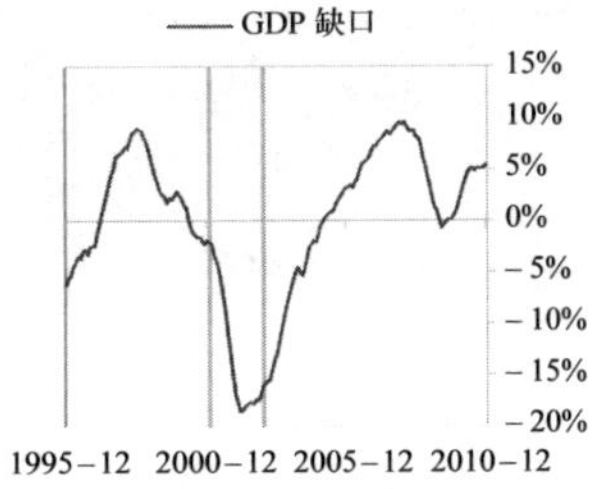

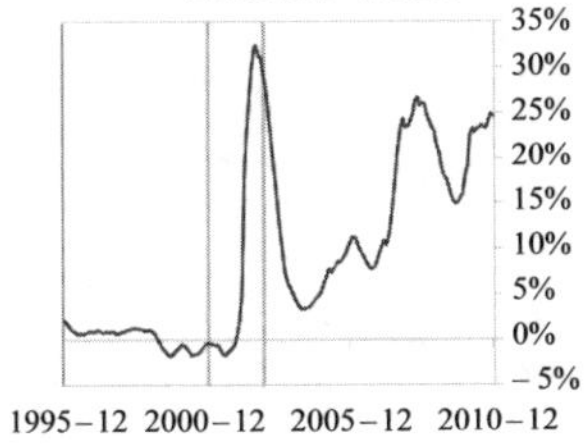

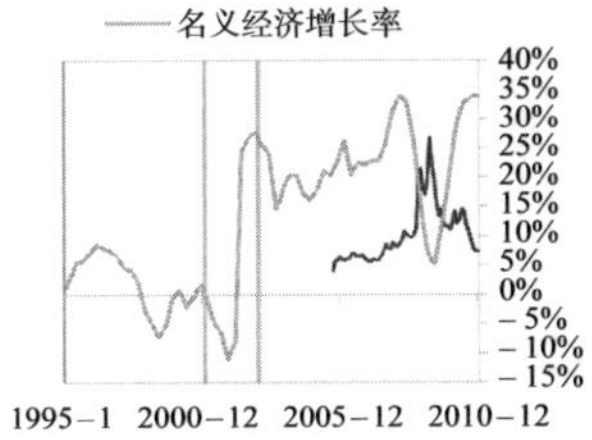

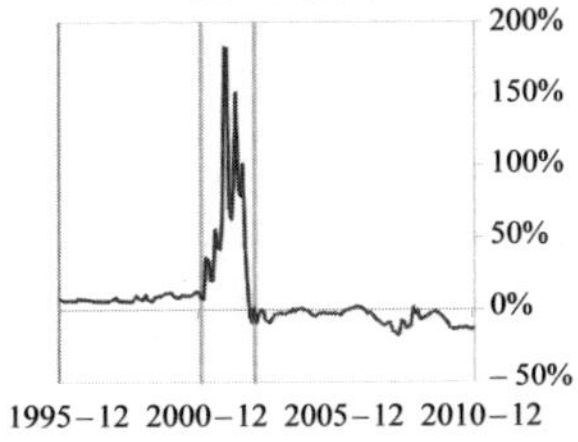

市场状况

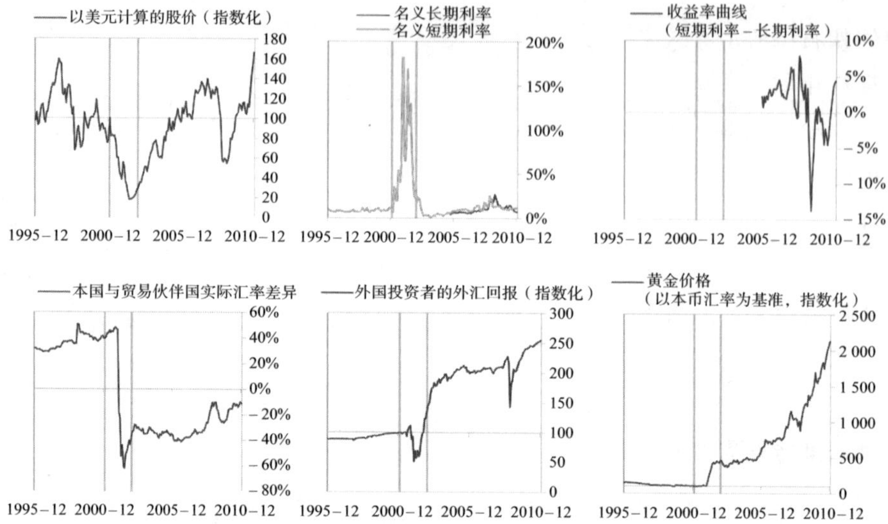
以美元计算的股价（指数化）
名义长期利率
名义短期利率
收益率曲线
（短期利率－长期利率）
本国与贸易伙伴国实际汇率差异
外国投资者的外汇回报（指数化）
黄金价格
（以本币汇率为基准，指数化）

国际收支状况

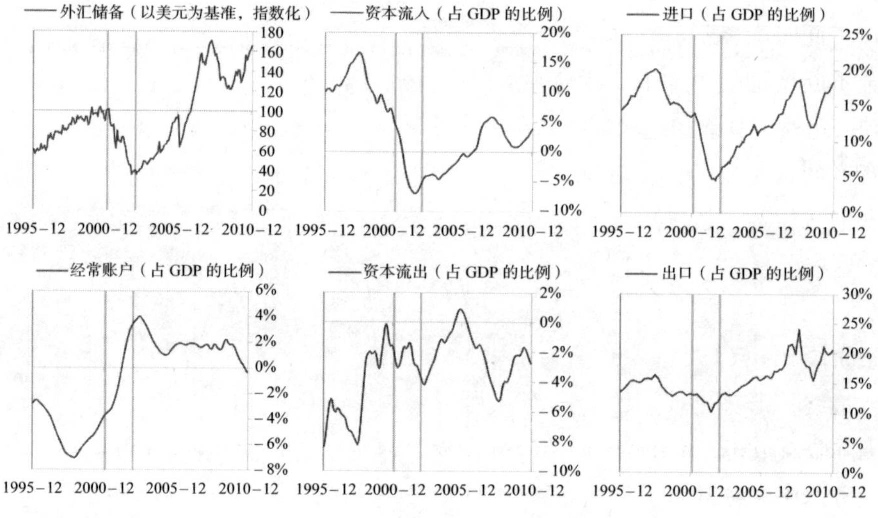
外汇储备（以美元为基准，指数化）
资本流入（占 GDP 的比例）
进口（占 GDP 的比例）
经常账户（占 GDP 的比例）
资本流出（占 GDP 的比例）
出口（占 GDP 的比例）

冰岛 2005—2016 年案例文本自动摘要

如右图所示，2005—2016 年，冰岛暂时处于通胀性去杠杆化周期。这是一个国家在面临外部压力时“任其货币浮动”的典型例子。虽然这使冰岛暂时出现了一定程度的通胀，但最终为决策者设定利率提供了更大的灵活性。

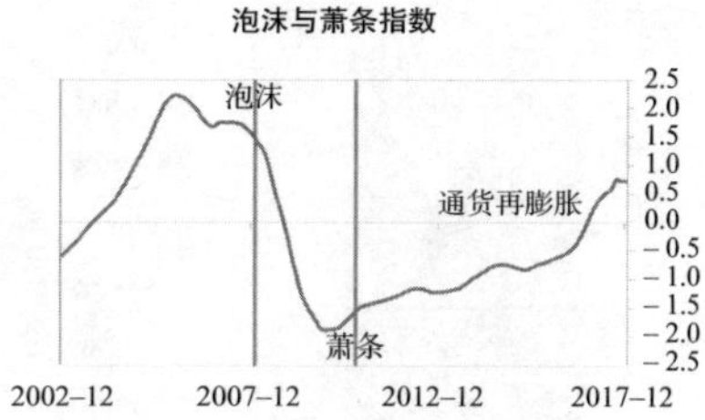

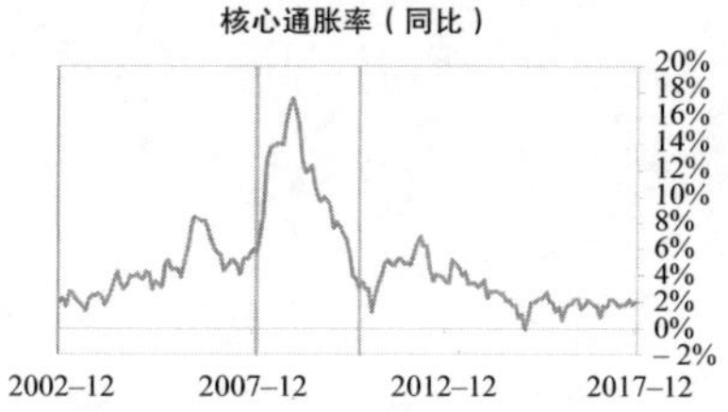

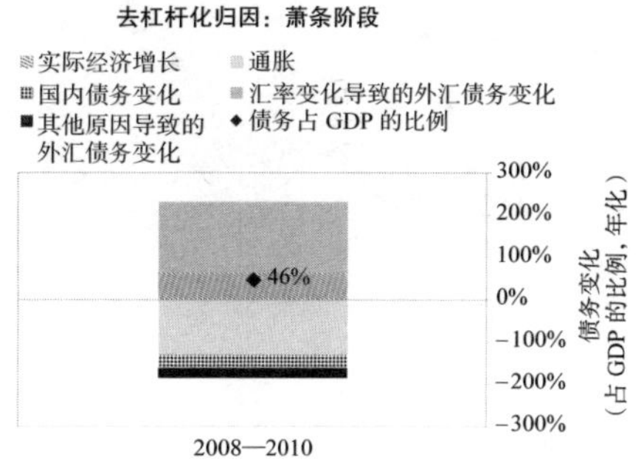

泡沫阶段

2005—2008 年，冰岛处于泡沫阶段。大量资本流入，债务不断增加，股市回报丰厚，经济增长强劲，这些因素以不可持续的方式促成一个自我强化的泡沫周期。在泡沫阶段，冰岛的债务达到危机前的峰值，占 GDP 的 1 173%，升幅为 GDP 的 565%。在本案例中，很大一部分债务以外币计价（占 GDP 的 691%），这使冰岛很容易受到外资撤出的影响。在这一阶段，冰岛的投资流入强劲，平均约占 GDP 的 37%，这有助于其填补经常账户缺口（此时的经常账户赤字占 GDP 的 18%）。在债务与资金不断增加的支撑下，冰岛经济增长强劲（增速达到 7%）。此外，股票在泡沫阶段的平均年化回报率为 12%，高资产回报率鼓励更多借债，刺激经济增长。冰岛面临这些泡沫压力，依赖外资流入，相关国家的经济状况恶化，这些因素共同促成了不可持续的发展局势。

萧条阶段

最终，形势出现逆转，导致了自我强化的经济萧条和国际收支危机 / 货币危机，持续时间为 2008—2010 年。高债务水平使冰岛容易受到冲击伤害，而此时其面临的冲击是 2008 年全球金融危机。冰岛的外资流入减少（资本流入降幅为 GDP 的 49%），导致货币政策收紧（短期利率上调 4%），货币大幅贬值（实际汇率下降 29%）。同时，冰岛的 GDP、股价与房价均陷入自我强化式下跌，跌幅分别为 11%、96% 和 15%，失业率上升 5%。由于货币疲软，冰岛的通胀率处于温和水平，在萧条阶段最

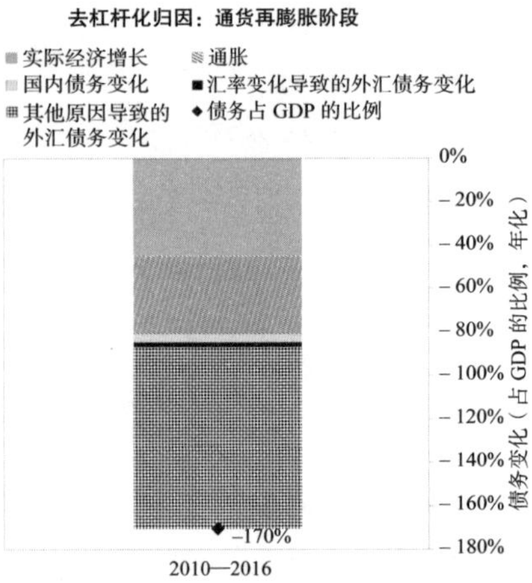

高时达 18%，这与其他类似案例相比是较低的水平。这合乎情理，因为当时冰岛只存在约 1/4 导致更大规模螺旋式通胀的典型“风险因素”（其中最大的风险因素是以外币计价的高额债务）。冰岛的金融机构也面临巨大压力。央行动用了外汇储备来维持货币稳定（外汇储备减少了 18%），但最终决策者放弃捍卫货币。如上页中的去杠杆化归因图所示，尽管冰岛需要去杠杆化，但其债务占 GDP 的比例增加了 122%（年化增幅为 46%），原因是货币贬值（这导致以外币计价的偿债负担加重），以及政府需要举借新债应对危机（财政赤字占 GDP 的比例达到 5% 的峰值）。

通货再膨胀阶段

国际收支危机 / 货币危机的演变主要取决于决策者如何处理不良资本流动：是允许金融环境收紧（这往往是解决危机的必要措施，但会带来痛苦），还是通过印钞弥补资金外流（这可能导致通胀）。在本案例中，痛苦的去杠杆化阶段的持续时间略长于平均水平。之后，决策者实施了充足的紧缩政策，减少进口支出（经常账户余额增幅为 GDP 的 13%），提高本国货币的吸引力。冰岛非常积极地管控金融机构和处理坏账，使用了 9 个典型政策工具中的 6 个。特别是，冰岛将银行国有化，并提供流动性。冰岛还受益于一项 IMF 援助计划。如左边的去杠杆化归因图所示，在这段调整时期，冰岛的债务占 GDP 的比例下降了 1 037%（年化降幅为 170%）。债务与收入比率降低的主要原因是，实际经济增速提升带来的收入增加以及债务的全面削减。同时，由于本国货币大幅贬值（在这段和谐的去杠杆化时期，实际汇率跌至 –22% 的低点），冰岛重新获得竞争力。其实际 GDP 用了 8 年时间达到之前的峰值，但以美元计算的股价至今尚未完全恢复。

冰岛 2005—2016 年分类图示附录

负债状况

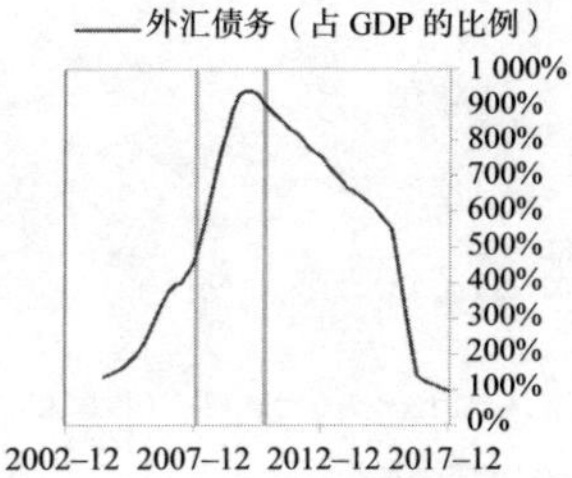

货币政策与财政政策

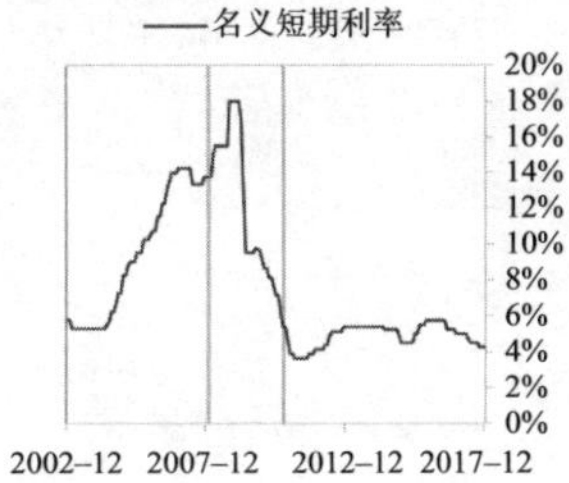

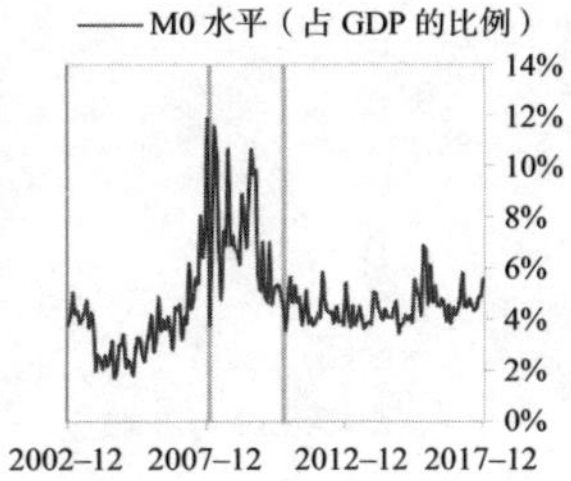

经济状况

市场状况

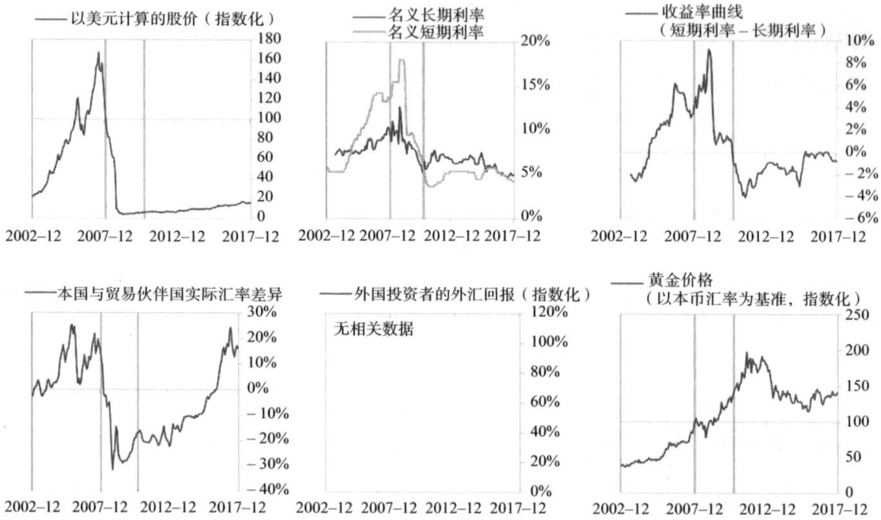
以美元计算的股价（指数化）
180
160
140
120
100
80
60
40
20
0
2002–12 2007–12 2012–12 2017–12
名义长期利率
名义短期利率
20%
15%
10%
5%
0%
2002–12 2007–12 2012–12 2017–12
收益率曲线
（短期利率 – 长期利率）
10%
8%
6%
4%
2%
0%
– 2%
– 4%
– 6%
2002–12 2007–12 2012–12 2017–12
本国与贸易伙伴国实际汇率差异
30%
20%
10%
0%
– 10%
– 20%
– 30%
– 40%
2002–12 2007–12 2012–12 2017–12
外国投资者的外汇回报（指数化）
无相关数据
120%
100%
80%
60%
40%
20%
0%
2002–12 2007–12 2012–12 2017–12
黄金价格
（以本币汇率为基准，指数化）
250
200
150
100
50
0
2002–12 2007–12 2012–12 2017–12

国际收支状况

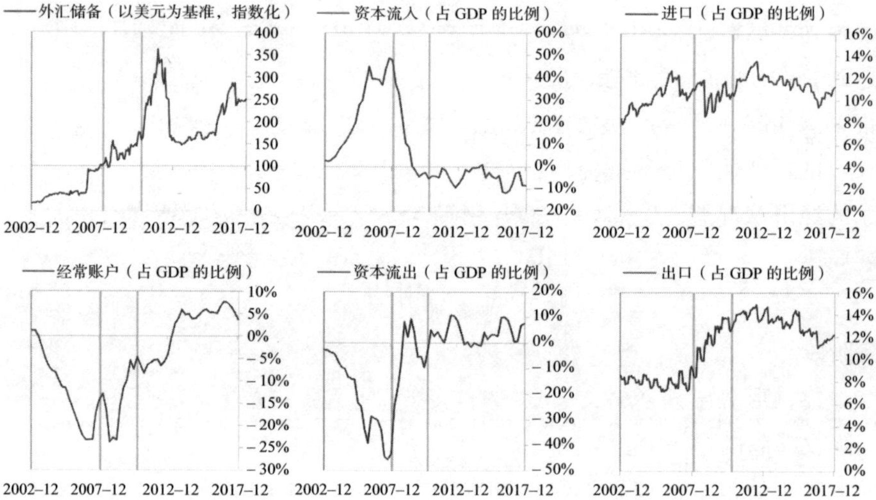
外汇储备（以美元为基准，指数化）
400
350
300
250
200
150
100
50
0
2002–12 2007–12 2012–12 2017–12
资本流入（占 GDP 的比例）
60%
50%
40%
30%
20%
10%
0%
– 10%
– 20%
2002–12 2007–12 2012–12 2017–12
进口（占 GDP 的比例）
16%
14%
12%
10%
8%
6%
4%
2%
0%
2002–12 2007–12 2012–12 2017–12
经常账户（占 GDP 的比例）
10%
5%
0%
– 5%
– 10%
– 15%
– 20%
– 25%
– 30%
2002–12 2007–12 2012–12 2017–12
资本流出（占 GDP 的比例）
20%
10%
0%
– 10%
– 20%
– 30%
– 40%
– 50%
2002–12 2007–12 2012–12 2017–12
出口（占 GDP 的比例）
16%
14%
12%
10%
8%
6%
4%
2%
0%
2002–12 2007–12 2012–12 2017–12

俄罗斯 2005—2011 年案例文本自动摘要

如右图所示，2005—2011 年，俄罗斯暂时处于通胀性去杠杆化周期。这是一个国家在面临外部压力时“任其货币浮动”的典型例子。虽然这使俄罗斯暂时出现了一定程度的通胀，但最终为决策者设定利率提供了更大的灵活性。

泡沫与萧条指数

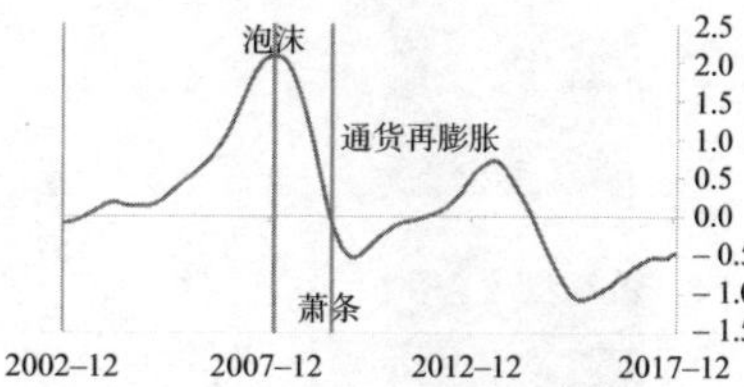

紧缩与宽松指数

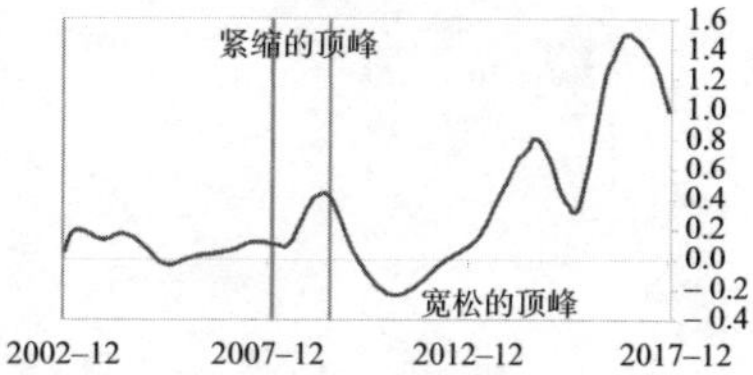

核心通胀率（同比）

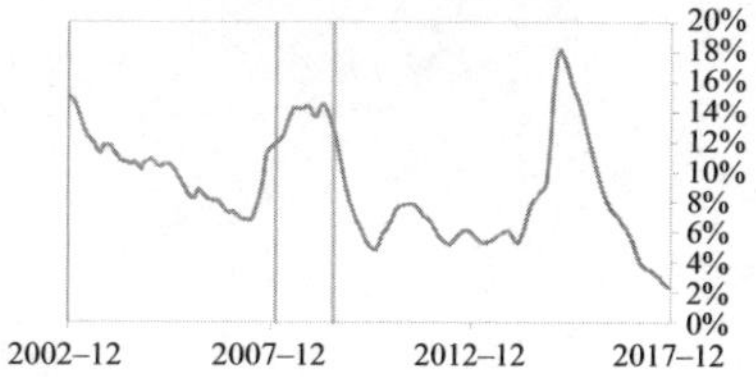

去杠杆化归因：萧条阶段

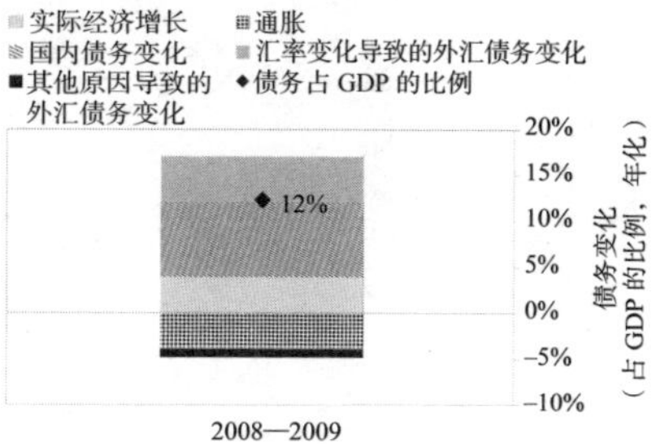

泡沫阶段

2005—2008 年，俄罗斯处于泡沫阶段。大量资本流入，债务不断增加，经济增长强劲，资产回报丰厚，这些因素以不可持续的方式促成一个自我强化的泡沫周期。泡沫阶段结束时，俄罗斯的债务达到危机前的峰值，占 GDP 的 66%。在本案例中，很大一部分债务以外币计价（占 GDP 的 21%），这使俄罗斯很容易受到外资撤出的影响。在这一阶段，俄罗斯投资流入强劲，平均约占 GDP 的 10%。在债务与资金不断增加的支撑下，俄罗斯经济增长强劲（增速达到 8%），经济活力处于高位（GDP 缺口达到 8% 的峰值）。此外，股票在泡沫阶段的平均年化回报率为 46%，高资产回报率鼓励更多借债，刺激经济增长。俄罗斯面临这些泡沫压力，依赖外资流入，相关国家的经济状况恶化，这些因素共同促成了不可持续的发展局势。

萧条阶段

最终，形势出现逆转，导致了自我强化的经济萧条和国际收支危机 / 货币危机，持续时间为 2008—2009 年。高债务水平使俄罗斯容易受到冲击伤害，而此时其面临的冲击是 2008 年全球金融危机及与之相伴的油价暴跌。俄罗斯的外资流入减少（资本流入降幅为 GDP 的 21%），导致货币政策收紧（短期利率上调 19%），货币大幅贬值（实际汇率下降 21%）。同时，俄罗斯的 GDP 和股价均陷入自我强化式下跌，跌幅分别为 8% 和 71%，失业率上升 3%。由于货币疲软，俄罗斯的通胀率处于温和水平且

去杠杆化归因：通货再膨胀阶段

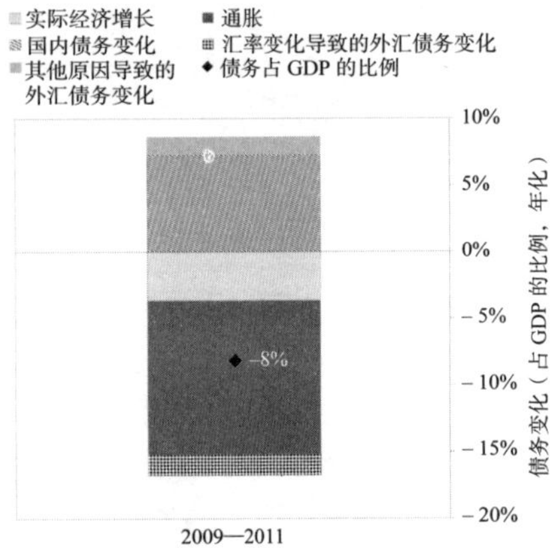

不断上升，在萧条阶段最高时达 15%，这与其他类似案例相比是较低的水平。这合乎情理，因为当时俄罗斯仅存在约 1/4 导致更大规模螺旋式通胀的典型“风险因素”（其中最大的风险因素是俄罗斯长期缺乏对通胀的管控）。俄罗斯的金融机构也面临巨大压力。央行动用了外汇储备来维持货币稳定（外汇储备减少了 44%），但最终决策者放弃捍卫货币。如上页中的去杠杆化归因图所示，尽管俄罗斯需要去杠杆化，但部分由于货币贬值（这导致以外币计价的偿债负担加重），债务占 GDP 的比例增加了 17%（年化增幅为 12%）。

通货再膨胀阶段

国际收支危机 / 货币危机的演变主要取决于决策者如何处理不良资本流动：是允许金融环境收紧（这往往是解决危机的必要措施，但会带来痛苦），还是通过印钞弥补资金外流（这可能导致通胀）。在本案例中，痛苦的去杠杆化阶段的持续时间略短于平均水平。之后，决策者实施了充足的紧缩政策，提高本国货币的吸引力。俄罗斯积极地管控金融机构和处理坏账，使用了 9 个典型政策工具中的 4 个。如左边的去杠杆化归因图所示，在这段调整时期，俄罗斯的债务占 GDP 的比例下降了 14%（年化降幅为 8%）。债务与收入比率下降的主要原因是名义收入增加。同时，由于本国货币大幅贬值（在这段和谐的去杠杆化时期，实际汇率跌至 11% 的低点），俄罗斯重新获得竞争力。其实际 GDP 用了 3 年时间达到之前的峰值，但以美元计算的股价至今尚未完全恢复。

俄罗斯 2005—2011 年分类图示附录

负债状况

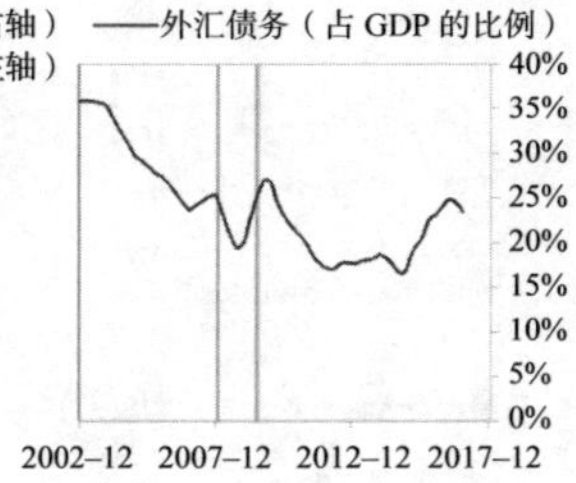

货币政策与财政政策

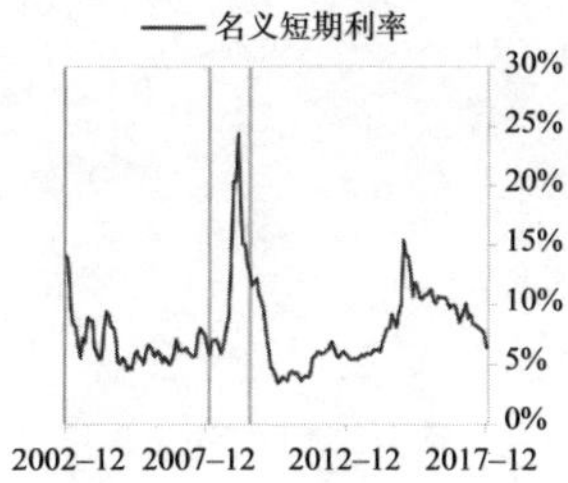

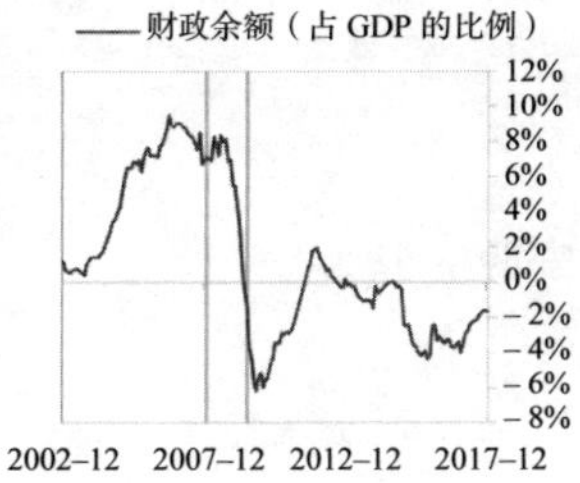

经济状况

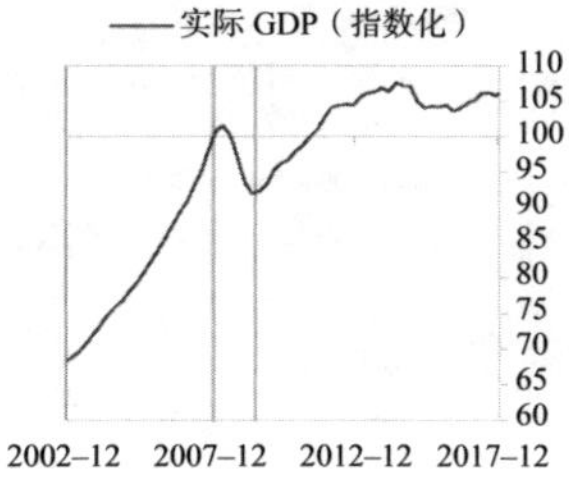

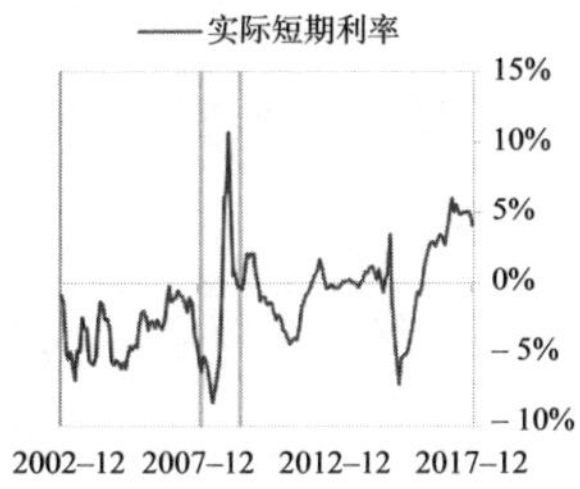

市场状况

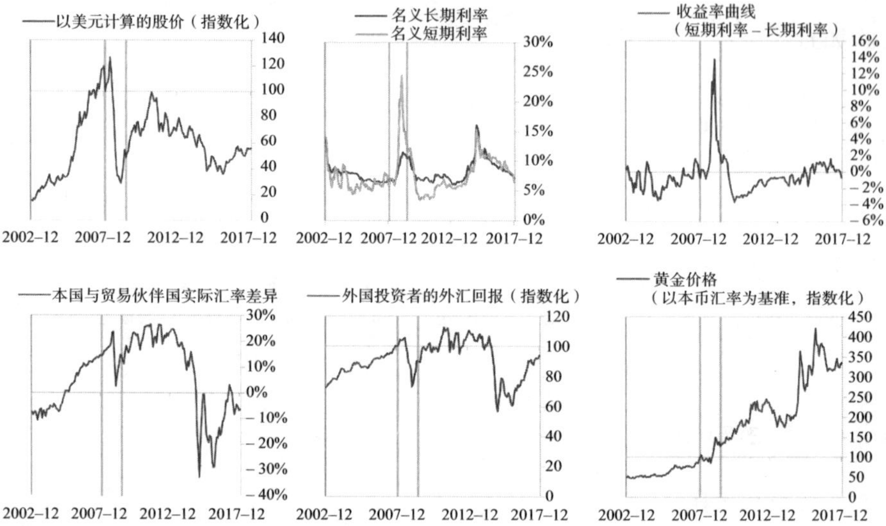
以美元计算的股价（指数化）
140
120
100
80
60
40
20
0
2002–12
2007–12
2012–12
2017–12
名义长期利率
名义短期利率
30%
25%
20%
15%
10%
5%
0%
收益率曲线
（短期利率 – 长期利率）
16%
14%
12%
10%
8%
6%
4%
2%
0%
–2%
–4%
–6%
本国与贸易伙伴国实际汇率差异
30%
20%
10%
0%
–10%
–20%
–30%
–40%
外国投资者的外汇回报（指数化）
120
100
80
60
40
20
0
黄金价格
（以本币汇率为基准，指数化）
450
400
350
300
250
200
150
100
50
0

国际收支状况

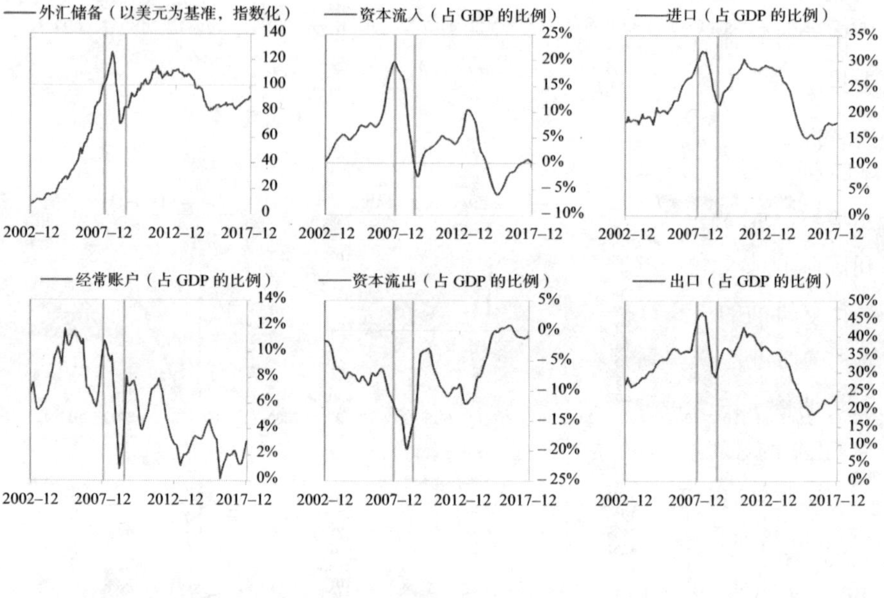
外汇储备（以美元为基准，指数化）
140
120
100
80
60
40
20
0
2002–12
2007–12
2012–12
2017–12
资本流入（占 GDP 的比例）
25%
20%
15%
10%
5%
0%
–5%
–10%
进口（占 GDP 的比例）
35%
30%
25%
20%
15%
10%
5%
0%
经常账户（占 GDP 的比例）
14%
12%
10%
8%
6%
4%
2%
0%
资本流出（占 GDP 的比例）
5%
0%
–5%
–10%
–15%
–20%
–25%
出口（占 GDP 的比例）
50%
45%
40%
35%
30%
25%
20%
15%
10%
5%
0%

俄罗斯 2012—2016 年案例文本自动摘要

如右图所示，2012—2016 年，俄罗斯暂时处于通胀性去杠杆化周期。这是一个国家在面临外部压力时“任其货币浮动”的典型例子。虽然这使俄罗斯暂时出现了一定程度的通胀，但最终为决策者设定利率提供了更大的灵活性。

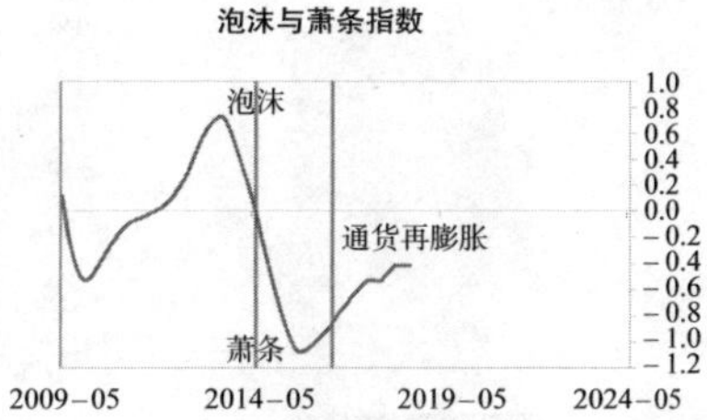

泡沫阶段

与许多其他案例不同，在危机爆发前的几年里，俄罗斯没有普遍出现泡沫，但由于外资以不可持续的方式强劲流入，俄罗斯确实积累了大量债务。在杠杆化期间，债务达到危机前的峰值，占 GDP 的 89%，升幅为 GDP 的 19%。在本案例中，很大一部分债务以外币计价（占 GDP 的 15%），这使俄罗斯很容易受到外资撤出的影响。俄罗斯还比较依赖持续流入的外资，在危机前的几年里，投资流入平均为 GDP 的 6%。最终，俄罗斯肩负高额债务，依赖外资流入，这些因素共同促成了不可持续的发展走势。

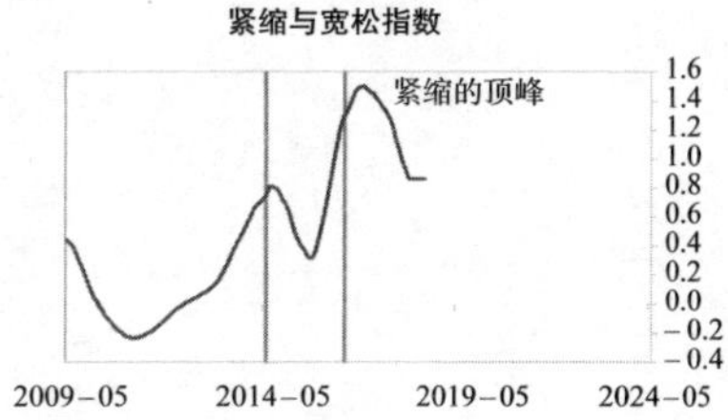

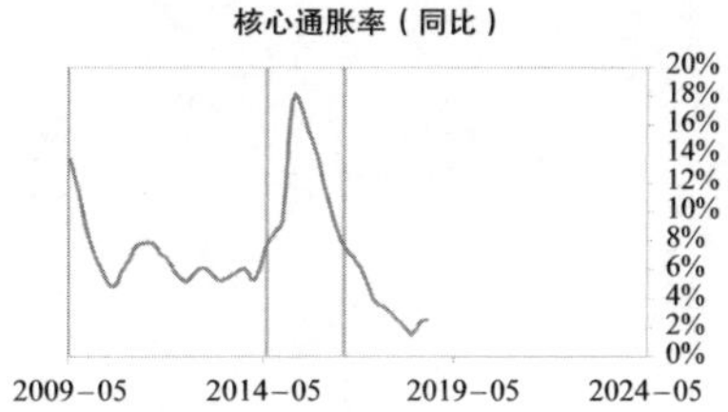

萧条阶段

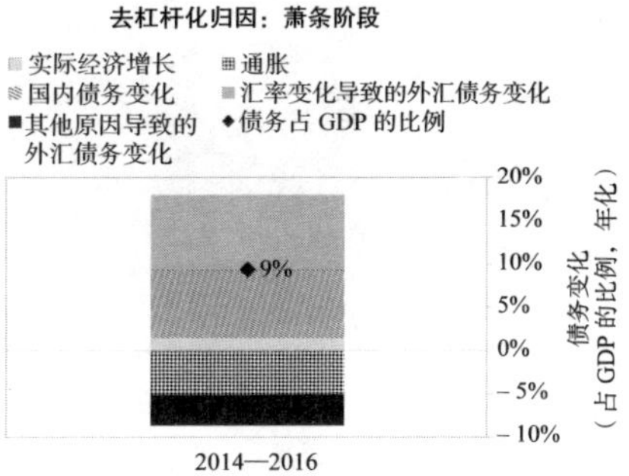

最终，形势出现逆转，导致了自我强化的经济萧条和国际收支危机 / 货币危机，持续时间为 2014—2016 年。在危机前的最高峰，俄罗斯的偿债总额达到 GDP 的 32%，这使俄罗斯容易受到冲击伤害，而此时其面临的冲击是油价下跌。俄罗斯的外资流入减少（资本流入降幅为 GDP 的 8%），导致货币政策紧缩（短期利率上调 7%），货币大幅贬值（实际汇率下降 30%）。同时，俄罗斯的 GDP 与股价陷入自我强化式下跌，跌幅分别为 4% 和 46%。由于货币疲软，俄罗斯的通胀率处于温和水平，在萧条阶段最高时达 18%，这与其他类似案例相比是较低的水平。这合乎情理，因为当时俄罗斯仅存在约 1/4 导致更大规模螺旋式通胀的典型“风险因素”（其中最大的风险因素是俄罗斯长期忽视对通胀的管控）。俄罗斯的

去杠杆化归因：通货再膨胀阶段

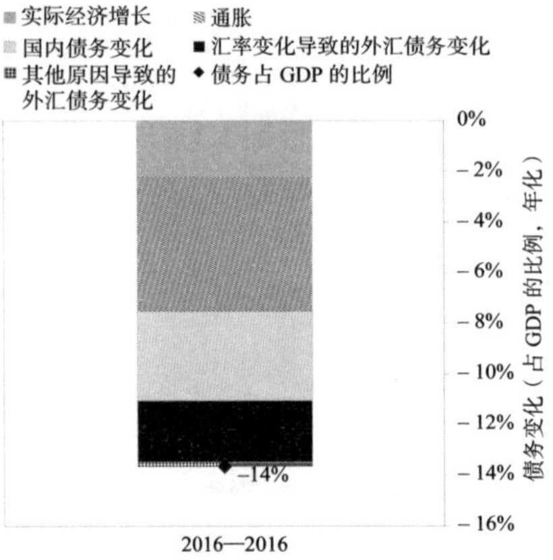

金融机构也面临巨大压力。央行动用了外汇储备来维持货币稳定（外汇储备减少了 26%），但最终决策者放弃捍卫货币。如上页中的去杠杆化归因图所示，尽管俄罗斯需要去杠杆化，但其债务占 GDP 的比例增加了 19%（年化增幅为 9%），原因是货币贬值（这导致以外币计价的偿债负担加重），以及政府需要举借新债应对危机（财政赤字占 GDP 的比例达到 4% 的峰值）。

通货再膨胀阶段

国际收支危机 / 货币危机的演变主要取决于决策者如何处理不良资本流动：是允许金融环境收紧（这往往是解决危机的必要措施，但会带来痛苦），还是通过印钞弥补资金外流（这可能导致通胀）。在本案例中，痛苦的去杠杆化阶段的持续时间略短于平均水平。之后，决策者实施了充足的紧缩政策，提高本国货币的吸引力。俄罗斯积极地管控金融机构和处理坏账，使用了 9 个典型政策工具中的 4 个。如左边的去杠杆化归因图所示，在这段调整时期，俄罗斯的债务占 GDP 的比例下降了 7%（年化降幅为 14%）。债务与收入比率下降的主要原因是债务削减和收入增加的平衡组合。同时，由于本国货币大幅贬值（在这段和谐的去杠杆化时期，实际汇率跌至 –17% 的低点），俄罗斯重新获得竞争力。其实际 GDP 至今尚未达到之前的峰值，以美元计算的股价也尚未完全恢复。

俄罗斯 2012—2016 年分类图示附录

负债状况

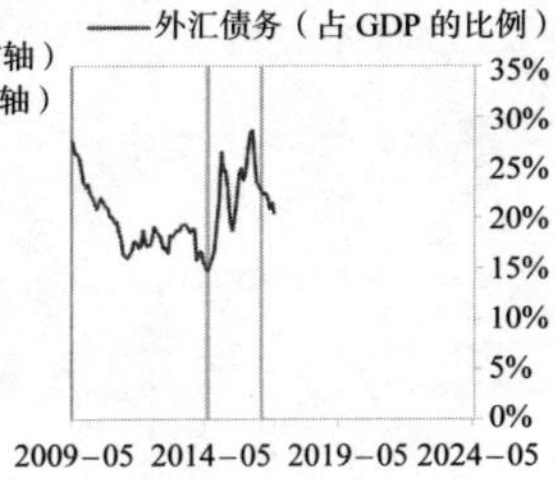

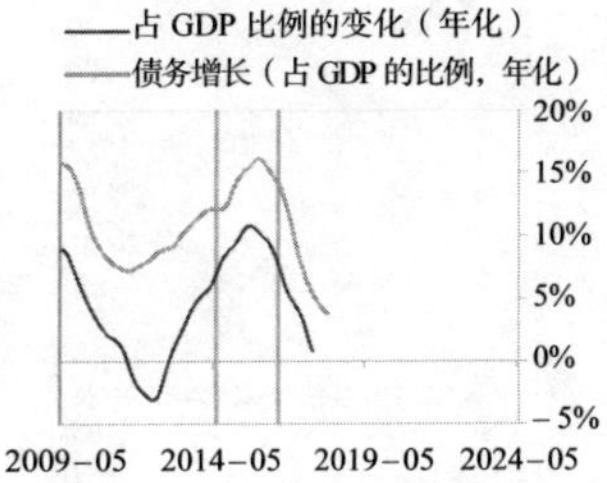

货币政策与财政政策

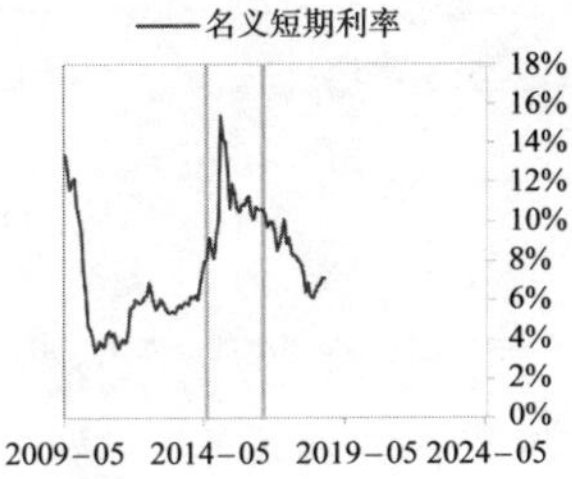

经济状况

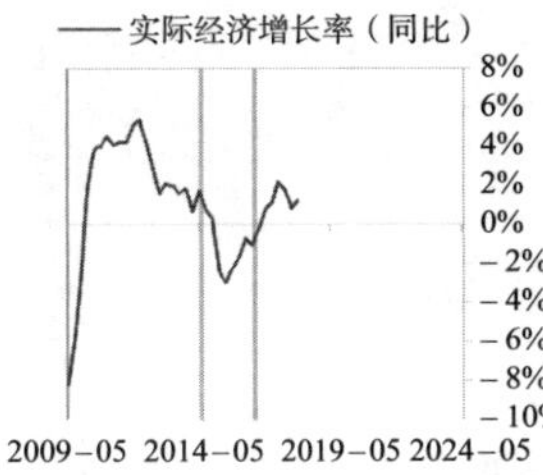

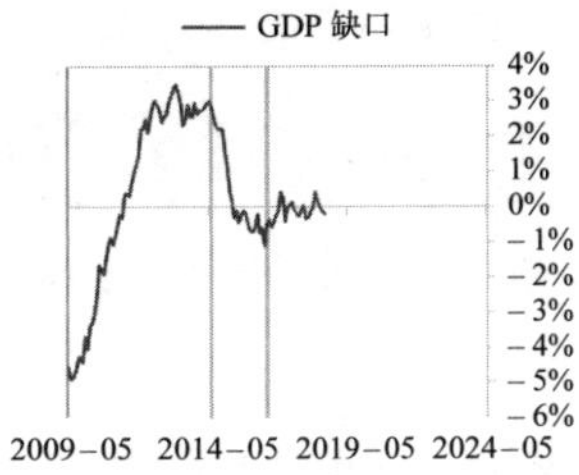

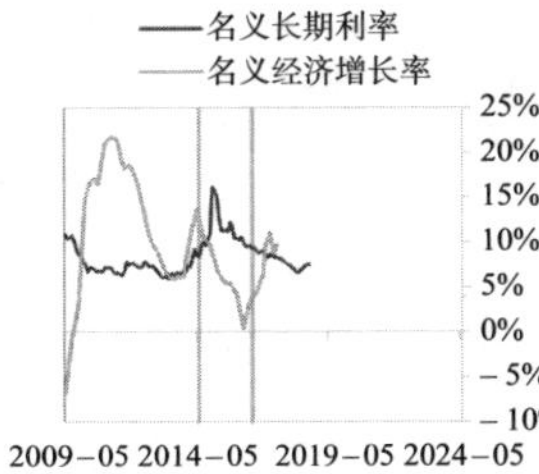

市场状况

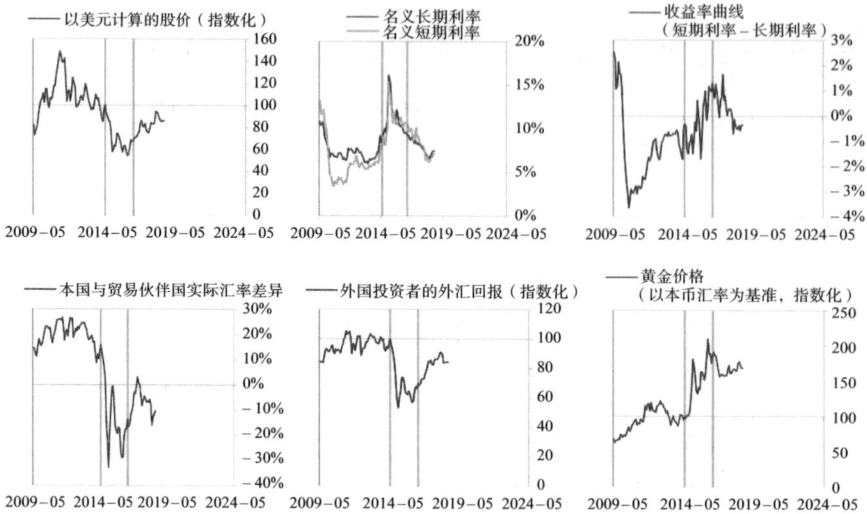
以美元计算的股价（指数化）
160
140
120
100
80
60
40
20
0
2009－05 2014－05 2019－05 2024－05
名义长期利率
名义短期利率
20%
15%
10%
5%
0%
2009－05 2014－05 2019－05 2024－05
收益率曲线
（短期利率－长期利率）
3%
2%
1%
0%
－1%
－2%
－3%
－4%
2009－05 2014－05 2019－05 2024－05
本国与贸易伙伴国实际汇率差异
30%
20%
10%
0%
－10%
－20%
－30%
－40%
2009－05 2014－05 2019－05 2024－05
外国投资者的外汇回报（指数化）
120
100
80
60
40
20
0
2009－05 2014－05 2019－05 2024－05
黄金价格
（以本币汇率为基准，指数化）
250
200
150
100
50
0
2009－05 2014－05 2019－05 2024－05

国际收支状况

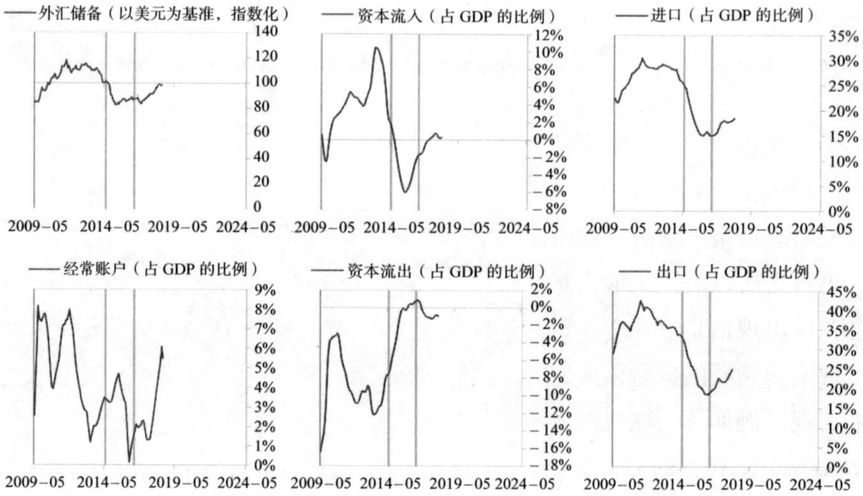
外汇储备（以美元为基准，指数化）
140
120
100
80
60
40
20
0
2009－05 2014－05 2019－05 2024－05
资本流入（占 GDP 的比例）
12%
10%
8%
6%
4%
2%
0%
－2%
－4%
－6%
－8%
2009－05 2014－05 2019－05 2024－05
进口（占 GDP 的比例）
35%
30%
25%
20%
15%
10%
5%
0%
2009－05 2014－05 2019－05 2024－05
经常账户（占 GDP 的比例）
9%
8%
7%
6%
5%
4%
3%
2%
1%
0%
2009－05 2014－05 2019－05 2024－05
资本流出（占 GDP 的比例）
2%
0%
－2%
－4%
－6%
－8%
－10%
－12%
－14%
－16%
－18%
2009－05 2014－05 2019－05 2024－05
出口（占 GDP 的比例）
45%
40%
35%
30%
25%
20%
15%
10%
5%
0%
2009－05 2014－05 2019－05 2024－05

附 录 宏观审慎政策

通常情况下，央行应该为整体经济制定统一的货币政策（通过银行为经济广泛提供资金和信贷，而无须指定发放对象），而财政政策的决策者应该妥善分配财政资金。宏观审慎政策是央行通过监管机构以某种方式引导信贷的工具。央行之所以需要采取宏观审慎的货币政策，是因为信贷增长存在差异：当一个领域出现信贷泡沫时，另一个领域可能面临信贷短缺。如果决策者需要减少出现泡沫领域的信贷供应，并将信贷引向其他领域，可通过实施宏观审慎政策来实现。例如，一项典型的逆周期宏观审慎政策是，当房地产市场陷入萧条时增加购房便利（例如，强制性降低信贷标准，或降低首付），当房地产市场出现泡沫时加大购房难度（实施相反的政策）。

通过监管机构引导信贷，宏观审慎政策可以产生类似于财政政策的效果：牺牲一些人的利益，而让另一些人获益。尽管央行通常避免采取此类措施，但在去杠杆化进程中，经济体的管理者面临巨大挑战，因此宏观审慎政策成为货币政策的重要辅助工具。例如，即使整体经济仍处在复苏阶段，量化宽松政策往往会使一些经济领域出现泡沫，尤其是在资产市场。在大萧条和二战时期，各国央行采取宏观审慎措施，减少局部领域的泡沫，同时保持总体货币政策宽松，为整体经济提供充分的支撑。

宏观审慎政策并不是新型货币政策工具。事实上，自现代货币政策产生以来，宏观审慎政策一直都是央行和监管机构的一项基本工具。例如，美联储自成立以来已 23 次改变持股的保证金要求。在股市大幅上涨或信贷过剩时期，美联储通常收紧要求；在股市处于熊市或信贷低迷时期，美联储通常会放松要求。[1] 从 20 世纪 90 年代初到 21 世纪前 10 年的中期，宏观审慎政策被使用得较少[2]，但这段时期在历史上并非常态。近年来，各国央行与监管机构都重新认识到，宏观审慎政策是管理经济的重要工具。

（通过考察美国的宏观审慎政策历史，我们得出）决策者通常在以下情形中采用宏观审慎工具。

当调息逐步丧失其作为货币政策工具的效力时。

- 经济体需要加大刺激力度，但在零利率情况下，货币政策进一步宽松的空间有限。
- 整体经济不需要紧缩，但某个或某些领域需要紧缩。此时不宜上调利率，因为这会妨碍整体经济增长。

当决策者需要将信贷从出现泡沫的资产 / 贷款领域引向信贷紧缺的领域，需要同时采用不同的政策组合时。

- 以下措施旨在调节信贷需求：
  — 改变所需的贷款与价值比率；
  — 改变所需的偿债总额与收入比率；
  — 改变贷款期限；
  — 改变购买金融资产的保证金要求；
  — 通过利率补贴、税收政策或其他法规，改变贷款成本。
- 以下措施旨在调节信贷供应：
  — 改变特定类型贷款的资本或准备金要求；
  — 改变金融机构可持有的资产组合；
  — 改变不同资产的会计准则；
  — 金融机构监管者对特定贷款行为施加压力；
  — 制定利率或贷款利率上限及其他限制。

当美联储、国会、行政部门和监管机构之间相互协调时。

- 最成功的情况是，政府不同部门之间协调行动。国会议员和行政部门通常要为包括美联储在内的不同政府机构提供政策管理的工具和空间。
- 设立新机构，推行政策规定，并监督其进展。

不同政策会产生不同的效果，一些政策更为有效，另一些则会产生间接的不良影响。在最成功的案例中，决策者反复尝试，进行灵活调整。

- 在最成功的案例中，行之有效的政策往往被长期沿用或进一步扩大适用范围，而不成功的政策则在几个月内就被终止。
- 有些政策导致了扭曲性的间接影响，决策者需要快速终止这些政策，但其成效不尽相同，以致有些政策持续了多年（例如Q条例）。
- 随着金融体系的发展，不同政策工具的成本与收益权衡发生变化，因而决策者依赖的工具组合不断更新。
- 如果金融创新使投资者更容易绕过某些政策（例如，投资者使用新方法加大杠杆率，新兴金融机构涌现），决策者就会改变或放弃这些政策。

有关宏观审慎政策的疑问

从不同的案例可以看出，在实施宏观审慎政策时，决策者产生了各种疑问。下文将详细讨论这些疑问，并给出一些历史案例。

哪些经济部门出现了泡沫？在多大程度上可以确定这是泡沫？

- 在不同历史时期，决策者采取了不同方法应对泡沫。
  - 1935—1936年，由于股价快速上涨引发泡沫恐慌，美国采取了紧缩政策，重复了20世纪20年代晚期的做法。最终，由于紧缩力度过大，处于去杠杆化进程中的经济体无法承受。美国经济陷入严重衰退，股市于1937—1938年下跌60%。
  - 近几十年来，美联储以“清理者”的立场，认为自己不应着手戳破泡沫，而应专注处理泡沫破裂对经济造成的后续影响。[3]其中一个重要原因是，决策者很难确定市场何时存在对资产错误定价的问题。例如，在2006年及之前，尽管对房地产市场存在一些担忧，但监管机构并未积极采取针对性政策，以放缓抵押贷款的泡沫化增长。

哪些经济部门出现了信贷紧缺？是否需要实施差异化信贷政策？

- 20世纪50年代，为了解决这一问题，决策者试图构建一个正式的框架，以评估何时需要实施差异化信贷政策。[4]他们提出了4项基本的衡量标准。
  - 在平衡经济体的信贷供应方面，一般货币政策的效果如何？
  - 特定部门的信贷增长可能带来多大的不稳定性？
  - 信贷对特定部门的发展有多重要？
  - 实行选择性信贷管制将会产生何种效果？

在引导信贷的过程中，必然会产生赢家和输家之别，是否能轻松应对这种局面？政治代价如何？

选择何种政策工具重新引导信贷？是主要针对信贷需求或信贷供应，还是两者兼顾？如何衡量政策的效力？

政策将会产生何种二级影响或三级影响？应该如何应对这些影响？这些影响通常在多年后才会显现。

- Q 条例从大萧条时期开始实施，该条例对存款利率设定上限，旨在帮助规模较小的银行。到 20 世纪 50 年代，Q 条例开始造成严重扭曲，使存款流入影子银行系统。[5]
- 20 世纪 80 年代初，部分为了帮助小型银行应对货币紧缩政策，政府对储蓄贷款协会（S&L，一类小型银行）放松监管，导致了从 20 世纪 80 年代中期开始的储贷危机。[6]

如何确保立法机构、行政部门和央行之间的政策协调？如何授权监管机构做出调整？

- 在美国最成功的案例中，不同政府机构之间进行了广泛的协调合作。二战期间是个很好的例子。当时，美国国会修改了几项法律，赋予美联储所需的权力，罗斯福总统颁发行政令，补充美联储的举措。[7]
- 在美国最成功的案例中（例如，在保罗·沃尔克担任美联储主席期间），决策者能够灵活调整政策，应对局势变化。很多重大问题产生的根源就是缺乏灵活性，决策者不能灵活调整利率上限，导致负面的二级影响。
- 目前依然存在的一个关键问题是，不同国家的政府拥有不同的授权。例如，英国将监管和宏观审慎政策的大部分权力授予了英国央行及其金融政策委员会（FPC）。美国则将这些权力授予多个机构。2008 年金融危机后，美国设立了协调委员会，即金融稳定监督委员会（FSOC）。[8]

美国实施宏观审慎政策的一些历史案例

接下来，我们将考察过去 100 年间美国实施宏观审慎政策的历史案例。由于案例数量较多，我们根据政策类型将其分为 7 类，并按时间顺序逐一讲述。本部分使用的分析框架和历史细节是基于埃利奥特、费尔德伯格和莱纳特合著的杰出权威论文——《美国周期性宏观审慎政策的历史》。

针对信贷需求的宏观审慎措施：保证金要求

保证金要求是指投资者使用信贷购买资产时需要提供的抵押品金额（通

常是现金）。如果提高保证金要求，用来购买金融资产的信贷数额就会面临下行压力。

根据美国《1934年证券交易法》，美联储获得设定保证金要求的授权。自此之后，美联储便利用这一授权进行逆周期调节。[9] 在实践中，当资产价格高涨，用来购买资产的信贷增多时，美联储会提高保证金要求；当资产价格走低，用来购买资产的信贷紧缩时，美联储会降低保证金要求。

- 具体而言，T条例规定了经纪人的保证金要求，U条例规定了银行的保证金要求。
- 美联储在不同时期调整保证金要求的情况如下图所示。
- 自1974年以来，美联储基本上停止使用这一政策工具，因为随着使用信贷购买资产的新渠道（例如衍生品）出现，投资者很容易绕开保证金要求。

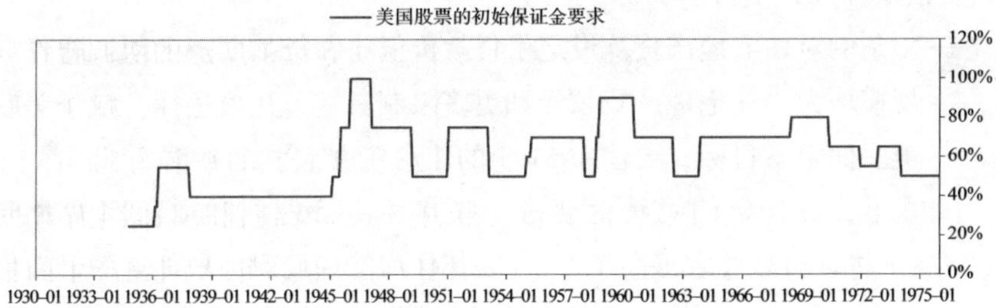

针对信贷需求的宏观审慎措施：承保标准

大萧条时期

1932年，美国国会创建联邦住房贷款银行（FHLB）系统。[10] 该系统的宗旨是，作为准中央银行为储蓄贷款协会服务，通过预付款或抵押贷款提供流动性。联邦住房贷款银行系统还负责设定承保标准与抵押品范围。

1934年，美国国会成立联邦住房管理局（FHA），为住房贷款提供保险。[11] 此举产生的结果是，对于符合承保条件的贷款，承保标准降低（贷款价值比为80%，期限为20年）。

- 1934年，美国政府成立电器家庭农场管理局，旨在为家庭购买家用电器提供廉价贷款。这些贷款的利率低于10%，首付款只需5%，期限在36个月以内。该项目于1942年结束。[12]
- 1935年，美国国会放松了全国性银行的贷款价值比要求（贷款价值比从50%升到60%）和贷款期限（上限从5年升到10年）。[13]
- 1934—1937年，联邦住房管理局为高达20%的改善住宅物业贷款（期限在 5 年以内）提供保险。[14]

- 1938 年，联邦住房管理局降低了住房贷款保险的承保标准，规定贷款价值比在 90% 以内、期限不超过 25 年的住房抵押贷款都有资格获得承保。[15]

二战时期

- 1941 年，罗斯福总统指示联邦储备委员会，限制以分期付款的方式购买耐用消费品。他希望把生产从国民消费转向国防。罗斯福在行政令中表示："这种宽松的信贷条件会刺激耐用消费品需求，而生产这些消费品将占用国防所需的物资、技术和设备。"[16]
  - 因此，针对分期付款的各种消费贷款，美联储提高了承保标准（被称为 W 条例）。[17]

战后时期

- 1950 年 10 月，由于担心抵押贷款债务增多，联邦储备委员会收紧了住房信贷标准，出台了 X 条例。[18]
  - X 条例对住宅地产贷款设定了贷款价值比和贷款期限上限。随着贷款规模增大，住宅地产贷款受到更多限制。
  - 美联储定下目标，要使 1951 年的住房建设水平比 1950 年低 1/3。
- 1950 年，应杜鲁门总统的要求，联邦住房管理局和退伍军人管理局（VA）将首付款要求提高了 5%，联邦住房管理局对独户住宅的最高贷款额从 1.6 万美元降至 1.4 万美元，并规定最长贷款期限为 25 年。这是联邦住房管理局和退伍军人管理局自成立以来的近 20 年里，首次采取限制性举措。[19]
  - 1953 年年中，美国面临经济衰退和政治压力，为了应对这一局面，决策者取消了这些措施。
  - 1954 年 8 月，国会推翻了联邦住房管理局和退伍军人管理局的前期政策，降低了联邦住房管理局贷款的最高首付款要求，并提高该贷款的最高限额。
- 到 1954 年年底，房地产市场日趋泡沫化。然而，由于经济刚刚从衰退中复苏，美联储不想收紧货币政策。于是，政府采取了一系列宏观审慎政策[20]（如下所述）。
  - 首先，联邦住房管理局和退伍军人管理局提高了首付款要求，并把贷款的最长期限从 30 年降至 25 年（这些措施在随后几年里有所调整，最终被推翻）。
  - 其次，基层办公室接到指示："加强审查当地住房市场，采取协调行动，针对出现住房过剩的地区提高抵押贷款的联邦审核标准。"

— 再次，联邦住房贷款银行委员会（FHLBB）要求联邦住房贷款银行限制对储蓄机构的贷款承诺。1954 年 9 月，对储贷银行的贷款限制正式实施。

— 最后，纽约联邦储备银行采取措施，限制抵押贷款仓储贷款。抵押贷款仓储贷款是指商业银行发放过渡期贷款，为非银行贷款机构发放抵押贷款提供融资。从 1954 年 8 月到 1955 年 8 月，此类贷款增加了一倍多。

• 1969 年，国会通过《信贷控制法》，授权美联储对特定行业实施信贷控制。通过瞄准特定行业，美联储可以在保持总体货币政策宽松的同时，收紧出现通胀的行业的信贷。[21]

— 美联储的政策工具包括：规定贷款的"最高利率、最长期限、最低定期付款、最长付款间隔时间，以及有关贷款发放条件的其他任何规定或限制。"

—《信贷控制法》直到沃尔克时代才被使用。

• 1982 年，国会取消了全国性银行的贷款价值比限制和期限限制。[22]

针对信贷供给的宏观审慎措施：推出自愿性指导方针，旨在减少投机性或非生产性贷款

在以下案例中，决策者对银行实施了自愿性限制措施或指导方针，旨在抑制投机性或非生产性贷款。

• 1947 年，美国国会鼓励银行"主动限制贷款与投资项目"。[23] 在分期偿还消费贷款的限制政策到期后，美联储推出了这项指导方针。

• 朝鲜战争期间，美国国会于 1950 年颁布《国防生产法》。该法授权美联储实施"自愿性"信贷限制。[24]

— 美联储要求贷款机构"除了照常评估信用情况之外，还根据（贷款）目的，审查贷款申请"。该项目实施了大约一年。

• 1965 年，内阁设立的国际收支委员会建议，在美联储的监督下，实施"自愿性"贷款限制计划。[25]

— 实施该政策的目标是，使净资本流出比前一年减少 15% 以上。

— 该计划建议，将外国贷款增速的初始上限设为 5%，这是历史上首次设定量化信贷目标。

— 1968 年，约翰逊总统颁布一项行政令，允许美联储赋予该计划强制力。但美联储以该计划的自愿参与度较高为由，没有这样做。该计划持续到 1974 年。

- 1966 年，美联储鼓励银行放缓商业贷款。当时，商业信贷增长得很快，通胀率也在上升。对于不合作的银行，美联储将会限制其通过贴现窗口进行借款。该政策在经济放缓后结束。[26]
- 1980 年 3 月至 7 月，卡特总统制定了“自愿性”特别信贷限制计划。该计划要求银行、银行控股公司、金融公司和外国银行的分支机构将贷款增速控制在 6%~9%。[27]
  - 该计划的整体目标是，限制特定类型的投机性贷款以及可能引发通胀的贷款，同时使小企业、农民和购房者继续获得贷款。该计划鼓励银行“继续贷款给小企业、农民、购房者等无法通过其他方式获得融资的借款人”，同时确保银行“在一般市场环境下，正常处理汽车贷款、住房抵押贷款，以及用于住房改造的贷款”。
  - 另一方面，该计划鼓励银行限制信用卡贷款以及其他无担保的消费贷款。该计划还要求银行限制为投机性活动提供的信贷，例如企业自愿使库存积累超过经营需求，或将资金投入暂时不必要的收购或合并等交易（这些活动不会提高经济效率和生产率），以及可能通过其他融资渠道获得资金的活动。投机性贷款还包括“为纯粹投机性地持有大宗商品或贵重金属的活动提供资金”。
  - 这项特别信贷限制计划要求银行定期报告贷款活动。
- 欧洲国家也使用了类似的工具。法国和意大利的全国信贷委员都会公布，哪些部门需要增加信贷，哪些部门已经信贷过度，尤其是在战后时期。[28]

针对信贷供给的宏观审慎措施：准备金要求

- 19 世纪，美国的州政府制定了最早的准备金要求，以确保州特许银行有足够的准备金（通常是黄金或其他贵金属），履行还款义务（以流通纸币的形式），满足提款需求。1863 年，国会通过《国家银行法》，首次在全国范围内设定银行存款准备金率。[29]
- 在《1913 年联邦储备法》中，美国国会放松了准备金要求。[30] 这是因为美联储成为全国性银行的最后贷款人，因此国会认为，准备金要求已不那么重要。
- 在 20 世纪 30 年代及之后，准备金要求再次被视为一项有效的逆周期政策工具。1935 年，美国国会授权美联储设定存款准备金率。[31] 配合 1938 年春罗斯福总统实施的经济复兴计划，美联储下调了存款准备金率。20 世纪 40 年代，美联储对准备金要求做了一系列调整。1942 年，存款准备金率三次下调。美国参与二战期间，美联储保持存款准备金率平稳。二战结束后，在 1948 年，存款准备金率三次上调，回到了原来的法定上限。1949—1951 年，美联储 9 次调整存款准备金率，在 1949 年将其下调，在 1951 年将其上调。

- 在加息期间，即 1966—1969 年、1973 年和 1979—1980 年，美联储也上调了存款准备金率。[32]
- 最终，新的融资工具问世，可绕过准备金要求，继续提供贷款。这些新工具包括商业票据、欧洲美元、回购协议和大额存单。[33]
- 1969 年，为了弥补银行绕过准备金要求的漏洞，美联储对银行从海外分支机构获得的新借款设定了 10% 的上限，目的是阻止银行通过其海外分支机构（不受准备金要求限制）借入欧洲美元。此外，美联储将银行向其海外分支机构出售资产的上限设为 10%。[34]
  - 1970 年，银行从其海外分支机构借款的上限和向海外分支机构出售资产的上限都被上调为 20%。但在 1973 年，这两项规定均降至 8%，与对大额存单的规定相同。[35]
- 20 世纪 60 年代后期，联邦住房贷款银行委员会使用准备金要求调节住房抵押贷款。当储蓄减少时，联邦住房贷款银行委员会降低准备金要求，从而提升住房抵押贷款的流动性；当贷款活跃或流动性充足时，它则提升准备金要求。[36]
- 1979 年 10 月，为了实现保罗·沃尔克抑制通胀的目标，美联储上调利率和存款准备金率。大规模负债的准备金率上调至 8%（大规模负债包括大额定期存单、欧洲美元借款、政府或机构担保的回购贷款，以及联邦基金借款）。[37]
  - 1980 年 3 月，存款准备金率升至 10%。一个月后，美联储将存款准备金率降至 5%，7 月将其完全取消。
- 1968—1969 年和 1973—1974 年，由于住房抵押贷款流动性收紧，联邦住房贷款银行委员会下调了存款准备金率。这“充其量只能对住房抵押贷款产生有限的正面影响”。[38]
- 1980 年，为了降低通胀率，美联储推出史无前例的举措：实施以资产类别为基础的准备金要求。1969 年通过的《信贷控制法》授予了美联储这一权力。[39] 具体要求如下。
  - 对于特定类型的消费信贷，所有贷款机构必须持有 15% 的特别存款。货币市场基金需要持有相同比率的准备金。后来，这两个比率均降至 7.5%。

— 货币市场基金还必须每月提交报告。

— 到 1980 年 8 月，美联储取消了所有限制，同年年底，国会终止了《信贷控制法》。

- 在 1990 年和 1992 年，美联储下调存款准备金率，以提高信贷可得性。[40]
- 简单介绍一下欧洲的情况，欧洲也一直使用流动性比率和准备金要求作为宏观审慎工具。为了引导信贷，法国和意大利专门制定了不同的准备金要求。例如，对上市银行的准备金要求更为宽松，规定长期贷款和出口贷款不受准备金要求限制。[41]
- 监管机构更常用的工具是对贷款额度设定某种上限，或者限制银行获得央行融资从而发放贷款的能力，这些工具的净影响比较类似，均对信贷供给造成下行压力。例如，在 1972 年之前，法国设置了"再贴现上限"，限制金融机构从央行借款的规模。[42]
- 这些上限通常因经济领域和贷款类型而异，旨在鼓励或抑制特定类型的贷款。例如，由于某些农产品出现过量生产，法国央行对这些领域设置贷款配额。[43] 有时，央行扩大这些上限的适用范围，涵盖发放给企业和家庭的所有贷款。[44]

针对信贷供给的宏观审慎措施：利率上限

- 20 世纪初，美国各州限制银行存款账户的利率。这是州存款保险计划的一部分。[45]
- 1927 年，美国国会修订《联邦储备法》，对全国性银行向州银行支付的利息设置上限。[46]
- 《1933 年银行法》通过后，美联储获得授权，监管定期存款和储蓄存款的利率上限。[47]

— 1933 年 11 月，美联储颁布 Q 条例，将利率上限设为 3%。市场利率下降后，美联储将该上限下调至 2.5%，从而降低了银行的成本。

— Q 条例还规定，美联储可以设定联邦存款保险公司（FDIC）支付给受担保的非会员银行的利率上限。

— 美联储不想限制银行的资产负债规模，后来将利率上限调回 3%（适用于期限为 6 个月或以上的所有储蓄存款和定期存款）。由于利率提高，银行可以吸引更多储户。

— 1960—1961 年，随着市场利率再次上升，美联储上调 Q 条例规定的利率上限。

- 1934—1989 年，联邦住房贷款银行委员会负责监督储蓄贷款协会。联邦住房贷款银行委员会对储蓄贷款协会支付的利率设定了非正式上限，这一上限通常比联邦基金利率高出 25~50 个基点。[48]

- 根据《1966 年利率管制法》，联邦存款保险公司和联邦住房贷款银行委员会获得授权，对互助储蓄银行和储蓄贷款协会的存款利率设定上限。该法还授权美联储对特定类别的存款设定利率。[49]
  - — 美联储利用这一授权，将单期限大额存单的利率上限设为 5.5%，并下调了定期存款利率上限。
  - — 但在 1973 年，美联储取消了上述大额存单的利率上限。
- 1978 年，美联储允许银行在货币市场发行储蓄产品，并使储蓄产品的浮动利率与 6 月期美国国债挂钩。因此，银行可以发行与货币市场基金竞争的工具。这相当于下调 Q 条例此前设定的利率上限。[50]
- 1980 年 3 月，美国国会通过《存款机构放松管制与货币控制法》，废除了 Q 条例。最终，Q 条例被认为是不成功的，因为可以通过许多途径直接绕过它。[51]
- 到 1986 年，这些上限逐步被取消。[52]

商业银行存款的利率上限

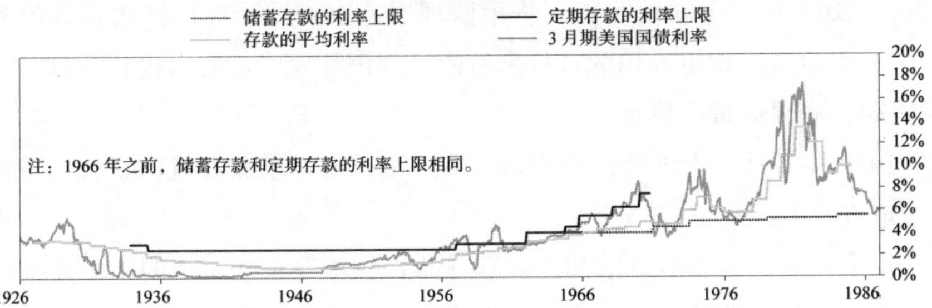

针对信贷供应的宏观审慎措施：监督指导和“直接施压”

繁荣时期，关于抑制贷款的指导

- 一战后，美联储希望把信贷引向它认为的生产性用途，而非投机性用途。美联储通过监督机构对银行“直接施压”。[53]
- 到 1927 年年中，决策者对股市投机感到紧张。此前一年，股市上涨近 100%，信用创造繁荣。1929 年 2 月，美联储发布声明，谴责市场投机行为，表示不会贷款给那些向投机活动放贷的银行。美联储的声明对于遏制投机活动几乎没有起到任何作用。[54]
- 1947 年 11 月 24 日，贷款标准监督机构发布声明，呼吁银行采取谨慎态度。它们担心经济体信用创造过度，信贷标准也在下降。该声明表示，

“对于在房地产市场、大宗商品市场或证券领域进行投机的任何个人和企业，银行应当减少贷款”。[55]

- 20 世纪 90 年代和 21 世纪前 10 年，监督机构又发布数项声明，详细阐述贷款标准下降的情况。[56]
  - 具体而言，1995 年，美联储警告称，审查机构应当提防信贷承保标准过于宽松的状况。鉴于 20 世纪 80 年代经历的储贷危机，美联储还担心地方性房地产市场出现周期性低迷的风险。
  - 1999 年，监督机构发布声明，详细阐述次级抵押贷款风险。监督机构还建议提高次级贷款相关机构的资本标准。1998 年，有几家银行曾因次级贷款损失而倒闭。
  - 两年后，监管机构对新资本标准做出量化规定。其在声明中建议，银行对于次级贷款持有的资本金比同类资产多 1.5~3 倍。
  - 进入 21 世纪的前几年，联邦官员发布数项声明，表示担忧信贷增长泡沫。
  - 2005 年，监督机构采取进一步行动，对房屋净值贷款、商业房地产贷款和非传统抵押贷款制定指导方针。
  - 2013 年，美联储和美国货币监理署（OCC）针对杠杆化贷款收紧监管政策，设定 6 倍的杠杆率上限，并声称要对违规者进行罚款。

萧条时期，确保信贷可得性

- 1938 年 4 月，为推动信贷创造，罗斯福总统要求监管机构“就放宽银行审查政策达成一致”。[57]
- 作为回应，美国财政部和三家联邦监督机构发布联合声明，概述统一对待贷款和证券的纲要，表示证券不再采取按市值计价的会计方法，并对“投资性”证券和“投机性”证券进行区分。评级机构将投资性证券定为 4 个最高评级之一。
- 随着 20 世纪 80 年代的储贷危机结束，美国政府采取行动，缓解信贷紧张局势。[58]
  - 首先，1990 年 5 月，美国货币监理署、美联储和联邦存款保险公司的负责人呼吁银行高管向借款人发放贷款。
  - 1991 年 3 月，监督机构发布报告，“澄清监管政策”。尽管监督机构表示，“一些存储机构在贷款方面可能过于谨慎”，但其监督标准并未放松。
- 当选后不久，克林顿总统推出了提高信贷可得性的新法案。同时，监督机构发布联合声明，鼓励银行发放贷款。[59]

- 克林顿总统的提案旨在为小企业借款提供更多便利，减轻“评估负担”，并加大银行对审查者决定的上诉权。
- 2007—2009 年，监督机构鼓励银行在不降低审查标准的前提下，积极发放贷款，并与陷入困境的借款人合作。[60]

参考文献

1 Douglas J. Elliott, Greg Feldberg, and Andreas Lehnert, "The History of Cyclical Macroprudential Policy in the United States," *Finance and Economics Discussion Series, Board of Governors of the Federal Reserve System (U.S.)* 2013-29 (May 2013): 19.
2 Elliott, Feldberg, and Lehnert, 3.
3 Fischer, Stanley, "Financial Sector Reform: How Far Are We?" *At the Martin Feldstein Lecture,National Bureau of Economic Research, Board of Governors of the Federal Reserve System (U.S.)* Speech 813 (July 2014).
4 Elliott, Feldberg, and Lehnert, 13.
5 Elliott, Feldberg, and Lehnert, 30-31.
6 Elliott, Feldberg, and Lehnert, 34.
7 Elliott, Feldberg, and Lehnert, 10.
8 Wilson, Dominic, Kamakshya Trivedi, Noah Weisberger, Aleksandar Timcenko, Jose Ursua, George Cole, Hui Shan, and Julian Richers, "Beyond interest rates: Macro-prudential policies in housing markets," *Global Economics Weekly, Goldman Sachs*, no. 14/16 (April 2014).
9 Elliott, Feldberg, and Lehnert, 19.
10 Elliott, Feldberg, and Lehnert, 9-10.
11 Elliott, Feldberg, and Lehnert, 10.
12 Elliott, Feldberg, and Lehnert, 10.
13 Elliott, Feldberg, and Lehnert, 9.
14 Elliott, Feldberg, and Lehnert, 9.
15 Elliott, Feldberg, and Lehnert, 9.
16 Elliott, Feldberg, and Lehnert, 10.
17 Elliott, Feldberg, and Lehnert, 11.
18 Elliott, Feldberg, and Lehnert, 13.
19 Elliott, Feldberg, and Lehnert, 13.
20 Elliott, Feldberg, and Lehnert, 14-15.
21 Elliott, Feldberg, and Lehnert, 15-16.
22 Elliott, Feldberg, and Lehnert, 17.
23 Elliott, Feldberg, and Lehnert, 21.
24 Elliott, Feldberg, and Lehnert, 21.
25 Elliott, Feldberg, and Lehnert, 22.
26 Elliott, Feldberg, and Lehnert, 23.
27 Elliott, Feldberg, and Lehnert, 23.
28 Kelber, Anna and Éric Monnet, "Macroprudential policy and quantitative instruments: a European historical perspective," *Financial Stability Review, Banque de France*, no. 18 (April 2014): 157.
29 Elliott, Feldberg, and Lehnert, 24.
30 Elliott, Feldberg, and Lehnert, 25.
31 Elliott, Feldberg, and Lehnert, 25.
32 Elliott, Feldberg, and Lehnert, 26-27.
33 Elliott, Feldberg, and Lehnert, 26.
34 Elliott, Feldberg, and Lehnert, 27.
35 Elliott, Feldberg, and Lehnert, 27.
36 Elliott, Feldberg, and Lehnert, 28.
37 Elliott, Feldberg, and Lehnert, 27.
38 Elliott, Feldberg, and Lehnert, 28.
39 Elliott, Feldberg, and Lehnert, 29.
40 Elliott, Feldberg, and Lehnert, 24.
41 Kelber and Monnet, 158.
42 Kelber and Monnet, 155.
43 Kelber and Monnet, 156.
44 Kelber and Monnet, 156.
45 Elliott, Feldberg, and Lehnert, 30.
46 Elliott, Feldberg, and Lehnert, 30.
47 Elliott, Feldberg, and Lehnert, 30.
48 Elliott, Feldberg, and Lehnert, 32.
49 Elliott, Feldberg, and Lehnert, 32.
50 Elliott, Feldberg, and Lehnert, 33.
51 Elliott, Feldberg, and Lehnert, 34.
52 Elliott, Feldberg, and Lehnert, 34.
53 Elliott, Feldberg, and Lehnert, 36.
54 Elliott, Feldberg, and Lehnert, 36.
55 Elliott, Feldberg, and Lehnert, 37.
56 Elliott, Feldberg, and Lehnert, 37-38.
57 Elliott, Feldberg, and Lehnert, 38.
58 Elliott, Feldberg, and Lehnert, 39.
59 Elliott, Feldberg, and Lehnert, 39.
60 Elliott, Feldberg, and Lehnert, 40.

致 谢

一直以来，桥水的许多人与我履行共同的使命——理解市场，并在现实中检验我们的理解，对于他们，我不胜感激。我们一直拥有有意义的工作和有意义的人际关系，这让我们理解现实、制定原则，从而给予我们极为深刻的教益，我对此深感欣慰。我杰出的合作伙伴包括与我共事数十年的 Bob Prince、Greg Jensen 和 Dan Bernstein，我目前的投资研究团队成员（尤其是 Steven Kryger、Gardner Davis、Bill Longfield、Anser Kazi、Danny Newman、Michael Savarese 和 Elena Gonzalez Malloy），我以前投资团队的成员（尤其是 Brian Gold、Claude Amadeo、Bob Elliott、Mark Dinner、Brandon Rowley 和 Jason Rogers），以及多年来与我共同从事研究工作的许多其他人。我还要感谢桥水研究团队的许多其他领导者，包括 Jason Rotenberg、Noah Yechiely、Larry Cofsky、Ramsen Betfarhad、Karen Karniol-Tambour、Kevin Brennan、Kerry Reilly、Jacob Kline、Avraam Sidiropoulos、Amit Srivastava，以及我们挚爱的、不幸于 2017 年与我们永别的前同事 Bruce Steinberg。